Georg Hebbelmann

Das preußische "Offizierkorps" im 18. Jahrhundert

Analyse der Sozialstruktur einer Funktionselite

Georg Hebbelmann

Das preußische "Offizierkorps" im 18. Jahrhundert

Analyse der Sozialstruktur einer Funktionselite

UNI PRESS
Hochschulschriften Bd. 113

D 6

Die Deutsche Bibliothek – CIP-Einheitsaufnahme

Hebbelmann, Georg
Das preußische "Offizierkorps" im 18. Jahrhundert : Analyse der Sozialstruktur
einer Funktionselite / Georg Hebbelmann. – Münster : LIT, 1999
   (Uni Press Hochschulschriften ; 113.)
   Zugl.: Münster (Westf.), Univ., Diss., 1999
   ISBN 3-8258-4585-0

NE: GT

© LIT VERLAG Münster – Hamburg – London
Grevener Str. 179   48159 Münster   Tel. 0251–23 50 91   Fax 0251–23 19 72

Meinen Eltern

Danksagung

Die vorliegende Dissertation ist von mir allein verfaßt worden, trotzdem wäre sie nicht zustande gekommen, wenn mich dabei nicht verschiedene Personen unterstützt hätten. An erster Stelle möchte ich mich bei Herrn Dr. Jürgen Kloosterhuis bedanken, der ein spezielles Verarbeitungsprogramm für die Auswertung der Regimentslisten erstellt hat und der damit die vorliegende Arbeit ermöglichte. Sein Enthusiasmus angesichts der Möglichkeiten, die die Regimentlisten für die Erweiterung des Bildes über die preußischen Offiziere eröffneten, haben mich angesteckt und in das Thema „hineinwachsen" lassen. Zu großem Dank bin ich ebenfalls Herrn Dr. Volker Jakob verpflichtet, der meine Manuskripte kritisch durchleuchtet hat und der mir mit manchem wertvollen Hinweis weitergeholfen hat. Besonders wichtig war seine moralische Unterstützung, die er mir als interessierter Zuhörer während unserer häufigen Gespräche gewährt hat. Danken möchte ich auch meinen Freunden, die mir in dieser Zeit geholfen haben, weil sie ein offenes Ohr für meine Sorgen hatten. Zuletzt will ich mich nach der Widmung noch einmal bei meinen Eltern bedanken, die mich immer unterstützt haben und von denen ich nie ein kritisches Wort gehört habe, weil die Arbeit sich so lange hingezogen hat. Sie haben geduldig abgewartet, weil sie gewußt haben, daß am Ende mein Dank in Gestalt der vorliegenden Arbeit warten würde. Diese Arbeit hat der Philosophischen Fakultät der Westfälischen Wilhelms-Universität in Münster vorgelegen und wurde als Dissertation angenommen.

3. Laufbahnen und Karrieren: Anciennität versus Leistung -
Bedingungen und Kriterien für die Beförderungen der Offiziere

4. Monarchisierung und Binnenstruktur

„Preußen ist nicht ein Land, das eine Armee, sondern eine Armee, die ein Land hat"[1]
Honoré Gabriel Riquetti Graf Mirabeau

„Aus der Erfahrung weiß man, daß die Güte der Truppen einzig und allein in dem Werthe ihrer Offiziere bestehe"[2]
Friedrich II.

I. Einleitung

Im Mittelpunkt dieser Arbeit steht die militärische Führungsschicht in Preußen, die in positiver und negativer Hinsicht das Bild diese Staates bis in die Neuzeit mitgeprägt hat. Die beiden an den Anfang gesetzten Zitate lassen Rückschlüsse darauf zu, welche Bedeutung diese Militärelite im preußischen Staat hatte. Das Bonmot des Grafen Mirabeau unterstreicht die überragende Stellung, die die Armee in Preußen einnahm und die zugleich die politisch-soziale Ordnung prägte. Es ist eine unbestreitbare Tatsache, daß bewaffnete Macht und frühmoderner Staat in enger Verbindung und einem interdependenten Verhältnis standen[3]. Zum einen ist die Entwicklung der Armeen von

---

[1] Zit. aus: Georg Heinrich v. Berenhorst, Aus dem Nachlaß, hrsg. von Eduard v. Bülow, Bd. 1, Dessau 1845, S. 187. Daß dieses Bonmot Graf Mirabeau zugeschrieben werden kann, unterstützen sowohl Theodor Schieder, Friedrich der Große. Ein Königtum der Widersprüche, Frankfurt a. M., Berlin 1986, S. 59 als auch Werner Gembruch, Struktur des preußischen Staates und außenpolitische Situation zu Beginn der Herrschaft Friedrichs des Großen, in: Derselbe, Staat und Heer. Ausgewählte historische Studien zum ancien régime, zur Französischen Revolution und zu den Befreiungskriegen, hrsg. von Johannes Kunisch (= Historische Forschungen, Bd. 40) Berlin 1990, S. 187 - 206, hier S. 193. Allerdings sei in diesem Zusammenhang auch auf ein Ergebnis von Jochen Hoffmann, Jakob Mauvillon. Ein Offizier und Schriftsteller im Zeitalter der bürgerlichen Emanzipationsbewegung (= Historische Forschungen, Bd. 20), Berlin 1981, S. 245ff. verwiesen. Er hat herausgearbeitet, daß Mauvillon zu einem der Hauptwerke Mirabeaus, „De la Monarchie Prussiene", nicht nur das Buch (Bd. 7) über das preußische Militärwesen beigetragen hat, sondern daß darüber hinaus wahrscheinlich der „Löwenanteil der Arbeit" (Hoffmann) an dem gesamten Werk Mirabeaus von Mauvillon geleistet worden ist. Aus diesem Grund wäre es möglich, daß Mirabeaus Bonmot über die preußische Armee eigentlich Mauvillon zuzuschreiben ist.
(Im folgenden werden alle Literaturhinweise bzw. Zitate bei der ersten Nennung vollständig aufgeführt, bei jedem weiteren Verweis wird nur noch der Nachname des Autors und ein Kurztitel genannt. Das gleiche gilt, wenn es zwei Autoren mit demselben Nachnamen gibt. Dann ist eine Identifikation des Verfassers der jeweiligen Arbeit durch den Kurztitel möglich. Für den Fall, daß von einem Autor oder Herausgeber mehr als nur ein Titel verwendet wird, ist darauf verzichtet worden, den Vornamen erneut anzugeben.)

[2] Friedrich II., Militärische Schriften, erläutert und mit Anmerkungen versehen durch A. v. Taysen, Berlin 1882, S. 321.

[3] Vgl. zum Verhältnis „Staat und Armee" die folgenden Arbeiten. Die Kriterien, nach denen diese ausgewählt wurden, ergeben sich aus den unterschiedlichen Ansätzen und Methoden, die bei der Beschreibung dieser Verbindung benutzt wurden. Bei den älteren Arbeiten wie der von Otto Hintze steht der verfassungsgeschichtliche und politische Aspekt im Vordergrund. In weiten Teilen sind die von ihm und anderen Autoren hierzu erzielten Ergebnisse noch heute gültig. In den neueren Studien wie der von Kroener werden sozialgeschichtliche Gesichtspunkte stärker in die Untersuchungen einbezogen. Die neueren Arbeiten werden hier aufgeführt, weil die vorliegende Studie über die preußischen Offiziere ebenfalls die sozialgeschichtliche Perspektive berücksichtigt: Otto Hintze, Staatsverfassung und Heeresverfassung, in: Derselbe, Staat und Verfassung. Gesammelte Abhandlungen zur allgemeinen Verfassungsgeschichte, hrsg. von Gerhard Oestreich, Göttingen 1962[2], S. 52 - 83, Ernst Rudolf Huber, Heer und Staat in der deutschen Geschichte, Hamburg 1938, S. 7, Fritz Hartung, Staatsverfassung und Heeresverfassung, in: Derselbe, Volk und Staat in der deutschen Geschichte. Gesammelte Abhandlungen, Leipzig 1940, S. 28 - 40, hier S. 28, Oestreich, Zur Heeresverfassung der deutschen Territorien von 1500 bis 1800. Ein Versuch vergleichender Betrachtung, in: Derselbe, Geist und Gestalt des frühmodernen Staates. Ausgewählte Aufsätze, Berlin 1969, S. 290 - 310, Hans Schmidt, Staat und Armee im Zeitalter des „miles perpetuus", in: Johannes Kunisch (Hrsg.) in Zusammenarbeit mit Barbara Stollberg-Rilinger, Staatsverfassung und Heeresverfassung in der europäischen Geschichte der frühen Neuzeit (= Historische Forschungen, Bd. 28), Berlin

8

den relativ ungeordneten Söldneransammlungen zu den geordneten Gebilden des 18. Jahrhunderts ganz wesentlich durch das Werden des frühneuzeitlichen absolutistischen Staates beeinflußt worden. Zum anderen ist auch die Staatwerdung, d. h. der Schritt von einer Ansammlung von verschiedenen Territorien zu einem stärker verbundenen Staat nicht hinreichend erklärbar ohne die Funktion zu berücksichtigen, die die Streitmacht hierbei einnahm. Gerade Brandenburg-Preußen, das als der Militärstaat par excellence im Europa des 18. Jahrhunderts gilt, ist hierfür ein exemplarisches Beispiel. Da die Armee in und für Preußen eine Position besaß, die mit der in keinem anderen Staate vergleichbar war[4], hat sie das Werden des hohenzollernschen Gesamtstaates wesentlich mitbeeinflußt. Die Rolle, die hierbei dem Offizierkorps zukam, wird zu untersuchen sein.

Welcher Stellenwert den Offizieren innerhalb der Armee zugemessen wurde, läßt sich aus dem Zitat Friedrichs II.[5] entnehmen. Diese Einschätzung ist von besonderer Bedeutung, weil sie von dem König stammt, der in mehreren Kriegen das Machtinstrument Armee eingesetzt hat und daher seine Bewertung der Offiziere auf eine langjährige praktische Erfahrung gründete. Aus Friedrichs Erfahrungen ist zugleich zu entnehmen, welche Konsequenzen die besonderen Strukturbedingungen

---

1986, S. 213 - 248, Werner Gembruch, Zur Diskussion um Heeresverfassung und Kriegführung in der Zeit vor der Französischen Revolution, in: Derselbe, Staat und Heer, S. 239 - 256, Kunisch, Das „Puppenwerk" der Stehenden Heere. Ein Beitrag zur Neueinschätzung von Soldatenstand und Krieg in der Spätaufklärung, in: Derselbe, Fürst-Gesellschaft-Krieg. Studien zur bellizistischen Disposition des absoluten Fürstenstaates, Köln, Weimar, Wien 1992, S. 161 - 201, Bernhard R. Kroener, „Das Schwungrad an der Staatsmaschine"? Die Bedeutung der bewaffneten Macht in der europäischen Geschichte der Frühen Neuzeit, in: Derselbe und Ralf Pröve (Hrsg.), Krieg und Frieden. Militär und Gesellschaft in der Frühen Neuzeit, Paderborn, München, Wien, Zürich 1996, S. 1 - 23 sowie Jutta Nowosadtko, Ordnungselement oder Störfaktor? Zur Rolle der stehenden Heere innerhalb der frühneuzeitlichen Gesellschaft, in: Ralf Pröve (Hrsg.), Klio in Uniform? Probleme und Perspektiven einer modernen Militärgeschichte der Frühen Neuzeit, Köln, Weimar, Wien 1997, S. 5 - 34.
[4] S. (= Siehe) dazu Hintze, Die Hohenzollern und ihr Werk 1415-1915, Reprint der Orginalausgabe von 1915, Hamburg, Berlin 1987, S. 287, Derselbe, Staatsverfassung und Heeresverfassung, S. 70, Otto Büsch, Militärsystem und Sozialleben im alten Preußen 1713 - 1807. Die Anfänge der sozialen Militarisierung der preußisch-deutschen Gesellschaft (= Veröffentlichungen der Berliner Historischen Kommission beim Friedrich-Meinecke-Institut der Freien Universität Berlin, Bd. 7), Berlin 1962, S. 3, Oestreich, Zur Heeresverfassung, S. 307, John Childs, Armies and warfare in Europe 1648 - 1789, New York 1982, S. 52ff., Matthew Smith Anderson, War and Society in Europe of the Old Regime 1618 - 1789, Leicester 1988, S. 167 - 180, Peter H. Wilson, German Armies. War and German politics 1648-1806, London, Bristol 1998, S. 244 sowie Helmut Harnisch, Preußisches Kantonsystem und ländliche Gesellschaft. Das Beispiel der mittleren Kammerdepartemente, in: Kroener/Pröve, Krieg und Frieden, S. 137 - 165, hier S. 137.
(Da in den weiteren Anmerkungen der Hinweis „S. (iehe)" bzw. „S. dazu" nicht nur am Anfang gesetzt wird, sondern auch im weiteren Verlauf der jeweiligen Anmerkung, wird das „Siehe" kleingeschrieben und abgekürzt „s." oder am Anfang eines Satzes groß und ausgeschrieben. Dies geschieht, um eine Verwechslung mit der Abkürzung der Seitenzahl, die in jedem Fall mit „S." erfolgt, zu vermeiden.)
[5] In der gesamten Arbeit, soweit es nicht Zitate sind, wird Friedrich II. ohne den Zusatz „der Große" genannt. Mit dieser Vorgehensweise ist keine Be- bzw. Abwertung Friedrichs beabsichtigt. Historisch korrekt könnte dieser Namenszusatz frühestens nach dem Zweiten Schlesischen Krieg verwandt werden, als die Bevölkerung Berlins den aus dem Krieg heimkehrenden König als den „Großen" begrüßte. Da in dieser Arbeit aber nicht chronologisch vorgegangen wird und es einen häufigen Wechsel zwischen verschiedenen Zeitebenen gibt, wird aus Gründen der Einfachheit nur der Name „Friedrich II." (bzw. „Friedrich") verwandt. Zur historischen Größe und der Frage, ob Friedrich den Zusatz „der Große" verdient, sei verwiesen auf: Johannes Kunisch, Friedrich der Große, in: Derselbe (Hrsg.), Analecta Fridericiana, Berlin

9

für die Entstehung und Formung der bewaffneten Macht in und für Preußen hatten. Seine Beurteilung und die seines Vaters, die ebenfalls an verschiedenen Stellen zur Erläuterung herangezogen werden, sind auch deshalb so wichtig, weil dadurch die im weiteren Verlauf der vorliegenden Arbeit ausführlich zu beschreibenden Maßnahmen eingeordnet werden können, die er getroffen hat, um der Armee diese Offiziere zu erhalten und sie nach seinen Vorstellungen zu formen.

Die Offiziere verkörperten für viele Zeitgenossen den preußischen Staat und das Prägende der Monarchie schlechthin. Das dürfte nicht zuletzt darauf zurückzuführen sein, daß die Armee in drei Kriegen dazu beigetragen hat, Preußen in den Rang einer europäischen Großmacht zu heben. Außerdem war die Uniform nicht nur ein gewohntes Bild in den Städten und auf dem Lande, seit 1725 war Friedrich Wilhelm I., der damit seine Verbundenheit mit der Armee und ihren Offizieren demonstrierte, nur noch in Uniform aufgetreten, und auch sein Sohn, Friedrich II., hat als König diese der Zivilkleidung[6] vorgezogen. Die hervorragende Stellung, die Friedrich Wilhelm I. und Friedrich II. den Offizieren einräumten, beschränkte sich nicht nur auf Äußerlichkeiten. So schreibt Leopold v. Ranke über Friedrich Wilhelm I.: *„Von sich selbst anfangend, rief er in den Offizieren ein Gefühl für den Stand hervor, wo die Tüchtigkeit im Dienst als der vornehmste Wert des Mannes erschien, die Unterordnung beinahe wie eine Notwendigkeit, die Pflicht als Ehre.“*[7] Auch wenn in dieser Beschreibung Rankes ein hohes Maß an Apologetik steckt, hat er doch ein ganz wesentliches Moment im Verhältnis Friedrich Wilhelms zu den Offizieren erfaßt. Diesem König ging es nämlich darum, die Offiziere nach seinen Vorstellungen zu formen. Vor allem am Reglement für die Infanterie von 1726 wird dies deutlich. Das Reglement besteht zum größten Teil aus Anweisungen, wie die Offiziere die einzelnen Truppenteile zu exerzieren hatten: *„Die Stabs-Officiers müssen die Capitaines, die Capitaines ihre Subalternes Officiers, und ein jeder Officier die Unter-Officiers beständig, das gantze Jahr durch darzu anhalten, daß ein jeder seine grösseste Sorge seyn lassen soll, daß kein Kerl unter einer Compagnie ist, welcher nicht fertig exerciren kan [...]“.*[8] Damit übertrug Friedrich Wilhelm den Offizieren die zentrale Aufgabe schlechthin, nämlich die Armee nach seinen Vorstellungen zu formen. Sie hatten seine Vorschriften und Anweisungen, wie z. B. der

---

1987, S. 33 - 54, hier S. 53f. und Schieder, Friedrich der Große, S. 473 - 491.
[6] Auch wenn sich die Zivilkleidung der damaligen Zeit nicht gravierend von einer Uniform unterschied, weil z. B. die Zuschnitte der Kleidungsstücke sich sehr stark ähnelten, bleibt doch festzuhalten, daß die Kleidung der preußischen König seit 1725 eine militärische war.
[7] Leopold v. Ranke, Preußische Geschichte, hrsg. von Willy Andreas, Reprint Essen 1996, S. 500.
[8] Reglement vor die Königl. Preußische Infanterie von 1726, Faksimiledruck der Ausgabe von 1726 mit einer Einleitung von Hans Bleckwenn (= Bibliotheca Rerum Militarium. Quellen und Darstellungen zur Militärwissenschaft und Militärgeschichte, Bd. 4), Osnabrück 1968, S. 217.

Waffendrill oder die Bewegungen im Gefecht vollzogen werden sollten, an die Soldaten weiterzugeben. Allerdings bedeutete dies, daß dem einzelnen Offizier wenig Eigenständigkeit in seinen Entscheidungen blieb, wie er die Soldaten ausbildete. Eben dies war eines der wesentlichen Ziele des Reglements. Alle Offiziere sollten sich ausschließlich an die Vorgaben des Königs halten, um einen möglichst gleichmäßigen und breiten Erfolg seiner Maßnahmen zu gewährleisten. Diese Stetigkeit, mit der sich Friedrich Wilhelm der Durchsetzung seiner Vorstellungen widmete, war die Voraussetzung dafür, daß jenes Heer geschaffen werden konnte, dessen Einheitlichkeit auch in anderen Teilen Europas zur normprägenden Größe wurde.

Dadurch, daß Friedrich Wilhelm I. die Offiziere zu „*Exerziermeistern*"[9] der Truppe machte - im gewissen Sinne kann man dies auch als Reduzierung des Offiziers auf eine wesentliche Funktion bezeichnen - schuf er zugleich einen Offizier, der sich in mancherlei Hinsicht von seinem Vorgänger unterschied. In den Offizier, wie ihn Friedrich Wilhelm schaffen wollte, ist in Teilbereichen das Vorbild der Oranischen Heeresreform erkennbar. Dieser Aspekt wird im weiteren Verlauf der Arbeit noch eingehender zu untersuchen sein. Die Aufgabe der Offiziere beschränkte sich aber nicht nicht nur auf die bloße Vermittlung des militärischen „Handwerks", im gleichen Maße wurden sie darauf verpflichtet, für den inneren Zusammenhalt[10] der Truppe zu sorgen.[11]

---

[9] Manfred Messerschmidt, Werden und Prägung des preußischen Offizierkorps - ein Überblick, in: Hans Meier-Welcker (Hrsg.), Offiziere im Bild von Dokumenten aus drei Jahrhunderten (= Beiträge zur Militär- und Kriegsgeschichte, Bd. 6), Stuttgart 1964, S. 11 - 104, hier S. 36.

[10] Allerdings muß darauf verwiesen werden, daß der „Zusammenhalt" wie er in diesem Kontext verwendet wird, sich nur auf den engen funktionalen Bereich bezieht. Hier ist nämlich vor allem das „Zusammenhalten" der Truppe im rein militärischen Verständnis gemeint. Die Offiziere sollten verhindern, daß die Soldaten im Frieden wie im Krieg von der Fahne gingen, also desertierten. Außerdem war in einem Gefecht eine Einheit nur führbar, die eben das war: eine „Einheit". So gehörte es z. B. zu den wichtigsten Aufgaben der Subalternoffiziere, in einer Schlacht drauf zu achten, daß die Soldaten ihren Platz in der Linie nicht verließen. Ein „Zusammenhalt", der sich auf die emotionalen und andere durch den gemeinsamen Dienst in einer Einheit entstehenden Bindungen der Soldaten untereinander bezog, ist an dieser Stelle nicht erfaßt. Eine Kompanie z. B. aber war mehr als nur eine militärische Einheit für die Soldaten. Für viele war sie eine Art Heimat. Sie teilten häufig mit ihren Kameraden die Wohn- und Schlafstuben, kochten sich gemeinsame Mahlzeiten und wurden auch durch den Druck der Vorgesetzten „zusammengeschweißt". Der Zusammenhalt der Soldaten untereinander dürfte durch Kriegserlebnisse weiter gefördert worden sein. Grundsätzlich ist zu fragen, ob Friedrich II. es überhaupt als Aufgabe seiner Offiziere ansah, für diese Art Zusammenhalt der Truppe zu sorgen bzw. sich auf diese Weise mit dem einfachen Soldaten zu verbinden.

[11] Zu der Frage, wie die Soldaten durch Drill, Zwang, Strafen etc. zu Gehorsam und Einsatzbereitschaft gebracht wurden und an welchen Vorbildern sich diese „Abrichtung" orientierte vgl. die Ergebnisse der historischen Verhaltensforschung: Henning Eichberg, Geometrie als barocke Verhaltensnorm, in: ZHF, 4. Jg., 1977, S. 17 - 50, Harald Kleinschmid, Tyrocinium Militare. Militärische Körperhaltungen und -bewegungen im Wandel zwischen dem 14. und 18. Jahrhundert, Stuttgart 1989, Ulrich Bröckling, Disziplin. Soziologie und Geschichte militärischer Gehorsamsproduktion, München 1997. Dieser befaßt sich auf den S. 57 - 87 ausschließlich mit der preußischen Armee. Schlüssig weist er nach, wie es Friedrich Wilhelm I. und Friedrich II. gelang, ihre Soldaten zu „dressieren". Bröckling bezeichnet das Exerzieren als „*die Schlüsselprozedur der militärischen Disziplinierung*"(S. 69), was besonders durch die beiden preußischen Könige forciert worden ist. Zur Entwicklung des Exerzierens im 18. Jahrhundert allgemein ist die Arbeit von Kleinschmidt grundlegend. Eichberg hat sich auf den S. 34 - 38 mit dem Exerzierdrill befaßt. Er erkennt darin geometrische Verhaltensorientierungen, und er bezeichnet den taktischen Körper als eine Maschine, die durch den Mechanismus von Befehl und Gehorsam in Bewegung gesetzt wurde und dabei geometrischen Gesetzen folgte.

11

„Weilen nächst der Subordination bey dem Soldaten-Wesen nichts nothwendiger ist, als die Soldaten in scharffer Discipline zu halten [...].“[12] Der Stellenwert, den Friedrich Wilhelm I. den Offizieren bei der Durchsetzung der Disziplin in der Truppe beimaß, verbindet ihn mit seinem Sohn. Friedrich II. hatte wohl ein distanzierteres Verhältnis zu den Offizieren als sein Vater[13], dies hat aber sein Urteil über ihre Bedeutung für die Qualität der Armee nicht beeinflußt, was an obigem Zitat abzulesen ist. Im Politischen Testament von 1768 hat Friedrich ausgeführt, warum er den Offizieren diesen großen Wert für die Truppe zuerkannte.[14] Dort schrieb er, daß eine große Armee[15], wie sie Preußen besitze, nichts nütze, wenn sie undiszipliniert sei. Die „Soldatenmasse"[16] müsse aber gehorsam und dizipliniert sein, wenn sie militärisch erfolgreich eingesetzt werden sollte. Erforderlich machte dies die im 18. Jahrhundert auf den Schlachtfeldern eingesetzte „Lineartaktik". Die Gewehre zu dieser Zeit waren noch nicht sehr effektiv, daher mußten möglichst viele davon zur gleichen Zeit oder in rascher Abfolge eingesetzt werden. Deshalb wurden die Truppen vor Beginn einer Schlacht in langgestreckten Linien aufgestellt. Die preußische Linie war sehr dünn, da sie nur aus drei hintereinander positionierten Gliedern bestand. Die vielfältige Bedeutung der Disziplin wird an dieser Stelle deutlich, weil sie zum einen gewährleistete, daß die Truppen auf dem Schlachtfeld dem Kanonenbeschuß standhielten und sich dem Feind auf Gewehrschußweite näherten. Zum anderen hatte die Disziplin ihre Bedeutung für den Einsatz der Gewehre, denn die Soldaten waren ausgebildet worden, ihre Waffe im gleichen Takt zu handhaben und abzufeuern. Dies war nicht denkbar ohne die Einhaltung einer scharfen Disziplin. Die zentrale Rolle hierbei kam nach der Ansicht des Königes den

---

[12] Reglement vor die Königl. Preußische Infanterie von 1726, S. 538.
[13] Zu Friedrich Wilhelm I. vgl. Messerschmidt, Werden und Prägung, S. 43f., Wolfgang Hanne, „Meine Herren Brüder und Söhne" - Das altpreußische Offizierkorps unter König Friedrich Wilhelm I. (1713 - 1740), in: ZfH, 57. Jg., 1993, S. 5 - 10, hier S. 9 und Rainer Wohlfeil, Adel und Heerwesen, in: Hellmuth Rössler (Hrsg.), Deutscher Adel 1555 - 1740 (= Schriften zur Problematik der deutschen Führungsschichten in der Neuzeit, Bd. 2), Darmstadt 1965, S. 315 - 343, hier S. 335. Zu Friedrich II. vgl. Messerschmidt, Werden und Prägung, S. 46f., Christopher Duffy, Friedrich der Große. Ein Soldatenleben, Zürich 1986, Sonderausgabe 1991, S. 472f.. Besonders kritisch beurteilt Georg Heinrich v. Berenhorst, der im Siebenjährigen Krieg als preußischer Offizier und Ajutant des Königs diente, das Verhältnis Friedrichs zu den Offizieren gegenüber. Diesem zufolge waren die Offiziere für Friedrich II. nämlich lediglich *„bloße Werkzeuge"*, s. v. Berenhorst, Betrachtungen über die Kriegskunst (= Bibliotheca Rerum Militarium. Quellen und Darstellungen zur Militärwissenschaft und Militärgeschichte, Bd. XXXVIII, 1 und 2) Neudruck der 3. Auflage Leipzig 1827, Osnabrück 1978, S. 109.
[14] Zu den folgenden Ausführungen s. Richard Dietrich (Hrsg.), Die politischen Testamente der Hohenzollern (= Veröffentlichungen aus den Archiven Preußischer Kulturbesitz, Bd. 20), Köln, Wien 1986, S. 531/533.
[15] Zur Struktur des Heeres, seiner Organisation und der zahlenmäßigen Stärke s. die Ausführungen in den Kapiteln III. 1. bis 2. und die Tabellen in Anhang 1.
[16] In diesem Testament betonte Friedrich II., daß der Disziplin, die auf Pünktlichkeit und Gehorsam beruhte, auch die Offiziere unterworfen seien. Der Unterordnung (Subordination) kam dabei überragende Bedeutung zu, denn ein Offizier, der von seinen Soldaten Gehorsam erwartete, mußte selber die Pflicht zur Unterordnung kennen und den Befehlen eines Vorgesetzten folgen. Siehe Dietrich, Die politischen Testamente, S. 531. Über die Bedeutung der Disziplin für das Offizierkorps im Sinne der Sozialdisziplinierung, wie sie Gerhard Oestreich beschrieben hat, folgen weiter unten

12

Offizieren zu, die ihre Soldaten mit Strenge und notfalls auch mit Härte behandeln sollten. Dies war u. a. notwendig, weil andere, nämlich sittliche oder emotionale Bindungen an den Staat und den Kriegsherrn bei vielen Soldaten nicht vorhanden waren. Es ist fraglich, ob dies von Soldaten, die zum Teil gewaltsam in den Dienst gepreßt worden sind und die nicht einmal Landeskinder waren, überhaupt erwartet werden konnte. Wenn aber diese Bindungen nicht vorhanden waren, kam der Einhaltung der Disziplin und ihrer strengen Beachtung die überaus wichtige Funktion zu, diese Soldaten im Armeedienst zu halten und sie dazu zu bringen, ihre Aufgaben zu erfüllen. Die Disziplin war neben den Strafen, den Belohnungen und der Aufsicht durch die Vorgesetzten ein Mittel zur Herstellung einer soldatischen Zucht. Sie sollte durch die Durchsetzung des Gehorsams Ordnung in der Truppe gewährleisten. Dies war deshalb so wichtig, weil die Offiziere ihre Soldaten in die „größten Gefahren"[17] führen[18] mußten. In einem Gefecht oder einer Schlacht konnten die Soldaten aber nur eingesetzt werden, wenn die Offiziere ihre Untergebenen vorher zu einem disziplinierten, d. h. einsatzfähigen Kriegsinstrument geformt hatten. Nach dem Siebenjährigen Krieg hat Friedrich II. sich zum Teil sehr negativ über die Einsatzfähigkeit der Soldaten geäußert, so hat er in seinem Politischen Testament von 1768 geschrieben, die Soldaten würden ihren Vorgesetzten nur dann gehorsam ins Feuer folgen, wenn sie ihre „Offiziere mehr fürchten als alle Gefahren"[19]. Wäre Friedrich wirklich durchgängig dieser Ansicht gewesen, hätte sich das, was von einem Offizier noch an „Führung" verlangt wurde, stark reduziert. Denn zugespitzt heißt dies, daß die Offiziere nicht mehr (anzu-)führen hatten, sondern sie allein durch ihre Anwesenheit, also „passiv", die Soldaten zum Sturm auf die feindlichen Linien veranlassen sollten. Dies steht allerdings im Gegensatz zu der tatsächlichen Aufgabe eines Offiziers auf dem Schlachtfeld, die in einem der folgenden Kapitel ausführlicher beschrieben werden. Bereits an dieser Stelle sei darauf verwiesen, daß es schon zu den Aufgaben eines Subalternoffiziers gehörte, die Soldaten beim Avancieren auf die feindlichen Linien (mit-)anzuführen. Zu seiner scharfen Aussage war der König

---

ausführlichere Erläuterungen.

[17] Dietrich, Die politischen Testamente, S. 533.

[18] Die Aufgaben der Offiziere in einer Schlacht sind beschrieben im Reglement für die Königl. Preußische Infanterie von 1743, Faksimiledruck der Ausgabe Berlin 1743 (= Altpreußischer Kommiss, offiziell, offiziös und privat, Heft 31 und 32), Osnabrück 1976, S. 344 - 351. Auch in den Reglements von 1743 für die Kavallerie(=Kürassier) -Regimenter (Heft 35, S. 176 - 181), für die Dragoner-Regimenter (Heft 37, S. 252 - 259) und für die Husaren-Regimenter (Heft 39, S. 126f.) sind Anweisungen für das Verhalten der Offiziere in einer Schlacht zu finden. Zu den Aufgaben der Offiziere, mit Ausnahme der Husaren, gehörte unter Umständen auch, den Soldaten, die aus der Linie fliehen wollten, den Degen „in die Rippen zu stossen", Reglement für die Infanterie von 1743, Bd.1, S. 347. Im weiteren Verlauf der Arbeit wird noch häufiger aus den Reglements von 1743 zitiert, in der Regel wird dabei das Reglement für die Infanterie benutzt, da die entsprechenden Reglements für die Kürassier-, die Dragoner-, die Husaren- und die Garnison-Regimenter im wesentlichen mit dem der Infanterie übereinstimmen. Nur bei abweichenden Bestimmungen wird aus den anderen Reglements zitiert.

[19] Dietrich, Die politischen Testamente, S. 533.

angesichts seiner Erfahrungen aus dem Siebenjährigen Krieg gelangt.[20] Er stellt fest, daß in den ersten beiden Schlesischen Kriegen[21] noch der Wert der Soldaten über Sieg und Niederlage in einer Schlacht entschieden habe. Im Siebenjährigen Krieg aber habe die Bedeutung der Artillerie wesentlich zugenommen. Der König betrachtet sie als einen großen „Gleichmacher". Ihre Feuergewalt habe die qualitative Überlegenheit der preußischen Soldaten, die bis dahin auf Kampfkraft und Körperlänge beruht hatte, zunichte gemacht. Aus diesem Grund sollten die Soldaten ihre Offiziere fürchten, denn „andernfalls könne niemand die Soldaten durch das Gewitter von 300 Kanonen, die ihnen entgegendonnern, zum Angriff führen"[22]. Allerdings muß festgehalten werden, daß Friedrich durch anderslautende Äußerungen, die einen ganz anderen Tenor haben, dieser scharfen Formulierung selber widerspricht. Daher spiegeln die Ausführungen in dem Testament von 1768 nicht seine grundsätzliche Einstellung über einen längeren Zeitraum wider, sondern sind vielmehr noch den frischen Eindrücken des zurückliegenden Krieges zu verdanken.

Die oben erwähnte Disziplin hatte nicht nur einen funktionalen Aspekt. Durch Justus Lipsius[23] (1575-1606) und durch die auf seinen Überlegungen fußende Heeresreform der Oranier[24] ist eine Kategorie eingeführt worden, die nicht nur für das Militär von überragender Bedeutung werden sollte, sondern auch für die Gesellschaft insgesamt: eben die Disziplin. Diese zweifache Relevanz ergibt sich aus der Vielschichtigkeit des Begriffes. Die militärische Disziplin zum einen hat bereits mehrere Bedeutungen. Sie umfaßt sowohl die „Disziplin", die den Soldaten zum Gehorsam gegenüber seinen Vorgesetzten bringt, was als formale Disziplin bezeichnet werden kann, als auch diejenige „Disziplin", die den Soldaten durch „soziale Kontrolle und affektive Bindungen"[25] an seine Kameraden band, auch als Konformitätsdruck zu bezeichnen. Die militärische Disziplinierung

---

[20] Duffy, Friedrich der Große, S. 444 - 449 hat ausführlich die Erfahrungen beschrieben, die Friedrich II. im Siebenjährigen Krieg in einigen Schlachten angesichts der massierten österreichischen Artillerie machen mußte und seine Reaktion auf diese Herausforderung, indem er nämlich seinerseits noch während des Krieges die preußische Artillerie ausbaute.

[21] Der Siebenjährige Krieg wird auch als „Dritter Schlesischer Krieg" bezeichnet. Vgl. dazu Kunisch, Friedrich der Große, S. 44f..

[22] Dietrich, Die politischen Testamente, S. 533.

[23] Zu Lipsius vgl. vor allem die posthum erschienene Habilitationsschrift von Gerhard Oestreich, Antiker Geist und moderner Staat bei Justus Lipsius (1547-1606), Göttingen 1989 und mit weiteren Nachweisen: Martin van Gelderen, Holland und das Preußentum. Justus Lipsius zwischen niederländischem Aufstand und brandenburg-preußischem Absolutismus, in: ZHF, 23. Jg., 1996, S. 29 - 56.

[24] Vgl. dazu Gerhard Papke, Von der Miliz zum Stehenden Heer. Wehrwesen im Absolutismus, in: Deutsche Militärgeschichte in sechs Bänden 1648-1939, hrsg. vom Militärgeschichtlichen Forschungsamt, Bd. 1, Abschnitt 1, Herrsching 1983, S. 122 - 138, Werner Hahlweg, Die Heeresreform der Oranier und die Antike, Berlin 1941 und Derselbe (Hrsg.), Die Heeresreform der Oranier. Das Kriegsbuch des Grafen Johann von Nassau-Siegen, Wiesbaden 1973, Geoffrey Parker, Die militärische Revolution. Die Kriegskunst und der Aufstieg des Westens 1500-1800, Frankfurt a. M., New York 1990, S. 39 - 45 sowie Hans Ehlert, Ursprünge des modernen Militärwesens. Die nassauisch-oranischen Heeresreformen, in: MGM, 38. Jg., 1985, S. 27 - 56.

[25] Bröckling, Disziplin, S. 10. Auch die anderen Ausführungen zur Bedeutungsvielfalt der „Disziplin" folgen Bröckling an dieser Stelle.

sollte aber nicht nur den formalen Zusammenhalt der Truppe festigen und nach innen normierend wirken. Darüber hinaus kam ihr eine wesentliche Rolle bei der Vermittlung der militärischen Kenntnisse und Fertigkeiten zu. Vor allem beim Exerzieren der Truppen war sie notwendige Voraussetzung, um den gewünschten Ausbildungserfolg zu gewährleisten. Das heißt, daß die „Disziplin" ebenfalls im Bedeutungszusammenhang mit „Ausbildung" steht. Eine weitere Bedeutung der Disziplin liegt darin, daß darunter auch die innere Haltung eines Einzelnen zu verstehen ist. Sie befähigt diesen, wenn er sie internalisiert hat, schwierige Situationen zu meistern, und setzt für sein Verhalten bestimmte Normen.

Ein weiterer wesentlicher Bedeutungsinhalt der „Disziplin" liegt darin, daß Disziplinierung mit Herrschaftspraxis gleichgesetzt wird.[26] Auf den engen Zusammenhang zwischen dieser und dem Militär hat bereits Max Weber hingewiesen: *„Die Disziplin des Heeres ist aber der Mutterschoß der Disziplin überhaupt."*[27] Er erhebt sie sogar zur Schlüsselkategorie der modernen Gesellschaft.[28] Das Verdienst, für diesen Prozeß einen einprägsamen Begriff gefunden zu haben, kommt Oestreich zu, der ihn als „Sozialdisziplinierung" bezeichnet.[29] Darüber hinaus hat Oestreich ihm eine Tiefenschärfe und Aufschließungskraft gegeben, die es zuläßt, die Wurzeln des Disziplinierungsprozesses historisch genauer zu bestimmen.[30] Die Sozialdiziplinierung ist auch für das Verständnis des preußischen Offiziers im 18. Jahrhundert und dessen Stellung in der Gesellschaft, also für die Interpendenz von Staat, Gesellschaft und bewaffneter Macht, von eminenter Bedeutung. Hierin Karl Mannheim folgend, spricht Oestreich nämlich davon, daß das Militär die Avantgarde bildete bei der Herausbildung der modernen Sozialtechnik der planmäßigen

---

[26] S. dazu Bröckling, Disziplin, S. 17.

[27] Max Weber, Wirtschaft und Gesellschaft. Grundriß der verstehenden Soziologie, 5., revidierte Auflage besorgt von Johannes Winckelmann, Tübingen 1972, S. 686.

[28] Vgl. dazu Stefan Breuer, Sozialdisziplinierung. Probleme und Problemverlagerungen eines Konzepts bei Max Weber, Gerhard Oestreich und Michel Foucault, in: Christoph Sachße und Florian Tennstedt (Hrsg.), Soziale Sicherheit und soziale Disziplinierung. Beiträge zu einer historischen Theorie der Sozialpolitik, Frankfurt a. M. 1986, S. 45 - 69, hier S. 45.

[29] Vgl. dazu Oestreich, Strukturprobleme des europäischen Absolutismus, in: Derselbe, Geist und Gestalt, S. 179 - 197. Zur Diskussion des Konzepts „Sozialdisziplinierung" siehe die Literaturangaben bei Bröckling, Disziplin, S. 16f., Anmerkung 25. Mit der Bedeutung der Disziplin und der Rolle des Militärs in diesem Prozeß befaßt sich auch Nowosadtko, Ordnungselement, S. 5 - 34, die auf quellenreicher Basis die innermilitärische Disziplinierung und die Rolle des Militärs bei der Disziplinierung der Gesellschaft analysiert. Ihre Beobachtungen beziehen sich allerdings vorwiegend auf das Fürstbistum Münster.

[30] S. dazu Winfried Schulze, Gerhard Oestreichs Begriff „Sozialdisziplinierung in der frühen Neuzeit", in: ZHF, 14. Jg., 1987, S. 265 - 320, der sich in zwei Abschnitten kritisch mit Oestreichs Konzept und der Genese, der Rezeption und den Problemen des Begriffs „Sozialdisziplinierung" befaßt. Unter anderem betont Schulze, daß die „Sozialdisziplinierung" nicht als linearer, zielgerichteter Prozeß zu verstehen ist, sondern sich in Schüben vollzogen hat und dabei ein Steigen und Abfallen zu verzeichnen ist, s. S. 266. Außerdem sei in keinem Land die Sozialdisziplinierung zu einem einheitlichen System ausgebaut worden, s. S. 267. Schulzes Hinweise sind zu berücksichtigen, weil sie die Grenzen der Wirksamkeit der Sozialdisziplinierung deutlich aufzeigen.

Umgestaltung menschlicher Gruppen.[31] Die rationalen Methoden, die das Militär „erfand", um ein einheitliches Verhalten der „Massen" zu schaffen und diese auch zu einheitlichem Handeln und Denken zu erziehen, sind nach und nach auf andere Felder übertragen worden. Oestreich zufolge waren u. a. die Verwaltung und die Wirtschaft Bereiche, in denen die Disziplinierung wirksam wurde. Vergleichbar mit dem Militär, für das in dieser Zeit in verstärktem Maße schriftliche Vorschriften in Form von Reglements aufkamen[32] und die ein wesentliches Instrument zur Disziplinierung der Soldaten waren, wurde auch für den zivilen Bereich eine Vielzahl von Ordnungen und Anweisungen für das private und öffentliche Leben erlassen, die auf eine Erziehung der Menschen zu einem möglichst einheitlichen Handeln zielten.[33] Da es sich für Oestreich „[...] *um den großen Tatbestand einer Disziplinierung und Subordinierung in allen Lebensbereichen"*[34] handelt, hat er diesen Begriff zur „Sozial-Disziplinierung" erweitert.

Obwohl Oestreich deren große Bedeutung für die Entwicklung des frühmodernen Staates aufgezeigt hat, bleibt er eine Antwort über ihre Reichweite und Durchsetzung weitgehend schuldig.[35] Dies hat Michel Foucault unternommen, der einen grundsätzlichen Perspektivwechsel bei seiner Betrachtung der Disziplinarmacht vornimmt. Ihm geht es um die Erfassung und Wirkung der Disziplinierungsmechanismen, die er vor allem als Machtmechanismen definiert. Für ihn ist „Disziplin" **ein** Machttypus. Dessen Techniken, Methoden, Instrumente, Zielpunkte stellt er in den Mittelpunkt seiner Betrachtungen. Durch die Ausführungen von Foucault ist es zudem möglich, einen Konnex zwischen der Sozialdisziplinierung und den Regimentslisten herzustellen, auf deren Auswertung die vorliegende Arbeit im wesentlichen fußt. Er schreibt nämlich, daß die „*erste große Operation der Disziplin [...] die Errichtung von 'lebenden Tableaus'* [war], *die aus den unübersichtlichen, unnützen und gefährlichen Mengen geordnete Vielheiten machen."*[36] Das heißt, es ging darum, eine ungeordnete Gruppe von Menschen, darauf bezieht sich in erster Linie das „lebend", in einer Art Liste, Register, Aufstellung etc. zu erfassen. Waren diese Menschen derart verzeichnet, waren sie keine unbekannten Größen mehr. Vielmehr besaß derjenige, in dessen Auftrag diese Listen erstellt worden sind, bestimmte Informationen über die Individuen, und daher waren sie trotz ihrer Anzahl keine undefinierbare Masse mehr, sondern „Vielheiten". Durch die

[31] S. Oestreich, Strukturprobleme, S. 193f..
[32] So stammt das erste brandenburgische Exerzierreglement aus der Zeit zwischen 1653 bis 1655, s. Curt Jany, Geschichte der Preußischen Armee vom 15. Jahrhundert bis 1914, 4 Bde., 2., ergänzte Auflage, hrsg. von Eberhard Jany, Osnabrück 1967, Bd. 1, S. 161f..
[33] S. Oestreich, Strukturprobleme, S. 192.
[34] Ebd..
[35] S. Bröckling, Disziplin, S. 18.
[36] Michel Foucault, Überwachen und Strafen. Die Geburt des Gefängnisses, Frankfurt a. M. 1991[9], S. 190.

Listen konnten die erfaßten Personen kontrolliert und damit auch in eine gewisse Ordnung gebracht werden. Unter einem derartigen Tableau versteht Foucault z. B. die Aufstellung eines allgemeinen und permanenten Armeeregisters. Das bedeutet, daß die in dieser Arbeit auszuwertenden Regimentslisten nicht nur als reine Informationsquelle anzusehen sind. Die Angaben, die dort gesammelt wurden, machten die Offiziere auch kontrollierbar und damit disziplinierbar. Es wird u. a. zu untersuchen sein, ob Friedrich Wilhelm I. und Friedrich II. die „totale" Disziplinierung des einheimischen Adels im Offiziersdienst gelang oder ob nicht doch der Widerstand des Adels gegen die freiwillige „Pflicht" zum Militärdienst, die vorzeitige Dimission von Offizieren, die Duelle und Desertionen, das Glücksspiel etc. belegen, daß dem Zugriff der Monarchen Grenzen gesetzt waren. Es wird ein wesentlicher Aspekt dieser Arbeit sein, die Schnittstelle aufzuzeigen, sie zu analysieren und einzuordnen, an der der Anspruch des Monarchen nach „funktionierenden" Offizieren auf das (weitgehend) adlige Selbstverständnis traf.

Angesichts der besonderen Stellung, die die preußischen Offiziere in Armee und Staat einnahmen, ist es erstaunlich, daß sich dies in der Literatur nur zum Teil widerspiegelt. Dieses Urteil bezieht sich allerdings nicht auf den Umfang dessen, was bislang zu diesem Thema erschienen ist. Wird nur dieser Aspekt berücksichtigt, dann kann tatsächlich davon gesprochen werden, daß die preußischen Offiziere sehr häufig Untersuchungsgegenstand in der deutschen Militärhistoriographie gewesen sind.[37] Die älteren Arbeiten beschränken sich aber auf eine positivistische Darstellung der Entstehungsgeschichte „des" Offizierkorps, wobei sie sich dabei auf dessen Organisation oder den militärischen Einsatz konzentrieren. Die Beziehungen zwischen Armee, Staat und Gesellschaft und die wechselseitigen Einflüsse bleiben dagegen weitgehend unberücksichtigt. Stellvertretend für die große Zahl solcher Arbeiten sei auf eine der ältesten Monographien (1876) über die preußischen Offiziere von Adolf v. Crousaz verwiesen.[38] Auf der gleichen konzeptionellen Ebene liegt die Arbeit von Walter Hedler „**Der Werdegang des Deutschen Heeres und seines Offizierkorps**"[39] (1909) oder der schmale Aufsatz von Gustav v. Janson (1912) „**Das Offizierkorps Friedrichs des**

---

[37] S. dazu Frank Göse, Zwischen Garnison und Rittergut. Aspekte der Verknüpfung von Adelsforschung und Militärgeschichte am Beispiel Brandenburg-Preußens, in: Pröve, Klio in Uniform, S. 109 - 142, hier S. 110. Auch Kroener, Vom „extraordinari Kriegsvolck" zum „miles perpetuus". Zur Rolle der bewaffneten Macht in der europäischen Gesellschaft der Frühen Neuzeit, in: MGM, 43. Jg., 1988, S. 141 - 188, hier S. 161 sieht diese Dominanz des preußischen Offizierkorps bei den deutschen Militärhistorikern. Diese Beobachtung hat ebenfalls Ernst Willi Hansen, Zur Problematik einer Sozialgeschichte des deutschen Militärs im 17. und 18. Jahrhundert, in: ZHF, 6. Jg., 1979, S. 425 - 460, hier S. 432f. gemacht.
[38] Adolf v. Crousaz, Das Offizier-Corps der preußischen Armee nach seiner historischen Entwicklung, seiner Eigentümlichkeit und seinen Leistungen, Halle a. S. 1876.
[39] Walter Hedler, Der Werdegang des Deutschen Heeres und seines Offizierkorps, o. O. 1909.

17

Großen".[40] Als einer der wenigen älteren Autoren hat sich v. Janson auch mit den Offizieren der Freitruppen[41] beschäftigt. Die sozialgeschichtliche Perspektive, die gerade bei diesen Offizieren besonders interessant ist, bleibt aber unberücksichtigt. Ebenfalls hat sich Max Apel (1913) mit dem preußischen Offizier befaßt. Seine Darstellung beginnt mit Kurfürst Friedrich Wilhelm I., der Schwerpunkt liegt aber im 18. Jahrhundert.[42] Erwähnenswert ist seine Monographie, weil er zumindest in Ansätzen versucht, sozialgeschichtliche Aspekte aufzugreifen. So schildert er den Alltag der Offiziere, die Eintönigkeit ihres Dienstes und die Bevormundung der jüngeren Offiziere durch ihre Vorgesetzten. Ein Beispiel dafür, daß bei einer Arbeit über die preußischen Offiziere nicht völlig auf die ältere Kriegsgeschichtsschreibung[43] verzichtet werden kann, ist das nach wie vor unübertroffene vierbändige Werk „Geschichte der Preußischen Armee" von Curt Jany, das als Höhepunkt dieser formationsbezogenen Geschichtsschreibung bezeichnet werden kann.[44] Mit großem Detailwissen hat er die Entwicklung der preußischen Armee vom 15. Jahrhundert bis 1914 nachgezeichnet. Da durch einen Brand 1945 die Akten des preußischen Heeresarchivs, auf die Jany zurückgegriffen hat, fast vollständig vernichtet wurden, kommt seine Arbeit in Teilbereichen einer Quelle sehr nahe.[45] Sozialgeschichtliche Fragestellungen werden von Jany allerdings nur am Rande behandelt. Dafür weist er bereits auf Aspekte hin, die von der Forschung lange ignoriert worden sind, wie z. B. die Desertion von Offizieren.[46] Die Arbeit von Jany ist bis heute unverzichtbar, wenn Aufbau, Organisation und Umfang der preußischen Armee dargestellt werden sollen. Die 1936

[40] Gustav v. Janson, Das Offizierkorps Friedrichs des Großen, in: Marinerundschau, 23. Jg., 1912, S. 171 - 185.
[41] Im Siebenjährigen Krieg stellte die preußische Armee aus Freiwilligen, Überläufern und Gepreßten eine Art leichte Infanterie auf, die außerhalb des stehenden Heeres und seiner Gefechtsordnungen kämpfte. Sie wurde vor allem zu Streif- und Raubzügen im Rücken des Gegners sowie in dessen Hinterland eingesetzt. In dieser Arbeit wird im Zusammenhang mit der Untersuchung der Garnisonregimenter auf die Freitruppen noch ausführlicher eingegangen werden. Eine neuere Darstellung zu diesem Thema stammt von Frank Wernitz, Die preußischen Freitruppen im Siebenjährigen Krieg 1756-1763. Entstehung-Einsatz-Wirkung, Wölfersheim-Berstadt 1994. Auch wenn diese Arbeit nur auf einer Auswertung der bis dahin erschienen Literatur beruht und keine neuen Quellen auswertet, ist sie dennoch nützlich, weil sie die bislang gewonnenen Erkenntnisse zusammenfaßt. Kaum Berücksichtigung finden allerdings die sozialgeschichtlichen Aspekte. Eine ausführliche Darstellung der Freitruppen ist bei Hans Bleckwenn, Die friderizianischen Uniformen 1753 - 1786, 4 Bde., Osnabrück 1987², Bd. 4, S. 81 - 182 zu finden. Vgl. zu diesem Thema auch die Arbeit von Kunisch, Der Kleine Krieg. Studien zum Heerwesen des Absolutismus (= Frankfurter Historische Abhandlungen, Bd. 4), Wiesbaden 1973, der an verschiedenen Stellen u. a. auf die Freitruppen der preußischen Armee eingeht.
[42] Max Apel, Der Werdegang des preußischen Offizierkorps bis 1806 und seine Reorganisation, Oldenburg 1913.
[43] Zu den Begriffen „Kriegsgeschichte" bzw. „Wehrgeschichte" vgl. Wohlfeil, Wehr-, Kriegs- oder Militärgeschichte? in: MGM, 1. Jg., 1967, S. 21 - 29. Siehe dazu auch den neueren Aufsatz von Wohlfeil, Militärgeschichte. Zu Geschichte und Problemen einer Disziplin der Geschichtswissenschaft (1952-1967), in: MGM, 52. Jg., 1993, S. 323 - 344.
[44] S. Anmerkung 32.
[45] S. dazu Thomas Lindner, Die Peripetie des Siebenjährigen Krieges. Der Herbstfeldzug 1760 in Sachsen und der Winterfeldzug 1760/61 in Hessen (= Quellen und Forschungen zur Brandenburgischen und Preußischen Geschichte, Bd. 2), Berlin 1993, S. 22f.
[46] S. Jany, Geschichte der Preußischen Armee, Bd. 3, S. 36. Zum Thema „Desertion" vgl. auch Ulrich Bröckling und Michael Sikora (Hrsg.), Armeen und ihre Deserteure. Vernachlässigte Kapitel einer Militärgeschichte der Neuzeit, Göttingen 1998, hier besonders die Beiträge von Peter Burschel und Sikora, die sich mit der Desertion in der Frühen Neuzeit befassen.

18

erschienene Dissertation von Jupp Hoven „Der preußische Offizier des 18. Jahrhunderts. Eine Studie zur Soziologie des Staates" kann heutigen Ansprüchen nur noch unter Vorbehalt genügen.[47] Das Versprechen, das der Titel macht, nämlich soziologische Aspekte mit einzubeziehen, löst diese Arbeit nicht ein. Vielmehr beruht sie auf verfassungs- und kriegsgeschichtlichen Forschungsansätzen. Zudem erfährt diese Arbeit eine gewisse Einschränkung durch die Tatsache, daß in ihr zwar kein offensichtlich nationalsozialistisches Gedankengut verbreitet wird, an einigen Stellen aber eine Anlehnung an diese Ideologie und ihren „wehrgeschichtlichen" Ansatz nicht zu übersehen ist. So z. B. wenn er davon spricht, daß Friedrich Wilhelm I. und Friedrich II. „zur Gründung und Belebung eines funktionierenden Staats zu Trägern der staatlichen Substanz eines Materials [bedurften], das Produkt biologischer Hochzucht und ein von der Bevölkerung streng abgegrenztes Eigenleben zu führen gewohnt ist"[48]. Mit diesem „Material" meint Hoven den Adel. An anderer Stelle bezeichnet er diesen als „Rasse"[49] und als das geeignete „Material", das die Menschen für die „überraschenden Erscheinungen und Leistungen des 18. Jahrhunderts"[50] lieferte.

Neue, weiterweisende Wege geht dagegen Karl Demeter in seiner 1930 erstmals erschienenen und 1962 in einer überarbeiteten Auflage neu herausgegebenen Arbeit über das deutsche Offizierkorps.[51] Diese ist eine der grundlegenden sozialgeschichtlichen Untersuchungen über die militärischen Eliten in mehreren deutschen Staaten. Allerdings spiegelt sie den Forschungsstand von 1930 wider, was daran abzulesen ist, daß einige Passagen überholt sind, vor allem die über das Verhältnis von Staat und Militär bzw. von Gesellschaft und Militär. Außerdem sind die Ausführungen zum 18. Jahrhundert relativ knapp und nicht nur auf Preußen bezogen. Ferner fehlt den von ihm angegebenen Zahlen eine verläßliche Grundlage auf quantifizierender Basis.[52] 1962 erschien das wichtige, die Forschung stark beeinflussende Buch von Otto Büsch „Militärsystem und Sozialleben im alten Preußen 1713-1807". Dessen zentrale These von der Identität von Militär- und Sozialsystem in Preußen hat eine vielfältige Diskussion ausgelöst, deren Folgen bis

---

[47] Jupp Hoven, Der preußische Offizier des 18. Jahrhunderts. Eine Studie zur Soziologie des Staates, Diss. Phil., Leipzig 1936.
[48] Hoven, Der preußische Offizier, S. 55.
[49] S. Hoven, Der preußische Offizier, S. 56.
[50] Hoven, Der preußische Offizier, S. 63.
[51] Karl Demeter, Das Deutsche Offizierkorps in Gesellschaft und Staat 1650 - 1945, 2., neubearbeitete und wesentlich erweiterte Auflage des 1930 erschienenen Werkes „Das Deutsche Offizierkorps in seinen historisch-soziologischen Grundlagen", Frankfurt a. M. 1962.
[52] So z. B. seinen Zahlenangaben über die soziale Zusammensetzung des preußischen Offizierkorps, s. Demeter, Das Deutsche Offizierkorps, S. 4.

heute erkennbar sind.[53] Auch wenn sich die aktuelle Geschichtsschreibung bereits weitgehend darüber einig ist, daß diese These von Büsch in Teilen einer kritischen Überprüfung nicht mehr standhält, weil eingehendere Analysen zu differenzierten Einsichten geführt haben, soll für den Offiziersstand das Erklärungsmodell auf verläßlicher Basis nochmals überprüft werden. Büsch kommt das Verdienst zu, ein zentrales Forschungsanliegen der modernen Militärgeschichtsschreibung in den Mittelpunkt gerückt zu haben, indem er auf die Wechselbeziehungen zwischen der bewaffneten Macht und der Gesellschaft hingewiesen hat. Vor allem ist durch Büsch ein wichtiger Schritt zur sozialgeschichtlichen Analyse der altpreußischen Armee getan worden. Dies macht auch den Wert des im selben Jahr herausgegebenen Sammelbandes „**Untersuchungen zur Geschichte des Offizierkorps**" aus.[54] In mehreren Beiträgen wird das für den Offiziersstand so wichtige Thema der Beförderung nach Anciennität oder Leistung analysiert, wobei nicht nur die militärspezifischen Aspekte herausgearbeit werden, sondern ebenso die sozialrelevanten Bereiche. Dieser neue Ansatz wird u. a. von Papke aufgegriffen: „[...] *das preußische Offizierkorps* [kann] *nicht allein aus der militärischen Perspektive erklärt werden* [...]. *Es ist zugleich ein soziologisches Phänomen* [...] *und es ist vor allem ein politisches Phänomen* [...]."[55] Auch wenn die Aspekte von Anciennität und Leistung anhand des „deutschen" Offizierkorps zwischen dem 17. und 20. Jahrhundert untersucht werden, so steht doch vor allem, bedingt durch die Dominanz Brandenburg-Preußens in der deutschen Historiographie, dessen Offizier im Mittelpunkt der Beobachtungen. 1964 erschien der von Hans Meier-Welcker herausgegebene Band „**Offiziere im Bild von Dokumenten aus drei Jahrhunderten**"[56]. Der Großteil der in diesem Werk enthaltenen Dokumente beziehen sich auf das preußische Militär. Folgerichtig befaßt sich auch die von Manfred Messerschmidt geschriebene Einführung mit „**Werden und Prägung des preußischen Offizierkorps**"[57]. Trotz der gerafften Darstellung ist die von Messerschmidt gelieferte Analyse bis heute eine der besten, denn er begnügt sich nicht mit der traditionellen Sichtweise des Offizierkorps als militärischen Phänomens, sondern er skizziert auch die sozialen Aspekte: „*Das Offizierkorps war* [unter Friedrich II.] *zu einem in sich geschlossenen Berufsstand geworden. Seine Geschlossenheit beruhte maßgeblich auf seiner*

---

[53] Vgl. dazu Harnisch, Preußisches Kantonsystem, S. 140, Jürgen Kloosterhuis, Zwischen Aufruhr und Akzeptanz. Zur Ausformung und Einbettung des Kantonsystems in die Wirtschafts- und Sozialstrukturen des preußischen Westfalen, in: Kroener/Pröve, Krieg und Frieden, S. 167 - 190, hier S. 167, Anmerkung 2 und S. 190 sowie Göse, Zwischen Garnison und Rittergut, S. 121 - 124.
[54] Meier-Welcker (Hrsg.), Untersuchungen zur Geschichte des Offizierkorps. Anciennität und Beförderung nach Leistung (= Beiträge zur Militär- und Kriegsgeschichte, Bd. 4), Stuttgart 1962.
[55] Papke, Offizierkorps und Anciennität, in: Meier-Welcker, Untersuchungen zur Geschichte, S. 177 - 206, hier S. 181.
[56] S. Anmerkung 9.
[57] S. ebd..

sozialen Homogenität.[58] Messerschmidt hat den Begriff „*Monarchisierung*"[59] benutzt, mit dem er den historischen Prozeß erfaßt, in dem es dem Landesherr allmählich und durch verschiedene Maßnahmen gelang, den Adel dazu zu bringen, den Offiziersdienst als standesgemäße Betätigung anzusehen. Dieser Begriff ist für die vorliegende Arbeit von Bedeutung, weil der damit beschriebene Vorgang für die Interpretation der Regimentslisten wichtig ist. Im Rückgriff auf das Zitat muß ein Aspekt genannt werden, der in dieser Arbeit eingehender untersucht werden soll. Es wird nämlich zu klären sein, ob es unter Friedrich II. tatsächlich „das" Offizierkorps gab und ob dies ein in sich geschlossener Berufsstand war. Dies würde nämlich bedeuten, daß „das" Offizierkorps einer Professionalisierung unterlag. Außerdem wird der Begriff „Berufsstand" darauf hin überprüft werden müssen, ob dieser mit dem Selbstverständnis der Offiziere übereinstimmte. Die stärkere Berücksichtigung der Sozialgeschichte, die in den sechziger Jahren in die Militärgeschichtsschreibung einzog, ist auch am „Handbuch zur deutschen Militärgeschichte" abzulesen bzw. an dem für diese Arbeit relevanten Beitrag von Gerhard Papke „**Von der Miliz zum Stehenden Heer...**"[60]. Der neue Ansatz in der Militärgeschichtsschreibung, der darauf zielt, die Bedeutung der bewaffneten Macht als politischer, ökonomischer und sozialer Faktor innerhalb des Staates aufzuzeigen sowie die Wechselbeziehungen zwischen Militär, Gesellschaft und Staat zu analysieren, ist besonders von Rainer Wohlfeil verfolgt worden.[61] Er fordert u. a., daß sich die Erforschung des Militärs nicht darauf beschränken dürfe, die Armeen nur als soziale Großgruppe zu betrachten, sondern daß daneben die Untersuchung der Lebenswirklichkeit der einzelnen Individuen, d. h. der Soldaten und Offiziere, die den militärischen Normen und Werten unterworfen waren und wie diese auf die Gesellschaft zurückwirkten, erfolgen müsse. Zumindest in Teilaspekten soll dieser konzeptionelle Ansatz in der vorliegenden Arbeit umgesetzt werden. Der Ansatz von Wohlfeil wird deutlich an seinen eigenen Forschungen zur Militärgeschichte. So hat er in seinem Aufsatz „**Adel und Heerwesen**" die Herausbildung des Offiziersstandes im Heiligen Römischen Reich Deutscher Nation analysiert.[62] Der preußische Offizier und dessen Entwicklung bildet dabei einen Schwerpunkt. Die von ihm getroffenen Beobachtungen sind heute noch in großen

---

[58] Messerschmidt, Werden und Prägung, S. 44.
[59] S. Messerschmidt, Werden und Prägung, S. 33.
[60] Handbuch zur deutschen Militärgeschichte 1648-1939, begründet von Hans Meier-Welcker, Projekleitung und Gesamtredaktion Gerhard Papke und Wolfgang Petter, 5 Bde., Frankfurt a. M., München 1964 - 1979. In dieser Arbeit wird die Paperbackausgabe dieses Handbuches benutzt, wie bereits in Anmerkung 24 ausgeführt.
[61] Vgl. Wohlfeil, Wehr-, Kriegs- oder Militärgeschichte, S. 21 - 29. Weiterführende Literaturangaben zum derzeitigen Stand der Militärgeschichtsschreibung finden sich bei Karen Hagemann, Militär, Krieg und Geschlechterverhältnisse. Untersuchungen, Überlegungen und Fragen zur Militärgeschichte der Frühen Neuzeit, in: Pröve, Klio in Uniform, S. 35 - 88, hier vor allem die S. 35f. mit den dazugehörigen Anmerkungen.
[62] S. Anmerkung 13.

Teilen gültig. In diesem Aufsatz hat Wohlfeil festgestellt, daß es auf der Grundlage der damals bekannten Quellen und der Literatur lediglich möglich sei, einige Anhaltspunkte über den Anteil des Adels am brandenburgisch-preußischen Offizierkorps zu geben.[63] Aus dieser Feststellung zieht er den Schluß, daß es „unmöglich" sei, präzise Angaben über den Adelsanteil zu machen. Es wird eines der wesentlichen Ziele der hier vorgelegten Arbeit sein, Wohlfeil an dieser Stelle zu korrigieren. Für die vorliegende Arbeit ist eine weitere Untersuchung von Wohlfeil von großem Wert, und zwar **„Ritter-Söldnerführer-Offizier"**[64], denn Wohlfeil gelingt es hier überzeugend nachzuweisen, daß sich der „moderne" Offizier nicht aus dem Ritter des Mittelalters oder aus dem Söldnerführer der frühen Neuzeit entwickelt hat, sondern daß der Offizier und insbesondere der borussische im wesentlichen eine Schöpfung des ausgehenden 17. und des 18. Jahrhunderts ist. Er stellt bei seinen Ausführungen das preußische Beispiel in den Mittelpunkt und weist schlüssig nach, daß *„der hohenzollersche Absolutismus* [...] *einen Typ des Offiziers* [formte], *dessen rechtliche und gesellschaftliche Stellung auf einer anderen Basis beruhte als die des Söldnerführers oder des staufischen Ritters"*[65]. Diese Formung gelang, weil die preußischen Kurfürsten und Monarchen „[...] *ihren Offizieren eine arteigene neue Haltung und Gesinnung oktroyierten"*[66]. Ob Friedrich Wilhelm I. und Friedrich II. die Entwicklung des modernen Offizierstyps in der Tat wesentlich gefördert haben, soll ein Untersuchungsschwerpunkt der vorliegenden Arbeit sein. Den sozialgeschichtlichen Aspekt hat auch Hans Bleckwenn nicht außer acht gelassen, der in seinen schmalen, aber gehaltvollen Arbeiten konträre interpretatorische Ansätze vorgelegt hat. Hier sind besonders die Aufsätze **„Bauernfreiheit durch Wehrpflicht"**[67] und **„Altpreußischer Militär- und Landadel"**[68] zu nennen. In ersterem versucht Bleckwenn in Replik auf Büsch nachzuweisen, daß das altpreußische Militärsystem nicht lediglich als Belastung für den Bauernstand beschrieben werden kann, sondern das Kantonsystem Chancen zur partiellen Emanzipation der hörigen Bauern bot.[69] Im zweiten Aufsatz beabsichtigt er Otto Büschs These zu widerlegen, daß Gutsherr und Kompaniechef identisch gewesen seien und es dadurch eine Interessengemeinschaft des

---

[63] S. Wohlfeil, Adel und Heerwesen, S. 332.
[64] Wohlfeil, Ritter-Söldnerführer-Offizier. Versuch eines Vergleiches, in: Arno Borst (Hrsg.), Das Rittertum im Mittelalter, Darmstadt 1976, S. 315 - 348.
[65] Wohlfeil, Ritter-Söldnerführer-Offizier, S. 340.
[66] Ebd..
[67] Bleckwenn, Bauernfreiheit durch Wehrpflicht - ein neues Bild der altpreußischen Armee, in: Friedrich der Große und das Militärwesen seiner Zeit (= Vorträge zur Militärgeschichte, Bd. 8), Herford, Bonn 1987, S. 55 - 72.
[68] Bleckwenn, Altpreußischer Militär- und Landadel. Zur Frage ihrer angeblichen Interessengemeinschaft im Kantonwesen, in: ZfH, 49. Jg., 1985, S. 93 - 95.
[69] S. Bleckwenn, Bauernfreiheit durch Wehrpflicht, S. 63.

22

grundbesitzenden Adels und des Offizierkorps im Kantonwesen gegeben habe.[70] Bleckwenn kommt aufgrund der Analyse einiger weniger Regimentslisten, die allerdings keine repräsentativen Aussagen ermöglichen, zu einem Ergebnis, mit dem er die These von Büsch zumindest in Teilen widerlegen kann. 1978 erschien seine Monographie „**Unter dem Preußen-Adler**"[71]. In diesem Werk über die preußische Armee von 1640 bis 1807 sind seine wesentlichen Bemerkungen und Beobachtungen zusammengefaßt. Bleckwenn bezieht zwar in Ansätzen Staat, Ökonomie und Gesellschaft und deren wechselseitige Beziehungen zur bewaffneten Macht in seine Überlegungen ein, wie u. a. von Wohlfeil gefordert, im wesentlichen beschränkt er sich aber auf eine positivistische Darstellung. Zu diesem Zweck hat er die bis dahin erschienene Literatur und die vorhandenen gedruckten Quellen benutzt und ausgewertet. Bleckwenn gibt an, daß seine Arbeit auf der Auswertung von 2000 (?) Titeln beruht. In seiner Bibliographie beschränkt er sich aber darauf, nur wenige ausgewählte Titel zu nennen. Auch an seinen Ausführungen ist der populärwissenschaftliche Charakter abzulesen, denn diese sind nicht frei von apologetischen Zügen. So beurteilt er bestimmte Aspekte in der Armee zu unkritisch[72] oder beschreibt sie zu positiv[73]. Auf dem gleichen Niveau wie letztere Darstellung liegen die im folgenden genannten Arbeiten von Christopher Duffy. Seine Monographie „**The Army of Frederick the Great**"[74] (1978) geht im wesentlichen nicht über das hinaus, was bereits bei Jany zu finden ist. Im Prinzip ist diese Arbeit nichts anderes als eine Komprimierung von Janys vierbändigem Werk. Duffy hat die Zusammenhänge zwischen Gesellschafts- und Heeresverfassung nur am Rande berücksichtigt. Es ist deutlich zu erkennen, daß er sich mit dieser Arbeit an einen anderen, vorwiegend nicht wissenschaftlich interessierten Rezipientenkreis wendet. Außerdem steht er als Engländer in einer anderen militärhistoriographischen Tradition, die sich von der deutschen Militärgeschichtsschreibung nach dem Zweiten Weltkrieg unterscheidet. Der populärwissenschaftliche Charakter seiner Arbeit ist auch daran zu erkennen, daß Duffy zum Teil

---

[70] S. Bleckwenn, Altpreußischer Militär- und Landadel, S. 7ff..
[71] Bleckwenn, Unter dem Preußen-Adler. Das brandenburgisch-preußische Heer 1640-1807, unveränderte Neuauflage der Ausgabe München 1978, Paderborn 1989.
[72] So z. B. wenn er behauptet, daß der Militärdienst zu einer evolutionären Bauernbefreiung geführt habe und der Untertan des Adligen zum Mann des Königs wurde, s. Bleckwenn, Unter dem Preußen-Adler, S. 58. In diesem Zusammenhang sei Harnisch, Preußisches Kantonsystem, S. 149 und 157 genannt, der nachweist, wie stark der Einfluß des Adels auf seine Bauern auch im Kantonsystem geblieben ist. Treffender als Bleckwenn sieht Kloosterhuis, Aufruhr und Akzeptanz, S. 190 in der Ausweitung der Chancen staatlich geprägter Sozialdisziplinierung die eigentliche Auswirkung des Kantonsystems auf die Sozialstruktur Preußens.
[73] Wenn er z. B. schreibt, daß die Söhne des Adels im Siebenjährigen Krieg ohne Zögern zum Sterben gingen, dann ist doch fraglich, wie er zu dieser verallgemeinernden den preußischen Offizier heroisierenden Aussage kommt, s. Bleckwenn, Unter dem Preußen-Adler, S. 75.
[74] Duffy, The Army of Frederick the Great, Chicago 1996². Diese Arbeit ist in der ersten Auflage in Deutschland unter dem Titel erschienen: Friedrich der Große und seine Armee. Stuttgart 1978. Der Unterschied zwischen beiden Auflagen

Ausführungen macht, die einer eingehenderen Überprüfung bedürfen bzw. diese wünschenswert machen, was aber nicht möglich ist, weil er seine Thesen nicht entsprechend belegt hat. Da er Fragestellungen, die über die militärische Materie hinausgehen, nicht einbezieht, präsentiert diese Arbeit damit einen heereskundlichen Standard, wie er bereits von Jany erreicht worden ist. 1986 hat Duffy eine Biographie Friedrichs II. veröffentlicht, die eine militärgeschichtliche Lebensbeschreibung des Königs beinhaltet und in relativ ausgewogener Art und Weise die Entwicklung Friedrichs als Feldherr im Kontext der Geschichte des europäischen Wehrwesens seiner Zeit interpretiert.[75] Obwohl die Arbeiten von Duffy belegen, daß der Autor die vorliegenden Quellen, allerdings nur gedrucktes Material, und die einschlägige Literatur zu diesem Thema ausgewertet und in seine Darstellungen einbezogen hat, fehlt doch der sozialgeschichtliche Ansatz fast völlig. Diese Monographien Duffys sind Werke einer „klassischen" Militär- und Kriegsgeschichtsschreibung, wie sie in Deutschland vor dem II. Weltkrieg bzw. bis zur Neuorientierung des Faches Anfang der sechziger Jahre üblich war. Aus diesem Grund sind seine Ausführungen über die preußischen Offiziere für die vorliegende Arbeit nur von begrenztem Wert.

Weiterführende Erkenntnisse über diese Offiziere sind dagegen aus einigen neueren Arbeiten zu entnehmen, weil in diesen besonders der sozialgeschichtliche Forschungsansatz berücksichtigt worden ist. So hat Peter Michael Hahn 1991 in seinem Aufsatz „**Aristokratisierung und Professionalisierung. Der Aufstieg der Obristen zu einer militärischen und höfischen Elite...**" die Spitzendienstgrade in den Mittelpunkt seiner Untersuchung gerückt.[76] Die von ihm erzielten Ergebnisse beruhen auf bereits gedruckt vorliegendem Material, nämlich den Biographien der Obristen und Generale im „Priesdorff".[77] Hahn bietet wertvolle Erkenntnisse darüber, in welchem Maße militärische Karrieren ein Mittel des sozialen Aufstiegs waren, wie die soziale Zusammensetzung der untersuchten Gruppe war und nach welchen Kriterien sich deren Heiratsverhalten richtete.[78] Der Wert des Aufsatzes von Hahn besteht u. a. auch darin, daß er ein Thema untersucht, das in der vorliegenden Arbeit mit Hilfe der Regimentslisten auf einer wesentlich breiteren Datengrundlage umfassend analysiert werden soll. Neue Einsichten in das Sozialsystem „Militär" sind aus der 1992 erschienen Arbeit von Jürgen Kloosterhuis

---

besteht im wesentlichen darin, daß in der von 1996 die Bibliographie auf den neuesten Stand gebracht wurde.
[75] S. Anmerkung 13.
[76] Peter Michael Hahn, Aristokratisierung und Professionalisierung. Der Aufstieg der Obristen zu einer militärischen und höfischen Elite in Brandenburg-Preußen von 1650 - 1725, in: FBPG, NF, 1. Band 1991 (Der ganzen Reihe 56. Band), S. 161 - 208.
[77] Kurt v. Priesdorff, Soldatisches Führertum, Bde. 1 - 3, Hamburg o. J. (Die Teilbände sind erschienen von Bd. 1: 1937 bis Bd. 10: 1942).
[78] S. Hahn, Aristokratisierung, S. 204.

„**Bauern, Bürger und Soldaten**...“[79] zu ziehen. Im ersten Band „Regesten" werden aussagekräftige Quellen zur Sozialisation des Militärsystems im preußischen Westfalen vorgelegt. Neben der Vielzahl der unterschiedlichen Dokumente, die neben den Mannschaften und Unteroffizieren auch Aussagen über die Offiziere ermöglichen, d. h. über Dienstleistung, Verabschiedung und Kompaniewirtschaft etc., hat Kloosterhuis einen Teil der Regimentslisten - und zwar für die im Westen stationierten Regimenter - ausgewertet. Aufbauend auf dieser wegweisenden Studie, sollen in der vorliegenden Arbeit diese aufschlußreichen, zufällig erhalten gebliebenen Unterlagen für die Offiziere aller Regimenter[80] Brandenburg-Preußens untersucht werden. Die Ergebnisse dieser Regionalstudie sollen demnach auf einer wesentlich umfassenderen Basis daraufhin überprüft werden, ob sie sich für Preußen insgesamt weiter ausführen und differenzieren lassen.[81] Der zweite Band „Listen" enthält u. a. die Personallisten der westfälischen Infanterieregimenter Nr. 9, 10 und 41. Auf einer breiten Quellengrundlage hat sich Kloosterhuis (1996) mit dem Kantonsystem im preußischen Westfalen befaßt und den Auswirkungen dieses Systems auf die Gesellschaft.[82] In diesem Aufsatz kommt er außerdem zu Ergebnissen, die die Büsch-These von der Militarisierung der Gesellschaft als überholt erkennen lassen. Bestätigt werden die Ergebnisse durch einen Aufsatz von Helmut Harnisch, der sich ebenfalls mit dem Kantonsystem befaßt und dabei die mittleren Kammerdepartements in der Kurmark Brandenburg untersucht.[83] Er kommt zu Erkenntnissen, die Aussagen darüber zulassen, welche Teile der Bevölkerung vom Kantonsystem erfaßt wurden. Außerdem verweist er darauf, wie stark die Belastungen für den einzelnen Kantonpflichtigen und dessen Familie waren, die über Jahre hinweg mit der Aushebung rechnen mußte und die nach der Rekrutierung des Kantonisten den Ausfall einer Arbeitskraft zu kompensieren hatten. Er zeigt ebenfalls auf, welchen Einfluß das Kantonsystem auf die ländliche Sozialstruktur hatte.

Neben diesen Monographien und Aufsätzen, die sich vor allem mit der preußischen Armee insgesamt oder deren Offizieren befassen, gibt es noch eine Reihe von Arbeiten, in denen Teilaspekte behandelt werden. Um in dieser Arbeit die Ergebnisse über die soziale und territoriale Herkunft der Offiziere zu ergänzen, werden zwei Autoren herangezogen, die eine andere Quelle ausgewertet haben, aus der sich u. a. für die vorliegende Studie wertvolle Erkenntnisse ziehen

---

[79] Kloosterhuis, Bauern, Bürger und Soldaten. Quellen zur Sozialisation des Militärsystems im preußischen Westfalen 1713 - 1803, 2 Bde. (= Veröffentlichungen der Staatlichen Archive des Landes NRW, Reihe C: Quellen u. Forschungen aus den staatlichen Archiven), Münster 1992.
[80] Das heißt, von allen Regimentern bzw. militärischen Einheiten von denen Rang-, Abgangs- oder Biographielisten vorhanden sind.
[81] Kloosterhuis hat bei seiner Auswertung u. a. herausgefunden, daß 75 % aller Offiziere vor Erreichen des - finanziell lukrativen - Kapitänsranges aus dem Dienst schieden. Siehe Kloosterhuis, Bauern, Bürger und Soldaten, S. XXXII.
[82] S. Anmerkung 53.
[83] S. Anmerkung 4.

lassen. Hierbei handelt es sich um Vasallentabellen, die zahlreiche Angaben über den grundbesitzenden Adel Brandenburg-Preußens im 18. Jahrhundert enthalten.[84] Fritz Martiny kommt das Verdienst zu, als erster auf diese Quelle hingewiesen und sie auch einer Analyse unterzogen zu haben. Seine Arbeit aus dem Jahre 1938 ist in Teilen bis heute noch gültig.[85] Martiny stellt einen direkten Bezug her zwischen der Krise des Adels am Ende des 18. Jahrhunderts und der Bedeutung des Offizierdienstes für diesen Stand. Aus den Vasallentabellen hat er zahlreiche fundierte Angaben gezogen, so über die Zahl der Vasallen, die aktive oder ehemalige Offiziere waren und welche - auch militärische - Ausbildung ihre Söhne erhielten. Seine Arbeit ist für eine Darstellung des Themas „Adel und Offizierkorps" daher nach wie vor relevant. Frank Göse hat in seiner Untersuchung **„Die Struktur des kur- und neumärkischen Adels..."** 1992 ebenfalls die Vasallentabellen ausgewertet.[86] Göse beschränkt sich bei seiner quantifizierenden Analyse auf die kur- und neumärkischen Vasallentabellen und auf die Stichjahre 1713 und 1769. Die Vielzahl der militär- bzw. sozialrelevanten Informationen machen die Bedeutung des Aufsatzes von Göse aus. Diese sind insofern sehr hilfreich, als sie die in dieser Arbeit gewonnenen Ergebnisse zu vergleichen erlauben. Fortgesetzt hat Göse die Auswertung dieser wertvollen Quelle in seinem Aufsatz **„Zwischen Garnison und Rittergut..."**[87]. Die dabei wiederum mit Hilfe der quantifizierenden Methode gewonnenen Tabellen über die Garnisonorte der kur- und neumärkischen Offiziere, über die Heiratskreise verschiedener Adelsfamilien und die Gläubigergruppen von märkischen Rittergutsbesitzern liefern weiterführende Erkenntnisse über die preußischen Offiziere. Dabei hat er nicht den adligen Offizier in der Armee in den Mittelpunkt seiner Untersuchungen gestellt. Er versucht sozialkulturelle Aspekte anhand der Vasallentabellen zu beschreiben, indem er vorrangig die Verankerung des Offiziers in den adligen Lebenswelten untersucht.

Ein weiterer wesentlicher Aspekt des preußischen Offiziers ist dessen Verhältnis zur „Bildung". Dieser Bereich ist von besonderer Bedeutung, weil der aufklärerische Bildungsgedanke, wie er sich am Ende des 18. Jahrhunderts verstärkt durchsetzte[88] und der Bildung Vorrang vor Herkunft und

---

[84] Die Vasallentabellen wurden von den Landräten geführt, die darin verschiedene Angaben über die Adligen ihres Kreises erfaßten, so z. B. darüber, wo sich diese aufhielten, ob sie Offiziere bei der Armee waren oder ob sie ein anderes Amt innehatten.
[85] Fritz Martiny, Die Adelsfrage in Preußen vor 1806 als politisches und soziales Problem (= VSWG, Beiheft 35), Stuttgart, Berlin 1938.
[86] Göse, Die Struktur des kur- und neumärkischen Adels im Spiegel der Vasallentabellen des 18. Jahrhunderts, in: FBPG, NF, 2. Band 1992 (Der ganzen Reihe 57. Bd.), S. 25 - 46.
[87] S. Anmerkung 37.
[88] Zur Bedeutung des Bildungsgedankens vgl. Lothar Gall, Von der ständischen zur bürgerlichen Gesellschaft (= Enzyklopädie deutscher Geschichte, Bd. 25), München 1993, S. 30f. und Hans-Ulrich Wehler, Deutsche

26

wirtschaftlich-sozialer Stellung einräumte, auch Auswirkungen auf das Militär hatte. Gerade der (adlige) preußische Offizier stand hier in einem Spannungsverhältnis zwischen den Vorrechten, die er aufgrund seiner Standeszugehörigkeit beanspruchte, und den zunehmenden funktionalen Erfordernissen, die mit seiner Tätigkeit als Offizier verbunden waren. Diese wachsenden fachlichen Anforderungen, die auf eine gewisse Professionalisierung des Offiziersdienstes zielten, machten es auch für den adligen Offizier notwendig, sich Bildung, sei es auch nur in fachspezifischer Form, anzueignen. Allerdings muß festgestellt werden, daß die Literatur in diesem für den preußischen Offizier so zentralen Bereich in keiner Weise befriedigen kann. So ist die 1937 erschiene Arbeit von Ursula Waetzoldt „**Preußische Offiziere im geistigen Leben des 18. Jahrhunderts**" nicht mehr als eine Kompilation dessen, was preußische Offiziere als Buch- und Zeitschriftenautoren verfaßt haben. Zumindest ermöglicht ihre Dokumentation einen Überblick darüber, was und wieviel von diesen geschrieben worden ist.[89] Mit der Bildung der preußischen Offiziere hat sich 1968 auch Friedrich Karl Tharau beschäftigt.[90] Neben der allgemeinen Entwicklung des Offizierkorps beschreibt er die verschiedenen Bildungseinrichtungen wie das Kadettenkorps und die „Ecole militaire". Im wesentlichen beschränkt er sich auf eine positivistische Darstellung bzw. Aufzählung dessen, was die Offiziere im einzelnen geschrieben oder was beispielsweise verschiedene Regimentschefs für die Bildung ihrer Offiziere getan haben. Eine Problematisierung fehlt dieser Arbeit weitgehend. So hat Tharau den Aspekt, daß der Bildungsanspruch letztlich in einem Spannungsverhältnis zum tradierten adligen Selbstverständnis des Offiziers stand und dieses unterhöhlte und bedrohte, nicht erfaßt. Außerdem beruht seine Arbeit auf einer Auswertung der älteren Literatur, wie Memoiren, Regimentslisten, Tagebüchern etc.. Es fällt auf, daß er den damals aktuellen Forschungsstand, wie er in den Arbeiten von Wohlfeil, Messerschmidt oder Büsch zu finden ist, nicht angemessen berücksichtigt hat. Den heutigen Ansprüchen genügt dagegen der Beitrag, den Daniel Hohrath in einem Katalog zur Ausstellung „**Die Bildung des Offiziers in der Aufklärung**" (1990) gemacht hat.[91] Allerdings beziehen sich seine kultur- und

---

Gesellschaftsgeschichte, erster Band: Vom Feudalismus des Alten Reiches bis zur defensiven Modernisierung der Reformära 1700-1815, München 1987, S. 214ff. sowie Anton Schindling, Bildung und Wissenschaft in der frühen Neuzeit 1650 - 1800 (= Enzyklopädie deutscher Geschichte, Bd. 30), Oldenburg 1994, zu Preußen: S. 37 - 44, zur allgemeinen Entwicklung von Bildung und Wissenschaft: S. 44 - 48.
[89] Ursula Waetzoldt, Preußische Offiziere im geistigen Leben des 18. Jahrhunderts (= Deutsche Heimat, wissenschaftliche Schriftenreihe für Geschichte und Volkstum, Bd. 4.), Halle 1937.
[90] Friedrich Karl Tharau, Die geistige Kultur des preußischen Offiziers von 1640 bis 1806, Mainz 1968.
[91] Daniel Hohrath, Die Bildung des Offiziers in der Aufklärung. Ferdinand Friedrich von Nicolai (1730-1815) und seine enzyklopädische Sammlungen, in: Württembergische Landesbibliothek (Hrsg.), Katalog zur gleichnamigen Ausstellung, Stuttgart 1990. Erkenntnisse über die Bildung „der" Offiziere am Ende des 18. Jahrhunderts sind ebenfalls aus der Arbeit von Hoffmann, Jakob Mauvillon, S. 198 - 203 zu ziehen. Er nennt die Ratschläge, die Mauvillon gemacht hat, um den fachbezogenen Bildungsstand der Offiziere zu heben und wie sich diese Bemühungen in seinen militärwissenschaftlichen

sozialgeschichtlichen Ausführungen nicht speziell auf die preußischen Offiziere. Im Zentrum seiner Beobachtungen steht der württembergische Offizier und Militärtheoretiker Ferdinand Friedrich von Nicolai[92]; darauf fußend liefert Hohrath eine allgemeine Analyse der Offiziersbildung. So untersucht er die Stellung der Offiziere im Militärwesen des 18. Jahrhunderts, die verschiedenen Institutionen zur Bildungsvermittlung (Ritterakademien[93], Kadettenanstalten, Artillerieschulen etc.) und die Bedeutung der Aufklärung für die militärische Bildungsbewegung nach 1750. Hohrath beschreibt u. a. überzeugend, welche „Sprengkraft" der Bildungsgedanke allgemein für die Offiziere hatte: *„Die Vorstellung, daß der Offizier eine 'Berufs-Wissen-schaft' erlernen müsse, rückte ihn in die Nähe des zivilen Beamten, der für sein spezifisches Aufgabenfeld spezielle Fachkenntnisse als Voraussetzung mitzubringen hatte [...]."*[94] Bernhard R. Kroener hat sich in dem Aufsatz **„Der Offizier im Erziehungsprogramm der Aufklärung"** (1991) mit der Bedeutung der Bildung für die Offiziere beschäftigt, wobei sich seine Überlegungen ebenfalls nicht speziell auf den preußischen Offizier beziehen.[95] Er belegt, welchen Einfluß die Aufklärung hatte und wie die Verwissenschaftlichung des Kriegswesens allgemein die Anforderungen an den Offizier grundlegend veränderte. Seiner Ansicht nach führte der Umstand, daß die Kunst der Kriegführung erlernbar wurde und sich nicht mehr auf die Anwendung eines adligen Verhaltenskatalogs beschränken ließ, zu einer Außerkraftsetzung der bislang gültigen ständisch orientierten Selektionsmechanismen. Mit anderen Worten: die traditionelle Verbindung von Offiziersdienstgrad und Adelsrang wurde dadurch in Frage gestellt.[96] Es wird allerdings in dieser Arbeit zu untersuchen sein, ob dies bereits im Untersuchungszeitraum von 1713 bis 1786 zu nachweisbaren Konsequenzen geführt hat und damit die Verbindung zwischen Adelsprädikat und Offiziersdienst tatsächlich nicht mehr zu halten war.

Auf die Bedeutung u. a. der Kadettenanstalten hat Hohrath in seiner Arbeit hingewiesen. Gerade für die preußische Armee waren diese sehr wichtig, weil in ihnen die sekundäre Sozialisation und damit die innere Ausrichtung eines Teils der angehenden Offiziere auf das System der Armee erfolgte, was sich in der Literatur nur ungenügend widerspiegelt. Die älteren Arbeiten von

---

Arbeiten niederschlugen.
[92] Vgl. dazu auch Hohrath, Ferdinand Friedrich von Nicolai: Betrachtungen über die vorzüglichsten Gegenstände einer zur Bildung angehender Officiers anzuordnenden Kriegsschule (1770), in: MGM, 51. Jg., 1992, S. 95 - 141.
[93] Über die Ritterakademien gibt es die Monographie von Norbert Conrads, Ritterakademien der Frühen Neuzeit. Bildung als Standesprivileg im 16. und 17. Jahrhundert (= Schriftenreihe der Historischen Kommission bei der Bayerischen Akademie der Wissenschaften, Bd. 21), Göttingen 1982.
[94] Hohrath, Die Bildung des Offiziers, S. 52.
[95] Kroener, Der Offizier im Erziehungsprogramm der Aufklärung, in: Heinrich Walle (Hrsg.), Von der Friedenssicherung zur Friedensgestaltung. Deutsche Streitkräfte im Wandel, Herford, Bonn 1991, S. 23 - 34.
[96] S. Kroener, Der Offizier im Erziehungsprogramm, S. 29.

28

Adolf v. Crousaz[97], Gottlieb Friedländer[98] und von B. Poten[99] beschreiben zwar detailliert die Geschichte des Militärerziehungswesens in Preußen, alle drei können heutigen Ansprüchen aber nicht mehr genügen, weil sie dem damaligen Stand der Historiographie entsprechend die sozialgeschichtliche Dimension der Erziehung von angehenden Offizieren in ihre Ausführungen nicht einbezogen haben. Eher überzeugen kann in dieser Hinsicht die Arbeit von Jürgen-Konrad Zabel über das preußische Kadettenkorps im 18. und 19. Jahrhundert, die er 1978 auf der Grundlage bereits bekannter Quellen und der einschlägigen Literatur erstellt hat.[100] Zabel unterstreicht die Bedeutung der militärischen Jugenderziehung für die preußische Gesellschaft und betrachtet das Kadettenkorps als ein substantielles Herrschaftsmittel, um das Offizierkorps bzw. das gesamte preußische Militärsystem zu konstituieren und zu stabilisieren. Obwohl an einer Stelle auf Michel Foucault und dessen Disziplinbegriff - der Ansatz von Oestreich fehlt völlig - hingewiesen wird, sieht Zabel das Kadettenkorps nicht so sehr als Instrument der Disziplinierung des Adels, sondern vielmehr als ein Mittel zur Militarisierung der Gesellschaft, hierin folgt er Büsch. Über diese Auslegung läßt sich streiten, zumal über die Frage, ob es in Preußen überhaupt zu einer sozialen Militarisierung gekommen ist. Ist in den älteren Arbeiten von Poten und Friedländer häufig eine unkritische und zu positive Beschreibung der Kadettenanstalten zu finden, hat Zabel seine Kritik an dieser Institution an einigen Stellen überzogen. So z. B., wenn er schreibt, daß die preußischen Kadettenanstalten *„vom heutigen Standpunkt aus [...] als Erziehungsinstitutionen mit Recht diskreditiert* [sind]"[101] oder, daß die Kadettenanstalten zwar nicht das Urmodell späterer Konzentrationslager waren, daß diese aber dazu beigetragen hätten, daß in Deutschland das NS-Regime entstehen konnte.[102] Dies ist ein problematischer, weil unhistorischer Ansatz und zumindest letztere These muß daher als sehr fragwürdig bezeichnet werden. Befriedigen kann ebenfalls die Arbeit von Scharenberg „**Kadetten-Generale**" nicht, da diese lediglich aus einer Auflistung sämtlicher aus diesem Korps zwischen 1717 und 1919 hervorgegangenen Generale besteht.[103] Ohne weitere Erläuterungen oder eine dringend gebotene Einführung bzw. weiterführende Problematisierungen sind hier in positivistischer Art und Weise knappe Angaben

---

[97] Von Crousaz, Geschichte des Königlich Preußischen Kadetten-Corps nach seiner Entstehung, seinem Entwicklungsgange und seinen Resultaten, Berlin 1857.

[98] Gottlieb Friedländer, Die königliche Allgemeine Kriegsschule und das höhere Militärbildungswesen 1765-1813, Berlin 1854.

[99] B. Poten, Geschichte des Militär- Erziehungs- und Bildungswesens in den Landen deutscher Zunge, Bd. 4: Preußen, Berlin 1896.

[100] Jürgen-Konrad Zabel, Das preußische Kadettenkorps. Militärische Jugenderziehung als Herrschaftsmittel im preußischen Militärsystem, Frankfurt a. M. 1978.

[101] Zabel, Kadettenkorps, S. 13.

[102] S. Zabel, Kadettenkorps, S. 227.

über die militärische Laufbahn der Kadetten zusammengestellt worden.

Ein weiterer für die preußischen Offiziere wichtiger Bereich ist die Frage der „Ehre". Allerdings ist dies ein Aspekt, der nicht nur für diese Gruppe, sondern allgemein für die Gesellschaft in der Frühen Neuzeit von zentraler Bedeutung ist. Letzterer Ansatz hat sich aber erst in neuerer Zeit durchgesetzt. Deutlich sichtbar ist dies u. a. an der älteren Arbeit von Rolf Kluth aus dem Jahr 1941, in der sich dieser mit dem Ehrenkodex im preußischen Heer des 18. Jahrhunderts befaßt.[104] Ohne die soziale Funktion der Ehre zu problematisieren, beschränkt sich Kluth auf eine positivistische Darstellung dieses Themas, die zudem nicht frei ist von nationalsozialistischen Bezügen. So lassen wie bei Hoven einige Formulierungen erkennen, daß die damals herrschende Ideologie Einfluß auf seine Arbeit hatte. Dies wird z. B. deutlich, wenn Kluth schreibt, daß das preußische „Offizierkorps" die Erneuerung des staufischen Rittertums sei.[105] Dieses Rittertum sieht er überwiegend germanisch geprägt, während er den christlichen Einfluß als nicht sehr tiefgehend beschreibt. Kluth will damit offensichtlich eine direkte Linie von den germanischen „Urvätern" zu den preußischen Offizieren des 18. Jahrhunderts ziehen. Letztere Traditionslinie ist durch den bereits erwähnten Aufsatz von Wohlfeil „Ritter-Söldnerführer-Offizier" als irreführende Konstruktion aufgedeckt und zurückgewiesen worden. Bei seiner Untersuchung des Ehrbegriffes hat Kluth die Ehre in „Ritterehre", „Kriegerehre", „Soldatenehre" und „Staatsehre" unterteilt. Dies mutet künstlich an, da die Grenzen zwischen den verschiedenen „Ehren" fließend sind und er darunter auch Erscheinungen erfaßt, die heute eher als Sozialprestige, Reputation, Anerkennung, Belohnung etc. bezeichnet werden. Zumindest liefert Kluth auf der Grundlage der damals bekannten Quellen und Literatur eine Vielzahl von Beispielen, die seine Arbeit für das Thema „Ehre" immer noch nützlich machen. Die Rezeption von soziologischen und ethnologischen Forschungsansätzen bei der Bearbeitung der „Ehre" wird dagegen in neueren Arbeiten deutlich. So in dem Überblick über den Ehrbegriff und dessen Entwicklung, die Bedeutung für die verschiedenen Stände und die gesellschaftliche Relevanz der Ehre, den Friedrich Zunkel in seinem Artikel „**Ehre, Reputation**" in dem Lexikon „Geschichtliche Grundbegriffe" gibt.[106] Weiter verfolgt wird dieser Ansatz in einem Sammelband, der das komplexe Verständnis des Begriffs „Ehre" bereits im Titel andeutet. Hierbei handelt es sich um den Sammelband

---

[103] Eberhard Scharenberg, Kadetten-Generale 1717 - 1919, Hamburg 1979-1981.

[104] Rolf Kluth, Die Ehrauffassung im preußischen Heer des 18. Jahrhunderts, Diss. phil., Hamburg, Berlin 1941.

[105] S. Kluth, Die Ehrauffassung, S. 12.

[106] Friedrich Zunkel, Ehre, Reputation, in: Otto Brunner, Werner Conze und Reinhart Koselleck (Hrsg.), Geschichtliche Grundbegriffe. Historisches Lexikon zur politisch-sozialen Sprache in Deutschland, Bd. 1 - 7, Stuttgart 1972 - 1992, hier Bd. 2, Stuttgart 1975, S. 1 - 63.

„Soziologie der Ehre" (1989), der von Friedhelm Guttandin herausgegeben worden ist. Zunkel hat dazu einen Aufsatz beigetragen, in dem er die Ehre bzw. die Veränderung dieses Begriffes im Laufe des 18. Jahrhunderts nachzeichnet.[107] Ein Schwerpunkt seiner Analyse ist die Bedeutung des Ehrbegriffs für den preußischen Offizier. Anschaulich arbeitet er heraus, wie gerade in der Duellfrage der (adlige) Offizier gegen staatliche Verbote verstieß, um seine Standesehre zu wahren.

Im selben Band findet sich auch ein Aufsatz von Jutta Nowosadtko über die Ehre in der ständischen Gesellschaft und die weitere Entwicklung des Ehrbegriffs über das 19. Jahrhundert bis in die moderne Gesellschaft.[108] Sie analysiert die Bedeutung der Ehre für die ständische Gesellschaft anhand der Definition von Max Weber, der den soziologischen Ansatz bei der Erforschung der Ehre wesentlich mitgeprägt hat. 1993 hat sich Guttandin in der Monographie „Das paradoxe Schicksal der Ehre" unter Einbeziehung der soziologischen Aspekte nicht nur mit dem Wandel des adligen Ehrbegriffs befaßt, sondern auch mit der Bedeutung von Duell und Ehre für den absolutistischen Staat im 18. Jahrhundert.[109] Guttandin versucht, allerdings nicht immer ganz schlüssig, durch eine Analyse dieses klassischen Ehrkonfliktes nachzuweisen, in welchem Maße dem Konzept der Ehre bzw. dessen Instrumentalisierung eine herrschaftsstabilisierende Funktion zukam. Die Hauptthese von Guttandin, wonach die Konstruktion der „Duellfalle" ein Mittel war, den Adel bzw. die Offiziere zu disziplinieren, ist eine Interpretation mit partieller Plausibilität, denn es ist fraglich, ob diese „Falle" tatsächlich zielbewußt von den Monarchen konstruiert worden ist. Die aktuelle Forschung, die vor allem durch Martin Dinges[110] in Richtung auf eine historisch-anthropologische Konzeptualisierung gewiesen worden ist, betont den epochenübergreifenden und universalen Charakter der Ehre als kulturelle Strategie und deren Eigenschaft als Phänomen von „langer Dauer". Eine Zusammenfassung des Forschungsstandes und der vorliegenden Ergebnisse findet sich in der von Sibylle Backmann und Hans-Jörg Künast erstellten Einführung für den Band „Ehrkonzepte in der Frühen Neuzeit"[111] (1998). Für die vorliegende Arbeit ist daraus besonders

---

[107] Zunkel, Ehre im Übergang von der Ständegesellschaft zur Klassengesellschaft, in: Friedhelm Guttandin (Hrsg.), Soziologie der Ehre, Hagen 1989, S. 67 - 79.

[108] Nowosadtko, Ehre in ständischer Gemeinschaft und moderner Gesellschaft, in: Guttandin, Soziologie der Ehre, S. 81 - 108.

[109] Guttandin, Das paradoxe Schicksal der Ehre. Zum Wandel der adeligen Ehre und zur Bedeutung von Duell und Ehre für den monarchischen Zentralstaat (= Schriften zur Kultursoziologie, Bd. 13), Berlin 1993.

[110] So zuletzt in: Die Ehre als Thema der historischen Anthropologie. Bemerkungen zur Wissenschaftsgeschichte und zur Konzeptualisierung, in: Klaus Schreiner und Gerd Schwerhoff (Hrsg.), Verletzte Ehre. Ehrkonflikte in Gesellschaften des Mittelalters und der Frühen Neuzeit, Köln, Weimar, Wien 1995, S. 29 - 62.

[111] Sibylle Backmann und Hans-Jörg Künast, Einführung, in: Dieselben und Sabine Ullmann und B. Ann Tlusty (Hrsg.), Ehrkonzepte in der Frühen Neuzeit. Identitäten und Abgrenzungen (= Colloquia Augustana, Bd. 8), Berlin 1998, S. 13 - 23, hier S. 14f..

der Aufsatz von Wolfgang Weber[112] gewinnbringend, der von dem Ansatz ausgeht, daß die Ehre ein effizientes Instrument des gesellschaftlichen Strukturbildungs-, Konditionierungs- und Mobilisierungsprozesses war, und der darauf basierend nachweist, wie die „Betreiber der Staatsgewalt" (Weber) sich der Möglichkeiten des Ehrkonzeptes bedienten, um ihre Herrschaftssysteme auf- und auszubauen. Mit seinen Ausführungen stützt er mittelbar die These Guttandins von der „Duellfalle". Die von Weber erzielten Ergebnisse werden bei der Analyse des spezifischen Ehrbegriffes des preußischen Offiziers bzw. dessen Instrumentalisierung durch Friedrich Wilhelm I. und Friedrich II. zu berücksichtigen sein.

Zusammenfassend kann zur Thematik dieser Dissertation festgestellt werden, daß der bisher erreichte Forschungsstand nicht in allen Belangen befriedigen kann, weil wichtige Aspekte im Hinblick auf die preußischen Offiziere bislang noch nicht untersucht worden sind bzw. untersucht werden konnten. So fehlen z. B. verläßliche und valide Antworten über die landsmannschaftliche Herkunft der Offiziere, ihren sozialen Stand, die Grundlagen ihres Selbstverständnisses, ihre Laufbahnaussichten, ihr Ausscheiden aus dem Dienst etc.. 1988 hat Kroener allgemein für die Großgruppe der Offiziere festgestellt, daß eine „gruppenspezifisch angelegte Detailanalyse"[113] ebenso wie eine „großräumige sozialstatistische Untersuchung" nicht vorliegt. Demnach sind über die militärische Führungsschicht in Preußen nach wie vor Wissenslücken vorhanden.[114] Die Gründe, warum die Forschung lediglich Teilaspekte des Themas erhellt hat, sind zum einen darin zu suchen, daß die oben genannte Literatur vor allem auf der Auswertung von Einzelbiographien und auf normativen Quellen beruht, wie Kabinettsordres, Edikten und Reglements. Zum anderen hat die Militärgeschichtsforschung bei der Beschreibung der preußischen Offiziere bislang noch keine Quelle zum Gegenstand einer Analyse gemacht, die eine „großräumige sozialstatistische Untersuchung" dieses Themas ermöglicht. Mit anderen Worten: es mangelt an einer Arbeit, die in wichtigen Bereichen Aussagen über die Offiziere in der preußischen Armee liefert und die dies auf einer gesicherten, d. h. authentischen und vielfältigen Basis tut.[115] Die vorliegende Arbeit will dieses Vorhaben umzusetzen versuchen. Zu diesem Zweck wird eine noch nicht systematisch

---

[112] Wolfgang Weber, Honor, fama, gloria. Wahrnehmungen und Funktionszuschreibungen der Ehre in der Herrschaftslehre des 17. Jahrhunderts, in: Backmann/Künast/Ullmann/Tlusty, Ehrkonzepte, S. 70 - 98.

[113] Kroener, Vom „extraordinari Kriegsvolck", S. 162.

[114] Vgl. dazu auch Göse, Zwischen Garnison und Rittergut, S. 113f..

[115] So hält Göse, Zwischen Garnison und Rittergut, S. 110 - 114, der sich ebenfalls auf der Grundlage der Auswertung einer Serienquelle mit dem preußischen Offizier befaßt, ein nachdrückliches Plädoyer für die Beschäftigung mit dem Offizierkorps. Er betont, daß der bisher erreichte Kenntnisstand zu diesem Thema nicht befriedigen kann, weil noch immer große Forschungslücken in diesem Bereich nicht geschlossen sind. Seiner Ansicht nach sind diese Lücken nur durch die Einbeziehung quantifizierender Quellengruppen zu schließen, was ihn zur Analyse von Vasallentabellen gebracht hat.

ausgewertete Quelle genutzt. Hierbei handelt es sich um die Abschriften, die Anton Balthasar König[116] gegen 1790 von Original-Armeelisten gemacht hat.[117] Diese Kopien sind deshalb so wertvoll, weil die Originale, die bis 1743 jährlich und seitdem monatlich von den Regimentern und vergleichbaren selbständigen Einheiten nach Berlin geschickt worden waren, am Ende des Zweiten Weltkrieges beim Brand des Heeresarchivs vernichtet wurden. Aus diesem Grund bieten die Abschriften die einzige Möglichkeit, die soziale Zusammensetzung und Struktur des preußischen Offizierkorps in seiner „Blütezeit", d. h. von 1713 bis 1786[118], zu untersuchen. Was Ernst Willi Hansen in einem Aufsatz gefordert hat, nämlich die soziale Wirklichkeit der Soldaten zu rekonstruieren[119], läßt sich mit Hilfe des vorliegenden Quellenmaterials zumindest in Teilaspekten durchführen.

An dieser Stelle muß über die Möglichkeiten und über die Grenzen gesprochen werden, die sowohl der Quelle als auch dem zur Auswertung erstellten Datenbankprogramm innewohnen. Der wichtigste Punkt ist wohl, daß der Offizier der altpreußischen Armee trotz einiger Einschränkungen „zu einer berechenbaren Größe geworden"[120] ist. So kann die landsmannschaftliche Struktur des gesamten Korps und das durchschnittliche Lebens- und Dienstalter sowie die Art und Anzahl der verschiedenen Abgänge analysiert werden. Der Anteil bürgerlicher Offiziere am gesamten Korps

---

[116] Zu König finden sich in: Das Gelehrte Teutschland oder Lexikon der jetzt lebenden teutschen Schriftsteller, angefangen von Georg Christoph Hamberger, fortgeführt von Johann Georg Meusel, Bd. IV., Nachdruck der 5. Auflage Lemgo 1797, Hildesheim 1965, S. 200ff., folgende biographische Angaben: „König (Anton Balthasar) Ordensrath bey der Regierung des St. Johanniterordens, wie auch geheimer Sekretar und Registrator beym dritten Departement des Generaldirektoriums zu Berlin: geb. daselbst am 13. December 1753." Von den zahlreichen Werken Königs, die sich vor allem mit militärgeschichtlichen Themen beschäftigen, sei an dieser Stelle nur sein „Biographisches Lexikon aller Helden und Militairpersonen, welche sich in Preussischen Diensten berühmt gemacht haben" (4 Teile, Berlin 1788 - 1791) erwähnt, weil sich durch dieses Lexikon möglicherweise eine Verbindung zu den Regimentslisten ergibt. Denn es könnte sein, daß König als Vorarbeit zur Erstellung dieses Werkes die Regimentslisten abgeschrieben hat, um sich Informationen über die Laufbahn, d. h. Diensteintritt, Avancement, Abschied etc. der Offiziere zu verschaffen, die er in das Lexikon aufnehmen wollte. Darauf läßt auch der Titel schließen, den König seinem Lexikon ursprünglich geben wollte, s. Bd. 2, S. IIIf.: „Historisch-militairisch-biographisches Lexikon für die preußische Armee und Liebhaber der Geschichte; enthaltend: kurze Lebensbeschreibungen aller Generalfeldmarschälle, Generale, Generallieutenants, Generalmajors, Brigadiers, Obristen und anderer kommandirenden [sic!] Offiziere, von der Kavallerie, Infanterie, Artillerie und den leichten Truppen, welche dem königl. preußischen und churbrandenburgischen Hause, seit dem sechszehnten [sic!] Jahrhunderte, rühmlich gedienet; nebst kurzen und gedrungenen Anzeigen, von ihrer Geburt, ihren Avancements, vorzüglichen Thaten, Erwerbung von Ehrenstellen, Aemtern [sic!], Orden, wie auch Verheirathungen; aus einer großen Menge von wichtigen gedruckten und ungedruckten [damit sind wohl die Regimentslisten gemeint, Anm. des Verfassers] Quellen gesammlet [sic!], und in alphabetischer Ordnung gebracht."

[117] Staatsbibliothek Berlin (PK) Berlin, Ms. Boruss., Folio Nr. 311-316 (Armeelisten-Abschriften des Anton Balthasar König, Bde. 1-6); als Fotokopien im Staatsarchiv Münster, Materialiensammlung vorliegend; hier registriert (a., b.) Memorialschreibwerk, Abschrift. Die von König erhaltenen Abschriften waren ursprünglich keine gebundenen Bücher, sondern Einzelblätter in Folioformat, die in einer Art „Loseblattsammlung" vorlagen. Erst später sind diese Blätter zu den erwähnten sechs Bänden zusammengebunden worden. Auch diese Tatsache spricht dafür, daß König nicht beabsichtigt hat, die Regimentslisten in irgendeiner Form zu publizieren, sondern daß er sie als Arbeitsunterlagen für seine militärhistorischen Studien benutzt hat, u. a. für sein oben genanntes Lexikon.

[118] In gedruckter Form sind in Preußen erst seit 1785 Ranglisten veröffentlicht worden.

[119] S. Hansen, Zur Problematik, S. 426.

[120] Kloosterhuis, Das preußische Offizierkorps von 1690 bis 1790 - in einer Datenbank, in: ZfH, 59. Jg., 1995, S. 137.

33

bzw. deren Anteil innerhalb der verschiedenen Waffengattungen ist trotz gewisser Unsicherheiten ebenso erfaßbar. Ebenfalls kann nach einem einzelnen Offizier gesucht werden, sofern dessen Nachname und vor allem auch der Vorname bekannt ist.[121] Dann lassen sich Fragen nach dessen Herkunft, nach seinem Lebens- und Dienstalter und der Art seines Abganges beantworten. Die in den Biographielisten enthaltenen Angaben sind erfaßt worden, eine Berechnung durch das Programm ist allerdings vorerst nicht realisierbar, da noch an der Erstellung eines dafür notwendigen Programmmoduls gearbeitet wird. Weil in diesen Listen aber zahlreiche sozialrelevante Informationen zu finden sind, wurde eine Auswertung per Hand vorgenommen. Die daraus gewonnen Ergebnisse bzw. Tabellen weichen daher im „Aussehen" bzw. in der Präsentation etwas von denen ab, die aus der Analyse der Rang- und Abgangslisten erzielt werden.

Die Regimentslisten haben Grenzen, die eine Beantwortung bestimmter Aspekte über den preußischen Offizier nicht zulassen. Zu diesem Bereich gehören alle Fragen zu Phänomenen, die nicht statistisch erfaßbar bzw. nicht interpretierbar sind. So lassen sich z. B. aus den Listen keine verläßlichen Antworten darauf geben, welche Bedeutung die Protektion von Verwandten für die Karriere eines bestimmten Offiziers hatte. Ein weiterer zentraler Punkt ist mit Hilfe der Regimentslisten ebenfalls nur unzureichend darstellbar. Es handelt sich um die Frage, ob die Laufbahn eines Offiziers durch die Anciennität oder aufgrund besonderer Leistungen bestimmt war. Zwar läßt sich die durchschnittliche Laufbahn aller Offiziere ermitteln und mit der eines einzelnen Offiziers vergleichen, ob dieser aber aufgrund überdurchschnittlicher Leistungen bevorzugt avancieren konnte, läßt sich nicht anhand der Listen belegen. Möglichkeiten und Grenzen der Regimentslisten lassen sich auch an der Frage nach der Adligkeit des Offizierkorps veranschaulichen. Eine Berechnung des adligen und bürgerlichen Anteils ist sowohl für die gesamte Armee als auch für die einzelnen Waffengattungen anhand formaler Kriterien durchführbar. Außerdem lassen sich Entwicklungen darstellen, indem verschiedene Zeiträume miteinander verglichen werden. Dies ist u. a. besonders interessant bei der Überprüfung der Frage, ob Friedrich II. nach dem Siebenjährigen Krieg im verstärkten Maße bürgerliche Offiziere aus der Armee entlassen hat. Die Listen geben allerdings keine Auskunft darüber, wie alt der Adel der Offiziere ist und wie viele als Bürgerliche geboren wurden und erst als Offizier das Adelsprädikat erhielten. Ebenfalls kann nicht erfaßt werden, wie viele der Offiziere einen „quasi-adligen" Status einnahmen, weil etwa die Mutter adlig, der Vater aber bürgerlich war und die Lebensweise dieses bürgerlichen Offiziers aufgrund seiner Erziehung sich an aristokratischen Vorbildern orientierte.

---

[121] Die Bedeutung des Vornamens wird deutlich, wenn zum Beispiel ein Offizier mit Nachnamen „v. Kleist" gesucht

Auch wenn damit den Regimentslisten gewisse Erkenntnisgrenzen zu eigen sind, ist es durch deren Auswertung möglich, größere Wissenslücken zu schließen, die nach wie vor über die preußischen Offiziere existieren. Dabei gelangt diese Arbeit bzw. die Analyse der Listen zu einer „überpersonellen" Perspektive. Letzteres klingt paradox, da die Regimentslisten Angaben zu Personen, d. h. den Offizieren, liefern. Da die Auswertung aller Datensätze aber im Ergebnis eine Typisierung des preußischen Offiziers ergibt und nicht eine individuelle Person, kann insgesamt durchaus von einer Perspektive gesprochen werden, die sich von der einzelnen Person gelöst hat. In diesem Zusammenhang ist auf den kollektivbiographischen Ansatz zu verweisen, wie er von Wilhelm Heinz Schröder in seinem Aufsatz „**Kollektive Biographien in der historischen Sozialforschung**..."[122] (1985) entwickelt wird. Dieser ist deshalb so wichtig, weil die vorliegende Untersuchung in Teilbereichen die „Kollektivbiographie" einer Großgruppe ist, nämlich die der preußischen Offiziere. Schröder bezeichnet die „Kollektive Biographie" als methodisches Instrument der historischen Sozialforschung und definiert sie als: *„die theoretisch und methodisch reflektierte, empirische, besonders auch quantitativ gestützte Erforschung eines historischen Personenkollektivs in seinem jeweiligen gesellschaftlichen Kontext anhand einer vergleichenden Analyse der individuellen Lebensläufe der Kollektivmitglieder."*[123] Dieser methodische Ansatz ist demnach nur durch die Auswertung quantifizierender, serieller Quellen, wie sie mit den Regimentslisten vorliegen, umzusetzen und deren Verknüpfung mit qualitativen Quellen, wie Autobiographien von Offizieren z. B., in denen individuelle Lebensläufe zu fassen sind. Dazu schreibt Göse, der mit den Vasallentabellen eine Serienquelle auswertet und dabei ebenfalls dem kollektivbiographischen Ansatz folgt: *„So wichtig autobiographische Zeugnisse und biographische Detailstudien waren und bleiben werden, gewinnt die Einbeziehung quantifizierender Quellengruppen eine nicht zu unterschätzende Bedeutung bei der Relativierung der auf der Basis der erwähnten überlieferten Selbstzeugnisse rekonstruierten Lebenswirklichkeit von Offizieren im ancien règime."*[124] Allerdings müssen dabei die Einschränkungen und Möglichkeiten berücksichtigt werden, die mit der quantifizierenden Methode verbunden sind. Noch 1982 hat Bernd Wegner festgestellt: *„Es gibt keine quantifizierende Militärgeschichte in der Bundesrepublik."*[125]

---

wird, denn allein zu diesem Adelsgeschlecht gibt es in der Datenbank 632 Eintragungen.
[122] Wilhelm Heinz Schröder, Kollektive Biographien in der historischen Sozialforschung: Eine Einführung, in: Derselbe (Hrsg.), Lebenslauf und Gesellschaft. Zum Einsatz von kollektiven Biographien in der historischen Sozialforschung (= Historisch-Sozialwissenschaftliche Forschungen, Bd. 18), Stuttgart 1985, S. 7 - 17.
[123] Schröder, Kollektive Biographien, S. 8.
[124] Göse, Zwischen Garnison und Rittergut, S. 114.
[125] Bernd Wegner, Kliometrie des Krieges? Ein Plädoyer für eine quantifizierende Militärgeschichtsforschung in vergleichender Absicht, in: Militärgeschichte. Probleme-Thesen-Wege (= Beiträge zur Militär- und Kriegsgeschichte, Bd. 25), Stuttgart 1982, S. 60 - 78, hier S. 60.

In seinem Plädoyer für die Quantifizierung nennt er deren großen Vorzüge, erwähnt aber auch die Nachteile bzw. die Probleme, die sich bei der Arbeit und Bewertung der Ergebnisse einstellen. Die Vorzüge der Quantifizierung für die vorliegende Arbeit sind folgendermaßen zu beschreiben:

1. Ein Argument für die quantifizierende Methode ist der relativ hohe Informationsgehalt, der sich aus ihren Ergebnissen gewinnen läßt. Dies läßt Interpretationsunterschiede bei der Bewertung und historischen Einordnung von Quellen klarer hervortreten und erlaubt eine Konzentration auf das eindeutig Sagbare.

2. Die Differenzierungs- und Speicherfähigkeit der Aussagen spricht ebenfalls für die Quantifizierung. Erst durch diese Funktion ist es möglich, Serienakten, wie sie in Form der Regimentslisten vorliegen, planmäßig auszuwerten und in Form von Tabellen auf ein überschaubares und lesbares Maß zu reduzieren.

3. Aufgrund der stark formalen Struktur und der „intersubjektiven Eindeutigkeit" (Wegner) geben quantifizierende Ergebnisse eine ideale Grundlage für historische Vergleiche. Diese Erkenntnis ist ebenfalls für diese Arbeit relevant, da dadurch z. B. die Ergebnisse von Göse, der den gleichen methodischen Ansatz verfolgt, für die vorliegende Arbeit genutzt und mit den Ergebnissen, die sich aus den Regimentslisten ergeben, verglichen werden können.

4. Das vierte Argument für die Quantifizierung ist ihr Nutzen bei der Formulierung allgemeiner Hypothesen, wie sie durch die hier vorgelegte Arbeit auch für die militärische Führungsschicht in Preußen aufgestellt werden sollen.

Obwohl Wegner eigentlich ein überzeugendes Plädoyer für eine quantifizierende Militärgeschichtsschreibung geführt hat, sind die grundsätzlichen Diskussionen um den Einsatz quantifizierender Methoden in der Geschichtswissenschaft fortgeführt worden. Zum Teil werden bis heute Einwände dagegen vorgebracht. So wird u. a. kritisiert, daß die aus der Quantifizierung gewonnenen Erkenntnisse nicht wesentlich über das hinausgehen, was bislang mit den „traditionellen" Methoden an Wissen erzielt worden ist. Dies wird möglicherweise auch an dieser Arbeit bemängelt werden, denn, dies kann schon vorweg erwähnt werden, die Auswertung der Regimentslisten wird einige Ergebnisse erbringen, die das bereits vorhandene Wissen über die preußischen Offiziere bestätigen. Durch die hier eingesetzte Methode ist es aber möglich, die schon vorliegenden Erkenntnisse weiter zu ergänzen und zu nuancieren. Anderes allerdings, was bislang als „sicheres" Wissen gilt, wird zu korrigieren sein. Ein zweiter Vorwurf ist, daß die „Trivialität" der gewonnenen Resultate den intellektuellen, finanziellen und technischen Aufwand nicht rechtfertigen. Vor allem die Einwände, die sich auf die technische Machbarkeit der Quantifizierung beziehen, sind zum Teil überholt.[126] Auch Manfred Thaller hat wiederholt nach der Relevanz einer fachspezifischen Datenverarbeitung in den historischen Wissenschaften gefragt.[127] Die Konsequenz, die er aus seiner Analyse von Vor- und Nachteilen der quantifizierenden Methode zieht, ist die Forderung, daß für die Geschichtswissenschaft eine fachbezogene Informatik entwickelt werden müsse. Er verweist darauf, daß kommerzielle Software oftmals nicht in der Lage ist, den disziplinspezifischen Problemen der historischen Wissenschaften gerecht zu werden, und es daher notwendig ist, eigenständig spezielle Softwares zu entwickeln.[128] Die Forderung von Thaller ist für diese Arbeit umgesetzt worden. Es ist allerdings nicht der Autor, der diese Software entwickelt hat. Jürgen Kloosterhuis hat die theoretischen Vorarbeiten geleistet und ein Unterprogramm zum Datenbankprogramm „Foxpro" erarbeitet, das eine sachgerechte Auswertung der Regimentslisten überhaupt erst ermöglicht. Dieses erlaubt nämlich sowohl die Erfassung aller in den Listen enthaltenen Angaben als auch eine Berechnung nach bestimmten Kriterien.[129] Die Fragestellungen, anhand derer diese Regimentslisten ausgewertet werden, sind möglicherweise auf den ersten Blick nicht differenziert genug. Es ist allerdings, hierin Thaller folgend, daran zu zweifeln, ob Fragestellungen, die mit mehreren Variablen operieren oder die spezielle Gruppen innerhalb des Offizierkorps, z. B. nur die Kadetten, untersuchen wollten, präzisere Aussagen ermöglichen können. Die Zahl und Ausdifferenzierung der Fragen bemißt sich daher a) nach dem thematischen Forschungsfeld und b) nach der Quantität und Qualität der Datensätze. Die Beschränkung dieser Untersuchung auf eine gewisse Anzahl von Fragen ist sinnvoll, da dadurch in der Regel alle Offiziere oder abgrenzbare und in den Listen enthaltene Teile umfaßt werden.

Rudolf Vierhaus hat den Aussagewert von Ergebnissen, die mit Hilfe quantitativer Methoden erzielt worden sind, angezweifelt. Er fragte, warum manche dieser Ergebnisse so vage blieben bzw. mit so vielen, den Ertrag relativierenden Unsicherheiten behaftet seien.[130] Daß dieses Problem für

---

[126] Allerdings sind sie weiterhin von gewisser Bedeutung. Dies ist z. B. daraus zu entnehmen, daß bei der Auswertung der in der Datenbank enthaltenen Sätze der PC (Pentium mit 120 Mhz) für eine Fragestellung, bei der mehrere Werte miteinander korreliert werden mußten, drei Stunden benötigte. Dies bedeutet, daß für prinzipiell mögliche Fragen, die an das Ausgangsmaterial gestellt werden und die von der Komplexität noch wesentlich weitergehen, eine erheblich bessere bzw. schnellere Hardware benötigt wird, um in vertretbarer Zeit Ergebnisse zu erzielen. Letzteres ist momentan allerdings nicht ohne einen gewissen finanziellen Aufwand zu haben.
[127] Vgl. Manfred Thaller, Gibt es eine fachspezifische Datenverarbeitung in den historischen Wissenschaften? in: Karl Heinrich Kaufhold und Jürgen Schneider (Hrsg.), Geschichtswissenschaft und elektronische Datenverarbeitung (= Beiträge zur Wirtschafts- und Sozialgeschichte, Bd. 36), Wiesbaden 1988, S. 45 - 83.
[128] S. Thaller, Datenverarbeitung, S. 82f..
[129] Aufgrund des enormen Umfangs der gesamten Datenbank (55353 Datensätze) ist es nicht möglich, im Rahmen der vorliegenden Arbeit das gesamte Listenmaterial zu veröffentlichen. Es sei aber darauf verwiesen, daß Jürgen Kloosterhuis an einer Publizierung des Materials arbeitet.
[130] S. Thaller, Von der Mißverständlichkeit des Selbstverständlichen. Beobachtungen zur Diskussion über die Nützlichkeit formaler Verfahren in der Geschichtswissenschaft, in: Rudolf Vierhaus (Hrsg.), Frühe Neuzeit - Frühe Moderne? Forschungen zur Vielschichtigkeit von Übergangsprozessen (= Veröffentlichungen des Max-Planck-Instituts

die vorliegende Arbeit nicht zutrifft, wird sich an den relativ leicht lesbaren bzw. interpretierbaren Ergebnissen zeigen, die sich aus der Analyse der Daten ergeben.

Der Ansatz, der der „Kollektiven Biographie" zugrunde liegt, bestimmt auch das methodische Vorgehen in der vorliegenden Arbeit. Im Vordergrund stehen die Analyse und die Interpretation der Ergebnisse, die sich aus der Auswertung der Regimentslisten folgern lassen. Dabei gibt es aufgrund der Eigenart der Listen die bereits erwähnten Einschränkungen. Um zusätzliche Erkenntnisse zu gewinnen bzw. bestimmte Aspekte überhaupt ansprechen zu können, werden daher weitere Quellen herangezogen. Die Einsichten, die sich aus diesen ziehen lassen, ermöglichen es, die Ergebnisse der Listenauswertung weiter zu interpretieren, zu unterstützen oder zu konterkarieren. Erst durch die Zusammenfassung der unterschiedlichen Quellen läßt sich ein vergleichsweise präzises Bild des preußischen Offiziers herausarbeiten.[131] Oder mit anderen Worten: die „überpersonelle" Sichtweise, die sich aus der Analyse der Listen ergibt, bedarf zur Ergänzung der „individuellen" Perspektive aus anderen Quellen, um die preußischen Offiziere in weiteren wichtigen Aspekten darstellen zu können. Im Rahmen dieser Arbeit werden daher nicht nur die genannten Regimentslisten als Quelle herangezogen. So sollen Memoiren, Tagebücher und Autobiographien von preußischen Offizieren ausgewertet werden, da diese u. a. Informationen aus erster Hand darüber enthalten, ob die Karriere des Offiziers von einem Verwandten oder befreundeten Offizier protegiert wurde. Außerdem erlauben sie mittelbar Hinweise auf das Autostereotyp der Offiziere, ihre standesbezogene Prägung, ihre Mentalität und auf die Differenzen, die sich aus Anspruch und Wirklichkeit dieses Standes ergaben. Allerdings ist die Zahl dieser speziellen Quellen sehr beschränkt[132], und es stellt sich immer wieder die Frage, wie zuverlässig die Angaben sind, die der Offizier aus seiner persönlichen Sicht macht.[133] Letztlich bedeutet dies, daß eine weitergehende Analyse u. a. dieser Quellenart nur auf einer schmalen Datenbasis fußen würde und zudem die daraus erzielten Ergebnisse aufgrund der subjektiven Perspektive anfechtbar sind.

Die „Nachteile" der oben genannten Quellengattung wurden deswegen beschrieben, weil sie die Vorzüge der Regimentslisten verdeutlichen. Durch die Analyse der Listen sollen z. B. Antworten über die Laufbahnen der Offiziere gegeben werden, denn neben den Hinweisen, die sich aus

---

für Geschichte, Bd. 104), Göttingen 1992, S. 443 - 467, hier, S. 443.
[131] Vgl. dazu Göse, Zwischen Garnison und Rittergut, S. 114, der den gleichen Ansatz verfolgt.
[132] Eine Auswertung folgender Bibliographien hat ergeben, daß die Zahl der persönlichen Berichte von Offizieren (Autobiographien, Memoiren, Tagebücher etc.) sehr klein ist und es daher schwierig sein dürfte, auf deren Grundlage eine weitergehende Studie zu erstellen: Bibliographie Friedrich der Große 1786-1986. Das Schrifttum des deutschen Sprachraums und der Übersetzungen aus Fremdsprachen, bearbeitet von Herzeleide Henning und Eckart Henning, Berlin, New York 1988 und Eike Mohr, Heeres- und Truppengeschichte des Deutschen Reiches und seiner Länder 1806 bis 1918. Eine Bibliographie, Osnabrück 1989.
[133] Vgl. dazu Göse, Zwischen Garnison und Rittergut, S. 112 und Schröder, Kollektive Biographien, S. 13.

Äußerungen und Anweisungen der beiden Monarchen über das Avancement der Offiziere entnehmen lassen, existieren nur wenige normative Vorgaben, nach denen sich die Laufbahn eines Offiziers vollzog, und diese lassen zudem keine klaren Aussagen zu. So finden sich beispielsweise in den Reglements für die Infanterie von 1726 und 1743 lediglich einige allgemeine Hinweise zur Beförderung von Offizieren. Durch die Auswertung des Datenmaterials sollen Erkenntnisse darüber gewonnen werden, welche Richtlinien es bei Beförderung und Abgang eines Offiziers gab und wie sie in der Praxis gehandhabt wurden. Außerdem soll anhand der sozialständischen und landsmannschaftlichen Herkunft[134] und Zusammensetzung, der Stellenvergabe und des Avancements sowie des Abgangs in Teilbereichen ein Sozialprofil der Offiziere erarbeitet werden. Dasselbe wird für die Offizierkorps der verschiedenen Waffengattungen, also der Infanterie, Kavallerie und zum Teil für die der Artillerie durchzuführen sein. Die Offizierkorps der einzelnen Truppengattungen, also der Feldinfanterie, der Grenadierbataillone, der Kürassiere etc. werden ebenfalls untersucht. Die zuletzt genannten beiden Einteilungen sind deshalb so wichtig, weil dadurch die Unterschiede, die es zwischen den verschiedenen Offizierkorps gab, sichtbar werden. Eine wesentliche Frage nämlich, die in dieser Arbeit untersucht werden soll und die sich erst aus der Analyse der Listen ablesen lassen wird, ist, ob es tatsächlich **den** preußischen Offizier und **das** preußische Offizierkorps gab.[135] Gerade die Generalisierung, wie sie durch die Regimentslisten möglich ist, wird Gemeinsamkeiten, aber auch Differenzen sichtbar werden lassen. Dies erlaubt Antworten darauf, inwieweit das bislang herrschende Bild vom homogenen Offizierkorps und der Gleichheit aller Offiziere haltbar ist.

Um die preußischen Offiziere und ihre Bedeutung angemessen einordnen zu können, ist es allerdings notwendig, vor der eigentlichen Analyse einleitende Informationen zu geben. Dies wird in zwei Abschnitten vollzogen, die abgestuft auf die Auswertung der Regimentslisten zulaufen. Zuerst soll nämlich der „große" Zusammenhang hergestellt werden, der Staat, Gesellschaft und Armee in Preußen miteinander verband. Begonnen wird mit der Schilderung der Entwicklung bis 1713, weil in diesem Zeitraum wesentliche Grundlagen für die preußische Armee und ihre Offiziere

---

[134] Einen Versuch, die „nationale" Zusammensetzung des preußischen Offizierkorps zu analysieren, hat Hanne, „Meine Herren Brüder und Söhne", S. 7 unternommen. Leider gibt er nicht die Quelle an, auf deren Grundlage seine Tabelle entstanden ist. Basierend auf einigen wenigen Regimentslisten hat Bleckwenn, Altpreußischer Militär- und Landadel, S. 93 - 95 eine Auswertung von fünfzehn Regimentern hinsichtlich der Frage vorgenommen, ob die Kompaniechefs aus dem Territorium stammten, in dem ihr Regiment stand. Vorwegnehmend kann bereits festgestellt werden, daß Bleckwenn durch seine Analyse Ergebnisse erzielt hat, die in der vorliegenden Arbeit auf der Grundlage einer wesentlich breiteren Datenbasis bestätigt werden können.

[135] Angesichts dieser Frage müßte eigentlich, das „das" vor dem Begriff Offizierkorps in der gesamten Arbeit in Anführungszeichen erscheinen. Aus praktischen Überlegungen, und weil die Klärung der oben genannten Frage erst im weiteren Verlauf der Arbeit erfolgt, wird aber darauf verzichtet. Nur an den Stellen, wo grundsätzliche Zweifel an der

im 18. Jahrhundert gelegt wurden. Hierbei werden nicht nur die preußischen Verhältnisse betrachtet, sondern allgemein die Genese der Stehenden Heere im ausgehenden 17. Jahrhundert skizziert. Für das Verständnis des preußischen Offiziers ist es ebenfalls notwendig, kurz auf die Oranischen Heeresreformen einzugehen, weil durch diese die Entstehung des neuzeitlichen „Offiziers" maßgeblich beeinflußt worden ist.

Die darauf folgenden Kapitel umfassen die Zeit vom Herrschaftsantritt Friedrich Wilhelms I. bis zum Tode Friedrichs II.. Die Aufteilung in zwei Kapitel wird deshalb vorgenommen, weil sich dadurch die Unterschiede und die Gemeinsamkeiten zwischen den beiden Monarchen besser darstellen lassen. Es wird kurz darzustellen sein, in welchem Maße Friedrich Wilhelm den Aufbau der Armee zum Mittelpunkt seiner Arbeit machte und welche Gründe es dafür möglicherweise gab. Umfangreicher muß beschrieben werden, warum der König „den" Adel auf den Staatsdienst verpflichten wollte. Dies ist notwendig, weil dadurch die Rolle der Armee im und für den preußischen Staat angesprochen wird. Außerdem sind dadurch Erklärungen möglich, warum vor allem Adlige Offiziere werden sollten. Diese Verbindung von Adel und Offizierkorps steht auch im Mittelpunkt der Betrachtung der Regierungszeit Friedrichs II.. Es werden gerade in diesem Bereich die Differenzen, aber auch die Gemeinsamkeiten zwischen Vater und Sohn deutlich. Zwar nimmt Friedrich dem Adel gegenüber eine andere Haltung ein als Friedrich Wilhelm, ebenso aber wie dieser hielt er aus Gründen, die zu schildern sein werden, am Adelsvorzug bei der Besetzung der Offiziersstellen fest. Zudem entfaltete in der Herrschaftszeit Friedrichs II. eine geistige Strömung ihre Wirkung, die hinsichtlich ihrer Auswirkungen auf die Offiziere zu beobachten sein wird: die Aufklärung. Die in beiden Kapiteln enthaltenen Ausführungen stellen allerdings in Bezug auf die Offiziere nur erste allgemeine Hinweise dar. Dies geschieht nicht zuletzt deshalb, weil hier noch keine eigentliche Analyse vorgenommen wird, sondern im wesentlichen aus bereits bekannten Quellen und der einschlägigen Literatur vorgetragen wird. Ein Anspruch der vorliegenden Arbeit ist aber über den vorhandenen Forschungsstand hinauszugehen und diesen zum Teil zu ergänzen. Dies ist im Rahmen dieser Studie nur mit Hilfe der Regimentslisten umzusetzen.

Im zweiten thematischen Abschnitt wird die höhere Ebene von Staat, Gesellschaft und Armee verlassen, und die bewaffnete Macht wird zum ausschließlichen Gegenstand der Beschreibung. Die hier in zwei Kapiteln referierten Angaben und Zahlen sind aus zweierlei Gründen für das Verständnis der Analyse der Regimentslisten notwendig. Zum einen können die Angaben über die Strukturen und die Organisation der Armee sowie die Geschichte und die Aufgaben der einzelnen

---

Existenz des *einen* Offizierkorps angebracht erscheinen, werden die Anführungszeichen verwendet.

Truppengattungen nicht aus den Regimentslisten entnommen werden. Für den einzelnen preußischen Offizier aber war es relevant, wie z. B. seine Kompanie und sein Regiment aufgebaut war und welche Aufstiegschancen sich für ihn daraus ergaben. Auch die Einsatzweisen der verschiedenen Truppengattungen hatten konkrete Auswirkungen auf den Dienst und die Laufbahn eines Offiziers. Zum zweiten werden diese Angaben in einem Kapitel zusammengefaßt, weil sie die Grundinformationen für das Verständnis der eigentlichen Analyse beinhalten und nicht bei jeder Einzelanalyse erneut repetiert werden sollen.

In Abschnitt IV. erfolgt die Auswertung der Regimentslisten. Die hierbei angewandte Methode orientiert sich an der von der „Kollektiven Biographie" vorgegebenen Vorgehensweise. Das heißt, daß zuerst eine quantifizierende Analyse der Listen vorgenommen wird. Die Ergebnisse, die in den daraus gewonnenen Tabellen stehen, werden einer ersten Interpretation unterzogen. Um zu weiterführenden Erkenntnissen zu kommen, sollen andere Quellengruppen herangezogen werden. Es wird versucht, durch diese Zusammenführung ein möglichst geschlossenes Bild der Offiziere zu geben, um so in Ansätzen zu einer kollektiven Biographie zu gelangen. Da sich diese Angaben in erster Linie auf alle Offiziere beziehen, schließen sich die dazugehörigen Ausführungen an die jeweilige Auswertung der Regimentslisten des gesamten Heeres an. Die in jedem Kapitel folgenden Analysen der einzelnen Waffen- und Truppengattungen werden dann nur noch mit Anmerkungen interpretatorisch ergänzt, die sich konkret auf die jeweilige Teileinheit beziehen.

Das Konzept, auf dessen Grundlage die Regimentslisten ausgewertet werden, richtet sich vor allem nach dem Inhalt dieser Listen. So basiert das Kapitel IV.1. „Herkunft und landsmannschaftliche Zusammensetzung" auf den Ranglisten und den Ergebnissen, die sich aus diesen ziehen lassen. Ebenfalls anhand dieser Listen wird im folgenden Kapitel der Anteil der bürgerlichen Offiziere in der Armee und in den „höheren" Rängen untersucht. Für die Fragestellung, wie viele bürgerliche Offiziere vor und nach dem Siebenjährigen Krieg verabschiedet wurden und auf welche Art und Weise, werden die Abgangslisten genutzt. Ranglisten mit ihren Angaben über das Lebens- und Dienstalter der Offiziere sind es wiederum, die in Kapitel IV. 3. Aussagen über die Laufbahnen ermöglichen. Im Schlußkapitel dieses Abschnitts werden die Abgangslisten ausgewertet. Daraus lassen sich wesentliche Erkenntnisse über die innere Struktur des Offizierkorps gewinnen. An den verschiedenen Abgangsarten ist nicht nur abzulesen, an welchen Normen und nach welchen Kriterien die Offiziere ihr Verhalten ausrichteten, sondern es ist ebenfalls erkennbar, mit welchen Mitteln Friedrich Wilhelm I. und Friedrich II. die Offiziere „monarchisiert" haben.

Die Auswertung der Biographielisten in einem eigenen Kapitel, ist aus dem bereits genannten Grund nicht möglich, sie werden aber immer wieder zur Ergänzung und weiteren Nuancierung an geeigneter Stelle herangezogen.

Die wesentlichen Erkenntnisse, die sich aus dieser Auswertung der Regimentslisten und ihrer Analyse und Interpretation ergeben haben, sollen am Ende noch einmal zusammengefaßt werden.

II. Die Streitmacht in Interdependenz mit Staat und Gesellschaft

1. Ein Instrument wird geschaffen: Grundzüge der Entwicklung des Stehenden Heeres in Brandenburg-Preußen bis 1713

Ein etwas ausführlicherer Blick auf die Jahrzehnte von 1640 bis 1713 ist unerläßlich, da in dieser Zeit die Grundlage gelegt wurde, auf der Friedrich Wilhelm I. die bewaffnete Macht zu dem Instrument machen konnte, das sein Sohn, Friedrich II., in drei Kriegen erfolgreich einsetzte. Außerdem wurden in diesem Zeitraum wesentliche Voraussetzungen für „den" preußischen Offizier im 18. Jahrhundert geschaffen. Bestimmte Merkmale dieser Offiziere, die bei der Analyse und Beschreibung im weiteren Verlauf der Arbeit immer wieder angesprochen werden, sind bereits vor 1713 in ersten Ansätzen zu erkennen. Der Aufbau einer Stehenden Armee ist in dieser Zeit von fast allen europäischen Länder und Territorien[136] angestrebt worden und war kein auf Brandenburg-Preußen isoliertes Phänomen, erreicht haben dies allerdings nur die stärkeren unter ihnen.[137] Die Entwicklung hin zur „Stehenden Armee"[138] war allerdings kein planmäßiger und zielgerichteter Aufbauprozeß. Charakteristisch ist vielmehr ein stetes Auf und Ab, das gekennzeichnet war durch die Aufstellung von Regimentern zu Beginn eines Krieges[139] und deren weitgehende Reduzierung nach Beendigung der militärischen Auseinandersetzungen.

Wenn von einem Stehenden Heer gesprochen wird, kann dieser Ausdruck im vollen Umfang nur für den Endpunkt der Entwicklung gelten. Es hat Frühformen[140] gegeben, an denen sich bereits die Konturen des späteren „miles perpetuus" ablesen lassen. Im Zuge der oranischen Heeresreform am Ende des 16. Jahrhunderts war der Typ des hochgradig disziplinierten und durch einen neuhumanistischen Sittenkodex geformten Söldners „eingeführt" worden, der sich im Gegensatz zur ungezügelten Soldateska zum Aufbau eines Stehenden Heeres und damit als Instrument in der

---

[136] S. dazu Childs, Armies and Warfare, S. 33 - 36.
[137] S. Papke, Von der Miliz, S. 8.
[138] Zum Begriff des „Stehenden Heeres" vgl. auch Childs, Armies and Warfare, S. 28 - 30.
[139] Zu dem Aspekt, daß im Zeitalter Ludwigs XIV. Kriege so häufig geführt wurden und der Friede als Ausnahme galt vgl. Heinz Duchhardt, Friedenssicherung im Jahrhundert nach dem Westfälischen Frieden, in: Manfred Spieker (Hrsg.), Friedenssicherung. Historische, politikwissenschaftliche und militärische Perspektiven, Bd. 3, Münster 1989, S. 11. Vgl. dazu auch Johannes Burkhardt, Die Friedlosigkeit der Frühen Neuzeit. Grundlegung einer Theorie der Bellizität Europas, in: ZHF, 24. Jg., 1997, S. 509 - 574, der durch eine Analyse von strukturellen Mängeln und Gefährdungen früher Staatlichkeit zu einer epochenspezifische Theorie des Krieges in der Frühen Neuzeit kommt.
[140] Auf den Umstand, daß die Entwicklung hin zum „miles perpetuus" nicht ohne die früheren Entwicklungsschritte des territorialen Wehrwesens richtig eingeordnet werden kann, verweist Schulze, Landesdefension und Staatsbildung. Studien zum Kriegswesen des innerösterreichischen Territorialstaates (1564-1619) (= Veröffentlichungen der Kommission für Neuere Geschichte Österreichs, Bd. 60), Wien, Köln, Graz 1973, hier u .a. S. 46f. und 249.

43

Hand des Fürsten eignete.[141] Diese Reform war eine der wesentlichen Voraussetzungen für die Entstehung des neuzeitlichen Offiziers.[142]

Hinter dem Aufbau der Stehenden Heere stand in erster Linie nicht die Absicht, die dort verwendeten Methoden, der systematischen Erfassung von Menschen, ihre Kontrolle, Ausrichtung und Abrichtung auf ein bestimmtes „Arbeitsziel", auf die Gesellschaft zu übertragen. Der von Gerhard Oestreich beobachtete Vorgang ist Folge und nicht Ursache dieses Aufbaus. Die Gründe für die Entstehung des „miles perpetuus" sind an anderer Stelle zu suchen. So hat es den Einsatz der bewaffneten Macht im Rahmen des politischen Handelns schon immer gegeben, sei es unter außenpolitischen Gesichtspunkten zur Verwirklichung expansiver Pläne oder zur Verteidigung des eigenen Territoriums, sei es in der Innenpolitik zum Herrschaftsausbau und zur Herrschaftssicherung.[143] Das Monopol auf die Ausübung der Macht wurde seit dem Übergang zur Neuzeit allein vom Staat beansprucht, denn dies galt als maßgebliches hoheitliches Attribut.[144] Die Stehenden Heere stellten das Instrument dar, mit dem dieser Anspruch durchgesetzt werden konnte. Beschleunigt wurde deren Entwicklung durch den Dreißigjährigen Krieg[145]. Opgenoorth sieht in Bezug auf Brandenburg-Preußen den maßgeblichen Grund für die Einführung des Stehenden Heeres darin, daß „[...] die machtpolitische Konkurrenz [...] alle Staaten Europas unabhängig von ihrer inneren Verfassung zur Übernahme bestimmter neuer Formen politischen Lebens [zwang], sobald diese irgendwo zu wirken begonnen hatten"[146]. Die wichtigste dieser Formen stellte seiner Ansicht nach die zweckrational-machtorientierte Außenpolitik dar und die dafür geschaffenen Instrumente: „'ratio status' und 'miles perpetuus'"[147]. Auch Papke räumt ein, daß die außenpolitischen Ursachen für die Einführung stehender Truppen verständlicher und auch leichter mit Fakten zu belegen sind als die teilweise „recht diffizilen innenpolitischen Beweggründe"[148]. Zu diesen Gründen gehörte aber auch, daß das Stehende Heer ein vorzügliches Mittel war, innenpolitischen Druck auszuüben. So konnte schon die Verteilung der verschiedenen Truppenteile

---

[141] S. Papke, Von der Miliz, S. 61.
[142] S. Wohlfeil, Ritter-Söldnerführer-Offizier, S. 338.
[143] S. Bernhard Sicken, Heeresaufbringung und Koalitionskriegführung im Pfälzischen und im Spanischen Erbfolgekrieg, in: Duchhardt (Hrsg.), Rahmenbedingungen und Handlungsspielräume europäischer Außenpolitik im Zeitalter Ludwig XIV. (= Zeitschrift für Historische Forschung, Beiheft 11), Berlin 1991, S. 89 -134, hier S. 89 und Papke, Von der Miliz, S. 180 - 186.
[144] S. ebd..
[145] Zur Bedeutung des Dreißigjährigen Krieges für den Aufbau Stehender Heere siehe Burkhardt, Der Dreißigjährige Krieg, Frankfurt a. M. 1992, S. 213 - 224 und Ronald G. Asch, The Thirty Years War. The Holy Roman Empire and Europe 1618-1648, New York 1997, S. 150 - 176.
[146] Ernst Opgenoorth, Friedrich Wilhelm. Der Große Kurfürst von Brandenburg. Eine politische Biographie, 2 Bde., Göttingen, Frankfurt, Zürich, 1974/78, Bd. 2, S. 341.
[147] Ebd..
[148] Papke, Von der Miliz, S. 186.

44

innerhalb des Territoriums dazu dienen, die auf ihre Unabhängigkeit bedachten Landstände zu kontrollieren, wurde diesen doch so das staatliche Machtmonopol in seiner realen Ausformung vor Augen geführt.[149] Darüber hinaus war das Stehende Heer bei Unruhen und Aufständen in der Bevölkerung das jederzeit verfügbare Instrument, mit dem eine Befriedung durchgeführt und die Ruhe im Land wieder hergestellt werden konnte.[150] Gestützt auf die bewaffnete Macht und die Verwaltung, die nicht zuletzt zum Zweck der Unterhaltung bzw. Heranschaffung der für die Armee notwendigen Finanzmittel erheblich ausgebaut worden war, konnten die Herrscher ihren Herrschaftsanspruch gegenüber Ständen und Untertanen durchsetzen. Die rechtliche Grundlage, auf die sich die Territorialfürsten im Reich beim Aufbau der Stehenden Heere berufen konnten, waren u. a. der Artikel 8, § 2[151] des Osnabrücker Friedensvertrages (Instrumentum Pacis Osnabrugense) von 1648 und der § 180 des „Jüngsten Reichsabschieds" (Recessus Imperii Novissimus) des Jahres 1654[152].

Die Entwicklung in Brandenburg-Preußen: Verbesserung der finanziellen Grundlagen und Reform der Verwaltung

Kurfürst Friedrich Wilhelm I. hatte starke außenpolitische Motive für den Aufbau einer Stehenden Armee, von denen stellvertretend hier nur der ständige Konflikt mit Schweden um Pommern erwähnt sei.[153] Im Innern hat er die Armee als Ordnungs- und Befriedungsinstrument verwandt. Gegenüber den Landständen z. B. hat Friedrich Wilhelm nicht nur mit dem Einsatz von Truppen gedroht[154], er hat dies auch in die Tat umgesetzt[155]. Es wäre allerdings falsch anzunehmen, daß der

---

[149] S. dazu Sicken, Heeresaufbringung, S. 89.

[150] S. ebd..

[151] „Ohne jede Einschränkung sollen sie [die Reichsstände] das Stimmrecht bei allen Beratungen über Reichsgeschäfte haben, namentlich, wenn Gesetze zu erlassen oder auszulegen, Kriege zu beschließen, Abgaben vorzuschreiben [...] Frieden oder Bündnisse zu schließen [...] sind [...]." Zit. aus: Arno Buschmann (Hrsg.), Kaiser und Reich. Klassische Texte und Dokumente zur Verfassungsgeschichte des Heiligen Römischen Reiches Deutscher Nation vom Beginn des 12. Jahrhunderts bis zum Jahre 1806, München 1984, S. 339.

[152] „[...] sonderlich aber sollen jedes Churfürsten und Stands Landsassen, Unterthanen und Bürger zu Besetz- und Erhaltung der einem oder andern Reichs-Stand zugehörigen nöthigen Vestungen, Plätzen und Guarnisonen ihren Lands-Fürsten, Herrschafften und Obern mit hülfflichem Beytrag gehorsamlich an Hand zu gehen schuldig seyn." Zit. aus: Buschmann, Kaiser und Reich, S. 535.

[153] S. dazu Opgenoorth, Friedrich Wilhelm, Bd. 1, S. 181f., 306f., 312f. und besonders Bd. 2, S. 335. Auch Kunisch, Der Nordische Krieg von 1655-1660 als Parabel frühneuzeitlicher Staatenkonflikte, in: Derselbe, Fürst-Gesellschaft-Krieg, S. 43 - 82, hier S. 61 sieht in den Zwängen, die die Außenpolitik und besonders der Konflikt mit Schweden dem Kurfürsten auferlegten, die Gründe, die diesen zum Aufbau einer bewaffneten Macht und zu militärischer Expansion veranlaßten.

[154] S. dazu Ingrid Mittenzwei und Erika Herzfeld, Brandenburg-Preußen 1648 bis 1789. Das Zeitalter des Absolutismus in Text und Bild, Köln 1987, S. 64. Wie dieser innenpolitische Druck konkret aussah, läßt Opgenoorth, Friedrich Wilhelm, Bd. 2, S. 287 erkennen, wenn er schreibt, daß der Kurfürst während der Auseinandersetzung mit den Landständen in Preußen um die Erfüllung seiner Steuerforderungen auf den Gütern des Adels Soldaten einquartierte, um die Stände zum Einlenken zu zwingen.

[155] S. dazu Mittenzwei/Herzfeld, Brandenburg-Preußen, S. 68. Opgenoorth, Friedrich Wilhelm, Bd. 2, S. 343 lehnt

Kurfürst bereits 1640 einen festen Plan gehabt hätte, ein Stehendes Heer von 20.000 oder gar 30.000 Soldaten[156] aufzubauen, wie er es bei seinem Tod hinterließ.[157] Die Entwicklung verlief auch in Brandenburg-Preußen sehr sprunghaft. Zwischen 1655 und 1688 wurden 75 Regimenter aufgestellt und nach dem Friedensschluß bis auf einen gewissen Truppenstamm wieder aufgelöst.[158] Für die Genese des Stehenden Heeres in Brandenburg-Preußen war der Landtagsabschied für die Kurmark[159] vom 5. August 1653 wichtig, weil durch diesen *„eine ökonomische und soziale Lösung festgeschrieben wurde, auf welcher erst der Militärstaat des 18. Jahrhunderts gegründet werden konnte"*[160]. In dem Landtagsabschied, auch Rezeß genannt, erklärten sich die Stände bereit, über sechs Jahre hinweg die Summe von insgesamt 530000 Reichstaler aufzubringen und nicht mehr wie bislang von Krieg zu Krieg jedesmal neu darüber zu entscheiden. Besonders wichtig war der Umstand, daß das von den kurmärkischen Ständen bewilligte Geld zum Schutz des gesamten hohenzollernschen Territorialkomplexes verwendet werden konnte und nicht nur für den der Kurmark. Friedrich Wilhelm ging es in diesen Verhandlungen um eine grundsätzliche Entscheidung. Er wollte die Zugriffsmöglichkeiten auf die Finanzen des Landes bei sich monopolisieren und *„die politische Bedeutung der libertären Verfassung durch eine Unterminierung ihrer Mitspracheformen außer Kraft zu setzen"*[161]. Der Rezeß wurde zu dem jederzeit abrufbaren Instrument, mit dem das Handeln des Kurfürsten legitimiert werden konnte. Mit dieser Umgestaltung der Verfassung begann Friedrich Wilhelm I., sich über die ständische Verfassung zu stellen. Ihm ist es gelungen, die Verfassungsgegebenheiten auf sich hinzuordnen, ohne sie in der Substanz zu zerstören.[162] Damit läßt sich der Landtagsabschied von 1653 als

---

allerdings die Vermutung ab, daß Friedrich Wilhelm I. den Aufbau einer stehenden Armee bewußt betrieben habe, um sie als innenpolitisches Druckmittel einzusetzen. Hierfür finden sich seiner Ansicht nach keine Belege. Er konstatiert allerdings, daß es dem Kurfürsten nicht verborgen geblieben sei, *„daß man Soldaten auch gegen widerspenstige Untertanen einsetzen kann"*, ebd.. Bei einer Analyse dieser Einsätze werde aber deutlich, daß Friedrich Wilhelm die Gewaltanwendung lediglich als „ultima ratio" betrachtet habe und der Zweck der Unternehmungen nicht eine Durchsetzung von Maximalforderungen gewesen sei, *„sondern die Erzwingung eines Minimums an Zugeständnissen, von der aus dann weiterverhandelt wurde"*, ebd..
[156] S. Jany, Geschichte der Preußischen Armee, Bd. 1, S. 301.
[157] S. dazu Hans Delbrück, Geschichte der Kriegskunst im Rahmen der politischen Geschichte, 4. Teil: Neuzeit, photomechanischer Nachdruck der ersten Auflage Berlin 1920, mit einer Einleitung von Otto Haintz, Berlin 1962, S. 278 und Opgenoorth, Friedrich Wilhelm, Bd. 2, S. 338 sowie Messerschmidt, Werden und Prägung, S. 28.
[158] S. Messerschmidt, Preußens Militär in seinem gesellschaftlichen Umfeld, in: Hans-Jürgen Puhle und Hans-Ulrich Wehler (Hrsg.), Preußen im Rückblick (= Geschichte und Gesellschaft, Sonderheft 6), Göttingen 1980, S. 43 - 88, hier S. 43.
[159] Für die Neumark wurde ein derartiger Rezeß am 29. August 1653 verabschiedet.
[160] Messerschmidt, Preußens Militär, S. 44.
[161] Christoph Fürbringer, Necessitas und Libertas. Staatsbildung und Landstände im 17. Jahrhundert in Brandenburg (= Erlanger Historische Studien, Bd. 10), Frankfurt a. M., Bern, New York 1985, S. 164.
[162] Aus diesem Grund weist Gerd Heinrich, Der Adel in Brandenburg-Preußen, in: Rössler, Deutscher Adel, S. 259 - 314, hier S. 295f. darauf hin, daß die Bedeutung des Rezesses von 1653 im Hinblick auf die Landstände nicht überschätzt werden darf. Die Grundlinien des landständischen Systems seien auch noch im 18. Jahrhundert intakt geblieben. Dieser

wichtiger Schritt in dem Prozeß der Durchsetzung absolutistischer Herrschaftsmaximen begreifen und in zweiter Linie als Prozeß der Sozialdisziplinierung, in dem die Grundstrukturen der Gesellschaft auf eine Zentralinstanz ausgerichtet wurden. Oestreich bezeichnet dies als gewaltigen „Vermachtungsprozeß". Die Bedeutung des Rezesses für die Armee liegt darin, daß dem Kurfürst damit eine Weichenstellung gelungen war, hinter die die Stände nicht mehr zurück konnten. Die Bewilligung von Geldern für neuaufzustellende Regimenter blieb zwar weiterhin problematisch, aber mit dem Landtagsabschied war das Prinzip der Nezessität[163] durch die Landstände anerkannt worden bzw. wurde ihnen diese Anerkennung oktroyiert. Das heißt, durch Berufung auf die Notwendigkeit (Nezessität) und den Notstand (dito) des Staates wurden die getroffenen Maßnahmen bzw. die Forderungen nach zusätzlichen Geldern begründet.[164] Der Landtagsrezeß ist in der Folgezeit von der *„normativen Kraft des Faktischen einfach überrollt"*[165] worden, und die Kontribution wurde einfach weiter erhoben[166], indem sich der Kurfürst auf die Nezessität berief[167]:

„Die Kontribution, eine Art Grundertragssteuer, wurde zu einer regelmäßigen Abgabe und zu einer der wichtigsten Steuerquellen des preußischen Staates"[168].

Am Ende der Regierung Friedrich Wilhelms I. betrugen die Einnahmen aus Kontribution und Akzise[169], auch als Kriegsgefälle bezeichnet, 1.620.000 Taler; zusammen mit den Einkünften aus

---

Einschätzung schließen sich auch Peter Baumgart, Ständetum und Staatsbildung in Brandenburg-Preußen. Zur Einführung und Problemstellung, in: Derselbe, Ständetum und Staatsbildung, S. 3 - 15, hier S. 11 und Günther Birtsch, Der preußische Hochabsolutismus und die Stände, in Baumgart, Ständetum und Staatsbildung, S. 389 - 408, hier S. 402 an. Zum relativen Erfolg der Territorialfürsten in der Auseinandersetzung mit den Ständen um die Bewilligung von Steuern vgl. auch Norbert Winnige, Von der Kontribution zur Akzise. Militärfinanzierung als Movens staatlicher Steuerpolitik, in: Kroener/Pröve, Krieg und Frieden, S. 59 - 83, hier S. 62f.

[163] Zu diesem Begriff vgl. Johannes W. Pichler, Necessitas. Ein Element des mittelalterlichen und neuzeitlichen Rechts, Berlin 1983.

[164] S. dazu Fürbringer, Necessitas und Libertas, S. 28.

[165] Ernst Klein, Geschichte der öffentlichen Finanzen in Deutschland (1500 - 1870) (= Wissenschaftliche Paperbacks, Sozial- und Wirtschaftsgeschichte, Bd. 6), Wiesbaden 1974, S. 42.

[166] S. dazu auch Kunisch, Der Nordische Krieg, S. 66. Trotzdem ist das Steuerbewilligungsrecht der Landstände nicht völlig beseitigt worden, wenn es auch geschwächt wurde. Ein Beleg dafür ist, daß Friedrich III. 1696 eine über die monatliche Kontributionssumme von 20000 Talern hinausgehende „extraordinäre" Summe von noch einmal 20000 Talern forderte. Die Ständevertreter, denen die Art der Aufbringung des Geldes überlassen wurde, bewilligten das Geforderte. Siehe dazu Wolfgang Neugebauer, Brandenburg im absolutistischen Staat. Das 17. und 18. Jahrhundert, in: Ingo Materna und Wolfgang Ribbe (Hrsg.), Brandenburgische Geschichte, Berlin 1995, S. 291 - 394, hier S. 325.

[167] S. dazu Opgenoorth, Friedrich Wilhelm, Bd. 2, S. 343.

[168] Klein, Finanzen, S. 43.

[169] Dies war eine weitere Steuer, die besonders im 18. Jahrhundert für die Finanzierung der preußischen Armee entscheidend werden sollte und die ebenfalls unter Kurfürst Friedrich Wilhelm I. eingeführt worden ist. Die Akzise war eine Produktions- und Konsumtionssteuer auf alle gewerblichen Erzeugnisse und wurde vor allem in den Städten erhoben. Hinter der Einführung der Akzise standen nicht nur fiskalische Überlegungen, sondern es gab dafür ebenfalls ein politisches Motiv, denn die Akzise als landesherrliche Steuer bedurfte nicht der wiederholten Bewilligung durch die Landstände und ermöglichte damit dem Kurfürsten eine gewisse Unabhängigkeit von diesen. Siehe dazu Klein, Finanzen, S. 43. Auch in den Verhandlungen von 1653 hatte Friedrich Wilhelm I. letztlich erfolglos die Einführung der Akzise vorgeschlagen, was wiederum als Beleg dafür dienen kann, daß seine damalige Vorgehensweise nicht ausschließlich von finanziellen Überlegungen geprägt war. Ein gewisser Schlußpunkt wurde 1684 mit der „General-Steuer und Consumtions-Ordnung" erreicht, in der die brandenburgische Akzise als eine Sammlung von Verbrauchs-, Umsatz-,

den Domänenrevenüen[170] ergab dies eine Gesamtsumme von 2.470.000 Taler.[171] Besonders die Kriegsgefälle erfuhren eine enorme Steigerung[172], hatten sie doch noch im Jahre 1670 lediglich 18000 Taler erbracht. Diese Einnahmeerhöhung[173] ist allerdings nicht nur auf die stärkere Heranziehung der Landstände, eine verbesserte Dömänenbewirtschaftung, Sondersteuern und eben die Eröffnung neuer Steuerquellen zurückzuführen, ebenso wichtig waren die Verbesserungen im Bereich der Finanz- und Steuerverwaltung. Die erzielten Fortschritte sind deswegen so wichtig, weil sie die Voraussetzung bildeten für die enge Verbindung zwischen Staat und Armee im 18. Jahrhundert. Denn die für das Militär bestimmten Mittel, die aus der Kontribution und der Akzise flossen, wurden von einem Instrument kontrolliert und verwaltet, das seinen Ursprung in der Armee

---

Vermögens- und Gewerbesteuern definiert wurde. Das heißt nicht, daß damit die Akzise überall in Brandenburg-Preußen erfolgreich eingeführt worden wäre, denn in der Grafschaft Mark und dem Herzogtum Kleve gelang es erst zwischen 1713 und 1720, die lokalen indirekten Steuern in eine Akzise umzuwandeln. Bis dahin hatten sich die dortigen Stände, die vom alten System profitiert hatten, erfolgreich dagegen gewehrt. Siehe dazu Winnige, Von der Kontribution, S. 64. Ein wichtiges Ergebnis der Verordnung von 1684 war die steuertechnische Separierung von Stadt (= Akzise) und Land (= Kontribution), die zur steuerpolitischen Spaltung der Stände führte. Zu dieser Separation kam es, weil die Akzise nach kurmärkischem Muster gegen den Widerstand der Landstände auch für die Mediatstädte eingeführt wurde. Diese unterstanden nicht direkt dem Landesherrn, sondern verschiedenen Adelsfamilien und trugen, bis zu der Änderung, mit zum Steueranteil des „platten" Landes bei.[169] Dazu Opgenoorth: *„Die getrennte Erhebung der Steueranteile war für die ständische Selbstverwaltung ein schwerer Schlag und Anlaß zu fortwährenden Klagen* [...]", Opgenoorth, Friedrich Wilhelm, Bd. 2, S. 287. Klaus Vetter, Der brandenburgische Adel und der Beginn der bürgerlichen Umwälzung in Deutschland, in: Armgard v. Reden-Dohna und Ralph Melville (Hrsg.), Der Adel an der Schwelle des bürgerlichen Zeitalters 1780 - 1860 (= Veröffentlichungen des Instituts für Europäische Geschichte Mainz, Abteilung Universalgeschichte, Beiheft 10), Stuttgart 1988, S. 285 - 303, hier S. 292 gibt an, daß noch um 1800 von den 120 kurmärkischen Städten 57 Mediatstädte waren, *„deren Bürger in ihrer persönlichen Freiheit beschränkte, zu feudalen Diensten und Abgaben verpflichtete Untertanen waren"*.
[170] Was darunter zu fassen ist, hat im einzelnen Klein, Finanzen, S. 43f. aufgezählt.
[171] S. Klein, Finanzen, S. 45. Klein betont an dieser Stelle, daß die Staatseinnahmen trotz der erheblichen Steigerungen, die gerade bei den Kriegsgefällen erzielt worden waren, nicht für den Heeres- und Kriegsbedarf ausreichten und Friedrich Wilhelm I. daher auf die Subsidien seiner Bündnispartner angewiesen war und auf Anleihen zurückgreifen mußte.
[172] Opgenoorth, Friedrich Wilhelm, Bd. 2, S. 275 verweist darauf, daß die Steigerung der Einnahmen vor allem darauf zurückzuführen ist, daß sich in den 1680er Jahren die wirtschaftliche Lage in Brandenburg-Preußen stark verbesserte und es daher möglich war, den Untertanen die für den Erhalt der Armee erforderlichen höheren Steuern zuzumuten.
[173] Von einem Erfolg wird in diesem Zusammenhang ganz bewußt nicht gesprochen. So sieht Opgenoorth, Friedrich Wilhelm, Bd. 2, S. 282 wohl einen positiven wirtschaftlichen Nutzen, den die Einführung der Akzise für die Städte erbracht hat. Allerdings räumt er auf S. 283f. ein, daß die Akzise sozial nicht ausgewogen war, weil sie die ärmere Bevölkerung stärker belastete als den Adel. Wesentlich kritischer beurteilt Winnige, Von der Kontribution, S. 82f., Akzise und Kontribution. Seiner Ansicht nach verletzten diese, wenn sie, wie es in Brandenburg-Preußen der Fall war, als sich gegenseitig ausschließende Hauptsteuern erhoben wurden, bereits in ihrer Konzeption die Maximen der Abgabenpolitik. Dazu gehörte, daß eine Belastung nach der Steuerfähigkeit erfolgte und die Steuerquellen geschont wurden. So wurde die Kontribution wohl nach der steuerlichen Leistungsfähigkeit erhoben, aber Privilegierte, wie der Adel, und völlig Besitzlose waren ausgenommen. Und die Akzise *„durchbrach diese ständischen Vorrechte in der Theorie* [...] *bei der Belastung des einzelnen Haushalts wurde das Prinzip der Steuerfähigkeit jedoch eklatant mißachtet: Die Akzise wirkte extrem 'unsozial'.",* ebd. S. 82. In der praktischen Umsetzung der Steuern sieht Winnige ebenfalls zahlreiche Mißstände, wie Korruption, Begünstigung und Steuerhinterziehung. Aufgrund der konstruktionsbedingten Nachteile, die jeder Steuer anhingen, führten die damit einhergehenden Mißstände zu einer *„Disfunktionalisierung der frühneuzeitlichen Fiskalsysteme",* ebd. S. 83. Am Ende kommt Winnige daher zu dem harschen Urteil, daß *„der Preis für die aus Steuern finanzierte 'production of protection' eine fiskalische Ausplünderung der Untertanen und eine stagnierende Ökonomie"* war, ebd.. Zu den Ergebnissen von Winnige ist anzumerken, daß sie sachlich wohl zutreffend sind, daß er bei seiner Bewertung aber zum Teil moderne Kategorien (soziale Gerechtigkeit!) auf die Verhältnisse des 18. Jahrhunderts überträgt.

hatte: dem Kommissariatswesen. Letzteres gab es in Brandenburg-Preußen schon seit 1609, dies stellte aber noch keine geordnete Heeresverwaltung[174] dar. Ein wichtiger Schritt in diese Richtung war die Schaffung des Amtes eines Generalkriegskommissars zu Beginn des Nordischen Krieges 1656, der u. a. zuständig war für die Aufstellung des Heeresetats. Der Generalkriegskommissar vereinigte in sich die Funktion eines Militärintendanten mit der des Aufsichtsbeamten über die ständische Steuerverwaltung.[175] Bevor dieses Amt aber seine endgültige Ausformung erreichen sollte, erlebte auch diese Institution und das Kommissariatswesen insgesamt ein Auf und Ab in der Entwicklung, die analog verlief zu der der Armee, die ebenfalls je nach Krieg und Frieden ausgebaut und wieder reduziert wurde. Das Generalkommissariat als Institution aber blieb erhalten: „*Verglichen mit dem Durcheinander auf dem Gebiet der zivilen Finanzverwaltung war das Kommissariat [...] eine durchaus rationale und moderne Einrichtung.*"[176] Die einzelnen Kommissare erhielten Bezirke, in denen sie die militärischen Einrichtungen bzw. Einheiten zu kontrollieren hatten und in denen sie ebenfalls die Leitung und Aufsicht des Steuerwesens übernahmen. Durch die Übernahme beider Aufgaben wuchs die Kommissariatsverwaltung allmählich in die Zivilverwaltung hinein, wo sie im Laufe der Zeit die ständischen Funktionsträger zunehmend verdrängte.[177] Zu ihrer Aufgabe gehörte anfangs vor allem die Verwaltung der Kontribution, mit der Einführung der Akzise wurden sie auch mit deren Verwaltung betraut. Das zweite große Aufgabengebiet war die Heeresverwaltung im eigentlichen Sinne, dazu gehörten u. a. regelmäßige Musterungen der verschiedenen Truppenteile und Vorsorge für die Quartiere der Soldaten.

Das Kommissariatswesen konnte sich im Bereich der Steuerverwaltung gegen die Stände durchsetzen, weil die „[...] *Triebfeder der Tätigkeit des Kommissariats der Finanzbedarf des erstmals in dieser Stärke in Friedenszeiten aufrechterhaltenen Heeres* [war]. *Seit regelmäßige Steuerzahlungen zumindest faktisch in allen Landen des Kurfürsten durchgesetzt waren, ließen sich höhere Einnahmen nur noch durch bessere Ausschöpfung der Steuerkraft erreichen.*"[178] Hier liegt die eigentliche Bedeutung des Kommissariatswesens für den preußischen Staat. Die Ansprüche der Armee bzw. der Unterhalt des stehenden Heeres begünstigten die Entwicklung einer Institution, die nicht nur die eigentliche Heeresverwaltung übernahm, sondern die darüber hinaus auch

---

[174] Zur Heeresverwaltung immer noch maßgeblich Hans Helfritz, Geschichte der preußischen Heeresverwaltung, Berlin 1938, hier S. 112 - 140.
[175] S. Hans Schmidt, Militärverwaltung in Deutschland und Frankreich im 17. und 18. Jahrhundert, in: Kroener/Pröve, Krieg und Frieden, S. 25 - 45, hier S. 43.
[176] Opgenoorth, Friedrich Wilhelm, Bd. 1, S. 312.
[177] S. Kunisch, Der Nordische Krieg, S. 64.
[178] Opgenoorth, Friedrich Wilhelm, Bd. 2, S. 279.

gewährleistete, daß die erforderlichen Finanzmittel in Form von Steuern (Kontribution und Akzise) eingebracht und ordnungsgemäß weiter verteilt wurden.[179] Um ihre Aufgabe möglichst effizient erfüllen zu können, zielten die Bemühungen der Generalkriegskommissare dahin, ihren „Apparat" zu straffen und zu vereinheitlichen.[180] Zu diesem Zweck haben sich die Kommissariatsbehörden analog zur Streitmacht und ihrer Zuordnung auf den Monarchen *„früh von den Provinzialregierungen abgesondert und zu einem über das ganze Staatsgebiet hin verbindenden Organismus zusammengeschlossen, durch den die Zentralinstanz, der General-Kriegskommissarius [...] durchgreifender als auf anderen Verwaltungsgebieten im Sinne einer zentralisierenden Verwaltung wirken konnte"*[181]. Für die weitere Entwicklung der Verwaltung und des Staates insgesamt sollte von entscheidender Bedeutung sein, daß die Impulse hin zu einer Zentralisierung und Hierarchisierung von einer Institution ausgingen, die ihren Ursprung und ihre Hauptaufgabe im militärischen Bereich hatte.[182] Ursprünglich eingerichtet und konzipiert als ein Instrument zur Militärverwaltung, entwickelten sich die Kommissariatsbehörden *„zum eigentlichen Kernstück des Staatsapparates, mit dem nicht nur die Selbstbehauptung des Kurfürstentums sichergestellt, sondern auch weitergesteckte Machtprätentionen ins Auge gefaßt werden konnten"*[183].

Monarchisierung „des" Offizierkorps

Die oben skizzierten außen- und innenpolitischen Aufgaben konnte das Stehende Heer nur erfüllen, wenn es zu einem zuverlässigen Instrument in der Hand des jeweiligen Herrschers wurde. Erst wenn der Kriegsherr unmittelbaren Zugriff auf die Armee hatte, konnte er sie nach seinen Vorstellungen gestalten und einsetzen. Um dies zu erreichen, mußten intermediäre Gewalten, die zwischen dem Herrscher und der Armee standen, nach Möglichkeit ausgeschaltet, zumindest aber in ihrer Bedeutung reduziert werden. Diese intermediäre Instanz waren die Chefs der Regimenter. Kurfürst Friedrich Wilhelm I. hatte zu Beginn seiner Regierungszeit nur die Möglichkeit, mittelbar auf die inneren Angelegenheiten der Regimenter Einfluß zu nehmen. Und zwar konnte er in den Kapitulationen[184], die zwischen ihm und den Obristen geschlossen wurden, diesen Auflagen hinsichtlich der Zusammensetzung, Ausrüstung und der Unterhaltung der jeweiligen Einheit

---

[179] S. dazu Sicken, Heeresaufbringung, S. 91.
[180] S. dazu Opgenoorth, Friedrich Wilhelm, Bd. 2, S. 45f..
[181] Hintze, Die Hohenzollern und ihr Werk, S. 219.
[182] Vgl. dazu Mittenzwei/Herzfeld, Brandenburg-Preußen, S.123.
[183] Kunisch, Der Nordische Krieg, S. 65.
[184] Verträge, die zwischen dem Landesherrn und dem Regimentschef geschlossen worden waren und auf deren Grundlage die Obristen Soldaten anwarben. Vgl. dazu Messerschmidt, Werden und Prägung, S. 18f. und Hans Black,

machen. Auch wenn es in der preußischen Armee nicht den klassischen Typ des militärischen „Unternehmers" gab[185], der mit seinem Eigenkapital gewerbsmäßig für einen Landesherrn Kompanien oder ganze Regimenter angeworben hat, um dann als Regimentchef in der Kapitulation günstige Bedingungen für sich auszuhandeln, besaßen auch die preußischen Regimentschefs weitgehende Rechte, insbesondere bezüglich der Ernennung und Beförderung der Offiziere.[186] Friedrich Wilhelm I. hatte zwar von Beginn seiner Herrschaft an einen gewissen Einfluß auf die Besetzung der Offiziersstellen[187], dies konnte ihm allerdings nicht genügen, da den Offizieren als militärischen Führern eine besondere Rolle für die Schlagkraft der Armee zukam. Es mußte hinsichtlich der Offiziere eine einheitliche Regelung geben. Diese war aber nur zu gewährleisten, wenn die Entscheidung über die Offiziersstellen ausschließlich in einer Hand lag und zwar der des Kurfürsten. Darüber hinaus mußte die Loyalität der Offiziere, die früher eher dem Regimentschef als dem häufig wechselnden Kriegsherrn gehörte, auf den Herrscher übertragen werden. Erst dies stellte sicher, daß die Armee ein verläßliches Instrument wurde. In diesem Zusammenhang war das Recht auf die Ernennung und die Beförderung der Offiziere ein ganz wesentlicher Aspekt. Wenn es nicht mehr der Regimentschef war, der über die Laufbahn eines Offiziers entschied, mußte sich der Offizier nach der Person und ihren Anweisungen richten, die die Macht besaß, darüber zu befinden. Die Ausschaltung der intermediären Gewalt in Gestalt der Regimentschefs war daher eine wichtige Voraussetzung, daß die Offiziere auf die Zentralgewalt in Gestalt des Herrschers ausgerichtet werden konnten.[188] Dieser Vorgang kann in gewisser Weise als „Verstaatlichung" bezeichnet werden oder auch als „Monarchisierung", denn der von Kurfürst Friedrich Wilhelm eingeleitete Prozeß wurde erst unter seinen königlichen Nachfolgern abgeschlossen.[189]

Die Grundzüge der Beförderungsordnungen, in: Meier-Welcker, Untersuchungen zur Geschichte, S. 65 - 151, hier S. 74.

[185] S. Messerschmidt, Werden und Prägung, S. 17.

[186] Claudia Opitz-Belakhal, Militärreformen zwischen Bürokratisierung und Adelsreaktion. Das französische Kriegsministerium und seine Reformen im Offizierkorps von 1760-1790 (= Beihefte der Francia, Bd. 34), Sigmaringen 1994, S. 36ff. weist darauf hin, daß in Frankreich noch im 18. Jahrhundert die Käuflichkeit von Offizierspatenten nicht völlig unterbunden werden konnte. Sie beschreibt die Nachteile, die sich daraus für die französische Armee ergaben. Dies wiederum läßt den großen Vorteil sichtbar werden, den die preußische Armee im 18. Jahrhundert u. a. daraus ziehen konnte, daß das Recht auf die Ernennung der Offiziere ausschließlich dem Monarchen zukam. Interessant ist auch ihr Hinweis, daß in Frankreich vor allem der niedere Adel daran interessiert gewesen war, die Ämterkäuflichkeit abzuschaffen, weil dieser im Gegensatz zum Hochadel nicht über die finanziellen Mittel verfügte, sich auch in die höheren Ränge einzukaufen, s. Opitz-Belakhal, Militärreformen, S. 39 und 42f. Für die Verhältnisse in der österreichischen Armee vgl. Jürg Zimmermann, Militärverwaltung und Heeresaufbringung in Österreich bis 1806, in: Deutsche Militärgeschichte, Bd. 1, Abschnitt III, hier S. 131 – 138.

[187] S. Messerschmidt, Werden und Prägung, S. 19.

[188] Ähnliche Bedeutung hatte „das" Offizierkorps beim Prozeß der Zentralisierung der bewaffneten Macht in Frankreich, worauf u. a. Opitz-Belakhal, Militärreformen, S. 16f. hinweist.

51

Ein wichtiger Schritt auf dem Weg zur Bindung der Armee und der Offiziere an die Person des Kurfürsten war das Edikt vom 21. August 1673, in dem Friedrich Wilhelm I. festlegte, daß alle Offiziere vom Fähnrich bis zum General vor ihrer Einstellung ihm genannt werden mußten.[190] Auslöser für dieses Edikt war die Tatsache, daß die Regimentschefs im Widerspruch zu den Anweisungen, die der Kurfürst ihnen über die Qualität der zur Beförderung anstehenden Offiziere gegeben hatte, militärisch unerfahrene[191] und wenig geeignete Männer in den Dienst genommen hatten.[192] Mit der neuen Verordnung wollte Friedrich Wilhelm erreichen, daß zukünftig sowohl sein Interesse als Kriegsherr als auch die Belange der Armee hinsichtlich deren Schlagkraft und Leistungsfähigkeit vorrangig berücksichtigt wurden.[193] Bereits hier ist zu erkennen, daß Kurfürst Friedrich Wilhelm I. nicht nur aus Sorge um den Zustand der Armee getrieben wurde, sondern daß es ihm prinzipiell darum ging, seinen Einfluß auf die Armee zu stärken und den der Regimentschefs nach und nach zu begrenzen. Diese Politik setzte er mit einem Erlaß[194] aus dem Jahre 1684 fort, der die bis dahin fast uneingeschränkte Stellung der Obristen weiter beschnitt, denn darin wurde bestimmt, daß auch für die Regimentschefs das Ancienitätsprinzip galt und die Obristen ihrem Dienstalter gemäß rangierten. Durch diesen Erlaß entfiel deren bislang bestehende Ausnahmestellung.[195]

Dies war im übrigen eine ganz wesentliche Voraussetzung dafür, daß sich eine geschlossene Offiziershierarchie ausbilden konnte. Seitdem galt bis auf wenige Ausnahmen, die sich der Herrscher vorbehielt, für alle Offiziere, daß sich ihr Aufstieg nur in der hierarchischen Rangabfolge gemäß Ancienität und der Entscheidung des Kurfürsten vollziehen konnte. Darüber hinaus ist dies eine ganz wesentliche Voraussetzung dafür, daß in Preußen ein Offizier eine geregelte und weitgehend absehbare Laufbahn[196] machen konnte.[197] Für die Entwicklung der Armee[198] war die

---

[189] Vgl. dazu Wohlfeil, Ritter-Söldnerführer-Offizier, S. 340.
[190] Vgl. dazu Robert v. Schrötter, Das preußische Offizierkorps unter dem ersten Könige von Preußen, in: FBPG, 26. Jg., 1913, S. 77 - 143 und 27. Jg., 1914, S. 97 - 167, hier FBPG, 26. Jg., S. 78.
[191] Auf den Aspekt, daß Kriegsveteranen in den Armeen der Frühen Neuzeit besonders begehrt waren, verweist Parker, Revolution, S. 73ff..
[192] S. Black, Die Grundzüge, S. 89.
[193] S. ebd..
[194] Abgedruckt bei Meier-Welcker, Offiziere im Bild, S. 124f..
[195] Vgl. dazu Apel, Der Werdegang, S. 6 und Black, Die Grundzüge, S. 86.
[196] Der Begriff „Karriere" wird hier und im folgenden nicht verwandt, weil er sich, wie im weiteren Verlauf der vorliegenden Arbeit deutlich werden wird, nicht auf die Realitäten des Offiziersdaseins übertragen läßt. Mit „Karriere" sollen daher nur die Offizierslaufbahnen bezeichnet werden, die durch ihre Außergewöhnlichkeit von dem sonst üblichen Avancement abweichen.
[197] Daß dies eine preußische Besonderheit ist, wird durch die Ausführungen von Opitz-Belakhal, Militärreformen, S. 40f. deutlich, die darauf verweist, daß es in Frankreich noch im 18. Jahrhundert keine geregelte Offizierslaufbahn gab. Zu Österreich, wo dies ebenfalls nicht der Fall war, vgl. Zimmermann, Militärverwaltung und Heeresaufbringung, S. 32 – 35.
[198] In die Regierungszeit Kurfürst Friedrich Wilhelms I. fiel ein Ereignis, das an dieser Stelle erwähnt werden muß, weil es einen nicht unbedeutenden Einfluß auf die Entwicklung der preußischen Armee hatte. Mit dem Edikt von Potsdam

Veränderung der Stellung der Regimentschefs ein wichtiger Teilaspekt, läßt sich dies doch als „Monarchisierung" bzw. „Verstaatlichung" der Obristen begreifen. Die Entmachtung der

---

vom 29. Oktober 1685 erlaubte der Kurfürst den Hugenotten, die aus Glaubensgründen aus Frankreich geflohen waren, sich in Brandenburg-Preußen anzusiedeln. Neben religiösen Gründen veranlaßten ihn staatspolitische Motive zu diesem Schritt, erhoffte er sich doch von den Franzosen eine „Peuplierung" seines Landes mit fähigen Handwerkern, Händlern, Geistlichen und Gelehrten. Außerdem war er an den Hugenotten interessiert, weil die Soldaten ihre Kenntnisse aus der französischen Armee mitbrachten, die in dieser Zeit als die modernste hinsichtlich der Waffentechnik und Taktik galt. Die Armee zog viele Réfugiés an, denn die brandenburgische Armee gab ihnen die Möglichkeit, ihre militärische Karriere fortzusetzen, da sie mindestens mit ihrem alten Dienstgrad eingestellt und einige sogar um einen Rang befördert wurden. Aus diesem Grund ist der starke Zustrom verständlich, der dazu führte, daß die bestehenden Regimenter bald keine freien Offiziersstellen für die Hugenotten mehr bieten konnten und für diese im Zuge des Heeresausbaus eigene Regimenter und Kompanien errichtet wurden. Im Jahre 1688 waren von etwa 1030 brandenburgischen Offizieren 328 Réfugiés. Bis 1700 sind insgesamt etwa sechshundert hugenottische Offiziere und Kadetten in die Armee eingetreten. Von diesen wurden in der Regierungszeit Friedrichs III. (I.) neunzehn in den Rang eines Generals befördert. Die Eingliederung der Réfugiés in die Armee ist nicht reibungslos geschehen, da einige preußische Offiziere die Hugenotten als Konkurrenten betrachteten, die das eigene Avancement behinderten. Der Einfluß der Hugenotten ist an der Ausbildung der preußischen Truppe und an der Führungsorganisation der Einheiten zu erkennen. Sichtbar ist das an der Übernahme militärischer Begriffe aus dem Französischen. So wurden die Dienstgradbezeichnungen „Sergeant", „Lieutenant", „Capitain" und „Major" eingeführt, und auch die Bezeichnungen „Bataillon", „Garde" und „Füsilier" stammen aus Frankreich. Allerdings ist dies ein gesamteuropäisches Phänomen, das nicht speziell den Hugenotten zugeschrieben werden kann; diesen kam für Brandenburg-Preußen eher eine Vermittlungsfunktion zu. Auf das Bildungsniveau des Offizierkorps übte das von den Hugenotten weitergegebene französische Vorbild ebenfalls eine positive Wirkung aus. Durch sie entfaltete das Leitbild des „honnête homme", des Kavaliers, das besonders in Frankreich geprägt worden war, auch innerhalb der preußischen Armee seine Wirkung. Ein „honnête homme" mußte Lebensart und eine ansprechende äußere Erscheinung besitzen und im Militärhandwerk geübt sein. Außerdem mußte er bereit sein, seine Ehre jederzeit in einem Duell zu verteidigen, allerdings nur gegen die Personen, die als satisfaktionsfähig galten. Im 18. Jahrhundert hatte der preußische Offizier nicht mehr sehr viel gemein mit diesem Ideal. Die Betonung der Ehre aber, die der preußische Offizier vom „honnête homme" übernommen hatte, blieb für diesen wichtiger Bestandteil seines Selbstverständnisses. Vgl. zu den Hugenotten Detlev Harms, Das Edikt von Potsdam vom 29. Oktober 1685. Die Integration und der soziale Aufstieg von Ausländern in der preußischen Armee des 17. und 18. Jahrhunderts, in: Kroener (Hrsg.), Potsdam. Staat, Armee, Residenz in der preußisch-deutschen Militärgeschichte, Frankfurt a. M., Berlin 1993, S. 159 - 171, hier S. 159 und Kloosterhuis, Officiers, Cadets et Mousquetaires: Réfugiés in kurbrandenburgischen Diensten. Ein Beitrag zur Geschichte des Regiments de Varenne; zugleich zu den westfälischen Wurzeln des späteren Ersten Garderegiments zu Fuß, in: ZfH, 59, 1995, S. 128 - 136 sowie den Sammelband von Mittenzwei (Hrsg.), Hugenotten in Brandenburg-Preußen, Berlin 1987. Während Harms, Das Edikt, S. 169f. und Bleckmann, Unter dem Preußen-Adler, S. 40 die Einwirkung der Hugenotten auf die preußische Armee sehr hoch einschätzen, bescheinigt Jany, Geschichte der Preußischen Armee, Bd. 1, S. 545 den Réfugiés, daß sie wohl einen günstigen Einfluß auf das Offizierkorps hatten, daß man diesen aber nicht überschätzen dürfe. Als Grund dafür gibt er an, daß die Mehrzahl der Réfugiés in bestimmten Truppenteilen zusammengeblieben wäre. Galt dies noch für die Jahre zwischen 1685 und 1700, trifft es für die weiteren Jahrzehnte nicht mehr zu, denn Offiziere hugenottischer Abstammung haben im 18. Jahrhundert in allen preußischen Regimentern gedient. Angesichts der Zahl von ca. sechshundert Réfugiés, die bis 1700 in die Armee eintraten, scheint es daher unwahrscheinlich, daß diese keinen deutlichen Einfluß auf das Offizierkorps gehabt haben sollten. Von Schrötter, Offizierkorps unter dem ersten Könige, FBPG, 27. Jg., S. 114 gibt an, daß 1713 von den insgesamt 1254 Offizieren 152 (= 12 %) französischer Abstammung waren. Eine bemerkenswert positive Einschätzung des hugenottischen Einflusses findet sich bei Demselben, Offizierkorps unter den ersten Könige, FBPG, 27. Jg., S. 142 - 145. An einer Stelle (Ebd., S. 144) schreibt v. Schrötter zwar von dem „deutschen Selbstbewußtsein", das sich kräftig gegen das „Franzosentum" geregt habe, diese nationalistische Formulierung ist aber wohl auf die Zeit (1914) zurückzuführen, in der er diesen Aufsatz verfaßt hat. Im folgenden (Ebd.) stellt er fest: *Nichtsdestoweniger erfordert es die historische Gerechtigkeit, anzuerkennen, daß die ehrenhafte Gesinnung, die Charakterfestigkeit, die tiefe Religiösität und die durchweg größere wissenschaftliche und gesellschaftliche Bildung der refugierten Offiziere auf ihre deutschen Kameraden einen tiefgehenden und heilsamen Einfluß ausgeübt haben, ihre Kriegserfahrung und ihre Kenntnisse in organisatorischen Fragen vielfach entscheidend gewesen sind.* Aber auch im 18. Jahrhundert hatte die beständig hohe Zahl von Hugenotten in der Armee „eine intensive Rezeption von französischem Gedankengut zur Folge, die alle Bereiche des preußischen Militärs umfaßte.", Harms, Das Edikt, S. 168.

Regimentschefs[199] stellte ein unmittelbares Verhältnis zwischen dem Landesherrn und den Offizieren her und weitete seinen Zugriff auch auf diese aus. Darüber hinaus wurden die Regimenter insgesamt auf die Zentralgewalt ausgerichtet. Eine entscheidende Vorbedingung dafür, daß die „Monarchisierung" erfolgreich sein konnte, war die Besoldung und Versorgung der Armee durch den Landes- und Kriegsherrn, wie sie unter Kurfürst Friedrich Wilhelm üblich wurde. Dies bedeutete das weitgehende Ende der „unternehmerischen Selbständigkeit"[200] der Regimentschefs bis auf Relikte, wie sie in der Regiments- und vor allem der Kompaniewirtschaft weiter existierten. Da das Geld für die Anwerbung der Soldaten vom Landesherrn selber kam, konnte der Kurfürst eine stärkere Mitsprache an den inneren Angelegenheiten der Regimenter beanspruchen. Durch die Übernahme der Verantwortung für die finanzielle und materielle Ausstattung der Armee war es Friedrich Wilhelm möglich, diese fest an sich zu binden, ihre Organisation nach seinen Vorstellungen zu regeln und die Befehlshaber selber zu ernennen. Damit gelang es ihm, „*den Einfluß intermediärer Gewalten und des traditionellen Militärunternehmertums auszuschalten oder wenigstens zu beschränken und dadurch die bewaffnete Macht gleichsam zu verherrschaftlichen*"[201].

Ein gewisser Endpunkt dieser Entwicklung wurde erreicht, als anläßlich des Regierungsantrittes Friedrichs III. (I.) im Jahre 1688 die Kapitulationen, die mit den Regimentschefs abgeschlossen worden waren, erneuert werden mußten.[202] Diese Gelegenheit nutzte Friedrich, um festzulegen, daß das Recht auf Ernennung und Beförderung von Offizieren ausschließlich ihm zukomme und nicht mehr den Obristen.[203] Hier ist ein qualitativer Fortschritt sichtbar, denn in dem Edikt von 1673 hatte sein Vater zwar beansprucht, die Besetzung der Offiziersstellen zu kontrollieren, d. h. gegebenfalls einen nicht geeigneten Bewerber abzulehnen, aber noch blieb die Präferenz in diesem zentralen Bereich bei den Obristen. Friedrich III. (I.) dagegen beanspruchte den gesamten Entscheidungsprozeß, d. h. er befand nicht nur darüber, wer überhaupt Offizier werden konnte, er wurde auch zur maßgeblichen Instanz für den weiteren Werdegang des einzelnen Offiziers. Die

---

[199] Vgl. dazu Papke, Von der Miliz, S. 175.
[200] Zum Militärunternehmertum vgl. Parker, Revolution, S. 89f. und Fritz Redlich, The German Military Enterpriser and his Work Force. A Study in European Economic und Social History I und II (= VSWG, Beihefte 47 und 48), Wiesbaden 1964/65 sowie Anderson, War and Society, S. 33 - 76.
[201] Sicken, Heeresaufbringung, S. 91.
[202] Zum preußischen „Offizierkorps" unter Friedrich III. (I.) immer noch maßgeblich Robert v. Schrötter (s. Anmerkung 190). Da v. Schrötter auch die Entwicklung „des" Offizierkorps unter Kurfürst Friedrich Wilhelm I. in den wichtigsten Punkten nachzeichnet, sind die beiden Aufsätze für diesen Zeitraum ebenfalls zu verwenden. Die von Friedrich v. Schroetter stammende Dissertation, Beiträge zur brandenburgisch-preußischen Heeresverfassung unter dem Großen Kurfürsten (= Staats- und socialwissenschaftliche Forschungen, Bd. 11, Heft 5) Leipzig 1892 dagegen bietet keine weiterführenden Erkenntnisse.
[203] S. v. Schrötter, Offizierkorps unter dem ersten Könige, FBPG, 26. Jg., S. 79.

Ernennung, Beförderung und Verabschiedung der Offiziere entschied danach allein der Kurfürst.

Mit dieser Maßnahme war die Auseinandersetzung um die Besetzung der Offiziersstellen prinzipiell entschieden: *„Die Kapitulationen hörten auf, Verträge zwischen dem Fürsten und dem Obersten zu sein, und nahmen den Charakter von Patenten im modernen Sinn an.“*[204] Dadurch wurde die bereits bestehende Abhängigkeit der Obersten vom Kurfürsten, von dem sie Anweisungen erhielten, weiter verstärkt.[205] Daß mit der Entscheidung Friedrich III. (I.) der Prozeß der „Monarchisierung“ noch nicht abgeschlossen war, ist daran abzulesen, daß nicht alle Regimentschefs die neuen Verhältnisse ohne weiteres akzeptiert haben. Einige ignorierten die Anweisungen des Kurfürsten, indem sie freigewordene Kompanien ohne die Zustimmung Friedrichs III. (I.) wieder vergaben.[206] Diese Widerstände konnten allerdings grundsätzlich nichts mehr daran ändern, daß die Regimentschefs das Recht, die Offiziere ihrer Einheiten auszuwählen, endgültig verloren hatten, auch wenn sie sich dies in einigen Fällen noch anmaßten. Sie behielten lediglich das Vorschlagsrecht und hatten dadurch weiterhin einen gewissen Einfluß auf die Karriere der Offiziere, denn ein nach dem Dienstalter zur Beförderung anstehender Offizier konnte nur befördert werden, wenn er von seinem Chef dafür genannt wurde.[207] Damit hatten die Chefs die Möglichkeit, einen nach dem Dienstalter zur Beförderung anstehenden Offizier zugunsten eines dienstjüngeren, aber fähigeren Kandidaten zu übergehen und damit Leistung zu honorieren.[208] Die

---

[204] Von Schrötter, Offizierkorps unter dem ersten Könige, FBPG, 26. Jg., S. 79. In diesem Zusammenhang ist darauf zu verweisen, daß in der österreichischen Armee noch bis ins 19. Jahrhundert einige Regimentsinhaber Eigentümer ihres Regiments waren und in dieser Stellung weitgehende Rechte behielten. So besaßen sie das Recht, alle Chargen in einem Regiment vom Fähnrich bis zum Oberstleutnant einschließlich nach ihrem Gutdünken zu vergeben. Erst seit 1766 durften die Stabsoffiziere nur noch durch den Hofkriegsrat befördert werden. Die Verfügungsgewalt über die Subalternoffiziere und die Hauptleute blieb bei den Regimentsinhabern. Außerdem besaßen sie bis 1748 das alleinige Recht, über die Bestrafung der ihnen unterstellten Soldaten und Offiziere zu entscheiden. Zu den Regimentsinhabern in der österreichischen Armee vgl. Johann Christoph Allmayer-Beck, Wandlungen im Heerwesen zur Zeit Maria Theresias, in: Maria Theresia. Beiträge zur Geschichte des Heerwesens ihrer Zeit (= Schriften des Heeresgeschichtlichen Museums in Wien, Bd. 3), Graz, Köln, Wien 1967, S. 7 - 24, hier S. 16f, Zimmermann, Militärverwaltung und Heeresaufbringung, S. 131 - 138, Duffy, The Army of Maria Theresa. The Armed Forces of Imperial Austria, 1740-1780, Doncaster 1990, S. 32f. und Black, Die Grundzüge, S. 102f.
[205] So stand 1689 in der Kapitulation für den Oberst Alexander von Dohna, daß dieser die Befehle des Kurfürsten und seiner Generale auszuführen habe. Der Oberst mußte das Bataillon komplett und in gutem Zustand halten, die zugewiesenen Gelder ohne Abstriche an die ihm unterstellten Offiziere und Mannschaften weitergeben, das Bataillon, so oft es befohlen, zur Musterung stellen und darauf achten, daß die Edikte eingehalten wurden. Außerdem durfte der Oberst die Offiziere nicht „kassieren“, d. h. endgültig aus dem Dienst entlassen, sondern nur vom Dienst suspendieren. Er behielt das Recht der Urlaubserteilung, und er durfte auch das Aussehen der Uniform bestimmen. Diese Kapitulation ist abgedruckt in Meier-Welcker, Offiziere im Bild, S. 126ff. Bei Kloosterhuis, Officiers, S. 135f. ist eine vergleichbare Kapitulation zu finden, die Oberst v. Wylich und Lottum für sein Regiment erhielt. Aus diesen Kapitulationen ist ebenfalls zu entnehmen, daß alle Vergehen und Verbrechen von Offizieren gerichtlich abgeurteilt und dem König zur Bestätigung vorgelegt werden mußten. Zu diesem Zweck gab es Militärgerichte, deren Zuständigkeit und Organisation aus der Kriegsgerichtsordnung und der Auditeurinstruktion von 1712 zu entnehmen ist. Siehe dazu Schrötter, Offizierkorps unter dem ersten Könige, FBPG, 27. Jg., S. 159f.
[206] S. dazu Schrötter, Offizierkorps unter dem ersten Könige, FBPG, 26. Jg., S. 80.
[207] S. dazu Messerschmidt, Werden und Prägung, S. 33.
[208] S. Black, Die Grundzüge, S. 91.

55

vorgeschlagenen Offiziere wurden vom Feldmarschall oder dem Generalkriegskommissar daraufhin überprüft, ob sie die erforderlichen militärischen Qualitäten mitbrachten, d. h. ob sie gedient hatten und wie lange und ob sie im Feld Erfahrungen gesammelt hatten. Die Besetzung der Offiziersstellen wurde dann endgültig vom Kurfürsten entschieden. Von der Geheimen Kriegskanzlei wurden anschließend die Patente für die Offiziere erstellt, die dafür Gebühren an die Chargenkasse entrichten mußten.[209]

Friedrich III. (I.) behielt sich das Recht vor, Offiziere, die ihm von den Regimentschefs vorgeschlagen worden waren, zu übergehen und andere ohne Rücksprache mit den Chefs bevorzugt zu befördern. Mit diesem Vorbehalt unterstrich Friedrich gegenüber den Regimentschefs, daß ausschließlich er im Besitz der Macht war, über die Ernennung zum Offizier und das weitere Avancement zu entscheiden. Grundlage dafür waren die Beurteilungsberichte, die die Regimentschefs seit 1688 über die zur Beförderung anstehenden Offiziere zu erstellen hatten und in denen die Eignung der Aspiranten bewertet wurde.[210] Durch die Beurteilung sollten einerseits ungeeignete Offiziere von der Beförderung gemäß Anciennität ausgeschlossen werden und andererseits besonders fähige Offiziere außerhalb der Reihe schneller in höhere Stellen befördert werden.[211] In einem Reskript[212] vom 19. März 1695 stellte Friedrich III. (I.) fest, daß ihm immer wieder Klagen von Offizieren vorgetragen worden seien, in denen diese sich über Kompetenzstreitigkeiten hinsichtlich des Ranges und der Anciennität beschwerten. Dies belegt, daß das Prinzip der Anciennität im Offizierkorps noch nicht so akzeptiert war, daß es keines besonderen Eingriffes des Landesherrn mehr bedurft hätte. Aus diesem Grund erklärte der Kurfürst in dem Reskript, daß er sich zukünftig bei der Ernennung und Beförderung aller Offiziere bis zu den höchsten Dienstgraden nicht an die Anciennität oder an das Lebensalter gebunden fühlen werde, sondern die Entscheidung darüber frei treffen wolle.[213] Dabei wollte er berücksichtigen, wer aufgrund von „Meriten", militärischen Qualitäten oder aus anderen Gründen verdient habe befördert zu werden.[214] Die Bedeutung dieses Reskriptes liegt nicht nur darin, daß damit bei der Beförderung der individuellen Eignung und Leistung der Vorrang vor der Anciennität eingeräumt

---

[209] S. Jany, Geschichte der Preußischen Armee, Bd. 1, S. 541.
[210] S. ebd..
[211] S. Black, Die Grundzüge, S. 93. Daß Friedrich III. (I.) den Leistungsgedanken bei der Beförderung von Offizieren berücksichtigt hat, könnte möglicherweise erklären, warum unter seiner Herrschaft der Anteil bürgerlicher Offiziere weiter gestiegen ist, worauf v. Schrötter, Offizierkorps unter dem ersten Könige, FBPG, 27. Jg., S. 105 aufmerksam macht.
[212] Vgl. dazu Wohlfeil, Dokumente zur Beförderung, in: Meier-Welcker, Untersuchungen zur Geschichte, S. 207 - 337, S. 225f. mit einem kommentierten Abdruck des Reskripts.
[213] S. v. Schrötter, Offizierkorps unter dem ersten Könige, FBPG, 26. Jg., S. 81 und Black, Die Grundzüge, S. 92.
[214] Black, Die Grundzüge, S. 92 belegt, daß Friedrich III. (I.) in der Praxis häufiger Offiziere aufgrund individueller

wurde, sondern daß auch die Obersten und Generale von diesem Erlaß erfaßt wurden. Außerdem war es eine Demonstration der Monarchisierung „des" Offizierkorps, denn die ursprünglich für die Regimentsoffiziere geltenden Beförderungsregelungen wurden damit auch auf die führenden Offiziere ausgeweitet. Unter Friedrich III. (I.) wurde ein Beförderungsmodell geformt, *„das den Verhältnissen in einem stehenden Heere angemessen war"*[215]. Zukunftsweisend war dieses Modell Hans Black zufolge, weil *„die Beförderung der Offiziere nach dem Prinzip der Anciennität und nach dem der individuellen Leistung in ein unmittelbares Verhältnis wechselseitiger Ergänzung* [gebracht wurde], *das fest und organisch gefügt war, das aber dennoch dynamisch gehandhabt werden konnte"*[216]. Allerdings wird sich bei der Analyse der Laufbahnbedingungen der preußischen Offiziere im 18. Jahrhundert zeigen, daß dieses Urteil von Black zu positiv ist. Der Ausgleich zwischen den sich diametral entgegenstehenden Prinzipien der Anciennität und der Leistung sollte problematisch bleiben bzw. bis zum Ende des Untersuchungszeitraumes zunehmend schwieriger werden.

Mit dem Abweichen von der strengen Anciennität stiftete Friedrich III. (I.) unter den Stabsoffizieren[217] Verwirrung und Unzufriedenheit, denn während des Spanischen Erbfolgekrieges[218] kam es bei diesen zu zahlreichen Beförderungen außerhalb der Tour.[219] Um die dadurch benachteiligten Offiziere nicht zu kränken, war bei diesen Beförderungen angemerkt worden, daß die Übergangenen später wiederum den Rang vor den bevorzugt avancierten Offizieren haben sollten. Mit dieser Anweisung waren aber beide Teile nicht einverstanden, was zahlreiche Beschwerden hervorrief. Die Verwirrung über die Rangreihenfolge unter den

---

Eignung und Leistung bevorzugt, d. h. außer der Reihe befördert hat.

[215] Black, Die Grundzüge, S. 93.

[216] Ebd..

[217] Die Beförderung bis zum Stabsoffizier, d. h. Major, verlief in den Regimentern gemäß Anciennität, und eine Beförderung außer der Tour erfolgte nur bei besonderen Verdiensten. Siehe dazu v. Schrötter, Offizierkorps unter den ersten Könige, FBPG, 27. Jg., S. 146.

[218] Große Bedeutung für die Entwicklung der preußischen Armee und ihrer Offiziere hatte der Umstand, daß erhebliche Teile dieser Armee bis auf vier Friedensjahre (1698 - 1701) ständig im Kriegseinsatz standen. So waren brandenburgisch-preußische Kontingente im Pfälzischen Krieg (1688 - 1697) und vor allem am Spanischen Erbfolgekrieg (1701 - 1714) beteiligt. In diesen Kriegen konnten die Offiziere militärische Praxis erwerben. Einige der Erfahrungen, die die preußische Armee in diesen Jahren machte, waren die Grundlage für die Reformen, die Friedrich Wilhelm I. seit 1713 durchführte. So hatte Leopold von Anhalt-Dessau für sein Regiment bereits 1698 eiserne Ladestöcke eingeführt, die später von der gesamten Armee benutzt wurden. Diese erlaubten eine höhere Schußgeschwindigkeit, wie dies eindrucksvoll die Schlachten des Spanischen Erbfolgekrieges bewiesen. Außerdem setzte Leopold von Anhalt-Dessau in seinem Regiment durch, daß der Marsch im Tritt erfolgte und im Gefecht die Linien, in denen die Truppen aufgestellt wurden, nicht mehr aus fünf, sondern nur noch aus drei Gliedern bestanden. Beide Änderungen wurden später für die gesamte preußische Armee übernommen. Auch in der Kavallerie kam es aufgrund von Gefechtserfahrungen zu Veränderungen, so wurden z. B. nach der Schlacht von Höchstädt (1704) die Kavallerieregimenter angewiesen, den Feind nur noch mit dem Degen in der Hand zu attackieren. Diese Vorschrift wurde in das Kavalleriereglement von 1727 eingefügt.

[219] S. dazu und den weiteren Ausführungen zur Beförderung der Stabsoffiziere: Von Schrötter, Offizierkorps unter den ersten Könige, FBPG, 27. Jg., S. 147ff..

Stabsoffizieren wurde schließlich so groß, daß 1711 eine Kommission einberufen werden mußte, die die Anciennität aller Offiziere überprüfte und darauf basierend eine neue Rangfolge erstellte. Bezeichnend für den Einfluß, den Kronprinz Friedrich Wilhelm hatte, ist die Tatsache, daß von den Offizieren erst die Rangliste akzeptiert wurde, die dieser erstellte und nicht diejenige der Kommission, die bei ihrem Erscheinen heftigen Widerspruch erregt hatte. Mit der Einführung der neuen Rangliste wurde ein Grundsatz in die preußische Armee eingeführt, der bis 1914 gültig bleiben sollte, nämlich daß der Rang der Stabsoffiziere nach ihrer Ernennung zum Major festgestellt werden muß. Im Gegensatz zu den Subalternen und Kapitänen (Rittmeistern) rangierten diese je nach Waffengattung in der gesamten Armee.

Auch an anderer Stelle ist zu erkennen, daß der Prozeß der „Verstaatlichung" bzw. der „Monarchisierung" von Armee und Offizieren unter Friedrich III. (I.) weiter vorangeschritten ist. So hat dieser für den „Verkauf"[220] von Regimentern und Kompanien strenge Regeln eingeführt, die ihm eine Kontrolle erlaubten.[221] Es gab keinen freien Handel von derartigen Truppenkörpern, sondern Friedrich duldete lediglich, daß bei einer Weitergabe dieser Einheiten an andere Offiziere, der Vorgänger von seinem Nachfolger, der vom Herrscher ausgewählt und ernannt worden war, eine finanzielle Ablösung erhielt.[222] Der Handel bestand also darin, daß der beförderte Offizier sich mit dem bisherigen Inhaber „verrechnete". Diese Verrechnung wurde auf der Basis eines Preises geregelt, den der Kurfürst resp. der König für die Überlassung der Eigentumsrechte an bestimmten Ausrüstungsgegenständen vorher festgelegt hatte.[223] Im Prinzip ging es hier also um die finanzielle Ablösung von Eigentumsrechten, nicht aber um einen regelrechten Verkauf einer Einheit. Außerdem hätte möglicherweise die Qualität der Truppe gelitten, wenn unfähige Offiziere sich auf diese Art und Weise bestimmte Posten verschafft hätten und es darüber zu Beschwerden und Klagen der zurückgesetzten Offiziere gekommen wäre.[224]

Diese Art der finanziellen Entschädigung bei der Übergabe militärischer Einheiten war erst durch den Aufbau einer Stehenden Armee möglich geworden. Früher waren die Regimenter nur für den

---

[220] Eine weitergehende Analyse des Aspektes „Ämterkäuflichkeit" ist zu finden bei Horst Möller, Ämterkäuflichkeit in Brandenburg-Preußen im 17. und 18. Jahrhundert, in: Klaus Malettke (Hrsg.), Ämterkäuflichkeit: Aspekte sozialer Mobilität im europäischen Vergleich (17. und 18. Jahrhundert) (= Einzelveröffentlichungen der Historischen Kommission zu Berlin, Bd. 26), Berlin 1980, S. 156 - 176.

[221] S. dazu v. Schrötter, Offizierkorps unter dem ersten Könige, FBPG, 26. Jg., S. 141f.. Auch in dieser Hinsicht stellten sich die Verhältnisse in der österreichischen Armee anders dar, denn dort gab es bei der Erfüllung bestimmter Voraussetzungen – Offiziere konnten nur die nächsthöhere Charge erwerben und das faktische Kommando war damit (noch) nicht erworben - bis ins 18. Jahrhundert die Möglichkeit Regimenter, Kompanien und einzelne Chargen käuflich zu erwerben. Zu den Einzelheiten vgl. Allmayer-Beck, Wandlungen im Heerwesen, S. 11, Zimmermann, Militärverwaltung, S. 135f, Duffy, The Army of Maria Theresa, S. 34f. und Black, Die Grundzüge, S. 107.

[222] S. Messerschmidt, Werden und Prägung, S. 31.

[223] S. Black, Die Grundzüge, S. 105.

Kriegsfall aufgestellt und danach wieder aufgelöst worden. Da die Beständigkeit der Verbände fehlte, waren die Voraussetzungen für einen „Handel" nicht gegeben.[225] Durch die Erlaubnis der finanziellen Ablösung bei der Weitergabe von Regimentern und Kompanien bestätigte der Kurfürst zugleich, daß die Chefstellen eine wichtige wirtschaftliche Funktion hatten.[226] Damit war aber ebenso die Erwartung an die Chefs verbunden, in ihre Einheiten zu investieren. Der ökonomische Wert der Kompanien wird ebenfalls dadurch unterstrichen, daß ein Kapitän (Rittmeister) bei der Beförderung zum Stabsoffizier seine Kompanie und die Einnahmen daraus behielt.[227]

Die „Verstaatlichung" der Armee ist auch an den Regimentern abzulesen, deren innere Angelegenheiten in zunehmendem Maße durch verschiedene Institutionen beaufsichtigt wurden. So setzte bereits unter Kurfürst Friedrich Wilhelm eine immer stärker werdende Kontrolltätigkeit der Kommissare ein.[228] Diese überwachten bei den Musterungen der Truppenteile genau, wie die an die Regimenter überwiesenen Gelder eingesetzt worden waren und ob sich die Regimentschefs nicht an diesen bereichert hatten. Unter Friedrich III. (I.) war dann das Generalkriegskommissariat in Verwaltungsangelegenheiten die übergeordnete Behörde für die Regimenter. Dieses war vor allem für die Auszahlung und die Kontrolle der Gelder zuständig, d. h. der Einnahmen, die aus der Kontribution, der Akzise, den Subsidien, den Anleihen und anderen Steuern in die Generalkriegskasse flossen.[229] Für die Verwaltung der Gelder gab es in den Regimentern keine Militärbeamten; mit dieser Aufgabe betrauten die Chefs einige ihrer Untergebenen. So war z. B. der Regimentsquartiermeister[230] für die Kasse zuständig, in die die vom Generalkriegskommissariat angewiesenen Gelder flossen.[231] Das Generalkriegskommissariat hatte die Möglichkeit, bei der Musterung der Regimenter zu kontrollieren, ob die Truppe in gutem Zustand war. Im Laufe der Regierungszeit Friedrichs III. (I.) verlagerte sich der Schwerpunkt der Truppenselbstverwaltung von den Regimentern in die Kompanien.[232] Die Kompaniechefs waren anfangs nur für die Werbung von

---

[224] S. dazu Sicken, Heeresaufbringung, S. 110.

[225] S. Messerschmidt, Werden und Prägung, S. 31.

[226] S. dazu Messerschmidt, Werden und Prägung, S. 31 und Black, Die Grundzüge, S. 106f..

[227] Das gleiche galt, wenn ein Oberst und Regimentschef zum General befördert wurde. Dieser behielt nicht nur sein Regiment und die Einnahmen daraus, sondern auch die Kompanie.

[228] S. Messerschmidt, Werden und Prägung, S. 29.

[229] S. v. Schrötter, Offizierkorps unter dem ersten Könige, FBPG, 26. Jg., S. 132.

[230] Zu den weiteren Aufgaben eines Regimentsquartiermeisters s. Helfritz, Heeresverwaltung, S. 199.

[231] Vgl. dazu Meier-Welcker, Offiziere im Bild, S. 126ff. mit der Kapitulation für Oberst Graf zu Dohna und Kloosterhuis, Officiers, S. 135f. mit der Kapitulation für Oberst v. Wylich und Lottum.

[232] Messerschmidt, Werden und Prägung, S. 32 bezeichnet es als bemerkenswert, daß der Staat darauf verzichtete, die Verwaltung der Regimenter und der Kompanien in die eigene Hand zu bekommen. Messerschmidt nennt es einen „bewußten Verzicht auf 'Verstaatlichung' dieses Bereichs", ebd.. In diesem Verzicht spiegeln sich Reste des früheren Militärunternehmertums wider. Dieser Umstand ist allerdings weniger erstaunlich, wenn man berücksichtigt, daß dieses System sowohl dem Staat als auch den Regiments- bzw. Kompaniechefs Vorteile erbrachte. Der Staat konnte dadurch, daß er den Regimentern die Verwaltung der zugewiesenen Gelder überließ, Verwaltungskapazität einsparen. Die

Ausländern und die Anschaffung der Kleinmontierungsstücke verantwortlich. Nach und nach wurde den Kompanien auch die Bewirtschaftung der Kleidergelder übertragen, die Regimentschefs erhielten dafür als Ausgleich eine feste Geldsumme von deren Chefs. Formal abgeschlossen wurde diese Entwicklung, durch die die Kompanien zu *den* wirtschaftlichen Einheiten in der Armee aufstiegen und auf die sich die besondere Stellung des preußischen Kompaniechefs gründete, durch das Montierungsreglement vom 30. Juni 1713. Darin wurde festgelegt, daß die Regimenter dem Generalkriegskommissariat ihren Bedarf anmeldeten, sich aber selbständig um dessen Deckung kümmerten, indem sie mit Lieferanten über den Preis, die Art der Bezahlung und den Liefertermin für die erforderlichen Waren verhandelten. Ein Vorteil dieser Dezentralisierung war die Entlastung des Generalkriegskommissariats, denn dadurch konnte Verwaltungskapazität eingespart werden. Außerdem profitierten von der dezentralen Beschaffung die lokalen Produzenten, wurde doch dadurch weitgehend verhindert, daß von einer Zentrale aus Aufträge an einige wenige Hersteller gegeben wurden. Mit dieser Maßnahme sollte sichergestellt werden, daß die einheimische Wirtschaft möglichst breit gefördert wurde.[233] Der Regimentschef kontrollierte lediglich noch die Kompanien und vermittelte die Beziehungen zwischen diesen und dem Generalkriegskommissariat sowie den Warenlieferanten. Die Gelder, die dem Regiment zugewiesen worden waren, wurden an die Kompanien weitergegeben. Für deren Verwaltung waren ausschließlich die Kompaniechefs verantwortlich. Die Gewinne, die diese aus der Bewirtschaftung ihrer Einheiten erzielten, konnten sie behalten. Bei einer schlechten Verwaltung ihrerseits mußten sie auch die Verluste tragen. Allerdings sollten die Kompaniechefs die gemachten Gewinne nicht als persönlichen Besitz betrachten, sondern sie sollten diese Mittel den Vorstellungen und Anweisungen König Friedrich Wilhelms I. gemäß zum großen Teil wieder in die Verbesserung ihrer Einheiten einfließen lassen.

Auflagen, die von allen Regimentschefs erfüllt werden mußten, garantierten, daß die Einheitlichkeit in den Regimentern gewahrt blieb. Die Musterungen waren eine Art „Erfolgskontrolle" seitens des Staates. Zugleich bot die Selbstverwaltung den Regiments- und Kompaniechefs die Möglichkeit, durch eine geschickte Verwaltung ihrer Einheiten ihre Einnahmen zu steigern. Die Gefahr, daß diese ihre Regimenter bzw. Kompanien verkommen ließen, um möglichst viele Gelder aus diesen herauszuholen, wurde dadurch unterbunden, daß die Kompaniechefs jeden desertierten Soldaten aus ihrer eigenen Tasche ersetzen mußten, s. dazu v. Schrötter, Offizierkorps unter dem ersten Könige, FPBG, 26. Jg., S. 136. Da ein desertierter Soldat das Einkommen des Kompaniechefs schmälerte, lag es nach im Interesse des Chefs, den Soldaten das zukommen zu lassen, was ihnen zustand. Da auch durch eine korrekte Besoldung, Verpflegung und Einkleidung der Soldaten Desertionen nicht völlig auszuschließen waren, mußte ein Kompaniechef darauf bedacht sein, kein „liederliches Gesindel" anzuwerben. Zu den Qualitäten, die ein Rekrut mitzubringen hatte, s. Sicken, Heeresaufbringung, S. 99. Ein Kompaniechef, der die Masse der Gelder, die er für seine Einheit erhielt, nicht an seine Truppe weitergegeben hätte, wäre spätestens bei der Musterung aufgefallen. Denn dort wurde nicht nur die Vollzähligkeit der Soldaten kontrolliert, sondern auch ihre Ausrüstung und Bekleidung und der Zustand ihrer Ausbildung. Ein Regiments- oder Kompaniechef, der dabei dem Monarchen negativ auffiel, mußte damit rechnen, entweder gleich kassiert oder im Avancement angehalten zu werden. Vgl. dazu Jany, Geschichte der Preußischen Armee, Bd. 1, S. 733 und Apel, Der Werdegang, S. 33. Anderson, The War of the Austrian Succession, 1740-1748, London, New York 1995, S. 24f. sieht in der Kompaniewirtschaft einen Grund für die überlegene Qualität der preußischen Armee im 18. Jahrhundert.

[233] Vgl. dazu Helfritz, Heeresverwaltung, S. 167 - 171.

Die Ausformung der Kompaniewirtschaft unter Friedrich Wilhelm I. wird in einem der folgenden Kapitel detailliert beschrieben.

2. Die Armee als „Schwungrad an der Staatsmaschine" - Friedrich Wilhelm I. und der Ausbau der bewaffneten Macht zwischen 1713 und 1740

Als Friedrich Wilhelm I. 1713 Monarch wurde, übernahm er eine ca. 40000 Mann starke Armee, für deren Unterhalt mehr als zwei Millionen Taler (bei einer Staatseinnahme von 4,8 Millionen) aufgewendet werden mußten.[234] Mit herkömmlichen Mitteln war diese Truppe nicht zu finanzieren; anstatt aber die Armee zu reduzieren, entschloß sich Friedrich Wilhelm, die Verwaltung, die Wirtschaft und die Gesellschaft seines Königreiches auf den Unterhalt einer noch umfangreicheren Streitmacht auszurichten. Obwohl er bereits als Junge von zehn Jahren Begeisterung für die Streitkräfte zeigte[235], dürften die militärischen und politischen Erfahrungen, die er als junger Mann gemacht hat, seine Einstellung zur Armee wesentlich beeinflußt haben.[236] Ein einschneidendes Erlebnis war für ihn die Teilnahme am Feldzug gegen Frankreich im Jahre 1709. Der Kronprinz besuchte das brandenburgische Kontingent in den Niederlanden, wo er es sich nicht nehmen ließ, die eigenen Truppen zu exerzieren.[237] Höhepunkt dieses Feldzuges war die Schlacht bei Malplaquet, in der Friedrich Wilhelm an der Seite des Herzogs von Marlborough seine „Feuertaufe" erhielt und den schlachtentscheidenden Einsatz seiner Soldaten erlebte.[238] Ein weiteres prägendes Erlebnis waren die Ereignisse des Sommers 1711, die er persönlich als Demütigung empfand.[239] In diesen Monaten erzwangen sich russische, polnische und dänische Truppen den Durchzug durch

---

[234] S. Jany, Geschichte der Preußischen Armee, Bd. 1, S. 528.

[235] Im Alter von zehn Jahren erhielt Friedrich Wilhelm eine Kompanie, die er selber exerzierte und bis 1711 auf Bataillonsstärke ausbaute. Die Verwaltungspraxis lernte er durch die Schenkung des Jagdschlosses Wusterhausen mit umliegenden Feldern und Dörfern kennen, um deren Verwaltung kümmerte er sich nämlich selbst. Zu den frühen Anfängen der militärischen Begeisterung des Kronprinzen Friedrich Wilhelm s. Hinrichs, Friedrich Wilhelm I. König in Preußen. Jugend und Aufstieg, Hamburg 1941², S. 40, 72f.. Zu „Wusterhausen als Keimzelle der zukünftigen Regierung", s. ebd. S. 342 - 345. Aber auch auf der obersten Ebene lernte Friedrich Wilhelm die Verwaltung kennen, denn er gehörte seit 1702 dem Geheimen Rat und seit 1703 auch dem Geheimen Kriegsrat an, s. Hinrichs, König in Preußen, S. 97.

[236] Kunisch, Friedrich der Große, S. 38 verweist darauf, daß die Gründe, warum Friedrich Wilhelm I. die Armee derart vergrößerte, nur schwer erkennbar sind. Kunisch sieht neben den genannten Erfahrungen, die Friedrich Wilhelm als Kronprinz machen mußte, bei diesem ein „ausgeprägtes Gespür dafür, daß die innere Konsolidierung des brandenburgisch-preußischen Staates nicht einfach um seiner selbst willen vorangetrieben werden sollte, sondern im Dienste eines durch Generationen hindurch sich vollziehenden Aufstiegs stand [...]". Die Armee war danach für den König ein Instrument, um im europäischen Mächtekonzert mithalten und sogar mitbestimmen zu können.

[237] S. dazu Hinrichs, Friedrich Wilhelm I. König von Preußen, in: Derselbe, Preußen als historisches Problem (= Veröffentlichungen der Historischen Kommission zu Berlin, Bd. 10), Gesammelte Abhandlungen, hrsg. von Gerhard Oestreich, Berlin 1964, S. 41 - 72, hier S. 51.

[238] S. Bleckwenn, Unter dem Preußen-Adler, S. 39. Bleckwenn gibt an, daß Friedrich Wilhelm I. den Jahrestag dieser Schlacht bis an sein Lebensende mit den Generalen gefeiert hat.

[239] S. dazu Hinrichs, König in Preußen, S. 539.

preußisches Territorium, um gegen die Schweden zu kämpfen. Kronprinz Friedrich Wilhelm, der zu dieser Zeit seinen abwesenden Vater vertrat, konnte nichts dagegen unternehmen, denn er hatte lediglich zwei Kavallerieregimenter zur Verfügung. Daher stand er auch den Übergriffen der ausländischen Truppen gegen die Bevölkerung hilflos gegenüber. Der Großteil der Armee war im Spanischen Erbfolgekrieg eingesetzt. Mit bitteren Worten kommentierte er in einem Brief an Leopold v. Anhalt-Dessau die Lage des preußischen Staates: *„Die Mosckowitter und Saxen campiren heute bei dörffelinger und passiren auch die Oder in 2 Colonnen* [...] *wier sindt in guhten stande keine Regimenter im lande kein Pulver als 12000 centner und kein geldt und fremde troupen im lande, und das schlimste das man sie mus traktieren wie rohe Eier* [...] *Die hiesige Blackschisser die sahgen mit der Fehder wollen sie den Köhnig landt und leutte schaffen und ich sahge mit dem Dehgen oder er krieget nichts."*[240] Zu den Gründen, die Friedrich Wilhelm schließlich zum Entschluß brachten, die Armee stark zu vergrößern, gehören u. a. die Erkenntnisse, die er aus der Lektion dieses Sommers zog. Eine Einsicht war die, daß eine große und schlagkräftige Armee nötig war, um den preußischen Staat Respekt bei den Nachbarn zu verschaffen. Eine andere Erkenntnis war, daß diese Armee aus eigenen Mitteln finanziert werden mußte. Die bisherige Praxis der „Vermietung" der eigenen Soldaten an ausländische Mächte gegen die Zahlung von Subsidien hatte zwar den Aufbau einer ansehnlichen Streitmacht ermöglicht, diese stand dadurch aber nicht jederzeit zur Verfügung.

Geradezu programmatisch war daher eine Aussage, die Friedrich Wilhelm I. in einem Brief an Leopold von Anhalt-Dessau kurz nach seinem Regierungsantritt machte, nämlich daß er zugleich Finanzminister und Feldmarschall sein wolle.[241] Die finanziellen Mittel, die der preußische Staat aus eigener Kraft bereitstellen konnte, waren aber zu gering, um die Verwirklichung von Friedrich Wilhelms politischem Programm zu ermöglichen, und das hieß: *„Erhöhung des militärischen Potentials bei finanzieller Unabhängigkeit"*[242]. Der König stand vor dem Problem, daß der Staat[243] nicht in der Lage war, den von ihm beabsichtigten Aufbau einer respektablen Armee zu

[240] Acta Borussica (Ergänzungsband), Die Briefe König Friedrich Wilhelms I. an den Fürsten Leopold zu Anhalt-Dessau 1704-1740, bearbeitet von Otto Krauske, Berlin 1905, S. 55.
[241] S. Ranke, Preußische Geschichte, S. 393.
[242] Klein, Finanzen, S. 48.
[243] Dabei ist zu berücksichtigen, daß sich dieser „Staat" aus einer Vielzahl von Territorien zusammensetzte. Siehe dazu Kunisch, La guerre - c'est moi! Zum Problem der Staatenkonflikte im Zeitalter des Absolutismus, in: Derselbe, Fürst-Gesellschaft-Krieg, S. 1 - 41, hier S. 24. An dieser Stelle zitiert Kunisch den Staatsrechtlehrer Theodor Anton Heinrich Schmalz, der noch 1823 feststellte, daß sich Preußen aus einer Anzahl verschiedener Monarchien zusammensetzte, welche eine Gesamtmonarchie bildeten, die nur durch den König und sein königliches Haus zu einem Ganzen vereinigt wurden.

ermöglichen.[244] Brandenburg-Preußen besaß keine nennenswerten Rohstoffe, so wurde die Kurmark als „Streusandbüchse des Reiches" bezeichnet, außerdem gab es nur wenige Manufakturen und die Einwohnerzahl betrug 1713 lediglich 1.650.000[245]. Die Vergrößerung der Armee verlangte erhöhte Einnahmen. Dies setzte eine verbesserte Verwaltung voraus, die die Steuern vollständig einnahm und effektiv verteilte.[246] Zu den ersten Maßnahmen des jungen Königs gehörte es, den Etat der Hofstaatskasse drastisch zu kürzen und die Mehrzahl der Hofbediensteten zu entlassen.[247] Diese Maßnahme war nur der Beginn eine umfassenden Finanzreform.[248] Eine Vereinfachung der Verwaltungsorganisation bezweckte Friedrich Wilhelm durch die Errichtung des Generalfinanzdirektoriums am 27. März 1713, das an die Stelle der Geheimen Hofkammer trat und als oberste Verwaltungsbehörde für die Domänen und Regalien fungierte. Durch die Reformen konnten die Einkünfte wesentlich gesteigert werden. Trotz oder gerade wegen der Reformen kam es auf der oberen Verwaltungsebene[249] immer häufiger zu Konflikten zwischen dem

---

[244] In seinem Testament von 1722 schildert er den Zustand (Ost-)Preußens: „ *1713 (fand) ich, (daß) landt Preußen von der menschen Pest und viehe Pest fast ausgestorben ist. Alle Domennen im gantzen Lande (oder die) meisten verpfendet und in Erbpacht wahren, die ich alle wieder ausgelöhsen habe. Und die finannce in solchen schlegten stande wahren, das ein Bankruht nahe wahr. Die Armeé in solchen schlegten und Kleine zahll wahr das ich alle gewehsene unrichtigKeit nicht genug kan beschreiben [...]"*, Dietrich, Die politischen Testamente, S. 242. Zu den Auswirkungen der Pest und dem daraus resultierenden wirtschaftlichen Niedergang vgl. Mittenzwei/Herzfeld, Brandenburg-Preußen, S. 186ff.. Die dort zu findenden Angaben lassen erkennen, daß die Beschreibung Friedrich Wilhelms I. hinsichtlich der Pestfolgen nicht übertrieben war. In Bezug auf die Finanzen hat der König allerdings maßlos übertrieben, so hat Klein, Finanzen, S. 48 sehr deutlich festgehalten, daß diese beim Tode Friedrichs I. nicht in einem derart schlechten Zustand waren. Warum sich Friedrich Wilhelm so sehr über die Finanzwirtschaft seines Vaters beklagte, wird besonders anschaulich von Hinrichs, Der Regierungsantritt Friedrich Wilhelms I, in: Derselbe, Preußen als historisches Problem, S. 91- 137 beschrieben. Der Unterschied zwischen beiden Monarchen wird besonders an einem Zitat von Friedrich Wilhelm I. deutlich: *"Mein Vater fand Freude an prächtigen Gebäuden, großen Mengen Juwelen, Silber, Gold und Möbeln und äußerlicher Magnifizenz - erlauben Sie, daß ich auch mein Vergnügen habe, das hauptsächlich in einer Menge guter Truppen besteht"*, ebd. V. 95. Auch Friedrich Wilhelms Urteil über die Armee ist überzogen, denn im Spanischen Erbfolgekrieg hatten die brandenburgisch-preußischen Truppen bewiesen, daß sie zu den besten in Europa zählten. Vgl. dazu Anderson, War and Society, S. 167.
[245] S. Gustav Schmoller, Umrisse und Untersuchungen zur Verfassungs-, Verwaltungs- und Wirtschaftsgeschichte besonders des preußischen Staates im 17. und 18. Jahrhundert, Leipzig 1898, S. 138.
[246] Da an dieser Stelle nicht auf die merkantilistischen und kameralistischen Methoden eingegangen werden kann, die Friedrich Wilhelm I. und Friedrich II. zur Förderung der Wirtschaft eingesetzt haben, sei auf folgende Arbeiten verwiesen: Hermann Kellenbenz, Der Merkantilismus in Europa und die soziale Mobilität, Wiesbaden 1965, Hermann Aubin und Wolfgang Zorn (Hrsg.), Handbuch der deutschen Wirtschafts- und Sozialgeschichte, Bd. 1: Von der Frühzeit bis zum Ende des 18. Jahrhunderts, Stuttgart 1971, Fritz Blaich, Die Epoche des Merkantilismus. Sozial- und Wirtschaftsgeschichte, Wiesbaden 1973, Kellenbenz, Deutsche Wirtschaftsgeschichte, Bd. 1.: Von den Anfängen bis zum Ende des 18. Jahrhunderts, München 1977, Wilhelm Treue, Wirtschafts- und Technikgeschichte Preußens (= Veröffentlichungen der Historischen Kommission zu Berlin, Bd. 56), Berlin 1984, Friedrich Wilhelm Henning, Das vorindustrielle Deutschland 800 bis 1800, 5., durchgesehene und ergänzte Auflage, Paderborn, München, Wien, Zürich 1994 und Hans Pohl, Preußische Wirtschaftsverwaltung und Wirtschaftspolitik im 18. Jahrhundert am Beispiel des Seidengewerbes, in: Helmut Neuhaus (Hrsg.), Verfassung und Verwaltung. Festschrift für Kurt G. A. Jeserich, Köln, Weimar, Wien 1994, S. 65 - 102.
[247] S. Klein, Finanzen, S. 48.
[248] Zu den Details s. Klein, Finanzen, S. 49.
[249] Die Bedeutung der obersten Verwaltungsbehörde, des Geheimen Rates, war zunehmend gesunken. Der Geheime Rat war lediglich noch in Lehns-, Hoheits- und Gnadensachen sowie der Justizverwaltung oberste Instanz, ansonsten fungierte er für das Generalfinanzdirektorium und das Generalkriegskommissariat nur noch als beratende Behörde. Siehe

Generalfinanzdirektorium und dem Generalkriegskommissariat. Um diesen kontraproduktiven Dualismus zu beenden, legte der König 1723 beide Behörden zum „General- Ober- Finanz- Kriegs- und Domänendirektorium", kurz Generaldirektorium genannt, zusammen.[250] Diese Vereinigung ist von entscheidender Bedeutung, denn die Militärverwaltung hatte zwar bereits vor 1723 großen Einfluß auf die zivile Verwaltung, von nun an aber gab es nur noch eine Behörde, in der Militär- und Zivilangelegenheiten aufeinander abgestimmt bearbeitet wurden. Vorrangig geschah dies, um eine effektivere Arbeit der obersten Verwaltungsebene zu gewährleisten, und in zweiter Linie sollte dies der weiteren Stärkung von Staat und Armee dienen. In dem Patent für das Generaldirektorium hatte Friedrich Wilhelm I. sein politisches Programm formuliert, das darin bestand „unserer sämmtlichen getreuen Unterthanen Wohlfahrt und Bestes [zu fördern], imgleichen die darauf gegründete Befestigung Unserer Kron und Armee"[251].

Durch die Förderung von Wirtschaft, Handel und Bevölkerungswachstum sollten die Steuereinnahmen auf der Grundlage eines gesunden Wirtschaftswachstums langfristig gesteigert werden.[252] Zu diesem Zweck - und hier schließt sich der Kreis - setzte Friedrich Wilhelm I. die Armee als eine Art „Schwungrad" für die Wirtschaft ein.[253] Der Staat mußte aber nicht nur fördern, er mußte auch dafür sorgen, daß die Produktion abgesetzt wurde, daher machte Friedrich Wilhelm I. die Armee zu einem Hauptabnehmer der inländischen Gewerbe- und Agrarerzeugnisse.[254]

---

dazu Hintze, Der preußische Militär- und Beamtenstaat im 18. Jahrhundert, in: Derselbe, Regierung und Verwaltung. Gesammelte Abhandlungen zur Staats-, Rechts- und Sozialgeschichte Preußens, hrsg. und eingeleitet von Gerhard Oestreich, 3 Bde., Bd. 3, Göttingen 1967², S. 419 – 428, hier S. 422f.

[250] Neugebauer, Brandenburg S. 341 macht darauf aufmerksam, daß dies nicht sofort funktionierte. So befahl z. B. der König Ende 1723 dem Generaldirektorium, die Kommissariatsbeamten zum Zwecke eines Verweises vorzuladen. Obwohl der Befehl unter Androhung von Festungshaft bei Nichtbeachtung erlassen wurde, führte das Generaldirektorium diesen Befehl nicht aus.

[251] Acta Borussica, Denkmäler der Preußischen Staatsverwaltung im 18. Jahrhundert. A.: Die Behördenorganisation und die allgemeine Staatsverwaltung Preußens im 18. Jahrhundert, Bd. 1 - 15, Berlin 1896 - 1936, Bd. 16, 1 und 16, 2 Hamburg, Berlin 1970/82, hier Bd. 3, S. 650.

[252] Vgl. dazu Henning, Das vorindustrielle Deutschland, S. 239 - 244.

[253] S. dazu Hintze, Geist und System der preußischen Verwaltung um 1740, in: Acta Borussica, Bd. 6, 1, Berlin 1901, S. 23.

[254] S. dazu Hugo Rachel, Der Merkantilismus in Brandenburg-Preußen, in: Otto Büsch und Wolfgang Neugebauer (Hrsg.), Moderne Preußische Geschichte 1648 - 1947. Eine Anthologie (= Veröffentlichungen der Historischen Kommission zu Berlin, Bd. 52, 1-3/Forschungen zur Preußischen Geschichte), Berlin, New York 1981, Bd. 2, S. 951 - 993, hier S. 959 - 966. Henning, Das vorindustrielle Deutschland, S. 284 ist der Ansicht, daß die von der Nachfrage für die Ausrüstung der Armee ausgehenden Impulse für die gewerbliche Entwicklung in Brandenburg-Preußen insgesamt nicht sehr groß gewesen seien. Er konstatiert aber, daß diese Nachfrage auf der lokalen Ebene durchaus von großer Bedeutung gewesen sei. Einen Überblick über einige Manufakturen in und um Berlin, auch über das Lagerhaus, gibt Erika Herzfeld, Preußische Manufakturen. Großgewerbliche Fertigung von Porzellan, Seide, Gobelins, Uhren, Tapeten, Waffen, Papier u. a. im 17. und 18. Jahrhundert in und um Berlin, Berlin 1994. Allgemein zur Förderung der Manufakturen durch den Staat vgl. Henning, Das vorindustrielle Deutschland, S. 260 - 263. Bereits am 30. Juni 1713 hatte Friedrich Wilhelm I. ein „Montierungs-Reglement" erlassen, in dem er bestimmte, daß alle Uniformen für die Armee und die dazu verwendeten Stoffe im Inland hergestellt werden sollten. Siehe dazu Jany, Geschichte der Preußischen Armee, Bd. 1, S. 763. Zur „Rüstungsindustrie" vgl. den Aufsatz von Arnold Wirtgen, Die Potsdamer Gewehrfabrik. Wirtschaft und Rüstung im vorindustriellen Preußen, in: Kroener, Potsdam, S. 253 - 272.

Betrugen die Einkünfte des Staates 1713 noch 4,1 Millionen Taler, konnten diese bis 1740 auf 6,9 Millionen Taler gesteigert werden.[255] Die Ausgaben für die Armee stiegen von 1,8 Millionen Taler (1713) auf 5 Millionen Taler (1740) an.[256] Bei der Bewertung der letztgenannten Zahl ist zu berücksichtigen, daß diese Ausgaben zum großen Teil der einheimischen Wirtschaft zugute kamen. Zur Erhöhung der Steuereinnahmen hat der König in verschiedenen Anläufen versucht, auch den Adel einzubeziehen. Die im folgenden skizzierten Maßnahmen sind u. a. darum so wichtig, weil sie eine entscheidende Etappe auf dem Weg zu einem Gesamtstaat darstellten, den Otto Hintze seit Mitte des 17. Jahrhunderts in Brandenburg-Preußen sich entwickeln sieht.[257] Zwar ist durch Kurfürst Friedrich Wilhelm I. der Einfluß der politischen Mitwirkungsrechte des Adels in den Landständen auf der überregionalen Ebene beschnitten worden, aber auf der regionalen Ebene blieb der Adel ein bestimmender Faktor.[258]

Mit dem Aufstieg zum Königreich hatte Preußen einen entscheidenden Schritt auf dem Weg zum Gesamtstaat gemacht, denn zuvor gab es in einer Person den Kurfürsten von Brandenburg, den Herzog von Preußen, Magdeburg und Kleve, den Fürst zu Halberstadt und Minden, den Graf von Mark und Ravensberg etc.. Diese und andere Titel und die damit verbundenen Ansprüche wurden nicht aufgegeben – auch noch Friedrich II. führte diese Titel – sondern wurden durch den Königstitel „gekrönt". Die territorial unverbundenen Besitzteile, der westliche Teil am Niederrhein und in Westfalen, der mittlere im Magdeburgischen, der Kurmark und (Teilen) Pommerns, und der östliche Teil mit dem Herzogtum Preußen wurden zu einem Königtum Preußen zusammengefaßt. Entsprechend dem Vertrag zwischen Kaiser Leopold I. und Kurfürst Friedrich III. (I.) wurde der Name des Königs in Preußen auf den „Gesamt"-Staat, der dadurch in allen seinen Gebieten zum Königtum erhoben wurde, und auf alle seine Institutionen (Armee, Verwaltung etc.), die dem Herrscher direkt unterstanden, übertragen.[259] Die Krone wurde zum Symbol dieses Staates. Bereits Gottfried Wilhelm Leibniz hat darauf verwiesen, daß die eigentliche Bedeutung der

---

[255] S. Schmoller, Verfassungs-, Verwaltungs- und Finanzgeschichte, S. 112. Andere Zahlen nennt Treue, Wirtschafts- und Technikgeschichte, S. 25 und 49, der für das Jahr 1713 Einnahmen von 3,4 Millionen Talern und für das Jahr 1740 Einnahmen von 7,4 Millionen Talern angibt.

[256] S. Schmoller, Preußische Verfassungs-, Verwaltungs- und Finanzgeschichte, Berlin 1921, S. 112.

[257] S. Hintze, Die Hohenzollern und der Adel, in: Derselbe, Regierung und Verwaltung. Gesammelte Abhandlungen zur Staats-, Rechts- und Sozialgeschichte Preußens, hrsg. und eingeleitet von Gerhard Oestreich, 3 Bde., Bd. 3, Göttingen 1967², S. 30 - 55, hier S. 30ff..

[258] S. dazu Baumgart, Der Adel Brandenburg-Preußens im Urteil der Hohenzollern des 18. Jahrhunderts, in: Rudolf Endres (Hrsg.), Adel in der Frühneuzeit. Ein regionaler Vergleich, Köln, Wien 1991, S. 141 - 161, hier S. 145f. und 153 und Heinrich, Der Adel, S. 297f.

[259] S. Walther Hubatsch, Grundlinien Preußischer Geschichte. Königtum und Staatsgestaltung 1701 - 1871, Darmstadt 1988³, S. 17.

65

Königserhebung von 1701 in der magischen Ausstrahlung des Königs-Namens läge.[260] Die Bedeutsamkeit, die die Erhebung zur Monarchie für die Entwicklung „des" preußischen Staates im 18. Jahrhundert hatte, kann daher nicht hoch genug eingeschätzt werden, auch wenn die konkreten Auswirkungen dieser Erhöhung auf die einzelnen Territorien nur gering waren, ist die Wirkung der Krone als Symbol der Einheit des Staates umso stärker zu gewichten. Dies hat ebenfalls Folgen für den Adel gehabt. Um das Zusammenwachsen dieses Staatsgebildes zu fördern, mußte der Adel, der noch weitgehend territorial geprägt war und regional dachte, mit den gesamtstaatlichen Zielen des absolutistischen Staates vertraut und nach Möglichkeit zu deren Übernahme gebracht werden.[261] König Friedrich Wilhelm I. ging es daher in der Frage der Besteuerung des Adels nicht allein um die Finanzen, sein vorrangiges Ziel war es, den Adel zu disziplinieren bzw. zu domestizieren, wie es Hinrichs formuliert hat[262]. Die Absicht, die letztlich dahinter stand, war, den Adel darauf zu verpflichten, ausschließlich dem preußischen Staat zu dienen.

Bezeichnend ist, wie Friedrich Wilhelm auf den Widerstand der adligen Grundbesitzer reagierte, als diese gegen seinen Plan zur Einführung des Generalhufenschosses (seit 1716) protestierten. Diese hatten eingewandt, daß der Generalhufenschoß eine unerträgliche Last für sie sei und zu ihrem unweigerlichen Ruin führen werde. Friedrich Wilhelm I. antwortete darauf mit Worten, die wahrscheinlich zu den am häufigsten zitierten des Königs gehören, wenn dessen Verhältnis zum Adel beschrieben wird: *„aber die hubencomis(sion) soll sein fortgank haben ich komme zu meinem zweg und stabiliere die suverenitet und setze die krohne fest wie ein Rocher von Bronse und laße die herren Juncker den windt von Landtdahge Man laße die leutte windt wen(n) man zum zweg kommet."*[263]

Es gelang nicht, den Generalhufenschoß überall einzuführen. Seit 1717 wurde daher in der Kurmark, später auch in Pommern, mit einer Allodifikation der Rittergüter begonnen. Diese Güter waren ursprünglich den Rittern vom Landesherrn als Lehen gegeben worden, was diese wiederum zur Gefolgschaft zu Pferde im Kriegsfall verpflichtete. Da dieser Dienst schon seit langem nicht mehr von den Adligen eingefordert bzw. geleistet worden war, diese ihre Steuerfreiheit aber darauf gründeten, wollte der König diesen theoretischen Dienst durch eine Geldzahlung ersetzen. Zu diesem Zweck löste er den „nexus feudalis", das lehnsrechtliche Band, zwischen sich, dem Landesherrn, und seinen Lehnsvasallen auf. Dies fiel Friedrich Wilhelm I. um so leichter, als viele Ritter ihre Güter nicht mehr als Lehen, sondern als Erbgüter betrachteten. Die Güter sollten freies

---

[260] S. Gerd Heinrich, Geschichte Preußens. Staat und Dynastie, Frankfurt a. M., Berlin, Wien 1984, S. 132.
[261] S. dazu Hintze, Die Hohenzollern und der Adel, S. 45.
[262] S. Hinrichs, Preußen als historisches Problem, in: Derselbe, Preußen als historisches Problem, S. 15 - 39, hier S. 28.

Eigentum der Edelleute, d. h. allodifiziert werden. Der Adel sollte dafür als Gegenleistung einen jährlichen Lehnskanon leisten.[264] Hier ist eine zentrale Verbindung zwischen Adel und Offizieren berührt worden, denn viele Adlige, die als Offiziere dienten, gründeten ihr Verständnis vom Dienst für den König auf das Bild vom Vasallen. Wie Wohlfeil nachgewiesen hat, beruht diese Vorstellung allerdings auf einem Mißverständnis des mittelalterlich geprägten vasallitischen Treuebegriffs, in der Realität hatte das Dienstverhältnis des preußischen Offiziers nichts mehr gemein mit diesem idealisierten Bild.[265] Dies zu überprüfen, wird einer der Untersuchungsschwerpunkte der vorliegenden Arbeit sein. Wie Hinrichs festgestellt hat, ist es Friedrich Wilhelm I. gelungen, das überkommene Verhältnis zwischen den Adligen und dem Landesherrn und die darauf beruhende vasallitische Disziplin erheblich zu verschärfen.[266] Ihm zufolge war das grundlegend Neue, das durch die Allodifikation geschaffen wurde, daß der Militärdienst, der zuvor auf der Verleihung der Lehen gründete, von Friedrich Wilhelm als allgemeine staatliche Pflicht aller Adligen und nicht nur der Grundbesitzer definiert wurde. Damit hat der König das „Reservoir", aus dem er die Offiziere zu nehmen gedachte, zu seinen Gunsten erheblich ausgeweitet. Auf diese Pflicht der Untertanen zum Dienst für den Staat gründete auch das Verbot für den Adel, sich in auswärtige Dienste zu begeben.[267] Weil Friedrich Wilhelm I. dies nicht wollte, hat er ein bereits existierendes Verbot wesentlich rigider verfolgt als sein Vater.[268] Dies ist nicht zuletzt aus seinem Edikt vom

---

[263] Acta Borussica, Bd. 2, S. 352.

[264] Die Aufhebung der Lehen wurde 1717 ohne Rücksprache mit den adligen Landständen in einem Edikt erlassen, vgl. dazu Acta Borussica, Bd. 2. S. 470 - 474. Der Adel der Altmark und der Provinz Magdeburg weigerte sich, den Lehnskanon zu zahlen, und klagte sogar den König vor dem Reichshofrat an. Der Prozeß wurde nie beendet; die altmärkischen und magdeburgischen Adligen zahlten jahrelang den Lehnskanon nicht freiwillig, sondern mußten durch militärische Exekution dazu gezwungen werden, s. Hintze, Die Hohenzollern und der Adel, S. 43. Die Erbitterung, die Friedrich Wilhelm I. angesichts der adligen Opposition empfand, läßt sich sehr deutlich aus dem Testament von 1722 ablesen: „Die Altemerkische Vassallen sein schlimme ungehorsame leutte, die dar nichts mit guhten tuhn, sondern Reweche sein und rechte leicht fertige leutte gegen Ihren Landesherren sein. Mein lieber Successor mus sie den Daum auf die augen halten und mit ihnen nicht guht umbgehen [...] Die [madeburgischen] wassallen [sind] wie die alte Mercker fast noch schlimmer.", Dietrich, Die politischen Testamente, S. 230.

[265] S. Wohlfeil, Ritter-Söldnerführer-Offizier, S. 344f.

[266] S. Hinrichs, Preußen als historisches Problem, S. 27f. und Hintze, Die Hohenzollern und der Adel, S. 43f.

[267] S. Hintze, Die Hohenzollern und der Adel, S. 43f.. Bei v. Schrötter, Offizierkorps unter dem ersten Könige, FBPG, 27. Jg., S. 102 ist der Hinweis zu finden, daß bereits unter Friedrich III. (I.) dem heimischen Adel verboten wurde, ausländische Kriegsdienste aufzunehmen, weil die ständigen Kriege einen erheblichen Blutzoll vom preußischen Offizierkorps forderten und durch diese Maßnahme ein ausreichender Offiziersersatz gesichert werden sollte.

[268] Tatsächlich ist die Zahl derjenigen jungen Adligen, die in auswärtige Dienste eintraten, immer weiter zurückgegangen, was sich zumindest für die Kurmark aus den Vasallentabellen ablesen läßt. So lag deren Anteil im Jahre 1713 bei 9,5 % (bezogen auf die über 12jährigen Vasallensöhne) und im Jahre 1769 nur noch bei 1,7 %, s. Göse, Die Struktur, S. 44f.. Mit den Motiven, die einige Adelsfamilien bewogen, ihre Söhne nicht in preußische, sondern in auswärtige Dienst zu geben, hat sich ausführlicher Göse, Zwischen Garnison und Rittergut, S. 188ff. befaßt. Er verweist u. a. auf verwandtschaftliche Beziehungen, die einige dieser Familien mit benachbarten Territorien verbanden. Als ein Beispiel führt er das Adelsgeschlecht derer v. Schulenburg an, dessen Linien sowohl in brandenburgischen als auch in welfischen Territorien verzweigt waren. Außerdem habe es tradierte Bindungen an das Ausland gegeben, die daraus resultierten, daß der Vater und andere Vorfahren bereits in dem auswärtigen Dienst gestanden hatten, in den auch der Sohn folgen sollte. Erkenntnisse dazu sind aus der Untersuchung von Volker Press, Patronat und Klientel im Heiligen Römischen Reich, in:

67

13. Oktober 1713 zu entnehmen, in dem er jedem Untertan, auch dem adligen, androhte, ihn als Deserteur zu behandeln, wenn er ohne königliche Erlaubnis ins Ausland ginge. Im Testament von 1722 hat Friedrich Wilhelm I. seinem Nachfolger empfohlen, das Außerlandesgehen des Adels zu verhindern, weil er andernfalls damit rechnen müsse, daß diese Adligen ihrem Monarchen ständig widersprächen und ihn nicht als Landesherrn respektierten.[269] Zur Kontrolle u. a. dieses Verbotes hat der König die Kriegs- und Domänenkammern damit beauftragt, Listen - auch Vasallentabellen genannt - zu führen, in denen diese detaillierte Angaben über die Tätigkeit und das Verhalten von allen Edelleuten ihrer Bezirke sammeln mußten.[270] Das Verbot des Außerlandesgehens war eine unverzichtbare Ergänzung, wenn die Verpflichtung des heimischen Adels auf den Dienst für den preußischen Staat gelingen sollte. War es früher nicht selten, daß Adlige auch ins Ausland gingen, um dort eine Offizierslaufbahn einzuschlagen oder eine Stelle im Staats- und Hofdienst zu suchen, wurde ihnen diese Möglichkeit durch Friedrich Wilhelm I. strikt untersagt. Damit blieb besonders dem nichtgrundbesitzenden Adligen, der auf eine standesgemäße Tätigkeit existentiell angewiesen war, kaum eine andere Möglichkeit als dem preußischen Staat zu dienen, oder mit entsprechenden Konsequenzen gegen das ausdrückliche Verbot des Königs zu verstoßen und in einem anderen Territorium nach einer Existenzmöglichkeit zu suchen. Besonders die Armee bot hier im Vergleich zur zivilen Verwaltung ungleich mehr Stellen. Auch der Dienst am Hof spielte in Preußen z. B. verglichen mit Frankreich nur eine geringe Rolle, hatte Friedrich Wilhelm doch unmittelbar nach seinem Regierungsantritt den Hofstaat auf ein Minimum zusammengestrichen. Was Norbert Elias für Frankreich festgestellt hat[271], nämlich daß der Hofdienst[272] ein geeignetes Mittel war, den Adel

Antoni Maczak (Hrsg.), Klientelsysteme im Europa der frühen Neuzeit (= Schriften des Historischen Kollegs, Bd. 9), München 1988, S. 19 - 46 zu entnehmen. Press weist auf die lange Dauer der „Klientelbeziehungen" hin, die u. a. Adelsfamilien über Generationen an einen Patron banden, s. S. 20. Er stellt fest, daß sich Adelsfamilien doppelt absicherten, indem z. B. Brüder in unterschiedliche Dienste zweier Landesherren gingen, s. S. 24. Bei der Entscheidung für den Dienst bei einem auswärtigen Landesherrn spielten dessen Reputation und die Größe seines Hofstaates eine Rolle, auch konfessionelle Überlegungen kamen hier zur Geltung, s. S. 26 und 33. Press konstatiert, daß eine exakte Beschreibung dessen, was unter „Klientelbeziehung" zu verstehen ist, nur schwer zu treffen ist und die Grenzen zu einem formalen Bündnis unscharf sind, s. S. 35. Seiner Ansicht nach wurden im Laufe des 17. und 18. Jahrhunderts die „Klientelverhältnisse" zunehmend durch formale Bündnisse abgelöst, weil der fortschreitende Territorialisierungsprozeß die Wirksamkeit personaler Beziehungen hemmte, s. S. 44. Diese Beobachtung von Press kann besonders an Preußen festgemacht werden, wo durch die oben geschilderten Maßnahmen der Adel ausschließlich auf den inländischen Dienst verpflichtet und damit die alten Beziehungen verschiedener Adelsfamilien zu einem anderen Landesherrn unterbunden wurden. Siehe dazu auch seinen Aufsatz: Das römisch-deutsche Reich - ein politisches System in verfassungs- und sozialgeschichtlicher Fragestellung, in: Press, Das Alte Reich. Ausgewählte Aufsätze (= Historische Forschungen, Bd. 59), Berlin 1997, S. 18 - 41, hier S. 25.
[269] S. Dietrich, Die politischen Testamente, S. 229.
[270] S. dazu Acta Borussica, Bd. 5, 2, S. 627f.. In diesem Zusammenhang sei auf Göse, Die Struktur, S. 25 - 46, und Derselbe, Zwischen Garnison und Rittergut, S. 109 - 166 verwiesen, der eine Auswertung der Vasallentabellen vorgenommen hat.
[271] S. dazu Norbert Elias, Die höfische Gesellschaft. Untersuchungen zur Soziologie des Königtums und der höfischen Aristokratie, mit einer Einleitung: Soziologie und Geschichtswissenschaft, Frankfurt a. M. 1989[4], S. 238 - 319.

an die absolute Monarchie zu binden, seine finanziellen Kräfte zu nutzen und mögliche Opposition aus diesem Stand zu unterbinden, läßt sich im Prinzip auch für Preußen feststellen. In diesem Staat hat aber die Armee die Funktion des Hofes eingenommen. Allerdings muß auch auf einige gravierende Abweichungen hingewiesen werden, die diesen Vergleich nur bedingt zulassen. Da ist zum einen der Unterschied, daß zwar auch in Frankreich Offiziersstellen (vornehmlich) mit Adligen besetzt wurden, diese Posten aber ebenso wie die in der Verwaltung im Gegensatz zu Preußen nur über den Hof vergeben oder verkauft wurden.[273] Zum anderen kam dem Hof in Frankreich eine personelle und räumliche Zentralfunktion[274] zu, die die preußische Armee nicht ausüben konnte. Aus diesen Gründen kann festgehalten werden, daß im Ergebnis sowohl in Preußen als auch in Frankreich die Bindung des Adels an den Staat und die Monarchie gelungen ist, daß die hierfür eingesetzten Mittel und der Prozeß selber aber deutlich differierten.[275]

Die Verpflichtung des Adels auf den Staatsdienst ist nicht ausschließlich unter dem Gesichtspunkt zu betrachten, daß Friedrich Wilhelm I. lediglich daran interessiert gewesen wäre, sich ein ausreichendes Reservoir für den Nachwuchs an Staatsdienern und Offizieren zu sichern. Im gleichen Maße ging es ihm darum, daß der Adel „planmäßig durch die Schule des königlichen Dienstes [ging], der Landedelmann [sollte] zum Offizier des Königs erzogen werden, um in Haltung und Gesinnung die starke Stütze der Monarchie zu werden"[276]. Der König hat dies in seinem Testament von 1722 explizit formuliert. Dort wies er seinen Nachfolger an darauf zu achten, „[...] das der gantze adell in eure dinsten von Jugent auf darinnen erzohgen werden und Keinen herren Kennen als Gott und den Köhnig in Preussen"[277]. Hier wird ein weiterer wesentlicher Aspekt sichtbar, der hinter der Absicht Friedrich Wilhelms stand, den Adel in den Staatsdienst zu zwingen. Der Adel sollte nämlich durch diesen Dienst dazu erzogen werden, den preußischen König als seinen (alleinigen) Herrn zu akzeptieren. Friedrich Wilhelm I. wollte die Position der absoluten Monarchie in Preußen festigen und auf ein stabiles Fundament legen. Das oppositionelle Potential

---

[272] Elias, Die höfische Gesellschaft, S. 272: „Durch den Hof und vom Hofe her wurde ein guter Teil des Adels von nun ab jeglicher Selbständigkeit beraubt und zugleich in steter Abhängigkeit vom König erhalten und versorgt." Diese Versorgung bestand darin, daß bis auf wenige Ausnahmen dem Adel die Stellen im Hofdienst und in der Armee vorbehalten blieben, s. Elias, Die höfische Gesellschaft, S 282. Hier ist in Bezug auf die Armee eine Parallele zu Preußen erkennbar, vgl. dazu Opitz-Belakhal, Militärreformen, S. 13 – 17.
[273] S. Elias, Die höfische Gesellschaft, S. 292.
[274] Elias, Die höfische Gesellschaft, S. 294f. beschreibt u. a., wie stark diese Bindung des Adels an den Hof unter Ludwig XIV. gediehen war.
[275] Auf die Unterscheide zwischen dem preußischen und dem französischen „Modell" einer Bindung des Adels an die Monarchie, macht Elias, Die höfische Gesellschaft, S. 283f aufmerksam. Auch wenn die von ihm skizzierten Unterschiede offensichtlich sind, ist das Ergebnis in beiden Fällen das gleiche: „Der Adel ist gezähmt.", Elias, Die höfische Gesellschaft, S. 298.
[276] Messerschmidt, Werden und Prägung, S. 42.
[277] Dietrich, Die politischen Testamente, S. 229.

69

des Adels wurde Friedrich Wilhelm in mehreren Fällen deutlich vor Augen geführt. So trafen seine Vorhaben, den Generalhufenschoß und die Allodifikation durchzusetzen, auf den erbitterten Widerstand von Teilen des Adels. In diesem Zusammenhang gewinnt das Bild vom „Rocher von Bronse" seine eigentliche Bedeutung. Der König wollte den Widerstand des Adels brechen, um seine monarchische Souveränität gegenüber diesem Stand durchzusetzen und unerschütterlich zu befestigen. Daß der Adel der Altmark ihn wegen der Einführung der Allodifikation der Lehen vor dem Reichshofrat anklagte, war für Friedrich Wilhelm ein weiterer Beleg dafür, daß die Stellung des preußischen Monarchen in seinem Staat nur dann absolut war, wenn der Adel durch den Dienst zur Unterordnung unter den König erzogen wurde. Hier ist der Prozeß der Sozialdisziplinierung unmittelbar sichtbar, denn der Adel sollte im Sinne Max Webers nicht nur zur bloßen Unterordnung gebracht werden, vielmehr sollte die innere Einstellung durch Erziehung grundlegend geändert werden.[278] Friedrich Wilhelm beabsichtigte nicht nur, den Adel durch den Dienst für den Staat zum Gehorsam im militärischen Verständnis zu erziehen, sondern der Adel sollte es vielmehr als selbstverständliche und freiwillig empfundene Pflicht und Aufgabe betrachten, ausschließlich ihm, dem König von Preußen, zu dienen. An der Formulierung, daß der Adel keinen anderen Herrn als Gott und den König in Preußen kennen soll, ist die gewollte Ausrichtung auf die Zentralinstanz, die Oestreich als wesentliches Merkmal der Sozialdisziplinierung ausgemacht hat, sichtbar. Daß Friedrich Wilhelm im Testament von 1722 diese Forderung aufstellt, belegt, daß dieser Prozeß nicht abgeschlossen war und hier im wesentlichen ein Anspruch formuliert wird, der seiner Erfüllung erst noch bedurfte. Die Durchsetzung dieses Anspruchs war eine wesentliche Voraussetzung dafür, daß die Zentralinstanz in Gestalt des Monarchen zum Mittelpunkt des Staates werden konnte. Diese Ausrichtung war auch deswegen so wichtig, weil dadurch die Entwicklung Preußens hin zu einem Gesamtstaat wesentlich gefördert werden konnte. Das Offizierkorps konnte zur Schaffung der staatlichen Einheit wesentlich beitragen. In diesem Dienst konnten die jungen Adligen aus allen Territorien des preußischen Staates in den Regimentern zusammengezogen werden. Die Offiziere wurden auf die Ziele des gesamten Staates, die der Souverän vorgab, ausgerichtet. Es erscheint in diesem Zusammenhang überlegenswert, ob die Verlegung von Adligen aus ihrer Heimatprovinz in ein entfernt stationiertes Regiment nicht ein bewußt eingesetztes Mittel war, um die Adligen von ihren regionalen Bindungen abzuschneiden oder letztere zumindest zu lockern. Auch die landsmannschaftliche Zusammensetzung der Regimenter dürfte Auskunft darüber geben, ob das Offizierkorps in der Lage gewesen ist, die Adligen aller Territorien im Dienst

---

[278] S. dazu Weber, Wirtschaft und Gesellschaft, S. 682.

zusammenzuführen, um dort aus Pommern, Magdeburgern und (später) Schlesiern etc. „Preußen" zu formen. Beide Aspekte werden bei der Analyse der Regimentslisten zu überprüfen sein.

Angesichts der Tatsache, daß das Offizierkorps das bevorzugte Instrument war, durch das der Adel zur Stütze des Staates erzogen werden sollte, ergibt sich folgende Annahme. Nämlich ob die Beobachtung, daß adlige Werte und Normen auf das Offizierkorps übertragen worden sind, nicht dahingehend ergänzt werden muß, daß durch diesen Dienst ebenso der „Geist" dieses Korps auf den Adel übertragen worden ist.[279] Diese wechselseitige Beeinflussung ist wohl eine wesentliche Voraussetzung dafür, daß eine weitgehende Identität[280] von Adel und Offizierkorps in Preußen entstehen konnte. Der hier angesprochene Prozeß hat die Entstehung „des" preußischen Offiziers maßgeblich geprägt.

Friedrich Wilhelm I. widmete beim Aufbau der Armee seine Aufmerksamkeit nicht nur dem Offiziersnachwuchs, sondern er hat im gleichen Maße versucht, im Bereich des Soldatenersatzes zu einer für den preußischen Staat tragfähigen Lösung zu kommen. Das 1733 eingeführte Kantonreglement[281] wurde zur Grundlage für das preußische Militärsystem, und seine Bedeutung für den Aufstieg Preußens zur Großmacht muß sehr hoch eingeschätzt werden.[282] Es ist aber ebenfalls für das Offizierkorps von großer Wichtigkeit, denn das System der Kantone bildete zusammen mit dem dazugehörigen Beurlaubungswesen die Grundlage für die Kompaniewirtschaft.

---

[279] S. dazu Hintze, Die Hohenzollern und der Adel, S. 45 und Wohlfeil, Adel und Heerwesen, S. 333f..

[280] Das heißt nicht, daß diese Identität absolut gewesen wäre. Siehe dazu Büsch, Militärsystem und Sozialleben, S. 97f. und Wohlfeil, Adel und Heerwesen, S. 333f..

[281] Anderson, War and Society, S. 50f. belegt, daß es bedingte Vorbilder für das Kantonreglement gibt, und zwar das in Schweden während des Dreißigjährigen Krieges eingeführte Aushebungssystem. Siehe dazu auch Childs, Armies and warfare, S. 54. Eine ausführliche Untersuchung des Heeresaufbringungssystems in Schweden leistet Michael Busch, Der Bauer als Soldat. Ein gescheitertes Konzept der Heeresaufbringung. in: Pröve, Klio in Uniform, S. 143 - 166, hier S. 155 - 166.

[282] Vgl. dazu Kroener, Die materiellen Grundlagen österreichischer und preußischer Kriegsanstrengungen 1756 - 1763, in: Derselbe (Hrsg.), Europa im Zeitalter Friedrich des Großen. Wirtschaft, Gesellschaft, Kriege (= Beiträge zur Militärgeschichte. Bd. 26), München 1989, S. 47 - 78, hier S. 52 - 56. So schrieb Friedrich II. auf der Basis der Erfahrung der beiden Schlesischen Kriege in seinem Testament von 1752: „Diese Kantone machen die Truppenteile unsterblich, indem sie diesen Rekruten liefern und sie in Kriegszeiten immer wieder auffüllen", Dietrich, Die politischen Testamente, S. 411. In diesem Testament legte Friedrich II. fest, daß die Regimenter sich jeweils zu 50 % aus Kantonisten und „Ausländern" zusammensetzen sollten. Seine Instruktion von 1742, in der er 1/3 Kantonisten und 2/3 „Ausländer" gefordert hatte, ließ sich aufgrund der hohen Werbungskosten für letztere nicht durchführen. In Wirklichkeit war der Anteil der Landeskinder vor dem Siebenjährigen Krieg größer als der der „Ausländer", was die Leistungen der einzelnen Regimenter im Krieg wohl positiv beeinflußt haben dürfte. Dazu Jany, Geschichte der Preußischen Armee, Bd. 2, S. 243: „Aus derselben Gegend stammend, oft miteinander verwandt hielten sie fest zusammen. Sie wußten, daß sie Hof und Herd verteidigten [...] Besonders die alten Provinzen [...] stellten in ihren Söhnen die Kerntruppen des Heeres." In dieser Charakterisierung der preußischen Regimenter steckt allerdings ein erhebliches Maß an Idealisierung durch Jany, denn es ist sehr fraglich, ob überhaupt die Mehrzahl der Soldaten einen eigenen Hof und Herd besaß. Friedrich II. schrieb nach dem Siebenjährigen Krieg über seine Landeskinder: „Setze ich mich vor meine Pommern und Märker mache schon die Hälfte meiner Monarchie verloren, nur selbst den Kopf nicht . . ., so jage ich den Teufel aus der Hölle." Zit. aus: Jany, Geschichte der Preußischen Armee, Bd. 2, S. 244. Noch deutlicher formulierte Friedrich II. den Wert der Kantone nach dem Siebenjährigen Krieg: „Die Kantone machen die Regimenter unsterblich, weil sie ihre Verluste immerfort ersetzen. Diese Kantone sind der Kern des Staates", Dietrich, Die politischen Testamente, S. 519.

Die Gründe für die Einführung des Kantonreglements sind darin zu suchen, daß dem vorher praktizierten Aushebungsverfahren eine einheitliche und verläßliche Regelung fehlte. Die zwei Jahrzehnte zwischen dem Regierungsantritt Friedrich Wilhelms I. und dem Jahr 1733 sind gekennzeichnet durch einen hohen Aushebungsdruck, der auf der einheimischen Bevölkerung[283] lastete und der zum Teil in Anwerbungsexzessen[284] „ausartete". Dieser Druck resultierte nicht nur daraus, daß die Armee durch die Neuaufstellung von Regimentern und die Erhöhung der Personalstärken dieser Einheiten immer mehr Soldaten benötigte, sondern entstand auch aus der Desertion von Soldaten, die zumindest in den ersten Jahren ein großes Problem für die preußische Armee war.[285]

Gegen 1720 begannen die Regimenter ihre zukünftigen Rekruten in ihren Standortbezirken gegen den Zugriff anderer Regimenter zu schützen, indem sie die Heranwachsenden „enrollierten". Diese erhielten „Laufpässe" des Regiments und waren damit auf unbestimmte Zeit als „überkompletter Zuwachs" beurlaubt. Wer in die Rollen eines Regiments eingetragen und dessen „Laufpaß" erhalten

---

[283] Zusätzlich wurden durch preußische Werbekommandos im Ausland Soldaten für die Armee rekrutiert. Da die „Geworbenen" oftmals mit Zwang in den preußischen Dienst gepreßt wurden, kam es immer wieder zu Spannungen mit dem Ausland. So wurde 1733 ein preußischer Werbeoffizier in Holland hingerichtet, und der preußische Gesandte in London wurde wegen des Ankaufs von großen „Rekruten" ausgewiesen.

[284] So kam es 1720 in Hagen zu einem regelrechten Aufruhr, als ein Kommando des Regiments von Auer (Nr. 9) während der Gottesdienste in die lutherische, die reformierte und die katholische Kirche eindrang und gewaltsam rekrutierte. Dieser Aufruhr stellt eine Ausnahme dar, durchaus üblich war allerdings, daß die Aushebungen während des sonntäglichen Gottesdienstes geschahen. In diesem Fall aber verhielt sich die Bevölkerung, und es gab Tote und Verletzte auf beiden Seiten. Die anschließende Untersuchung hatte als Ergebnis, daß die Grafschaft Mark zur Stellung von 200 Rekruten und die Ämter Wetter und Blankenstein zur Zahlung einer Strafe in Höhe von 20000 Talern verurteilt wurden. Die für den Vorfall verantwortlichen Offiziere wurden gerügt und Oberst von Auer wurde entlassen. Siehe dazu Kloosterhuis, Bauern, Bürger und Soldaten, S. 33 - 39. Der „märkische Aufstand" von 1720 ist auch deswegen von so großer Bedeutung, weil er einen qualitativen wie quantitativen Wechsel im Aushebungswesen anzeigte. Unter Friedrich I. waren es noch die folgenden Kriterien, die über die Aushebung eines Mannes entschieden: seine ökonomische „Entbehrlichkeit" sowie sein Alter und seine physische Leistungsfähigkeit. Durch Friedrich Wilhelm I. wurden andere Kriterien eingeführt, er verlangte, daß ein Rekrut „möglichst groß" und „möglichst schön" sein sollte. Die Körperlänge sollte mindestens 165,5 cm betragen, gewünscht wurde allerdings eine Länge von 173 bis 190 cm. Unter „schön" wurden Kriterien wie Alter, Gesundheit und Aussehen erfaßt. Der Aufstand von 1720 resultierte daher vor allem aus dem *„Ignorieren von proto-industriellen Exemtionen bei einer Massenaushebung, also durch eine flagrante Rechtsverletzung im Gewerbesektor"*, Kloosterhuis, Aufruhr und Akzeptanz, S. 177. Damit ist ein grundlegendes Problem skizziert, das letztlich zur Einführung des Kantonreglements führte. Obwohl mit diesem Reglement ein Ausgleich zwischen den Interessen der Armee und denen des Gewerbes und der Landwirtschaft erzielt werden sollte, blieb an dieser Stelle ein unauflösbarer Widerspruch bis 1806 bestehen. Auf der einen Seite stand der Bedarf der Armee nach ausreichendem Mannschaftsersatz, der befriedigt werden mußte, um den Ausbau der bewaffneten Macht zu ermöglichen, und der notwendig war, um Kriegsverluste auszugleichen. Auf der anderen Seite aber wurde jeder Mann, der als Soldat diente, dem Gewerbe, dem Handel oder der Landwirtschaft entzogen

[285] Allein 1714 desertierten 3471 Mann, das war der Bestand von fast sechs Bataillonen, s. Jany, Die Kantonverfassung des altpreußischen Heeres, in: Büsch/Neugebauer, Moderne Preußische Geschichte, Bd. 2, S. 767 - 809, hier S. 771. Zum Umfang der Desertionen in der preußischen Armee s. auch Sikora, Disziplin und Desertion. Strukturprobleme militärischer Organisation im 18. Jahrhundert (= Historische Forschungen, Bd. 57), Berlin 1996, S. 69ff., der eine Zahl von etwa 30000 Mann nennt, die zwischen 1713 und 1740 desertierten. Sikora weist auch darauf hin, daß allein in den ersten acht Jahren 14000 Mann desertierten, daß danach die jährliche Quote aber immer weiter gesunken sei und seit 1725 nur noch 500 Soldaten pro Jahr „von der Fahne gingen".

hatte, galt dem Regiment als „obligat".[286] Da diese „Enrollierung" durch die Regimenter ungeregelt geschah, ließ sich Friedrich Wilhelm I. im September 1732 von den Kriegs- und Domänenkammern in der Provinz Preußen und den mittleren Provinzen eine Aufstellung der bewohnten Häuser oder Feuerstellen in allen Landkreisen anfertigen. Auf der Grundlage dieser Listen legte der König in einer Kabinettsordre vom 1. Mai 1733[287] fest, in welchen Kantonen die Regimenter „enrollieren" durften: *„Dieweil bishero soviel Unordnung und keine égalité mit denen Enrollirten, so die Regimenter haben, gewesen, da ein Regiment mehr Enrollirten hat als es brauchen kann, etliche Regimenter aber zu wenig haben, so habe Ich resolviret und zur Konservation der Armee gut befunden, eine richtige Disposition zu machen, was jedes Regiment zu seinen Enrollirten für Örter und Feuerstellen haben soll."*[288] Wieviele Feuerstellen ein Regiment auf dem Land zugewiesen bekam, war von Provinz zu Provinz unterschiedlich. So bekamen die Infanterieregimenter in Brandenburg etwa 5000 Feuerstellen und die in Westfalen bis zu 8000 Feuerstellen, jedes Kavallerieregiment von fünf Schwadronen erhielt 3500 bis 4000 Feuerstellen.[289] Die Zahl der Feuerstellen hing auch davon ab, welche Städte den Regimentern zugeteilt wurden. Die Garnisoneinheiten und die Artillerie wurden für die „Enrollierung" ausschließlich auf die Städte verwiesen. Ausgenommen waren die Söhne von Offizieren und Adligen, Söhne von Bürgern mit mindestens 10000 Taler Vermögen und alle mit Haus und Hof ansässigen Bürger und Bauern. Wer nicht die erforderliche Körperlänge hatte, wurde grundsätzlich von der Enrollierung befreit.[290] Die Kantone der Regimenter wurden in zehn gleichstarke Bezirke aufgeteilt, einer für jede Kompanie. Vereidigt werden durften die „Enrollierten" erst nach der Konfirmation bzw. der Erstkommunion. Ob und wann sie eingezogen wurden, hing von dem Bedarf des Regiments und vom Wachstum der Erfaßten ab, bis dahin trugen sie eine rote Halsbinde und den Hutpuschel ihrer Regimenter.[291] Der Vorzug dieses Systems war, daß es weitgehend die Willkür durch eine geordnete Verwaltung ersetzte. So hörten z. B. die Aushebungen während der Gottesdienste auf, denn bei den jährlichen Kantonrevisionen im Herbst wurde aus der Menge der Enrollierten eine bestimmte Anzahl von

---

[286] S. Jany, Die Kantonverfassung, S. 779.

[287] Diese Ordre und zwei weitere vom 18. Mai und 15. September 1733 sind das, was in der Literatur im allgemeinen als das „Kantonreglement" bezeichnet wird, obwohl die Bezeichnung nicht ganz zutreffend ist, denn eigentlich brachte die Ordre lediglich eine Anerkennung der bestehenden Verhältnisse. Neu war nur die Verteilung der Orte, in denen „enrolliert" werden sollte. Deshalb wird im weiteren zur Verdeutlichung doch der Begriff „Kantonreglement" verwendet und nicht „Ordre vom 1. Mai 1733". Vgl. dazu Max Lehmann, Werbung, Wehrpflicht und Beurlaubung im Heer Friedrich Wilhelms I., in: HZ, 67. Jg., 1891, S. 254 - 289, hier S. 259f..

[288] Zit. aus: Jany, Die Kantonverfassung, S. 783.

[289] S. Jany, Die Kantonverfassung, S. 784.

[290] Kroener, Die materiellen Grundlagen, S. 50 nennt, wie er schreibt, *„für die letzten Jahren des altpreußischen Staates"* folgende Zahlen: von 2.156.812 Kantonpflichtigen waren 312.825 (= 14,5%) einstellungsfähig, da sie über fünf Fuß groß waren. Aber nur 22338 Kantonpflichtige (= 1,03 %) waren fünf Fuß fünf Zoll und größer.

Dienstpflichtigen ausgewählt[292], und die eigentliche Aushebung nach der Anforderung des Regiments fand dann meist im Frühjahr statt.[293]

Die Bedeutung des Kantonreglements liegt auch darin, daß hier der preußische Offizier in Gestalt des Kompaniechefs in unmittelbaren Kontakt zur Bevölkerung trat. Das war allerdings mehr als ein gelegentliches Aufeinandertreffen, denn der Kompaniechef erhielt durch das Kantonreglement Befugnisse, die ihn Einfluß nehmen ließen auf das Leben der Zivilbevölkerung.[294] Dies war möglich, weil die Armee durch das Kantonsystem untrennbar an die Gesellschaft gebunden wurde. Dieser Aspekt ist der wesentliche „Fortschritt", der durch Friedrich Wilhelm I. maßgeblich bewirkt wurde. Jedem der drei Stände wurde eine Aufgabe für die Armee zugewiesen: der Adel hatte die Offiziere zu stellen, die Bauern hatten die Soldaten beizubringen und die Bürger sollten durch ihre wirtschaftliche Tätigkeit dazu beitragen, daß die finanziellen Mittel für den Unterhalt der Armee bereitstanden. Bis zu seinem Tode am 31. Mai 1740 hat Friedrich Wilhelm I. die Armee auf fast 80000 Mann[295] verstärkt. Darüber hinaus war es ihm gelungen, die Armee auch qualitativ stark zu verbessern. Im Feldzug gegen Frankreich im Jahre 1734 beeindruckten die preußischen Truppen den Prinzen Eugen von Savoyen derart, daß dieser prophezeite, daß die preußische Armee für das Haus Habsburg gefährlicher sein werde als die türkische oder die französische Armee.[296] Auch wenn die Verbindung zwischen Armee und ständischer Gesellschaftsordnung[297] sich für Preußen in

---

[291] S. Bleckwenn, Unter dem Preußen-Adler, S. 70.

[292] Ausgewählt deswegen, weil mit der Meßlatte überprüft wurde, ob die Enrollierten das entscheidende Aushebungskriterium erfüllten, nämlich ausreichend lang zu sein.

[293] S. Kloosterhuis, Aufruhr und Akzeptanz, S. 179.

[294] Dies wird z. B. daraus ersichtlich, daß sich die Kompaniechefs „eine besondere accurate Liste von allen Einwohnern und sonderlich von jungen Leuten und den Zuwachs [...] auf das genaueste verfertigen, und das ward die Compagnie-Rolle genannt. Alle jungen Leute wurden gemeßen und mit Vor- und Zunahmen nebst dem Alter und Maaß in die Compagnie Rolle geschrieben und darauf mit einem Laufpaß auf ein oder 2 Jahr versehen; [...] Auch die Kinder wurden anrollirt. Die Kirchenbücher mußten dem Officier vorgezeigt werden, damit er aus dem Register der Getauften seine Liste oder Rolle machen und Pässe austheilen könne." Zit. aus: Samuel Carsted, Zwischen Schwert und Pflugschar: Ausgewählter Nachdruck der „Atzendorfer Chronik", bearbeitet von Eduard Stegemann, ausgewählt und eingeleitet von Jürgen Kloosterhuis (= Quellen und Schriften zur Militärgeschichte, Bd. 3), Nachdruck der Ausgabe Magdeburg 1928, Paderborn 1989, S. 11. Letztere Seitenzahl bezieht sich nicht auf die Zählung in dem Originalwerk, sondern auf die in der vorliegenden Ausgabe. Daß die Position, die das Kantonreglement dem Kompaniechef gegenüber den Zivilbevölkerung gab, eine nicht unbeträchtliche Machtstellung war, ist nicht zuletzt am Mißbrauch dieser Stellung abzulesen, die es gelegentlich gegeben hat. So berichtet Carsted, der von 1740 bis 1746 Feldprediger war, daß es hin und wieder den Kompaniechefs gefiel, alle „Enrollierten" antreten zu lassen, um sie erneut zu messen: „Man kan leicht dencken, daß diß eine schöne Gelegenheit sey, unter allerlei Vorwand jemanden nach Belieben zu kränken, und daß es nicht zu rathen sey, sich den Herrn des Cantons zu wieders(et)z(en). [...] Diß geschahe, damit sie begreifen solten, daß sie in der Gewalt des Capitains oder Rittmeisters gerathen, der sie nach s(einem) Belieben züchtigen oder loßlaßen könte.", Carsted, Zwischen Schwert und Pflugschar, S. 10.

[295] S. Jany, Geschichte der Preußischen Armee, Bd. 1, S. 660.

[296] S. dazu Duffy, Friedrich der Große, S. 35.

[297] Allerdings stellt Preußen mit der engen Verbindung zwischen Armee und ständischer Gesellschaftsordnung keine absolute Ausnahme dar. So lassen sich in dieser Hinsicht gewisse Parallelen u. a. mit Frankreich erkennen, wie sie Opitz-Belakhal, Militärreformen, S. 41ff. aufzeigt. Ein gravierender Unterschied zwischen Preußen und Frankreich ist aber nicht zu übersehen. Während in Preußen der weitgehend aus dem niederen Adel stammende Offizier grundsätzlich die

74

den kommenden Jahrzehnten als eine der wesentlichen Voraussetzungen für die militärischen Erfolge erweisen sollte, lag diesem System von Anfang ein Mangel zugrunde, der zum Ende des 18. Jahrhunderts hin für die Armee und die Gesellschaft immer drückender wurde: Dies war die Reformunfähigkeit, die sich aus dieser engen strukturellen Verbindung von Armee, Staatsaufbau und Gesellschaftsformation ergab.

3. Friedrich II.: Zwischen Kontinuität und Modernisierung – Einsatz und Erhalt des Machtinstruments Armee

Der Staat und das Regierungssystem[298] Friedrichs II. standen auf dem Fundament, das sein Vater geschaffen hat; die Kontinuität in diesem System war nicht nur institutionell, sondern auch strukturell gegeben.[299] Ein gewichtiger Unterschied ist allerdings, daß Friedrich II. die Armee in

---

Möglichkeit hatte, bis in die Spitzendienstgrade aufzusteigen, waren letztere Posten in Frankreich fast ausschließlich Angehörigen des Hochadels vorbehalten. Der niedere Adel verblieb dagegen in den Subalternrängen und konnte häufig nur bis zum Kapitän/Rittmeister aufsteigen. Allerdings hat es auch in Preußen in den Spitzendienstgraden einige Angehörige des Hochadels gegeben. So finden sich in der Generalität und unter den Regimentschefs Angehörige von auswärtigen Fürstenhäusern. Besonders eng war das Haus Anhalt an den preußischen Thron gebunden, das mit Leopold v. Anhalt-Dessau und Moritz von Dessau zwei Angehörige stellte, die in der preußischen Armee und für sie wichtige Funktionen erfüllt haben. Aber auch die verschiedenen braunschweigischen Linien haben mehrere preußische Generale gestellt, zu den bekanntesten gehören hier Ferdinand Herzog von Braunschweig-Wolfenbüttel und August Wilhelm Herzog von Braunschweig-Lüneburg-Bevern. Das gleiche gilt für das Haus Württemberg. Die Gründe, warum abweichend von der ansonsten gehandhabten Ancienität (wobei anzumerken ist, daß Friedrich II. immer wieder darauf verwiesen hat, bei der Besetzung der Spitzendienstgrade sich nicht allein an die Ancienität halten zu wollen) in die Generalsränge ausländische Angehörige des Hochadels als „Quereinsteiger" gesetzt wurden, sind in politisch-dynastischen Überlegungen zu suchen. Durch die Aufnahme von diesen Fürsten und Herzögen in die Armee wurden deren Häuser an die preußische Monarchie gebunden. Diese Verbindungen wurden auch durch Heiraten vertieft, die es zwischen den verschiedenen hohenzollernschen Linien und ausländischen Geschlechtern gab. Bei der Wahl der Heiratspartner kam ein Element zum Tragen, das zum Teil auch die Aufnahme von ausländischen Hochadligen in die Armee erklärt, nämlich die Konfession. Im 18. Jahrhundert stieg Preußen zur Führungsmacht der deutschen Protestanten auf und löste Sachsen in dieser Rolle ab. Dieser Macht- und Ansehenszuwachs könnte ein Erklärung unter anderen sein, warum ein protestantischer Hochadliger sich für den Dienst bei den Preußen entschied. Mit dem Aufbau dieser Verbindungen konnte Preußen eine Art Gegengewicht gegen Österreich bilden bzw. die eigene Machtposition innerhalb des deutschen Reiches stärken. Siehe zu den zuvor genannten Aspekten Press, Friedrich der Große als Reichspolitiker, in: Derselbe, Das Alte Reich, S. 260 - 288. Das heißt selbstverständlich nicht, daß es keine Protestanten in österreichischen Diensten und umgekehrt Katholiken in der preußischen Armee gegeben hätte. Der Anteil von Katholiken in der preußischen Armee erklärt sich vor allem dadurch, daß mit Schlesien und Westpreußen Territorien annektiert wurden, in denen ein gewisser Anteil von Angehörigen des katholischen Konfession lebten. Der Anteil an Katholiken ist aber auch auf den zunehmenden Einfluß der Aufklärung und deren toleranzgeprägten Ideen zurückzuführen, durch die konfessionelle Gegensätze in den Hintergrund traten und etwas von ihrer Schärfe verloren. Die Entscheidung für einen bestimmten Dienstherrn wurde aber nicht nur von der Konfession beeinflußt. Das Prestige des Landesherrn, die Aussicht auf eine gesicherte Laufbahn, materielle Gründe und traditionelle Bindungen an ein Herrscherhaus waren hierbei ebenfalls von Bedeutung, was Press, Patronat und Klientel, S. 24ff. nachgewiesen hat.
[298] Zum Regierungssystem und -verständnis Friedrichs II. vgl. Barbara Stollberg-Rilinger, Der Staat als Maschine. Zur politischen Metaphorik des absoluten Fürstenstaates, Berlin 1986. Für einige Historiker ist Friedrich II. der stilbildende Prototyp des aufgeklärten Herrschers. Siehe dazu Baumgart, Friedrich der Große als europäische Gestalt, in: Kunisch, Analecta Fridericiana, S. 9 - 31, hier S. 25 und Hartung, Der Aufgeklärte Absolutismus, in: Karl Otmar v. Aretin (Hrsg.), Der Aufgeklärte Absolutismus, Köln 1974, S. 54 - 76, hier S. 62f.
[299] S. Baumgart, Friedrich der Große, S. 12.

mehreren Kriegen eingesetzt hat. Die Annexion[300] Schlesiens im Dezember 1740 war die „*in jeder Hinsicht über sein Leben entscheidende Tat*"[301]. Bereits 1744 kam es mit Österreich zu einem zweiten Krieg, der bis 1746 dauerte und in dem wiederum Preußen siegreich blieb.[302] Mit diesem Krieg war auch für Friedrich deutlich geworden, daß der Preis für die Eroberung Schlesiens in der ständigen Sorge vor einer erneuten militärischen Auseinandersetzung bestand und daß es in einem weiteren Krieg für Österreich nicht nur um die Rückgewinnung des Verlorenen gehen würde, sondern auch darum, Preußen wieder auf eine Macht zweiten bzw. dritten Ranges zu reduzieren.[303] In seinem Politischen Testament von 1752 faßte Friedrich II. diese Einsicht in Worte: „*Von allen Mächten Europas ist es diese* [Österreich], *die wir am meisten verletzt haben und die niemals den Verlust Schlesiens vergessen wird* [...]. *Seine gegenwärtige Politik ist es, seine Armee wieder einzurichten, Ordnung in seine Finanzen zu bringen und den Frieden zu bewahren bis zu der Zeit, wenn seine Einrichtungen vollständig sein werden* [...].*"*[304] Die Sorge vor einem neuen Krieg veranlaßte Friedrich II., die Armee weiter zu verstärken. Damit blieben die bewaffnete Macht und alle Maßnahmen, die zum Erhalt dieses Instrumentes notwendig waren, im Mittelpunkt der monarchischen Aufmerksamkeit. Aber nicht nur für den König war die Entscheidung zum Krieg um Schlesien folgenreich, sondern auch für die Offiziere war dieser Entschluß mit schwerwiegenden Konsequenzen verbunden. In welchem Maße die drei Schlesischen Kriege die Laufbahnen dieser Offiziere beeinflußt haben, wieviele gefallen sind oder schneller avancieren konnten etc., wird zu untersuchen sein.

Ebenso wie Friedrich Wilhelm I. achtete Friedrich II. streng darauf, daß die Söhne des Adels ihren Dienst in der Armee oder in der Verwaltung leisteten und nicht ins Ausland gingen. Dies ist z. B. aus einer Kabinettsordre aus dem Jahre 1746 zu entnehmen, die an die Witwe des Generalleutnants Graf von Schulenburg gerichtet war. Sie wird angewiesen, ihren Sohn sofort aus diesem Dienst zurückkommen zu lassen. Er solle seine Fähigkeiten in den Dienst des preußischen Staates stellen und sich „*nicht denjenigen Verdruß zuziehe*[n]*, welcher ihm nach oberwähnten Verordnungen*

---

[300] Zur Beurteilung dieser Annexion und den Motiven Friedrichs II. für diesen Krieg vgl. Kunisch, Friedrich der Große, S. 40 - 44 und Derselbe, La guerre, S. 27 - 39, der betont, daß vor allem das Streben nach Ruhm war, das Friedrich zu dieser Entscheidung trieb.

[301] Schieder, Friedrich der Große, S. 127.

[302] Vgl. dazu auch die anregende Studie von Anderson, The War of the Austrian Succession (Siehe Anmerkung 232), der nicht nur die militärischen Aspekte der ersten beiden Schlesischen Kriege analysiert, sondern der darüber hinaus allgemein den Zustand der Armeen in diesem Zeitraum beleuchtet und ebenfalls die sozialen und ökonomischen Auswirkungen auf Militär und Kriegführung untersucht.

[303] S. dazu Kunisch, Friedrich der Große, S. 44.

[304] Dietrich, Die politischen Testamente, S. 331/333.

nothwendig widerfahren müßte."[305] Besonders empfindlich war der König, wenn Offiziere, die um ihre Dimission ersucht hatten, in ausländische Dienste traten, denn er befürchete, daß diese Offiziere ihr erworbenes Wissen an potentielle Gegner weitergaben. Aus diesem Grund ließ er 1750 die Güter und das Vermögen zweier ehemaliger Offiziere der Familie v. Dittfurth beschlagnahmen.[306] Die stete Wiederholung von Anweisungen und Verboten zeigt, daß sich unter Friedrich II. die „Härte" des Zugriffs auf den einheimischen Adel nicht verringerte und daß es nach wie vor Widerstände dagegen gab. [307] Gewandelt hatte sich allerdings die Stimmung zwischen Monarch und Adel. Unter Friedrich Wilhelm I. hatte noch phasenweise eine Art „Kampfstimmung" zwischen ihm und den Adligen bestimmter Landschaften geherrscht.[308] Ein Beleg für den Wandel dieses zum Teil gespannten Verhältnisses ist aus dem Testament Friedrichs von 1752 zu entnehmen. Dort stellte nämlich der König fest, daß es die Pflicht des Herrschers sei, den Adel zu schützen, denn dieser bilde den „*schönsten Schmuck der Krone und den Glanz seines Heeres*"[309]. Der Adel habe sein „Gut und Blut" für den Staat geopfert, dafür habe er Anspruch auf die Unterstützung des Monarchen und die Erhaltung seines Landbesitzes.[310]

Friedrich II. beendete das noch von seinem Vater im großen Maße praktizierte Aufkaufen von Rittergütern zur Vergrößerung des Domänenbesitzes[311], und er legte fest, daß adlige Güter nur an Adlige und nicht an Bürgerliche verkauft werden durften.[312] Im Siebenjährigen Krieg erlitt der preußische Adel nicht nur einen erheblichen personellen Aderlaß. Die schwierige wirtschaftliche Lage, in der sich Teile des Adels nach diesem Krieg befanden, ist für das zu behandelnde Thema wichtig, denn diese Situation erklärt, warum die Offiziersstellen aus Existenzgründen für einige

---

[305] Acta Borussica, Bd. 7, S. 32. Der König hat das Verbot des Außerlandesgehens in einer Kabinettsordre vom 21. Januar 1747 wiederholt, s. Acta Borussica, Bd. 7, S. 237.

[306] S. Acta Borussica, Bd. 8, S. 749. Ein Beleg dafür, daß auch weiterhin Adlige in ausländische Dienste traten, ist die Kabinettsordre aus dem Jahr 1754, in der Friedrich II. sein Verbot erneuerte. Siehe Acta Borussica, Bd. 10, S. 13.

[307] Baumgart, Friedrich der Große, S. 12 macht darauf aufmerksam, daß es auch in Preußen Grenzen des Sozialdisziplinierungsprozesses gab und sich dieser nicht auf allen Ebenen und überall mit gleicher Intensität durchsetzen konnte. Er hat festgestellt, daß sich gerade im Bereich der Stände die Grenzen des absolutistischen Staates und seines diziplinierenden Zugriffes erkennen lassen, s. Derselbe, Ständetum und Staatsbildung, S. 10. Mit den Verhältnissen in Kurhannover befaßt sich Ralf Pröve in Stehendes Heer und städtische Gesellschaft im 18. Jahrhundert. Göttingen und seine Militärbevölkerung 1713-1756 (= Beiträge zur Militärgeschichte, Bd. 47), München 1995. Für Göttingen kommt er zu Erkenntnissen, die die Grenzen der Sozialdisziplinierung auf der kommunalen Ebene deutlich werden lassen. Pröve hat in dem Aufsatz, Der Soldat in der „guten Bürgerstube". Das frühneuzeitliche Einquartierungssystem und die sozioökonomischen Folgen, in: Kroener/Pröve, Krieg und Frieden, S. 191 - 217, hier S. 216 noch einmal darauf hingewiesen, daß Zivil- und Militärbevölkerung in einer Stadt gemeinsam eine Reihe von Verordnungen und damit letzlich von obrigkeitlichen Disziplinierungsversuchen unterliefen.

[308] S. dazu Hintze, Die Hohenzollern und der Adel, S. 41.

[309] Dietrich, Die politischen Testamente, S. 305.

[310] S. Dietrich, Die politischen Testamente, S. 309.

[311] S. Hintze, Die Hohenzollern und der Adel, S. 46.

[312] So schrieb es Friedrich u. a. in sein Politisches Testament von 1752, s. Dietrich, Die politischen Testamente, S. 311. Vgl. auch Francis Ludwig Carsten, Geschichte der preußischen Junker, Frankfurt a. M. 1988, S. 43f.

Adlige immer bedeutsamer wurden. Viele Güter waren durch direkte Kriegseinwirkung verwüstet worden oder herabgewirtschaftet. Für den Wiederaufbau stellte Friedrich II. verschiedenen Adligen Gelder zur Verfügung, außerdem zahlte er einen Teil ihrer Schulden.[313] Zusätzlich hat der König die adlige Selbsthilfe gefördert, indem er die Gründung von ritterschaftlichen Kreditinstituten, sogenannten Landschaften, anregte. Diese 1769 zuerst in Schlesien und dann in Pommern, Magdeburg und in der Neumark gegründeten Landschaften sollten verschuldeten Adligen helfen, damit diese ihre Güter erhalten konnten.[314] Die Landschaften zahlten den Gläubigern der verschuldeten Adligen die Zinsen für die Kredite, und die Adligen wiederum zahlten ihre Zinsen zu einem erheblich günstigeren Zinsfuß an die Landschaft. Die Finanzmittel dafür wurden durch die Landschaften auf dem freien Kapitalmarkt in Form von Pfandbriefen beschafft.[315] Trotz dieser Schutzmaßnahmen war der Verkauf von Adelsgütern an Bürgerliche nicht aufzuhalten. So befanden sich im Jahre 1775 insgesamt 194 Rittergüter in bürgerlicher Hand, und 1784 waren es bereits 280 Güter.[316] Dieser Prozeß der Bodenentfremdung schwächte den Adel, denn dadurch standen immer weniger Güter als materielle Versorgungsmöglichkeit zur Verfügung, und um so mehr waren die Adligen auf die Stellen im Staatsdienst angewiesen.[317] Aber die Zahl dieser Stellen in der Verwaltung[318] und in der Armee[319] war ebenfalls eng begrenzt. Diese Entwicklung bedrohte indirekt auch die Armee, die ihren Offiziersnachwuchs vornehmlich aus dem Adel rekrutierte, wie die Auswertung der Regimentslisten belegen wird.

---

[313] So ist es dem Politischen Testament von 1768 zu entnehmen, s. Dietrich, Die politischen Testamente, S. 501.

[314] Die „Kurmärkische Landschaft" existierte bereits, denn diese war in die Aufhebung der landschaftlichen Kreditinstitute durch Friedrich Wilhelm I. im Jahre 1716 nicht einbezogen worden. Siehe dazu Baumgart, Zur Geschichte der kurmärkischen Stände im 17. und 18. Jahrhundert, in: Büsch/Neugebauer, Moderne Preußische Geschichte, Bd. 2, S. 511 - 540, hier S. 532.

[315] S. Gustavo Corni, Der Adel, in: Ziechmann, Panorama der Friderizianischen Zeit. Friedrich der Große und seine Epoche, Bremen 1985, S. 507 - 511, hier S. 510.

[316] S. Carsten, Geschichte der preußischen Junker, S. 53. Martiny, Die Adelsfrage, S. 35 macht darauf aufmerksam, daß die Zahl der Adelsgüter sich tatsächlich in der Hand von Bürgerlichen befanden, noch wesentlich größer gewesen sein kann, denn es sei vorgekommen, daß bei der Verweigerung des Verkaufs an einen Bürgerlichen ein adliger „Strohmann" zwischen den adligen Verkäufer und den bürgerlichen Käufer geschoben wurde, um den Verkauf zu tarnen. An anderer Stelle (S. 37) schreibt Martiny, daß besonders Offiziere ihre Güter auf Zeit verpachtet haben, wenn sie ihre Garnison in einer anderen Provinz hatten als ihr Gut und sich daher nicht um die Bewirtschaftung desselben kümmern konnten. Aus diesem Grund habe Friedrich II., der seinen Offizieren nur selten Urlaub bewilligte, eine Ausnahme bei den Offizieren gemacht, die Güter besaßen; diesen hat er zum Teil mehrere Wochen oder Monate Urlaub gewährt. Siehe dazu Jany, Geschichte der Preußischen Armee, Bd. 3, S. 37. Wie hoch der Anteil des gutsbesitzenden Adels am Offizierkorps war, läßt sich aus den Regimentslisten nicht ermitteln. Erste Hinweise darauf sind allerdings durch die Ergebnisse von Göse, Struktur, S. 33ff. möglich. Vgl. dazu auch Derselbe, Zwischen Garnison und Rittergut, S. 109 - 142.

[317] S. dazu Martiny, Die Adelsfrage, S. 40.

[318] Wehler, Deutsche Gesellschaftsgeschichte, S. 263 gibt an, daß gegen Ende des 18. Jahrhunderts in Preußen von den insgesamt 1700 Beamtenstellen nicht einmal 300 für 20000 Adelsfamilien „übriggeblieben" (Wehler) seien.

[319] Im Jahre 1778 standen bei der preußischen Armee 5532 Offiziere. Die Analyse der Regimentslisten wird allerdings ergeben, daß diese Zahl nicht ausschließlich vom preußischen Adel gestellt wurde, sondern darin auch ein erheblicher

78

Mit Hilfe dieser Listen wird zu untersuchen sein, ob „der" Adel tatsächlich einen exklusiven Anspruch auf die Besetzung der Offiziersstellen hatte. Diese Frage läßt sich möglicherweise klären, wenn ein gesamtgesellschaftlicher Prozeß hinsichtlich seiner Auswirkung auf die Armee untersucht wird, hiermit ist der Aufstieg des Bürgertums gemeint. Eine zentrale Rolle spielte in diesem Prozeß die Bildung. Im Bereich der zivilen Verwaltung gewann diese zunehmend an Bedeutung, denn die steigenden Ansprüche im 18. Jahrhundert hatten dazu geführt, daß der geburtsständische Vorzug allein nicht mehr ausreichte, einen Mann für den Staatsdienst in der Verwaltung zu qualifizieren. Immer wichtiger wurde, daß der Kandidat auch Sachkompetenz für sein Amt mitbrachte. Ein entscheidendes Datum in der Entwicklung der preußischen Verwaltungsbürokratie stellt die Einrichtung der Ober-Examinations-Kommission im Jahre 1770 dar. Vor dieser mußten alle künftigen Räte des Generaldirektoriums und der Provinzialkammern, seit 1784 auch die Steuerräte, eine schriftliche und mündliche Prüfung ablegen.[320] Dadurch, daß ein erfolgreich beendetes Jura- bzw. Kameralistikstudium zur obligatorischen Bedingung der Zulassung zum Eintrittsexamen gemacht wurde, ist das ursprünglich bürgerliche Leistungsprinzip zum generellen Qualifikationskriterium aufgewertet worden.[321] Dies richtete sich vor allem gegen den Adel. Rosenberg bezeichnet die Bildung als brilliante Antwort auf den Anspruch des Adels, menschlich und sozial den anderen Ständen überlegen zu sein.[322] Bildung wurde zum Vehikel für soziale Mobilität, die es Bürgerlichen ermöglichte aufzusteigen. Indem der absolutistische Staat den Aufstieg dieser „homines novi" zuließ bzw. durch seine Anforderungen an die Verwaltung sogar förderte, gefährdete er das überkommene Sozialsystem, das auf Geburt und Privilegien, auf Hierarchie und ererbtem Grundbesitz beruhte.[323] Allerdings gab es Grenzen, die die sozialverändernde Bedeutung der „*Aufstiegsmöglichkeit durch eine Amtstätigkeit*"[324] stark einschränkten. Eine Grenze ist grundsätzlich darin zu sehen, daß sich Mobilität in einer ständischen Gesellschaft gegen das herrschende Normensystem für soziales Verhalten durchsetzen mußte.[325] Diesem Normensystem kam eine besondere Bedeutung zu, denn „*es war in seiner Gesamtheit ein Reflex eines bestimmten Entwicklungsstandes von Gesellschaft, der [...] als 'Gesellschaft*

Prozentsatz bürgerlicher und aus dem Ausland stammender Offiziere enthalten ist.
[320] S. Wehler, Deutsche Gesellschaftsgeschichte, S. 259.
[321] S. ebd..
[322] S. Hans Rosenberg, Bureaucracy, Aristocracy and Autocracy. The Prussian Experience 1660-1815, Cambridge (Massachusetts) 1958, S. 182f..
[323] S. Rosenberg, Bureaucracy, S. 71.
[324] Schulze, Die ständische Gesellschaft des 16./17. Jahrhunderts als Problem von Statik und Dynamik, in: Derselbe (Hrsg.), Ständische Gesellschaft und soziale Mobilität (= Schriften des Historischen Kollegs, Kolloquien 12), München 1988, S. 1 - 17, hier S. 12.
[325] S. Schulze, Die ständische Gesellschaft, S. 13. Die weiteren Ausführungen zur sozialen Mobilität folgen ebenfalls

beschränkter Ressourcen' definierbar erscheint"[326]. Der Ressourcenspielraum war entscheidend für die gesellschaftlichen Bewegungsmöglichkeiten. Waren aber die Ressourcen begrenzt und gab es in Bezug auf diese auch keine Wachstumsperspektiven, dann mußten Mechanismen bereit stehen, *„die jenen Ansprüchen entgegengehalten werden konnten, die auf dem gegebenen Stand der ökonomischen Entwicklung nicht zu befriedigen waren."*[327] Auch diese Gesellschaft bedurfte allerdings der Mobilität als Regulativ, um eine differenzierte Verteilung gesellschaftlicher Positionen zu ermöglichen: *„Eine prinzipiell mögliche, aber doch sozial diskriminierte und an hohe Qualifikationen gebundene Mobilität erfüllte diese schwierige Aufgabe."*[328] Die oben genannten allgemeinen Überlegungen werden daraufhin zu überprüfen sein, inwieweit sie auch im Offizierkorps wirksam wurden, d. h. welche Bedeutung die Bildung für die Offiziere gewann und ob im Zusammenhang mit Prüfungsanteilen Tendenzen zu einer gewissen Professionalisierung des Offiziersdienstes feststellbar sind.

Die preußische Gesellschaft beruhte auf der überlieferten geburtsständischen Ordnung, in der jedem Stand eine Aufgabe zukam. Da sich dieses System bewährt hatte, zielten die gesellschaftspolitischen Maßnahmen Friedrichs II. auf eine Konservierung der bestehenden Zustände.[329] Das Allgemeine Landrecht von 1794, das als veritable Verfassung des friderizianischen Staates bezeichnet wird[330], spiegelt den Versuch wider, die ständische Ordnung durch das Recht zu schützen.[331] Der Adel wurde zum ersten Stand im Staat erklärt und ihm die Aufgabe der „Verteidigung des Staates, so wie die Unterstützung der äußeren Würde und inneren Verfassung desselben" zugewiesen (II 9 § 1).[332] Der Adel sollte bei der Besetzung der Stellen in der Armee und in der Verwaltung bevorzugt werden (II 9 § 35); außerdem wurde ihm das alleinige Recht auf den Besitz adliger Güter (II 9 § 37) und der damit verbundenen Herschaftsrechte (II 9 § 91) bestätigt. Auf der anderen Seite mußte der Adel aber auch Einschränkungen hinnehmen, da ihm die Ausübung fast aller bürgerlichen Berufe unter Androhung des Standesverlustes verboten

---

Schulze.
[326] Schulze, Die ständische Gesellschaft, S. 15.
[327] Ebd..
[328] Ebd..
[329] S. dazu Baumgart, Der Adel Brandenburg-Preußens, S. 154.
[330] S. Birtsch, Die preußische Sozialverfassung im Spiegel des Allgemeinen Landrechts für die preußischen Staaten von 1794, in: Jörg Wolff (Hrsg.), Das Preußische Allgemeine Landrecht. Politische, rechtliche und soziale Wechsel- und Fortwirkungen (= Motive-Texte-Materialien, Bd. 70), Heidelberg 1995, S. 133 - 147, hier S. 146.
[331] Vgl. dazu Reinhart Koselleck, Preußen zwischen Reform und Revolution. Allgemeines Landrecht, Verwaltung und soziale Bewegung von 1791 bis 1848 (= Industrielle Welt. Schriftenreihe des Arbeitskreises für moderne Sozialgeschichte, Bd. 7), Stuttgart 1975², S. 99, demzufolge der Versuch, die Ständeschranken durch das Landrecht zu festigen, zu spät gekommen sei.
[332] S. Allgemeines Landrecht für die Preußischen Staaten von 1794. Textausgabe, mit einer Einführung von Hans Hattenhauer und einer Bibliographie von Günther Bernert, Frankfurt a. M., Berlin 1970, S. 534.

war (II 9 §§ 76, 81).[333] Die Ausnahme bestand darin, daß der Großhandel außerhalb der Zünfte als dem Adel standesgemäß zugelassen wurde (II 9 § 77).[334] Der Adel war damit einerseits zwar privilegiert wie kein anderer Stand im preußischen Staat, andererseits wurde er aber auch stärker vom Staat beansprucht und kontrolliert als die anderen Stände, er wurde geradezu zum staatlichen Berufsstand.[335] Das Allgemeine Landrecht markiert damit auch den (vorläufigen) Endpunkt einer Adelspolitik, die mit Friedrich Wilhelm I. begonnen hatte und darauf zielte, den Adel zu einem dem preußischen Staat verpflichteten Dienstadel zu formen. Zusammenfassend betrachtet, folgte Friedrich II. in seiner Adelsschutzpolitik einer von Montesquieu formulierten Maxime: *„Kein Monarch, kein Adel; kein Adel, kein Monarch“*.[336] Gesellschaftliche Veränderungen ließen sich aber auch durch eine Festschreibung nicht aufhalten. Möglicherweise hatte Friedrich II. die Notwendigkeit von gesellschaftlichen Reformen nicht gesehen: *„Er nahm wohl an, daß das von ihm ausgebildete System eines auf aristokratischer Basis errichteten Militär- und Beamtenstaates unter der ausgleichenden auf das Gemeinwohl gerichteten Leitung eines aufgeklärten Absolutismus sich auf unbegrenzte Zeit hinaus erhalten könne, wenn nur diese Leitung nicht versage.“*[337]

Als Friedrich II. am 17. August 1786 starb, hinterließ er seinem Nachfolger Friedrich Wilhelm II. ein in mancher Hinsicht zwiespältiges Erbe. Zwar besaß der preußische Staat eine Armee von fast 200000 Mann, die jährlichen Staatseinnahmen betrugen ca. 20 Millionen Taler, und es gab einen Staatsschatz von über 51 Millionen Talern[338], trotzdem waren die Probleme am Ende der Regierungszeit des alten Königs nicht zu übersehen.[339] Die Streitmacht war beim Tode Friedrichs von erheblicher Größe, aber es war nicht mehr die Armee, mit der der König in den Siebenjährigen Krieg gezogen war. Ein Grund dafür könnten die Verluste an bewährten Offizieren und

---

[333] Eine Folge dieser Beschränkung auf den Staatsdienst war die Bildung einer verarmten und grundbesitzlosen Adelsschicht, denn weder reichte die Zahl der Rittergüter für alle Adligen aus, noch konnte der Staat ausreichend Stellen bieten. Siehe dazu Koselleck, Preußen zwischen Reform und Revolution, S. 80 und Martiny, Die Adelsfrage, S. 66.
[334] S. Allgemeines Landrecht von 1794, S. 538. Wehler, Deutsche Gesellschaftsgeschichte, S. 144 vermutet, daß diese Ausnahmeregelung auf die Verwicklung der *„kommerzialisierten Rittergüter in das Getreideexportgeschäft“* zurückzuführen ist.
[335] S. Koselleck, Preußen zwischen Reform und Revolution, S. 74. An dieser Stelle kann allerdings nicht diskutiert werden, ob die Maßnahmen Friedrichs II. nicht letztlich zum „Niedergang“ des Adels entscheidend mitbeigetragen haben, wie es Heinrich, Der Adel, S. 308 - 311 formuliert. Siehe dazu auch Baumgart, Der Adel Brandenburg-Preußens, S. 156 und 160.
[336] Zit. aus: Rosenberg, Bureaucracy, S. 158.
[337] Hintze, Friedrich der Große nach dem Siebenjährigen Kriege und das Politische Testament von 1768, in: Hintze, Regierung und Verwaltung, S. 448 - 503, hier S. 502.
[338] S. Reinhold Koser, Die preußischen Finanzen von 1763 bis 1786, in: FBPG, 16. Jg., 1903, S. 445 - 476, hier S. 475. Klein, Finanzen, S. 60 beziffert den Staatsschatz sogar auf 55 Millionen Reichstaler.
[339] S. Baumgart, Tendenzen der spätfriderizianischen Verwaltung im Spiegel der Acta Borussica, in: Acta Borussica, Bd. 16, 2, S. XXI - XXXVII, hier S. XXIII. Die zunehmenden Schwierigkeiten, die Friedrich mit seiner Verwaltung bzw. mit seinen Beamten hatte, analysiert ausführlich Rosenberg, Die Überwindung der monarchischen Autokratie (Preußen), in: Aretin, Der Aufgeklärte Absolutismus, S. 182 - 204, hier besonders die S. 182 - 187 und 195 - 199.

Mannschaften in diesem Krieg sein, die keinen adäquaten Ersatz gefunden hatten. Eine solche Erklärung aber scheint zumindest fraglich zu sein, denn zum einen - das wird sich bei der Auswertung der Regimentslisten zeigen - waren die Verluste zumindest bei den Offizieren nicht so erheblich, und damit verfügte die Armee auch nach 1763 über eine beträchtliche Anzahl von Offizieren mit Kriegserfahrung. Zum anderen hat Friedrich II. seine Ansprüche an die Ausbildung der Truppen nicht reduziert. Das Gegenteil war der Fall, die Manöver, nach denen die Regimenter exerzieren mußten, wurden immer komplizierter, und der König ließ die Feuergeschwindigkeit auf sechs Schuß pro Minute erhöhen.[340] Nach dem Siebenjährigen Krieg ist es außerdem im Bereich des Kantonreglements zu einigen Änderungen gekommen. Die vorgenommenen Eingriffe hatten gravierende Auswirkungen auf die Armee. Die Rekrutierung in den Kantonen wurde nach 1763 aus der alleinigen Verantwortung der Regimenter genommen. Damit hatte die Machtbefugnis, die das alte System den Regimentern und Kompanien über die Bevölkerung ihres Kantons gab, ein Ende. Die Einteilung in Kompaniekantone wurde völlig aufgehoben, und die Regimenter durften nur noch mit einer besonderen königlichen Erlaubnis, die aufgrund einer alljährlich im Februar einzureichenden Abgangsliste zu beantragen war, Männer aus den Kantonen einziehen. Die Aushebung des Mannschaftsersatzes war durch strenge Vorschriften geregelt, und die Regimenter mußten dabei eng mit den Land- und Steuerräten zusammenarbeiten.[341] Der Gesichtspunkt der (wirtschaftlichen) Entbehrlichkeit eines Mannes wurde wichtiger als die Deckung des Armeebedarfs, dies konnte nicht ohne Folgen für die Qualität des Mannschaftsersatzes bleiben. Die Folgen dieser Einschränkung waren deshalb so schwerwiegend, weil den Regimentern der Ausweg über die Anwerbung von „Ausländern" ebenfalls verwehrt wurde, denn der Staat übernahm diese Aufgabe zentral und auf seine Rechnung.[342] Bemerkenswert ist die Tatsache, daß Friedrich II. in dieser so wichtigen Angelegenheit die Regimenter unterschiedlich behandelte. Die Regimenter, die sich in seinen Augen im Siebenjährigen Krieg besonders bewährt hatten, behielten die Gelder aller Beurlaubten und die eigene Werbung.[343] Eine zweite „Klasse" von Regimentern durfte eine etwas höhere Zahl von Soldaten beurlauben als die „normalen" Regimenter.[344] Über die Folgen, die diese

---

[340] S. Duffy, Friedrich der Große, S. 352.
[341] S. Jany, Geschichte der Preußischen Armee, Bd. 3, S. 51f. und Harnisch, Preußisches Kantonsystem, S. 149.
[342] S. dazu und den folgenden Ausführungen Jany, Geschichte der Preußischen Armee, Bd. 3, S. 5.
[343] S. Jany, Geschichte der Preußischen Armee, Bd. 3, S. 5f.. Friedrich II. schreibt im Testament von 1768, daß er die Regimenter auf der Grundlage ihrer Leistungen im Krieg in drei Klassen eingeteilt habe: *„In der Infanterie behielten die Regimenter, die sich ausgezeichnet hatten, die Einnahmen aus der Kompanie und aus ihren Beurlaubungen, um sich ihre Rekruten selbst zu beschaffen; bei den Regimentern der zweiten Klasse erhielt jeder Kapitän 40 Taler pro Monat; die dritte Klasse hatte nur 20, und ich besorgte die Werbung für sie.",* Dietrich, Die politischen Testamente, S. 515.
[344] S. dazu Jany, Geschichte der Preußischen Armee, Bd. 3, S. 5f., Anmerkung 11.

Einteilung der Regimenter in drei[345] verschiedene „Klassen" strukturell und psychologisch für die preußische Armee gehabt hat, kann nur gemutmaßt werden. Vor dem Krieg waren wohl einige Einheiten angesehener als die restlichen Regimenter, so z. B. das Infanterieregiment Nr. 3 unter seinem Chef Leopold Friedrich Franz von Anhalt-Dessau[346], aber im wesentlichen wurden bis auf die Gardeeinheiten alle Regimenter gleich behandelt. Daß es nach 1763 zu einer offiziellen, vom König veranlaßten Ungleichbehandlung der Einheiten kam, dürfte auch Auswirkungen auf den inneren Zusammenhalt der Armee gehabt haben. So schreibt Jany, daß sich einige der derart benachteiligten Truppenteile zurückgesetzt gefühlt hätten.[347] Es ist auch zu fragen, wie diese Ungleichbehandlung von den Offizieren aufgefaßt wurde, die davon ausgingen, daß jeder preußische Offizier über das gleiche Maß an Ehre verfügte, und daher auf jede Art der Zurücksetzung sehr empfindlich reagierten.

In einer Denkschrift stellte 1783 General Friedrich Wilhelm Ernst v. Gaudi fest, daß die Armee zu der Zeit, als noch die Kompaniechefs für die Werbung verantwortlich waren, in einem wesentlich besserem Zustand gewesen sei. Diese hätten nämlich darauf geachtet, nur brauchbare und verläßliche Soldaten in ihren Kompanien zu haben.[348] Weiter schrieb er, daß die Offiziere und Unteroffiziere, die nun für die Werbung zuständig waren, nicht mehr für ihre Regimenter, sondern für die ganze Armee Rekruten anwarben und dabei „allerhand liederliches Gesindel" (Gaudi) annahmen. Nichts habe den inneren Wert der Armee mehr beschädigt als die Wegnahme der Werbung.[349] Allerdings ist fraglich, ob diese Einschätzung von Gaudi in vollem Umfang berechtigt ist. Denn grundsätzlich hatte sich an der Verbindung zwischen dem Kapitän (Rittmeister) und seinen Soldaten, die u. a. österreichische Offiziere als die Grundlage für die militärische Führung und die Disziplin in der preußischen Armee ausgemacht hatten, nichts geändert.[350] Durch die Modifizierungen nach 1763 sind allerdings die materiellen Interessen der Kompaniechefs berührt worden. Konnten diese nach dem alten System relativ frei wirtschaften und bei guter Verwaltung der Kompanieeinnahmen erhebliche Summen in die eigene Tasche fließen lassen, wurde jetzt vielen Kompaniechefs diese Möglichkeit genommen. Eine Folge war das Aufkommen von Korruption und

---

[345] Im Prinzip muß sogar von vier „Klassen" gesprochen werden, denn die Garderegimenter waren aus der Gesamtheit aller Regimenter noch einmal herausgehoben.

[346] S. dazu Bleckwenn, Die friderizianischen Uniformen, Bd. 1, S. 64.

[347] S. Jany, Geschichte der Preußischen Armee, Bd. 3, S. 5f..

[348] Bei Kloosterhuis, Bauern, Bürger und Soldaten, S. 356 ist eine Abrechnung der Leibkompanie des Füsilierregiments Nr. 41 abgedruckt, in der aufgeführt wird, was die Desertion von acht Soldaten an materiellen Kosten verursacht hat.

[349] S. Jany, Geschichte der Preußischen Armee, Bd. 3, S. 55f..

[350] S. Duffy, The Army of Fredrick the Great, S. 312. Diese Einschätzung durch die Österreicher ergibt sich auch aus der Tatsache, daß in ihrer Armee der Chef einer Kompanie oder Schwadron wesentlicher weniger Autorität und Einfluß besaß als sein preußisches Pendant, s. dazu Duffy, The Army of Maria Theresa, S. 31.

Mißwirtschaft bei einigen Kapitänen (Rittmeistern) der benachteiligten Regimenter, die versuchten, an anderer Stelle das verlorene Einkommen wieder hereinzuholen.[351] Durch den Verkauf von Heiratslizenzen und Urlaubsgenehmigungen, aber auch bei der Bekleidungs- und Fouragewirtschaft bereicherten sich Offiziere auf Kosten ihrer Soldaten.[352] Im Freiwächterwesen kam es ebenfalls zu Mißbräuchen, indem sich Kapitäne von den Freiwächtern besondere Abgaben dafür zahlen ließen, daß sie diesen die Ausübung einer zivilen Arbeit gestatteten. Weitere Fälle von Korruption nennt Jany.[353] So sei es vorgekommen, daß Soldaten und Enrollierte gegen Bezahlung einer Summe, mit der ein Ausländer angeworben werden konnte, den Abschied erhielten. Einige dieser gegen Bezahlung verabschiedeten Kantonisten wurden sogar in den Abgangslisten aufgeführt und an ihrer Stelle andere Enrollierte eingezogen. Aber auch im zivilen Bereich führten die Änderungen im Kantonsystem zu Bestechungen. Es kam vor, daß Schreiber auf Ämtern und andere Sekretäre gegen Bezahlung falsche Atteste ausstellten, z. B. hinsichtlich der Ansässigmachung von Leuten, die sich dadurch eine Befreiung von der Dienstpflicht verschaffen wollten. Ob allerdings die Einkommenskürzungen, die sich aus den Änderungen im Kantonsystem ergaben, tatsächlich zu einer Überalterung des Offizierkorps führten[354], weil sich die Offiziere einen vorzeitigen Abschied aus der Armee finanziell nicht leisten konnten, soll bei der Analyse der Regimentslisten untersucht werden.

---

[351] S. Kroener, Armee und Staat, S. 396.
[352] S. Jany, Geschichte der Preußischen Armee, Bd. 3, S. 47 und Kroener, Armee und Staat in: Ziechmann, Panorama, S. 393 - 404, hier S. 396.
[353] S. dazu und den weiteren Beispielen, Jany, Geschichte der Preußischen Armee, Bd. 3, S. 53.
[354] Dieser Zusammenhang wird von Jany, Geschichte der Preußischen Armee, Bd. 3, S. 47 und Duffy, The Army of Frederick the Great, S. 313 hergestellt.

III. Die bewaffnete Macht

1. Die Truppengattungen: Strukturen und Einsatzformen

Die Truppengattungen, ihre Einsatzformen, speziellen Eigenarten und unterschiedlichen Entwicklungen, waren auch für den einzelnen Offizier relevant. So war für den militärischen Führer von Bedeutung, auf welche Art und Weise seine Truppe eingesetzt wurde, die er im Gefecht (mit) zu führen hatte. Aus den unterschiedlichen Aufstellungen (erstes oder zweites Treffen) in der Schlacht aber auch aus der Tradition der jeweiligen Truppengattung ergaben sich Konsequenzen für das Ansehen der unterschiedlichen Einheiten. In die Entscheidung eines jungen Adligen, in welches Regiment er eintreten sollte, dürften neben den wirtschaftlichen Überlegungen die besonderen Charakteristika einer Truppe mit eingeflossen sein. Ebenfalls wird für einige Adlige eine Rolle gespielt haben, ob es eine Familientradition gab, in einer bestimmten Einheit oder Waffengattung zu dienen.

In der preußischen Armee gab es drei verschiedene Truppengattungen: **Infanterie**, **Kavallerie** und **Artillerie**. Innerhalb dieser Gattungen gab es weitere Unterteilungen. So war bei den Fußtruppen der „Normalinfanterist" der **Musketier**, so benannt nach seiner Hauptwaffe. Obwohl auch der preußische Infanterist im 18. Jahrhundert nicht mehr die Muskete, sondern das mit einem Bajonett versehene Steinschloßgewehr, die Flinte (franz. „fusil"), benutzte, wurde er weiterhin Musketier genannt und nicht Füsilier wie in anderen Ländern. Der Begriff **„Füsilier"** wurde in der preußischen Armee für die Soldaten verwandt, die aufgrund ihrer Größe[355] nicht geeignet waren für

---

[355] Die Ansprüche an die Körpergröße der Soldaten resultierten aus der Erkenntnis, daß ein großgewachsener Soldat die langläufigen Vorderladergewehre rascher handhaben konnte und sich daraus für den Einsatz im Gefecht ein taktischer Vorteil ergab. Bleckwenn hat auf diesen Zusammenhang zwischen Körperlänge und dem sich daraus ergebenden Vorteil bei der Handhabung des Gewehrs hingewiesen, s. Reglement vor die Königl. Preußische Infanterie von 1726, S. XX - XXII. Genaue Angaben zu den geforderten Körpergrößen der Soldaten sind seit 1732 zu finden. Friedrich Wilhelm I. hatte befohlen, daß im ersten Glied der Infanterie Männer mit einer Mindestlänge von fünf Fuß, neun Zoll (ca. 180 cm) stehen sollten und im dritten Glied Soldaten mit einer Länge von fünf Fuß, sechs Zoll (ca. 172 cm). Bei den Grenadieren, bei denen es mehr auf die Körperkraft als auf die Länge ankam, durften Soldaten mit fünf Fuß, fünf Zoll (ca. 170 cm) dienen. Auch Friedrich II. legte Wert auf bestimmte Mindestlängen seiner Soldaten. Im Testament von 1752 (s. Dietrich, Die politischen Testamente, S. 409) gibt er an, daß in den alten Feldregimentern der Armee, also den Musketierregimentern, im ersten Glied kein Soldat stehen dürfe, der nicht mindestens fünf Fuß, acht Zoll (ca. 178 cm) maß. Im hinteren Glied mußten Soldaten mit mindestens fünf Fuß, sechs Zoll (ca. 172 cm) stehen. Geringere Anforderungen stellte Friedrich II. in dieser Hinsicht an die Füsilierregimenter, bei denen die Soldaten um ein Zoll kleiner sein durften, d. h. im ersten Glied standen Soldaten mit fünf Fuß, sieben Zoll (ca. 175 cm) und im hinteren Glied Soldaten mit mindestens fünf Fuß und vier Zoll (ca. 167 cm), s. dazu Olaf Groehler, Das Heerwesen in Brandenburg und Preußen von 1640 bis 1806, 3 Bde., Bd. 1: Das Heerwesen, Berlin 1993, S. 30. Jany, Geschichte der Preußischen Armee, Bd. 2, S. 77 nennt eine Instruktion für die Infanterie von Friedrich II. aus dem Jahre 1742, in der die Körperlängen festgelegt hat. Auch bei der Kavallerie gab es bestimmte Längenmaße. So schrieb Friedrich II. in seinem Testament von 1752, daß bei den Kürassieren und den Dragonern die Soldaten mindestens fünf Fuß, sechs Zoll (ca. 172 cm) lang sein sollten, denn *„sie brauchen die Größe, um ohne Hilfe auf die großen Pferde aufzusteigen.",* Dietrich, Die politischen Testamente, S. 409. Eine Ausnahme machte der König bei den Husaren, bei denen er keine bestimmte Körpergröße

den Dienst in den Musketierregimentern und für die daher eigene Regimenter errichtet wurden. So hatte Friedrich Wilhelm I. bereits 1723 die Aufstellung von zwei Füsilierregimentern (Nr. 28 und 29) befohlen, die aus kleingewachsenen Soldaten gebildet wurden, die die anderen Regimenter an diese abgeben mußten. Da die Füsiliere aufgrund ihrer Körpergröße ein kürzeres Gewehr[356] benutzten, dessen Schußweite geringer war als die der längeren Gewehre, wurden sie bis 1762 in einer Schlacht hinter den anderen Regimentern ins zweite Treffen gestellt.[357] In ihrer taktischen Ausbildung und in ihrer Stärke aber stimmten sie mit den anderen Infanterieregimentern überein. Sowohl die Musketier- als auch die Füsilierkompanien besaßen eine gewisse Anzahl von Grenadieren. Eine bedeutende Vergrößerung erfuhren die Infanterieregimenter seit dem 1. Mai 1735 durch die Neuaufstellung von zwei Grenadierkompanien pro Bataillon[358], die aus den bisher auf die Kompanien verteilten Grenadieren bestanden. In den drei Schlesischen Kriegen wurden diese von ihren Stammregimentern getrennt und zu eigenständigen Bataillonen zusammengefaßt. Vor dem Siebenjährigen Krieg wurden die Grenadierkompanien der Garnisonregimenter zu Stehenden Grenadierbataillonen zusammengestellt. Die Ursprünge der Grenadiere sind bis auf das Jahr 1681 zurückzuführen, als den Kompanien befohlen wurde, je sechs Soldaten für das Werfen von Handgranaten einzuteilen. Der Einsatz der Handgranaten, zwei Kilo schwere mit Schwarzpulver gefüllte gußeiserne Hohlkugeln, erforderte Kraft und Mut. Als Grenadiere wurden keine Rekruten, sondern nur bewährte Soldaten verwandt. Auch im Erscheinungsbild unterschieden sich die Grenadiere von den anderen Infanteristen, denn im Gegensatz zu den Musketieren, die einen breitkrempigen Hut trugen, waren die Grenadiere an der durch einen Blechschild verstärkten Mütze zu erkennen. Diese hatte sich eingebürgert, weil beim Wurf der Handgranaten ein breiter Hut gestört hätte. Obwohl die Handgranaten in Preußen bereits zu Anfang des 18. Jahrhunderts im Feld nicht mehr eingesetzt wurden, behielten die Kompanien ihre Grenadiere. Da zu diesen auch weiterhin nur besonders ausgewählte und bewährte Soldaten und Offiziere herangezogen wurden, galten die Grenadiereinheiten als „Elitetruppe", die in den Schlachten besonders wichtige Aufgaben übertragen bekam.[359]

---

erwartete. Wichtiger war für ihn, daß ein Husar nicht zu jung war. Aus diesem Grund legte er in dem Reglement von 1743 fest, daß ein Husar mindestens 28 Jahre alt sein sollte, s. Reglement für die Königl. Preußischen Husaren von 1743, Bd. 2, S. 310. Auch für die Artillerie gab es eine Mindestlänge der Soldaten, und diese lag bei fünf Fuß, vier Zoll (ca. 167 cm), s. Groehler, Das Heerwesen, S. 93.

[356] S. Bleckwenn, Unter dem Preußen-Adler, S. 103.

[357] S. Bleckwenn, Die friderizianischen Uniformen, Bd. 1, S. 43.

[358] Die Grenadierkompanien blieben laut Ordre vom 18. Juli 1737 dauernd bei ihrem Bataillon. Wenn ein Grenadierkapitän zum Major befördert wurde, nahm er seine Kompanie nicht mit, sondern erhielt eine Musketierkompanie.

[359] S. dazu Georg Ortenburg, Waffe und Waffengebrauch im Zeitalter der Kabinettskriege (= Heerwesen der Neuzeit,

Taktisch wurden die Infanterieregimenter vor einer Schlacht in Bataillone aufgeteilt. Diese wiederum setzten sich aus acht Pelotons zusammen, die in drei Gliedern (Linien) aufgestellt waren. Diese Art der Aufstellung sollte ein gleichmäßiges und andauerndes Feuer der Bataillone gewährleisten. Die Kapitäne und Premierleutnante standen im ersten Glied auf den Flanken der Pelotons. Sie traten vor dem Feuern vor die Front ihres Pelotons, von dort hatten sie die Einhaltung der Reihenfolge beim Feuern zu kontrollieren bzw. die dafür notwendigen Kommandos zu geben. Die Sekondleutnante und Fähnriche standen hinter dem dritten Glied und hatten darauf zu achten, daß kein Soldat seinen Platz in der Linie verließ und floh. Sollte dies doch der Fall sein, hatten sie Anweisung den Soldaten notfalls niederzustechen.[360]

Zur Infanterie zählten auch die **Garnisoneinheiten**, deren Aufgabe es war, Festungen bzw. befestigte Städte zu beschützen. Zu den Garnisonregimentern wurden Soldaten gezogen, die das geforderte Mindestmaß für die Feldinfanterie von 165 cm nicht erbrachten, die zu alt[361] oder die halbinvalide waren. Auch wenn sich die Garnisontruppen in ihrer Uniform und ihrem Traktament von den anderen Infanteristen unterschieden, wurden sie dennoch wie diese ausgebildet und konnten daher im Siebenjährigen Krieg im Feld eingesetzt werden. Wie die Feldregimenter besaßen die Garnisonregimenter (bis 1756) Grenadierkompanien.

Im Siebenjährigen Krieg wurde eine Art leichter Infanterie aufgestellt, die **Freitruppen**. Diese wurden aufgrund der Tatsache, daß sie keine gut exerzierten und geübten Einheiten waren, normalerweise nicht in den Schlachten eingesetzt, sondern erfüllten Aufgaben im sogenannten „kleinen Krieg", d. h. sie wurden bei Posten- und Detachementsgefechten oder bei Unternehmungen im Hinterland des Gegners verwendet. Bei den Freitruppen gab es erhebliche Unterschiede, was die Qualität, die zahlenmäßige Stärke und die Zusammensetzung der einzelnen Einheiten betraf. Die ersten vier aufgestellten Freibataillone bestanden noch zum großen Teil aus Geworbenen. Diese haben sich bei Einsätzen im feindlichen Hinterland bewährt. So hat z. B. das Freibataillon Nr. 2 unter seinem Chef Oberstleutnant Johann v. Mayr bei einem Vorstoß nach Franken beträchtliche Erfolge gehabt.[362] In die danach errichteten Freieinheiten wurden Deserteure und Kriegsgefangene gepreßt, die u. a. aus diesem Grund zum Teil nicht sehr zuverlässig waren.

---

hrsg. von Demselben, Abteilung II, Das Zeitalter der Kabinettskriege, Bd. 1), Koblenz 1986, S. 98.

[360] S. Reglement für die Infanterie von 1743, Bd. 1, S. 347. Grafische Darstellungen der Gefechtsaufstellung eines Bataillons sind zu finden bei: Ortenburg, Waffe und Waffengebrauch, S. 131 und Duffy, The Army of Frederick the Great, S. 118 - 119.

[361] Für die Entscheidung, wann ein Soldat zu alt für den Dienst in einem Feldregiment war, gab es keine eindeutigen Kriterien. Wichtiger als das Alter dürfte wohl gewesen sein, ob der Soldat noch die Strapazen des Dienstes bewältigen konnte oder ob er den Ansprüchen nicht mehr genügte.

[362] S. dazu Wernitz, Die preußischen Freitruppen, S. 111 - 123.

Friedrich II. selber hat einige dieser Einheiten als „excrables Geschmeiß" bezeichnet, das gut genug sei, wenn es beim Sturm auf die feindliche Linie als Kanonenfutter eingesetzt würde.[363] Ein Bataillon ging sogar geschlossen zum Gegner über. Die Freitruppen verschafften sich einen berüchtigten Ruf.[364] Es gab über diese einen Spruch, der sich u. a. auf die Farbe ihrer Uniformen - blau mit hellblauen Abzeichen und Unterkleidern - bezog: „Dreimal blau und dreimal des Teufels".[365] Daß aber nicht über alle Freitruppen ein negatives Urteil gefällt werden kann, ist u. a. auch daran abzulesen, daß mehrere Freiregimenter als Anerkennung ihrer Leistungen im Siebenjährigen Krieg anschließend in Garnisonregimenter umgewandelt und nicht wie die anderen Freitruppen aufgelöst wurden.

Mit der Verwendung von einigen Freitruppeneinheiten als „Kanonenfutter" beabsichtigte Friedrich die regulären und daher wertvolleren Regimenter zu schonen. Denn alle Infanterie-Einheiten dieser Epoche, bis auf die im folgenden genannten Feldjäger, näherten sich in langen Gefechtslinien dem Feind bis auf Gewehrschußnähe und waren dabei vor allem dessen Artilleriefeuer ausgesetzt. Wenn der Gegner nicht allein durch das Feuer zum Weichen gebracht werden konnte, mußte unter Umständen auch der Bajonettangriff[366] die Entscheidung bringen, was in der kurzen Zeit in der der Feind weiter feuerte zu erheblichen Verlusten führen konnte.[367]

---

[363] S. Duffy, Friedrich der Große, S. 446f..

[364] So schreibt Groehler, Das Heerwesen, S. 82 über die Freitruppen, daß diese *„entsetzliche Grausamkeiten und unbarmherzige Plünderungen"* begangen hätten. Es sei in diesem Zusammenhang daran erinnert, daß die Plünderung des Schloßes Charlottenburg in Sachsen 1761 durch das Freibataillon Nr. 8 unter seinem Chef Quintus Icilius durchgeführt wurde. Bei Johann Wilhelm v. Archenholtz, Geschichte des Siebenjährigen Krieges, umgearbeitet von Max v. Duvernoy, Neudruck der Ausgabe Leipzig 1911 erweitert durch den Aufsatz „Gemälde der preußischen Armee vor im siebenjährigen Kriege", Osnabrück 1982, S. 459 ist eine Beschreibung des Freibataillons Nr. 14 zu finden: *„Friedrich* [II.] *hatte einem französischen Abenteurer, namens de la Badie, ein Freibataillon zu errichten erlaubt, das aus lauter Franzosen bestand [...] Diese zusammengelaufenen Soldaten, deren Offiziere größtenteils selbst Abenteurer waren, wußten nichts von Mannszucht [...] Drei Kompanien von ihnen meuterten bei ihrem Ausmarsche aus Leipzig, plünderten die stark gefüllte Regimentskasse, die Bagage ihres abwesenden Chefs und anderer Offiziere, schossen den kommandierenden Major tot, nahmen die zwei zum Regimente gehörigen Kanonen und marschierten zu den Reichstruppen nach Altenburg."* Da das Werk von v. Archenholtz (es gibt auch die Schreibweise „Archenholz") über den Siebenjährigen Krieg eine der populärsten Darstellungen ist, die bis heute immer wieder neu aufgelegt wird und dieser zudem als preußischer Offizier gedient hat, sei auf folgende Arbeit verwiesen, die den Autor behandelt: Ute Rieger, Johann Wilhelm von Archenholz als „Zeitbürger". Eine historisch-analytische Untersuchung zur Aufklärung in Deutschland (= Quellen und Forschungen zur Brandenburgischen und Preußischen Geschichte, Bd. 4), Berlin 1994.

[365] S. Bleckwenn, Unter dem Preußen-Adler, S. 197.

[366] In seiner Instruktion an die Generalmajore aus dem Jahre 1748 hatte Friedrich II. verlangt, daß die Soldaten mit geschultertem Gewehr an den Feind herangehen und ihn dann mit dem gefällten Bajonett zum Weichen bringen sollten. Geschossen werden sollte nach Möglichkeit nur auf den Feind, der der eigenen Infanterie bereits den Rücken zugekehrt hatte. 1753 erhielten die im ersten Glied stehenden Soldaten ein verlängertes Bajonett. In den Jahren vor dem Siebenjährigen Krieg wurde der Bajonettangriff immer weiter geübt und auch in den Schlachten bei Prag und Kolin (1757) eingesetzt. Die hohen Verluste der preußischen Infanterie in diesen beiden Schlachten führten u. a. bei Winterfeldt zu der Erkenntnis, daß die Infanterie, ohne zu schießen, nicht an den Feind herankommen könne, s. dazu Jany, Geschichte der Preußischen Armee, Bd. 2, S. 307f..

[367] S. Friedrich II., Des Königs von Preussen Majestät Unterricht von der Kriegs-Kunst an seine Generals, Neudruck der Ausgabe Frankfurt und Leipzig 1761, Leipzig 1941, S. 101f., Groehler, Das Heerwesen, S. 120ff., Jany, Geschichte der Preußischen Armee, Bd. 2, S. 309 - 312 und Bleckwenn, Unter dem Preußen-Adler, S. 158f..

Als Infanteristen mit besonderen Aufgaben dienten die **Feldjäger zu Fuß**. Bereits seit 1674 gab es diese in Kriegszeiten in der preußischen Armee. Mit ihren gezogenen Büchsen wurden sie als Scharfschützen eingesetzt und dienten als Kundschafter und Wegweiser für die Armee.[368] Diese Truppe wurde vor allem aus Jägern und Forstbediensteten gebildet. Seit 1744 blieben die Feldjäger zu Fuß auch im Frieden beibehalten. Die Angehörigen dieser Einheit erwarben sich durch ihre Zeit in der Armee die Anwartschaft auf Einstellung in den staatlichen Forstdienst.

Zur Infanterie im eigentlichen Sinne zählten die folgenden Truppen eigentlich nicht, sie sind eher als technische Einheiten zu bezeichnen. So gehörten die **Mineure** und die **Pontoniere** zeitweise zur Artillerie. Auf die Festungen verteilt waren die **Ingenieure**, diese hatten Aufgaben bei der Belagerung bzw. Verteidigung von Festungen, aber auch beim Abstecken von Feldlagern und bei der Vorbereitung von Marschwegen. Das Ingenieurkorps stellte einen großen Teil der Offiziere für die **Pioniere**. Diese wurden in der Hauptsache im Festungskampf verwendet oder zum Bau von Befestigungsanlagen.[369] Die Mineure wurden bei der Belagerung einer Stadt oder Festung eingesetzt, um u. a. Tunnel bis zu den Befestigungen zu graben und diese durch Zündung von Minen zum Einsturz zu bringen. Diese Truppengattung bestand gemäß einer Ordre Friedrich II. seit 1741 vor allem aus ehemaligen Bergleuten. Die Aufgabe der Pontoniere war der Bau von behelfsmäßigen Brücken mit Hilfe von blechernen Pontons. Die Mannschaften wurden durch Fachkräfte ergänzt, vor allem durch Binnenschiffer.

Zur Kavallerie im eigentlichen Sinne gehörten noch zu Beginn der Regierungszeit Friedrich Wilhelms I. nur die **Kürassiere**. Die **Dragoner** und noch etwas später die **Husaren** entwickelten sich erst im Laufe des 18. Jahrhunderts zu einer vollwertigen Kavalleriegattung. Die Kürassiere bildeten die ältesten Kavallerieeinheiten. Die Regimenter Nr. 1 und Nr. 2 waren bereits 1665 errichtet worden. Die Bezeichnung „**Kürassiere**" wurde seit 1741 gebräuchlich, war aber bis 1786 inoffizieller Sprachgebrauch. Bis zu diesem Zeitpunkt wurden diese Einheiten offiziell „Regimenter zu Pferde" genannt. In den Schlachten wurden die Kürassiere an den Flügeln des ersten Treffens aufgestellt. Ausgerüstet waren sie mit einem Pallasch (einschneidige, schwere Hieb- und Stichwaffe), einem Karabiner und zwei Pistolen. Noch unter Friedrich Wilhelm I. war die Hauptwaffe des Kürassiers der Karabiner. Erst unter Friedrich II. wurde dies der Pallasch. Im Kavalleriereglement von 1743 ordnete Friedrich an, daß der Feind mit dem Degen (Pallasch) in der Hand angegriffen und durch den Schwung der Attacke, die in vollem Galopp erfolgte, geworfen

---

[368] S. Ortenburg, Waffe und Waffengebrauch, S. 99.
[369] Das 1741 als „Pionierregiment" errichtete Regiment Nr. 49 wurde 1758 in ein normales Füsilierregiment umgewandelt und danach in mehreren Schlachten eingesetzt. Vgl. dazu Bleckwenn, Die friderizianischen Uniformen, Bd. 2, S. 76.

werden müsse.[370] Die besondere Stellung der Kürassiere ist u. a. daran abzulesen, daß diese Truppengattung seit 1691 nicht mehr durch Neuaufstellungen vergrößert wurde[371], sondern bewährte Dragonerregimenter in „Regimenter zu Pferde" umgewandelt bzw. aufgewertet wurden.[372]

Die **Dragoner** galten lange Zeit nicht als vollwertige Kavallerie, was sich in dem Spruch niederschlug: „Nicht Fisch nicht Vieh, aufs Pferd gesetzte Infanterie". Der wahre Kern dieses Spottes war, daß die Dragoner in ihrer Ausbildung und in ihrer Uniform Gemeinsamkeiten mit der Infanterie hatten. Die Herkunft dieser Truppe ist auch daran zu erkennen, daß der Kompaniechef bei den Dragonern wie bei der Infanterie der „Kapitän" war und nicht „Rittmeister" hieß wie bei den Kürassieren und den Husaren. Zur Zeit Friedrich Wilhelms I. war die Ausbildung der Dragoner eng an das Infanteriereglement von 1726 angepaßt. Wichtiger als die kavalleristischen Eigenschaften waren das Fußexerzieren und die Fähigkeit zum Feuergefecht. Noch unter Friedrich Wilhelm begann aber eine Entwicklung, die dazu führte, daß die Dragoner ihre Abstammung von der Infanterie in einem entscheidenden Bereich ablegten. Denn nach und nach wurde die administrative Einteilung der Regimenter in Kompanien durch die Einteilung in Schwadronen abgelöst.[373] Diese für die Kavallerie typische Zusammenfassung von zwei Kompanien zu einer Schwadron gab es auch bei den Kürassieren. Bei diesen wurden die Kompanien aber nur in der Schlacht zusammengefaßt, als Verwaltungseinheiten blieben sie bei den Kürassieren bestehen. Da Friedrich Wilhelm I. auch bei der Kavallerie großgewachsene Soldaten bevorzugte, bezeichnete sein Sohn sie als „Kolosse auf Elefanten"[374]. Die vorwiegend infanteristisch ausgebildeten Kavalleristen versagten in der ersten Schlacht, die sie zu bestehen hatten. Nach der Bataille bei Mollwitz (1741) fällte Friedrich II. ein vernichtendes Urteil über seine Kavallerie und bestimmte als Konsequenz aus dieser Erfahrung, daß die reiterliche Ausbildung den Vorrang haben müsse.[375] Aber auch unter Friedrich II. übten die Dragoner noch immer das Gefecht zu Fuß. Für diese

---

[370] S. Reglement für die Königl. Preußischen Kavallerie-Regimenter von 1743, Bd. 1, S. 176f..
[371] Die Ausnahme bildet das 1740 von Friedrich II. in Stärke von einer Schwadron (zwei Kompanien) errichtete „Garde du Corps" (Kürassierregiment Nr. 13), das 1756 auf Regimentsstärke vergrößert wurde.
[372] S. Alt, Geschichte der Königl. Preußischen Kürassiere und Dragoner seit 1619 resp. 1631 - 1870, Nachdruck der Ausgabe Berlin 1870, Krefeld 1970, S. 15.
[373] S. Ortenburg, Waffe und Waffengebrauch, S. 137. Ortenburg schreibt an dieser Stelle, daß die Kompanieeinteilung bei den Dragonern im Jahre 1725 durch die Einteilung in Schwadronen ersetzt worden sei. Dies ist nicht ganz korrekt, denn Friedrich Wilhelm I. hatte beabsichtigt, die Dragonerregimenter Nr. 2, 6 und 7 von fünf auf zehn Schwadronen zu verstärken. Um diese Verdoppelung vorzubereiten, hatte er 1739 befohlen, diese Regimenter in zehn Kompanien zu gliedern und entsprechend mit Offizieren zu besetzen, s. Jany, Geschichte der Preußischen Armee, Bd. 1, S. 653. Erst unter Friedrich II. erhielten alle Dragonerregimenter die Einteilung in Schwadronen, s. Jany, Geschichte der Preußischen Armee, Bd. 2, S. 8.
[374] S. Bleckwenn, Unter dem Preußen-Adler, S. 68.
[375] S. dazu Jany, Geschichte der Preußischen Armee, Bd. 2, S. 43f..

Gefechtsart waren sie mit einem Gewehr ausgerüstet, das in der Länge dem der Infanterie entsprach und über ein Bajonett verfügte. Außerdem ritten sie kleinere Pferde als die Kürassiere und wurden in der Schlacht üblicherweise ins zweite Treffen gestellt.[376] Den Dragonerregimentern gelang es im Verlaufe der drei Schlesischen Kriege, zu einer vollwertigen Schlachtenkavallerie aufzusteigen.[377] Als Beispiel dafür steht die Leistung des Dragonerregiments „Bayreuth" (Nr. 5) in der Schlacht bei Hohenfriedberg[378] (1745), das dafür von Friedrich II. besonders ausgezeichnet wurde.[379]

Jüngste Waffengattung der Kavallerie waren die **Husaren**. Dabei ist allerdings zu berücksichtigen, daß im 18. Jahrhundert von „Kavallerie und Husaren" gesprochen wurde, was die Unterschiede betont.[380] Die preußischen Husaren waren nach dem ungarischen Vorbild aufgestellt worden. In ihrer Uniformierung und in ihrer Ausbildung ist dieses Vorbild zu erkennen. Wie die ungarischen Husaren waren die preußischen Husaren leichte Reiter, die mit Säbel, Karabiner und zwei Pistolen ausgerüstet waren und relativ kleine, aber schnelle Pferde ritten.[381] Zu ihren Aufgaben gehörten u. a. die Aufklärung der gegnerischen Truppen, handstreichartige Überfälle und Beutezüge, die Abschirmung des eigenen Heeres und das Verhindern von Desertionen. Im Unterschied zu den Kürassieren und Dragonern gab es bei den Husaren keine Mindestkörpergröße, und auch das Adelsprädikat war von nachrangiger Bedeutung.[382] Die Aufträge, die die Husaren erfüllen mußten, erforderten gewandte und selbständige Offiziere. Diese sollten in der Lage sein, die Freiheiten zu nutzen, die ihnen bei der Erfüllung dieser Aufträge eingeräumt wurden und Eigeninitiative entwickeln.[383] Mit ihren Pflichten unterschieden sich die Husaren erheblich von den beiden anderen Waffengattungen. Dennoch können die preußischen Husaren zur Kavallerie gerechnet werden, denn sie wurden wie die Kürassiere und Dragoner auch als geschlossene Formationen in Schlachten eingesetzt. Für diese Aufgabe wurden sie bereits im Frieden ausgebildet, wie aus dem Reglement von 1743 deutlich wird.[384] So hatten die Husaren z. B. ihren Anteil am erfolgreichen Ausgang der

---

[376] S. Jany, Geschichte der Preußischen Armee, Bd. 2, S. 44.
[377] S. dazu Groehler, Das Heerwesen, S. 89 und Ortenburg, Waffe und Waffengebrauch, S. 109.
[378] S. dazu Duffy, Friedrich der Große, S. 99f.
[379] S. Duffy, Friedrich der Große, S. 102.
[380] S. Bleckwenn, Die friderizianischen Uniformen, Bd. 3, S. 139.
[381] S. Ortenburg, Waffe und Waffengebrauch, S. 107.
[382] S. dazu Reglement für die Königl. Preußischen Husaren-Regimenter von 1743, Bd. 2, S. 305 und 310.
[383] S. dazu Reglement für die Königl. Preußischen Husaren-Regimenter von 1743, Bd. 1, S. 113ff..
[384] S. dazu Reglement für die Königl. Preußischen Husaren-Regimenter von 1743 , Bd. 1, S. 11 - 29. Daß der Einsatz von Husaren in einer Schlacht für die damalige Zeit sehr ungewöhnlich war, ist aus dem Bericht von Carsted, Zwischen Schwert und Pflugschar, S. 234 über die Schlacht von Hohenfriedberg (4. Juni 1745) zu entnehmen: *„Daß unsre Ziethensche und grüne Husaren Regimenter ordentlich mit aufmarschirt und in die sächsische Cüraßier eingehauen und sie auch über den Haufen geworfen. Dergleichen ist von Husaren noch nie unternommen. Sie stehen sonst besonders, suchen den Feind in den Rücken zu beunruhigen und dienen fast nur zum Nachhauen. Hir aber thaten sie Dienste der besten Cüraßiers."*

Schlachten bei Roßbach, Leuthen (beide 1757) und Zorndorf (1758).[385] Im Gegensatz zur Infanterie hatten die Kavalleristen aufgrund ihrer Einsatzart größere Chancen, eine Schlacht oder ein Gefecht zu überleben. Denn die Kavallerie konnte dank ihrer Geschwindigkeit die gefährliche Distanz zum Gegner rasch überwinden und diesen, wenn sie ihn überraschen konnte, allein schon durch die Vehemenz ihrer Attacke in die Flucht schlagen.[386] Anders aber als die Kürassiere und Dragoner, die vornehmlich als geschlossene Einheiten im Gefecht oder der Schlacht kämpften, wurden die Husaren außerdem noch bevorzugt im Hinterland des Gegners eingesetzt. Dabei liefen die Husaren Gefahr, auch auf einen überlegenen Feind zu treffen mit entsprechend verheerenden Folgen.

Zunehmende Bedeutung gewann im Laufe des 18. Jahrhunderts die **Artillerie**. Sie unterschied sich zu Beginn dieses Zeitraumes noch erheblich von den anderen Truppengattungen. Ein Unterschied, das kann bereits vorweggenommen werden, der sich bis zum Ende des Untersuchungszeitraumes deutlich auch aus den Regimentslisten herauslesen läßt. Das lag u. a. am Charakter der Artillerie, die sich einige zivile Elemente bewahrt hatte, die noch aus der Anfangszeit ihrer Entwicklung stammten. Früher waren die Artilleristen eher Handwerker als Soldaten gewesen und besaßen eine zunftmäßige Organisation. Im Jahre 1697 aber erhielt die Artillerie in Preußen eine militärische Gliederung, indem sie in Kompanien aufgeteilt wurde. 1704 bekam sie ein Reglement, das u. a. die Rang- und Dienstverhältnisse ordnete.[387] Trotz dieser Angleichung an die anderen Truppengattungen bewahrte sich die Artillerie auch im 18. Jahrhundert eine gewisse Sonderstellung. Dies ist darauf zurückzuführen, daß der Dienst in dieser technischen Truppe vor allem von den Offizieren eine besondere Ausbildung verlangte und darüber hinaus der Einsatz der Artillerie im Festungskampf u. a. Kenntnisse der Mathematik und Physik voraussetzte. Da die Artillerie, die Friedrich Wilhelm I. 1713 von seinem Vater übernahm, zwar nach der Zahl der Geschütze umfangreich war, aber lediglich für den stationären Einsatz in einer Festung geeignet war, bemühte er sich, eine feldverwendungsfähige Artillerie zu schaffen. 1716 teilte er sie daher in ein Feldbataillon und in vier Garnisonartilleriekompanien auf. Im Laufe der Zeit ergaben sich für die Artillerie weitere Unterteilungen, die auf unterschiedliche Aufgaben zurückzuführen sind. So gab es innerhalb der Feldartillerie schließlich eine Reitende Artillerie sowie eine Regiments- und Positionsartillerie. Die Regimentsartillerie bestand aus leichten Geschützen, ausschließlich Drei- bis Sechspfündern, die in einer Schlacht den Infanteriebataillonen zugeordnet wurden. Jedes dieser

[385] Vgl. dazu Duffy, Friedrich der Große, zu Roßbach: S. 204, zu Leuthen: S. 214, 218f., zu Zorndorf: S. 241.
[386] S. Friedrich II., Unterricht von der Kriegs-Kunst, S. 116f., Jany, Geschichte der Preußischen Armee, Bd. 2, S. 319 - 322 und Groehler, Das Heerwesen, S. 130.
[387] S. Jany, Geschichte der Preußischen Armee, Bd. 1, S. 607f.. Zur Entwicklung der Artillerie unter Friedrich III. (I.) vgl. auch v. Schrötter, Offizierkorps unter dem ersten Könige, FBPG, 27. Jg., S. 161 - 166.

Bataillone erhielt zwei Kanonen, die mit diesem avancierten oder zurückgingen, geführt wurden diese Kanonen von einem Artillerieoffizier. Daneben gab es die Positionsartillerie, die aus schweren Geschützen, in der Regel Zwölfpfündern, bestand. Diese wurden in der Bataille in Batterien zu je zehn Stück zusammengefaßt. Jüngste Gattung war die Reitende Artillerie, deren Aufgabe es war, schnelle Truppenbewegungen vor allem im Zusammenwirken mit der Kavallerie zu begleiten und zu unterstützen. 1759 wurde eine mit Sechspfündern ausgerüstete reitende Batterie errichtet. Jedes der Geschütze wurde von sechs Pferden gezogen, und die Bedienungsmannschaften waren ebenfalls beritten. Neben der Feldartillerie gab es auch weiterhin die Garnisonartillerie, die zur Verteidigung bzw. Belagerung von Festungen über schwere Kanonen, Zwölf- und Vierundzwanzigpfünder, verfügte. Aufgrund der Einsatzart war zumindest der Dienst bei der Feldartillerie gefährlicher als bei der Kavallerie. So mußten beispielsweise die Geschütze der Regimentsartillerie und ihre Bedienungsmannschaften, die vor einer Schlacht den Infanteriebataillonen zugeordnet wurden, sich dem Feind nähern, da die Reichweite der leichten Geschütze nicht sehr groß war. Dabei hatten sie das mitunter heftige feindliche Feuer aushalten, was wahrscheinlich zu entsprechenden Verlusten an Mannschaften und auch wohl an Offizieren geführt hat.[388]

Entscheidend für die weitere Entwicklung der Artillerie waren die Erfahrungen, die Friedrich II. im Siebenjährigen Krieg gesammelt hatte. Diese hatten ihm die Einsicht vermittelt, daß auch die preußische Armee in einer Schlacht ohne ausreichende Feuerunterstützung wenig Erfolgschancen besaß. Diese Einschätzung des Königs über die Bedeutung der Artillerie[389] auf dem Schlachtfeld ist auch der Grund, warum Friedrich II. nach dem Siebenjährigen Krieg weiter am zahlenmäßigen Ausbau seiner Armee arbeitete. Wenn es nicht mehr allein die Qualität des Soldaten war, die die Schlachten entschied, kam der Quantität für die preußische Armee eine größere Bedeutung zu als in früheren Zeiten.

---

[388] Daß es dieses Risiko gegeben hat, lassen die Ausführungen bei Martin Guddat, Kanoniere, Bombardiere, Pontoniere. Die Artillerie Friedrichs des Großen, Herford, Bonn 1992, S. 79 - 83 vermuten. Und Bleckwenn, Zur Herkunft und soziologischen Gruppierung des altpreußischen Artillerie-Personals, in: ZfHU, 1959, Nr. 162, S. 55 - 59, hier S. 55 schreibt, daß die Artillerie im Siebenjährigen Krieg schwere Verluste hinnehmen mußte. Zum taktischen Einsatz der Artillerie s. auch die Ausführungen bei Duffy, The Army of Frederick the Great, S. 179 - 184.

[389] Duffy, Friedrich der Große, S. 449 - 451 führt den Nachweis, daß Friedrich II. nach dem Siebenjährigen Krieg die Artillerie ausbaute, weil der König davon überzeugt war, daß er mit Hilfe eines massierten Artillerieeinsatzes an einem Schwerpunkt die Linien des Gegners aufbrechen und dann unter Einsatz der Infanterie in die Stellung des Feindes eindringen könne. Diese Ansicht ist auch einer der Gründe dafür, warum Friedrich weiter auf eine starke Infanterie setzte, denn diese wurde benötigt, um im Angriff das zu vollenden, was die Artillerie vorbereitet hatte. Siehe dazu auch Friedrichs eigene Ausführungen im Testament von 1768, Dietrich, Die politischen Testamente, S. 563. Aus diesem Testament ist ebenfalls die gestiegene Bedeutung der Artillerie für Friedrich II. abzulesen. Während er sich im Testament von 1752 mit der Artillerie nur auf einer Seite befaßt, s. Dietrich, Die politischen Testamente, S. 423, hat er in dem von 1768 dieser Waffengattung zwei umfangreiche Kapitel gewidmet, s. Dietrich, Die politischen Testamente, S. 521 - 529.

2. Die Armee und ihre Truppenteile: Organisation und etatmäßige Stärke

Taktische, ökonomische und verwaltungstechnische Grundeinheiten der preußischen Armee waren das Regiment und die Kompanie bzw. bei den Dragonern und Husaren die Schwadron. Für die Offiziere und die Mannschaften besaß das Regiment allerdings weitere Eigenschaften, die über technische und materielle Details hinausgingen und die sich eher auf einer gefühlsmäßigen Ebene bewegten. Denn das Regiment war die Einheit, mit der sich u. a. die Offizieren identifizierten. Am Prestige des Regiments hatten die dort dienenden Offiziere Anteil. Sie waren stolz auf die Erfolge ihrer Einheiten in verschiedenen Schlachten. Das Bewußtsein einer „ruhmreichen" Einheit anzugehören, wurde durch Erinnerungsfeiern wachgehalten bzw. bewußt gefördert, die zum Andenken an diese Schlachten abgehalten wurden. Die Regimenter wurden auf dem Schlachtfeld zwar taktisch in Bataillone aufgeteilt, gute (und schlechte) Leistungen fielen aber auf das gesamte Regiment zurück. Durch die Betonung des Alters eines Regiments, seiner Tradition und seiner Verdienste wurde eine Bindung auch der Offiziere erreicht, die nicht an den militärischen Leistungen ihrer Einheit teilgehabt hatten, weil sie erst später eingetreten sind. Gleichzeitig beinhaltete diese Erinnerung an die Geschichte eines Regiments die Verpflichtung für die kommenden Offiziersgenerationen, dieser Tradition gerecht zu werden und ihren Vorgängern nachzueifern. Die skizzierten immateriellen Bindungen an die Regimenter waren u. a. dafür verantwortlich, daß auf dieser Ebene relativ homogene Offizierkorps entstehen konnten.

Anders als bei den Regimentern liegt bei den Kompanien die Bedeutung mehr im ökonomischen Bereich. [390] Bei der Beschreibung der Entwicklung der preußischen Armee bis 1713 ist dies erwähnt

---

[390] Papke, Von der Miliz, S. 276 betont, daß es nicht nur der wirtschaftliche Bereich war, der die Kompaniewirtschaft ausmachte. Er sieht darin ein zweites Merkmal und zwar, *„das bewußte Aufrechterhalten eines Stücks alter Söldnerherrlichkeit. Im Stehenden Heer hatte sich jeder Offizier, gleichgültig welchen Ranges, in die strikte Befehlshierarchie einzuordnen, als Chef und Inhaber einer Kompanie konnte er sich noch in der Position des alten Söldnerkapitäns sehen - als 'Herr im eigenen Haus'*". Mit der Verwendung des Begriffes „Haus" hat Papke einen Terminus genannt, der für das Selbstverständnis eines Adligen von eminenter Bedeutung ist. Dieser Begriff umfaßt nämlich zugleich dingliche, d. h. räumliche und materielle, als auch personale, d. h. soziale und rechtliche Gegebenheiten und Verhältnisse. Der Begriff bezieht sich außerdem nicht nur auf ein Gebäude, sondern umfaßt auch die darin lebenden Menschen, und darüber hinaus nahe Verwandte und jene Personen, die im Haus dienten. Zum „Haus" gehört ebenfalls das materielle Substrat des Zusammenlebens dieser Personen, also Hausrat, Vermögen, Besitz. Und schließlich umfaßt der Begriff auch die mit der im Haus lebenden Familie verwandten Personen, also das „Geschlecht". „Haus" und „Geschlecht" sind mit der adligen Herrschaft verknüpft: *„Das 'Haus' ist das Instrument der Herrschaft, es bündelte alle ihre Grundlagen und Elemente, gleich, ob es sich um verliehene Rechte oder um eigene handelt. Aber auch das Herkunftsbewußtsein des adligen 'Geschlechts' ist mit der Herrschaft unmittelbar verbunden, es ist Teil der Herrschaftslegitimation.*", Otto Gerhard Oexle, Aspekte der Geschichte des Adels im Mittelalter und in der Frühen Neuzeit, in: Hans-Ulrich Wehler (Hrsg.), Europäischer Adel 1750 - 1950 (= Geschichte und Gesellschaft, Sonderheft 13) Göttingen 1990, S. 19 - 56, hier S. 28. Auch die vorherigen Ausführungen zum „Haus" folgen Oexle. Er verweist darauf, daß der Begriff des „ganzen Hauses" noch im 19. und bis weit ins 20. Jahrhundert in adligen Kreisen lebendig war, s. Derselbe, Aspekte der Geschichte, S. 31f.. Auch Robert M. Berdahl, Preußischer Adel: Paternalismus als Herrschaftssystem, in: Puhle/Wehler, Preußen im Rückblick, S. 123 - 145 befaßt sich ausführlich mit dem Terminus des „ganzen Hauses", der seiner Ansicht nach die fundamentale Struktur gesellschaftlicher Beziehungen liefert. Er zitiert

worden. Aufgrund der Wichtigkeit, die die Kompaniewirtschaft für den preußischen Offizier hatte, wenn er zum Chef einer solchen Einheit ernannt worden war, soll an dieser Stelle hierauf noch einmal eingegangen werden.

Die Bezüge des Kompaniechefs waren genau festgelegt und setzten sich aus verschiedenen Titeln zusammen. So erhielt ein preußischer Kapitän neben dem „Tractament" ein Entgelt für „Companie-Unkosten" und für „Companie-Unkosten aus den kleinen Mundirungs-Geldern" und außerdem noch das „Gewehrgeld", insgesamt 58 Taler, 22 Groschen und 8 Pfennig.[391] Davon wurden für „Receptur vom Capitaine-Tractament und Gewehrgeld", für die „Zulage vor den Unterstab" und die „Zulage vor den Regiments-Feldscheer" 11 Taler und 23 Groschen abgezogen.[392] Von diesem Geld mußte der Kompaniechef seine Einheit „komplett" halten, d. h. er mußte dafür sorgen, daß die Kompanie über ihren Sollbestand an Soldaten verfügte. Außerdem mußte er die „Kleine Montur" für die Soldaten beschaffen, d. h. Kleinteile, wie Haarbänder, Halsbinden, Sohlen, Ober- und Unterhemden etc.. Kontrolliert wurde der Kompaniechef bei der jährlichen Revue, d. h. der Besichtigung des Regiments durch den König und durch den Quartiermeister. Ein wesentlicher Bestandteil des Kompaniewirtschaftssystems war, daß die Kompaniechefs die Erlaubnis hatten, einen Großteil ihrer Soldaten zu beurlauben und deren Sold einzubehalten.[393] Sie mußten dieses Geld aber für die Anwerbung von „Ausländern" aufwenden, da dafür kein Geld im Kompanie-Etat vorgesehen war. Da es Kompanien gab, die besonders viele „Ausländer" hatten, wurde es deren Chefs erlaubt, diese bei Handwerkern unterzubringen, wenn sie einen Beruf erlernt hatten, bzw. sie als Wollspinner oder als Handlanger arbeiten zu lassen. Den Sold dieser „Freiwächter" genannten Soldaten erhielt der Kompaniechef. Angesichts der ökonomischen Möglichkeiten, die die

---

dafür als Beleg Otto Brunner, der geschrieben hat, daß nur der im landrechtlichen Sinne „Herr" war, der ein Haus „im Lande" besaß und damit „zum Lande" gehörte und im Territorium auch ansässig war, s. Berdahl, Preußischer Adel, S. 126. Dieser zeigt ebenso wie Okraй auf, wie wichtig für das Selbstverständnis des grundbesitzenden Adligen der Begriff des „Hauses" war. Wenn Papke also schreibt, daß sich der Kompaniechef als „Herr im eigenen Haus" fühlen konnte, wird verständlich, welche Bedeutung diese Position für einen adligen Offizier wahrscheinlich gehabt hat. In seiner Kompanie konnte er in gewissem Maßstab so agieren, wie er es von seinem adligen Zuhause kannte. Seine Funktion als Chef bestätigte auch den Adel des Offiziers, denn wie ein Gutsherr, der über seine Angehörigen und Untertanen herrschte, führte der Kapitän (Rittmeister) seine „Familie", d. h. seine Soldaten. Zu dem Bild des „Hauses" paßt auch, daß es üblich war, daß der Kompaniechef für die Offiziere einen Mittagstisch gab, d. h. die ihm unterstellten Subalternen kamen wie „Söhne" an seinen Tisch. Eine Vorstellung, wie dies ausgesehen hat, ist aus den Memoiren von Carl Wilhelm v. Hülsen, Unter Friedrich dem Großen. Aus den Memoiren 1752 bis 1773, hrsg. von Helene Hülsen, Neudruck der Ausgabe Berlin 1890 (= Altpreußischer Kommiss, offiziell, offiziös und privat, Heft 6), Osnabrück 1974, S. 22f. und 60 zu entnehmen. Ebenfalls sehr anschaulich schildert Louis v. Scharfenort, Kulturbilder aus der Vergangenheit des altpreußischen Heeres, Berlin 1914, S. 121ff. den Mittagstisch und was die hierzu geladenen Offiziere dabei beachten mußten, um nicht gegen die Etikette zu verstoßen. Dazu gehörte z. B., daß Fähnriche und Gefreitenkorporale sich zu empfehlen hatten, wenn ein Braten aufgetischt wurde.

[391] S. Reglement vor die Königl. Preußische Infanterie von 1726, S. 583
[392] S. Reglement vor die Königl. Preußische Infanterie von 1726, S. 588.
[393] S. dazu Reglement vor die Königl. Preußische Infanterie von 1726, S. 570.

Beurlaubungen und das Freiwächtersystem den Kompaniechefs gaben, urteilt Papke, daß *„Kompaniewirtschaft* [...] *in erster Linie nicht kontrollierte Verwaltung* [hieß], *sondern Wirtschaft mit Gewinn"*[394]. Die Bedeutung der Kompaniechefstelle für den preußischen Offizier ergibt sich damit nicht nur daraus, daß der Offizier in dieser Eigenschaft zum (verantwortlichen) Führer einer Einheit wurde, sondern ebenso aus den materiellen Chancen, die diese Stelle bot. Das System der Kompaniewirtschaft ist auch deswegen so wichtig, weil hieran deutlich wird, daß der Offizier nicht nur als Ausbilder seiner Soldaten und deren Anführer in der Schlacht gefordert war, sondern er ebenso Fähigkeiten zum Wirtschaften und Verwalten besitzen mußte. Friedrich II. hat diese Eigenschaft, über die der preußische Offizier unbedingt verfügen sollte, deutlich im Reglement von 1743 formuliert: *„Und es muß den sämtlichen Officiers gesaget werden, daß Se. Königl. Majestät der festen Meinung sind, daß kein Officier der Compagnie gut vorstehen könne, wofern er nicht ein guter Wirth ist, und daß man allezeit finde, daß eine Compagnie, wovon der Capitaine ein Wirth ist, besser im Stande sey, als eine andere, wovon der Capitaine kein Wirth ist; Weshalb ein Lieutenant oder Fähnrich, welcher ein schlechter Wirth ist und sich nicht corrigiret, niemahls eine Compagnie zu gewarten habe."*[395]

Neben den Regimentern und den Kompanien gab es noch weitere und zwar (im wesentlichen) taktische Einheiten. So waren die Infanterieregimenter bereits im Frieden in zwei Bataillone aufgeteilt, diese Einteilung war aber lediglich für den Einsatz auf dem Schlachtfeld von Bedeutung. Bei den Kürassieren bildeten taktisch jeweils zwei Kompanien eine Schwadron (Eskadron), die Kommandeure der Schwadronen waren die fünf älteren Kompaniechefs.[396]

Chef eines Regiments war ein Offizier, der mindestens im Range eines Obersten war. Als Stellvertreter fungierte ein Kommandeur im Range eines Oberstleutnants oder - in Ausnahmefällen - eines Obersts. Bei einigen Regimentern, bei denen der Chef nur nominell sein Regiment führte und lediglich die Einnahmen daraus erhielt, so z. B. wenn aus politischen Überlegungen ein auswärtiger Fürst zum Chef eines preußischen Regiments ernannt wurde[397], war der Kommandeur häufig der tatsächliche Führer dieser Einheit. Chef einer Kompanie bzw. Schwadron war ein Offizier, der mindestens im Range eines Kapitäns stand. Bei der Kavallerie hieß der entsprechende Rang Rittmeister. Wie auf der Regimentsebene gab es auch auf der Kompanieebene einen Stellvertreter des Chefs, der entweder im Range eines Stabskapitäns - bei der Kavallerie

---

[394] Papke, Von der Miliz, S. 275.
[395] Reglement für die Königl. Preußische Infanterie von 1743, Bd. 2, S. 564.
[396] S. Jany, Geschichte der Preußischen Armee, Bd. 1, S. 651.
[397] So wurde z. B. der Nachfolger der Zarin Elisabeth, Zar Peter III., der 1762 einen Waffenstillstand und ein Bündnis mit Preußen schloß, zum Chef des angesehenen Infanterieregiments Nr. 13 ernannt.

Stabsrittmeisters - oder eines Premierleutnants stand. Wurde ein Kompaniechef zum Stabsoffizier befördert und erhielt dann irgendwann als Oberst ein Regiment, blieb er trotzdem der Inhaber der Kompanie und erhielt die dazugehörigen Einnahmen. Die eigentliche Führung der Kompanie mußte dann der Stellvertreter übernehmen, ohne daß dieser seiner Funktion entsprechend besoldet wurde. Ein Stabskapitän oder Premierleutnant, der den Kompaniechef vertrat, erhielt lediglich das Traktament, welches seinem Rang entsprach. Bis zum Kapitän rangierten die Offiziere innerhalb des Regiments, die Stabsoffiziere rangierten in der gesamten Armee in zwei Ranglisten, einer für die Infanterie (einschließlich Artillerie) und einer zweiten für die Kavallerie.

Die Offiziersdichte in den Regimentern und Kompanien wurde unter Friedrich Wilhelm I. erhöht. So gehörten gemäß des Reglements für die Infanterie von 1726 zu einem Regiment in der Gesamtstärke von 1476 Mann 40 Offiziere.[398] Jede der zehn Kompanien hatte vier Offiziere: einen Kapitän, einen Premierleutnant, einen Sekondleutnant und einen Fähnrich. [399] Im Stab des Regiments gab es weitere Offiziere: einen Oberst, einen Oberstleutnant und einen Major, die aber zugleich Kompaniechefs waren und daher die Zahl von 40 Offizieren nicht erhöhten.[400] Der Oberst kommandierte in der Regel das 1. und der Oberstleutnant das 2. Bataillon. Die zehn Kompanien waren gemäß dem Dienstalter ihrer Kapitäne gleichmäßig auf die beiden Bataillone verteilt. Wenn ein Kompaniechef zu dem anderen Bataillon des Regiments wechselte, so nahm er normalerweise seine Kompanie mit. Lediglich die „Leibkompanie", d. h. die Kompanie des Regimentschefs war stets die 1. Kompanie beim 1. Bataillon, und die Kompanie des Kommandeurs sollte laut Reglement von 1726 beim 2. Bataillon stehen. Durch den neuen Etat von 1739 wurde die Zahl der Offiziere erhöht. Insgesamt standen jetzt bei einem Regiment 50 Offiziere (einschließlich Regimentsstab) bei einer Gesamtstärke von 1607 Mann.[401] Durch das von Friedrich II. 1743

---

[398] S. Reglement vor die Königl. Preußische Infanterie von 1726, S. 3f. Hierbei ist zu berücksichtigen, daß die folgenden Angaben für ein „normales" Infanterieregiment galten. Ausnahmen waren das Regiment des Königs (Nr. 6), das aus drei Bataillonen mit 91 Offizieren und 2598 weiteren Soldaten bestand, und das Regiment des Fürsten Leopold v. Anhalt-Dessau (Nr. 3), das seit 1718 ebenfalls aus drei Bataillonen bestand.

[399] S. Reglement vor die Königl. Preußische Infanterie von 1726, S. 4.

[400] Erst 1730 erhöhte sich die Zahl der Offiziere auf 42, da für die Adjutanten zwei neue Fähnrichstellen eingerichtet wurden.

[401] S. Jany, Geschichte der Preußischen Armee, Bd. 1, S. 648. Interessant ist der Vergleich mit einem österreichischen Infanterieregiment. Nach dem „Regulament und Ordnung des gesamten Kaiserlichköniglichen Fuss-Volkes" aus dem Jahre 1749 gliederte sich ein „deutsches" Infanterieregiment in 16 Füsilier- und zwei Grenadierkompanien. Die Sollstärke dieses Regiments betrug 2332 Mann einschließlich 48 Offizieren. Die Offiziersdichte umgerechnet auf die Regimentsstärke war demnach bei einem österreichischen Infanterieregiment geringer als bei einem preußischen, bei dem auf insgesamt 1607 Mann immerhin 50 Offiziere kamen. Siehe Lars Holger Thümmler (Hrsg.), Die Österreichische Armee im Siebenjährigen Krieg. Die Bautzener Bilderhandschrift aus dem Jahre 1762, Berlin 1993, S. 22. Duffy, The Army of Maria Theresa, S. 46 gibt an, daß während des Siebenjährigen Kriegs zum Teil lediglich drei bis vier Offiziere auf eine Infanteriekompanie mit 200 Mann kamen. Bei der preußischen Armee dagegen gab es in einer Infanteriekompanie vier Offiziere und 128 Mann, s. Reglement für die Königl. Preußische Infanterie von 1743, Bd. 1, S. 5. Graf Kaunitz, österreichischer Staatskanzler von 1753 bis 1793, hat daher während des Siebenjährigen Krieges den

verabschiedete Reglement änderte sich nichts an der Zahl der Offiziere.[402] Im Unterschied zu den Feldregimentern fehlten bei den Garnisonregimentern zwei Subalternoffiziere, die bei ersteren als Adjutanten im Regimentsstab fungierten.[403]

Bei den Kürassieren standen 1713 pro Regiment in der Gesamtstärke von 543 Mann jeweils 18 Offiziere: sechs Rittmeister (bzw. sechs Offiziere, die eine Kompaniechefstelle innehatten), sechs Leutnante und sechs Kornette. Zu einem Dragonerregiment gehörten 1713 insgesamt 726 Mann, davon waren 24 Offiziere: acht Kapitäne (bzw. acht Offiziere, die eine Kompaniechefstelle hatten), acht Leutnante und 8 Fähnriche.[404] Im Jahre 1730 wurde die Zahl der Offiziere bei den Kürassierregimentern auf 32 erhöht, und die Gesamtstärke stieg auf insgesamt 816 Mann.[405] Eine Kompanie hatte demnach drei Offiziere und 78 Soldaten. Bei den Dragonern dagegen gab es keine einheitlichen Stärken. So gab es 1739 drei Regimenter, die in zehn Kompanien eingeteilt waren, und die neben 32 Offizieren weitere 792 Mann besaßen.[406] Daneben gab es drei Regimenter mit jeweils zehn Eskadrons ohne Kompanieeinteilung, die jeweils 62 Offiziere und 1538 Soldaten zählten.[407]

Bei den Husareneinheiten gab es unter Friedrich Wilhelm I. keine einheitlichen Stärken. Zum ersten Regiment gehörten insgesamt 826 Mann, davon waren 26 Offiziere.[408] Zum zweiten Regiment gehörten neben den 15 Offizieren 439 weitere Soldaten.

Das 1743 von Friedrich II. erlassene Reglement brachte für die Kürassierregimenter hinsichtlich der Offiziersstärken keine Veränderungen. Bei den Dragonern bestand das „Normalregiment"[409] fortan aus fünf Eskadronen mit 32 Offizieren.[410] Seitdem gab es bei allen Dragonerregimentern keine administrative Einteilung in Kompanien mehr. Dies ist deshalb wichtig, weil die Eskadron, wie oben ausgeführt, nur von einem Chef geführt wurde, der im Rang eines Kapitäns oder Stabsoffiziers stand. Das heißt, daß die Regimenter zu fünf Schwadronen auch nur über die gleiche Anzahl von (Schwadron-) Chefs verfügten. Lediglich die Regimenter, die aus zehn Eskadronen

---

Mangel an Offizieren als einen der prinzipiellen Defekte der kaiserlichen Armee bezeichnet, s. Duffy, The Army of Maria Theresa, S. 46. Die Organisation der österreichischen Infanterieregimenter wechselte im Gegensatz zur preußischen Armee häufiger und war auch davon abhängig, ob es sich um „deutsche", „ungarische", „italienische" etc. Regimenter handelte. Vgl. dazu Duffy, The Army of Maria Theresa, S. 63 - 69. Zu den Offizieren der Regimenter vgl. ebd. S. 30 - 33.

[402] S. Reglement für die Königl. Preußische Infanterie von 1743, Bd. 1, S. 3f..
[403] S. Reglement für die Königl. Preußischen Garnison-Regimenter von 1743, Bd. 1, S. 4.
[404] S. Jany, Geschichte der Preußischen Armee, Bd. 1, S. 631f..
[405] S. Jany, Geschichte der Preußischen Armee, Bd. 1, S. 651.
[406] S. Jany, Geschichte der Preußischen Armee, Bd. 1, S. 653.
[407] S. ebd.
[408] S. Jany, Geschichte der Preußischen Armee, Bd. 1, S. 656.
[409] Es gab zwei Dragonerregimenter, die aus jeweils zehn Eskadronen bestanden, und zwar Nr. 5 und 6.
[410] S. Reglement für die Königl. Preußischen Dragoner-Regimenter von 1743, Bd. 1, S. 3f..

bestanden, hatten die gleiche Anzahl an Chefs wie die Kürassierregimenter mit ihren zehn Kompanien. Das gleiche gilt für die Husarenregimenter, die seit 1743 auf zehn Eskadrons verstärkt wurden und bei denen 36 Offiziere standen.[411] Bei den Husaren fällt die relativ geringe Zahl der Offiziere auf, hatten doch die Dragonerregimenter, die ebenfalls zehn Schwadronen stark waren, insgesamt 64 Offiziere.

Bei der Artillerie gab es anfangs keine Regimenter, was auf die zahlenmäßig geringe Stärke dieser Truppengattung zu Beginn des 18. Jahrhunderts zurückzuführen ist. Auch die Zahl der dort dienenden Offiziere ist lange Zeit relativ gering geblieben. Da diese Truppengattung im Laufe des Untersuchungszeitraumes zahlreiche Veränderungen, Umgruppierungen und Neuaufstellungen erlebt hat, sollen an dieser Stelle keine Angaben gemacht werden, wie viele Offiziere bei den einzelnen Einheiten der Feld- und Garnisonartillerie standen. Die Gesamtzahlen der bei der Artillerie dienenden Offiziere sind den Tabellen in Anhang 1 zu entnehmen.

Die Zahl der Offiziere wurde neben der Aufstockung der Etatstärke der verschiedenen Einheiten vor allem durch Neuaufstellungen erheblich vergrößert. Beim Tode Friedrich I. bestand die Armee aus ca. 40000 Mann, von denen 1254 Offiziere[412] waren. Bereits unmittelbar nach seinem Regierungsantritt am 25. Februar 1713 legte Friedrich Wilhelm I. einen Plan für die Neuformation der Armee vor.[413] Nach dem Ende des Krieges gegen Schweden[414] wurden die Regimenter auf die einzelnen Provinzen verteilt, eine Aufteilung, die Jahrzehnte Bestand hatte. Außerdem wurde die bisher bestehende zerstreute Unterbringung der Einheiten in vielen kleinen Orten durch eine zunehmend geschlossene Unterbringung an einem Ort ersetzt, so daß die meisten Regimenter im ganzen oder zumindest als Bataillon vereinigt waren.[415] Bis zum Tode Friedrich Wilhelms I. wurde die Armee auf eine Etatstärke von 81034 Mann ausgebaut, davon waren 2564 Offiziere.[416]

Kurze Zeit, nachdem Friedrich II. am 31. Mai 1740 seinem Vater auf dem Thron gefolgt war, hatte er aus dem Infanterieregiment (Nr. 15), dessen Chef er seit 1732 war, ein neues

---

[411] S. Reglement für die Königl. Preußischen Husaren-Regimenter von 1743, Bd. 1, S. 3f.

[412] S. v. Schrötter, Offizierkorps unter dem ersten Könige, FBPG, 27. Jg., S. 114.

[413] Vgl. dazu Jany, Geschichte der Preußischen Armee, Bd. 1, S. 627.

[414] 1714 hatte Preußen mit Rußland, England, Dänemark und Sachsen ein Abkommen über die Aufteilung des schwedischen Besitzes in Deutschland geschlossen. 1715 wurden die Feindseligkeiten vom schwedischen König Karl XII. eröffnet. Im Juli 1715 begann die verbündete preußisch-sächsische Armee Stralsund zu belagern, das am 23. Dezember fiel. Die Belagerung Wismars dauerte bis zum April 1716. Im Friedensvertrag von Stockholm vom 1. Februar 1720 trat Schweden Stettin und Vorpommern bis zur Peene endgültig an Preußen ab, erhielt dafür aber von Preußen eine Entschädigung von zwei Millionen Reichstaler. Schweden behielt neben Wismar weiter einen Teil Pommerns, der Schwedisch-Pommern genannt wurde. Vgl. Heinrich, Geschichte Preußens, S. 173 - 176.

[415] S. dazu Jany, Geschichte der Preußischen Armee, Bd. 1, S. 644.

[416] Detaillierte Angaben hierzu und über die Zusammensetzung der Armee in bestimmten Jahren sind in Tabellen zu finden, die in Anhang 1 enthalten sind.

„Königs-Regiment"[417] mit drei Bataillonen geformt. Das I. Bataillon dieses Regiments wurde als „Königs I. Bataillon Leibgarde" bezeichnet, und die beiden anderen firmierten als „Königs II. und III. Bataillon Garde". Alle Offiziere der Garde waren im Rang bevorzugt, so rangierten die Fähnriche des I. Bataillons als Premierleutnante in der Armee und die ältesten Leutnante als Majore. Aus dem bisherigen Regiment des Königs (Nr. 6) wurde ein Bataillon geformt, das zur Erinnerung an das alte Regiment „Königs Grenadier-Garde" genannt wurde. Die Offiziere dieses Bataillons rangierten um eine Stufe über denen der anderen Armeeoffiziere. Neben der Aufstellung des „Königs-Regiments" wurden innerhalb von sechs Monaten sieben weitere Regimenter errichtet.

Diese Maßnahme war nur der Anfang eines starken Ausbaus der preußischen Armee, der vor allem im Zusammenhang mit dem Ersten Schlesischen Krieg zu sehen ist und der damit einhergehenden territorialen Vergrößerung. Ein gewisser Endpunkt wurde vor dem Zweiten Schlesischen Krieg erreicht. Zu dieser Zeit betrug die effektive Stärke der preußischen Armee 131846 Mann, von denen 4128 Offiziere waren.[418] Das heißt, daß innerhalb von nur etwa drei Jahren die Zahl der Offiziersstellen um mehr als 60 % angestiegen ist. Bis zum Beginn des Siebenjährigen Krieges wurde die Armee weiter vergrößert, der Ausbau war aber nicht mehr so umfangreich wie zu Beginn der ersten beiden Schlesischen Kriege. Im Dezember 1755 standen insgesamt 136628 Mann unter der Fahne, davon waren 4276 Offiziere.[419] In den Jahren nach dem Siebenjährigen Krieg versuchte Friedrich II. in erster Linie, die Qualität seiner Armee wieder auf den Vorkriegsstand zu heben. Parallel dazu erfolgte aber auch ein weiterer Ausbau der Armee. Zu Beginn des Bayerischen Erbfolgekrieges bestand die preußische Armee aus 199107 Mann, davon waren 5532 Offiziere.[420] Da nach diesem Krieg die Armee nur noch unwesentlich vergrößert wurde, präsentieren die hier genannten Zahlen in etwa den Stand beim Tode des Königs im Jahre 1786.

Im Vergleich zum Mai 1740 ist damit die Zahl der Offiziere um mehr als das Doppelte angestiegen. Allerdings muß dieser Wert in Relation zum Ausbau der gesamten Armee betrachtet werden, danach ist der Anteil der Offiziere stabil geblieben und lag von 1740 bis 1786 bei ca. 3 %. Der Anstieg der Offizierszahlen ist auch aus den Tabellen ersichtlich, die sich aus der Auswertung

---

[417] Im 18. Jahrhundert sind die Regimenter nach ihren Chefs benannt worden und rangierten nach dem Dienstalter der Chefs; sie änderten daher ihren Namen und Rang mit jedem Wechsel. Erst 1729 wurden gemäß einer von Leopold v. Anhalt-Dessau eingereichten Spezifikation den Regimentern Nummern zugeteilt, die sich an dem Alter der Truppenteile orientierten. Trotzdem wurden die Regimenter weiterhin nach den Namen ihres jeweiligen Chefs benannt, dies sind rudimentäre Anklänge an das alte Militärunternehmertum, als die Einheiten noch ihren Chefs „gehörten".

[418] S. Jany, Geschichte der Preußischen Armee, Bd. 2, S. 84. Da Jany die Feldartillerie zur Infanterie und die Garnisonartillerie zur Garnisoninfanterie zählt, sind von seinen Angaben die Zahlen für die Artillerie abgezogen worden, um die Artillerie gesondert aufführen zu können.

[419] S. Jany, Geschichte der Preußischen Armee, Bd. 2, S. 195.

[420] S. Groehler, Das Heerwesen, S. 82.

der Regimentslisten ergeben und die in den folgenden Kapiteln eingehender ausgewertet und eingeordnet werden.

IV. Die Offiziere im Spiegel der Regimentslisten

Die Quellenkritik

Aus drei unterschiedlichen Listentypen setzen sich die Abschriften Anton Balthasar Königs zusammen. Der Hauptanteil wird von den Ranglisten[421] gestellt, die bis auf wenige Ausnahmen neben der Kompanie-Nummer Angaben enthalten über Dienstgrad, Vor- und Nachnamen, Herkunftsort und/oder Herkunftsland sowie Alter und Dienstjahre des Offiziers[422]. Die Abgangslisten, die zweite Quellengattung, geben Auskunft über Dienstgrad, Namen, Art des Abgangs und Abgangsjahr. In einigen Abgangslisten werden darüber hinaus Angaben gemacht, wohin bzw. zu welchem Truppenteil ein Offizier im Falle seiner Versetzung kam. Zum Teil lassen sich auch Informationen darüber finden, auf welche Art ein ausgeschiedener Offizier versorgt wurde, d. h. ob er eine Pension oder eine zivile Stelle erhielt. Den dritten Typ bilden die Biographielisten; hier finden sich Angaben über Dienstgrad, Vor- und Nachnamen, Alter, Dienstjahre, Herkunftsort und/oder Herkunftsland, Anzahl der Schlachten und Gefechte, Anzahl der Verwundungen, Orden, vorherige Dienste (auch im Ausland), Beruf des Vaters und den des Vaters der Mutter, militärische Verwandte, Verheiratung und Kinder. Diese Aufzählung macht deutlich, daß besonders die Biographielisten wertvolle Aussagen über den preußischen Offiziersstand ermöglichen. Allerdings liegt dieser Listentyp zum überwiegenden Teil nur für die Infanterie vor. So gibt es von 11 (= 20 %) der insgesamt 55 Feldregimenter, von 3 (= 25 %) der 12 Garnisonregimenter und von 2 der 35 (= 5,7 %) Kavallerieregimenter derartige Listen, wobei die der Kavallerie wesentlich weniger Informationen über den einzelnen Offizier enthalten als die der Infanterie. Die Biographielisten der Feldregimenter sind auch deswegen höher zu bewerten, weil sie vor allem von den „alten" Regimentern, d. h. von neun der vor 1740 gegründeten Einheiten vorliegen. Diese Regimenter bildeten das Rückgrat der preußischen Armee in den drei schlesischen

---

[421] Da ein Teil der Ranglisten auch die Position und Funktion der Offiziere innerhalb des Regiments erkennen läßt, wäre die Bezeichnung „Rangierungsliste" wohl zutreffender, der Einheitlichkeit wegen aber wird im folgenden durchgängig von „Ranglisten" gesprochen.
[422] In der Regel enthalten die Ranglisten die Dienstgrade vom Gefreitenkorporal aufwärts, nur selten sind auch Sergeanten, Fouriere oder einfache Soldaten aufgeführt.

Kriegen. Aufgrund der Tatsache, daß bis auf eine Ausnahme[423] alle Biographielisten nach 1740 erstellt wurden, ist es möglich, die Laufbahnen preußischer Offiziere zu verfolgen, die vor allem von Friedrich II. geprägt worden sind.

Listen sind für die Zeit von 1690 bis 1790 vorhanden.[424] Insgesamt sind in der Datenbank 55353 Datensätze enthalten.[425] Davon entfallen auf die Infanterieregimenter 62 %, die Stehenden Grenadierbataillone 1 %, die Garnisoneinheiten 8 %, die Feldjäger 0,05 %, die Kürassierregimenter 12 %, die Dragonerregimenter 8 %, die Husarenregimenter 6 % sowie auf die Artillerie und die Technischen Truppen 3 %. Da in der Datenbank jeder Offiziersname ca. zwei bis dreimal erscheint, sind wahrscheinlich ungefähr 22500 Personen erfaßt. Aufgrund der Tatsache, daß der größte Teil der Listen zwischen 1713 und 1786 mit insgesamt 44855 Datensätzen (= 81 %) anfällt und sich in dieser Zeitspanne der enorme Auf- und Ausbau der preußischen Armee, ihre Bewährung im Krieg und ihr partieller Niedergang vollzog, sind nur die Listen aus diesem Zeitraum ausgewertet worden. Die Wahl des gesamten Untersuchungszeitraumes orientiert sich nicht nur an den Herrschaftsdaten Friedrich Wilhelms I. und Friedrichs II., deren Regierungsantritt und Tod jeweils eine gewichtige Zäsur darstellte, wie sie jeder Wechsel von einem Herrscher zu seinem Nachfolger in einer Monarchie bedeutete. Darüber hinaus findet der Untersuchungszeitraum seine Begründung in den Regimentslisten. Die Ranglisten, die vor 1713 datieren, sind zum einen in ihrer Anzahl begrenzt und zum zweiten enthalten sie häufig nur Angaben über den Namen und Dienstgrad der Offiziere, während Lebens- und Dienstalter nicht aufgeführt werden. Desweiteren setzen die meisten Abgangslisten der Regimenter erst nach 1713 ein. Die geringere Aussagekraft der Listen vor 1713, die zu einem Verzicht ihrer Auswertung geführt haben, ist zum Teil wohl darauf zurückzuführen, daß die preußische Armee unter Friedrich III. (I.) fast ununterbrochen im Kriegseinsatz stand und eine geregelte und verläßliche Listenführung der eingesetzten Einheiten daher nicht oder nur eingeschränkt möglich war. Ähnliche Gründe führen dazu, die Auswertung mit dem Jahr 1786 zu beenden. Vor allem die Ranglisten sind häufig nur bis zu diesem Zeitpunkt vorhanden und lediglich die Abgangslisten werden zum Teil bis ins Jahr 1790 fortgesetzt. Aufgrund dessen wäre ein

---

[423] Für das Infanterieregiment Nr. 7 gibt es eine Biographieliste aus dem Jahr 1727.
[424] Bei einigen Regimentern wurden auch Rang- und Abgangslisten benutzt, die in den jeweiligen Regimentsgeschichten abgedruckt sind; auf diese wurde aber nur dann zurückgegriffen, wenn für das entsprechende Jahr bzw. - das gilt für die Abgangslisten - für den entsprechenden Zeitraum keine Listen von Anton Balthasar König vorhanden waren. Einige Lücken, die die Königschen Abschriften aufwiesen, konnten durch die von Johann Friedrich Seyfarth stammenden Regimentsgeschichten gefüllt werden. Diese enthalten mehr oder weniger ausführliche Angaben über Herkunft und Laufbahn der Offiziere, die bei der jeweiligen Einheit dienten. Siehe dazu u. a. Johann Gottfried Seyfarth, Geschichte und Nachrichten von dem königl. preußischen Infanterieregimente Fürst Franz Adolph von Anhalt-Bernburg von der Zeit seiner Stiftung bis zum 18. August des Jahres 1767 (= Altpreußischer Kommiss, offiziell, offiziös und privat, Heft 10), mit einer Einführung von Hans Bleckwenn, Neudruck der Ausgabe Halle 1767, Osnabrück 1974.

weiterer Ausblick auf die preußische Armee auf der Grundlage der Regimentslisten nur sehr eingeschränkt möglich, und den dabei erzielten Ergebnissen würde die breite Datengrundlage fehlen, die die Aussagen bis zum Jahre 1786 unterstützen. Eine Erklärung dafür, daß Anton Balthasar König seine Abschriften von den Originallisten nur bis ca. 1790 fortgeführt hat, ist darin zu suchen, daß er diese Listen als Grundlage für sein Lexikon über die preußischen Offiziere benötigt hat, mit dessen Publizierung er zu diesem Zeitpunkt begann.

Für den Untersuchungszeitraum von 1713 bis 1786 ergibt dies im Hinblick auf die einzelnen Listengattungen folgende Werte: in den Ranglisten 33762 Datensätze (= 75,2 %), in den Abgangslisten 10220 (= 22,7 %) und in den Biographielisten 873 (= 1,9 %). Für die verschiedenen Waffengattungen im einzelnen stellt sich dies folgendermaßen dar: bei der Infanterie (Musketierregimenter, Füsilierregimenter, Garnisonregimenter, Stehende Grenadierbataillone) 23538 Datensätze aus Ranglisten, 7693 Datensätze aus Abgangslisten und 812 Datensätze aus Biographielisten; bei der Kavallerie (Kürassierregimenter, Dragonerregimenter[426], Husarenregimenter) stammen 10224 Datensätze aus Ranglisten, 2413 Datensätze aus Abgangslisten und 61 Datensätze[427] aus Biographielisten; bei der Artillerie sind es 1516 Datensätze aus Ranglisten und 141 aus Abgangslisten. Die Ranglisten der Artillerie geben allerdings lediglich Auskunft über die Vor- und Nachnamen der Offiziere und sind daher nicht in der Gesamtzahl von 44855 Datensätzen enthalten, weil in dieser nur die berechnungsrelevanten Sätze zusammengefaßt worden sind. Aus diesem Grund kann auch eine quantifizierende Analyse der Artillerie nur zum Teil vorgenommen werden. Da von König ebenfalls keine Abgangslisten für die Artillerie vorliegen, wurde aus anderen Arbeiten[428] eine derartige Liste zusammengestellt. Diese enthält zwar im Vergleich mit den Listen der anderen Truppengattungen relativ wenig Einträge, aus Vollständigkeitsgründen ist sie dennoch ausgewertet worden.

Bei der Erfassung der Ranglisten wurde auf eine möglichst quellengetreue und korrekte Wiedergabe des Namens geachtet. Probleme gab es, wenn der Schreiber der

---

[425] Diese und die weiteren Zahlenangaben folgen: Kloosterhuis, Das preußische Offizierkorps, S. 137.

[426] Zwar sind den Dragonern unter Friedrich Wilhelm I. noch starke infanteristische Merkmale zu eigen, um aber eine Vergleichbarkeit mit der Infanterie herstellen zu können, werden die Dragoner schon seit 1713 grundsätzlich der Kavallerie zugerechnet. Das gleiche gilt für die Husaren, die noch bis in die 1740er Jahre neben der eigentlichen Kavallerie, zu der neben den Kürassieren auch die Dragoner gehörten, als eigene Truppengattung angesehen wurden. Im übrigen sei darauf verwiesen, daß alle Truppengattungen der Infanterie und der Kavallerie einer Einzelanalyse unterzogen werden, was es ermöglicht, die Besonderheiten der Dragoner, der Husaren, der Feldinfanterie etc. herauszuarbeiten.

[427] Diese Datensätze stammen aus den Biographielisten zweier Husarenregimenter.

[428] Louis v. Malinowsky und Robert v. Bonin, Geschichte der brandenburg-preußischen Artillerie, 1 Bd., Berlin 1840 und Kurd Wolfgang v. Schöning, Historisch-biographische Nachrichten zur Geschichte der brandenburg-preußischen Artillerie, 3 Bde., Berlin 1844 - 1845 sowie Viktor Asbrand gen. v. Porbeck, Geschichte des Garde-Fuß-Artillerie-Regiments, seiner Stammtruppenteile und Stämme, Bd. 1, Berlin 1885.

Original-Regimentslisten den Namen nicht richtig verstanden hatte und so z. B. den Namen „Grabow" als „Grabau" vermerkt hat. Ließ sich die Schreibweise in Zweifelsfällen mit Hilfe moderner Adelsmatrikeln sowie umfassender Güterverzeichnisse nicht eindeutig klären, wurde die Schreibweise der Quelle übernommen.[429] Aus diesem Grund sind einige Offiziere mit einem unterschiedlich geschriebenen Nachnamen in der Datenbank zu finden, obwohl ein Vergleich der Herkunfts- und Altersangaben vermuten läßt, daß es sich um ein und denselben Mann handelt. Prozentual fallen diese Fälle allerdings nicht ins Gewicht, da sie auf alle Datensätze umgerechnet lediglich im Promillebereich liegen. Das gleiche gilt für diejenigen Offiziere, deren Vornamen manchmal von Rangliste zu Rangliste entweder vertauscht, so z. B. „Friedrich Heinrich" in „Heinrich Friedrich", oder um einen Vornamen erweitert bzw. gekürzt wurden. Nur wenn eine korrekte Aufzählung und Nennung der Vornamen aus keiner anderen Quelle zu entnehmen war, wurde die Version der Quelle unverändert übernommen.

Schwierigkeiten bereitete zum Teil auch die exakte Bestimmung des Geburtsterritoriums, das bei der Auswertung der Listen von großer Bedeutung ist. Bei einigen Offizieren wurde lediglich das Gut genannt, von dem sie kamen, oder ein kleines Dorf in der Nähe des Stammsitzes. Mit Hilfe zweier Ortslexika[430] und des „Ledebur"[431] konnten aber bis auf fünf Ausnahmen die Geburtsterritorien zugeordnet werden. Nicht unproblematisch bei der Auswertung der Geburtsterritorien ist die Beobachtung, daß sich bei einigen Offizieren die Angabe des Territoriums von einer Rangliste zur nächsten geändert hat. Ein Beispiel: beim Garnisonregiment Nr. 8 findet sich in der Rangliste von 1764 in der 3. Kompanie der Kapitän Karl Benedict v. Bremer mit der Herkunftsangabe: „*Geboren in Stockholm, ansässig im Hannöverschen*". In der Rangliste von 1774 dagegen steht bei dem inzwischen avancierten Oberst v. Bremer als Herkunftsterritorium nur noch „*Hannover*". Nicht nur in diesem Fall wechselte damit das Herkunftsterritorium, weil offensichtlich nicht immer das Geburtsland eingetragen wurde, sondern bei einem „Umzug" das Gebiet, in dem sich der Offizier niedergelassen hatte. Die Fälle, bei denen sich dieses so konkret feststellen läßt wie bei dem Kapitän v. Bremer, sind allerdings sehr selten und haben keinen Einfluß auf die Auswertung der landmannschaftlichen Zusammensetzung „des" Offizierkorps.

---

[429] Als Adelslexika wurden genutzt: Ernst Heinrich v. Kneschke (Hrsg.), Neues allgemeines deutsches Adels-Lexicon, Bd. 1 - 9, Leipzig 1859 - 70 und Adalbert v. Ledebur, Adelslexicon der preußischen Monarchie, Bd. 1 - 3, Berlin 1855.
[430] Benutzt wurden: Leopold Krug, Topographisch-statistisch-geographisches Wörterbuch der sämmtlichen preußischen Staaten oder Beschreibung aller Provinzen, Kreise, Distrikte, Städte, Aemter, Flecken, Dörfer, Vorwerke, Flüsse, Seen, Berge, u. u. in den preußischen Staaten, 13 Bde., Halle 1796 - 1803 und Meyers Orts- und Verkehrslexikon des Deutschen Reichs, Leipzig 1935[6].
[431] S. Anmerkung 429.

Unterteilt wurden die Herkunftsterritorien in „Ausland/Deutsches Reich"[432] (z. B. Württemberg, Hannover oder Hamburg), in „Ausland/Europa" (z. B. Polen, Rußland oder Schweiz) und in „Preußen"[433]. Nicht jedes preußische Territorium[434] ist einzeln untersucht worden, sondern zum Teil sind diese vom Verfasser des Verarbeitungsprogramms für die Regimentslisten aus Gründen der einfacheren Berechnung und Übersichtlichkeit zu größeren Einheiten zusammengefaßt worden. So wurden die Mittelmark, die Altmark, Prignitz und die Uckermark zur „Kurmark" zusammengefaßt, Berlin und Potsdam wurden zu „Preußen-Zentrum" zusammengelegt. Zu „Magdeburg" gehören Halberstadt, Hohnstein und Mansfeld. Unter „Kleve" wurde ein Teil der westlichen Territorien zusammengefaßt, die räumlich relativ eng zusammen lagen: nämlich Kleve, Geldern und Moers und darüber hinaus noch die (Grafschaft) Mark. Ähnlich wurde bei der Zusammenfassung der anderen westlichen Territorien verfahren. In der Rubrik „Minden" sind neben Minden noch Ravensberg, Lingen und Tecklenburg erfaßt. Weitere Gebiete sind die Neumark, Pommern, Ostpreußen, Westpreußen, Schlesien, Neuenburg/Neufchâtel und Ostfriesland. Gesondert aufgeführt wird ebenfalls „Westfalen", womit das preußische Westfalen gemeint ist. Bei einigen Offizieren wurde als Herkunftsland lediglich „Westfalen" angegeben. Da in Einzelfällen der Herkunftsort zusätzlich genannt wurde, ließ sich erkennen, daß nur das preußische Westfalen gemeint sein konnte. Bei der Angabe der Herkunftsterritorien der Offiziere wurde berücksichtigt, daß Schlesien 1741, Ostfriesland 1744 und Westpreußen 1772 Preußen angegliedert worden sind. Konkret heißt dies, daß ein Offizier aus Schlesien, der vor 1740 in der preußischen Armee gedient hatte, auch in den Ranglisten nach 1740 mit der Herkunft „Ausland/Reich/Österreich-Schlesien" eingetragen wurde. Bei einem Offizier, der erst nach 1740 preußischer Offizier wurde, ist als Herkunftsterritorium „Preußen/Schlesien" vermerkt.[435]

---

[432] Unter dem Begriff „Deutsches Reich" versteht sich das bis 1803 (Reichsdeputationshauptschluß) bestehende „Heilige Römische Reich Deutscher Nation", wobei hier der hohenzollernsche Besitz der Hauptlinie ausgenommen ist. Zu dieser Verkürzung auf „Deutsches Reich" wurde gegriffen, weil die korrekte Bezeichnung den Rahmen der Tabellen „gesprengt" hätte, in denen die Ergebnisse der Listenauswertung enthalten sind.

[433] Korrekt wäre allerdings „Brandenburg-Preußen" zu schreiben, denn „Preußen" bzw. Ostpreußen war nur eins von mehreren zur Krone gehörenden Territorien. 1701 war Friedrich III. zum „König in Preußen" gekrönt worden und erst nachdem 1772 auch Westpreußen angegliedert worden war, konnte sich Friedrich II. mit vollem Recht „König von Preußen" nennen. Vgl. dazu Hubatsch, Grundlinien Preußischer Geschichte, S. 16. Bezeichnenderweise wurde noch lange nach 1701 in Europa von den „Brandenburgischen Ländern" gesprochen, wenn Preußen gemeint war, außerdem war es ein Ziel der Gegner im Siebenjährigen Krieg, den preußischen König wieder zum „Marquis von Brandenburg" zu machen. Siehe dazu Hermann Heckmann (Hrsg.), Historische Landeskunde Mitteldeutschlands: Brandenburg, Würzburg 1991², S. 27. Aus Gründen der Einfachheit wurde bei der Erfassung und statistischen Auswertung aber nur „Preußen" gesetzt, wenn eigentlich „Brandenburg-Preußen" gemeint ist.

[434] Die Bezeichnung „Provinz" wurde erst seit 1723 üblich, s. dazu Mittenzwei/Herzfeld, Brandenburg-Preußen, S. 236. Aus diesem Grund, und weil die untersuchten Gebiete zum Teil mehr als eine Provinz umfassen, wird der Begriff „Territorium" verwandt. Dieser Begriff hat allerdings nicht nur eine geographische Bedeutung, damit sind zugleich auch staatsrechtliche Eigenschaften verbunden.

[435] Der restliche Teil Schlesiens, der im habsburgischen Besitz verblieb, wird weiterhin gesondert behandelt bzw. als

Ein Beispiel: im Infanterieregiment Nr. 26 steht in der Rangliste von 1764 der Major Karl Wilhelm v. Kreckwitz als Chef der 3. Kompanie, anhand seines Dienstalters von 38 Jahren läßt sich sein Eintritt in die preußische Armee auf das Jahr 1726 datieren, ein Zeitpunkt also, als Schlesien noch zu Österreich gehörte, daher ist er im Herkunftsfeld mit „Ausland/Reich/Österreich-Schlesien" verzeichnet. In derselben Kompanie dient auch der Fähnrich Ludwig v. Reisewitz, der aufgrund seines Dienstalters von sechs Jahren, mit der Herkunft „Preußen/Schlesien" geführt wird.

In einigen Fällen sind in den Ranglisten Offiziere doppelt eingetragen. In der Rangliste aus dem Jahr 1764 des Infanterieregiments Nr. 18 „Prinz von Preußen" z. B. ist ein Martin Winter in der 6. Kompanie als Sekondleutnant geführt und in der 7. Kompanie als Premierleutnant. Da im ersteren Fall sein Alter mit 49 Jahren und im letzteren mit 49 ½ Jahren angegeben ist, läßt sich vermuten, daß die Originalliste nicht zu einem bestimmten Zeitpunkt, sondern im Laufe eines Jahres zusammengestellt wurde. Diese Doppelungen sind bei insgesamt nur vier weiteren Offizieren anderer Regimenter zu verzeichnen und fallen statistisch daher nicht ins Gewicht. Wie bei Winter sind diese Offiziere in den Kompanien mit verschiedenen Dienstgraden geführt, d. h. sie wurden im Laufe des Jahres befördert und von einer Kompanie in eine andere versetzt. Bei der Auswertung der Rang- und Abgangslisten ist ein weiteres Problem sichtbar geworden, das im Zusammenhang mit dem Adelsprädikat steht. So wurde der beim Infanterieregiment Nr. 34 stehende Chr.[436] Friedrich Wilhelm Schepern in der Rangliste von 1746 als Bürgerlicher geführt, aber in der Liste von 1750 mit dem Adelsprädikat als „von" Schepern. In der ersten Rangliste von 1756 fehlt das Adelsprädikat wieder, in der zweiten dagegen ist es vorhanden. Da auch bei Ledebur kein „von" Schepern zu finden ist, bleibt fraglich, ob und wann eine Nobilitierung erfolgt ist. Ein weiteres Beispiel verdeutlicht, mit welcher Vorsicht das Adelsprädikat der Offiziere beurteilt werden muß. In diesem Fall wird der beim Infanterieregiment Nr. 17 stehende Christ.[437] Friedrich Scheurich in der Rangliste von 1764 noch ohne „von" verzeichnet. In der Liste von 1773 steht er als „von" Scheurich. Laut Ledebur erfolgte seine Nobilitierung aber erst am 14. Oktober 1786.[438] Dieser Befund läßt vermuten, daß bei einigen Offizieren die Nobilitierung unterstellt oder aber in den Listen bereits für die davorliegenden Jahre eingetragen wurde. Diese Eintragung wird von König vorgenommen worden sein, da die Original-Listen nicht nachträglich erstellt worden sind, sondern jährlich bzw. monatlich an den Monarchen geschickt wurden.

„Ausland/Reich/Österreich-Schlesien" eingetragen.

[436] Der Vorname wird in der Quelle nicht ausgeschrieben, daher kann „Chr." sowohl Christian als auch Christof bedeuten.

[437] Dito.

[438] S. Ledebur, Adelslexicon, Bd. 2, S. 362.

Auch das „**Reglement vor die Königlich Preußische Infanterie von 1726**" und die „**Reglements für die Königlich Preußische Armee von 1743**" dienen als instruktive Quelle. Die Reglements sind von besonderem Interesse, weil sie ein Element der Disziplinierung sind und Auskunft darüber geben, wie die Monarchen, Friedrich Wilhelm I. und Friedrich II., versuchten, durch Regeln, Handlungsanweisungen, Verbote und auch Strafandrohungen ihre Offiziere zu einem einheitlichen Verhalten zu bringen. Als Quelle wurden ebenfalls die Bände der „**Acta Borussica**" genutzt, da sie eine Vielzahl von Kabinettsordres und damit normativen Vorgaben enthalten, die sich u. a. auf die Armee und deren Verhältnis zur Zivilverwaltung beziehen. Auch in den „Politischen Testamenten"[439] der Könige finden sich Aussagen, die Rückschlüsse erlauben über das Verhältnis von Monarch und Offizieren. Das Allgemeine Preußische Landrecht von 1794 wird in diesem Zusammenhang ebenso genutzt, da dies nicht nur den Zustand der Gesellschaft unter Friedrich II. widerspiegelt, sondern sich daraus die Verteilung der Aufgaben, die jedem Stand innerhalb dieses Systems zukamen, ablesen läßt, was wiederum den engen Zusammenhang von Staats- und Militärverfassung in Preußen sichtbar macht.

1. Herkunft und landsmannschaftliche Zusammensetzung

1.1. Das gesamte Heer

Die folgende Analyse erlaubt Beobachtungen über eine ganz wesentliche Funktion, die die preußische Armee im Staat erfüllte. Es wird deutlich, daß das Offizierkorps nicht allein unter militärischen Gesichtspunkten betrachtet werden kann. Die unten aufgeführte Tabelle mit der landmannschaftlichen Zusammensetzung des Offizierkorps bzw. der Offizierkorps spiegelt nämlich u. a. eines deutlich wider: Preußen war kein geschlossener Flächenstaat, sondern bestand aus einer Vielzahl von Territorien. Diese unterschieden sich in mancherlei Hinsicht voneinander. Es waren aber nicht nur die regionalen Besonderheiten, die es schwierig machten, diese Territorien zu bündeln. Auch die zum Teil großen Entfernungen, die zwischen den einzelnen Gebieten lagen, erschwerten den Zusammenhalt. Besonders der Vergleich mit Staaten wie Frankreich oder Rußland

---

[439] Zur Entstehung des Begriffes „Politische Testamente" und zur Bedeutung dieser Testamente als Geschichtsquellen, s. Dietrich, Die politischen Testamente, S. 3ff. und Duchhardt, Politische Testamente und andere Quellen zum Fürstenethos der frühen Neuzeit (= Ausgewählte Quellen zur deutschen Geschichte der Neuzeit, Bd. 18), Darmstadt 1987, hier die

107

unterstreicht diese Besonderheit Preußens. Die Klammer, die diese disparaten Territorien zusammenhielt, war die Monarchie. Um diese Klammer zu stärken und damit das Zusammenwachsen zu einem relativ geschlossenen Staat zu befördern, war ein Instrument besonders geeignet, das ausschließlich dem König zur Verfügung stand: Die Armee. Aufgrund der spezifischen Eigenheiten des aus unterschiedlichen Territorien bestehenden Preußens kam dieser Institution eine wichtige innenpolitische Aufgabe zu. Sie sollte dazu beitragen, daß sich diese „Ansammlung" von Territorien zu einem einheitlichen Staat entwickelte und zugleich sollte sie diesen „Staat" auch sichern. Da die Offiziere die Führung der Armee repräsentierten, waren sie besonders geeignet, diese Aufgabe zu erfüllen. Aus dem Testament Friedrichs II. von 1752 ist diese überaus wichtige Funktion des Offizierkorps zu entnehmen: *„Ebenso nötig ist es* [...] *ihm* [dem Adel] *patriotischen Sinn und Standesbewußtsein einzuflößen; daran habe ich gearbeitet und während des ersten Krieges mir alle Mühe gegeben, ihnen* [den Offizieren] *den Namen Preußen einzuhämmern, um alle Offiziere zu lehren, aus welcher Provinz sie auch kommen mögen, daß sie alle Preußen sind und daher aus allen diesen Provinzen, auch wenn sie verstreut liegen, einen zusammenhängenden Körper bilden."*[440] Die Integration der verschiedenen Territorien zu einem Staat konnte gezielt gefördert werden, wenn aus allen Landesteilen die Adligen in die Armee gezogen wurden. Dies allein aber genügte nicht. Ebenso wichtig war nämlich, daß in den einzelnen Regimentern z. B. neben Pommern auch Offiziere dienten, die aus der Altmark, dem Kleve, Ostfriesland etc. kamen. Durch diese Mischung wurden nicht nur Adlige aus ganz unterschiedlichen Gebieten mit den Einstellungen und Ansichten ihrer Standesgenossen vertraut gemacht, darüber hinaus bot diese heterogene Zusammensetzung eine Möglichkeit, die Offiziere zu „Preußen" zu machen und einen zusammenhängenden Körper zu bilden, wie es Friedrich formuliert hat. Ein starkes Übergewicht von Offizieren, die alle aus einer bestimmten Region stammten, hätte diese Aufgabe möglicherweise erschwert, weil dadurch der regionale Bezug sehr ausgeprägt gewesen wäre. Noch stärker wäre die Bindung an die Region gewesen, wenn z. B. das Offizierkorps eines Regiments, das in Pommern stationiert war, auch noch zum großen Teil aus Einheimischen bestanden hätte.

Die innenpolitische Funktion der Armee wird auch an der Dislozierung der Regimenter deutlich. Für deren Verteilung waren wohl in erster Linie militärische Gründe ausschlaggebend, die darin bestanden, daß Regimenter zum Schutz und zur Sicherung eines Territoriums dort stationiert wurden. Außerdem sollten sie möglichst nahe an ihrem Kanton liegen. Bei der Wahl der

Einleitung, S. 1 - 17.

Garnisonsstandorte kamen aber auch andere Gesichtspunkte zum Tragen. So wäre z. B. selbst das relativ große und geschlossene Gebiet der Kurmark nicht in der Lage gewesen, alle Truppenteile zu versorgen und ausreichend Garnisonsstandorte zu bieten. Darüber hinaus gewährleistete die Aufteilung der Regimenter über die verschiedenen Provinzen, daß die Armee ihre Aufgabe, die heimische Wirtschaft zu fördern, möglichst umfassend und breit erfüllen konnte. Ein weiterer Bereich, der durch die Stationierungen berührt wird, betrifft die integrative Funktion der Armee. Durch die Regimenter wurden Staat und Monarchie real sichtbar, und sie machten einem Einwohner Wesels, Mindens oder Königsbergs usw. deutlich, daß es Institutionen gab, die ihn mit den Bewohnern der anderen Territorien verbanden und sie alle zu Untertanen eines Staates machten. Aus diesem Grund hatte die Verlegung von Truppenteilen nach Ostfriesland oder nach Schlesien u. a. die Aufgabe, den Einwohnern die Existenz des preußischen Staates zu demonstrieren und ihnen ihre (neue) Zugehörigkeit zu diesem Staat zu verdeutlichen. Zudem sollte möglicherweise durch die Verteilung der Regimenter auf die verschiedenen Territorien erreicht werden, daß der dort ansässige Adel sich für den Dienst in der Armee entschied. Ein Regiment in „erreichbarer" räumlicher Nähe, also nicht weit entfernt vom Heimatort bzw. -gut und der Familie und den Verwandten, könnte nämlich eine Entscheidung für das Militär gefördert haben. Eine nahegelegene Einheit konnte die Möglichkeiten, die der Dienst als preußischer Offizier bot, auch für einen Adligen aus einem entlegenen Gebiet sichtbar machen und sie damit konkreter werden lassen.

Anhand der Ranglisten kann untersucht werden, ob die Offiziere aus dem Territorium kamen, in dem ihr Regiment stand.[440] Zu diesem Zweck wurden drei Kategorien gebildet. In der ersten sind die Offiziere erfaßt, die in dem Territorium geboren wurden, in der ihr Regiment stationiert war („Geburtsland gleich Standort", Gbl = Sto). In der zweiten sind diejenigen aufgeführt, die nicht in dem Territorium geboren wurden, in dem ihr Regiment garnisonierte („Geburtsland gleich Preußen", Gbl = Preußen). In der dritten sind die Offiziere aufgenommen, die im „Ausland" geboren wurden („Geburtsland gleich Ausland", Gbl = Ausland). In der Kategorie „Ausland" sind

---

[440] Dietrich, Die politischen Testamente, S. 311.
[441] In der Regel blieben die Regimenter bis 1786 in dem Territorium, in dem sie nach dem Krieg gegen Schweden 1715 ihre Garnisonen erhielten. Einige Verlegungen von „alten" Regimentern, d. h. Regimentern, die vor 1740 errichtet worden waren, erfolgten nach der Annexion Schlesiens. So wurden aus Kleve die Infanterieregimenter Nr. 28, 29 und 31 nach Schlesien verlegt. Bei der Kavallerie kam es zur Umsetzung der Kürassierregimenter Nr. 1, 4, 8, 9 und 12, des Dragonerregiments Nr. 2 und des Husarenregiments Nr. 1 von Ostpreußen nach Schlesien. Die genannten Infanterie- und Kavallerieregimenter erhielten dort auch ihren Aushebungskanton. An Stelle der aus Kleve versetzten Regimenter wurden dort die Füsilierregimenter Nr. 44, 45 und 48 errichtet. Ostpreußen erhielt als Ausgleich für den Abgang von sieben Kavallerieregimentern vier der nach 1740 errichteten Kavallerieregimenter, nämlich die Dragonerregimenter Nr. 8 und 10 und die Husarenregimenter Nr. 5 und 9.

sowohl diejenigen erfaßt, die aus deutschen Territorien (Mecklenburg, Sachsen usw.) kamen, als auch die, die aus dem europäischen Ausland (Frankreich, Schweden etc.) stammten. Diese Zusammenfassung ist vorgenommen worden, um die einheimischen preußischen Offiziere von den Ausländern, und dazu zählten eben auch die Deutschen aus den verschiedenen Territorien des Reichs, abgrenzen zu können.[442] In der nachfolgenden Tabelle sind die Ausländer nach Europäern (im Sinne von nicht zum Reich Gehörenden) und Deutschen unterschieden. Dort sind auch detaillierte Angaben über die Heimatterritorien der preußischen Offiziere zu finden. In der folgenden Tabelle sind die Offiziere in zwei Gruppen[443] aufgeteilt worden: vom Offiziersanwärter im Rang des „Gemeinen" bis zum „Stabskapitän bzw. -rittmeister" (z - k) und vom „Kapitän bzw. Rittmeister" bis zum „Generalfeldmarschall" (i - a)[444]:

	1713, 02 – 1740, 05	1740, 06 - 1756, 07	1763, 03 - 1786, 08	Summe 1713 - 1786
Dienstgrade z - k:				
Gbl = Sto	1422 (26,8 %)[445]	1639 (23,9 %)	2966 (29,0 %)	6027 (26,9 %)
Gbl = Preußen	2927 (55,2 %)	3246 (47,4 %)	4217 (41,2 %)	10390 (46,4 %)
Gbl = Ausland	944 (17,8 %)	1955 (28,5 %)	3037 (29,7 %)	5936 (26,5 %)
Zusammen:	5293	6840	10220	22353
Dienstgrade i - a:				
Gbl = Sto	319 (20,6%)	309 (17,3 %)	620 (21,2 %)	1248 (19,9 %)
Gbl = Preußen	958 (62,1%)	1108 (62,2 %)	1456 (49,7 %)	3522 (56,3 %)
Gbl = Ausland	265 (17,1%)	362 (20,3 %)	848 (29,0 %)	1475 (23,6 %)
Zusammen:	1542	1779	2924	6245
			Alle Dienstgrade:	28598

Diese Tabelle belegt, daß im gesamten Untersuchungszeitraum nur 26,9 % der Dienstgrade „Gemeiner" (im Sinn von Offiziersanwärtern) bis „Stabskapitän bzw. -rittmeister" in dem Territorium geboren wurden, in dem ihr Regiment stand. Die Offiziere der Dienstgrade „Kapitän bzw. Rittmeister" bis „Generalfeldmarschall" kamen sogar nur zu 19,9 % aus dem

---

[442] Im weiteren Verlauf der Arbeit wird daher darauf verzichtet, den Begriff „Ausland" bzw. „Ausländer" in Anführungszeichen zu setzen.

[443] Diese Aufteilung ist vorgenommen worden, weil das Erreichen der Kapitänscharge und der damit verbundenen Kompaniechefstelle die entscheidende Hürde für einen preußischen Offizier darstellte.

[444] Den ersten Berechnungszeitraum stellt die Regierungszeit Friedrich Wilhelms I. dar, der zweite umfaßt die Zeit vom Regierungsantritt Friedrichs II. bis zum Ausbruch des Siebenjährigen Krieges und der dritte reicht vom Ende des Siebenjährigen Krieges bis zum Tod Friedrichs II.. Der Siebenjährige Krieg wurde als Berechnungszeitraum hier nicht berücksichtigt, da die geringe Zahl von Ranglisten aus dieser Periode nur eingeschränkt aussagekräftige Ergebnisse erbracht hätte. Die Zahlen hinter dem Komma beziehen sich in dieser und allen folgenden Tabellen auf den Monat, d. h. „1713, 02" bedeutet Februar des Jahres 1713.

[445] Diese Prozentzahlen beziehen sich auf die jeweilige Gesamtzahl („Zusammen"), in der alle Offiziere aus den verschiedenen „Herkunftsländern" (Standort, Preußen, Ausland) enthalten sind.

110

Standortterritorium ihres Regiments. Das heißt, annähernd 80 % der Kompanieinhaber dienten bei einem Regiment, welches nicht in ihrer Heimatgegend stationiert war. Daß im Vergleich zu den Subalternen bei diesen der Anteil noch niedriger liegt, läßt vermuten, daß ein großer Teil der Offiziere mit ihrer Beförderung zum Kapitän resp. Rittmeister zu einem anderen Regiment versetzt worden ist bzw. diese Versetzung etwas später erfolgte. Diese Annahme soll bei der Analyse der Abgangslisten überprüft werden. Bei der Bewertung des zuletzt genannten Prozentsatzes ist außerdem zu berücksichtigen, daß das der Berechnung zugrunde liegende Territorium wesentlich größer ist als der Kanton, der sich - in der Regel - in dem Gebiet befand, in dem das Regiment stand. Daher liegt wahrscheinlich die Zahl der Kompanieinhaber, die aus dem Kanton ihres Regiments kamen, noch niedriger. Darüber hinaus muß ebenfalls bedacht werden, daß sich aus den Regimentslisten nicht ablesen läßt, wie viele unter den 19,9 % aus der Kompanieinhabergruppe tatsächlich auch noch Gutsbesitzer waren. Aus diesem Grund dürfte die Zahl derjenigen Offiziere, auf die beide Merkmale zutrafen, noch geringer gewesen sein.

Die vorliegenden Ergebnisse stellen eine der zentralen Thesen von Otto Büsch in Frage, in der er zusammengefaßt hat, was seiner Ansicht nach die Grundlage für das preußische Militärsystem war: *„Der Kompaniechef im Regiment war Gutsherr zuhaus"*[446] und in anderen Worten *„Derselbe Edelmann, der auf dem Gut [...] die Herrschaft über seine untertänigen Bauern ausübte und seine Landwirtschaft betrieb, kommandierte mit den gleichen Mitteln über die Rekruten im Heer und führte dort, war er Kapitän, die Wirtschaft seiner Kompanie."*[447] In dieser These sind zwei Elemente enthalten. Zum einen die Identität von Kompaniechef und Gutsherr in einer Person und zum anderen die damit implizierte Identität des Adligen, der als Gutsherr seine Bauern kommandierte und der eben diese nach ihrer Rekutierung für die Armee in seiner Funktion als Kompaniechef weiter befehligte. Aufgrund des obigen Befundes kann in beiderlei Hinsicht nicht mehr ohne weiteres an dieser These festgehalten werden. Es müssen noch andere grundsätzliche Einwände gegen Büschs These vorgebracht werden. So hätte nämlich die Identität von Kompaniechef und Gutsherr zur Voraussetzung, daß gutsherrlicher Besitz und Dislokation der Einheit relativ stark übereinstimmten. Zudem hat sich Büsch bei seinen Beobachtungen fast ausschließlich auf eine Gruppe gestützt, die innerhalb des preußischen Adels vermutlich nur den kleineren Teil stellte. Es ist nämlich davon auszugehen, daß die Zahl derjenigen Adligen, die tatsächlich Gutsherren waren, geringer war, als die Zahl derjenigen, die als nachgeborene Brüder oder als Söhne des Gutsherrn kein Gut besaßen und daher als Offiziere dienten. Darüber hinaus ist

---

Büsch, Militärsystem und Sozialleben, S. 72.

nicht zu quantifizieren, wie viele Adelsfamilien über keinerlei Grundbesitz verfügten und daher aus existenziellen Gründen auf die Stellen im Staatsdienst angewiesen waren.

Die Gründe dafür, daß lediglich bei einem von fünf Kompaniechefs das Heimatterritorium identisch war mit dem Standortbereich des Regiments, können nicht mit letzter Sicherheit bestimmt werden. Eine Teilerklärung bietet Bleckwenn. Er weist darauf hin, daß sich die preußische Armee in dieser Angelegenheit der allgemeinen Verwaltungspraxis in Preußen angepaßt habe, wonach höhere Stellen in der zivilen Verwaltung nicht mit Einheimischen besetzt wurden.[448] Möglicherweise lag eine weitgehende Identität von Kompaniechef und heimischem Gutsherrn nicht im Interesse der Armee. Es ist bereits darauf verwiesen worden, daß Friedrich Wilhelm I. „den" preußischen Adel auf den Offiziersdienst verpflichten wollte, um diesen darin im Sinne des Königs zu erziehen. Eine starke Bindung der Offiziere als Gutsherren an ihre Herkunftsregionen hätte vielleicht den „Erfolg" dieser Erziehung gefährdet. Um zu gewährleisten, daß die Adligen durch den Dienst geformt werden konnten, mußte möglicherweise sichergestellt werden, daß diese in ihrer Funktion als Offiziere nicht zweierlei Interessen nachgingen. Dies hätte nämlich unter Umständen zu Konflikten geführt, die die Dienstführung und die Leistungsfähigkeit des Offiziers gefährdeten. Eine Erziehung der Adligen im Offiziersdienst war wohl am ehesten sicherzustellen, wenn diese von ihren lokalen Bindungen entfernt und in ein Regiment gesetzt wurden, das in einer anderen Provinz stationiert war. Wenn die jungen Adligen zu Beginn ihrer Offizierslaufbahn als Gefreitenkorporale in die Regimenter eintraten, dürfte der Dienst in einer nahegelegenen Einheit noch toleriert worden sein. Dies gab den Verwandten die Gelegenheit, den jungen Offiziersanwärter und späteren Subalternen in der materiell kargen Anfangszeit möglichst direkt zu unterstützen. Wenn allerdings der Offizier zum Kapitän befördert wurde und eine Kompanie erhielt, änderte sich dessen Stellung ganz entscheidend. Wie bereits bei der Beschreibung des Kantonreglements erwähnt, übernahm der Kapitän damit nicht nur eine militärische Funktion, sondern erhielt dadurch auch einen gewissen Einfluß auf die Bevölkerung des ihm zugeteilten Kantonbezirkes. Die potentiellen Mißbrauchsmöglichkeiten, die der Kompaniechefstelle inhärent waren, mußten es besonders bedenklich machen, wenn ein Kompaniechef aus derselben Region stammte, in der seinem Regiment der Kanton zugeteilt war.

---

[447] Büsch, Militärsystem und Sozialleben, S. 97.
[448] S. Bleckwenn, Altpreußischer Militär- und Landadel, S. 95. Siehe dazu den Abschnitt in der Instruktion für das Generaldirektorium aus dem Jahre 1722, Acta Borussica, Bd. 3, S. 578: *„Mit einem Wort, Unsere allergnädigste Intention gehet dieserwege dahin, daß Uns zu Besetzung der Provinzialkammeren und -Commissariate keine Leute in Vorschlag gebracht werden sollen, die aus der Provinz bürtig, woselbst die vacante Bedienung wieder zu besetzen."*

112

Eine weitgehende Identität von Kompaniechef und regionalem Gutsbesitzer war zudem aus militärischer Sicht wahrscheinlich nicht wünschenswert. Ein Kompaniechef hatte nämlich bei der Rekrutierung „seiner" Kanonisten für die Kompanie darauf zu achten, daß er die Besten für den Armeedienst auswählte, d. h. diejenigen, die ausreichend lang, gesund und kräftig waren. Hätte er dies nicht getan, wäre er spätestens bei der jährlichen Revue dem Monarchen „unangenehm" aufgefallen. Mit anderen Worten, seine Interessen als Führer und Inhaber einer militärischen Einheit und damit der Armee standen für ihn im Vordergrund, zumindest sollten sie es. Ein Gutsherr dagegen dürfte nur ungern wertvolle Arbeitskräfte, die er für die Arbeit auf seinem Land benötigte, an die Armee abgegeben haben. Etwas gemildert wurde dieser Umstand dadurch, daß die Kantonisten den Großteil des Jahres auf dem Land arbeiten konnten und nur wenige Monate tatsächlich als Soldaten dienten. Trotzdem war bei einer Identität von Kompaniechef und Gutsherr unter Umständen nicht unbedingt gewährleistet, daß dieser die Bedürfnisse der Armee vorrangig berücksichtigte. In diesem Zusammenhang sei auch darauf verwiesen, daß die gleichzeitige Führung von Kompanie und Gut zugleich eine doppelte Belastung darstellte. Beide Bereiche erforderten einen bestimmten Einsatz an Arbeit, um erfolgreich verwaltet zu werden. Nicht zu beantworten ist, wie viele Offiziere in der Lage gewesen sind, beide Aufgaben zugleich zu erfüllen. Möglicherweise ist der eine oder der andere Bereich wegen dieser Doppelfunktion zu kurz gekommen. Es ist wahrscheinlich, daß sich einige dieser Offiziere entschlossen haben, zugunsten ihres Armeedienstes das Gut aufzugeben, es an einen Verwandten weiterzugeben oder es zu verpachten. Andere wiederum haben vielleicht für den Erhalt des angestammten Familienbesitzes den Dienst in der Armee quittiert.

Die Ergebnisse, die Frank Göse aus der Analyse der Vasallentabellen der Neumark und der Kurmark gewonnen hat, bestätigen die aus den Regimentslisten erzielten Beobachtungen hinsichtlich des geringen Anteils der „Einheimischen" an den Regimentsoffizierkorps. So ist aus einer von ihm erstellten Tabelle[449] mit den Garnisonorten neumärkischer adliger Offiziere (Rittergutsbesitzer und deren Söhne) im Jahre 1713 zu entnehmen, daß nur 20,5 % aus der Neumark kamen. Eine weitere Tabelle[450] mit den Garnisonorten kurmärkischer adliger Offiziere (Rittergutsbesitzer) im Jahre 1769, ergibt, daß lediglich 15 % der Offiziere bei einem Regiment dienten, daß in ihrem Heimatkreis oder einem benachbarten Kreis stationiert war. Diese Zahlen werden durch weitere Ergebnisse untermauert, die aus der Analyse der Vasallentabellen stammen. Danach waren im Jahre 1713 von den kurmärkischen und den neumärkischen Rittergutsbesitzern

---

[449] S. Göse, Zwischen Garnison und Rittergut, S. 125.

$15,8^{451}$ bzw. 21,3 % aktive Offiziere in der preußischen Armee.[452] Und 1769 lag der Anteil der aktiven Offiziere bei den kurmärkischen Rittergutsbesitzern bei 22 %.[453] Als Ergänzung kann in diesem Zusammenhang Martiny herangezogen werden, der ebenfalls die Vasallentabellen des kurmärkischen Adels untersucht hat. Dieser gibt an, daß im Jahre 1800 der Anteil der aktiven Offiziere unter den Rittergutsbesitzern bei 15,9 % lag[454] und damit fast so hoch bzw. so niedrig war wie 1713. Der Antritt des Erbes dürfte tatsächlich für einige Offiziere der Grund gewesen sein, den Dienst in der Armee zu quittieren, wie oben bereits angesprochen.[455] Dies würde auch erklären, warum der Anteil der Rittergutsbesitzer, die aktive Offiziere waren, im 18. Jahrhundert relativ stabil geblieben ist. Darüber hinaus ist dies eine Erklärung dafür, warum der Anteil der Einheimischen am Offizierkorps der Regimenter besonders innerhalb der Kompanieinhabergruppe nicht über den genannten Wert hinaus angewachsen ist. Die Gründe dafür, daß die Offiziere bzw. die Kompaniechefs nach der Übernahme eines Gutes aus der Armee ausschieden, sind möglicherweise nicht nur darin zu suchen, daß das Gut dem Adligen ein standesgemäßes Auskommen ermöglichte und er daher nicht auf die Einkünfte aus der Kompanie angewiesen war. Daß ein Offizier freiwillig auf die doch teilweise erheblichen Summen aus dieser Dienststellung verzichtete, kann eben auch daran gelegen haben, daß es nur schwer möglich war, Gut und Kompanie zur gleichen Zeit angemessen und gewinnbringend zu verwalten.[456] Andererseits wurde im Laufe des 18. Jahrhunderts die Zahl der Offiziersstellen stark vermehrt, da dennoch der Anteil der Rittergutsbesitzer relativ stabil geblieben ist, heißt das, daß demnach in absoluten Zahlen gesehen mehr Rittergutsbesitzer als Kompaniechefs dienten als zu Beginn des 18. Jahrhunderts. Als Erklärung dafür kann nicht allein der Territorialzuwachs herangezogen werden, vermutlich ist hier auch eine steigende Akzeptanz und Bereitschaft der Gutsbesitzer zu fassen, in der Armee zu dienen und gleichzeitig ihr Gut zu bewirtschaften. Diese Bereitschaft kann aber durchaus auf wirtschaftliche Zwänge zurückzuführen sein. Aufgrund der Krise der Landwirtschaft nach dem Siebenjährigen Krieg dürfte eine gewisse Anzahl von Rittergutsbesitzern weiter in der Armee

---

[450] S. ebd..
[451] Diese Prozentzahlen und die folgenden beiden Angaben liegen zum Teil erheblich unter den von Göse, Die Struktur, S. 34f. ermittelten Zahlen. Dies liegt offensichtlich daran, daß dieser in seine Berechnung nicht nur die Zahl der in preußischen Diensten stehenden Offiziere einbezogen hat. Vielmehr hat er auch diejenigen Rittergutsbesitzer dazu gezählt, die in auswärtigen Militärdiensten standen. Daher stellen die von ihm angegebenen Prozentzahlen nicht die Werte für die preußische Armee dar, sondern für den Militärdienst als Offizier allgemein. Allerdings dürfte die Quote der im Ausland Dienenden nicht sehr groß gewesen sein, war dieses doch strikt verboten. Zur Kontrolle dieses Verbotes waren die Vasallentabellen von Friedrich Wilhelm I. eingeführt worden.
[452] S. Göse, Die Struktur, S. 42.
[453] S. Göse, Die Struktur, S. 43.
[454] S. Martiny, Die Adelsfrage, S. 113.
[455] S. Martiny, Die Adelsfrage, S. 65f..

gedient bzw. den Dienst gesucht haben, weil sie zur Erhaltung ihres Grundbesitzes die Einkünfte aus ihrer Offiziersstelle benötigten.

Auf die Rittergutsbesitzer soll allerdings nicht weiter eingegangen werden, da davon auszugehen ist, daß der grundbesitzende Adel in der gesamten Aristokratie in den preußischen Territorien nur einen Teil und wahrscheinlich lediglich den kleineren stellte. Ein wesentlicher Faktor für die steigende Zahl der Adligen im Armeedienst ist wohl darin zu suchen, daß dieser Stand im Laufe des 18. Jahrhunderts in zunehmendem Maße aus materiellen Gründen auf diese Stellen angewiesen war.[457] So ist aus den Berichten von v. Lemcke[458], v. Hülsen[459], v. Prittwitz[460] und v. Barsewisch[461] zu entnehmen, daß alle vier zur Armee geschickt wurden, damit sie dort versorgt werden konnten, denn ihre Familien waren relativ arm. Weitere Faktoren, die die Entscheidung für den Offiziersdienst erleichtert haben, liegen im immateriellen Bereich. Dazu gehört u. a. der wesentliche Aspekt, daß der Offiziersdienst als eine für den Adelsstand gemäße Tätigkeit galt. Außerdem versprach der Glanz, den die preußische Armee spätestens seit ihren Erfolgen zu Beginn der 1740er Jahre verbreitete, einem Offizier, daß er durch den Dienst persönlich daran partizipieren konnte.

Die Gründe, warum in zunehmendem Maße Angehörige der Aristokratie auf die Stellen im Staatsdienst angewiesen waren, sind u. a. in der Verschlechterung der ökonomischen Rahmenbedingungen für einen Teil des Adels zu suchen. In diesem Prozeß kamen mehrere Aspekte zusammen. Da ist zum ersten die steigende Verschuldung, wie sie z. B. im Falle der kurmärkischen

---

[456] S. dazu Göse, Zwischen Garnison und Rittergut, S. 133.

[457] Allerdings läßt sich dies nur vermuten, da verläßliche Untersuchungen über die wirtschaftliche Lage „des" preußischen Adels im 18. Jahrhundert nicht vorliegen. Es ist wahrscheinlich möglich, einzelne Familien dahingehend zu untersuchen, aber für die vorliegende Arbeit würden diese begrenzten Studien nicht sehr nutzbringend sein, weil sie keine Aussagen über den gesamten Offiziersstand zulassen würden. Gewisse Hinweise über die wirtschaftliche Situation verschiedener Adelsfamilien ist durch eine Analyse der Vasallentabellen möglich, in denen der Wert der Rittergüter angegeben ist. Göse, Die Struktur, S. 37 und 46 hat dazu Tabellen erstellt. Allerdings beziehen sich bis auf Ausnahmen die darin enthaltenen Angaben nur auf den Wert der Güter in bestimmten Kreisen und nicht auf einzelne Familien. Darüber hinaus kann der Wert eines Gutes nicht unbedingt gleichgesetzt werden mit der finanziellen Situation der adligen Gutsbesitzerfamilie. Außerdem erfassen die Vasallentabellen nur den grundbesitzenden Adel und erlauben daher keine Aussagen über den gesamten Adel. Da über die materielle Lage „des" Adels keine verläßlichen Informationen vorliegen, ist auch nicht zu beantworten, in welchem Maße im Laufe des 18. Jahrhunderts die Besetzung der Offiziersstellen für „den" Adel aus Existenzgründen an Bedeutung gewonnen hat.

[458] S. Kriegs- und Friedensbilder aus den Jahren 1754-1759. Nach dem Tagebuch des Leutnants Jakob Friedrich v. Lemcke 1738-1810, hrsg. von R. Walz, Neudruck der Ausgabe 1909, in: Kriegs- und Friedensbilder 1725-1759 (= Altpreußischer Kommiss, offiziell, offiziös und privat, Heft 2), Teil II., Osnabrück 1971, S. 19f.. Wird im folgenden als „v. Lemcke, Kriegs- und Friedensbilder" zitiert.

[459] S. v. Hülsen, Unter Friedrich dem Großen, S. 4.

[460] S. Christian Wilhelm v. Prittwitz, „Ich bin ein Preuße...". Jugend und Kriegserleben eines preußischen Offiziers im Siebenjährigen Krieg. (= Quellen und Schriften zur Militärgeschichte, Bd. 2), mit einem Vorwort von Hans Bleckwenn, Reprint, Paderborn 1989, S. 17.

[461] S. Ernst Friedrich Rudolf v. Barsewisch, Von Roßbach bis Freiberg 1757 - 1763. Tagebuchblätter eines friderizianischen Fahnenjunkers und Offiziers, neu herausgegeben, kommentiert und bearbeitet von Jürgen Olmes,

Gutsbesitzer[462] festzustellen ist: „[...] *sowohl das Erbsystem, wie die Landwirtschaftskrise nach dem Siebenjährigen Kriege, wie die Intensivierung der Landwirtschaft am Ende das Jahrhunderts zwang sie dazu, Kredit aufzunehmen.*"[463] Wenn im Falle des Erbganges zur Abfindung aller Erben das Gut nicht verschuldet wurde, mußte der Grundbesitz aufgeteilt werden. Diese Aufteilung[464] bedeutete zugleich eine Verkleinerung der ökonomischen Basis, die den Erben zur Verfügung stand. Dies ist ein weiterer Grund, warum wahrscheinlich eine steigende Anzahl von Adligen den Offiziersdienst als zweites wirtschaftliches „Standbein" benötigte. Der dritte Aspekt, der sich hier ausmachen läßt, ist sowohl Folge der Verschuldung von Teilen des Adels als auch ein Grund, warum immer mehr Adlige auf den Staatsdienst angewiesen waren. Und zwar handelt es sich hierbei um die Tatsache, daß im Laufe des 18. Jahrhunderts eine ständig steigende Zahl von adligen Gütern an Bürgerliche verkauft wurden. Gründe für den Verkauf an Bürgerliche waren drückende Schulden, die auf den Gütern lagen, aber auch die Aussicht auf Gewinn, den sich einige Adlige daraus erhofften. Betrug der Anteil der bürgerlichen Rittergutsbesitzer in der Kurmark 1713 noch 5,5 %[465], waren es 1769 bereits 10,2 % und 1800 waren es 13 %[466]. Daß sich der skizzierte Prozeß nicht allein in der Kurmark vollzog, ist daraus zu entnehmen, daß Friedrich II. 1769 die Gründung der „Landschaften" angeregt hatte, die zuerst in Schlesien, dann aber auch in Pommern, Magdeburg und in der Neumark gegründet wurden. Vergeblich waren in diesem Zusammenhang die Bemühungen Friedrichs, den einheimischen Adel zur Umwandlung der Lehen in Fideikommisse zu bewegen, durch die eine Aufteilung des Grundbesitzes zu verhindern gewesen wären.[467] Die geringere wirtschaftliche Belastungsfähigkeit der Güter führte dazu, daß einige Adelsfamilien gezwungen waren, ihre Söhne in den Militärdienst zu geben. Verschärft wurde diese Situation dadurch, daß es für einen Adligen in Preußen nur wenige Alternativen gab, wenn er nach einer standesgemäßen Tätigkeit suchte. Die Zahl der Stellen in der Verwaltung oder bei Hofe waren nämlich im Vergleich zur Armee sehr gering. Außerdem lag die Hürde zur Erreichung dieser Posten wesentlich höher als in der Armee, mußte doch für die zivile Laufbahn eine Prüfung (seit 1737) abgelegt werden. Um Offizier werden zu können, mußte dagegen keine besondere Prüfung

---

Neudruck der Ausgabe von 1863, Krefeld 1959, S. 18.

[462] Ausführlich dazu Martiny, Die Adelsfrage, S. 14 - 34.

[463] Martiny, Die Adelsfrage, S. 21.

[464] S. dazu Martiny, Die Adelsfrage, S. 18f.

[465] S. Göse, Die Struktur, S. 32. Auch die Angabe für das Jahr 1769 stammt von dort. Außerdem verweist Göse an dieser Stelle darauf, daß sich in der Neumark hinsichtlich des „Eindringens" Bürgerlicher in den adligen Grundbesitz eine ähnliche Entwicklung feststellen läßt.

[466] S. Martiny, Die Adelsfrage, S. 35.

[467] S. Martiny, Die Adelsfrage, S. 28f. Er nennt die Zahl von 15 Fideikommißgütern, die es vor 1807 in der Kurmark gegeben hat. Bei einer Gesamtzahl von etwa 1200 Adelsgütern bedeutet dies, daß lediglich 1,2 % davon

absolviert werden. Für einen Adligen, der aufgrund seiner Standeszugehörigkeit für die Offiziersstellen bevorzugt wurde, war daher sehr wahrscheinlich dieser Dienst zusätzlich attraktiv. Eine Verschlechterung für die Gruppe der Brüder und Söhne der Vasallen, die in den gleichnamigen Tabellen erfaßt wurden, resultierte daraus, daß durch den Verkauf an Bürgerliche immer weniger Güter zur Verfügung standen, die Adlige erben konnten. Zusätzlich belastend hat sich wahrscheinlich ausgewirkt, daß zwar der Anteil des grundbesitzenden Adels, wie oben erwähnt, abnahm, die Zahl der Adligen insgesamt aber nicht rückläufig war.[468] Es ist anzunehmen, daß parallel zum Wachstum der gesamten Bevölkerung (1713: 1,65 Millionen, 1740: 2,24 Millionen und 1786: 5,43 Millionen[469]) auch der Adel zugenommen hat. Leider gibt es keine verläßlichen Angaben über den Anteil des Adelsstandes an der Gesamtbevölkerung.[470] Es liegen weder für Preußen insgesamt noch für die einzelnen preußischen Territorien Zahlen dazu vor. Aus diesem Grund kann die wichtige Relation zwischen Offizierstellen und der Zahl der potentiellen adligen Bewerber nicht hergestellt werden. Auch wenn es mehr Adlige gab, die einer Versorgung bedurften, hatte dies nicht zwangsläufig Auswirkungen auf den Offiziersbereich. Zum ersten wird es immer eine bestimmte Zahl von Adligen gegeben haben, die aus verschiedenen Gründen keine Stelle im Staatsdienst benötigten oder anstrebten. Zum zweiten dürften einige Adlige den Dienst in der Verwaltung dem in der Armee vorgezogen haben. Zum dritten waren nicht alle Adligen, die Offizier werden wollten, auch körperlich und geistig tauglich für diese Tätigkeit. Letzterer Anteil ist allerdings ebenfalls nicht zu quantifizieren.[471]

Fideikommißgüter waren.

[468] S. dazu Martiny, Die Adelsfrage, S. 72f..

[469] S. Schmoller, Umrisse und Untersuchungen, S. 138.

[470] Die Angabe, daß der Anteil des Adels an der Bevölkerung im deutschen Reich vor 1806 etwa 1 % betragen habe, findet sich u. a. bei Wehler, Deutsche Gesellschaftsgeschichte, S. 142 und Gall, Gesellschaft, S. 10. Da dieser Wert aber aus der Literatur entnommen ist, auf keiner verläßlichen Datenbasis beruht und zudem für das gesamte deutsche Reich gilt, wurde diese Prozentangabe nicht herangezogen. Auch in dem Aufsatz von Diedrich Saalfeld, Die ständische Gliederung der Gesellschaft Deutschlands im Zeitalter des Absolutismus, in: VSWG, 67. Jg., 1980, S. 457 - 483 ist die Angabe zu finden, daß der Anteil des Adels an der Gesamtbevölkerung um 1800 ca. 1 % betragen habe, s. S. 465. Saalfeld selber räumt aber ein, daß dieser Wert mittels einer nachträglichen Schätzung zustande gekommen ist, s. S. 478. Über Preußen schreibt er, daß für diesen Staat die statistische Überlieferung noch am günstigsten sei. In der Tabelle 4 auf S. 480 gibt er an, daß im Königreich Preußen im Jahre 1800 der Anteil des Adels an der Bevölkerung 1,3 % betragen habe. In der Kurmark seien es 2,1 % im Jahre 1806 gewesen. Trotz seiner Beobachtung, daß das statistische Material für Preußen relativ verläßlich ist, werden die Werte von Saalfeld im Rahmen dieser Arbeit nicht berücksichtigt. Dies geschieht aus zweierlei Gründen. Der eine ist, daß aufgrund der vorgenommen Schätzung den Prozentangaben ein gewisser Unsicherheitsfaktor innewohnt. Sollten diese in Relation mit der Zahl der Offiziere gesetzt werden, dürften die daraus gewonnen Ergebnisse nicht hinreichend valid sein. Zum zweiten spricht der Umstand, daß die Angaben sich auf die Jahre 1800 bzw. 1806 beziehen, gegen ihre Verwendung. Da Friedrich II. zu diesen Zeitpunkten bereits 14 bzw. 20 Jahre tot war, könnten die Werte über den Adelsanteil an der Bevölkerung, wenn überhaupt nur mit Einschränkungen auf die spätfriderizianische Zeit übertragen werden.

[471] Im Unterschied zum einfachen Soldaten trat die Mehrzahl der Offiziersanwärter in einem Alter in die Armee ein, das nach heutigem Verständnis an der Grenze vom Kind zum Jugendlichen lag, wie die Auswertung des Lebensalters im weiteren Verlauf der vorliegenden Arbeit zeigen wird. Das heißt, daß sie zu diesem Zeitpunkt weder physisch noch

Seine besondere Bedeutung erhält der wahrscheinliche Anstieg der versorgungsbedürftigen Adligen, wenn er im Zusammenhang gesetzt wird mit zwei parallelen Entwicklungen, die sich aus den Regimentslisten ablesen lassen. Wie nämlich aus obiger Tabelle zu entnehmen ist, hat sich im Laufe des Berechnungszeitraumes das zahlenmäßige Verhältnis zwischen Preußen (Gbl = Sto, Gbl = Preußen) und Ausländern verändert. Kamen in der Regierungszeit Friedrich Wilhelms I. 82 % der Dienstgrade „Gemeiner" bis „Stabskapitän" aus Preußen, so waren es im zweiten Zeitraum 71,3 % und im dritten 70,2 %. Der Anteil der Ausländer stieg von 17,8 % auf 28,5 % und schließlich auf 29,7 %. Eine ähnliche Entwicklung ist bei den Dienstgraden vom „Kapitän bzw. Rittmeister" bis zum „Generalfeldmarschall" zu beobachten. Hier betrug die Zahl der Preußen ursprünglich 82,7 %, sank dann über 79,5 % auf 70,9 % ab. Die Zahl der Ausländer stieg von 17,1 % über 20,3 % auf 29 % an. In beiden Gruppen hat sich damit deren Anteil von 1713 bis 1786 nahezu verdoppelt.[472] Die Tatsache, daß mehr Ausländer preußische Offiziere wurden, bedeutet zugleich für den einheimischen Adel, daß in der proportionalen Berechnung weniger Offiziersstellen für eine (wahrscheinlich) ansteigende Zahl preußischer Adliger zur Verfügung standen. Es war aber nicht nur die „Konkurrenz", die in Gestalt der Ausländer den exklusiven Anspruch des preußischen Adels auf die Besetzung der Offiziersstellen gefährdeten. Bereits hier kann vorweggenommen werden, daß auch immer mehr Bürgerliche Offiziere wurden und damit der Adel auch von dieser Seite unter Druck geriet. An dieser Stelle muß auf einen eklatanten Widerspruch zwischen den Ergebnissen der Listenauswertung und einem wichtigen Ziel Friedrich Wilhelms I. und Friedrichs II. (zumindest bis 1763) hingewiesen werden. Beide hatten nämlich aus verschiedenen Gründen, die zum Teil bereits angesprochen worden sind, bei der Besetzung der Offiziersstellen den einheimischen Adel eigentlich bevorzugen wollen. Mögliche Erklärungen, warum trotzdem der prozentuale Anteil der Einheimischen am Offizierkorps immer weiter gesunken ist, sollen weiter unten gegeben werden.

Anzeichen für den oben skizzierten Prozeß, der dazu führte, daß die Posten im Staatsdienst für eine zunehmende Zahl von Adligen geradezu existenziell wichtig wurden, besonders für diejenigen, die

---

hinsichtlich ihrer Körperlänge voll entwickelt waren. Auch wenn es für die jungen Adligen, die in die Regimenter eintraten, keine Tauglichkeitsuntersuchung gab, mußten diese dennoch gesund sein und zumindest die Aussicht auf weiteres Körperwachstum haben. Stellten sich im Laufe der Zeit irgendwelche Einschränkungen und Gebrechen ein, die den Offiziersanwärter bzw. Offizier an der vollen Ausübung seiner Tätigkeit einschränkten, mußte dieser in der Regel ausscheiden, wenn er nicht zu einem Garnisonregiment versetzt werden konnte. So findet sich z. B. in den Abgangslisten immer wieder der Eintrag, daß ein Offizier wegen eines „blöden Gesichtes" die Armee verlassen mußte, d. h. dieser Offizier war so kurzsichtig, daß er im Dienst nicht mehr tragbar war.

[472] Trotzdem bietet die preußische Armee damit im Vergleich zur österreichischen Armee ein relativ homogenes Bild. Denn dort war die landsmannschaftliche Zusammensetzung des Offizierkorps wesentlich heterogener als in Preußen, und es dienten als Offiziere im Verhältnis mehr Ausländer als Einheimische. Siehe dazu Duffy, The Army of Maria Theresa,

über keinen Grundbesitz verfügten, sind erkennbar.[473] Leider sind keine genauen Angaben darüber möglich, in welchem Umfang der nichtgrundbesitzende Adel zugenommen hat. So enthalten z. B. die Vasallentabellen nur Angaben über den grundbesitzenden Adel bzw. über die Adligen, die in einer gewissen verwandtschaftlichen Nähe zum Gutsbesitzer standen.[474] Belege für die Entstehung eines „Adelsproletariats" sind daher aus anderen Bereichen zu entnehmen, so z. B. aus der Tatsache, daß diese am Ende des 18. Jahrhunderts selbst in untergeordneten Verwaltungsposten in großer Zahl nachweisbar sind. So finden sich Adlige als einfache Akziseangestellte (Aufseher, Kontrolleure), als niedrige Zollbeamte (Zolleinnehmer, Zollschreiber, Rendanten), aber auch als Mühlenwaagemeister, Mühlenaufseher, Grabeninspektoren und Grenzaufseher.[475] Ein weiterer Beleg für die Existenz verarmter Adliger ist, daß 1789 im Zusammenhang mit der Gründung von Landarmenanstalten geschrieben wurde, daß es für die bettelnden Adligen besser sei, dort, d. h. in den Anstalten, vom Fleiß ihrer Hände zu leben, als in erniedrigender Art und Weise Almosen zu sammeln.[476] Auch wenn die Zahl der armen Adligen nicht beziffert werden kann, läßt allein schon ihre Existenz Rückschlüsse darauf zu, wie wichtig für den Adel der Dienst als Offizier im Laufe des 18. Jahrhunderts geworden ist. Diese Stellen boten mit Einschränkungen, auf die noch ausführlich eingegangen wird, zumindest eine gewisse materielle Grundversorgung. Aber in dieser Tätigkeit lagen auch immaterielle Vorzüge, die darin bestanden, daß der Beruf als Offizier standesgemäßer war als z. B. der eines Grabeninspektors. Auf diesen Aspekt, der mit dem Ehrverständnis des Adels zusammenhängt, wird ebenfalls an anderer Stelle noch einzugehen sein. Es sei darauf verwiesen, daß von Friedrich Wilhelm I. und Friedrich II. die besondere Ehrenhaftigkeit des Offiziersdienstes immer wieder betont worden ist. Durch diese ständige Betonung dürfte der Dienst in der preußischen Armee im Laufe des 18. Jahrhunderts auch bei jenen Adligen bzw. Adelsfamilien eine zunehmende Akzeptanz gefunden haben, die diesem anfangs aus verschiedenen Gründen (Konfession, gewachsene Bindungen an auswärtige Herrscherhäuser, Herrschaftswechsel wie im Falle Schlesiens etc.) ablehnend gegenüber standen.

Anhand der folgenden Tabelle mit der detaillierten Analyse der Herkunftsländer ist es möglich, u. a. den bereits angesprochenen Anstieg des Ausländeranteils weiter zu differenzieren und entsprechend beurteilen zu können[477]:

S. 25 - 28 und Zimmermann, Militärverwaltung, S. 128ff..

[473] S. dazu Göse, Die Struktur, S. 35, der belegt, daß der Adel aus materiellen Gründen in steigendem Maße auch in die zivilen Hof- und Staatsämter drängte.

[474] S. dazu Göse, Die Struktur, S. 28 und Martiny, Die Adelsfrage, S. 67.

[475] S. Martiny, Die Adelsfrage, S. 70.

[476] S. Martiny, Die Adelsfrage, S. 71f.

[477] In der Tabelle steht die jeweils erste Zahl für die Dienstgrade vom „Gemeinen" bis zum „Stabskapitän bzw. -

	1713, 02 - 1740, 05	1740, 06 - 1756, 07	1763, 03 - 1786, 08	Summe
Preußen-Zentrum	105 / 42 (1,9 %)	119 / 20 (1,4 %)	279 / 65 (2,5 %)	630 (2,0 %)
Kurmark	908 / 300 (16,2 %)	818 /301 (11,8 %)	859 /343 (8,8 %)	3529 (11,5 %)
Neumark	471 / 159 (8,4 %)	409 /119 (5,5 %)	387 /132 (3,8 %)	1677 (5,5 %)
Magdeburg	358 / 131 (6,5 %)	302 / 96 (4,2 %)	478 /152 (4,6 %)	1517 (4,9 %)
Pommern	1298/ 254 (20,8 %)	1218 /413 (17,2 %)	1441 /500 (14,2 %)	5142 (16,8 %)
Ostpreußen	829/ 227 (14, 1 %)	840 /249 (11,5 %)	1078 /350 (10,5 %)	3573 (11,7 %)
Schlesien	-	828 / 89 (9,7 %)	1809 /340 (15,8 %)	3066 (10,0 %)
Westpreußen	-	-	132 / 9 (1,0 %)	141 (0,4 %)
Kleve/Mark	168 / 75 (3,2 %)	143 / 49 (2,0 %)	126 / 58 (1,3 %)	619 (2,0 %)
Minden/Ravensberg	40 / 17 (0,7 %)	50 / 7 (0,6 %)	47 / 8 (0,4 %)	169 (0,5 %)
Ostfriesland	1 / (0,01 %)	2 / (0,02 %)	24 / 2 (0,1 %)	29 (0,09 %)
Neufchâtel	3 / (0,04 %)	4 / (0,04 %)	8 / 1 (0,06 %)	16 (0,05 %)
Westfalen	49 / 25 (0,9 %)	57 / 30 (0,9 %)	113 / 21 (0,9 %)	259 (0,8 %)
Ausland-Reich	663 / 157 (11,0 %)	1224 /259 (15,7 %)	2136 /624 (20,3 %)	5063 (16,6 %)
Ausland-Europa	281 / 108 (5,2 %)	731 /103 (8,8 %)	901 / 224 (8,2 %)	2348 (7,7 %)
Herkunftsland unbekannt[478]	578 / 201	750 /201	537 / 395	2689
Insgesamt[479]	7614	9597	14076	30503

Das wichtigste Ergebnis dieser Tabelle ist, daß in der Tat die Offiziere für die Armee aus sämtlichen Territorien Preußens kamen. Die zum Teil gravierenden Zahlendifferenzen sind in erster Linie auf die unterschiedlichen Größen und damit auch die abweichenden Einwohnerzahlen der verschiedenen Territorien zurückzuführen. Insgesamt scheint die Armee die ihr zugewiesene Aufgabe, die Einheit des Staates zu verkörpern und die Einwohner der verschiedenen Territorien zu integrieren, erfüllt zu haben. Allerdings kann dies nicht detailliert beantwortet werden. Zu diesem Zweck müßte eine Relation zwischen der Zahl der „potentiellen" Offiziersanwärter und der Bevölkerungszahl hergestellt werden. Dies ist allerdings nicht möglich. Aus diesem Grund kann z. B. nicht mit Sicherheit bewertet werden, ob insgesamt 29 Offiziere aus Ostfriesland relativ viel oder wenig waren. Weitere Beobachtungen über die Integration der verschiedenen Territorien und über die Gründe für die unterschiedlichen Prozentanteile können am ehesten bei einer Betrachtung der jeweiligen Angaben vorgenommen werden. So enthält die Tabelle einige überraschende Zahlen.

---

rittmeister", die zweite Zahl für die Dienstgrade vom „Kapitän" bis zum „Generalfeldmarschall". Diese Angaben sind nicht als Kopfleiste in obige Tabelle aufgenommen worden, weil sie den Rahmen der Tabelle „gesprengt" hätten.

[478] In der Rubrik „Herkunftsland unbekannt" sind die Offiziere erfaßt, bei denen es keine Angaben zu ihrem Herkunftsland gab. Eine Prozentberechnung wurde in dieser Rubrik nicht vorgenommen, weil sich daraus keinerlei Erkenntniswert ergeben würde. Denn in diesen Zahlen sind keine Offiziere erfaßt, bei denen bewußt keine Angaben zum Herkunftsland gemacht wurden, sondern beinhalten lediglich vereinzelte Ranglisten, in denen zur Herkunft aller Offiziere eines Regiments keine Angaben gemacht wurden.

[479] Auf diese Gesamtzahlen, in der die Offiziere aller Dienstgrade enthalten sind, beziehen sich die Prozentangaben, die für die Herkunftsterritorien der Offiziere in den verschiedenen Untersuchungszeiträumen gemacht werden.

120

Denn zwischen 1713 bis 1786 kam die Mehrzahl der Offiziere nicht aus der Kurmark, die hinsichtlich Fläche und Einwohnerzahl das größte Territorium bildete, oder aus dem Zentrum mit Berlin und Potsdam, sondern aus Pommern mit 16,8 %. Den zweitgrößten Anteil stellten die Ausländer aus den deutschen Territorien mit 16,6 %, gefolgt von den Ostpreußen mit 11,7 %. Erst dann kam die Kurmark mit 11,5 %. Die positiven Urteile über die Pommern, die laut Friedrich Wilhelm I. „getreue wie goldt"[480] seien, und über die Friedrich II. im Politischen Testament von 1752 schrieb: „diese ist von allen Provinzen diejenige, die die besten Untertanen hervorgebracht hat, sowohl für den Krieg wie für andere Unternehmen"[481], werden durch diese Zahlen unterstützt.[482] Die Gründe dafür, warum gerade der pommersche Adel so viele Offiziere stellte, sind aus der Quelle nicht zu analysieren. Ob es an der Armut dieses Adels lag oder an dessen Quantität und Kinderreichtum, läßt sich hier nicht schlüssig beantworten.[483] Es könnte aber auch daran gelegen haben, daß der Adel Pommerns, wie auch der der anderen Territorien, keine andere Möglichkeit einer standesgemäßen Tätigkeit sah, oder es waren militärische Patronageverhältnisse, die die jungen Adligen dazu brachten, den Militärdienst zu suchen. Eine weitere interessante Beobachtung ist die Tatsache, daß der Anteil der Preußen, die aus den zentralen Territorien des Königreichs kamen, also der Kurmark, der Neumark, Magdeburg, Pommern und Ostpreußen, von 1713 bis 1786 kontinuierlich zurückgegangen ist. So betrug z. B. der Anteil der Offiziere, die aus der Kurmark kamen, im ersten Untersuchungszeitraum noch 16,2 %. Zwischen 1763 und 1786 hatte sich deren Anteil nahezu halbiert. Ein ähnliche Entwicklung ist bei den Offizieren aus der Neumark zu beobachten. Bei den Magdeburgern, den Pommern und den Ostpreußen sind die Zahlen ebenfalls ständig gesunken. Ein Grund für diesen Rückgang ist sicher darin zu suchen, daß seit 1740 neue Territorien dem preußischen Staat angegliedert wurden und daher z. B. der starke Anstieg des schlesischen Anteils Auswirkungen auf den Anteil der aus den „alten" Territorien stammenden Offiziere hatte. Die absoluten Zahlen dieser Offiziere dagegen sind, wenn die einzelnen Untersuchungszeiträume überprüft werden, annähernd stabil geblieben bzw. sogar gestiegen. Dies kann einerseits ein Beleg dafür sein, daß der einheimische Adel in zunehmendem Maße den Staatsdienst suchte. Andererseits ist dies möglicherweise ein Anzeichen für ein etwaiges

---

[480] So Friedrich Wilhelm I. in seinem Politischen Testament von 1722, Dietrich, Die politischen Testamente, S. 229.
[481] Dietrich, Die politischen Testamente, S. 307.
[482] Diese Zahlen korrespondieren mit Angaben, die bei Büsch, Militärsystem und Sozialleben, S. 94f. zu finden sind. Dieser schreibt, daß bereits 1724 der pommersche Adel zum großen Teil aus aktiven oder verabschiedeten Offizieren bestand.
[483] S. dazu Bleckwenn, Unter dem Preußen-Adler, S. 74 und Jany, Geschichte der Preußischen Armee, Bd. 1, S. 725. Gewisse Rückschlüsse auf den möglichen Kinderreichtum des pommerschen Adels läßt die Zusammensetzung des Kadettenkorps zu. Detaillierte Angaben hierzu finden sich in Anmerkung 513.

Familienwachstum innerhalb des Adels. So stieg z. B. die Zahl der aus Pommern stammenden
Offiziere von 1552 (1713-1740) auf 1941 (1763-1786) an. Auch die entsprechenden Werte für
Magdeburg, Ostpreußen und das Zentrum mit Berlin und Potsdam bestätigen diesen Trend. Eine
steigende Bereitschaft von Teilen des Adels zum Dienst in der Armee ist mit Einschränkungen u. a.
an den Vasallensöhnen und jungen Vasallen der Kurmark abzulesen: Im Jahre 1713 standen
19,8 %[484] von diesen beim Militär, 1769 waren es bereits 31,8 % und 1800 sogar 82,8 %[485]. Diese
Werte geben eine mögliche Erklärung dafür, warum trotz des zahlenmäßigen Rückgangs, den der
grundbesitzende Adel in der Kurmark hinnehmen mußte[486], die Zahl der aus dieser Provinz
stammenden Offiziere nicht zurückgegangen ist. Anzunehmen ist ebenfalls, daß der Anteil des
nichtgrundbesitzenden Adels auch in diesem Territorium zugenommen hat, was Auswirkungen
darauf hatte, daß die Werte für die Kurmark relativ stabil geblieben sind. Denn zwischen 1713 und
1740 kamen insgesamt 1208 Offiziere aus der Kurmark, und zwischen 1763 und 1786 waren es
immer noch 1202.

Eine Ausnahme bildete in dieser Hinsicht das Zentrum mit Berlin und Potsdam. Der Anteil der
Offiziere, die ihre Herkunft entsprechend angegeben haben, ist zwischen 1713 und 1786
kontinuierlich gestiegen. Eine Erklärung dafür könnte sein, daß durch den Ausbau der preußischen
Armee durch Friedrich II. einige neue Regimenter nach Berlin und Potsdam gelegt wurden und
daher vermehrt Adlige und Bürgerliche, die aus der Umgebung kamen, die Möglichkeit hatten, bei
einem der dort stationierten Regimenter zu dienen. Eine weitere Erklärung ist vielleicht, daß durch
die starke Konzentration der Regimenter im Zentrum Preußens auch die Zahl der dort dienenden
Offiziere ständig wuchs, die in diesem Gebiet ihren Wohnsitz nahmen. Mit der steigenden Zahl von
Offizieren nahm auch die Zahl der dort geborenen Offizierssöhne zu, die es trotz des fast offiziellen
„Offizierzölibats" gab und die häufig dem Vorbild ihres Vaters folgten, was u. a. eine Auswertung
der Biographielisten belegen wird.

Eine weitere Bestätigung dafür, daß der Standortfaktor von gewisser Bedeutung für die
Zusammensetzung der Regimentsoffizierkorps war, ist auch am Beispiel der aus Schlesien
stammenden Offiziere festzustellen. Im ersten Berechnungszeitraum von 1713 bis 1740 waren diese

---

[484] Diese und die folgende Prozentzahl errechnen sich aus den Angaben in den Tabellen, die Göse, Die Struktur, S. 44f.
auf der Grundlage der Vasallentabellen erstellt hat.
[485] S. Martiny, Die Adelsfrage, S. 113.
[486] Die Zahl der kurmärkischen Vasallen (Rittergutsbesitzer) sank im Laufe des 18. Jahrhunderts von 696 (1713) auf 577
(1769) und 433 (1800) ab. Auch die Zahl der Vasallensöhne in der Kurmark ging immer weiter zurück: 1713 waren es
611, 1769 noch 503 und 1800 lediglich 413. Eine ähnliche Entwicklung läßt sich beim neumärkischen Adel feststellen.
Die Angaben für die Jahre 1713 und 1769 sind Göse, Die Struktur, S. 42f. entnommen. Die Zahl für das Jahr 1800 findet
sich bei Martiny, Die Adelsfrage, im Anhang in der „Tabelle A. I. Berufliche Gliederung des Adels im Jahre 1800".

noch in der Gruppe der Ausländer aus dem Reich enthalten. Seit 1740 - der Annexion Schlesiens durch Preußen - werden sie gesondert aufgeführt. Vor 1740 kamen nur 162 Offiziere (= 2,3 %) aus Schlesien, zwischen 1740 und 1756 betrug ihr Anteil am Offizierkorps bereits 9,7 %. Leider kann anhand der Regimentslisten nicht quantifiziert werden, wie viele dieser Offiziere aus Ober- und Niederschlesien kamen. Genaue Ergebnisse hierzu wären nützlich, könnte doch dadurch eine Beobachtung bewertet werden, die Friedrich II. im Testament von 1752 über den schlesischen Adel gemacht hat. Für ihn ist der niederschlesische Adel zwar faul und scheue den „strengen Fleiß, den man militärische Disziplin nennt"[487], dieser sei aber durch Erziehung (!) zu verbessern. Der oberschlesische Adel dagegen besitze zwar mehr Geist, dafür aber zeige er auch weniger Anhänglichkeit an den preußischen Dienst, „weil sie alle Katholiken sind und die Mehrzahl ihrer Verwandten unter der österreichischen Herrschaft lebt"[488]. Sollten sich unter den zwischen 1740 und 1756 eingetretenen Schlesiern auch solche aus Oberschlesien finden lassen, würde dies belegen, daß auch in dieser Gruppe die Bereitschaft zum Dienst für den neuen Staat vorhanden war und das Mißtrauen, welches aus Friedrichs Worten über die Oberschlesier spricht, nicht ganz berechtigt war. Allerdings dürfte diese Bereitschaft, falls überhaupt vorhanden, nicht auf ungezwungener Zustimmung beruhen, denn dafür war der Herrschaftswechsel noch zu frisch. Vielmehr dürfte hier zum Tragen gekommen sein, daß auch für den schlesischen Adel nach der Annexion das rigide Verbot bestand, in ausländische Dienste einzutreten. Dies ist u. a. daraus zu entnehmen, daß Friedrich II. 1747 die Nachricht von einigen schlesischen Adligen, die in ausländische Dienste gegangen waren, zum Anlaß nahm, für alle Territorien das Verbot zu verschärfen, indem er dem Adel für einen solchen Fall eine Konfiskation seiner Güter androhte.

Die Eingliederung zumindest von Teilen „der" Schlesier wird durch den Anstieg auf 15,8 % im Untersuchungszeitraum von 1763 bis 1786 weiter bestätigt. In diesem Abschnitt stellten sie sogar nach den Ausländern aus dem Reich die meisten Offiziere noch vor den Pommern und denjenigen, die aus der Kurmark kamen. Möglicherweise ist hier auch der Einfluß der Aufklärung zu fassen, die es mit ihrer von Toleranz gegenüber den Konfessionen geprägten Grundhaltung den katholischen Oberschlesiern (und nach 1772 auch den Westpreußen) eher erlaubte, in den preußischen Dienst zu treten. Erleichtert wurde diese Entscheidung wahrscheinlich auch dadurch, daß seit 1740 eine große Zahl von Regimentern in Schlesien stationiert worden ist. Bis 1756 waren es insgesamt 26 Regimenter. Diese Stationierung könnte eine weitere Erklärung dafür bieten, warum die Zahl der schlesischen Offiziere kontinuierlich angestiegen ist, während die Zahlen der aus anderen

---

[487] Dietrich, Die politischen Testamente, S. 309.

Territorien stammenden Offiziere relativ und zum Teil auch absolut zurückgegangen sind. Durch diese Regimenter stellte sich nämlich das Verhältnis zwischen der Zahl der schlesischen Adligen und den in ihrer Provinz vorhandenen Offiziersstellen sehr günstig dar, vor allem wenn dies mit anderen Territorien verglichen wird, in denen nur wenige Einheiten standen. Aus diesem Grund sind möglicherweise die prozentualen Zahlen aus den anderen preußischen Territorien niedriger oder im Sinken begriffen, weil das „Angebot" an Offiziersstellen nicht ausreichte, die adlige „Nachfrage" in diesem Gebiet abzudecken. Mit anderen Worten, die Zahl der Offizierposten, die durch militärische Einheiten geboten wurden, die in einem Territorium garnisonierten, müssen auch mit der jeweiligen Adelsquote in dem Gebiet in Relation gesetzt werden, dafür fehlen aber valide Informationen.

Diese Überlegungen müssen berücksichtigt werden, wenn neben den schlesischen Zahlen auch die Angaben für zwei weitere „neue" Territorien betrachtet werden. Dazu gehören Ostfriesland und Westpreußen. Aus Ostfriesland, seit 1744 preußisch, kamen zwischen 1740 und 1756 lediglich zwei Offiziere. Von 1763 bis 1786 waren es bereits 26 Offiziere, die von dort stammten. Im Vergleich mit den Zahlen aus den anderen Provinzen scheint dies nicht von Bedeutung zu sein, aber in Bezug auf Ostfriesland ist dies doch eine sichtbare Steigerung. Dies kann allerdings nicht ausschließlich als Beleg genommen werden, daß die Akzeptanz des preußischen Staates und des Dienstes als Offizier unter den ostfriesischen Adligen gestiegen ist. Ebenso ist zu bedenken, daß seit 1744 ein Garnisonbataillon, das spätere Garnisonregiment Nr. 12, in Emden stationiert war, mithin sich dem in der Nähe ansässigen Adel eine Tätigkeit als preußischer Offizier (räumlich) direkt anbot. Der Umstand, daß nicht mehr ostfriesische Adlige als Offiziere dienten, kann zum einen an der begrenzten Zahl der Offiziersposten in einem Garnisonregiment (nämlich 48) gelegen haben und zum anderen daran, daß möglicherweise dieser Adel nicht sehr zahlreich war. Für die Zahl der aus Westpreußen kommenden Offiziere gibt es ebenfalls mehr als einen Erklärungsansatz. Aus dieser Provinz kamen zwischen 1763 und 1786 bereits mehr Offiziere, nämlich 141, als aus „altpreußischen" Territorien wie Minden und Ravensberg mit 55 Offizieren. Dies ist um so bemerkenswerter angesichts der Tatsache, daß Westpreußen erst seit 1772 preußischer Besitz war. Leider läßt sich die Zahl der Offiziere, die vor der Annexion aus Westpreußen stammten, nicht bestimmen, da die Herkunft dieser Offiziere in den Listen zuvor pauschal mit „Polen" angegeben wurde.[488] Eine Erklärung für die Zahl der westpreußischen Offiziere ist sicherlich darin zu suchen,

---

[488] Dito.

[489] Die Offiziere, die in den Regimentslisten mit der Herkunft „Polen" geführt wurden, sind in der Datenbank folgendermaßen erfaßt worden: „Ausland-Europa, Polen". Das heißt, in der Tabelle mit den Herkunftsländern sind die

124

daß in Folge der Annexion nach 1772 fünf Infanterieregimenter und ein Husarenregiment neu aufgestellt und dort stationiert worden sind und sich damit für den (ehemals polnischen) Adel relativ viele Offiziersposten in geographischer Nachbarschaft anboten. Valide Informationen über die Einwohnerzahl, die Zahl der Adligen und deren wirtschaftliche Lage, die ebenfalls den Anstieg des westpreußischen Anteils erklären könnten, liegen nicht vor. Die Stationierungen sind in erster Linie vorgenommen worden, das neugewonnene Territorium (militärisch) abzusichern und den Anspruch des preußischen Staates auf dieses Gebiet zu demonstrieren und damit zu festigen. Gleichzeitig sollten die dort ansässigen militärtauglichen Adligen in den Offiziersdienst gezogen werden. Damit war nicht nur beabsichtigt das Offiziersreservoir für die Armee zu erweitern. Die westpreußischen Adligen sollten ebenso wie die Adligen der anderen Territorien durch diese „Schule" gehen, um durch den Dienst im Sinne des Königs erzogen zu werden. Sichtbar sind diese Bestrebungen an der Gründung eines Kadettenhauses in Culm, was weiter unten noch ausführlich angesprochen wird.

Ausländer in preußischen Diensten

Die Gründe, warum trotz der zunehmenden Attraktivität des Militärdienstes bzw. dessen Wichtigkeit für Teile des preußischen Adels der prozentuale Anteil der Einheimischen im Vergleich zu dem der Ausländer immer weiter zurückging, sind vielfältig und nicht mit letzter Sicherheit zu bestimmen. Die Verdoppelung des Ausländeranteils zwischen 1713 und 1786 ist zum einen sicherlich auf das rasche Wachstum des Heeres unter Friedrich Wilhelm I. und unter Friedrich II. bis 1756 zurückzuführen. Der Bedarf der Armee an Offizieren konnte offensichtlich nicht allein aus dem heimischen Potential gedeckt werden, oder es gab, wie im Fall der Husaren, militärische Überlegungen, die die Monarchen auf Ausländer zurückgreifen ließen. Die ständig wachsende Zahl von echten und sogenannten Ausländern belegt darüber hinaus die große Anziehungskraft, die der Offiziersdienst für diese besaß. Denn es war, wie im Falle der einfachen Soldaten, nicht möglich, durch Werbekommandos „Offiziersrekruten" anzuwerben oder gewaltsam auszuheben. Der preußische Kriegsherr war darauf angewiesen, daß sich Ausländer um Anstellung

„westpreußischen" Offiziere in den ersten beiden Untersuchungszeiträumen (1713-1740 und 1740-1756) in der Zahl der Offiziere enthalten, die aus dem europäischen Ausland stammen. Im Gegensatz zu den schlesischen Offizieren, deren Anteil auch für den Zeitraum vor 1740 ermittelt werden konnte, weil diese in der Datenbank mit „Ausland-Reich, Österreich-Schlesien" eingetragen wurden, ist dies für die „westpreußischen" Offiziere nicht bzw. nur sehr schwer zu bewerkstelligen. Diese Einschränkung ist gemacht worden, weil es die Möglichkeit gäbe, bei den Offizieren, die vor 1772 aus Polen stammten, über den Wohnort, falls angegeben, nachträglich zu ermitteln, ob dieser nach 1772 zu Westpreußen gehörte. Angesichts des sehr hohen Arbeitsaufwandes wurde darauf verzichtet.

als Offiziere in der preußischen Armee bewarben. Aber nicht jeder Ausländer wurde gleich als Offizier in die preußische Armee übernommen. Nur wenn dieser vorher bereits in fremden Diensten als Offizier gestanden hatte, bestand die Aussicht, mit dem dort erreichten Dienstgrad übernommen zu werden. Hinweise dazu, ob und in welchem Umfang es Abweisungen von ausländischen Offizieren gegeben hat, liegen nicht vor. Es ist anzunehmen, daß einige dieser ausländischen Offiziere mit einem Dienstgrad in die preußische Armee eingetreten sind, der unter dem im Ausland erreichten Rang lag. Im folgenden werden Beispiele aus den Regimentslisten aufgeführt, die belegen, daß es sowohl Ausländer gab, die als Offiziere übernommen wurden, als auch solche, die ihre militärische Laufbahn in der preußischen Armee begannen. Der Rangliste des Jahres 1740 für das Infanterieregiment Nr. 35, das 1740 vorwiegend aus Reichsrekruten, also Geworbenen aus dem gesamten Reich formiert worden war[490], ist zu entnehmen, daß dort u. a. der Major Heinrich Gottfried v. Sichter diente, der aus Mecklenburg stammte, ebenso der Sekondleutnant Johann Wilhelm v. Becquer, der der Rangliste gemäß aus „Westfalen"[491] kam, sowie der Gefreitenkorporal Siegmund v. Artner, der in Ungarn geboren wurde. Aus der Rangliste des Jahres 1743 für das Infanterieregiment Nr. 46 ist zu entnehmen, daß dort u. a. der Stabskapitän Chr. Gottlob v. Haendel diente, der aus Franken kam, sowie der Gefreitenkorporal Georg v. Malschitzky, der in Polen geboren wurde. Diese Beispiele sind dahingehend überprüft worden, ob die genannten Offiziere bzw. Gefreitenkorporale möglicherweise vorher in einem anderen preußischen Regiment gedient hatten. Dies war nicht der Fall. Aus diesem Grund kann davon ausgegangen werden, daß sie mit dem entsprechenden Rang in die preußische Armee eintraten. Die Attraktivität des preußischen Dienstes dürfte für Ausländer im gesamten Untersuchungszeitraum darauf beruht haben, daß sie dort eine Existenzmöglichkeit fanden und, wenn sie Adlige waren, einer standesgemäßen Tätigkeit nachgehen konnten. Seit 1740 bzw. den spektakulären Erfolgen in den ersten beiden Schlesischen Kriegen dürfte als ein weiteres Moment hinzugekommen sein, daß der Dienst in der preußischen Armee Prestige und eine auf der Grundlage des Anciennitätsprinzips weitgehend gesicherte Laufbahn bieten konnte. Möglicherweise lassen sich für den Anstieg des Ausländeranteils aber noch weitere Erklärungen finden, denn es ist interessant, daß die Zahl der Deutschen wesentlich stärker angewachsen ist als die der „Europäer". Dies könnte darauf zurückzuführen sein, daß sich Preußen seit seinen Erfolgen zu Beginn der 1740er Jahre als Führungsmacht der Reformierten im Reich etablieren konnte und sein König, Friedrich II., in die Rolle eines Gegenparts zum

---

[490] S. Bleckwenn, Die friderizianischen Uniformen, Bd. 2, S. 17.
[491] Aus diesem Grund läßt sich diese Herkunftsangabe nicht weiter präzisieren. Zu vermuten ist aber, daß damit das preußische „Westfalen" gemeint ist, zu denen die Mark und Ravensberg sowie Minden gehörten.

katholischen Haus Habsburg aufgestiegen ist. Der „Aufstieg" zur Vormacht innerhalb des protestantischen Lagers konnte dem preußischen Monarchen auch deshalb gelingen, weil das Königshaus Sachsen, das lange Zeit diese Rolle gespielt hatte, seit dem Übertritt August II. zum Katholizismus diese Funktion nicht mehr ausfüllen konnte. Daher war nicht für einen Anhänger des refomierten Bekenntnisses sondern wahrscheinlich auch für einen Lutheraner dieser Machtzuwachs des Hohenzollern möglicherweise ein Grund, sich in dessen Dienste zu begeben. Denn dadurch stieg auch das Ansehen des preußischen Königs, was den Dienst für diesen Monarchen weiter aufwertete. Dies dürfte ebenfalls für einen katholischen Deutschen einen Anreiz dargestellt haben. Für den „Andrang" der Deutschen reicht diese Erklärung freilich allein nicht aus, weil dies auch für europäische Ausländer gelten kann. Vielleicht ist hier etwas zu greifen, was eng mit der Schlacht von Roßbach (5. November 1757) verbunden ist. In dieser Bataille haben die zahlenmäßig unterlegenen preußischen Truppen unter Friedrich II. eine Armee, die aus französischen Truppen und Kontingenten der Reichsarmee bestand, glänzend und unter nur geringen eigenen Verlusten geschlagen. Noch mehr als der kurz darauf über die Österreicher bei Leuthen (5. Dezember 1757) errungene Sieg, hat der bei Roßbach das Ansehen Friedrichs im Reich stark ansteigen lassen, vor allem deswegen, weil er über Truppen Frankreichs gelang, das bis dahin als die Militärmacht in Europa galt. Dieser Sieg hat erheblich zum Renommee Preußens beigetragen, die beste Armee Europas zu besitzen. Es ist problematisch zu argumentieren, dieser Sieg hätte eine „nationale" Begeisterung ausgelöst[492], denn es gab keine geeinte deutsche Nation sondern eine Vielzahl deutscher Territorien. Es ist aber nicht gänzlich auszuschließen ist, daß für einen Deutschen der Ausgang der Schlacht bei Roßbach den Dienst in der preußischen Armee zusätzlich attraktiv gemacht hat. Es waren sicher nicht „deutschnationale" Empfindungen, die die Entscheidung für Preußen beeinflußt haben, sondern eher die Orientierung an der charismatischen Person des Monarchen und obersten Feldherrn, Friedrich II.. Das Phänomen der „fritzischen" Gesinnung, die Teile der Bevölkerung im Reich erfaßt hat, ist belegt[493] und erklärt möglicherweise ergänzend den stärkeren Zug von Deutschen in die preußische Armee.

---

[492] So spricht z. B. Schieder, Friedrich der Große, S. 268 von „deutsch-patriotischer Zustimmung" und „nationaler Hochstimmung", die nach dem Sieg bei Roßbach im Reich geherrscht habe. Und Gerhard Ritter, Friedrich der Große. Ein historisches Profil, Heidelberg 1954³, S. 141 bezeichnet Roßbach sogar als Sieg deutscher (!) Truppen über die Franzosen. Bei einer Bewertung dieser Einschätzung von Ritter ist zu berücksichtigen, daß die erste Auflage dieser Arbeit bereits im Jahre 1936 erschienen ist. Zudem ist eine nationalkonservative Einstellung Ritters auch in seinen Arbeiten als Historiker nicht zu übersehen. Ähnlich äußert sich auch Archenholtz, Geschichte des Siebenjährigen Krieges, S. 119f.. Ausführlich zum Eindruck, den der Sieg bei Roßbach in der Öffentlichkeit hinterließ, Wolfgang Venohr, Fridericus Rex. Friedrich der Große - Porträt einer Doppelnatur, Bergisch-Gladbach 1985, S. 350 - 354 und Mittenzwei, Friedrich II. von Preußen. Eine Biographie, Berlin 1979, S. 113f..
[493] S. Press, Friedrich der Große, S. 275, Hans Dollinger, Friedrich II. von Preußen. Sein Bild im Wandel von zwei

Der steigende Anteil an Ausländern beinhaltet ein Moment, das möglicherweise von Friedrich II. sogar intendiert war, weil es ein potentielles Instrument war, den eigenen Adel zur Leistung anzuhalten. Durch diese Offiziere wurde nämlich ein ständig wachsender Konkurrenzdruck ausgelöst, der in erster Linie auf dem heimischen Adel lastete, denn die Indienstnahme von Nichtpreußen bedeutete, daß dieser kein Monopol auf die Besetzung der Offiziersstellen hatte. Seine besondere Schärfe erhält dieser Umstand angesichts der Tatsache, daß (wahrscheinlich) immer mehr preußische Adlige aus wirtschaftlichen Gründen auf diese Stellen angewiesen waren. Dabei war die Einstellung speziell Friedrichs II. ausländischen Offizieren gegenüber durchaus ambivalent. Im Testament von 1752 schreibt der König: *„Man sage mir nicht, daß man zu Fremden Zuflucht nehmen kann; ich kann auf diesen Einwand antworten, daß ich durch die Erfahrung, die ich dabei gemacht habe, gelernt habe, daß der fremde Adel nicht mit dem gleichen Eifer dient wie der des Landes, daß in einem Dienst, der so streng ist wie der unsere, die Fremden sich rasch den Appetit verderben und daß sie aus den leichtfertigsten Gründen den Abschied nehmen und in andere Dienste gehen, die sie dann mit unseren Kenntnissen bereichern.“*[494] Friedrich war also der Ansicht, daß die Ausländer nicht so loyal zu seiner Krone standen wie die Einheimischen. Allerdings ist dies nicht in Zahlen zu belegen. Überraschend wäre es aber nicht, und es dürfte nicht die Härte des preußischen Dienstes (allein) gewesen sein, die den ausländischen Adligen eher den Dienst verlassen ließ als seinen preußischen Standesgenossen. Vielmehr dürfte dies an der Aufgabe gelegen haben, die der König seinem Offizierkorps für die Einheit des preußischen Staates zugedacht hatte. Möglicherweise war es für einen ausländischen Offizier, der überterritorial dachte und empfand bzw. der sich noch an sein Heimatterritorium gebunden fühlte, schwerer zu akzeptieren, daß er durch den Dienst als Offizier zu einem loyalen Preußen erzogen werden sollte. Dies aber war eine ganz wesentliche Voraussetzung, um überhaupt Karriere machen zu können. Ein Offizier, der dies mit seinem Selbstverständnis nicht vereinbaren konnte, hat daher unter Umständen den Dienst für Preußen wieder quittiert.

Nach dem Siebenjährigen Krieg hat sich die Einstellung des Königs gegenüber Ausländern signifikant gewandelt, was aus einer Passage in der Instruktion für die Kommandeure der Infanterieregimenter vom Mai 1763 zu entnehmen ist: *„Sollten sich Edelleute aus fremden Landen finden, so Verstand, Ambition und einen wahren Diensteifer zeigten, so können solche wieder bei den Regimentern als Officiere Seiner Königlichen Majestät in Vorschlag gebracht werden.“*[495]

Jahrhunderten, München 1986, S. 65f. und Schieder, Friedrich der Große, S. 221.
[494] Dietrich, Die politischen Testamente, S. 265/267.
[495] Meier-Welcker, Offiziere im Bild, S. 150.

Dieser Wandel hängt u. a. mit der Bedeutung zusammen, die Friedrich dem Adelsprädikat als Qualifikation für die Offiziere einräumte. Dieser Aspekt wird im folgenden Kapitel bei der Analyse des bürgerlichen Anteils an den Offizierkorps noch ausführlich beleuchtet. Hier läßt sich aber möglicherweise ebenso der Wunsch des Königs ablesen, der einen dramatischen Niedergang hinsichtlich der Disziplin unter den Offizieren festgestellt hatte[496], die Armee und die Offiziere durch die (verstärkte) Hereinnahme von Ausländern wieder zur Ordnung zu bringen und den Diensteifer durch diese Konkurrenten zu fördern. Die von Friedrich II. unter anderem in dieser Hinsicht ergriffenen Maßnahmen waren seiner Ansicht nach so erfolgreich, daß er bereits 1767 prophezeite, die Armee werde in drei Jahren das Niveau der Vorkriegszeit wieder erreicht haben.[497] Nicht nur in Bezug auf die Ausländer sind Widersprüche bei Friedrich II. festzustellen. So steht die oben zitierte Passage aus der Instruktion von 1763 im Gegensatz zu anderen Äußerungen des Königs, in denen er davon spricht, den einheimischen Adel schützen zu wollen, weil dieser die geeignetesten Offiziere stelle. Widersprüche lassen sich aber nicht nur in den Äußerungen Friedrichs erkennen, sondern gerade auch die Regimentslisten lassen in Bezug auf die Worte des Königs Differenzen deutlich werden. So ist im Hinblick auf den Anteil der ausländischen Offiziere festzustellen, daß trotz gegenteiliger abschätziger Bemerkungen über die Ausländer vor 1756 ihr Anteil auch im Untersuchungszeitraum von 1740 bis 1756 weiter angestiegen ist, und zwar erheblich. Da im Verlauf der vorliegenden Arbeit sich weitere derartige Differenzen ergeben, drängt sich in Bezug auf die verschiedenen Aussagen Friedrichs II. der Eindruck auf, daß der König damit Normen und Ansprüche formuliert, an die er sich selber nicht immer gehalten hat, wenn sie mit seinen Vorstellungen und Vorhaben über und für die Armee nicht mehr kongruent waren.

Das Kadettenkorps: Institution zur Sicherung des Offiziernachwuchses und Stätte der Vermittlung militärischer Ausbildung

Die Analyse der Herkunftsländer belegt eindeutig, daß der prozentuale Anteil der Preußen von 1713 bis 1786 kontinuierlich zurückgeht. Dieses Ergebnis widerspricht nicht der Erkenntnis, daß Friedrich Wilhelm I. und Friedrich II. versucht haben, den einheimischen Adel in den Armeedienst zu ziehen. Dies läßt sich besonders am Beispiel des Kadettenkorps belegen. An dessen Entwicklung lassen sich mehrere Momente ablesen, die nicht nur für die Armee, sondern auch für den Adel und

---

[496] S. Johann David Erdmann Preuß (Hrsg.), Oeuvres de Frédéric le Grand, 30 Bde., Berlin 1846-57, Bd. 6, S. 5 und ebenso Friedrich II. in seiner Instruktion an die Kommandeure der Infanterieregimenter vom 11. Mai 1763, s. Meier-Welcker, Offiziere im Bild, S. 150. Siehe dazu auch Jany, Geschichte der preußischen Armee, Bd. 3, S. 1.

den preußischen Staat insgesamt relevant sind. Die Bedeutung dieser Institution für die Armee ist daran abzulesen, daß einer Analyse der Biographielisten zufolge von den insgesamt 873 dort erfaßten Offizieren 82 (= 9,3 %) zuvor Kadetten gewesen sind. Damit ist immerhin fast jeder zehnte von diesen Offizieren vor dem Eintritt in sein Regiment durch diese Schule gegangen. Zwischen 1713 und 1740 sind insgesamt 1612 Kadetten in das Korps eingetreten, von denen 1483 zu den Regimentern versetzt wurden.[498] Die meisten Kadetten begannen mit dem Dienstgrad eines Unteroffiziers oder Gefreitenkorporals ihren Dienst, nur wenige wurden gleich als Offizier bzw. Fähnrich eingestellt.[499] Im Durchschnitt sind so jährlich 50 bis 60 Kadetten zur Armee gestoßen. In der Regierungszeit Friedrichs II. sind 3258 Kadetten ausgebildet worden und 2987 in die Armee eingetreten.[500] Bleckwenn hat für den Zeitraum von 1740 bis 1756 errechnet, daß etwa siebzig Kadetten pro Jahr zur Armee gingen[501], dies würde bei dem jährlichen Bedarf der Armee im Frieden, den er mit etwa 250 Offizieren berechnet hat, ein nicht unerheblicher Anteil sein.[502]

Das Kadettenkorps war aber mehr als eine militärische Bildungsanstalt. An dieser Institution läßt sich nämlich darüber hinaus der Prozeß der Disziplinierung des einheimischen Adels ablesen. Um dieses Ziel zu erreichen, ist das Kadettenkorps vor allem von König Friedrich Wilhelm I. eingesetzt worden. Das Kadettenwesen ist bereits von seinen Vorgängern in die preußische Armee eingeführt

---

[497] S. Jany, Geschichte der preußischen Armee, Bd. 3, S. 2. Vgl. dazu auch Preuß, Oeuvres, Bd. 6, S. 94.

[498] S. Poten, Geschichte, S. 56. Poten gibt an, daß von den 1483 Kadetten 39 (= 2,6 %) bis in den Rang eines Generals aufgestiegen sind. Dagegen hat die Auswertung von Scharenberg, Kadetten-Generale, ergeben, daß von den Kadetten, die unter Friedrich Wilhelm I. ins preußische (diese Einschränkung muß gemacht werden, weil Scharenberg auch die Generale auflistet, die als Kadetten in auswärtigen Diensten anfingen und erst später in die preußische Armee wechselten) Kadettenkorps eintraten, 58 (= 3,9 %) Generale geworden sind. An dieser Stelle kann nicht überprüft werden, wessen Angaben verläßlicher sind. Allerdings überzeugt eher die akribische Auflistung der Kadetten, wie sie Scharenberg vornimmt, als die summarische Angabe von Poten. Die Liste von Scharenberg hat überdies den Vorzug, daß es mit ihrer Hilfe möglich wäre, die Laufbahnen der Kadetten mit den Ergebnissen zu vergleichen, die sich aus der Auswertung der Regimentslisten ergeben. Dies wäre allerdings nur mit erheblichem Arbeitsaufwand zu bewerkstelligen, da jeder Kadett einzeln überprüft werden müßte und dabei die Eintragungen von Scharenberg bezüglich des Laufbahnverlaufs mit den entsprechenden Eintragungen in den Ranglisten verglichen werden müßten.

[499] S. Jany, Geschichte der Preußischen Armee, Bd. 1, S. 728.

[500] S. Poten, Geschichte, S. 62. Poten zufolge sind von den 2987 Kadetten 41 (= 1,3 %) Generale geworden. Eine Auswertung der Auflistung von Scharenberg, Kadetten-Generale, hat ergeben, daß von den Kadetten, die bis 1786 ins preußische Kadettenkorps eingetreten sind, 103 (= 3,4 %) zum General aufgestiegen sind. Die erstaunliche Differenz zwischen Poten und Scharenberg läßt sich nicht erklären, weil Poten nicht angibt, woher er die Zahl von 41 Generalen hat und wie sie zustande kommt.

[501] Leider existieren keine konkreten Angaben darüber, nach welchen Kriterien die Kadetten auf die Regimenter verteilt wurden. Duffy, The Army of Frederick the Great, S. 45 gibt an, daß die besten unter den Kadetten das Privileg gehabt hätten, ihr Regiment frei zu wählen. Üblich sei es allerdings gewesen, daß der Kadett und sein Regiment in einer Art „Heiratsmarkt" zusammentrafen, in dem der Kadett seinen zukünftigen Chef durch seine Ambition, seine Qualifikation oder seine einflußreichen Beziehungen zu beeindrucken suchte, um diesen zu bewegen, ihn in sein Regiment aufzunehmen. Duffy schreibt, daß solche „Verhandlungen" gewöhnlich im Lustgarten in Berlin stattfanden oder in Kriegszeiten in den Winterquartieren der Regimenter. Die Quelle dieser doch erstaunlichen Ausführungen nennt Duffy nicht. Von Crousaz, Kadetten-Corps, S. 94 schreibt, daß der Austritt aus dem Kadettenkorps zu keinem besonderen Zeitpunkt im Jahr stattfand, sondern immer dann erfolgte, wenn die Regimenter einen Ersatz nötig hatten. Es blieb der Entscheidung des Königs vorbehalten, wen er für den Eintritt in die Armee befähigt hielt.

[502] S. Bleckwenn, Die friderizianischen Uniformen, Bd. 4, S. 56.

worden.[503] So sind 1686 noch unter Kurfürst Friedrich Wilhelm I. die ersten Kadettenkompanien aus französischen „Réfugiés" gebildet worden.[504] König Friedrich Wilhelm I. ließ 1716 die Kolberger Kadetten nach Berlin verlegen, und dort wurde am 1. September 1717 das „Königliche Kadettenkorps zu Berlin" mit insgesamt 110 Kadetten errichtet. Die Magdeburger Kompanie wurde erst 1719 dem Berliner Kadettenkorps angegliedert.[505] Um den Adel dazu zu bewegen, seinen Nachwuchs zum Kadettenkorps zu schicken, wurde diesem versprochen, daß dessen Söhne eine unentgeltliche standesgemäße Erziehung und kostenlose Verpflegung und Unterkunft erhalten sollten.[506] Dieses Angebot ist zu Beginn nur von wenigen adligen Eltern angenommen worden. Friedrich Wilhelm I. befahl aus diesem Grund, daß Verzeichnisse der jungen Adligen zwischen zwölf und achtzehn Jahren angelegt werden sollten. Gerade diese Erstellung von Verzeichnissen, also „Tableaus" im Foucaultschen Sinne, lassen hier den Disziplinierungsprozeß deutlich sichtbar werden. Auf der Grundlage dieser Listen entschied der König, wer zu den Kadetten „enrolliert" werden sollte. Wenn sich der Adel dennoch weigerte, seine Söhne ins Kadettenkorps zu geben, griff der König auch zu gewaltsamen Maßnahmen.[507] So brachte er 1714 bei seiner Rückkehr aus Ostpreußen drei Wagen mit jungen Adligen mit, die den Stamm der Berliner Kadettenkompanie bilden sollten.[508] In der Regel aber beauftragte Friedrich Wilhelm I. Polizeireiter oder ein Militärkommando mit entsprechenden Zwangsmaßnahmen, wenn die Eltern nicht bereit waren, ihre Söhne ins Kadettenkorps zu geben: „*Mein lieber Obrister v. Botzheim. Woferne der von Kleist zu Zeblin in Hinterpommern seinen zweiten Sohn, ingleichen die verwittibte [sic!] v. Below ihren in Polen sich aufhaltenden Sohn auf nochmaliges Vorerinnern nicht zu eurem Regimente gestellen wollen, so sollet ihr ihnen eine Exekution von 1 Unteroffz. und 12 Mann auf ihre Höfe legen, bis sie ihre Söhne stellen.*"[509] Ob mit solchen und ähnlichen Maßnahmen ein loyaler Offiziersnachwuchs gesichert werden konnte, ist allerdings zu bezweifeln. Diese Eingriffe belegen aber, daß es dem

---

[503] In Österreich ist erst im Jahre 1752 eine Kadettenschule gegründet worden, an der 191 Zöglinge unterrichtet wurden. Bemerkenswert ist, daß Maria Theresia bei dem Versuch, den einheimischen Adel dazu zu bewegen, seine Söhne ins Kadettenkorps zu geben, auf ähnliche Schwierigkeiten gestoßen ist, wie wie Friedrich Wilhelm I. mit dem preußischen Adel hatte. Siehe dazu Duffy, The Army of Maria Theresa, S. 28ff. und Zimmermann, Militärverwaltung, S. 138ff. Zu den Gründen, die die Kaiserin veranlaßt haben, eine Schule für den Offiziersnachwuchs zu gründen, vgl. auch Allmayer-Beck, Die friderizianische Armee im Spiegel ihrer österreichischen Gegner, in: Oswald Hauser (Hrsg.), Friedrich der Große in seiner Zeit (= Neue Forschungen zur Brandenburg-Preußischen Geschichte, Bd. 8), Köln, Wien 1987, S. 33 - 54, hier S. 41 und Derselbe, Wandlungen im Heerwesen, S. 22.
[504] S. Poten, Geschichte, S. 45.
[505] S. Jany, Geschichte der Preußischen Armee, Bd. 1, S. 727.
[506] Hinrichs, König in Preußen, S. 426 weist darauf hin, daß Friedrich Wilhelm bereits als Kronprinz, nämlich 1709, einen Offizier mit einem Rundschreiben nach Pommern schickte, das an die dortigen Adligen gerichtet war. In diesem Schreiben versuchte er die Adligen zu überzeugen, ihre Söhne ins Kadettenkorps zu geben, dabei machte er dieselben Versprechungen, wie sie oben erwähnt werden.
[507] S. Jany, Geschichte der Preußischen Armee, Bd. 1, S. 728.
[508] S. v. Scharfenort, Kulturbilder, S. 53.

König in dieser Angelegenheit um mehr ging, als dem Offizierkorps einen ausreichenden Ersatz aus dem einheimischen Adel zu sichern. Daß der König eine Disziplinierung seines Adels u. a. mit Hilfe des Kadettenkorps beabsichtigte, ist an einer Äußerung in seinem Politischen Testament von 1722 zu erkennen. Dies belegt, daß Friedrich Wilhelm dieses Korps nicht nur deswegen ausgebaut hat, um als Wohltäter dem ärmeren Adel die Möglichkeit zu geben, seine Söhne zu versorgen und standesgemäß ausbilden zu lassen. Dort schreibt er nämlich, daß sein Nachfolger darauf achten müsse, „[...] *das aus alle seine Prowincen und in Species Preussen die von adell und graffen in die armeé amplogieren und die Kinder unter die Kadets geseßet werden [...]*"[510]. Warum sein „Successor" darauf achten soll, den wehrfähigen männlichen Adel in den Armeedienst und das Kadettenkorps zu ziehen, ist bereits weiter oben beschrieben worden. Der Adel sollte durch den Offiziersdienst und im Kadettenkorps dazu erzogen werden, keinen anderen Herrn (außer Gott) zu kennen als den König in Preußen.

Bereits 1721 konnte das Kadettenkorps mit 236 Mann auf die Stärke eines schwachen Bataillons gebracht werden.[511] Bis zum Ende seiner Regierungszeit hatte es Friedrich Wilhelm I. aber nicht erreicht, daß der Adel ohne weiteres seine Söhne zu den Kadetten gab. Ein Beleg dafür ist die Ordre vom 9. Juli 1739, in der der König die Land- und Kreisräte mahnte, sich mehr um die jungen Adligen zu kümmern und dafür zu sorgen, daß die Gesunden und Tauglichen zum Kadettenkorps nach Berlin geschickt werden. Damit die Entscheidung den Eltern leichter falle, sollten die Land- und Kreisräte darauf hinweisen, „*daß dieselben nicht nur im Christenthum angewiesen, und zu denen ihren nöthigen Wissenschaften und Exercitien, als zum Schreiben und Rechnen, zur Mathesi, Fortification, französischen Sprache, Geographie und Historie, Fechten und Tanzen angeführet würden [...] sondern sie auch dabei in reinlichen Kammern logireten, mit gesunden und guten Essen und Trinken wohl versehen, auch übrigens alle Vorsorge genommen würde, damit sie wohl erzogen und dereinst nützlich zu dienen capable würden.*"[512]

Wie sein Vater hat auch Friedrich II. zu Beginn seiner Regentschaft darum geworben, daß die adligen Eltern ihre Söhne ins Kadettenkorps gaben.[513] Er sicherte diesen zu, persönlich darauf zu

---

[509] Zit. aus: v. Scharfenort, Kulturbilder, S. 54.
[510] Dietrich, Die politischen Testamente, S. 229.
[511] Diese Stärke des Kadettenkorps hat sich bis 1790 nicht verändert.
[512] Acta Borussica, Bd. 5, 2, S. 817.
[513] Jany, Geschichte der Preußischen Armee, Bd. 2, S. 222 weist darauf hin, daß das Kadettenkorps unter Friedrich II. auch Ausländer aufnahm. So waren 1751 insgesamt 38 Ausländer unter den Kadetten: acht aus Sachsen, einer aus Holstein, neun aus Mecklenburg, zwölf aus Polen und Kurland, zwei aus Bayreuth, einer aus Anhalt-Köthen und fünf aus Schwedisch-Pommern. Von den 181 Landeskindern stammten allein 87 aus dem preußischen Vor- und Hinterpommern. Bei Hoven, Der preußische Offizier, S. 68 finden sich Angaben über die landsmannschaftliche Zusammensetzung des Kadettenkorps von 1740 bis 1786. Danach kamen von den insgesamt 3258 Kadetten 549 aus der Kurmark, 811 aus

achten, daß für die Erziehung der Kadetten und ihre künftige Beförderung auf das Beste gesorgt werde. Zum Teil bedingt durch die ersten beiden Schlesischen Kriege erhöhte sich die Zahl der Militärwaisen, und der König mußte nicht mehr im gleichen Maße wie zuvor um den Nachwuchs für die Kadetten werben. Um ihre Söhne bzw. jungen männlichen Verwandten angemessen versorgt zu sehen, bemühten sich immer mehr Adelsfamilien, diese bei den Kadetten unterzubringen.[514] 1743 bereits hatte das Kadettenkorps 136 „Überkomplette" bei insgesamt 372 Angehörigen.[515] Zur Entlastung des Korps wurden die jüngsten Kadetten in das Militärwaisenhaus nach Potsdam gegeben, wo sie Unterricht im Lesen und Schreiben erhielten. 1748 gab es im Militärwaisenhaus 54 Kadetten, die dort eine eigene Abteilung bildeten.[516] Die wachsende Bereitschaft des Adels, seine Söhne in das Kadettenkorps zu geben, verminderte allerdings nicht die Härte des Zugriffes auf den Adelsnachwuchs in Preußen, was wiederum verdeutlicht, daß es in diesem Bereich nicht nur um die Sicherung eines Offiziersreservoirs ging, sondern ebenso um die Erziehung des Adels. Dies zeigt sich u. a. in der bereits erwähnten Kabinettsordre aus dem Jahre 1746 an die Witwe des Generalleutnants Graf v. Schulenburg. In einer weiteren Ordre von 1754 ist das Verbot besonders scharf formuliert, weil der König von mehreren Adligen erfahren hatte, die seine Ordre von 1746 mißachteten: „[...] *vermöge dessen kein Edelmann bei Sequestration und Confiscation seines Vermögens außerhalb Landes gehen und in fremde Dienste treten darf, sondern zuforderst Sr. K. M. [Seiner Königlichen Majestät] speciale schriftliche Concession dazu erhalten zu haben [...].*"[517] Daß Friedrich II. weiterhin die jungen Adligen für den Dienst bei den Kadetten beanspruchte, wird auch durch die Schilderung Delbrücks unterstrichen, demzufolge der König nach der Annexion Schlesiens einige der Adelssöhne gewaltsam in den preußischen Dienst gepreßt habe.[518]

Pommern, 515 aus Ost- und Westpreußen, 515 aus Schlesien, 47 aus den westlichen Territorien (Kleve, Mark, Minden-Ravensberg), 12 aus Neuenburg (Neufchâtel), 249 aus den sächsischen Ländern, 296 aus anderen deutschen Ländern und 264 aus dem europäischen Ausland. Friedländer, Kriegsschule, S. 36 allerdings betont, daß Friedrich II. am Ende seiner Regierungszeit nicht mehr bereit war, auch Ausländer in das Kadettenkorps aufzunehmen. Als Beleg dafür zitiert Friedländer aus einem Kabinettsschreiben des Königs vom 17. Juli 1783 an den Inspekteur der Kadetten, General Karl Rudolf v. Mosch, in dem dieser davon unterrichtet wird, daß das Kadettenkorps nur für einheimische Adlige und nicht für Fremde gedacht sei. In seiner Instruktion an General v. Mosch aus dem Jahre 1782 hatte Friedrich noch geschrieben, daß diese Institution in erster Linie für Landeskinder gedacht sei und nur in zweiter Linie für „Fremde", s. Friedländer, Kriegsschule, S. 110.
[514] So schrieb Minister Joachim Ewald v. Massow, der seit 1753 für die Verwaltung Schlesiens verantwortlich war, daß einige der Adelssöhne, die für das Kadettenkorps ausgewählt worden waren, unter Tränen gebeten hätten, nicht wieder nach Hause geschickt zu werden, da sie dort nicht ausreichend ernährt werden könnten, s. v. Crousaz, Kadetten-Corps, S. 117.
[515] S. Zabel, Kadettenkorps, S. 82.
[516] S. Poten, Geschichte, S. 78.
[517] Acta Borussica, Bd. 10, S. 13. Dieses Verbot wurde auch in den folgenden Jahren erneuert, was sehr viel über den „Erfolg" dieser Anweisung aussagt.
[518] S. Delbrück, Geschichte der Kriegskunst, S. 298. Zu diesem Hinweis paßt eine Bemerkung Friedrichs II. im Politischen Testament von 1752: „[...] *von Zeit zu Zeit läßt man die jungen Edelleute aus Pommern und Oberschlesien zusammenkommen, um sie unter die Kadetten zu tun oder in die Armee einzustellen*", Dietrich, Die politischen

Allerdings ist hierbei die besondere Stellung Schlesiens zu berücksichtigen, das als neugewonnenes Territorium noch nicht als gesicherter Besitz gelten konnte. Um den Anspruch des preußischen Staates zu demonstrieren bzw. zu stabilisieren und den dort ansässigen Adel an seinen neuen Herrscher zu binden, sollte dieser in den Offiziersdienst gezogen werden. Gerade an diesem Beispiel läßt sich eine der wesentlichen Funktionen des Kadettenkorps bzw. des Militärdienstes erkennen, durch den der Adel an den preußischen Staat gebunden und zum Gehorsam gegenüber seinem in diesem Fall neuen Monarchen erzogen werden sollte. Indirekt wird der unverminderte Anspruch des Königs auf die Söhne des schlesischen Adels aus einem Schreiben des Etatministers Ernst Wilhelm v. Schlabrendorff sichtbar.[519] Dieser schreibt 1756 an Friedrich II., daß er den Landräten aufgegeben habe, die Stände zur Entsendung ihrer Söhne in das Kadettenkorps zu veranlassen. Diese Anweisung war nötig, so v. Schlabrendorff, weil der dortige Adel noch nicht durchgängig[520] dazu bereit war, diese ihm damit bewiesene „königliche Gnade" anzunehmen. Vielmehr käme es immer noch vor, daß der wohlhabende Adel seine Söhne lieber studieren ließe und der weniger begüterte Adel sie eher auf dem Gut einsetze oder lieber gleich unter die in Schlesien stehenden Regimenter gebe als in das Kadettenkorps. Auch nach der Annexion Westpreußens wurden zur Eingliederung des dort ansässigen Adels in den preußischen Staat dessen Söhne ins Kadettenkorps gezogen[521]. Zu diesem Zweck wurde 1776 in Culm eine eigene Kadettenanstalt gegründet. Diese sollte nicht nur den Familien die Möglichkeit geben, ihre Söhne angemessen zu versorgen. Darüber hinaus sollte sie wesentlich dazu beitragen, daß die Westpreußen durch den Dienst integriert wurden. Nach dem Siebenjährigen Krieg hat Friedrich seinen Zugriff auf den Adelsnachwuchs nicht gelockert. So ließ er noch 1767 dreißig junge Adlige aus Ostpreußen nach Potsdam bringen, um sie in die dortigen Regimenter zu geben.[522]

Testamente, S. 311/313. Dieses Zitat läßt vermuten, daß der Eintritt der jungen Adligen ins Kadettenkorps in einigen Fällen erzwungen worden ist.

[519] S. Hoven, Der preußische Offizier, S. 66.

[520] Daß zumindest von Teilen des schlesischen Adels der Dienst im Kadettenkorps bereits zu diesem Zeitpunkt weitgehend akzeptiert war, ist aus einem Bericht des Etatministers v. Massow vom 31. Mai 1754 zu entnehmen. Auszüge aus diesem Bericht hat Hoven, Der preußische Offizier, S. 66 zitiert. Danach kündigte v. Massow dem König einen Transport von 24 oberschlesischen Jungen für das Kadettenkorps an. Obwohl einige von diesen noch sehr klein seien, habe er sie deswegen nicht abgelehnt, weil sie ihn „unter Tränen" gebeten hätten, sie nicht zurückzuweisen, weil sie „große Lust" hätten, dem König zu dienen und es schädlich wäre, diese Bereitschaft in ihnen zu ersticken. Die Verwendung des Begriffes „unter Tränen" scheint im Zusammenhang mit den dienstwilligen jungen schlesischen Adligen die Funktion eines Topos einzunehmen, denn im Bericht Minister v. Massows (s. Anmerkung 514) aus dem Jahre 1753 wird er ebenfalls verwendet. Diese Beobachtung läßt allerdings Zweifel am Wahrheitsgehalt dieser Aussage aufkommen. Möglicherweise sind die Tränen auch darauf zurückzuführen, daß der Eintritt ins Kadettenkorps doch nicht so freiwillig und erwünscht war, wie es v. Massow schildert. Denn in seinem Testament von 1752 hatte Friedrich explizit davon gesprochen, daß die oberschlesischen jungen Adligen gelegentlich versammelt wurden, um sie dann ins Korps zu stecken, s. Anmerkung 518.

[521] S. dazu Hoven, Der preußische Offizier, S. 67.

[522] S. Hermann v. Arnim-Muskau, Märkischer Adel. Versuch einer sozialgeschichtlichen Betrachtung anhand von

Die oben genannten Zahlen allein sagen nichts über den Erfolg des Kadettenkorps aus, denn wenn tatsächlich „nur" jeder zehnte Offizier zuvor Kadett war, scheint dies nicht sehr viel zu sein. Eine Erklärung für diese relativ geringe Zahl ist aus einer Äußerung Friedrichs II. zu entnehmen, die sich in einem Bericht des westpreußischen Regierungspräsidenten v. Schroetter an den Großkanzler v. Carmer aus dem Jahre 1784 findet. Während einer Audienz bei Friedrich II. hatte v. Schroetter betont, daß die jungen Adligen aus dem Kadettenhaus in Culm sich in der Armee besser bewährten als die, die direkt aus dem Elternhaus gekommen seien. Der König antwortete darauf: *„Darin hat er recht [...] das haben mir viele Chefs der Regimenter wirklich gesagt. Allein, will er wissen, warum ich nicht zweihundert in das Kadettenhaus nehme? Weil ich nämlich kein Geld habe."*[523] Mit diesen Worten würdigte Friedrich nicht nur den Wert des Kadettenkorps für die Armee, sondern gab ebenso eine Erklärung dafür, warum nicht mehr junge Adlige durch diese offensichtlich so nützliche Schule gehen konnten. Die Worte v. Schroetters belegen außerdem eine weitere Absicht, die mit dem Kadettenkorps intendiert war, nämlich die, den Adel zu erziehen und zu disziplinieren. Denn wenn die Kadetten besser „einschlugen" als ihre direkt aus dem Elternhaus stammenden Kameraden, beweist dies, daß die im Kadettenkorps vermittelte systemkonforme Vorbildung erfolgreich gewesen ist, und belegt den beträchtlichen Einfluß, den diese Institution als zweite Sozialisationsinstanz nach der Familie hatte. Darüber hinaus ist aus v. Schroetters Bemerkung zu entnehmen, daß das Kadettenkorps hinsichtlich der Anpassung der jungen Offiziersanwärter an das militärische Leben und deren funktionale Ausrichtung auf ihre spätere Tätigkeit als Offiziere in einem Regiment Erfolge erzielte, die bei der Gründung und auch bei dem weiteren Ausbau dieser Institution von Friedrich Wilhelm I. und Friedrich II. intendiert waren.

Von Anbeginn seiner Gründung lag der wesentliche Akzent bei der Ausbildung der Kadetten auf dem militärischen Gebiet, und dort blieb er auch bis zum Ende des Untersuchungszeitraumes.[524] Vom ersten Tag ihres Dienstes an waren sie in das System der preußischen Armee integriert, denn die Organisation des Kadettenkorps glich exakt der eines militärischen Verbandes. So gab es eine militärische Hierarchie[525] unter den Kadetten: Sie besaßen eine eigene Uniform, sie waren kaserniert, und die Reglements für die Armee galten auch für sie. Die Kadetten standen wie die

---

Lebensbildern von Herren und Grafen von Arnim, Bonn 1986, S. 62.
[523] Acta Borussica, Bd. 16, 2, S. 871.
[524] Dies traf auch auf das österreichische Kadettenkorps zu. Siehe dazu Duffy, The Army of Maria Theresa, S. 29f..
[525] Im Kadettenkorps gab es ein Unteroffizierkorps, das aus einem Feldwebel, drei Sergeanten, einem Gefreitenkorporal und fünf Korporalen bestand. In dieses Korps wurden die Kadetten gemäß ihrer Anciennität und Eignung befördert. Die Unteroffiziere befehligten die Kadetten-Korporalschaften. Ihre Aufgaben waren u. a. auch die von Stubenältesten. Außerdem nahmen sie gemäß ihrem Rang Dienststellungen ein, wie sie analog in der Armee existierten, s. dazu v. Crousaz, Kadetten-Corps, S. 79.

Offiziere im unmittelbaren Verhältnis zum Monarchen, was sich darin ausdrückte, daß sowohl Friedrich Wilhelm I. als auch Friedrich II. Entscheidungen über ihren alltäglichen Dienstbetrieb persönlich trafen. Außerdem regelten sie die Einstellung von Lehrkräften, die Abordnung von Offizieren zum Kadettenkorps, die Art und Dauer von Disziplinarmaßnahmen gegen Kadetten sowie Maßnahmen bei Krankheiten. Ebenso hing die Entscheidung darüber, welcher der Kadetten zum Dienst in der Armee geeignet war, von den Königen ab. Es gab Kadetten, die bereits nach wenigen Monaten versetzt wurden, während andere bis zu acht Jahren im Korps blieben.[526]

Das Kadettenkorps war eher ein militärischer Verband als eine Bildungseinrichtung, was u. a. daran abzulesen ist, daß die Kadetten wie die regulären Regimenter täglich eine Wache stellen mußten. Dazu Poten: *„Auf die militärische Ausbildung ward hoher Wert gelegt und der Wachdienst mit peinlicher Genauigkeit gehandhabt. Strenge Arreststrafen waren an der Tagesordnung. Die Kadetten lebten der Überzeugung, daß sie nächst der Garde am besten im ganzen Heere exerzierten."*[527] Einige Kadetten sind bereits mit zehn Jahren ins Korps eingetreten.[528] Auf ihr Alter wurde keine Rücksicht genommen, was die teilweise rigiden Strafen belegen.[529] Dies ist darauf zurückzuführen, daß sie mit dem Eintritt ins Korps „Soldaten" bzw. zukünftige Offiziere waren und damit die bei der Armee geltenden Vorschriften und Strafen uneingeschränkt auch für sie galten. So wurde z. B. unter Friedrich Wilhelm I. ein Kadett, der einige Tage früher als es sein Urlaubspaß zuließ, nach Hause gereist war, für sieben Wochen „krummgeschlossen", bevor ihn ein königlicher Gnadenerlaß aus dieser Strafe entließ.[530] Durch Friedrich II. wurden die Strafen für Kadetten etwas gemildert, so sollten das „Fuchteln" und „Krummschließen" gänzlich unterbleiben und lediglich ein Arrest bei Wasser und Brot als Strafe angesetzt werden. Auch wenn Friedrichs Instruktion einen gewissen Fortschritt brachte, blieb die Vermittlung der militärischen Tugenden von Zucht und Disziplin oberster Erziehungsgrundsatz für das Kadettenkorps. War die militärische Disziplin unter dem Kadetten gefährdet, ließ auch Friedrich II. einige von ihnen hart bestrafen.[531]

Unterschiedliche Akzente setzten die beiden Monarchen bei der Gestaltung des Unterrichtsplanes für die Kadetten. Friedrich Wilhelm I. legte fest, daß sie in der Woche 40 Unterrichtsstunden erhalten sollten, die in je acht Schreib-, Rechen-, Französisch- und Fortifikationsstunden und je vier

---

[526] S. Zabel, Kadettenkorps, S. 61.

[527] Poten, Geschichte, S. 68.

[528] S. v. Crousaz, Kadetten-Corps, S. 93f.. Einige Kadetten sind v. Crousaz zufolge erst mit 20 Jahren ins Korps eingetreten.

[529] Allerdings muß angemerkt werden, daß es zu dieser Zeit in anderen Ausbildungsbereichen hinsichtlich der harten Strafen prinzipiell keine großen Unterschiede gab.

[530] S. Zabel, Kadettenkorps, S. 70f..

[531] S. dazu Zabel, Kadettenkorps, S. 72f..

Religions-, Geographie-, Fecht- und Tanzstunden eingeteilt waren. Außerdem fanden an zwei Nachmittagen militärische Übungen statt.[532] Obwohl dieser Lehrplan relativ ausgewogen erscheint, wurde doch der militärischen Ausbildung der Vorrang eingeräumt.[533] Friedrich II. reformierte im Jahre 1765 das Unterrichtswesen im Kadettenkorps. Der Unterrichtsplan wurde wesentlich erweitert. Außerdem verlangte der König nicht nur die Gedächtnisschulung der Kadetten, sondern auch eine Bildung ihrer Beurteilungskraft und Vernunft. Mathematik und Ingenieurkunst wurden zu Hauptfächern. Friedrich legte großen Wert darauf, daß den Kadetten der Unterrichtsstoff *„nicht trocken und mager, sondern angenehm und deutlich werde"*[534]. Neben der altersgemäßen Didaktik sollten die Lehrer darauf achten, daß Theorie und Praxis in der militärischen Ausbildung ausgewogen vermittelt wurden. Diese Aufwertung der Ausbildung ließ sich aber nicht vollständig in die Lehrpraxis umsetzen.[535]

Der Siebenjährige Krieg verschärfte das Problem der Militärwaisen und auch die Sorge um geeigneten Offiziersnachwuchs. Um einerseits diese Waisen versorgen zu können und andererseits der Armee den Nachwuchs zu sichern, ließ Friedrich 1769 in Stolp (Pommern) und dann in Culm selbständige Kadetteninstitute errichten. Diese waren Voranstalten, die zwischen 60 und 120 Kadetten aufnehmen konnten. Um einen einheitlichen Bildungsstand vor der Aufnahme in die Hauptkadettenanstalt zu gewährleisten, glich deren Gliederung und Unterrichtsplan im wesentlichen dem der Berliner Anstalt.[536]

Trotz der skizzierten Bemühungen, das Niveau der Ausbildung im Kadettenkorps zu heben, muß die Qualität der dort vermittelten theoretischen Kenntnisse angezweifelt werden. So schreibt Friedländer, daß aus dem Kadettenkorps in den ersten Jahrzehnten nur wenige fähige und begabte Offiziere hervorgingen und es überhaupt zweifelhaft sei, ob die Grundlage für ihre späteren

---

[532] S. Tharau, Die geistige Kultur, S. 71.

[533] Sehr unterschiedlich fällt in der Literatur das Urteil über die Ausbildung der Kadetten aus. Zabel, Kadettenkorps, S. 78 stellt fest, daß das Bildungsniveau nicht über das einer Volksschule hinausgekommen sei und viele Kadetten in die Armee traten, die kaum lesen und schreiben konnten. Diesem negativen Urteil schließen sich auch Otto Heinrich v. d. Gablentz, Das preußisch-deutsche Offizierkorps, in: Schicksalsfragen der Gegenwart. Handbuch politisch-historischer Bildung, hrsg. vom Bundesministerium für Verteidigung, Bd. 3: Über das Verhältnis der zivilen und militärischen Gewalt, Tübingen 1958, S. 47 - 71, hier S. 58 und v. Crousaz, Kadetten-Corps, S. 119 an. Dagegen verteidigen Tharau, Die geistige Kultur, S. 73 und v. Scharfenort, Kulturbilder, S. 57 die Bildung der Kadetten unter Friedrich Wilhelm I.. Tharau schreibt: *„Die Bildung war nicht mehr so enzyklopädisch, weitgreifend wie die einer vergangenen Zeit; aber was gearbeitet wurde, geschah gründlich und bot dem, der sich weiterbilden wollte, ein sicheres Fundament für den Aufbau einer personalen geistigen Kultur."* Bei einer Beurteilung der Kadettenausbildung ist wohl das zu berücksichtigen, was Poten, Geschichte, S. 55 bereits formuliert hat: *„Die Neueintretenden [Kadetten] brachten meist sehr geringe Vorkenntnisse mit, viele mussten mit den Anfangsgründen des Lesens, Schreibens und Rechnens bekannt gemacht werden. Das wissenschaftliche Lernen stand in zweiter Linie."*

[534] Zit. aus: Zabel, Kadettenkorps, S. 80.

[535] So schreibt Poten, Geschichte, S. 58, daß es sich als zweck- und erfolglos herausstellte, mit Kindern, die kaum lesen und schreiben konnten, Wissenschaften zu betreiben, wie z. B. das neueingeführte Fach „Logik".

[536] Vgl. dazu Zabel, Kadettenkorps, S. 82f..

Leistungen im Kadettenkorps gelegt wurden.[537] Er ist der Ansicht, durch den Besuch von Gymnasien und Universitäten seien der Armee mehr befähigte Offiziere zugeführt worden als durch die Kadettenanstalten. Aus der Instruktion für Generalmajor Kurt Rudolf v. Mosch, den Friedrich II. 1782 mit der Inspektion für die Kadetten und die „Ecole militaire" betraut hat, wird deutlich, daß die Bemühungen des Königs, den Ausbildungsstand zu heben, weitgehend vergeblich geblieben sind. In dieser Instruktion schreibt Friedrich, Generalmajor v. Mosch müsse darauf achten, *„daß die jungen Leute (Cadets) besser erzogen werden, wie bishieher* [sic!], *denn viele von den jungen Leuten, wenn sie bei die Regimenter kommen, können kaum lesen und schreiben, und öfters rechnen gar nicht* [...]"[538]. Aufgrund dieser Aussage trifft offenbar zu, was Delbrück über die Bildung im Kadettenkorps geschrieben hat, daß diese nämlich nicht über das Niveau einer Volksschule hinausgegangen sei.[539] Und auch die Beurteilung Duffys scheint angesichts von Friedrichs Anmerkung nicht gänzlich überzogen: *„In the diversity and quality of its education, the Prussian officer corps was probably second to none in the Europe of the middle of the eighteenth century."*[540]

Friedrich hat diesen Mangel selber erkannt, was sich sich daraus entnehmen läßt, daß er 1765 die „Académie militaire", auch „Ecole militaire" genannt, gründete, um einigen besonders begabten Kadetten eine bessere bzw. eine stärker auf die Theorie bezogene Ausbildung zu ermöglichen. Den Eleven, die in der Mehrzahl im Alter von zwölf bis dreizehn Jahren eintraten[541], wurde ein umfangreicher Unterricht in Logik, Rhetorik, Metaphysik, Moral und Jurisprudenz zuteil. Diese Ausbildung sollte sie für eine zukünftige Verwendung in höheren militärischen Positionen oder auch im diplomatischen Dienst vorbereiten. Ein „Kursus", den ein Eleve an der Akademie zu absolvieren hatte, sollte sechs Jahre dauern.[542] Zwischen 1765 und 1786 wurden 69 Königliche Eleven und 71 Pensionärs-Eleven[543] an der Akademie ausgebildet.[544] Von den insgesamt 140 Schülern traten 104 (= 74,2 %) in die Armee ein, wo sie im Gegensatz zu den Kadetten, die zum

---

[537] S. Friedländer, Kriegsschule, S. 34.
[538] Zit. aus: Friedländer, Kriegsschule, S. 110.
[539] S. Delbrück, Geschichte der Kriegskunst, S. 298.
[540] Duffy, The Army of Frederick the Great, S. 46. Einen weiteren Beleg für den geringen Bildungsstand innerhalb des preußischen Offizierkorps gibt Duffy, The Army of Frederick the Great, S. 69. Dort schreibt er, daß Friedrich II. im Jahre 1751 eine Ordre erlassen mußte, daß allen Gefreitenkorporalen wenigstens rudimentäre Kenntnisse im Schreiben vermittelt werden sollten, damit diese in der Lage seien, einen vernünftigen militärischen Bericht abzufassen. Auch Jany, Geschichte der preußischen Armee, Bd. 3, S. 429, dem kaum eine preußenkritische Einstellung zu attestieren ist, erwähnt den mangelhaften Bildungsstand einiger friderizianischer Offiziere nach dem Siebenjährigen Krieg, denn er verweist darauf, daß nur sehr wenige Offiziere schreiben konnten.
[541] S. Friedländer, Kriegsschule, S. 84.
[542] S. ebd..
[543] Die Aufwendungen für die Pensionärs-Eleven wurden nicht aus der Königlichen Kasse bezahlt, sondern von deren Angehörigen.

Teil auch als Unteroffiziere oder Gefreitenkorporale in die Regimenter versetzt wurden, sofort das Offizierspatent bekamen, also als Fähnriche ihre militärische Laufbahn begannen.[545] Von diesen sind bis 1806 sechs in den Rang eines Generals aufgestiegen.[546]

Eine weitere Möglichkeit zur Vorbereitung junger Adliger auf eine Laufbahn in der Armee bot der Pagendienst. Hier gab es die „Königlichen Pagen" und die „Generalspagen". Erstere bildeten ein Berliner Korps mit 30 Pagen und ein Potsdamer Korps mit 12 Pagen. Unter Friedrich Wilhelm I. erhielten sie lediglich Unterricht im Lesen, Schreiben und Rechnen. Friedrich II. ließ sie an der Ausbildung im Kadettenkorps teilnehmen. Die Mehrzahl von ihnen wurde Offizier. Die „Generalspagen" dienten, wie der Name schon sagt, bei den Generalen. Friedrich Wilhelm I. hatte befohlen, daß jeder General der Infanterie *„einen Jungen von Adel, dessen Güter mit seiner Geburt nicht übereinstimmten, zu sich nehmen, ihn als Pagen halten und selbigem die Kriegsübungen mit allem andern, was ein Offizier zu wissen nötig hat, beybringen lassen solle."*[547] Dies bedeutete eine zusätzliche soziale Verpflichtung der militärischen Elite, da die Generale die Kosten für die Pagen im wesentlichen[548] allein zu tragen hatten.[549] Wie die Worte des Königs deutlich machen, lag der Akzent bei der Ausbildung nicht auf der Vermittlung theoretischen Wissens, sondern es war beabsichtigt, dadurch brauchbare Offiziere heranzuziehen. Damit stand auch hier die militärische Praxis bzw. der Erwerb der dafür notwendigen Fähigkeiten im Vordergrund.[550] Friedrich Wilhelm hat das Generalspagenwesen vor allem als ein Mittel zur Ergänzung des Offizierkorps betrachtet. Bei den Musterungen der Regimenter hat er sich persönlich vom Fortschritt dieser Pagen überzeugt. Unter Friedrich II. verlor das Generalspagenwesen an Bedeutung, weil dieser im Kadettenkorps das geeignetere Instrument sah, die jungen Adligen zu erziehen. Da der König dieser Art der Erziehung nur wenig Wert beimaß, konnten sich die Generale von dieser finanziell und persönlich belastenden

---

[544] S. Friedländer, Kriegsschule, S. 129.

[545] S. Friedländer, Kriegsschule, S. 88.

[546] S. Friedländer, Kriegsschule, S. 129.

[547] Zit. aus: Poten, Geschichte, S. 84.

[548] Diese Einschränkung wurde gemacht, weil Friedrich Wilhelm I. einen Fonds bildete, aus dem den Generalen für die Erziehungskosten der Pagen Unterstützungen gewährt wurden.

[549] Leider sind keine Angaben darüber möglich, nach welchen Kriterien die Pagen von den Generalen ausgewählt wurden. Es können daher auch keine Aussagen darüber gemacht werden, ob diese Auswahl durch verwandtschaftliche Beziehungen bzw. Nepotismus beeinflußt wurde. Ebenfalls sind keine Angaben darüber möglich, wie die Karriere dieser Generalspagen verlief, da eine Liste mit den Namen dieser Pagen nicht vorliegt. Von Scharfenort, Die Pagen am Brandenburg-Preußischen Hofe 1415-1895. Beiträge zur Kulturgeschichte des Hofes auf Grund archivalischer Quellen, Berlin 1895, S. 149 - 154 hat zwar die Personalien der Pagen von 1565 bis 1800 aufgelistet. Hier handelt es sich aber nur um die Hofpagen. Auch bei diesen ist für den Fall, daß sie in die Armee eintraten, anhand der Regimentslisten nicht möglich festzustellen, wie ihre militärische Laufbahn verlief, denn v. Scharfenort nennt nur die Nachnamen der Pagen.

[550] Entsprechend negativ fällt das Urteil aus, das Friedländer, Kriegsschule, S. 36 hinsichtlich der militärwissenschaftlichen Ausbildung der Pagen trifft.

Verpflichtung befreien und nahmen keine jungen Edelleute mehr an.[551] Zusammenfassend kann festgestellt werden, daß, mit Ausnahme der Militärakademie, in den Institutionen, in denen die zukünftigen Offiziere ausgebildet wurden, die militärische Praxis dominierte. Diese Beobachtung führt zu der Frage, ob die Ausbildung der Kadetten und Generalspagen überhaupt eine „Offiziersausbildung" war oder nicht vielmehr eine allgemeine militärische Ausbildung. Letztere Vermutung wird durch eine Beobachtung von Duffy gestützt, der darauf hinweist, daß in diesem Jahrhundert „[...] *bei den Armeen Formvorschriften für die Ausbildung zum Offizier noch nicht existierten* [...]".[552] In die gleiche Richtung argumentiert Hohrath, der allerdings seine Ausführungen nicht speziell auf die preußischen Verhältnisse bezieht. Dieser stellt fest, daß Kadetten den gleichen Dienst wie die einfachen Soldaten und Unteroffiziere leisteten: „*Eine Übung in den Funktionen eines Offiziers fand demnach nicht statt; und so erfolgte denn auch die Einstellung in ein Regiment ungeachtet der besonderen Vorbildung der Kadetten für die Mehrzahl als Unteroffiziere.*"[553]

Demnach haben Kadetten zwar das militärisch notwendige Wissen erwerben können, da dies die Voraussetzung für die Übernahme als Offizier in den regulären Armeedienst bildete, aber es bleibt die Frage, was daran typisch „offiziersmäßig" gewesen sein soll. Denn was unterschied die Pflichten eines Subalternoffizieres bei der Ausbildung von Soldaten und im Tagesdienst von dem Lehrkanon, den er selbst im „Gamaschendienst" als Kadett genossen hatte? In der preußischen Armee galt offensichtlich der Grundsatz, daß derjenige, der befehlen sollte, erst einmal gelernt haben mußte, selber Befehlen zu gehorchen. Diesem Grundsatz entsprechend mußten die angehenden Offiziere im Kadettenkorps den Dienst „von der Pike auf" erlernen: „*Auf der unteren Ebene erlernte der bei einem Regiment* [Anm. des Verf.: und beim Kadettenkorps] *stehende Offizier sein Handwerk einfach durch den tagtäglichen Dienst und die Beherrschung der Dienstvorschriften.*"[554] Friedrich II. selbst hat in der Instruktion vom 30. Juni 1740 an den Kommandeur des Kadettenkorps, Oberstleutnant v. Oelsnitz, geschrieben, daß das Hauptziel der Ausbildung im Kadettenkorps darin bestehe, die Kadetten zu „Soldaten" zu erziehen. Daher müßten diese den Dienst gelehrt bekommen, wie es sich für einen „Soldaten" gehört.[555] Der Begriff Soldaten wird deswegen in Anführungszeichen gesetzt, weil der nachfolgende Satz in der Instruktion deutlich macht, daß die Kadetten nicht zum einfachen Soldaten erzogen werden sollten,

---

[551] S. v. Scharfenort, Die Pagen, S. 52.
[552] Duffy, Friedrich der Große, S. 23.
[553] Hohrath, Die Bildung des Offiziers, S. 41.
[554] Duffy, Friedrich der Große, S. 23.
[555] S. Meier-Welcker, Offiziere im Bild, S. 140.

sondern daß es einen bedeutenden Unterschied gab zwischen einem Mannschaftsdienstgrad und einem zukünftigen Offizier. Denn Friedrich II. hat v. Oelsnitz ausdrücklich darauf hingewiesen, daß dieser bei der Erfüllung seiner Aufgabe „[...] *nie aus dem Sinne lassen* [dürfe], *daß die Cadets keine Musquetir von Profession seynd, sondern daß solche Officiers werden sollen; Und ob sie schon den Dienst mit aller exactitude erlernen und das exerciren noch besser wie die andern Regimenter thun müssen, so sollen Sie doch dabey nicht stehen bleiben, sondern solches so lernen, wie Leuthe welche dereinsten commandieren sollen.*"[556] Der wesentliche Unterschied lag also nicht in den Inhalten, die der Soldat oder der Kadett vermittelt bekam, sondern darin, daß letzterer lernte zu kommandieren. Aus diesem Grund kommt der Hierarchie, die dem Kadettenkorps implementiert war, große Bedeutung zu. Dort konnte der spätere Offizier, indem er die einzelnen Ränge durchlief, erlernen, welche Kommandos er zu geben und wie er das zu tun hatte. Daß v. Oelsnitz darauf achten sollte, daß die Kadetten nicht zu „Musketieren" ausgebildet wurden, ist in erster Linie auf die für sie vorgesehene Funktion zurückzuführen. Im Vordergrund standen hier funktionale Aspekte, der soziale Gesichtspunkt, auch wenn er erkennbar ist, war eher sekundärer Natur. Die ständische Ordnung der Gesellschaft ist an dieser Stelle aber ebenso erkennbar. Da ein Kadett normalerweise dem Adelsstand angehörte, mußte seine höhere Position in der ständischen Ordnung gegenüber dem einfachen Soldaten, der zum großen Teil der bäuerlichen Landbevölkerung entstammte, auch in der Ausbildung zum Ausdruck gebracht werden. Die qualitativen Unterschiede in der Ausbildung wurden betont, um die Distanz zwischen den Ständen zu wahren. Nicht nur an der strengen Abgrenzung gegenüber einfachen Soldaten und Unteroffizieren läßt sich ablesen, daß die Offiziere eine abgeschlossene Gruppe bildeten. Dies ist auch daran abzulesen, daß es keinen geregelten Aufstieg aus den Mannschaftsdienstgraden über die Unteroffiziersränge zum Offizier gab. Es existierte keine unterbrochene Abfolge der Ränge von unten nach oben, sondern die Offiziere bildeten in dieser Hinsicht eine abgeschlossene Hierarchie. Ein Adliger trat entweder direkt in ein Regiment als Gefreitenkorporal ein und war damit als Offiziersanwärter gekennzeichnet oder ging durch das Kadettenkorps, um dann in ein Regiment einzutreten. Es hat zwar bewährte Feldwebel gegeben, die nach zwölf Dienstjahren die Chance hatten, zum Sekondleutnant befördert werden, der betonte Ausnahmecharakter dieser Maßnahme unterstreicht aber die prinzipielle Abgeschlossenheit des Offizierkorps.[557]

---

[556] Meier-Welcker, Offiziere im Bild, S. 140.
[557] Vgl. dazu Wohlfeil, Die Beförderungsgrundsätze, in: Meier-Welcker, Untersuchungen zur Geschichte, S. 15 - 63, hier S. 21f. und Papke, Offizierkorps und Anciennität, S. 182.

Der Großteil der preußischen Offiziere trat in die Regimenter ein, ohne eine systematisch vorbereitende Ausbildung erhalten zu haben.[558] Der Bildungsstand, den die jungen Adligen mit in die Armee brachten, variierte beträchtlich und war neben den eigenen geistigen Fähigkeiten u. a. auch vom Vermögen der Eltern abhängig.[559] Die Mehrzahl der adligen Kinder erhielten ihren Unterricht entweder bei einem Hauslehrer, einem Ortsschulmeister oder einem Stadtschullehrer. Viele dieser „Lehrer" brachten den Schülern lediglich Lesen, Schreiben und Rechnen bei.[560] Nicht zu quantifizieren ist allerdings die Zahl derjenigen, die trotz ihrer Schulzeit diese Fähigkeiten nur unzureichend oder gar nicht beherrschten. Der Hauslehrer eines späteren preußischen Offiziers wird folgendermaßen geschildert: „Gleichzeitig erhielt er [der junge Adlige] einen Hofmeister, der ein Pädagoge der Ordnung war, gewissenhaft seine Stunden gab, im übrigen wenig Bildung hatte und von dem der Schüler nichts lernen konnte. [...] in der Geschichte begnügte er sich, eine Weltgeschichte vorzulesen. Er fing, wenn er damit fertig war, von vorne an. [...] Im Rechnen ging seine Kenntnis über die vier Spezies [Grundrechenarten] nicht hinaus."[561] Mit dreizehn Jahren galt die „wissenschaftliche" Ausbildung der jungen Adligen aus weniger begüterten Familien als abgeschlossen, und sie wurden in die Armee gegeben. Dies geschah, weil die Offiziere in der Regel nach dem Anciennitätsprinzip befördert wurden und eine frühzeitige Plazierung in der Rangliste eines Regiments für die militärische Karriere eines Offiziers von Vorteil war. Der vermögende Adel dagegen konnte seine Söhne auf eine Universität oder eine Ritterakademie[562] schicken. Tharau gibt

---

[558] Das gleiche gilt allerdings auch für Österreich. So führt Zimmermann, Militärverwaltung., S. 138 an, daß die Mehrzahl der Offiziersanwärter vor Dienstantritt eine Ausbildung durch einen Hauslehrer oder an einer städtischen Schule erhalten hat. Besondere Bildungsanforderungen wurden den Fähnrichen beim Eintritt in das Regiment nicht abverlangt.

[559] Vgl. dazu v. Barsewisch, Von Roßbach bis Freiberg, S. 17f.

[560] S. dazu v. Hülsen, Unter Friedrich dem Großen, S. 9, der schreibt, daß seine Mutter einen „Menschen" - offensichtlich keinen Lehrer - angenommen hatte, der ihn vier Stunden am Tag im Rechnen, Schreiben, in Geographie und Geschichte unterrichtete. Wie dieser Unterricht zum Teil ausgesehen haben muß, das läßt die eindrucksvolle Schilderung zu, die v. Prittwitz, „Ich bin ein Preuße...", S. 10f. gibt. Diesem zufolge bestand die Unterrichtsmethode des Erziehers vor allem darin, seine Zöglinge zu prügeln und einzuschüchtern. Von Prittwitz führt seine Abneigung „gegen die Wissenschaften" nicht zuletzt auf diese Erfahrungen zurück.

[561] Von Scharfenort, Kulturbilder, S. 51.

[562] Bereits 1653 war in Kolberg eine Ritter-Akademie gegründet worden, die 1701 aufgelöst wurde. 1705 wurde eine derartige Akademie in Berlin neugegründet, von Friedrich Wilhelm I. 1713 aber wieder aufgehoben. Eine auf private Initiative hin entstandene Ritter-Akademie in Berlin bestand nur von 1713 bis 1723. Zu den Ritterakademien s. auch die bereits erwähnte Monographie von Norbert Conrads (Anmerkung 93). Das Bildungsideal, das an diesen Akademien verfolgt wurde, galt der Erziehung von jungen Adligen zu einem gebildeten „galant homme", das Lehrprogramm versuchte daher einen enzyklopädischen Überblick über fast alle Themen zu bieten, die in der adligen Gesellschaft als wichtig und interessant angesehen wurden. Neben Reiten, Fechten, Voltigieren und Tanzen wurde dort auch Mathematik, Latein, Französisch, Italienisch, Logik, Rhetorik, Ethik, Politik, „Historia Universalis", Genealogie, Geographie, Geometrie und Fortifikation, „orationes et disputationes", „Sacra" und „Ius Publicum" gelehrt. Die Ausbildung an einer Ritter-Akademie sollte die jungen Adligen befähigen, in der Staatsverwaltung, in der Diplomatie oder am Hof, aber auch in der Armee alle möglichen Aufgaben wahrzunehmen. Außerdem setzten die Ritter-Akademien - im Gegensatz zu den Kadettenanstalten - voraus, daß die ihnen anvertrauten Zöglinge bereits über die Elementarkenntnisse im Lesen, Schreiben und Rechnen verfügten. Trotz der Unterschiede galt für alle Institutionen, in

an, daß sich für ein Drittel, d. h. für 157 von insgesamt 432 der von Friedrich II. ernannten Generale nichtfürstlicher Herkunft deren Jugendbildung nachweisen läßt. Ihm zufolge sind 74 auf einer höheren Schule gewesen und einige haben auch die Universität besucht, 52 sind zuvor Kadett gewesen, und 34 haben eine Erziehung als Page bekommen.[563] Für die Generale, von denen keine Angaben über ihren Bildungsgang vorliegen, vermutet er, daß diese eine Hauslehrererziehung bekamen. Die von Tharau ermittelten Zahlen lassen erkennen, daß eine höhere Schulbildung oder ein Universitätsbesuch nicht unbedingt Voraussetzung war, um in die höchsten Ränge aufzusteigen. Mindestens die gleichen Chancen boten demnach das Kadettenkorps oder das Pagenwesen. Allerdings kann nicht ausgeschlossen werden, daß sich u. a. die späteren Generale im Laufe ihrer Lebens- und Dienstjahre selbständig um eine Verbesserung ihrer Bildung bemüht haben. Unterstützt wird die Vermutung, daß die Mehrzahl der Adligen ihren Unterricht im elterlichen Haus erhielt, durch Zahlen (rubriziert nach dem Abschluß des Bildungsganges), die sich in den Vasallentabellen finden lassen.[564]

Jahr	1713	1769	1800[565]
Hauslehrererziehung:	152	63	113
Universität:	33	16	7
Ritterakakademie:	14	5	7
Schule/Pension:	14	21	19
Page:	10	6	-
Referendar:	-	-	4
Forstjunker:	-	-	2
Kaufmännische Lehre:	-	-	1[566]
Insgesamt:	378	294	155

Diesen Zahlen zufolge wurde im 18. Jahrhundert tatsächlich wohl die große Mehrzahl der jungen Adligen zu Hause unterrichtet.[567] Aufgrund der zum Teil bescheidenen Bildung, die die jungen

---

denen junge Adlige ausgebildet wurden, das, was Max Jähns, Geschichte der Kriegswissenschaften vornehmlich in Deutschland (= Geschichte der Wissenschaften in Deutschland, Neuere Zeit), 3 Bde., Neudruck der Ausgabe München, Leipzig 1889-1891, New York, London 1965, hier Bd. 2, S. 1643 über die Bildung der Offiziere schreibt: *„Edelmann und Offizier, Kavalierbildung und Offiziersbildung, das sind im 18. Jhdt., zumal in der ersten Hälfte desselben im Wesentlichen gleichbedeutende Gegenstände."*
[563] S. Tharau, Die geistige Kultur, S. 79f.. Leider nennt Tharau nicht die Quelle, aus der er seine Angaben schöpft. Die von ihm verwendete Literatur läßt aber vermuten, daß er zu diesem Zweck das Werk von Priesdorff ausgewertet hat.
[564] S. Göse, Die Struktur, S. 45. Er gibt an, daß in seiner Tabelle mit den genauen beruflichen Differenzierungen nur die über 12 Jahre alten jungen Adligen herangezogen wurden, da mehrheitlich von diesem Lebensalter an Angaben in den Tabellen beginnen.
[565] S. Martiny, Die Adelsfrage, S. 113.
[566] Bei diesem handelt es sich vermutlich um einen v. Winning, der 1802 als Buchhalter bei der königlichen Seehandlung arbeitete und den Martiny, Die Adelsfrage, S. 66f. erwähnt.
[567] Jany, Geschichte der preußischen Armee, Bd. 3, S. 426 betont, daß sich bis zum Ende des 18. Jahrhunderts die

Offiziersanwärter mit in die Regimenter brachten, erklärt sich, warum einige Chefs und Kommandeure aus eigener Initiative versucht haben, das Bildungsniveau zu heben. So berichtet z. B. v. Prittwitz darüber, daß sein Regimentschef, August Wilhelm v. Bevern, 1755 einen „Professor" angestellt hatte, um die jungen Adligen in Geometrie und Mathematik zu unterrichten.[568] General v. Bevern habe persönlich die dabei erbrachten Leistungen der Gefreitenkorporale überprüft. Außerdem habe er ihnen befohlen, einen „Sprachmeister" anzunehmen, der sie im Französischen unterrichtete.[569]

Friedrich Wilhelm I. hat keinen großen Wert auf eine möglichst umfassende Bildung der Offiziere gelegt.[570] Das Ideal des gebildeten Weltmannes, des „honnête homme", wie es von den Ritter-Akademien noch im späten 17. Jahrhundert vermittelt wurde, war nicht sein Anliegen. Der Lehrplan des von ihm gegründeten Kadettenkorps zu Berlin zeigt vielmehr, daß in erster Linie darum ging, den jungen Adligen militärische Kenntnisse zu vermitteln. Auch sein Sohn legte in erster Linie Wert auf Offiziere, die ihr Handwerk beherrschten und das dafür notwendige Wissen erwarben. Friedrich selber entwickelte ein reges literarisches Schaffen[571], in dem er sich u. a. auch mit militärischen Themen befaßte.[572] Vor dem Siebenjährigen Krieg begnügte sich der König aber

---

Qualität der Ausbildung, die die jungen Adligen zu Hause erhielten, nicht verbessert hat und diese mit sehr mangelhafter Schulbildung in die Regimenter kamen. Er nennt eine Kabinettsordre Friedrich Wilhelms III. vom 19. Dezember 1799, in der dieser die Feldprediger verpflichtete, die Gefreitenkorporale in einigen Fächern (Geographie, Geschichte, Mathematik etc.) zu unterrichten, um die erkannten Bildungsmängel zu beheben.

[568] S. v. Prittwitz, „Ich bin ein Preuße...", S. 24. Von Bevern war keine Ausnahme, wie Tharau, Die geistige Kultur, S. 106f. nachweist.

[569] Dazu v. Prittwitz, „Ich bin ein Preuße...", S. 24: *„Dies kam uns aber nicht teuer zu stehen, weil sich im Regiment mancherlei Nationen und darunter die geschicktesten Menschen befanden, die per jus et nefas zu demselben* [der französischen Sprache, Anm. d. Verf.] *gekommen, als Unteroffiziere und Gemeine dienten und froh waren, wenn sie sich [...] eine kleine Zulage erwerben konnten."*

[570] Die These von der Bildungsfeindlichkeit Friedrich Wilhelms I., der mit Verachtung auf die „Blackschisser" (s. Acta Borussica, Bd. 2, S. 131 und 132) und „Federfuchser" herabgesehen habe, wird von Waetzoldt, Preußische Offiziere, S. 9 und Demeter, Das Deutsche Offizierkorps, S. 73 und Jany, Geschichte der Preußischen Armee, Bd. 1, S. 735 sowie von Hartung, König Friedrich Wilhelm I. von Preußen, in: Derselbe, Staatsbildende Kräfte der Neuzeit. Gesammelte Aufsätze, Berlin 1961, S. 123 - 148, hier S. 142f. vertreten. Im dagegen dazu behauptet v. Scharfenort, Kulturbilder, S. 97, der König habe durchaus Wert gelegt auf wissenschaftlich gebildete Offiziere. Allerdings kann die Argumentation von v. Scharfenort in diesem Zusammenhang nicht überzeugen. Ob Friedrich Wilhelm I. der Bildung wirklich so ablehnend gegenüber stand, läßt sich an dieser Stelle nicht beantworten. Es dürfte aber zutreffen, daß er die Bildung der Offiziere vor allem unter praktischen Gesichtspunkten betrachtete. Ein angehender Offizier sollte eine Grundbildung erhalten und die militärischen Kenntnisse vermittelt bekommen, um seine späteren Aufgaben als Offizier in der Armee erfüllen zu können. Alles, was darüber hinaus ging, mußte sich der Offizier selber beibringen. Hartung, König Friedrich Wilhelm I., S. 136 hat darauf hingewiesen, daß für Friedrich Wilhelm die Praxis im Vordergrund stand, was seine Abneigung gegen die Theorie erklären würde. So habe der König mit einem gewissen Stolz betont, die von ihm entwickelten Verwaltungsgrundsätze seien aus der „Experience" erwachsen und stammten nicht aus Büchern.

[571] Vgl. dazu Schieder, Friedrich der Große, S. 365 - 398.

[572] So begann Friedrich z. B. 1746 mit einer historischen Darstellung über die „Denkwürdigkeiten zur Geschichte des Hauses Brandenburg", die er 1748 abschloß. Für seine Geschichte der beiden Schlesischen Kriege, die er 1746 in einer zweiten Fassung vollendete, hatten ihm alle Regimenter ausführliche Übersichten über ihre Beteiligung an diesen Kriegen zuschicken müssen. Neben den historischen Werken stammten aus seiner Feder auch einige militärische Instruktionen und Lehrschriften, so verfaßte er u. a. 1748 „Die Generalprinzipien des Krieges und ihre Anwendung auf die Taktik und

im wesentlichen damit, sein Vorbild auf das Offizierkorps wirken zu lassen.[573] Dies allein scheint ihm aber nicht ausgereicht zu haben, was aus einem Befehl aus dem Jahr 1747 zu ersehen ist. In diesem weist er die Ingenieuroffiziere an, den Offizieren der Regimenter, die in derselben Stadt garnisonierten, Unterricht in der Befestigungslehre zu erteilen. Die Regimenter, die an ihrem Standort keinen Ingenieuroffizier hätten, sollten geeignete Offiziere für vier bis sechs Wochen auf einen solchen Lehrgang schicken, denn Friedrich II. war der Ansicht, möglichst viele Offiziere sollten Kenntnisse in diesem Bereich haben.[574] Hier ging es also um die Vermittlung von fachbezogenem Wissen, das die Offiziere im Feld nutzbringend einsetzen sollten.

Während des Siebenjährigen Krieges stellte der König fest, daß er mit dem Ausbildungsstand seiner Offiziere nicht zufrieden sein konnte. So schrieb er 1762 an den Marquis d'Argens: *„Mit Recht bedauern sie die Unwissenheit vieler unserer Offiziere und ihre Unlust, sich in ihrem Berufe weiterzubilden. Ich erinnere mich, daß man zur Zeit meines Vaters das Lernen verachtete und daß man Kenntnisse gewissermaßen als eine Schande ansah. Das hielt die jungen Leute davon ab und ließ es als ein Verbrechen erscheinen, sein Wissen zu erweitern und neue Kenntnisse zu erwerben. Die Folgen hiervon spüre ich wohl, aber es hängt nicht von mir ab, das so schnell zu ändern; erst muß der Volksgeist eine andere Richtung einschlagen."*[575] Da Friedrich II. die Folgen des geringen fachbezogenen Ausbildungsstands seiner Offiziere selber zu „spüren" bekommen hatte, wie er es in diesem Zitat ausdrückte, widmete er diesem Bereich nach 1763 größere Aufmerksamkeit.[576] Um das Niveau der Fachkenntnisse zu heben, befahl er nach dem Ende des Krieges die Einrichtung von Inspektionsschulen in Wesel, Berlin, Magdeburg, Stettin, Breslau und Königsberg. Dort sollten die jungen Offiziere[577] von November bis Februar Unterricht in der Fortifikationslehre, der Geographie und den Fremdsprachen erhalten.[578] In einer Instruktion an die Inspekteure aus dem Jahre 1781 stellte Friedrich II. fest, daß nicht alle Offiziere den Verstand und die Geschicklichkeit besäßen, die ihr militärisches Handwerk erfordere, daß es aber unter ihnen einige gäbe, die die Ambition bewiesen, sich in ihrem Fach weiterzubilden. Um diese in ihrem Streben weiter zu ermuntern, regte

---

Disziplin der preußischen Truppen" und die „Instruktion für die Generalmajors von der Infanterie / und der Kavallerie".
[573] S. dazu Jany, Geschichte der Preußischen Armee, Bd. 2, S. 230f. und Schieder, Friedrich der Große, S. 66.
[574] S. dazu Jany, Geschichte der Preußischen Armee, Bd. 2, S. 232.
[575] Zit. aus: Waetzoldt, Preußische Offiziere, S. 10.
[576] Bei Jany, Geschichte der Preußischen Armee, Bd. 3, S. 38 und Tharau, Die geistige Kultur, S. 105 wird als Grund für die verstärkten Bildungsanstrengungen Friedrichs II. für das Offizierkorps angegeben, daß ein großer Teil der jüngeren Offiziere während des Siebenjährigen Krieges bereits mit 14 oder 15 Jahren zur Truppe gekommen sei und sie aufgrund ihres geringen Alters noch keine ausreichende Bildung erhalten hätten. „Bildung" ist in diesem Zusammenhang nicht als Allgemeinbildung zu verstehen, sondern ist fachlich bezogen.
[577] Die Kavallerieoffiziere nahmen an diesem Unterricht nicht teil. Sie wurden aber darauf hingewiesen, daß es für sie wichtig sei, Fremdsprachenkenntnisse zu erwerben.
[578] S. Jany, Geschichte der Preußischen Armee, Bd. 3, S. 38.

145

er an, ihnen die Geschichte der vergangenen Kriege durch wichtige und belehrende Bücher zugänglich zu machen: *„Es sind die Kriege von Gustav Adolf, die Campagnen von Prinz Condé, von Marschall de Türenne, von Marschall de Luxembourg, die Kriege des Prinzen Eugen, Feldzüge Karls des 12ten von Adlerfeld, Feuquierres Memoires und l'art de l'attaque et de la défense von Vauban."*[579] Damit den lernwilligen Offizieren diese Werke zur Verfügung standen, wurde für jede der Inspektionsschulen eine Militärbibliothek eingerichtet, die vom König unterhalten wurde. Die genannten Bücher bzw. Themen sind ausschließlich auf den militärischen Bereich bezogen, was wiederum unterstreicht, daß Friedrich unter der Bildung seiner Offiziere in erster Linie eine Fachbildung verstand. Die Regimenter sollten an in ihren Standorten ebenfalls solche Bibliotheken gründen.[580]

Die Anforderungen, die Friedrich an den militärischen Bildungsstand seiner Offiziere stellte, wuchsen im Laufe der Zeit. So schrieb der König 1771 in einer Vorrede zum Auszug aus Quincy „Kriegsgeschichte Ludwigs XIV.": *„Wer für einen tüchtigen Offizier gelten will, muß eine Fülle von Kenntnissen und Talenten in sich vereinigen. [...] Ein Offizier, der nur im Geringsten daran denkt, sich zu höheren Stellen aufzuschwingen, muß gründliche Kenntnis in der Taktik oder der Manövrierkunst, in Angriffen, Verteidigungen, Rückzügen, Märschen, Flußübergängen, Transportbedeckungen, Fouragierungen und allen Dispositionen besitzen, die der Feldkrieg erfordert."*[581] Im weiteren Verlauf seiner Vorrede wird deutlich, warum der König seinen Offizieren das Studium der Werke von Quincy und anderen empfiehlt. Er ist nämlich der Ansicht, „ein Menschenleben" reiche nicht aus, um sich allein durch die Praxis eine vollkommene Erkenntnis und Erfahrung im militärischen Metier zu erwerben. Die Theorie, wie sie aus den Büchern zu entnehmen ist, könne und müsse diese praktischen Kenntnisse vervollständigen. Nur ein Offizier, der sowohl die Theorie als auch die Praxis beherrsche, sei in der Lage, im Krieg Fehler zu vermeiden, die deswegen so verhängnisvoll seien, weil sie umgehend vom Feind ausgenutzt würden. Aus diesem Grund müsse ein Offizier bemüht sein, seine Fähigkeiten in jeder Hinsicht zu verbessern. Als Kriegsherr war er aus militärischen Überlegungen daran interessiert, daß sich seine Offiziere stärker als zuvor, um die Erweiterung ihrer fachspezifischen Kenntnisse bemühten.

---

[579] Zit. aus: Friedländer, Kriegsschule, S. 135.

[580] Über die Bemühungen einiger Regimentskommandeure, die Bildung ihrer Offiziere zu verbessern, berichtet Tharau, Die geistige Kultur, S. 106f. Verschiedene dieser Kommandeure haben darüber hinaus versucht, auch die Bildung der Soldatenkinder anzuheben. Weitere Ausführungen zu diesem Thema sind zu finden bei Neugebauer, Truppenchef und Schule im Alten Preußen. Das preußische Garnison- und Regimentsschulwesen vor 1806, besonders in der Mark Brandenburg, in: Eckart Henning und Werner Vogel (Hrsg.), Festschrift der Landesgeschichtlichen Vereinigung für die Mark Brandenburg zu ihrem hundertjährigen Bestehen 1884 - 1984, Berlin 1984, S. 227 - 263.

[581] Meier-Welcker, Offiziere im Bild, S. 152f.

Dem widerspricht auch nicht, daß Friedrich von seinen Offizieren z. B. die Beherrschung der französischen Sprache forderte.[582] Dies war keine Anknüpfung an das Vorbild des „honnête homme", sondern war eine notwendige Voraussetzung, da im 18. Jahrhundert fast die gesamte militärfachliche Literatur in Französisch erschien. Nur ein umfassend in Praxis und Theorie gebildeter Offizier bot Friedrichs Ansicht nach die Gewähr, daß dieser in der Schlacht und im Feldeinsatz keine Fehler beging, deren Konsequenzen möglicherweise auf das gesamte Heer und ihren obersten Feldherrn, den König, zurückfielen.[583] Diese im Krieg gesammelten Erfahrungen machen Friedrichs Forderung nach einer verbesserten Fachbildung der Offiziere nachvollziehbar. Hohrath weist nämlich darauf hin, daß Veränderungen in der Taktik oder der Waffentechnik keine hinreichende Erklärung dafür bieten, warum seit der Mitte des 18. Jahrhunderts im verstärkten Maße der Bildung der Offiziere Aufmerksamkeit gewidmet worden ist. Seiner Ansicht nach war eine objektive Notwendigkeit zu einer Reform der Offiziersausbildung nicht vorhanden.[584] Allerdings übersieht Hohrath in diesem Zusammenhang die Forderungen nach Bildung und Erziehung, den die Aufklärung mit sich brachte und auf die weiter unten noch ausführlich eingegangen wird.

Mit der Forderung und Förderung der theoretischen Fachbildung hat Friedrich II. neue Akzente hinsichtlich der Ansprüche an einen Offizier gesetzt. Allerdings bezieht sich dies bei den Subalternen in erster Linie nicht auf den alltäglichen Dienst, in dem weiterhin die Praxis im Vordergrund stand. Selbständiges Denken und Handeln war darin kaum gefordert, mußten diese doch im wesentlichen darauf achten, daß ihre Soldaten beim Exerzieren, auf der Wache oder in der Schlacht so funktionierten, wie es das Dienstreglement vorsah.[585] Bedeutung erhielt die Forderung nach verstärkten Bildungsanstrengungen für den Subalternen erst in einer langfristigen Perspektive, die sich auf seine weitere Laufbahn bezog. Friedrich hat nämlich einen Konnex zwischen (militärischer) „Bildung" und „Leistung" hergestellt und versprochen, Leistungen im theoretischen

---

[582] S. dazu die entsprechende Passage aus Friedrichs Instruktion an die Kommandeure der Infanterieregimenter vom 11. Mai 1763 in: Meier-Welcker, Offiziere im Bild, S. 151.

[583] Daß Friedrich II. als erfahrener Feldherr um die Bedeutung der Offiziere in einer Schlacht wußte, belegen die folgenden Zitate aus den Testamenten von 1752 und 1768: „*Ich habe selbst Krieg geführt und ich habe gesehen, daß Oberste manchmal das Schicksal des Staates entschieden haben* [...] *An solchen wichtigen und entscheidenden Tagen* [einer Schlacht] *lernt man den Wert guter Offiziere kennen* [...]", Dietrich, Die politischen Testamente, S. 403. „*Die Unwissenheit der Offiziere und Generäle* [sic!] *hat sie schon manche Schlacht verlieren und manche Unternehmung scheitern lassen. Man kann nicht genug Mühe darauf verwenden, ihnen die Regeln der Kriegskunst einzuschärfen und zu praktizieren.*", Dietrich, Die politischen Testamente, S. 537.

[584] S. Hohrath, Die Bildung des Offiziers, S. 37, 59, 61.

[585] Diese relativ schlichte, aber dennoch für den Zusammenhalt der Truppe wichtige Aufgabe hat v. Berenhorst, Betrachtungen, S. 180f. folgendermaßen charakterisiert: „*In unsern Heeren* [ist] *der Subalternstand der erste Hebel* [...], *welcher der Maschine eines Bataillons, einer Schwadron, die Bewegung zutheilen - der Strebebalken, welcher überall angebracht ihrem Einsturz widerstehen soll; er ist also der allerwichtigste Gehülfe der obern Agenten.*"

147

Bereich angemessen zu belohnen: „*Strebsamkeit auf diesem Gebiet wurde von ihm geradezu mit der 'wahren Ambition' gleichgesetzt.*"[586] Was er unter Belohnung verstand, hatte er u. a. in der Vorrede zu Quincys Werk geschrieben. Dort hatte er darauf hingewiesen, daß ein Offizier, der befördert werden wollte, sich erst die nötigen theoretischen Kenntnisse verschaffen müsse. Auch in der Instruktion für die Inspekteure aus dem Jahre 1781 wird sichtbar, daß er Offiziere, die sich um die Verbesserung ihres theoretischen Bildungsstandes bemühten, mit bevorzugtem Avancement belohnen wollte, weist er doch die Inspekteure an, daß sie ihm diese Offiziere nennen sollten.[587] Also auch hier wird „Bildung" als Voraussetzung für „Leistung" genannt. Mit der Einführung dieses Konnexes tangierte Friedrich II. eine der wesentlichen Grundlagen, auf der sein Offizierkorps fußte.[588] Bislang war die Beförderung der Offiziere in erster Linie nach dem Anciennitätsprinzip erfolgt, d. h. ein Offizier konnte erwarten, daß er gemäß seinem Platz in der Rangreihenfolge in der Tour aufstieg. Ein wesentliches Merkmal des Aufstiegs gemäß der Anciennität war, daß dabei individuelle Fähigkeiten und Leistungen keine Rolle spielten, sondern ausschließlich der transpersonale Gesichtspunkt des Platzes in der Reihenfolge berücksichtigt wurde. Indem Friedrich „Bildung" als Voraussetzung für „Leistung" setzte, wurde eine bislang nicht gekannte Differenzierung in das Offizierkorps eingeführt. Da der König ankündigte, bei der Beförderung nicht nur die Anciennität zu berücksichtigen, sondern auch die persönlichen Leistungen, wurden einzelne Offiziere aus der bislang gleichberechtigten bzw. gleichbehandelten Gruppe aller Offiziere herausgehoben. Nicht zuletzt bedeutete die stärkere Beachtung der Leistung, daß im Offizierkorps Konkurrenzverhältnisse eingeführt wurden, denn der „bessere" Offizier konnte erwarten, schneller befördert zu werden als seine Kameraden. Welche Bedeutung „Bildung" und die darauf fußende „Leistung" für das überkommene Anciennitätsprinzip und die adlig-ständische Solidarität hatten, soll weiter unten ausführlicher analysiert werden. Hier sei bereits darauf verwiesen, daß dies nicht ohne Auswirkungen auf die Struktur und den Charakter des preußischen Offizierkorps bleiben konnte: „*Wenn fachliche Bildung für* [Hervorhebung im Text] *jeden Offizier gefordert wurde, so mußte sie auch von* [dito] *jedem Offizier, wenn die nötigen Schulen einmal geschaffen waren, erwartet werden können, und dies mußte, da man an den Unterschieden der Begabung nicht zweifelte, Auswirkungen auf die Karriere von Offizieren haben.*"[589] Die Ansprüche an den (adligen) preußischen Offizier sind damit gewachsen, und die

---

Messerschmidt, Werden und Prägung, S. 54.
S. Friedländer, Kriegsschule, S. 136.
Interessant sind die Parallelen, die sich in dieser Hinsicht im Vergleich mit der französischen Armee und ihrem Offizierkorps ergeben, s. dazu im einzelnen Opitz-Belakhal, Militärreformen, S. 12 und 273.
Hohrath, Die Bildung des Offiziers, S. 53.

148

Kriterien, nach denen sich dessen Laufbahn gestaltete, orientierten sich nicht mehr ausschließlich nach seinen ständischen Qualitäten, sondern zukünftig auch stärker an seinen persönlichen Fähigkeiten. Dies mußte unter Umständen, solange am Vorzug des Adels bei der die Besetzung der Offiziersstellen festgehalten wurde, innerhalb des dienenden Adels zu einer stärkeren Differenzierung führen, die sich eigentlich mit der betonten (prinzipiellen) Gleichheit aller Standesangehörigen nicht vertrug. Die Verbindung von „Bildung" und „Leistung" beinhaltete allerdings einen weiteren, in die Zukunft weisenden Aspekt, denn grundsätzlich wurde dadurch die bislang für das preußische Offizierkorps geltende Bevorzugung des Adelsstandes berührt. Wenn Bildung und Begabung eine größere Bedeutung für den Offizier bekamen, indem sie zur Voraussetzung für eine Laufbahn gemacht wurden, konnte der Adel diese Positionen nicht mehr ausschließlich für sich beanspruchen. Mit seinen Forderungen nach theoretischer Fachbildung hatte Friedrich deutlich gemacht, daß die notwendigen Kenntnisse prinzipiell von jedem Offizier zu erwerben waren. Die Konsequenzen, die sich daraus (längerfristig) ergaben und die Kroener im folgenden Zitat umreißt, sind hier allerdings erst in den Anfängen sichtbar: „Wenn also die Kunst der Kriegführung sich nicht auf die Anwendung eines adeligen Verhaltenskatalogs beschränken ließ, sie vielmehr eine erlernbare Wissenschaft geworden war, so durften letztlich auch die herkömmlichen ständisch orientierten Selektionsmechanismen nicht mehr Geltung beanspruchen. Damit verlor die traditionelle Verknüpfung von Adelsrang und Dienstgrad ihre Berechtigung."[590] Der in die Zukunft weisende Charakter von „Bildung" und „Leistung" ist daran zu erkennen, daß in der Praxis der friderizianischen Armee an der Verknüpfung von Adel und Offizier (im wesentlichen) festgehalten wurde. Das Allgemeine Landrecht von 1794 zeigt sehr deutlich, wie das überkommene Prinzip bei der Besetzung der Offiziersstellen in Gesetzesform festgeschrieben werden sollte. Mit den erhöhten Anforderungen an die Militärbildung seiner Offiziere hat Friedrich den Prozeß der Ablösung ständischer Vorzüge zugunsten der fachlichen Bildung mit eingeleitet, obwohl er bis zu seinem Tode daran festgehalten hat, daß vor allem der Adel die Offiziere stellt.[591] Friedrichs Forderungen blieben nicht ohne Auswirkungen auf die Offiziere. Sichtbar wurde der Erfolg seiner Bemühungen an deren vermehrter Schreibtätigkeit. Sie verfaßten Kriegstagebücher oder übersandten dem König taktische Ausarbeitungen und Vorschläge zur Verbesserung der Armee.[592] Angesichts dieser fachbezogenen Veröffentlichungen befand sich Friedrich II. aber in

[590] Kroener, Der Offizier im Erziehungsprogramm, S. 29.
[591] Vgl. dazu das Testament von 1752, in dem Friedrich II. u. a. feststellt: „[...] denn es sind sie [die Adligen], die als Grundlage und Säulen des Staates anzusehen sind", Dietrich, Die Politischen Testamente, S. 309.
[592] Umfassend hat Ursula Waetzoldt in ihrer Monographie sowohl die militärwissenschaftlichen Arbeiten als auch die literarischen Werke von preußischen Offizieren im 18. Jahrhundert zusammengestellt. Sie nennt 582

einem Zwiespalt. Auf der einen Seite begrüßte er diese Arbeiten, auf der anderen Seite wollte er verhindern, daß Interna über die preußische Armee nach dem Siebenjährigen Krieg im Ausland bekannt wurden.[593]

So hatte der König nichts gegen theoretische Arbeiten im allgemeinen, aber als z. B. 1775 der Kapitän der Artillerie Tempelhoff darum bat, den Druck einer von ihm erarbeiteten Taktik der Infanterie und Artillerie zu erlauben, lehnte er dies ab. Genauso verbot er das von Johann Friedrich Seyfarth 1767 begonnene Vorhaben einer vollständigen Geschichte aller preußischen Regimenter bereits nach dem Erscheinen des sechsten Bands mit der Begründung, daß sie *„viele dem publico nicht zu wissen nötige Details"*[594] enthalte.

Es war aber nicht nur dem Einfluß Friedrichs II. zu verdanken, daß sich die Offiziere verstärkt um ihre geistige Weiterbildung kümmerten. Bereits seit Mitte des 18. Jahrhunderts ist die Zahl der Bücher und Zeitschriften mit militärischen Themen stark angestiegen, die sich besonders durch einen zunehmend wissenschaftlichen Charakter auszeichneten. Diese zum Teil von Offizieren verfaßten Publikationen richteten sich u. a. auch an andere Offiziere, denen das sich entwickelnde System der „Militärwissenschaft" vermittelt werden sollte.[595] So stammt z. B. das erste rein militärische Periodikum, die *„Kriegs-Bibiliothek oder gesammlete Beyträge zur Kriegs-Wissenschaft"* von dem preußischen Offizier Georg Dietrich v. d. Groeben, der diese seit 1755 in Breslau herausgab.[596] Dieser Anstieg bei den „militärwissenschaftlichen" Schriften ist allerdings in einem größeren Zusammenhang zu sehen, denn auch die allgemeine publizistische Produktion zeigt diesen ansteigenden Trend. Beide Entwicklungen sind nur auf dem Hintergrund einer Änderung des „Volksgeistes" zu sehen, den Friedrich 1762 als Voraussetzung angesehen hatte, um die Bildung der Offiziere verbessern zu können. Den Wandel zumindest in der gebildeten Bevölkerung, aber auch bei einigen Offizieren[597], bewirkte die „Aufklärung". Sowohl die Bildungsbewegung innerhalb des Militärs als auch die zunehmende Verwissenschaftlichung des Militärwesens sind Hohrath zufolge in ihren wesentlichen Formen eine Erscheinung der Aufklärung. Er weist darauf hin, daß *„die Motivation für den Ruf nach einer Berufsbildung für den Offizier* [...] *Folge* [dieser]

---

militärwissenschaftliche Titel, die zum großen Teil zwischen 1765 und 1795 erschienen sind. Auch Tharau hat sich mit der Bildung der Offiziere befaßt. In einer Vielzahl von Einzelbiographien stellt er die Ausbildung bzw. Bildung verschiedener preußischer Offiziere vor.

[593] S. dazu Dietmar Stutzer, Das preußische Heer und seine Finanzierung in zeitgenössischer Darstellung 1740 - 1790, in: MGM, 24. Jg., 1978, S. 23 - 47, hier S. 27.

[594] Zit. aus: Jany, Geschichte der Preußischen Armee, Bd. 3, S. 44.

[595] S. Hohrath, Die Bildung des Offiziers, S. 47.

[596] Dito.

[597] So existierte bereits seit 1755 in Potsdam eine gelehrte Vereinigung höherer Offiziere, in der militärische Probleme erörtert und in schriftlichen Ausarbeitungen beantwortet wurden. Siehe Jany, Geschichte der Preußischen Armee, Bd. 2,

gesellschaftlichen Entwicklung [ist]"[598]. Auch wenn der Begriff „Berufsbildung" nicht dazu taugt, den Dienst und die Aufgaben eines preußischen Offiziers zu beschreiben, bleibt dennoch festzuhalten, daß der Anstoß zu einer verstärkten Fachbildung der Offiziere aus einer Bewegung kam, die ihren Ursprung nicht im Militär hatte.

Ein Kennzeichen der Aufklärung war u. a. ihr pädagogischer Enthusiasmus, der davon ausging, daß sich durch die Erziehung zu naturgemäßer vernünftiger Lebensweise und durch gesteigerte Geistesbildung sowohl das sittliche und soziale Wohl des Einzelnen als auch der Gesellschaft steigern ließe. Um diese Ziele erreichen zu können, wurden die Bemühungen verstärkt, sowohl Kindern als auch Erwachsenen eine verbesserte Bildung zu ermöglichen. Ein wesentliches Merkmal der Aufklärung war ebenfalls die Idee von der Gleichheit und der Erziehbarkeit aller. Ihre besondere Bedeutung erhielt die Aufklärung, weil sie sowohl eine geistige als auch eine soziale Reformbewegung war, „*die sich von der Klarheit des Denkens nicht nur geistige Fortschritte, sondern auch Besserung aller Verhältnisse versprach*"[599]. Die Vergrößerung des eigenen Wissens, die Schärfung der geistigen Fähigkeiten, das Streben nach umfassender Bildung waren so wichtig, weil sie wesentliche Voraussetzungen für die Aufklärung waren. In des Wortes eigener Bedeutung sollte „Aufklärung" den einzelnen dazu befähigen, Zusammenhänge zu erkennen, seinen Verstand zu benutzen. Diese Funktion liegt auch der Definition Kants von 1784 zugrunde: „*Aufklärung ist der Ausgang des Menschen aus seiner selbstverschuldeten Unmündigkeit. Unmündigkeit ist das Unvermögen, sich seines Verstandes ohne Leitung eines anderen zu bedienen.*"[600] Die Bildung war das Mittel, um den Menschen „aufzuklären", ihn aus der Unmündigkeit zu führen. Der Grad der Bildung und ihr Erwerb wurden zu Faktoren des gesellschaftlichen Ansehens.[601]

Für die Armee und die Offiziere ergaben sich hieraus in mehrfacher Hinsicht potentielle Konsequenzen. Wie bereits wiederholt erwähnt, basierte das Militärsystem auf einem statischen Gesellschaftssystem, in dem jedem Stand eine spezielle Aufgabe zugewiesen war. Da die Aufklärung aber auf die Reform der gesellschaftlichen Zustände zielte, hätte dies in letzter Konsequenz die Armee getroffen. Die Aufklärung „bedrohte" aber nicht nur von außen das Offizierkorps, im gleichen Maße konnte diese geistige Bewegung dessen inneren Zusammenhalt und seine Homogenität gefährden und zwar dann, wenn Offiziere daraus Konsequenzen zogen. Die Voraussetzung hierfür war grundsätzlich gegeben, hatte Friedrich II. doch „Bildung" in Verbindung

---

S. 231.
[598] Hohrath, Die Bildung des Offiziers, S. 61.
[599] Werner Schneiders, Das Zeitalter der Aufklärung, München 1997, S. 11. Zur Aufklärung s. auch Horst Stuke, Aufklärung, in: Brunner/Conze/Koselleck, Geschichtliche Grundbegriffe, Bd. 1, S. 243 - 342.
[600] Immanuel Kant, Was ist Aufklärung? Aufsätze zur Geschichte und Philosophie, Göttingen 1985, S. 55ff.

mit „Leistung" als ein Beförderungskriterium in das Offizierkorps eingeführt. Ein geistig
beweglicher Offizier, der sich gemäß den Forderungen des Monarchen um die Verbesserung seiner
Bildung bemühte, mußte fast zwangsläufig mit **der** geistigen Strömung seiner Zeit in Berührung
kommen.[602] Wenn dieser Offizier den Grad seines Wissens und seiner Bildung zum persönlichen
und dienstlichen Maßstab machte, er „*im Sinne der Aufklärung eine ganzheitliche Ausbildung zur
professionellen Vollkommenheit*"[603] anstrebte, dann mußte dies auch Auswirkungen darauf haben,
wie er seine Tätigkeit auffaßte.[604] Möglicherweise, wenn auch nicht zwangsläufig, führte dies dazu,
daß ein Offizier seinen Dienst mehr als Beruf ansah, in dem er sich um Verbesserung seiner
Fähigkeiten zu bemühen hatte und weniger als eine standesgemäße Tätigkeit.[605] War ein Offizier so
weit gelangt, dann war fraglich, ob er sich noch mit seinen Kameraden verbunden fühlte, weil sie
ebenfalls Adlige waren und ob er nicht vielmehr an diese ebenfalls professionelle Maßstäbe legte
und sie nach ihrer Bildung und Leistung beurteilte. Die zuvor skizzierten Überlegungen sind
spekulativ, weil sich an dieser Stelle nicht beantworten läßt, wie sich die Aufklärung konkret im
Offizierkorps ausgewirkt hat. Trotzdem sind diese Überlegungen hier vorgetragen worden, weil sie
das längerfristig auf Veränderungen zielende Potential aufzeigen, das der Aufklärung auch im
Offizierkorps zukommen konnte.

In welchem Maße die Aufklärung die Offiziere tatsächlich beeinflußt hat, ist nur schwer zu
beantworten. Dies dürfte u. a. auch eine Frage der Generationszugehörigkeit gewesen sein. Für
jüngere Offiziere bzw. Offiziersanwärter, wie den späteren Feldmarschall und Reformer Hermann
v. Boyen, der noch unter Friedrich II. als Gefreitenkorporal seine Laufbahn begann, dürfte es
einfacher gewesen sein, sich mit der Aufklärung und ihren Zielen zu befassen, als für ältere
Offiziere, die in ihrem „Weltbild" schon relativ gefestigt und nicht nicht mehr flexibel genug
waren, neue Ideen zu akzeptieren. Außerdem berührten diese Ideen ganz wesentliche Aspekte des
friderizianischen Offiziers und stellten sie zum Teil in Frage. Kroener weist darauf hin, daß auch
deswegen nicht alle Offiziere von der Aufklärung erfaßt worden sind, weil einige von ihnen in den
abgelegenen Garnisonorten mit aufklärerischen Gedanken kaum in Berührung kamen und sich
daher die Aufklärung im Offizierkorps nur an wenigen Kristallisationspunkten entwickeln konnte,

---

[601] S. dazu Hohrath, Die Bildung des Offiziers, S. 52.
[602] Die folgenden Überlegungen müssen auch deshalb spekulativ bleiben, weil eine entsprechende Studie über den
Personenkreis der Aufklärer und ihre Motivation bisher nicht vorliegt.
[603] Kroener, Der Offizier im Erziehungsprogramm, S. 29.
[604] Auch Hohrath, Die Bildung des Offiziers, S. 37 weist auf den längerfristigen Charakter hin, der der oben skizzierten
Entwicklung zu eigen war. Seiner Ansicht nach ist es äußerst problematisch, im 18. Jahrhundert von einer
fortschreitenden „Professionalisierung" der Offiziere zu sprechen.
[605] S. dazu Hohrath, Die Bildung des Offiziers, S. 53.

so z. B. in den größeren Städten wie Berlin oder im Umkreis der Inspektionsschulen.[606] Zu fragen ist auch nach möglichen Auswirkungen, die die Aufklärung auf das Bild der Offiziere in der Öffentlichkeit hatte. So sieht Hohrath die Offiziere in den Garnisonstädten und Residenzen vor das Problem gestellt, daß ihre adlige Herkunft und ihr Offiziersstand allein nicht mehr ausreichten, das Sozialprestige dieser Gruppe zu sichern.[607] Allerdings muß hierbei einschränkend bemerkt werden, daß sich Hohraths Beobachtungen nicht speziell auf die preußischen Offiziere beziehen und darüber hinaus zu fragen ist, ob im Sinne von Kroener überhaupt ein größerer Teil der Offiziere an ihren Garnisonorten auf eine Öffentlichkeit getroffen ist, die maßgeblich durch aufklärerische Ideen und Werte geprägt war. Zudem war auch im Zeitalter der Aufklärung die Bildung nicht der einzige Bestandteil, auf dem sich das Sozialprestige einer Person gründete. Wie viele Offiziere von der Aufklärung beeinflußt worden sind, läßt sich nicht beziffern. Es dürfte sich wohl eher um eine kleine, intellektuell bewegliche Elite gehandelt haben, die Kroener in Gestalt der preußischen Reformer von 1806 erkennt.[608] Hinsichtlich der Wirkung der Aufklärung auf das preußische Offizierkorps ist es bezeichnend, daß mit Scharnhorst und Gneisenau zwei der führenden Köpfe der Heeresreform aus dem Ausland kamen, die den ersten Abschnitt ihrer militärischen Laufbahn auch in ausländischen Diensten begonnen hatten. Fragen nach der Wirkung der Aufklärung im Offizierkorps wirft ebenfalls die Tatsache auf, daß deren Forderung nach umfassender Bildung und Unterrichtung nur zum Teil umgesetzt wurde bzw. den Charakter einer fachspezifischen Bildung angenommen hat. Messerschmidt ist daher der Ansicht, daß durch eine derart militärisch dominierte Bildung „[...] *ein echter Bezug zum erwachenden geistigen Leben und Bewußtsein des Bürgertums nur schwer zu gewinnen war und auch kaum gewonnen wurde*"[609].

---

[606] S. Kroener, Der Offizier im Erziehungsprogramm, S. 32.
[607] S. Hohrath, Die Bildung des Offiziers, S. 51f..
[608] S. Kroener, Der Offizier im Erziehungsprogramm, S. 33.
[609] Messerschmidt, Werden und Prägung, S. 55.

1.2. Die Infanterie

Die Analyse aller Infanterie-Einheiten (Musketier-, Füsilier- und Garnisonregimenter sowie Stehende Grenadierbataillone) ergibt für die Herkunft der Offiziere folgendes Bild:

	1713, 02 - 1740, 05	1740, 06 - 1756, 07	1763, 03 - 1786, 08	Summe 1713 - 1786
Dienstgrade z - k:				
Gbl = Sto	982 (25,9 %)	1146 (23,1 %)	1771 (24,5 %)	3899 (24,4 %)
Gbl = Preußen	2150 (56,7 %)	2349 (47,4 %)	3033 (42,0 %)	7532 (47,2 %)
Gbl = Ausland	655 (17,2 %)	1457 (29,4 %)	2402 (33,3 %)	4514 (28,3 %)
Zusammen:	3787	4952	7206	15945
Dienstgrade i - a:				
Gbl = Sto	152 (17,5 %)	177 (14,9 %)	351 (17,3 %)	680 (16,7 %)
Gbl = Preußen	581 (67,0 %)	797 (67,4 %)	1034 (51,1 %)	2412 (59,2 %)
Gbl = Ausland	133 (15,3 %)	208 (17,5 %)	637 (31,5 %)	978 (24,0 %)
Zusammen:	866	1182	2022	4070
			Alle Dienstgrade:	20015

Danach kamen lediglich 16,7 % der Kompanieinhaber aus dem territorialen Einzugsbereich ihres Regiments. Dieser Wert liegt mehr als drei Prozent unter dem der gesamten Armee, d. h. daß bei der Infanterie noch weniger von ihnen aus dem Standortbereich ihres Regiments kamen. Ähnlich wie bei der Gesamtauswertung beobachtet, stieg der Anteil der Ausländer von 1713 bis 1786 kontinuierlich an. Betrug ihr Anteil im ersten Zeitraum 17,2 bzw. 15,3 %, so lag er im letzten Abschnitt bei 33,3 bzw. 31,5 %. Besonders stark nahm ihr Anteil an der Gruppe der höheren Offiziere nach dem Siebenjährigen Krieg zu. Kamen zwischen 1740 und 1756 noch 82,3 % der Kapitäne und Stabsoffiziere aus Preußen (Gbl = Sto und Gbl = Preußen), so fiel deren Anteil nach 1763 auf 68,4 % ab. Ein Grund dafür könnten die Verluste an preußischen Offizieren während des Siebenjährigen Krieges gewesen sein. Da der einheimische Adel, aus dem sich bis 1756 das Offizierkorps vornehmlich rekrutierte, bereits während des Krieges nicht mehr in der Lage war, die Lücken wieder aufzufüllen[610], war Friedrich II. anscheinend gezwungen, vermehrt Ausländer als Offiziere in seine Armee zu nehmen. Eine weitere Erklärung für die sinkende Zahl einheimischer Offiziere nach dem Siebenjährigen Krieg könnte ebenfalls mit den Verlusten zusammenhängen. So ist anzunehmen, daß auf einigen adligen Gütern, deren Besitzer gefallen waren, ein (männlicher)

---

[610] Daß der einheimische Adel kein unerschöpfliches Rekrutierungsreservoir für das preußische Offizierkorps darstellte, hat Friedrich II. selber bestätigt. Er hat bemerkt, daß Preußen nicht so viele Edelleute habe, wie es der Bedarf an Offizieren eigentlich erfordere, s. Apel, Der Werdegang, S. 36.

Erbe das Gut übernommen hat.[611] Entweder war dieser bereits Offizier und hat aus diesem Grund den König um seine Dimission gebeten, oder er war noch nicht in die Armee eingetreten und fiel nun als Offiziersanwärter aus. Friedrich seinerseits war darauf bedacht, den Grundbesitz des einheimischen Adels zu erhalten. Daher ist es wahrscheinlich, daß er einem Offizier, der um seinen Abschied bat, weil er das Familiengut erhalten wollte, diesen eher bewilligt hat, obwohl er ansonsten die Dimission eines Offiziers nicht gerne sah. In diesem Zusammenhang sei noch einmal auf die Ergebnisse verwiesen, die Göse aus der Analyse der Vasallentabellen erzielt hat. Einschränkend muß aber darauf verwiesen werden, daß durch die Vasallentabellen nur der grundbesitzende Adel erfaßt wird. Es zeigt sich, daß Göses Ergebnisse im Hinblick auf den (geringen) Anteil der Einheimischen am Offizierkorps eines Regiments durch die Analyse der Regimentslisten zum Teil bestätigt werden können.

Die Auswertung der verschiedenen Herkunftsländer bzw. -territorien der Infanterieoffiziere hat folgendes Bild ergeben:

	1713, 02 - 1740, 05	1740, 06 - 1756, 07	1763, 03 – 1786, 08	Summe
Preußen-Zentrum	86 / 32 (2,2 %)	98 / 14 (1,6 %)	227 / 57 (2,9 %)	514 (2,3 %)
Kurmark	622 /180 (15,5 %)	566 /183 (11,0 %)	534 /216 (7,7 %)	2301 (10,6 %)
Neumark	320 / 76 (7,6 %)	267 / 89 (5,2 %)	234 / 87 (3,3 %)	1073 (4,9 %)
Magdeburg	233 / 65 (5,7 %)	215 / 60 (4,0 %)	366 /113 (4,9 %)	1052 (4,8 %)
Pommern	1038/ 169 (23,3 %)	966 /339 (19,3 %)	1076 /373 (15,0 %)	3961 (18,4 %)
Ostpreußen	643 /158 (15,5 %)	601 /171 (11,4 %)	757 /232 (10,2 %)	2562 (11,9 %)
Schlesien	-	567 / 56 (9,2 %)	1217 /222 (14,9 %)	2062 (9,5 %)
Westpreußen	-	-	119 / 8 (1,3 %)	127 (0,5 %)
Kleve/Mark	134 / 38 (3,3 %)	132 / 40 (2,5 %)	123 / 56 (1,8 %)	523 (2,4 %)
Minden/Ravensberg	33 / 11 (0,8 %)	49 / 6 (0,8 %)	45 / 8 (0,5 %)	152 (0,7 %)
Ostfriesland	1 / (0,01 %)	2 / (0,02 %)	19 / 2 (0,2 %)	24 (0,1 %)
Neufchâtel	1 / (0,01 %)	3 / (0,04 %)	8 / 1 (0,09 %)	13 (0,06 %)
Westfalen	21 / 4 (0,4 %)	29 / 30 (0,8 %)	79 / 10 (0,9 %)	159 (0,7 %)
Ausland-Reich	450 / 81 (10,2 %)	965 /160 (16,6 %)	1722 /501 (23,1 %)	3879 (18,0 %)
Ausland-Europa	205 / 52 (4,9 %)	492 / 48 (7,9 %)	680 /136 (8,4 %)	1613 (7,4 %)
Herkunftsland unbekannt	385 /127	456 /150	114 /278	1510
Insgesamt	5165	6754	9620	21525

Im Vergleich zur Gesamtauswertung ergeben sich hier keine signifikanten Änderungen. Bei der Infanterie stellten die Pommern die meisten Offiziere, danach kamen die Ausländer aus dem Reich, gefolgt von den Ostpreußen. Der Anteil der Offiziere, die aus einigen „altpreußischen" Territorien (Kurmark, Neumark, Pommern und Ostpreußen) kamen, ist im Laufe des 18. Jahrhunderts

---

[611] Zur kritischen Lage der Adelsgüter nach dem Siebenjährigen Krieg vgl. Martiny, Die Adelsfrage, S. 19ff.

gesunken. Zwar ist die Zahl der aus Berlin und Potsdam (Preußen-Zentrum) und aus Magdeburg stammenden Offiziere leicht gestiegen, aber wesentlich bedeutender ist der Anstieg des schlesischen Anteils. Wie bereits in der Analyse der Gesamtarmee dargelegt, ist dieser starke Anstieg zum Teil auf die Vielzahl von Regimentern zurückzuführen, die nach der Annexion Schlesiens dort stationiert wurden. Diese Einheiten haben offensichtlich einen Teil ihres Offiziersbedarfs aus der Umgebung decken können. Die geographische Nähe war für manchen schlesischen Adligen der Grund, in die dort stationierten Regimenter einzutreten. Dies erklärt auch, warum der Anteil der aus den „altpreußischen" Provinzen stammenden Offiziere gesunken ist. Wenn nämlich die Zahlen im einzelnen betrachtet werden, ist zu erkennen, daß z. B. die Kurmark in absoluten Zahlen gesehen in allen drei Untersuchungszeiträumen fast die gleiche Anzahl an Offizieren gestellt hat. So waren es zwischen 1713 und 1740 insgesamt 802 Offiziere, von 1740 bis 1756 waren es 749, und zwischen 1763 und 1786 kamen 750 Offiziere aus der Kurmark.

1.2.1. Die Feldregimenter

Die Auswertung der Ranglisten aller Feldregimenter ergibt folgendes Bild:

	1713, 02 - 1740, 05	1740, 06 - 1756, 07	1763, 03 - 1786, 08	Summe 1713 - 1786
Dienstgrade z - k:				
Gbl = Sto	952 (25,7 %)	985 (22,6 %)	1301 (22,6 %)	3238 (23,5%)
Gbl = Preußen	2122 (57,4 %)	2113 (48,6 %)	2596 (45,1 %)	6831 (49,5 %)
Gbl = Ausland	619 (16,7 %)	1243 (28,6 %)	1847 (32,1 %)	3709 (26,9 %)
Zusammen:	3693	4341	5744	13778
Dienstgrade i - a:				
Gbl = Sto	141 (17,0 %)	154 (15,3 %)	244 (16,5 %)	539 (16,3 %)
Gbl = Preußen	561 (67,7 %)	682 (68,1 %)	804 (54,4 %)	2045 (61,9 %)
Gbl = Ausland	126 (15,2 %)	165 (16,4 %)	428 (29,0 %)	719 (21,7 %)
Zusammen:	828	1001	1474	3303
			Alle Dienstgrade:	17081

Aus dem territorialen Einzugsbereich (Gbl = Sto) ihres Regiments kamen lediglich 16,3 % der Offiziere, die der Gruppe der Kompanieinhaber angehörten. Interessant ist die Tatsache, daß deren Anteil im Laufe des 18. Jahrhunderts relativ stabil geblieben ist. Dagegen ist der Anteil der Offiziere, die aus den anderen preußischen Territorien stammten, deutlich gesunken. Dieser

Rückgang wurde durch die wachsende Zahl von Ausländern kompensiert. Hervorzuheben ist, daß der Ausländeranteil in beiden Offiziersgruppen von etwa einem Sechstel in der Zeit Friedrich Wilhelms I. auf nahezu ein Drittel im Zeitraum nach dem Siebenjährigen Krieg anwuchs. Die Analyse der Herkunftsterritorien im einzelnen ergibt folgende Ergebnisse:

	1713, 02 - 1740, 05	1740, 06 - 1756, 07	1763, 03 - 1786, 08	Summe
Preußen-Zentrum	83 / 32 (2,2 %)	86 / 14 (1,7 %)	193 / 45 (3,1 %)	453 (2,4 %)
Kurmark	619 /171(15,7 %)	521 /165 (11,6 %)	427/ 163 (7,8 %)	2066 (11,2 %)
Neumark	317 / 73 (7,7 %)	240 / 72 (5,3 %)	211 / 72 (3,7 %)	985 (5,3 %)
Magdeburg	231 / 61 (5,8 %)	178 / 48 (3,8 %)	305 / 78 (5,0 %)	901 (4,8 %)
Pommern	1017/165 (23,6 %)	903 /296 (20,4 %)	946/ 293 (16,4 %)	3620 (19,6 %)
Ostpreußen	619/147 (15,3 %)	526 /149 (11,5 %)	563/ 172 (9,7 %)	2176 (11,8 %)
Schlesien	-	457 / 39 (8,4 %)	889/ 159 (13,8 %)	1544 (8,3 %)
Westpreußen	-	-	114 / 7 (1,6 %)	121 (0,6 %)
Kleve/Mark	133 / 38 (3,4 %)	117 / 34 (2,5 %)	113 / 44 (2,0 %)	479 (2,6 %)
Minden/Ravensberg	33 / 11 (0,8 %)	46 / 6 (0,8 %)	41 / 6 (0,6 %)	143 (0,7 %)
Ostfriesland	1 / (0,01 %)	1 / (0,01 %)	16 / 1 (0,2 %)	19 (0,1 %)
Neufchâtel	1 / (0,01 %)	1 / (0,01 %)	8 / (0,1 %)	10 (0,05 %)
Westfalen	20 / 4 (0,4 %)	22 / 13 (0,5 %)	71 / 6 (1,0 %)	136 (0,7 %)
Ausland-Reich	439 / 81 (10,3 %)	837/130 (16,4 %)	1344/350 (22,4 %)	3181 (17,2 %)
Ausland-Europa	180 / 45 (4,4 %)	406 / 35 (7,5 %)	503/ 78 (7,6 %)	1247 (6,7 %)
Herkunftsland unbekannt	354 /126	392 /133	67/261	1322
Insgesamt	5001	5867	7546	18403

Bei diesen Regimentern war der Anteil der aus den zentralen preußischen Gebieten (Zentrum, Kurmark, Neumark, Magdeburg, Pommern und Ostpreußen) stammenden Offiziere mit 55,1 % etwas höher als bei der Infanterie insgesamt mit 52,9 %; vor allem dienten hier noch mehr Pommern (19,6 % statt 18,4 %). Aber auch hier ist zu beobachten, daß deren Anteil im Laufe des 18. Jahrhunderts gesunken ist. Der Anteil der Schlesier bei diesen Regimentern war nicht so groß wie bei der Infanterie (8,3 % statt 9,5 %) insgesamt. Außerdem gab es bei den Feldregimentern nicht so viele Ausländer (23,9 % statt 25,4 %). Um zu überprüfen, wie sich das Offizierkorps der Regimenter zusammensetzte, die in den drei Kriegen Friedrichs II. das Rückgrat der preußischen Armee bildeten[612], d. h. den (Musketier-) Regimentern (Nr. 1 - 32), wurden diese mit den Regimentern der zweiten Linie, d. h. den Füsilierregimentern (Nr. 33 - 55[613]) verglichen. Dabei hat

---

[612] Vgl. dazu Bleckwenn, Die friderizianischen Uniformen, Bd. 1, S. 43f., Bd. 2, S.7 und Jany, Geschichte der Preußischen Armee, Bd. 2, S. 667f.
[613] Kein Füsilierregiment war allerdings das 1740 für den Prinzen Ferdinand von Preußen errichtete Regiment (Nr. 34), das aus dem II. Bataillon des alten Kronprinzen-Regiments (Nr. 15) gebildet wurde. Dieses Regiment übernahm von Nr. 15 nicht nur den Status als Musketierregiment (Regiment zu Fuß), sondern auch die Uniform und den Kanton.

sich für die Musketierregimenter[614] ergeben, daß 66,6 % aus den oben bereits genannten Territorien stammten, während deren Anteil in den seit 1740 aufgestellten Regimentern nur 41,4 % betrug. Eine Erklärung dafür ist, daß von 32 Musketierregimentern 26 in den genannten Territorien stationiert waren und nur vier in Schlesien und zwei im Westen[615]. Der Anteil der Ausländer lag bei den „alten" Regimentern bei 22,3 % und bei den „jüngeren" Regimentern bei 34,7 %. Das dürfte daran liegen, daß einige der nach 1740 errichteten Regimenter aus fremden Diensten übernommen worden waren.

Daß der Standortfaktor Einfluß auf die landsmannschaftliche Zusammensetzung eines Regiments hatte, auch wenn er nach Erreichung der Kapitänscharge in seiner Bedeutung nachläßt, ist aus einer Auswertung der konfessionellen Zusammensetzung zweier Regimenter zu entnehmen. Leider geben nur die Biographielisten dieser beiden Regimenter Auskunft über diesen für die preußischen Offiziere wichtigen Aspekt. Die folgenden Ergebnisse lassen daher keinen Rückschluß auf die gesamte Armee zu. Darüber hinaus sind die Angaben aufgrund der zeitlichen Streckungen beim Infanterieregiment Nr. 11 nur bedingt vergleichbar, trotzdem sind doch bestimmte Erkenntnisse daraus zu ziehen:

Infanterieregiment Nr. 11 (Standort und Kanton in Ostpreußen)

- Preußen: Lutherisch: 65
- Preußen: Reformiert: 5
- Preußen: Katholisch: 6
- Ausländer: Lutherisch: 34
- Ausländer: Reformiert: 2
- Ausländer: Katholisch: 3
- Insgesamt: 115 Offiziere[616]

Infanterieregiment Nr. 42 (Standort und Kanton in (Ober-)Schlesien)

- Preußen: Lutherisch: 21
- Preußen: Reformiert: 2
- Preußen: Katholisch: 13
- Ausländer: Lutherisch: 8
- Ausländer: Reformiert: 4
- Ausländer: Katholisch: 3
- Insgesamt: 51 Offiziere

---

[614] Das Regiment Nr. 32 wird zu den „alten" Regimentern gezählt, obwohl es erst 1743 errichtet worden war. Gründe dafür sind, daß dieses Regiment als Musketierregiment (Regiment zu Fuß) geführt wurde und es 1743 aus zwei bestehenden Feldbataillonen aufgestellt worden war, s. Bleckwenn, Die friderizianischen Uniformen, Bd. 1, S. 189.

[615] Das Infanterieregiment Nr. 9 lag in Soest und Hamm und Nr. 10 in Herford und Bielefeld.

[616] Diese hohe Zahl ergibt sich, weil die Angaben in der Biographieliste dieses Regiments nicht in einem bestimmten Jahr erhoben wurden, sondern den Zeitraum von 1740 bis 1786 umfassen. Im Gegensatz dazu beziehen sich die Angaben in der Liste des Infanterieregiments Nr. 42 nur auf das Jahr 1776 und präsentieren daher die konfessionelle Zusammensetzung eines Regimentsoffizierkorps in eben diesem Jahr.

Aus beiden Aufstellungen läßt sich u. a. die Bedeutung des Standortfaktors entnehmen. Beim Regiment Nr. 11, das im überwiegend evangelisch geprägten Ostpreußen stationiert war, gehörte die Mehrzahl, d. h. 65 von 115 preußischen Offizieren (= 56,5 %), der lutherischen Konfession an. Dagegen gab es beim Regiment Nr. 42, das im vornehmlich katholischen Oberschlesien stand, mit 13 von 51 Offizieren (= 25,4 %) einen wesentlich höheren Anteil von Preußen, die sich zur katholischen Konfession bekannten. Der Anteil der Katholiken lag beim Regiment Nr. 11 bei 5,2 %. Von den 13 Katholiken bei „Nr. 42" stammten 10 (= 19,6 %) aus Oberschlesien. Allerdings erscheint diese Zahl etwas gering angesichts des Umstandes, daß dieses Regiment in Oberschlesien stationiert war. Da Vergleichszahlen fehlen, können keine Aussagen darüber getroffen werden, wie dieser Wert exakt zu beurteilen ist. Die Konfessionen der „Ausländer" wurden getrennt aufgeführt, weil sich daran ablesen läßt, daß vor allem Protestanten, d. h. lutherische und reformierte Christen, den preußischen Dienst suchten. Beim Infanterieregiment Nr. 11 waren dies zusammen 36 Offiziere (= 31,3 %), während nur drei der Ausländer Katholiken (= 2,6 %) waren, die zudem noch aus dem benachbarten Polen stammten, was wiederum für den Standortfaktor spricht. Beim Regiment Nr. 42 war der Anteil der protestantischen Ausländer mit 23,5 % ebenfalls wesentlich größer als der der Katholiken mit 5,8 %. Auch wenn sich an diesen Zahlen ablesen läßt, daß der Dienst der preußischen Armee in erster Linie für Protestanten attraktiv war[617], belegt das Erscheinen von nichtpreußischen Katholiken, daß die Konfession einen Ausländer nicht davon abhielt, in der preußischen Armee dienen zu wollen und in diesen Dienst eintreten zu können.

---

[617] So weist Rudolf Gugger, Preußische Werbungen in der Eidgenossenschaft im 18. Jahrhundert (= Quellen und Forschungen zur Brandenburgischen und Preußischen Geschichte, Bd. 12), Berlin 1997, S. 210 darauf hin, daß für den Eintritt von Schweizern als Offiziere bzw. Offiziersanwärter in den preußischen Dienst religiöse Motive eine Rolle gespielt haben.

1.2.2. Die Garnisonregimenter

Die Auswertung der Garnisonregimenter hinsichtlich der Herkunft der Offiziere hat ergeben:

	1713, 02 - 1740, 05	1740, 06 - 1756, 07	1763, 03 - 1786, 08	Summe 1713 - 1786
Dienstgrade z - k:				
Gbl = Sto	30 (31,9 %)	147 (28,3 %)	418 (33,3 %)	595 (31,9 %)
Gbl = Preußen	28 (29,7 %)	195 (37,5 %)	373 (29,7 %)	596 (31,9 %)
Gbl = Ausland	36 (38,2 %)	177 (36,8 %)	461 (36,8 %)	674 (36,1 %)
Zusammen:	94	519	1252	1865
Dienstgrade i - a:				
Gbl = Sto	11 (28,9 %)	19 (12,3 %)	99 (20,3 %)	129 (19,0 %)
Gbl = Preußen	20 (52,6 %)	99 (64,2 %)	195 (40,1 %)	314 (46,3 %)
Gbl = Ausland	7 (18,4 %)	36 (23,3 %)	192 (39,5 %)	235 (34,6 %)
Zusammen:	38	154	486	678
			Alle Dienstgrade:	2543

Danach stammten 19 % der Offiziere der Kompanieinhabergruppe aus dem territorialen Einzugsbereich ihres Regiments. Für die Garnisonregimenter hat diese Auswertung nicht den gleichen Wert wie für die Feldregimenter, da einen eigenen Kanton nur die „ostpreußischen" Regimenter Nr. 1, Nr. 2, Nr. 11 und das „pommersche" Regiment Nr. 3 besaßen. Die „schlesischen" Regimenter Nr. 6, Nr. 8 und Nr. 10 hatten zumindest bis 1747 einen eigenen Kanton. In dem „Kantonreglement von 1733" war festgelegt worden, daß diese Garnisonregimenter ausschließlich in den Städten „enrollieren" sollten.[618] Die anderen Garnisoneinheiten erhielten ihren Ersatz aus den Kantonen der Feldregimenter.

Hervorzuheben ist die Entwicklung des Anteils ausländischer Offiziere bei den höheren Dienstgraden; waren es im ersten Untersuchungszeitraum 18,4 %, die aus dem Ausland stammten, stieg deren Anteil auf 23,3 % zwischen 1740 und 1756 und nach 1763 weiter auf 39,5 % an. Der Vergleich mit den Feldregimentern macht diese ungewöhnliche Entwicklung deutlich, denn nur zwischen 1713 und 1740 stimmte der Ausländeranteil bei beiden ungefähr überein. Nach dem Siebenjährigen Krieg dagegen liegt dieser Anteil bei den Garnisonregimentern um mehr als zehn Prozent höher. Im Unterschied dazu blieb bei den Subalternoffizieren zwischen 1713 und 1786 das Verhältnis mit etwa 60 % (Preußen) zu 40 % (Ausländer) beinahe unverändert. Im Vergleich mit den Feldregimentern war der Anteil der aus dem Ausland stammenden Subalternoffiziere im ersten Abschnitt wesentlich höher (38,2 % Garnisoninfanterie zu 16,7 % Feldinfanterie), lag aber nach

1763 fast auf dem gleichen Niveau (36,8 % zu 32,1 %). Der Anteil ausländischer Offiziere vor 1756 läßt sich darauf zurückführen, daß nur ein Teil der Garnisonregimenter einen eigenen Kanton besaß. Bei diesen Einheiten ist daher auch der Anteil derjenigen, die aus dem territorialen Einzugsbereich des Regiments kamen, wesentlich größer als der der Ausländer. Bei zwei der in Ostpreußen stehenden Garnisonregimenter ist dies abzulesen:

- Garnisonregiment Nr. 1: 41,5 % Ostpreußen und 34,2 % Ausländer

- Garnisonregiment Nr. 2: 37,0 % Ostpreußen und 19,1 % Ausländer

Das gleiche läßt sich für das Garnisonregiment Nr. 3 feststellen, das einen Kanton in Pommern hatte; hier dienten im Untersuchungszeitraum von 1713 bis 1786 insgesamt 41 % Pommern und 21,1 % Ausländer.

Ein weiterer Grund für den höheren Ausländeranteil bei den Garnisonregimentern vor 1756 könnte gewesen sein, daß Friedrich II. bei den Feldregimentern, die für den Einsatz im Feld vorgesehen waren, die Offizierkorps vornehmlich mit Preußen besetzen wollte. Die aus seiner Sicht nicht so zuverlässigen Ausländer wurden von ihm daher vor allem in die Garnisoneinheiten gegeben. Es könnte auch sein, daß Offiziere, die nicht im preußischen Dienst „groß" geworden waren, nicht über das notwendige militärische Wissen bzw. die Ausbildung verfügten, um den Anforderungen in einer (preußischen) Feldeinheit zu genügen. Das kann allerdings nur zum Teil den Ausländeranteil erklären, denn es gab durchaus auch ausländische Offiziere, die ihre Militärlaufbahn als Unteroffiziere oder Gefreitenkorporale in der preußischen Armee begannen und so den Dienst „von der Pike auf" erlernten. Möglicherweise sind hier Vorurteile gegenüber den Ausländern faßbar. Es könnte aber auch sein, daß der König die Inländer bewußt begünstigt hat, indem er diesen die lukrativeren und prestigeträchtigeren Posten in den Feldeinheiten reservierte und somit hier eine gezielte Verdrängung der Ausländer vorliegt.

Vor der Analyse der Situation nach 1763, die auch für die Garnisonregimenter gravierende Änderungen brachte, muß eine kurze Beurteilung dieser Einheiten bis 1756 erfolgen. Bis zu diesem Zeitpunkt dienten die Garnisontruppen häufig als Reservoir, aus dem zur Neuaufstellung bzw. Auffüllung von Feldregimentern immer wieder Soldaten und Offiziere abgezogen wurden. Dies allein läßt noch keine Aussagen über die Qualität dieser Truppe zu, es ist aber unwahrscheinlich, daß die beiden Monarchen invalide oder anderweitig untaugliche Offiziere in Regimenter genommen hätten, die für den Einsatz im Feld vorgesehen waren. Der Dienst bei den Garnisontruppen war nicht besonders attraktiv, denn das Traktament war geringer als bei den

[618] S. Jany, Die Kantonverfassung, S. 784.

Feldregimentern, auch die Uniform war schmuckloser. Außerdem war der Einsatz im Feld für einen Offizier eines Garnisonregiments eigentlich nicht vorgesehen.[619] Im Siebenjährigen Krieg allerdings wurde einige Garnisoneinheiten auf den Feldetat gesetzt[620]:

1757: Garnisonregimenter Nr. 2, Nr. 3 (II. Bataillon), Nr. 11
1758: Garnisonregiment Nr. 6
1759: Garnisonregimenter Nr. 5 (I., II. Bataillon), Nr. 6 (IV. Bataillon)
1760: Garnisonregimenter Nr. 2 (I., II. Bataillon), Nr. 5 (I., II. Bataillon), Nr. 6 (IV.Bataillon), Nr.11
1761: Garnisonregimenter Nr. 2 (I. Bataillon), Nr. 5 (I., II. Bataillon), Nr. 6 (IV. Bataillon)
1762: Desgleichen.

Bei Bataillen bzw. Aktionen kamen folgende Regimenter zum Einsatz[621]:

1757: Groß-Jägersdorf - Garnisonregimenter Nr. 2 und Nr. 11
1759: Kay - Garnisonregiment Nr. 5
     : Kunersdorf - Garnisonregiment Nr. 5
1760: Landeshut - Garnisonregiment Nr. 11 (IV. Bataillon)
     Torgau - Garnisonregiment Nr. 2 (I. Bataillon)
1762: Freiberg - Garnisonregiment Nr. 2 (I. Bataillon).

Außer an oben genannten Kampfhandlungen waren Garnisonregimenter auch an Belagerungen beteiligt bzw. haben bei Belagerungen an der Verteidigung teilgenommen.[622]

Auffällig ist die Tatsache, daß besonders zwei der „ostpreußischen" Garnisonregimenter (Nr. 2 und Nr. 11) mehrmals auf dem Feldetat standen und auch eingesetzt wurden. Der Grund dafür ist wahrscheinlich, daß nach der verlorenen Schlacht bei Groß-Jägersdorf (1757) Ostpreußen durch russische Truppen besetzt wurde und die dort stationierten Garnisonregimenter „frei" waren für einen anderweitigen Einsatz. Wegen der dabei errungenen Verdienste erlaubte Friedrich 1778[623] dem Chef des Garnisonregiments Nr. 2, die Montur seines Regiments an die der Feldtruppe

---

[619] Für einen Einsatz im Feld waren die Garnisonregimenter nicht vorgesehen, daher fehlte auch in dem Reglement für die Königl. Preußischen Garnison-Regimenter Infanterie von 1743 das Kapitel, das bei der Feldinfanterie „Wie der Dienst im Felde geschehen soll" hieß. Die Garnisonregimenter hatten in erster Linie die Aufgabe, die Festungen und Städte zu schützen bzw. zu halten, in denen sie stationiert waren. Ein weiterer Grund für diese Beschränkung war, daß die Garnisonregimenter - bis auf Nr. 1, 2, 3 und 11 - keinen Kanton hatten, sie erhielten ihren Ersatz aus den Kantonen der Feldregimenter. Im Frieden funktionierte diese Ergänzung ohne Probleme; im Krieg stellte sich die Lage anders dar, denn nun waren die Feldregimenter auf jeden Mann angewiesen, um ihre Verluste in den Schlachten und Gefechten auszugleichen. Trotzdem sind einige Garnisonregimenter seit 1759 nicht mehr geschont worden, die kritische Situation der preußischen Armee erforderte den Einsatz aller Kräfte.
[620] S. Bleckwenn, Die friderizianischen Uniformen, Bd. 2, S. 131.
[621] S. ebd..
[622] Vgl. dazu Günther Gieraths, Die Kampfhandlungen der brandenburgisch-preußischen Armee 1626 - 1807. Ein Quellenhandbuch (= Veröffentlichungen der Historischen Kommission zu Berlin beim Friedrich-Meinecke-Institut der Freien Universität Berlin, Bd. 8), Berlin 1964, S. 303 - 321.
[623] Bleckwenn, Die friderizianischen Uniformen, Bd. 2, S. 132 berichtet davon, daß dieses Regiment, das er als „Champion der Garnisonen" bezeichnet, nach dem Siebenjährigen Krieg vom König hinsichtlich der Ausrüstung mehrere Angleichungen an die Feldregimenter gewährt bekam. Die Montur wurde aber erst 1778 an die der Feldtruppe angeglichen.

anzupassen.[624] Bewährt hatten sich im Siebenjährigen Krieg ebenfalls die sechs „Stehenden-Grenadier-Bataillone", die aus den von den Garnisonregimentern abgegebenen Grenadierkompanien gebildet worden waren. Diese waren im Krieg mit den Grenadierbataillonen der Feldregimenter zusammengelegt worden und kämpften in vielen Bataillen, Aktionen und Gefechten.

Der nach 1763 weiter steigende Anteil der Ausländer am Offizierkorps der Garnisonregimenter erklärt sich wohl vor allem daraus, daß die Garnisonregimenter Nr. 3, Nr. 8, Nr. 9 und Nr. 12 de jure aufgelöst und durch ehemalige Freibataillone bzw. -regimenter ersetzt worden waren.[625] Das Garnisonregiment Nr. 3 wurde aus Truppen des Freikorps v. Schony neu aufgestellt, Nr. 8 aus den Truppen der Freiregimenter Le Noble, Chaumontet und Wunsch, das Garnisonregiment Nr. 9 aus denen des Freiregiments Salenmon und das Garnisonregiment Nr. 12 aus denen des Freiregiments Courbière. Das II. Bataillon des Freiregiments Courbière wurde mit dem Garnisonregiment Nr. 4 vereinigt.[626] Friedrich II. hatte zu dieser Maßnahme gegriffen, um nach dem verlustreichen Krieg die eigene Bevölkerung zu schonen.[627] Daß er bei der Wiederaufstellung dieser Garnisonregimenter auch deren Offizierkorps zum großen Teil aus den Freitruppen nahm, wird zum einen wohl daran gelegen haben, daß er die besten Offiziere dieser Einheiten nicht entlassen wollte[628]. Auf der anderen Seite war der preußische Adel möglicherweise nicht mehr in der Lage, in ausreichendem Maße auch noch den Offiziersersatz für diese Regimenter zu stellen. Der Umstand, daß seit 1763 fünf der Garnisonregimenter aus den zum Teil übel beleumundeten Freitruppen bestanden, könnte Auswirkungen darauf gehabt haben, daß der Garnisontruppe insgesamt ein schlechter Ruf anhing. Seit 1763 kann daher nicht mehr von der Garnisontruppe gesprochen werden, denn drei der Regimenter (Nr. 8, 9 und 12) wurden weiterhin als „Frei-Bataillone" bezeichnet und behielten die für diese Truppen typischen hellblauen Uniformaufschläge. Der Grund für die Beibehaltung der Freitruppen als Garnisonregimenter war die Absicht Friedrichs II., diese im Kriegsfalle wieder als

---

[624] Möglicherweise erhielt auch das Garnisonregiment Nr. 6, das mehrfach im Krieg eingesetzt worden war, aus diesem Grund im Jahre 1766 die weißen Unterkleider zur Uniform, die für diese Regimenter eigentlich untypisch waren. Vgl. dazu Jany, Geschichte der Preußischen Armee, Bd. 3, S. 72. Unterstützt wird dies durch Johann Gustav Droysen, York von Wartenburg. Ein Leben preußischer Pflichterfüllung, Reprint, Essen 1996, S. 34, der darauf hinweist, daß das Garnisonregiment Nr. 6 im Siebenjährigen Krieg mehrmals die Festung Cosel erfolgreich verteidigt hatte, s. dazu auch die entsprechenden Einträge bei Gieraths, Die Kampfhandlungen, S. 312.
[625] Das Garnisonregiment Nr. 9 war nach dem Fall von Geldern 1757 „auseinandergelaufen", und Nr. 12 ging in Gefangenschaft. Das gleiche Schicksal erlitten 1760 die Garnisonregimenter Nr. 3, 4 und 8.
[626] S. Jany, Geschichte der Preußischen Armee, Bd. 2, S. 643.
[627] S. Jany, Geschichte der Preußischen Armee, Bd. 2, S. 645.
[628] S. dazu Ernst Schnackenburg, Das Invaliden- und Versorgungswesen des brandenburgisch-preußischen Heeres bis zum Jahre 1806, Neudruck der Ausgabe Berlin 1889, Wiesbaden 1981, S. 99, der darauf hinweist, daß Friedrich II. „ausgezeichnete" Offiziere der Freitruppen zu diesen Regimentern versetzte, einige aber auch zur Feldinfanterie.

Freibataillone, also als leichte Infanterie, zu verwenden.[629]

Die Auswertung der Herkunftsterritorien der Garnisonoffiziere ergibt folgendes Bild:

	1713, 02 - 1740, 05	1740, 06 - 1756, 07	1763, 03 - 1786, 08	Summe
Preußen-Zentrum	3 / (1,7 %)	11 / (1,4 %)	33 / 12 (2,4 %)	59 (2,1 %)
Kurmark	3 / 9 (6,8 %)	34 / 16 (6,6 %)	90 / 49 (7,7 %)	201 (7,3 %)
Neumark	3 / 3 (3,4 %)	22 / 14 (4,8 %)	21 / 13 (1,8 %)	76 (2,7 %)
Magdeburg	2 / 4 (3,4 %)	28 / 11 (5,2 %)	50 / 31 (4,4 %)	126 (4,6 %)
Pommern	21 / 4 (14,2 %)	57 / 36 (12,4 %)	115 / 60 (9,7 %)	293 (10,7 %)
Ostpreußen	24 /11 (20,0 %)	68 / 19 (11,6 %)	172 / 56 (12,6 %)	350 (12,8 %)
Schlesien	-	97 / 14 (14,8 %)	286 / 55 (18,9 %)	452 (16,5 %)
Westpreußen	-	-	5 / 1 (0,3 %)	6 (0,2 %)
Kleve/Mark	1 / (0,5 %)	12 / 5 (2,2 %)	9 / 10 (1,0 %)	37 (1,3 %)
Minden/Ravensberg	-	3 / (0,4 %)	4 / 2 (0,3 %)	9 (0,3 %)
Ostfriesland	-	1 / (0,1 %)	2 / 1 (0,1 %)	4 (0,1 %)
Neufchâtel	-	2 / (0,2 %)	/ 1 (0,05 %)	3 (0,1 %)
Westfalen	1 / (0,5 %)	7 / 3 (1,3 %)	4 / 3 (0,3 %)	18 (0,6 %)
Ausland-Reich	11 / (6,2 %)	100 / 24 (16,5 %)	311/137 (24,8 %)	583 (21,4 %)
Ausland-Europa	25 / 7 (18,2 %)	77 / 12 (11,8 %)	150 / 55 (11,3 %)	326 (11,9 %)
Herkunftsland unbekannt	31 / 12	60 / 15	46 / 17	181
Insgesamt	175	748	1801	2724

Nach den Ausländern stellten die Schlesier von 1713 bis 1786 mit 16,5 % den zweitgrößten Anteil am Offizierkorps der Garnisonregimenter und dies trotz der Tatsache, daß sie erst seit 1740 gesondert aufgeführt werden. Der Hauptgrund dafür wird gewesen sein, daß seit 1740 in Schlesien drei Garnisonregimenter stationiert waren. Die gleiche Erklärung gibt es für den Anteil der Ostpreußen (12,8 %), denn dort lagen ebenfalls drei Garnisonregimenter. Es dürfte weitere Erklärungen dafür geben, daß der Anteil der Schlesier und Ostpreußen an „ihren" Garnisonregimentern größer war als der aus anderen Territorien stammenden Offizieren. Diese Deutungen sind allerdings nicht aus den Regimentlisten zu entnehmen, sondern bewegen sich im spekulativen Bereich. Zu diesen Gründen könnte u. a. gehören, daß die Könige auch bei diesen Regimentern eine gewisse landsmannschaftliche Homogenität gefördert haben. Allerdings zeigt der Umstand, daß der Prozentsatz der Einheimischen an den Offizierkorps nicht größer ist und es auch innerhalb dieser Truppe eine Mischung der Herkunftsländer und keine eindeutige Dominanz eines Territoriums gegeben hat, daß die weiter oben angesprochene Integrationsaufgabe des Offizierkorps offensichtlich ebenso in den Garnisonregimentern oblag. Möglicherweise erklärt aber auch der Wunsch nach heimatnaher Verwendung aus privaten Gründen den stärkeren Zugang von Offizieren,

---

[629] S. Jany, Geschichte der Preußischen Armee, Bd. 2, S. 643.

die aus der Nähe des Regimentsstandortes kamen. Aufgrund der räumlich begrenzten Aufgaben eines Garnisonregiments war es dort vielleicht eher möglich, zivile Verpflichtungen zu erfüllen als in einer Feldeinheit.

Interessant ist die Tatsache, daß bei den Garnisoneinheiten der Anteil der Offiziere, die zwischen 1713 und 1786 aus den zentralen Territorien Preußens kamen (Zentrum, Kurmark, Neumark, Magdeburg, Pommern und Ostpreußen) bei 40,2 % lag, während er bei den Feldregimentern mit 55,1 % deutlich größer war. Eine Erklärung hierfür dürfte sein, daß durch die Verlegung von drei Garnisonregimentern nach Schlesien der Anteil der Offiziere aus den zuerst genannten Territorien zurückgegangen und dafür der Anteil der einheimischen Schlesier angestiegen ist. So betrug der Anteil der aus den Stammterritorien kommenden Offiziere zwischen 1713 und 1740 immerhin noch 49,5 %, dieser sank dann zwischen 1740 und 1756 auf 42,0 % ab und fiel nach dem Siebenjährigen Krieg weiter auf 38,6 %. Der weitere Rückgang nach dem Krieg ist erster Linie darauf zurückzuführen, daß das Offizierkorps einiger Garnisonregimenter aus ehemaligen Freikorpsoffizieren bestand, die zum großen Teil Ausländer waren. Bemerkenswert ist auch die Verschiebung im Bereich der ausländischen Offiziere. Zwischen 1713 und 1740 kamen dreimal so viele Offiziere aus dem europäischen Ausland wie aus dem Reich (18,2 % zu 6,2 %). Im Zeitraum von 1740 bis 1756 dagegen waren es mehr Deutsche als „Europäer" und nach dem Krieg kamen sogar doppelt so viele Offiziere aus den Territorien des Reichs. Ein Grund dafür könnte das hohe Ansehen des friderizianischen Heeres im Deutschen Reich nach diesem Krieg gewesen sein, daß den Dienst bei dieser Armee für einen Deutschen attraktiver gemacht hat. Der Befund nach dem Siebenjährigen Krieg ist möglicherweise aber auch auf den Umstand zurückzuführen, daß einige der Garnisonregimenter nach dem Krieg aus ehemaligen Freitruppen bestanden. Vielleicht war bei diesen der Anteil der deutschen Offiziere größer als der der „Europäer". Eine andere Erklärung könnte sein, daß Friedrich II. den europäischen Ausländern gegenüber sehr skeptisch eingestellt war und ihren Anteil daher selbst bei den Garnisonregimentern begrenzen wollte. Einigen aus verschiedenen Territorien des Reichs stammenden Deutschen dagegen bescheinigte er, daß es unter diesen auch fähige Offiziere gebe.[630] Möglicherweise waren ihm diese aber noch nicht gut genug für seine Feldregimenter, aber gut genug für den Dienst bei der Garnisontruppe.

---

[630] S. dazu Apel, Der Werdegang, S. 36.

1.2.3. Die Stehenden Grenadierbataillone

Für den Zeitraum von 1713 bis 1740 liegen keine Zahlen vor, da erst Friedrich II. mit einer Zusammenlegung der Grenadierkompanien der Garnisonregimenter zu „Stehenden-Grenadier-Bataillonen" begann. Diese Maßnahme ist allerdings nicht in einem Zug umgesetzt worden, sondern zwischen 1740 und 1756 entstanden nach und nach sechs dieser Einheiten. Die Aufstellung des siebten wurde erst Ende 1774 befohlen.[631] Im Unterschied zu den Infanterieregimentern, bei denen ein zum Major beförderter vormaliger Grenadierkapitän seine Grenadierkompanie gegen eine Musketierkompanie tauschen mußte, behielt bei den Stehenden Grenadierbataillonen der Kompaniechef auch nach der Beförderung zum Major seine Kompanie.[632]

Die Auswertung hinsichtlich der Herkunft der Grenadieroffiziere hat folgende Resultate ergeben:

Dienstgrade z - k:	1740, 06 - 1745, 12	1746, 01 - 1756, 07	1763, 03 - 1786, 08	Summe 1713 - 1786
Gbl = Sto	3 (14,2 %)	11 (15,4 %)	52 (24,7 %)	66 (21,8 %)
Gbl = Preußen	7 (33,3 %)	34 (47,8 %)	64 (30,4 %)	105 (34,7 %)
Gbl = Ausland	11 (52,3 %)	26 (36,6 %)	94 (44,7 %)	131 (43,3 %)
Zusammen:	21	71	210	302
Dienstgrade i - a:				
Gbl = Sto	-	4 (12,3 %)	8 (20,3 %)	12 (13,4 %)
Gbl = Preußen	5 (71,4 %)	11 (64,2 %)	37 (40,1 %)	53 (59,4 %)
Gbl = Ausland	2 (28,5 %)	5 (23,3 %)	17 (39,5 %)	24 (26,9 %)
Zusammen:	7	20	62	89
			Alle Dienstgrade:	391

Interessant ist die Entwicklung des Ausländeranteils an dieser Truppengattung, der von 1745 bis 1786 deutlich ansteigt, wobei hier der erste Untersuchungszeitraum aufgrund des kleinen Samples nicht berücksichtigt wird. Da diese Grenadiereinheiten von ihrer Herkunft her den Garnisonregimentern zuzuordnen sind, sollen die entsprechenden Werte miteinander verglichen werden. Dabei ergibt sich, daß sowohl zwischen 1745 und 1756 als auch zwischen 1763 und 1786 der Anteil der Ausländer bei den Subalternen innerhalb der Stehenden Grenadierbataillone höher lag als bei den Garnisoneinheiten. Dagegen stimmt in der Kompanieinhabergruppe der prozentuale Anteil der Nichtpreußen bei beiden Truppengattungen in diesen Untersuchungszeiträumen exakt überein. Eine Erklärung dafür ist, daß auch nach der Zusammenlegung zu stehenden Einheiten die

---

[631] S. dazu Jany, Geschichte der Preußischen Armee, Bd. 2, S. 182ff.
[632] S. Jany, Geschichte der Preußischen Armee, Bd. 2, S. 184, Anmerkung 10.

Verbindung zu den Garnisonregimentern bestehen blieb. Möglicherweise waren daher die Offizierkorps der Grenadierbataillone ähnlich zusammengesetzt wie die der Garnisoneinheiten. Vermutlich wurden zu dieser „Elitetruppe" vor allem geeignete und bewährte ausländische Offiziere versetzt. Dies erklärt allerdings nur zum Teil, warum nicht auch bewährte aus Preußen stammende Offiziere zu dieser Truppe kamen. Möglicherweise sind die Einheimischen zu angeseheneren und lukrativeren Einheiten versetzt worden, um dort ein adäquate Tätigkeit und Versorgung zu finden.

Die Einzelauswertung der Herkunftsländer ergibt für die Offiziere der Grenadierbataillone folgendes Bild:

	1740, 06 - 1745, 12	1746, 01 - 1756, 07	1763, 03 – 1786, 08	Summe
Preußen-Zentrum	-	1 / (1,0 %)	1 / (0,3 %)	2 (0,5 %)
Kurmark	1 / 1 (7,1 %)	10 / 1 (12,0 %)	17 / 4 (7,7 %)	34 (8,5 %)
Neumark	/ 1 (3,5 %)	5 / 2 (7,6 %)	2 / 2 (1,4 %)	12 (3,0 %)
Magdeburg	3 / (10,7 %)	6 / 1 (7,6 %)	11 / 4 (5,5 %)	25 (6,2 %)
Pommern	/ 2 (7,1 %)	6 / 5 (12,0 %)	15 /20 (12,8 %)	48 (12,0 %)
Ostpreußen	2 / 1 (10,7 %)	5 / 2 (7,6 %)	22 / 4 (9,5 %)	36 (9,0 %)
Schlesien	2 / (7,1 %)	11 / 3 (15,3 %)	42 / 8 (18,3 %)	66 (16,5 %)
Westpreußen	-	-	-	-
Kleve/Mark	2 / (7,1 %)	1 / 1 (2,1 %)	1 / 2 (1,1 %)	7 (1,7 %)
Minden/Ravensberg	-	-	-	-
Ostfriesland	-	-	1 / (0,3 %)	1 (0,2 %)
Neufchâtel	-	-	-	-
Westfalen	-	-	4 / 1 (1,8 %)	5 (1,2 %)
Ausland-Reich	11 / 2 (46,4 %)	7 / 4 (23,0 %)	67/ 14 (29,7 %)	115 (28,8 %)
Ausland-Europa	-	9 / 1 (10,9 %)	27 / 3 (11,0 %)	40 (10,0 %)
Herkunftsland unbekannt	-	4 / 2	1 /	7
Insgesamt	28	87	273	398

Neben dem relativ hohen Anteil von Ausländern, die zum großen Teil aus den deutschen Territorien stammen, fällt auch bei den Stehenden Grenadierbataillonen die Entwicklung des schlesischen Anteils auf. Im ersten Untersuchungszeitraum kamen lediglich zwei (= 7,1 %) Offiziere aus Schlesien. Aufgrund des kleinen Samples ist diese Feststellung zwar noch nicht besonders aussagekräftig, aber der Anstieg zum zweiten und zum dritten Untersuchungszeitraum ist doch signifikant. Nicht nur zwischen 1763 und 1786 stellten die Schlesier den zweitgrößten Teil am Offizierkorps dieser Truppe, sondern auch auf den gesamten Untersuchungszeitraum umgerechnet trifft diese Feststellung zu. Eine Erklärung könnte sein, daß zwei dieser Grenadierbataillone in Schlesien stationiert waren, nämlich Nr. 5 und Nr. 6.

1.3. Die Kavallerie

Bei der Kavallerie (Kürassier-, Dragoner- und Husarenregimenter) ergeben sich für die Herkunft der Offiziere folgende Ergebnisse:

	1713, 02 - 1740, 05	1740, 06 - 1756, 07	1763, 03 - 1786, 08	Summe 1713 – 1786
Dienstgrade z - k:				
Gbl = Sto	321 (23,1 %)	389 (21,6 %)	832 (31,3 %)	1551 (26,5 %)
Gbl = Preußen	777 (56,0 %)	897 (50,0 %)	1184 (44,6 %)	2858 (49,0 %)
Gbl = Ausland	289 (20,8 %)	498 (27,7 %)	635 (23,9 %)	1422 (24,3 %)
Zusammen:	1387	1793	2651	5831
Dienstgrade i - a:				
Gbl = Sto	120 (19,0 %)	106 (18,5 %)	183 (22,4 %)	409 (20,2 %)
Gbl = Preußen	377 (59,9 %)	311 (54,4 %)	422 (51,7 %)	1110 (55,0 %)
Gbl = Ausland	132 (20,9 %)	154 (26,9 %)	211 (25,8 %)	497 (24,6 %)
Zusammen:	629	571	816	2016
			Alle Dienstgrade:	7847

Im Vergleich zur Infanterie kam mit 20,2 % ein etwas höherer Anteil der Offiziere der Kompanieinhabergruppe aus dem regionalen Einzugsbereich ihres Regiments. Im Unterschied zur Infanterie ist der Anteil der Ausländer im gesamten Untersuchungszeitraum nur leicht angestiegen. Unter Friedrich Wilhelm I. (1713 - 1740) kamen bei den unteren Dienstgraden 79,1 % der Offiziere aus Preußen und 20,8 % aus dem Ausland bzw. bei den höheren Dienstgraden 78,9 % aus Preußen und 20,9% aus dem Ausland. Im letzten Untersuchungszeitraum kamen bei den Subalternen 75,9 % aus Preußen und 23,9 % aus dem Ausland, bei den höheren Dienstgraden betrug das Verhältnis 74,1 % zu 25,8 %. Wie bei der Infanterie bereits festgestellt, stieg der Prozentsatz der Ausländer auf „Kosten" des Anteils der Offiziere, die aus den anderen preußischen Territorien kamen. Der Anteil der Offiziere dagegen, die aus dem Standortbereich kamen, war im gesamten Untersuchungszeitraum relativ stabil, ist nach dem Siebenjährigen Krieg aber leicht angestiegen. Daß der gesamte preußische Anteil (Gbl = Sto und Gbl = Preußen) bei den Kavallerieoffizieren in etwa gleich geblieben ist, liegt zum einen daran, daß die Kriegsverluste bei der Kavallerie wesentlich niedriger lagen als bei der Infanterie (siehe auch die entsprechenden Auswertungen der Abgangslisten) und Friedrich II. nicht im gleichen Maße wie bei den Infanterieregimentern darauf angewiesen war, die entstandenen Lücken durch ausländische Offiziere zu füllen. Zum anderen war die Kavallerie traditionell die bevorzugte Waffengattung. Die zum Teil spektakulären Erfolge in verschiedenen Schlachten (Hohenfriedberg 1745, Roßbach 1757 und Zorndorf 1758) dürften das

Ansehen der Kavallerie weiter gefördert haben und die jungen preußischen Adligen um so mehr diese Waffengattung wählen lassen.[633] Außerdem dürfte hier ein weiterer Gesichtspunkt für einen Adligen eine gewichtige Rolle gespielt haben, der darin bestand, daß der Dienst bei der Kavallerie und besonders bei den Kürassieren kostenträchtiger war als bei der Infanterie. Letzterer Umstand gewährleistete eine gewisse Exklusivität dieser Truppe. Nur derjenige Offizier oder Offiziersanwärter, der es sich aus eigener Kraft oder mit Unterstützung seiner Eltern finanziell leisten konnte, dürfte bei der Kavallerie gedient haben. Durch den Dienst bei der Reiterei konnte somit auch gesellschaftliche Distanz gegenüber denjenigen demonstriert werden, die aufgrund fehlender Mittel nicht in der Lage waren diese Truppe zu wählen. Das Prestige eines Offiziers und das seiner Familie konnte durch den Dienst bei dieser exklusiven und teuren Waffengattung gesteigert werden.

In der Person des Generals Friedrich Wilhelm v. Seydlitz hatte die Kavallerie zudem einen hervorragenden Offizier, dessen außergewöhnliche Karriere und militärischen Leistungen möglicherweise als Vorbild dienten, dem viele Adlige nachzueifern versuchten.[634] Es könnte daher auch mit der Anziehungskraft von v. Seydlitz zu erklären sein, daß der Anteil der aus Schlesien stammenden Offiziere von 12,4 % (1740 - 1756) auf 20,4 % (1763 - 1786) anstieg. Durch den

---

[633] S. dazu v. Berenhorst, Betrachtungen, S. 200.

[634] Daß Friedrich Wilhelm v. Seydlitz dieses Vorbild war, ist aus einer Biographie zu entnehmen, die von Friedrich v. Blankenburg, Charakter und Lebensgeschichte des Herrn von Seydlitz - Preußischen Generals der Kavallerie (= Altpreußischer Kommiss, offiziell, offiziös und privat, Heft 29), mit einer Einleitung von Helmut Eckert, Neudruck der Ausgabe Leipzig 1797, Osnabrück 1988 stammt. Von Blankenburg kannte General v. Seydlitz aus eigener Anschauung, da er im Siebenjährigen Krieg als Gefreitenkorporal und dann als Fähnrich beim Dragonerregiment v. Krockow (Nr. 2) gedient hatte und in dieser Zeit gelegentlich als Ordonnanzoffizier zum Generalleutnant v. Seydlitz abgeordnet worden war. Über die Vorbildfunktion v. Seydlitz' schreibt v. Blankenburg an verschiedenen Stellen, ebd. S. 35, 37, 58f., 64f. Auf Seite 70 urteilt er: *„Die Achtung, welche er* [v. Seydlitz] *für den Dienst zeigte, flößte auch andern Achtung dafür ein, und machte ihn für jeden Offizier, welcher Soldatengeist hatte, ehrenvoll.* [...] *Der Einfluß, welchen eine solche Bildung und Denkart der Offiziere auf die Vervollkommung der Regimenter und einer Armee überhaupt hat, läßt sich* [...] *ohne Schwierigkeit, berechnen. Jeder beeifert sich dann aus eigenem Antriebe, und nicht blos weil er dazu genöthigt ist, oder weil Strafen darauf gesetzt sind, die Vorschriften des Befehlshabenden treu und pünktlich zu erfüllen; jeder strengt seine Kräfte doppelt an, um auch etwas zu jener Vervollkommenheit beizutragen, und sich in den Augen eines Mannes auszuzeichnen, auf welchen aller Augen gerichtet sind.“* Das Ergebnis der Seydlitzschen Arbeit sei gewesen, daß *„binnen kurzer Zeit, die Regimenter, welche unter seiner Aufsicht standen, zu einer Vollkommenheit* [gebracht wurden], *wovon diejenigen, welche solche nicht gesehen haben, sich schwerlich einen Begriff machen können.“*, ebd. S. 71. *„Sie* [die Kavallerieregimenter seiner Inspektion] *wurden das Muster der Preußischen Reiterei, und waren so allgemein dafür anerkannt, das Friedrich der Zweite fast alljährlich Offiziere von den übrigen Preußischen Kavallerieregimentern nach Schlesien schickte, um dort zu lernen* [...].“, ebd. S. 72. Von Blanckenburg schreibt auf dieser Seite weiter, daß v. Seydlitz mit seinem Beispiel in den Offizieren eine Denkart erzeugt habe, durch die deren militärische Vollkommenheit erhöht worden sei. Mit seinem Vorbild und seiner Ausbildungstätigkeit habe v. Seydlitz sich ebenso große Verdienste erworben wie in den Schlachten des Siebenjährigen Krieges. Ein Beleg dafür, daß v. Seydlitz und sein Regiment (Nr. 8) als Kavallerie in höchster Vollendung galten, ist der Wunsch des österreichischen Kaisers, Joseph II., der 1769 Friedrich II. und dessen Musterung der oberschlesischen Regimenter besuchte und dabei ausdrücklich um die Besichtigung des eigentlich zur niederschlesischen Inspektion gehörenden Seydlitzschen Regiments bat. Eine besondere Ehrung erfährt General v. Seydlitz auch in dem Testament des Königs von 1768, in dem dieser schreibt: *„In der Kavallerie überragt General Seydlitz den Rest* [...]“, Dietrich, Die politischen Testamente, S. 585.

169

Vergleich mit der Infanterie (10,1 % auf 15,5 %) wird dieser Anstieg noch deutlicher. General v. Seydlitz war seit 1757 Chef des in Schlesien liegenden Kürassierregiments Nr. 8 und zudem von 1763 bis 1773 (seinem Tode) Chef der Schlesischen Kavallerie-Inspektion.[635] Neben der Person v. Seydlitz' dürften aber auch noch andere Gründe für den Anstieg des schlesischen Anteils ausschlaggebend sein. Denn es ist fraglich, ob vor dem Ende des Siebenjährigen Krieges im Bewußtsein der Zeitgenossen Schlesien wirklich als sicherer preußischer Besitz galt. Es könnte sein, daß ein Teil des schlesischen Adels vor 1763 deswegen nicht den preußischen Dienst suchte, weil dieser darauf spekulierte, daß die Provinz wieder ihren Herrscher wechseln würde. Hier sind möglicherweise auch andere Aspekte zu fassen, die darin bestanden, daß verschiedene schlesische Adelsfamilien eine starke Bindung an das Haus Habsburg hatten und aus Tradition in österreichischen Regimentern dienten.[636] Diese familiären Beziehungen zu einem Regiment sind 1740 nicht völlig abgeschnitten worden. Da ein bereits dienender Offizier je nach Rang und Einfluß die Söhne aus der Verwandtschaft protegieren konnte, dürften einige schlesische Adlige auch nach 1740 in die österreichische Armee eingetreten sein. Ein möglicher Beleg dafür ist, daß Friedrich II. die Nachricht, daß schlesische Adlige in ausländische Dienste gegangen waren, zum Anlaß genommen hatte, das Verbot fremden Dienstes zu erneuern und zu verschärfen. Im Laufe der Jahrzehnte dürften diese traditionellen Bindungen an österreichische Regimenter allmählich zurückgetreten und vergleichbare Beziehungen einiger schlesischer Adelsfamilien zu preußischen Regimentern aufgebaut worden sein. Mit anderen Worten: Wer vor 1756 preußischer Offizier wurde, hatte möglicherweise entweder die Herrschaft des preußischen Königs akzeptiert und/oder er diente aus Karrieregründen in der preußischen Armee. Nach 1763 dagegen dürfte es für weit mehr Schlesier opportun gewesen sein, preußischer Offizier zu werden, weil diese Provinz nach dem Siebenjährigen Krieg wohl endgültig als preußischer Besitz gesichert erschien. Zudem dürften auch die Schlesier von der gestiegenen Reputation der preußischen Armee nach diesem Krieg beeindruckt gewesen sein, was den Dienst in dieser Armee zusätzlich attraktiv erschienen ließ.

---

[635] S. Bleckwenn, Unter dem Preußen-Adler, S. 169.

Die Einzelauswertung der Herkunftsländer ergibt für die Kavallerieoffiziere folgende Tabelle:

	1713, 02 - 1740, 05	1740, 06 - 1756, 07	1763, 03 - 1786, 08	Summe
Preußen-Zentrum	19 / 10 (1,3 %)	21 / 6 (1,0 %)	52 / 8 (1,6 %)	116 (1,4 %)
Kurmark	86/120 (19,4 %)	252/118 (14,5 %)	325/127 (12,4 %)	228 (14,9 %)
Neumark	151/ 83 (11,2 %)	142/ 30 (6,7 %)	153/ 45 (5,4 %)	604 (7,3 %)
Magdeburg	125/ 66 (9,1 %)	87 / 36 (4,8 %)	112/ 39 (4,1 %)	465 (5,6 %)
Pommern	260/ 85 (16,5 %)	252 / 92 (13,5 %)	365/127 (13,5 %)	1181 (14,4 %)
Ostpreußen	186/ 69 (12,2 %)	239 / 78 (12,4 %)	321/118 (12,0 %)	1011 (12,3 %)
Schlesien	-	261 / 33 (11,5 %)	592/118 (19,4 %)	1004 (12,2 %)
Westpreußen	-	-	13 / 1 (0,3 %)	14 (0,1 %)
Kleve/Mark	34 / 37 (3,4 %)	11 / 9 (0,7 %)	3 / 2 (0,1 %)	96 (1,1 %)
Minden/Ravensberg	7 / 6 (0,5 %)	1 / 1 (0,07 %)	2 / (0,05 %)	17 (0,2 %)
Ostfriesland	-	-	5 / (0,1 %)	5 (0,06 %)
Neufchâtel	2 / (0,09 %)	1 / (0,03 %)	-	3 (0,03 %)
Westfalen	28 / 21 (2,3 %)	28 / 14 (7,6 %)	34 / 11 (1,2 %)	136 (1,6 %)
Ausland-Reich	213/ 76 (13,8 %)	259 / 99 (14,0 %)	414/123 (14,7 %)	1184 (14,4 %)
Ausland-Europa	76 / 56 (6,3 %)	239 / 55 (11,5 %)	221/ 88 (8,4 %)	735 (8,9 %)
Herkunftsland unbekannt	52 / 19	145 / 38	14 /211	290
Insgesamt	2087	2546	3537	8170

Danach kam mit 14,9 % die Mehrzahl der Kavallerieoffiziere zwischen 1713 und 1786 aus der Kurmark. An zweiter Stelle lagen die Pommern und die Ausländer aus dem Reich mit jeweils 14,4 %. Bemerkenswert ist der Anstieg der Offiziere aus dem europäischen Ausland. Kamen im ersten Untersuchungszeitraum 6,3 % aller Offiziere aus dem europäischen Ausland, so nahm deren Anteil zwischen 1740 und 1756 mit 11,5 % fast um das Doppelte zu. Wie bereits in der Gesamtauswertung festgestellt, war dies vor allem auf die Neuaufstellung von Regimentern zurückzuführen, wobei hier besonders die Neuerrichtung von sechs Husarenregimentern - bei denen eine Vielzahl der Offiziere aus Ungarn stammte - seit 1740 deutliche Spuren hinterläßt. Insgesamt läßt sich aber feststellen, daß der Anteil der ausländischen Offiziere bei der Kavallerie im Vergleich zur Infanterie relativ stabil geblieben ist. Während er bei der Infanterie zwischen 1713 und 1740 bei insgesamt 15,1 % lag, waren es bei der Kavallerie in diesem Zeitraum 21,1 %. Nach dem Siebenjährigen Krieg stieg der Ausländeranteil bei der Infanterie auf 31,5 %, während er bei der Kavallerie 23,1 % betrug. Bei der Infanterie stieg der Anteil also um mehr als das Doppelte, bei der Kavallerie aber nur um zwei Prozent. Eine Erklärung dafür könnte sein, daß die Kavallerie als bevorzugte Waffengattung keine Probleme hatte, die Offizierkorps der Regimenter aus einheimischen Offizieren zu bilden.

---

[636] S. dazu Press, Patronat und Klientel, S. 20f..

1.3.1. Die Kürassierregimenter

Bei den Kürassierregimentern ergibt die Analyse der Herkunft der Offiziere folgende Ergebnisse:

	1713, 02 - 1740, 05	1740, 06 - 1756, 07	1763, 03 - 1786, 08	Summe 1713 – 1786
Dienstgrade z - k:				
Gbl = Sto	245 (26,8 %)	150 (25,9 %)	267 (32,3 %)	662 (28,5 %)
Gbl = Preußen	498 (54,4 %)	314 (54,3 %)	387 (46,9 %)	1199 (51,7 %)
Gbl = Ausland	171 (18,7 %)	114 (19,7 %)	171 (20,7 %)	456 (19,6 %)
Zusammen:	914	578	825	2317
Dienstgrade i - a:				
Gbl = Sto	96 (20,7 %)	70 (27,5 %)	69 (21,4 %)	235 (22,6 %)
Gbl = Preußen	285 (61,6 %)	142 (55,9 %)	187 (58,2 %)	614 (59,2 %)
Gbl = Ausland	81 (17,5 %)	42 (16,5 %)	65 (20,2 %)	188 (18,1 %)
Zusammen:	462	254	321	1037
			Alle Dienstgrade:	3354

Mit 22,6 % war der Anteil der Kompanieinhaber, die aus dem Standortbezirk ihres Regiments stammten, etwas größer als bei der Kavallerie insgesamt. Bemerkenswert ist der Befund, daß deren Anteil bei den Kürassieren nach dem Siebenjährigen Krieg fiel, während er bei der gesamten Kavallerie in diesem Zeitraum weiter anstieg. Der Anteil der Preußen (Gbl = Sto und Gbl = Preußen) bei den Kürassieren war im gesamten Zeitraum größer als bei der Kavallerie insgesamt. Dies dürfte daran liegen, daß die Kavallerie die bevorzugte Waffengattung war und die Kürassiere besonders angesehen waren. Dies nicht nur weil sie die ältesten und traditionsreichsten Kavallerieregimenter stellten, sondern auch weil sie in ihrer äußeren Prachtentfaltung einem preußischen Adligen, sofern er vermögend war, als standesgemäßer und prestigereicher galten als die schlichten Dragoner oder die Husaren, die eher als leichte Kavallerie galten. Dies ist ein wichtiger Aspekt, weil hieran deutlich wird, daß es möglicherweise nicht nur materielle Gründe waren, die den einheimischen Adel dazu brachten, als Offizier zu dienen, sondern daß die immateriellen Beweggründe ebenso wichtig waren. Da sich dies nicht tatsächlich anhand von Beispielen belegen läßt, bleibt diese Erklärung spekulativ. Durch den Eintritt in ein Kürassierregiment konnte ein Adliger an dessen Prestige partizipieren. Umgekehrt konnte auch das Regiment durch den Eintritt vieler Hochadliger an Prestige gewinnen. Der Dienst als Offizier bei den Kürassieren versprach damit hinsichtlich der Steigerung des eigenen Ansehens die besten Aussichten. Für einen Adligen, der sich den Dienst bei dieser exklusiven Truppe leisten konnte, waren die Kürassiere daher wahrscheinlich besonders attraktiv.

Die Herkunftsländer der Kürassieroffiziere im einzelnen waren:

	1713, 02 - 1740, 05	1740, 06 - 1756, 07	1763, 03 – 1786, 08	Summe
Preußen-Zentrum	14 / 8 (1,5 %)	5 / 4 (1,0 %)	31 / 5 (3,1 %)	67 (1,9 %)
Kurmark	201 / 86 (20,6 %)	96 / 63 (18,2 %)	139 / 69 (17,9 %)	654 (19,1 %)
Neumark	76 / 51 (9,1 %)	34 / 11 (5,1 %)	47 / 20 (5,7 %)	239 (6,9 %)
Magdeburg	94 / 59 (10,9 %)	46 / 25 (8,1 %)	74 / 23 (8,3 %)	321 (9,3 %)
Pommern	155 / 75 (16,5 %)	82 / 44 (14,4 %)	77 / 34 (9,5 %)	467 (13,6 %)
Ostpreußen	151 / 52 (14,5 %)	111 / 44 (17,8 %)	59 / 52 (9,6 %)	469 (13,7 %)
Schlesien	-	75 / 11 (9,8 %)	213 / 45 (22,2 %)	344 (10,0 %)
Westpreußen	-	-	/ 1 (0,08 %)	1 (0,02 %)
Kleve/Mark	29 / 32 (4,3 %)	3 / 6 (1,0 %)	1 / 1 (0,1 %)	72 (2,1 %)
Minden/Ravensberg	7 / 6 (0,9 %)	1 / 1 (0,2 %)	2 / (0,1 %)	17 (0,4 %)
Ostfriesland	-	-	1 / (0,08 %)	1 (0,02 %)
Neufchâtel	2 / (0,1 %)	-	-	2 (0,04 %)
Westfalen	14 / 12 (1,8 %)	11 / 3 (1,6 %)	10 / 6 (1,3 %)	56 (1,6 %)
Ausland-Reich	146 / 48 (13,9 %)	89 /38 (14,6 %)	136/ 44 (15,5 %)	501 (14,6 %)
Ausland-Europa	25 / 33 (4,1 %)	25 / 4 (3,3 %)	35 / 21 (4,8 %)	143 (4,1 %)
Herkunftsland unbekannt	11 / 4	25 / 12	/ 12	64
Insgesamt	1391	869	1158	3418

Im Vergleich mit der gesamten Kavallerie war bei den Kürassieren der Anteil der Offiziere, die aus der Kurmark kamen, mit 19,1 % etwas größer. Ebenso lag der Anteil der Offiziere aus den Stammterritorien (Zentrum, Kurmark, Neumark, Magdeburg, Pommern, Ostpreußen) deutlich höher (64,5 % zu 55,9 % gesamte Kavallerie). Wie schon bei der Infanterie beobachtet, liegt der Anteil der Offiziere aus diesen Territorien bei den „älteren" Regimentern - bei der Kavallerie waren dies die Kürassierregimenter - deutlich höher als bei den „jüngeren" Regimentern. Eine Erklärung dafür könnte sein, daß diese „älteren" Regimenter in der Mehrzahl in den zuvor genannten Gebieten stationiert waren und daher auch einen höheren Anteil von Offizieren aus diesem oder den benachbarten Territorien hatten. Die Dislozierung der Regimenter könnte auch darin begründet sein, daß sich hier ein besonders geeigneter und zuverlässiger Offiziersnachwuchs fand. Die entsprechenden Passagen aus den Testamenten Friedrich Wilhelms I.[637] und Friedrichs II.[638] über den Adel der verschiedenen Territorien lassen diese Vermutung zu. An dieser Stelle sei z. B. noch einmal auf die hohe Wertschätzung verwiesen, die beide Könige über die Pommern als Offiziere hatten.

---

[637] S. dazu Dietrich, Die politischen Testamente, S. 229ff.
[638] S. dazu Dietrich, Die politischen Testamente, S. 307/309 und 589/591.

173

Der nur unwesentlich angestiegene Anteil der Ausländer am Offizierkorps der Kürassiere im 18. Jahrhundert belegt, daß diese Truppe keine Schwierigkeiten hatte, ihren Offiziersnachwuchs weitgehend aus Einheimischen zu bilden. Ein weiterer Grund dafür, daß die Quote der Ausländer in etwa gleich geblieben ist, könnte sein, daß im Gegensatz zu den Dragonern und besonders den Husaren die Kürassiere zwischen 1713 und 1786 nur um ein neues Regiment, den „Garde du Corps" (Nr. 13), vermehrt wurden. Die Errichtung von „neuen" Kürassierregimentern unter Friedrich Wilhelm I. hatte lediglich in der Umwandlung von bewährten Dragonerregimentern in Kürassierregimenter bestanden. Auch dies ist ein Hinweis auf die Exklusivität und das Prestige der Kürassiere. Die anderen Kavalleriegattungen dagegen waren durch Neuaufstellungen stark vergrößert worden, und da der einheimische Adel nicht in erforderlichem Maße das Offizierkorps für die neuen Regimenter stellen konnte, sind offensichtlich vermehrt Ausländer übernommen worden. Bei der Kürassiertruppe dagegen hat es keine gravierenden Veränderungen gegeben. Auch an der Gliederung der Regimenter wird eine gewisse Kontinuität deutlich, denn während z. B. die Dragoner eine gravierende administrative Veränderung erlebten, indem die Kompanien durch Schwadronen ersetzt wurden, behielten die Kürassiere ihre Kompanieeinteilung bei. Auch die Gesamtstärke eines Kürassierregiments hat sich seit 1730 nicht mehr wesentlich geändert, wohingegen z. B. die Husarenregimenter seit 1743 von fünf auf zehn Schwadronen verstärkt worden waren, was auch eine entsprechende Vermehrung der Offiziersstellen - von den Stabsoffizieren abgesehen - in einem Husarenregiment bedeutet hatte.

Die geringe Zahl der aus den westlichen Territorien stammenden Offiziere läßt sich darauf zurückführen, daß dort kein Kürassier- bzw. Kavallerieregiment garnisonierte.[639] Daß der Standort des Regiments ein Faktor für die Zusammensetzung des dazugehörigen Offizierkorps war, wird durch die steigende Zahl von Schlesiern belegt. Die Kürassierregimenter Nr. 1, 4, 8, 9 und 12 waren bis 1740 in Ostpreußen stationiert[640], was sich in diesem Zeitraum in einem Anteil von 14,5 % ostpreußischer Offiziere niederschlug. Nach der Annexion von Schlesien sind diese Regimenter dorthin verlegt worden, entsprechend stieg der Anteil schlesischer Offiziere von 9,8 % zwischen 1740 und 1756 auf 22,2 % zwischen 1763 und 1786 und fiel jene Quote an Ostpreußen auf 9,6 %. Im letzten Abschnitt stellten die Schlesier damit den größten Anteil noch vor denjenigen Offizieren, die aus der Kurmark kamen und die bis dahin in dieser Hinsicht den ersten Platz eingenommen hatten.

---

[639] Zur Überprüfung dieser These wurde das in Hamm stationierte Infanterieregiment Nr. 9 hinsichtlich der Herkunft der Offiziere ausgewertet. Das Ergebnis ist, daß zwischen 1713 und 1786 insgesamt 31,1 % der Offiziere aus der Grafschaft Mark - in der die Stadt Hamm lag - bzw. dem „benachbarten" Herzogtum Kleve stammten.

1.3.2. Die Dragonerregimenter

Bei den Dragonerregimentern ergibt die Analyse der Herkunft der Offiziere folgende Ergebnisse:

	1713, 02 - 1740, 05	1740, 06 - 1756, 07	1763, 03 - 1786, 08	Summe 1713 – 1786
Dienstgrade z - k:				
Gbl = Sto	67 (15,9 %)	140 (20,0 %)	327 (30,8 %)	534 (24,5 %)
Gbl = Preußen	262 (62,5 %)	420 (60,1 %)	489 (46,1 %)	1171 (53,7 %)
Gbl = Ausland	90 (21,4 %)	138 (19,7 %)	244 (23,0 %)	472 (21,6 %)
Zusammen:	419	698	1060	2177
Dienstgrade i - a:				
Gbl = Sto	23 (14,9 %)	28 (16,1 %)	87 (29,2 %)	138 (22,1 %)
Gbl = Preußen	87 (56,4 %)	115 (66,4 %)	138 (46,4 %)	340 (54,4 %)
Gbl = Ausland	44 (28,5 %)	30 (17,3 %)	72 (24,2 %)	146 (23,3 %)
Zusammen:	154	173	297	624
			Alle Dienstgrade:	2801

Hervorzuheben ist, daß der Anteil der Offiziere, die aus dem Standortbezirk ihres Regimentes kamen, in beiden Offiziersgruppen kontinuierlich gestiegen ist. Innerhalb der Kompanieinhabergruppe ist er zwischen 1763 und 1786 sogar doppelt so groß wie im ersten Untersuchungszeitraum. Damit unterscheiden sich die Dragoner deutlich von den Kürassieren oder auch von der Infanterie, denn bei den Kürassieren war deren Anteil nach dem Siebenjährigen Krieg gefallen, und bei der Infanterie war dieser im gesamten Zeitraum relativ stabil geblieben. Möglicherweise ist dies auf die Konsolidierung der Dragonertruppe zurückzuführen, die ihre wesentlichen Veränderungen, d. h. Neuaufstellungen, Verlegungen, Umstellung auf Schwadroneinteilung, bis 1744 erlebt hatte. Mehrfach ist bereits auf die Bedeutung des Standortfaktors bei der Zusammensetzung eines Regimentsoffizierkorps hingewiesen worden. Auch hier dürfte der starke Anstieg der aus dem Standortbezirk kommenden Offiziere darauf zurückzuführen sein, daß die Einheimischen den Dienst bei den Regimentern suchten, die in ihrer „Nachbarschaft" lagen. Daß die Dragonerregimenter nach 1744 nicht mehr ihren Standort wechselten, läßt sich auch daran erkennen, daß der Anteil der Einheimischen beständig angewachsen ist. Im Unterschied zu dem bisher beobachteten kontinuierlichen Anstieg des Anteils der Ausländer zwischen 1713 und 1786 ist ihr Anteil bei den Dragonern zwischen 1740 und 1756 im Vergleich zum vorherigen Zeitraum um mehr als zehn Prozent (von 28,5 % auf 17,3 %)

---

[640] S. Jany, Geschichte der Preußischen Armee, Bd. 1, S. 653.

175

gefallen. Hier ist möglicherweise eine bewußte Personalpolitik des Königs erkennbar, der für den Ausbau der Husarentruppe vorwiegend Ausländer verwenden wollte und diese daher aus den Dragonereinheiten abzog. Vielleicht hatten auch die Erfolge der Dragonerregimenter in den ersten beiden Schlesischen Kriegen[641] dieser Truppengattung die Reputation verschafft, die nötig war, um für einen preußischen Adligen attraktiv zu sein. Zudem war der Dienst bei den Dragonern „preisgünstiger" als bei den Kürassieren, was für einige Adlige, die sich die „teureren" Kürassiere nicht leisten konnten, ein wichtiger Grund gewesen sein dürfte, zu den Dragonern zu gehen. Die Tatsache, daß diese Truppe in den Rang einer vollwertigen Kavallerie aufsteigen konnte, wird die Entscheidung für die Dragoner daher zusätzlich erleichtert haben, auch wenn sie hinsichtlich ihres Ansehens weiterhin an zweiter Stelle nach den Kürassieren kamen.

Der Standortfaktor dürfte in diesem Zusammenhang ebenfalls ein Grund sein für den geringeren Ausländeranteil. Ein anderer Grund könnte sein, daß von den sechs zwischen 1740 und 1743 aufgestellten Regimentern allein vier (Nr. 4, 8, 9, 10) durch Teilung von bereits bestehenden Regimentern entstanden sind, die mit zehn Schwadronen doppelt so stark waren wie „normale" Dragonerregimenter. Möglicherweise war Friedrich II. daher nicht im gleichen Maße wie bei den Husaren darauf angewiesen, ausländische Offiziere in preußische Dienste zu nehmen, zumal er für die Dragoner kein militärisches Wissen durch Einstellung von Ausländern in die preußische Armee holen mußte. Zwischen 1763 und 1786 lag der Ausländeranteil wieder auf dem Niveau des ersten Untersuchungszeitraums und stimmte damit in etwa mit den Werten bei den Kürassieren überein.

---

[641] So wird der Sieg der preußischen Armee bei Hohenfriedberg 1745 vor allem dem Einsatz des Dragonerregiments „Bayreuth" (Nr. 5) zugeschrieben, dazu Friedrich II.: *„Diese Dragoner vom Regiment Baireuth sind veritable Cäsars! Welche Bildsäulen würde man ihnen nicht in Rom errichtet haben ... !"*, zit. aus: Duffy, Friedrich der Große, S. 101.

Die Herkunftsterritorien der Dragoneroffiziere im einzelnen waren:

	1713, 02 - 1740, 05	1740, 06 – 1756, 07	1763, 03 - 1786, 08	Summe
Preußen-Zentrum	3 / 2 (0,8 %)	9 / 2 (1,0 %)	14 / 2 (1,1 %)	32 (1,0 %)
Kurmark	78 / 32 (18,1 %)	114 / 43 (15,3 %)	88 / 29 (8,1%)	384 (12,6 %)
Neumark	75 / 30 (18,1 %)	102 / 14 (11,5 %)	82 / 18 (6,9 %)	321 (10,5 %)
Magdeburg	27 / 7 (5,6 %)	28 / 7 (3,4 %)	13 / 6 (1,3 %)	88 (2,8 %)
Pommern	101 / 9 (18,1 %)	149 / 35 (18,3 %)	238 / 86 (22,6 %)	618 (20,3 %)
Ostpreußen	28 / 16 (7,2 %)	51 / 18 (6,8 %)	138 / 33 (11,9 %)	284 (9,3 %)
Schlesien	-	88 / 15 (10,2 %)	218 / 46 (18,4 %)	367 (12,0 %)
Westpreußen	-	-	11 / (0,7 %)	11 (0,3 %)
Kleve/Mark	5 / 5 (1,6 %)	7 / 4 (1,0 %)	1 / 1 (0,1 %)	22 (0,7 %)
Minden/Ravensberg	-	/ 1 (0,09 %)	-	1 (0,03%)
Ostfriesland	-	-	1 / (0,1 %)	1 (0,03 %)
Neufchâtel	-	-	-	-
Westfalen	12 / 9 (3,4 %)	12 / 6 (1,7 %)	12 / 4 (1,1 %)	55 (1,8 %)
Ausland-Reich	66 / 27 (15,3 %)	93 / 23 (11,5 %)	166 / 51 (15,1 %)	426 (14,0 %)
Ausland-Europa	24 / 17 (6,7 %)	45 / 7 (5,1 %)	78 / 21 (6,9 %)	192 (6,3 %)
Herkunftsland unbekannt	23 / 11	105 / 25	2 / 72	176
Insgesamt	607	1003	1431	3041

Mit 20,3 % stellten die Pommern die meisten Dragoneroffiziere zwischen 1713 und 1786. Eine Erklärung dafür könnte sein, daß das Dragonerregiment Nr. 5, welches mit zehn Schwadronen doppelt so stark war wie die anderen Dragonerregimenter[642], in Pommern stationiert war. Das wird auch der Grund gewesen sein, warum der Anteil der Pommern nicht wie bei den Kürassieren oder der Kavallerie insgesamt zurückgegangen, sondern sogar noch angestiegen ist. Ähnlich wie bei den Kürassieren wird hier der Standortfaktor deutlich, denn neben den Pommern dienten die Schlesier in zunehmendem Maße als Offiziere in der Dragonertruppe, nach dem Siebenjährigen Krieg stellten sie mit insgesamt 264 Offizieren (= 18,4 %) sogar den zweitstärksten Anteil. Wie auch fünf der Kürassierregimenter waren nach 1740 zwei der Dragonerregimenter in Schlesien stationiert worden. Scheinbar nicht vereinbar mit der These von dem Einfluß des Standortes auf die Zusammensetzung der Offizierkorps ist die geringe Zahl der ostpreußischen Offiziere. Ihr Anteil stieg von 6,8 % zwischen 1740 und 1756 auf 11,9 % zwischen 1763 und 1786 an. Diese Werte muten relativ gering an, wenn man bedenkt, daß in Pommern und Schlesien jeweils zwei Dragonerregimenter, in Ostpreußen dagegen fünf dieser Einheiten lagen. Ein Grund dafür könnte sein, daß ausgerechnet für das Regiment Nr. 6 von 1740 bis 1786 und für das Regiment Nr. 8 zwischen 1740 und 1756 keine Ranglisten vorliegen, was sich möglicherweise auf die obige

---

[642] Bis auf das Dragonerregiment Nr. 6, das ebenfalls 10 Schwadronen hatte.

Auswertung ausgewirkt hat. Eine Einzelanalyse der anderen „ostpreußischen" Dragoner hat ergeben, daß der Anteil der Einheimischen beim Dragonerregiment Nr. 7 bei 30,8 % lag, bei Nr. 10 betrug dieser 29,5 % und bei Nr. 9 waren es 21,8 %. Damit ist bei diesen Regimentern der Anteil der aus diesem Territorium stammenden Offiziere deutlich höher, als der Anteil der Ostpreußen im allgemeinen Durchschnitt aller Dragonerregimenter. Die These vom Zusammenhang zwischen Standort und Zusammensetzung der Offizierkorps wird dadurch weiter gestützt.

1.3.3. Die Husarenregimenter

Die Auswertung der Husarenregimenter ergibt hinsichtlich der Herkunft der dort dienenden Offiziere folgendes Bild:

	1713, 02 - 1740, 05	1740, 06 - 1756, 07	1763, 03 – 1786, 08	Summe 1713 - 1786
Dienstgrade z - k:				
Gbl = Sto	9 (16,6 %)	108 (20,8 %)	238 (31,0 %)	355 (26,5 %)
Gbl = Preußen	17 (31,4 %)	163 (31,5 %)	308 (40,2 %)	488 (36,4 %)
Gbl = Ausland	28 (51,8 %)	246 (47,5 %)	220 (28,7 %)	494 (36,9 %)
Zusammen:	54	517	766	1337
Dienstgrade i - a:				
Gbl = Sto	1 (7,6 %)	8 (5,5 %)	27 (13,6 %)	36 (10,1 %)
Gbl = Preußen	5 (38,4 %)	54 (37,5 %)	97 (48,9 %)	156 (43,9 %)
Gbl = Ausland	7 (53,8 %)	82 (56,9 %)	74 (37,3 %)	163 (45,9 %)
Zusammen:	13	144	198	355
			Alle Dienstgrade:	1692

Danach war der Anteil der Offiziere der höheren Dienstgrade, die aus dem Standortbezirk des Regiments stammten, bei den Husaren mit 10,1 % der niedrigste. Bei den Kürassieren und Dragonern war deren Anteil um 12 % größer. Ähnlich wie bei den Dragonern ist aber festzustellen, daß der Anteil der Einheimischen kontinuierlich angestiegen ist. In beiden Offiziersgruppen ist er im Verlaufe des Untersuchungszeitraumes um etwa das Doppelte gewachsen. Auch bei den Husaren dürfte zutreffen, daß die Zunahme des Anteils der Offiziere bzw. Offiziersanwärter, die aus dem „Einzugsbereich" des Regiments stammten, vor allem dadurch gefördert worden ist, daß seit 1744 die Aufbauphase und die Stationierungen der Husaren im wesentlichen abgeschlossen waren. Diese Zunahme belegt auch, daß sich die Husaren von einer anfangs noch eher „exotischen" Truppengattung im Laufe des 18. Jahrhunderts zu einer „normalen" preußischen Kavalleriegattung entwickelt haben, was sich eben nicht zuletzt auch an der Zusammensetzung des Offizierkorps ablesen läßt.

Bemerkenswert ist die Entwicklung des Ausländeranteils am Offizierkorps der Husaren. Zwischen 1713 und 1740 kamen von den Subalternoffizieren 48 % aus Preußen und 51,8 % aus dem Ausland, bei den höheren Dienstgraden waren es 46 % aus Preußen und 53,8 % aus dem Ausland. Im Gegensatz zu den anderen Truppengattungen lag damit der Ausländeranteil bei den Husaren unter Friedrich Wilhelm I. höher als der der preußischen Offiziere. Der Grund dafür war, daß bei der Einführung der Husarentruppe in die preußische Kavallerie nur wenige preußische Offiziere über Erfahrung im Dienst als Husar verfügten und Friedrich Wilhelm I. daher darauf angewiesen war, sich das nötige militärische Wissen durch ungarische Offiziere in die Armee zu holen.[643] Zudem dürfte für einen preußischen Adligen der Dienst bei dieser Waffengattung anfangs nicht attraktiv erschienen sein. Dies lag möglicherweise daran, daß Husaren als Waffengattung erst 1721 in der preußischen Armee eingeführt wurden und bis zu Beginn der 1740er Jahre nicht als vollwertige Kavallerie galten. Erst die Erfolge dieser Truppe in den ersten beiden Schlesischen Kriegen verschafften den Husaren das nötige Prestige, das sie benötigten, um neben den Kürassieren und Dragonern in den Augen preußischer Adliger als standesgemäß zu gelten.[644] Auch wenn sie hinsichtlich der Reputation nicht mit den Kürassieren oder den Dragonern konkurrieren konnten, dürften die Husaren für das geringere Ansehen einen gewissen Ausgleich geboten haben, der für einige Adlige (aber auch Bürgerliche) so attraktiv war, daß dieser in der Lage war, den Mangel zu kompensieren. Dieser Vorzug der Husaren bestand in ihren besonderen Einsatzformen und dem weniger reglementierten Dienst im Feld. Von einem Husarenoffizier wurde hinsichtlich der Fähigkeiten zum selbständigen Handeln mehr verlangt als bei den anderen Kavalleriegattungen,

---

[643] Bei dem Husarenregiment Nr. 1 dienten 1739 der Rangliste zufolge sechs Polen und vier Ungarn (bei insgesamt 29 Offizieren) und beim Husarenregiment Nr. 2 stammten der Rangliste des Jahres 1734 zufolge neun Offiziere von insgesamt siebzehn aus Ungarn. Vgl. dazu auch Jany, Geschichte der Preußischen Armee, Bd. 2, S. 82, der berichtet, daß auch Friedrich II. großen Wert auf die Übernahme von österreichischen Husarenoffizieren legte. So hatte dieser seinen Gesandten in Wien, Generalleutnant Graf Dohna, angewiesen, sich um Husarenoffiziere zu bemühen. Außerdem wurde der Führer der 1743 zur Königlich Ungarischen Armee detachierten preußischen Husarenabteilung, Oberstleutnant v. Bornstedt, beauftragt, *„Reiteroffiziere von Ruf zum Übertritt in preußische Dienste zu bewegen, was ihm in einer Reihe von Fällen auch gelang"*, Jany, Geschichte der Preußischen Armee, Bd. 2, S. 82.
[644] Mit den Qualitäten der preußischen Husaren befaßt sich Duffy, Friedrich der Große, S. 455. Jany, Geschichte der Preußischen Armee, Bd. 2, S. 241f. berichtet, daß die Husarenregimenter, die alle keinen eigenen Kanton besaßen, sondern ihren Mannschaftsersatz aus den Kantonen der Kürassier- und Dragonerregimenter erhielten, vor dem Siebenjährigen Krieg einen derartigen Zulauf an Freiwilligen hatten, daß sie in der Lage waren, „Überkomplette" wie die

zugleich bot dies dem einzelnen Offizier aber auch mehr Möglichkeiten und Freiheiten bei der Umsetzung seiner Aufträge.[645] Daß die preußischen Husaren lange Zeit in Europa die einzigen waren, die für den Angriff in geschlossener Formation ausgebildet und auch häufiger in dieser Weise eingesetzt wurden, hat deren Selbstbewußtsein gestärkt.[646]

Die Standesüberlegungen dürften für einige preußische Adlige nicht unerheblich gewesen sein, denn für die Husaren war von Beginn an ein hoher Anteil bürgerlicher Offiziere charakteristisch, wie die Auswertung des bürgerlichen Anteils ergeben wird. Eine Erklärung für den anfangs geringen Anteil von Preußen könnte ein Vorfall aus dem Jahre 1724 bieten. Im September diesen Jahres desertierte nämlich eine von zwei existierenden Kompanien unter ihrem Rittmeister Franz v. Gabor mit voller Ausrüstung und ihren Pferden nach Polen.[647] Gabor wurde später in Riga verhaftet, von Rußland an Preußen ausgeliefert und schließlich hingerichtet. Die Einheit wurde später aus Abgaben von den Dragonern neu aufgestellt. Es ist wahrscheinlich, daß dieses Ereignis das Ansehen der Husaren in der preußischen Armee nicht verbessert haben dürfte.

Neben den Prestigeüberlegungen dürften aber ebenso materielle Gründe den Dienst bei den Husaren im Frieden weniger attraktiv gemacht haben. Leider liegen für die Zeit bis 1740 keine genauen Angaben darüber vor, was ein Husarenoffizier im einzelnen bezog.[648] Aus den Reglements von 1743 ist zu entnehmen, daß das Traktament der Husaren zum Teil deutlich unter dem der anderen Kavallerieeinheiten lag, was auch darauf zurückzuführen ist, daß ein Husarenoffizier geringere Ausgaben für seine Pferde und die andere Ausrüstung hatte. So erhielten monatlich an Reichstalern die Offiziere der verschiedenen Kavallerie-Einheiten:

---

anderen Regimenter zu halten, obwohl dies für die Husaren eigentlich nicht vorgeschrieben war.

[645] Vgl. dazu Bleckwenn, Unter dem Preußen-Adler, S. 174 und Jany, Geschichte der Preußischen Armee, Bd. 2, S. 97.

[646] So war bereits im Reglement für die Königl. Preußischen Husaren-Regimenter von 1743, Bd. 1, S. 11 - 29 geregelt worden, wie sich die Husaren in der Bataille zu verhalten hatten. Den ersten geschlossenen Einsatz erlebten die Husaren in der Schlacht bei Hohenfriedberg am 4. Juni 1745, als Generalmajor v. Zieten sein Husarenregiment (Nr. 2) und das ihm unterstellte Dragonerregiment (Nr. 12) gegen das zweite Treffen der Österreicher führte. Siehe dazu Duffy, Friedrich der Große, S. 98 und Bleckwenn, Unter dem Preußen-Adler, S. 174.

[647] S. Jany, Geschichte der Preußischen Armee, Bd. 1, S. 654.

[648] Jany, Geschichte der Preußischen Armee, Bd. 1, S. 759 schreibt, daß unter Friedrich Wilhelm I. ein Rittmeister bei der Kavallerie insgesamt 88 Reichstaler und 12 Groschen ausgezahlt bekam und ein Oberst 292 Reichstaler 12 Groschen und 11 Pfennige. Ob auch die Husarenoffiziere diese Summen erhielten, ist nicht sicher, denn zu berücksichtigen ist, daß die Husaren anfangs neben den eigentlichen Kavallerie (Kürassieren und Dragonern) als eigene Truppengattung galten und erst unter Friedrich II. den Rang einer vollwertigen Kavallerietruppe erreichten. Da aber Friedrich II. viele Bestimmungen und Regelungen aus dem Reglement seines Vaters von 1726 übernommen hat, könnte das Traktament, welches die Husaren dem Reglement von 1743 gemäß erhielten, möglicherweise ebenfalls mit dem übereinstimmen, was diese bis 1740 erhalten haben.

Dienstgrad:	Kürassiere[649]	Dragoner[650]	Husaren[651]
Oberst	301	299	145
Rittmeister/Kapitän	67	74[652]	45

Unter Friedrich II. wurde die Husarentruppe stark vergrößert, und der Anteil der Preußen unter den Husarenoffizieren nahm zu. Dies dürfte u. a. darauf zurückzuführen sein, daß bei den Husaren die Körpergröße und das Adelsprädikat keine Voraussetzung waren, um Offizier werden zu können. Im Reglement für die Husaren von 1743 hatte Friedrich den Bürgerlichen den Aufstieg zum Offizier expressis verbis in Aussicht gestellt.[653] Zwischen 1763 und 1786 wandelte sich das zahlenmäßige Verhältnis zwischen Preußen und Ausländern. Nun stammten von den Dienstgraden bis zum Stabsrittmeister einschließlich 71,2 % aus Preußen und nur noch 28,7 % aus dem Ausland, bei den Dienstgraden vom Rittmeister bis zum Generalfeldmarschall kamen 62,5 % aus Preußen und 37,3 % aus dem Ausland. Mit diesen Werten lagen die Husaren in etwa auf dem Niveau der Dragoner und Kürassiere, d. h. daß sie sich unter Friedrich II. zu einer „normalen" preußischen Truppe entwickelt haben.

---

[649] S. Reglement für die Königl. Preußischen Kavallerie-Regimenter von 1743, Bd. 2, S. 61f..

[650] S. Reglement für die Königl. Preußischen Dragoner-Regimenter von 1743, Bd. 2, S. 522 - 525.

[651] S. Reglement für die Königl. Preußischen Husaren-Regimenter von 1743, Bd. 2, S. 340ff..

[652] Ein Dragonerkapitän bekam mehr Sold als ein Kürassierrittmeister, weil die Dragonerregimenter auch administrativ in Schwadronen eingeteilt waren. Bei den Kürassieren dagegen gab es wie bei der Infanterie die administrative Einteilung in Kompanien. Ein Kapitän der Dragoner führte daher die doppelte Zahl an Soldaten im Vergleich zum Rittmeister bei den Kürassieren, nämlich 164 statt 84 Soldaten (Stand 1743). Der Dragonerkapitän mußte wie der Rittmeister der Kürassiere von seinem Traktament u. a. alle Kosten tragen, die bei der Schwadron bzw. der Kompanie anfielen. Diese Kosten waren aber bei einer Schwadron aufgrund der doppelten Mannschaftsstärke höher als bei einer Kürassierkompanie. Aus diesem Grund relativiert sich der höhere Sold des Dragonerkapitäns. Höhere Ausgaben hatte der Dragonerkapitän außerdem für die Anwerbung von Rekruten. Warum er trotz der größeren Mannschaftszahl nicht wesentlich mehr Sold bekam, erschließt sich durch eine Anmerkung von v. Berenhorst, Betrachtungen, S. 165: „Bei den Dragonern machte die Schwadron zugleich die Compagnie, mithin war der Inhaber durch die Beurlaubung, das Quartiergeld, Gewehrgeld, Reparationsmontirung, Pferdearznei doppelt beneficirt, durch 12 Überkomplette doppelt belastet." Das heißt, ein Dragonerkapitän hatte aus seiner Schwadron auch höhere Einnahmen und er mußte aus diesem Grund auch keinen doppelt so hohen Sold bekommen wie ein Rittmeister der Kürassiere. Da die Husarenregimenter ebenfalls in Schwadronen und nicht in Kompanien eingeteilt waren, wird der Abstand, der zwischen dem Sold eines Kürassier- und eines Husarenrittmeisters bestand, noch deutlicher. Der im Vergleich zum Dragonerkapitän niedrigere Betrag wird etwas dadurch gemildert, daß bei den Husaren die Schwadron aus 115 Soldaten statt 164 wie bei den Dragonern bestand und die Abzüge für Kompaniekosten daher schmaler ausgefallen sein dürften. Zugleich waren aber auch aufgrund der geringeren Mannschaftsstärke die Einnahmen kleiner, die ein Husarenrittmeister aus seiner Schwadron ziehen konnte. Dies unterstreicht, daß bei der Kavallerie die Verdienstmöglichkeiten, die der jeweilige Schwadron- bzw. Kompaniechef aus seiner Dienststellung ziehen konnte, erheblich differierten.

Die Tabelle mit den einzelnen Herkunftsländern der Husarenoffiziere unterstreicht diese Entwicklung:

	1713, 02 – 1740, 05	1740, 06 - 1756, 07	1763, 03 – 1786, 08	Summe
Preußen-Zentrum	2 / (2,2 %)	7 / (1,0 %)	7 / 1 (0,7 %)	17 (1,0 %)
Kurmark	7 / 2 (10,1 %)	42 / 12 (7,9 %)	98 / 29 (12,6 %)	190 (11,2 %)
Neumark	/ 2 (2,2 %)	6 / 5 (1,6 %)	24 / 7 (3,0 %)	44 (2,6 %)
Magdeburg	4 / (4,4 %)	13 / 4 (2,5 %)	25 / 10 (3,4 %)	56 (3,3 %)
Pommern	4 / 1 (5,6 %)	21 / 13 (5,0 %)	50 / 7 (5,6 %)	96 (5,6 %)
Ostpreußen	7 / 1 (8,9 %)	77 / 16 (13,7 %)	124 / 33 (15,6 %)	258 (15,2 %)
Schlesien	-	98 / 7 (15,5 %)	161 / 27 (18,7 %)	293 (17,3 %)
Westpreußen	-	-	2 / (0,1 %)	2 (0,1 %)
Kleve/Mark	-	1 / (0,1 %)	1 / 1 (0,1 %)	2 (0,1 %)
Minden/Ravensberg	-	-	-	-
Ostfriesland	-	-	3 / (0,2 %)	3 (0,1 %)
Neufchâtel	-	1 / (0,1 %)	-	1 (0,05 %)
Westfalen	2 / (2,2 %)	5 / 5 (1,4 %)	12 / 1 (1,2 %)	25 (1,4 %)
Ausland-Reich	1 / 1 (2,2 %)	77 / 38 (16,9 %)	112 / 28 (13,9 %)	257 (15,1 %)
Ausland-Europa	27 / 6 (37,0 %)	169 / 44 (31,4 %)	108 / 46 (15,3 %)	400 (23,6 %)
Herkunftsland unbekannt	18 / 4	15 / 1	12 / 72	50
Insgesamt	89	677	1001	1694

Im Unterschied zu den anderen Truppengattungen war der Anteil der Offiziere aus dem europäischen Ausland (Ungarn!) bei den Husaren größer. Lag dieser bei den Kürassieren zwischen 1713 und 1786 bei 4,1 % und bei den Dragonern bei 6,3 %, waren es bei den Husaren 23,6 % aller Offiziere. Im Laufe des 18. Jahrhunderts verringerte sich der Anteil der Ausländer aber von 37,0 % (1713 - 1740) auf 31,4 % (1740 - 1756) und 15,3 % (1763 - 1786). Dagegen wuchs der Anteil der Offiziere aus Ostpreußen, wo vier Husarenregimenter stationiert waren, von 8,9 % (1713 - 1740) auf 15,6 % (1763 - 1786) an. Wie auch schon an anderer Stelle beobachtet, stieg die Zahl der schlesischen Offiziere deutlich an. Betrug ihr Anteil zwischen 1740 und 1756 schon 15,5 %, so waren es nach 1763 insgesamt 18,7 % der Offiziere, die aus Schlesien kamen. In Schlesien waren ebenfalls vier Husarenregimenter stationiert.

---

[653] S. Reglement für die Königl. Preußischen Husaren-Regimenter von 1743, Bd. 2, S. 305.

182

2. Exklusivität und Homogenität oder „Professionalität"?: Adlige und Bürgerliche als preußische Offiziere

2.1. Die soziale Zusammensetzung der Armee und der verschiedenen Waffen- und Truppengattungen

In der Überschrift, die die folgenden drei Kapitel zusammenfaßt, werden wichtige Gesichtspunkte „des" preußischen Offiziers angesprochen. Es ist für dessen Verständnis von zentraler Bedeutung zu klären, ob der Zugang zu diesem Korps einem Stand exklusiv vorbehalten war und ob sich dadurch eine gewisse Homogenität des Offizierkorps ergeben hat. Es wird ebenso zu untersuchen sein, welche Gründe es möglicherweise gab, die Offiziere fast ausschließlich aus einer Gruppe zu „rekrutieren": Ob dafür in erster Linie militärisch-professionelle Überlegungen ausschlaggebend waren oder ob nicht ebenso soziale Gesichtspunkte hierbei eine Rolle gespielt haben. Eine Beantwortung dieser Fragen ist wichtig, weil gerade daran deutlich werden wird, daß das preußische Offizierkorps mehr war als „nur" eine militärische Funktionselite. Es wird sichtbar werden, daß dem Offizierkorps ebenfalls eine soziale Funktion zukam, die es untrennbar mit dem Gesellschaftssystem verband. Eine verläßliche Quantifizierung des adligen bzw. bürgerlichen Anteils ist auch deswegen wichtig, weil es bislang über das preußische Offizierkorps zwei Ergebnisse gab, die allgemein als gültig angesehen werden: 1. Das Offizierkorps ist adlig[654] und 2. Die Bürgerlichen sind nur während des Siebenjährigen Kriegs in nennenswerter Zahl Offiziere geworden und wurden nach 1763 wieder aus dem Korps entfernt.[655]

Diese Feststellungen lassen sich anhand der Regimentslisten durch eine Auswertung des Anteils bürgerlicher Offiziere in der preußischen Armee überprüfen. Die daraus gewonnenen Zahlen und Prozentangaben ergeben zugleich den Anteil der adligen Offiziere. Abweichend von der bisherigen Regel, in den Tabellen den Siebenjährigen Krieg nicht einzubeziehen, wird bei den hier vorgenommenen Auswertungen dieser Zeitraum mitberücksichtigt. Dies geschieht, weil nur dadurch zu klären ist, ob der Anteil Bürgerlicher im Krieg gestiegen und danach wieder gesunken ist. Möglich ist dies, weil für eine Auszählung des bürgerlichen Anteils die Namensangaben der

[654] S. dazu Apel, Der Werdegang, S. 36, Demeter, Das Deutsche Offizierkorps., S. 4, Eberhard Kessel, Die preußische Armee 1640-1866, in: Deutsche Heeresgeschichte, hrsg. von Karl Linnebach, Hamburg 1935, S. 144 - 190, hier S. 157, Messerschmidt, Preußens Militär, S. 47 und Wohlfeil, Adel und Heerwesen, S. 333f..

[655] S. dazu Kroener, Armee, Krieg und Gesellschaft im friderizianischen Preußen, in: Erhard Bethke (Hrsg.), Friedrich der Große. Herrscher zwischen Tradition und Fortschritt, Gütersloh 1985, S. 92 - 104, hier S. 93, Duffy, The Army of Frederick the Great, S. 40, Jany, Geschichte der Preußischen Armee, Bd. 3, S. 35, Schieder, Friedrich der Große, S. 65, Rolf Eberhard Griebel, Historische Studien zu Gotthold Ephraim Lessings „Minna von Barnhelm oder das Soldatenglück". Das Lustspiel - ein kritisches Zeitbild des friderizianischen Preußens, Phil. Diss., Ansbach 1978, S. 100 sowie Martin Raschke, Der politisierende Generalstab. Die friderizianischen Kriege in der amtlichen deutschen Militärgeschichtsschreibung 1890-1914 (= Einzelschriften zur Militärgeschichte, Bd. 36) Freiburg 1993, S. 149.

Offiziere genügen, denn das Adelsprädikat „von" ist integraler Bestandteil des Namens. Aus diesem Grund konnten ebenfalls die Ranglisten ausgewertet werden, die bei den anderen Fragestellungen (landsmannschaftliche Zusammensetzung, Dienst- und Lebensalter) nicht berücksichtigt werden konnten, weil sie nur die Namen der Offiziere enthielten. Dies erklärt zudem, warum bei der Auswertung des bürgerlichen Anteils die Artillerie mit einbezogen werden kann, in deren Ranglisten ansonsten lediglich die Namen der Artillerieoffiziere aufgeführt sind. Wie bereits in der Einleitung angemerkt, ist allerdings fraglich, wie verläßlich die Angaben bezüglich des Adelsprädikates sind. In den Regimentslisten konnte die Beobachtung gemacht werden, daß das „von" dem Namen einiger Offiziere beigefügt worden ist, obwohl diese noch Bürgerliche waren bzw. erst später nobilitiert worden sind. Aus diesem Grund ist es sehr wahrscheinlich, daß der tatsächliche Anteil der Bürgerlichen an den verschiedenen Offizierkorps über dem lag, was die Zahlen und Prozentangaben in den folgenden Tabellen wiedergeben.

Die gesamte Armee:

	1713.02 - 1740.05	1740.06 - 1756.07	1756.08 - 1763.02	1763.03 - 1786.08	1713.02 - 1786.08
Alle Offiziere	7453	9476	1998	13627	32554
Bürgerliche	630	636	256	1797	3319
Anteil in %	8,4 %	6,7 %	12,8 %	13,1 %	10,1 %

In dieser Tabelle sind in den verschiedenen Untersuchungszeiträumen die Offiziere aller Dienstgrade (= Alle Offiziere), d. h. vom Fähnrich bis zum Generalfeldmarschall, zusammengezählt worden, die durch die Listen erfaßt sind. Der Anteil der Bürgerlichen enthält daher sämtliche nichtadlige Offiziere aller Dienstgrade, die in diesen Zeiträumen bei der preußischen Armee dienten. Die Auswertung ergibt, daß der Anteil der Bürgerlichen am preußischen Offizierkorps im gesamten Untersuchungszeitraum bei etwas mehr als zehn Prozent lag.[656] Die Einzelanalysen

---

[656] Eine Einschätzung, welchen Stellenwert das Ergebnis über den Anteil der Bürgerlichen am preußischen Offizierkorps hat, ist möglich durch einen Vergleich mit den Verhältnissen in der österreichischen Armee. Diese war in ihrer sozialen Zusammensetzung nämlich wesentlich heterogener als die preußische. So war zum einen der Anteil bürgerlicher Offiziere vor allem in den Subalternrängen erheblich und zum anderen der Anteil des einheimischen Adels relativ gering. Allerdings blieb letzterem fast ausschließlich die Besetzung der hohen militärischen Chargen vorbehalten. Der Adel, der in österreichischen Diensten stand, war nicht nur hinsichtlich seiner landsmannschaftlichen Herkunft differenzierter zusammengesetzt als der in Preußen, auch die Abstufungen innerhalb dieses Adels waren erheblicher. Während in Preußen vor allem der niedere Adel diente und bis in die Spitzendienstgrade aufrücken konnte, waren es in Österreich vor allem Angehörige des hohen Adels, denen diese Positionen vorbehalten waren. Duffy, The Army of Maria Theresa, S. 24, Zimmermann, Militärverwaltung, S. 128ff., Siegfried Fiedler, Kriegswesen und Kriegsführung im Zeitalter der Kabinettskriege (= Heerwesen der Neuzeit, hrsg. von Georg Ortenburg, Abteilung II, Das Zeitalter der Kabinettskriege, Bd. 2), Koblenz 1986, S. 76f. sowie Allmayer-Beck, Wandlungen im Heerwesen, S. 20 kommen daher zu dem Fazit, daß innerhalb des österreichischen Offizierkorps erhebliche Abstände existierten, weil diesem der „Mittelbau" fehlte, der in Preußen durch den niederen Adel gestellt wurde. Dieser habe in der preußischen Armee einen stabilisierenden Einfluß gehabt.

belegen, daß bis auf den Zeitraum von 1740 bis 1756 der Anteil der bürgerlichen Offiziere kontinuierlich angestiegen ist. Die bisher in der Literatur anzutreffende Behauptung, daß diese nach dem Siebenjährigen Krieg verstärkt aus dem Dienst entlassen worden sind, muß dahingehend korrigiert werden, daß der Anteil der Bürgerlichen am Offizierkorps geringfügig gestiegen ist. Die Beobachtung, daß die bürgerlichen Offiziere seit 1763 vermehrt in die Garnisonregimenter „abgeschoben" wurden, wird bei der Analyse der Garnisonregimenter zu überprüfen sein.

Die Feldregimenter (Infanterie):

	1713.02 - 1740.05	1740.06 - 1756.07	1756.08 – 1763.02	1763.03 - 1786.08	1713.02 - 1786.08
Alle Offiziere	4995	5867	799	7546	19207
Bürgerliche	274	254	25	349	902
Anteil in %	5,4 %	4,3 %	3,1 %	4,6 %	4,6 %

Die Entwicklung, den der bürgerliche Anteil in den Feldregimentern im Lauf des Untersuchungszeitraumes genommen hat, ist interessant. Hieraus ergibt sich nämlich, daß dieser nicht nur bis 1756 kontinuierlich zurückgegangen ist, sondern auch im Siebenjährigen Krieg gefallen ist. Zumindest also für die 49 Feldregimenter, mit denen die preußische Armee in diesen Krieg gezogen ist, kann nicht weiter daran festgehalten werden, daß Bürgerliche von den Verlusten an (adligen) Offizieren profitiert hätten und eher Offizier werden konnten. Dieses Ergebnis hat besonderes Gewicht, weil die Feldregimenter nicht nur zahlenmäßig den Hauptteil der preußischen Armee stellten, sondern auch das Rückgrat dieser Armee in den Schlachten bildeten. Wie bei der gesamten Armee ist aber auch bei den Feldregimentern der bürgerliche Anteil nach 1763 angestiegen. Bei der Bewertung dieses Ergebnisses und der vorherigen Einschätzungen ist allerdings zu berücksichtigen, daß das Sample für den Siebenjährigen Krieg relativ gering ist und daher einen gewissen Unsicherheitsfaktor beinhaltet. An dieser Stelle ist es daher angebracht, den Zeitraum von 1763 bis 1786 mit der Vorkriegszeit (1740 bis 1756) zu vergleichen. Daraus wird ersichtlich, daß der bürgerliche Anteil tatsächlich nach dem Siebenjährigen Krieg angestiegen ist. Auch wenn die Zunahme um 0,3 % nicht besonders signifikant zu sein scheint, bleibt trotzdem festzuhalten, daß der Anteil der Bürgerlichen am Offizierkorps entgegen anderslautender Beobachtungen **nicht** gesunken ist. Die Analyse der Feldregimenter zeigt im Vergleich mit der gesamten Armee darüber hinaus ein Ergebnis, welches erst bei der weiteren Betrachtung der Ergebnisse für die anderen Waffen- und Truppengattungen endgültig bewertet werden kann. Dies betrifft die Tatsache, daß der Gesamtanteil der bürgerlichen Offiziere an dem Offizierkorps der Feldregimenter um mehr als die Hälfte niedriger liegt als im Vergleich zur gesamten Armee.

Die Garnisonregimenter:

	1713.02 - 1740.05	1740.06 - 1756.07	1756.08 - 1763.02	1763.03 - 1786.08	1713.02 - 1786.08
Alle Offiziere	175	748	391	1801	3115
Bürgerliche	41	78	34	701	854
Anteil in %	23,4 %	10,4 %	8,6 %	38,9 %	27,4 %

Der Anteil bürgerlicher Offiziere bei den Garnisonregimentern liegt fast um das Dreifache über dem der gesamten Armee. Dieser Befund scheint die These zu stützen, daß die Garnisonregimenter eine „Domäne" der bürgerlichen Offiziere waren. Die Einzelanalyse zeigt aber eine bemerkenswerte Entwicklung. Bis in den Siebenjährigen Krieg hinein dienen immer weniger Bürgerliche in den Garnisonregimentern, so daß sie sich in dieser Hinsicht den Feldregimentern anglichen. Eine Erklärung könnte sein, daß sich darin eine Aufwertung dieser Truppe widerspiegelt. Dies hat sich möglicherweise in einem Anstieg des adligen Anteils niedergeschlagen. Der Dienst bei den Garnisonregimentern bot zwar nicht die gleiche materielle Versorgung wie der bei den Feldregimentern, und sie konnten auch hinsichtlich ihres Prestiges und äußeren Glanzes nicht mit diesen mithalten, aber sie boten wahrscheinlich auch für einen Adligen gewisse Vorzüge. Der wichtigste dürfte gewesen sein, daß bis 1756 die realistische Aussicht bestand, daß ein Garnisonregiment in ein Feldregiment umgewandelt wurde oder den Stamm für eine Neuaufstellung bildete. Von dieser Aufwertung konnte auch der einzelne Offizier profitieren. Ein anderer Grund war möglicherweise, daß der Dienst bei einer Garnisoneinheit weniger anstrengend war als der bei der Feldtruppe. So nahmen diese Einheiten z. B. nicht an den Revuen im Frühjahr und Sommer teil und auch zu den Herbstmanövern wurden sie nicht hinzugezogen.[657] Ein Adliger, der hinsichtlich seiner Länge und Konstituition oder aufgrund seines Alters nicht für den Felddienst tauglich war, konnte hier dennoch als Offizier dienen. Ebenfalls eine Rolle könnte gespielt haben, daß der Dienst bei einer Garnisoneinheit eher die Möglichkeit bot, nebenher auch noch ein Gut zu führen oder einer anderen Tätigkeit nachzugehen.

Nach dem Siebenjährigen Krieg vergrößerte sich der Anteil Bürgerlicher wesentlich und lag im letzten Untersuchungszeitraum bei fast vierzig Prozent. Wie die Analyse der Herkunftsländer gezeigt hat, läßt sich dieser Anstieg vor allem dadurch erklären, daß nach dem Siebenjährigen Krieg mehrere Garnisonregimenter ganz oder teilweise aus ehemaligen Freitruppen bestanden. Das heißt, daß dieser Anstieg sich nur zum Teil daraus ableiten läßt, daß Friedrich II. seit 1763 die bürgerlichen Offiziere vermehrt in die Garnisonregimenter versetzt hat. Würde dies der Fall sein,

186

müßte deren Anteil bei den anderen Truppengattungen seit 1763 im Vergleich zu den vorhergehenden Abschnitten fallen. Bei den Feldregimentern traf dies nicht zu. Die Tatsache, daß einige der Garnisonregimenter nach 1763 aus der Freitruppe hervorgegangen sind, könnte erklären, warum der adlige Anteil in der Garnisoninfanterie gesunken ist. Deren Ansehen war zwar auch vor dem Krieg nicht sehr hoch, nach 1763 dürfte es aber durch die Integration der Freitruppen beträchtlich gesunken sein. Vielleicht war daher der Dienst bei einem Garnisonregiment für einen preußischen Adligen nicht mehr standesgemäß und wurde aus diesem Grund auch nicht mehr als Möglichkeit wahrgenommen. Dies könnte auch erklären, warum adlige Offiziere, die eigentlich für den Felddienst untauglich waren, nicht mehr in ein Garnisonregiment wechselten. Diese haben möglicherweise versucht, in ihrem Feldregiment zu bleiben oder sind einer Versetzung zu einer Garnisoneinheit zuvorgekommen, indem sie aus dem Armeedienst ausschieden. Es könnte auch sein, daß Friedrich II. nach dem Siebenjährigen Krieg einen untauglichen (adligen) Offizier eher aus der Armee entließ, ihn zivil versorgte oder pensionierte als ihn in ein Garnisonregiment zu geben. Dies wird bei der Auswertung der Abgangsarten zu untersuchen sein.

Wie bereits bei der Analyse der Herkunftsländer festgestellt, belegen auch die obigen Zahlen die Sonderstellung der Garnisontruppe in der preußischen Armee und unterstützen die These, daß für diese Zeit nicht von **dem** Offizierkorps gesprochen werden kann, sondern eher von den Offizierkorps der verschiedenen Truppengattungen.

Die Stehenden Grenadierbataillone:

	1713.02 - 1740.05	1740.06 - 1756.07	1756.08 – 1763.02	1763.03 - 1786.08	1713.02 - 1786.08
Alle Offiziere	-	125	65	273	463
Bürgerliche	-	4	-	30	34
Anteil in %	-	3,2 %	0,0 %	10,9 %	7,3 %

Bei der Bewertung dieser Ergebnisse ist zu berücksichtigen, daß das Sample für die Stehenden Grenadierbataillone besonders im Vergleich mit den anderen Einheiten sehr gering ist. Außerdem erschwert die Tatsache, daß diese Grenadierbataillone bis 1756 nicht in einem Zug, sondern nach und nach zu stehenden Einheiten zusammengezogen worden sind, eine verläßliche Bewertung. Aus diesem Grund kann der Anstieg des bürgerlichen Anteils im Zeitraum nach 1763 im Vergleich zur Vorkriegszeit nicht weiter kommentiert werden. Interessant ist die Tatsache, daß mit fast 11 % der Anteil bürgerlicher Offiziere wesentlich höher liegt als bei der Feldinfanterie. Eine Erklärung könnte sein, daß diese Grenadierbataillone auch nach ihrer Aufstellung hinsichtlich des Ersatzes

---

[657] S. dazu Jany, Geschichte der Preußischen Armee, Bd. 2, S. 327 - 331.

mit den Garnisonregimentern verbunden blieben. Aufgrund dieser Verbindung gelangte möglicherweise der eine oder andere bürgerliche Offizier zu den Grenadieren. Dieser Umstand ist nicht gering zu bewerten, galten doch die Stehenden Grenadierbataillone trotz ihrer Herkunft aus den Garnisonregimentern als eine Art Elite, da sie während des Siebenjährigen Krieges an allen Brennpunkten gekämpft haben.[658] Der Anteil der Bürgerlichen am Offizierkorps der Grenadierkompanien könnte daher auf die besonderen Aufgaben dieser Truppe zurückzuführen sein. Aufgrund der Tatsache, daß die Grenadiere häufig ausgewählt worden sind, als Avantgarde sich den feindlichen Linien zu nähern, diese zu durchbrechen und damit die Entscheidung zugunsten der preußischen Truppen vorzubereiten, könnte es sein, daß bei dieser Truppe militärische Erfahrung und Fachwissen wichtiger waren als das Adelsprädikat. Diese Vermutung wird zum Teil dadurch belegt, daß zu den Grenadieren nur bereits gediente und bewährte Soldaten und Offiziere versetzt wurden.

Die Kürassierregimenter:

	1713.02 - 1740.05	1740.06 - 1756.07	1756.08 - 1763.02	1763.03 - 1786.08	1713.02 - 1786.08
Alle Offiziere	1391	869	200	1158	3618
Bürgerliche	100	34	5	41	180
Anteil in %	7,1 %	3,9 %	2,5 %	3,5 %	4,9 %

Bei den Kürassierregimentern ging der Anteil der bürgerlichen Offiziere bis 1756 kontinuierlich zurück. Das weitere Absinken während des Siebenjährigen Krieges ist aufgrund des geringen Samples nur wenig aussagekräftig. Der Anteil Bürgerlicher stieg zwar nach 1763 wieder leicht an, der Vergleich mit der Vorkriegszeit (1740 bis 1756) zeigt aber, daß immer weniger Bürgerliche bei den Kürassieren dienten. Dies erklärt sich wahrscheinlich mit der besonderen Stellung, die die Kürassiere einnahmen. Aufgrund ihres Ansehens und der Tatsache, daß der Dienst bei dieser Truppe im Vergleich mit den Dragonern und Husaren relativ teuer war, könnten sich die Kürassiere eine Exklusivität bewahrt haben, die dazu führte, daß fast ausschließlich Adlige in ihren Reihen dienten. Daß sich diese Exklusivität der Kürassiere im 18. Jahrhundert verstärkt hat, ist nicht zuletzt aus obigen Zahlen zu entnehmen. Denn unter Friedrich Wilhelm I. dienten immerhin noch 100 Bürgerliche bei den Kürassieren. Nach dem Siebenjährigen Krieg dagegen sind es nur noch 41. Der Umstand, daß Adlige aus verschiedenen Gründen die Kürassiere bevorzugten, könnte dazu geführt

---

[658] Vgl. dazu Gieraths, Die Kampfhandlungen, S. 302 – 321, der die Kampfhandlungen der Stehenden Grenadierbataillone nicht gesondert ausgewertet hat, sondern in dem Abschnitt VIII. „Garnison-Regimenter" erfaßt hat. Aus der Analyse des Gefechtskalenders der Garnisonregimenter wird deutlich, daß es vor allem deren ehemalige Grenadierkompanien waren, die im Siebenjährigen Krieg gekämpft haben.

188

haben, daß Bürgerliche aus dieser Truppe „verdrängt" wurden und daher nur in anderen Truppenteilen wie der Artillerie oder der Garnisoninfanterie zum Offizier aufsteigen konnten. Ein Beleg für diese Vermutung ist ein Eintrag in der Abgangsliste des Regiments Nr. 7 zu der Dimission der Kornetts Wiebel und Vogel im Jahre 1763: *„Verabschiedet, weil nicht von Adel."*

Die Dragonerregimenter:

	1713.02 - 1740.05	1740.06 - 1756.07	1756.08 - 1763.02	1763.03 - 1786.08	1713.02 - 1786.08
Alle Offiziere	607	1001	219	1369	3196
Bürgerliche	62	50	9	61	182
Anteil in %	10,2 %	4,9 %	4,1 %	4,4 %	5,6 %

Im Offizierkorps der Dragonerregimenter dienten im Vergleich zu den Kürassieren mehr bürgerliche Offiziere. Wie auch bei den anderen Waffengattungen reduzierte sich deren Anteil kontinuierlich bis 1763. Die Tatsache, daß der Anteil der Bürgerlichen zwischen 1763 und 1786 angestiegen ist, belegt, daß die ablehnende Haltung, die Friedrich II. diesen gegenüber nach dem Siebenjährigen Krieg einnahm, keine meßbare Auswirkungen auf die Zusammensetzung des Offizierkorps bzw. den Anteil der Bürgerlichen gehabt hat. Daß deren Anteil bei den Dragonern etwas höher lag als bei den Kürassieren, ist möglicherweise darauf zurückzuführen, daß, zumindest noch unter Friedrich Wilhelm I., die Dragoner nicht als eigentliche Kavallerie angesehen wurden, sondern eher als aufs Pferd gesetzte Infanterie. Aus diesen Gründen dürften einige Adlige aus Prestigegründen den Dienst nicht bei dieser Truppe gesucht haben, sondern eher zu den „vollwertigen" Kavalleristen, den Kürassieren, gegangen sein. Wenn aber nicht im gleichen Maße adlige Offiziersanwärter zur Verfügung standen wie bei den Kürassieren, dürfte das die Möglichkeiten für einen bewährten und erfahrenen Bürgerlichen zum Offizier befördert zu werden, verbessert haben. Dies ist vielleicht auch eine Erklärung dafür, daß im Vergleich zum ersten Untersuchungszeitraum der Anteil der Bürgerlichen zwischen 1740 und 1756 um mehr als die Hälfte zurückgegangen ist. Ein Grund dürfte, wie bereits erwähnt, das gestiegene Ansehen der Dragoner nach den beiden ersten Schlesischen Kriegen sein. Weitere Gründe, warum preußische Adlige in stärkerem Maße den Dienst bei den Dragonern gesucht haben, sind möglicherweise in der Konsolidierung dieser Truppe zu suchen. Die im folgenden gemachten Beobachtungen beziehen sich nicht ausschließlich auf die Dragoner, sondern treffen in Teilbereichen auch auf die anderen Truppengattungen zu. So dürfte z. B. die „endgültige" Verlegung der Dragonerregimenter an ihre Garnisonsstandorte einem aus der Umgebung stammenden Adligen die Entscheidung erleichtert haben, den Dienst bei dieser Einheit aufzunehmen. Durch diese Stationierung konnten im Laufe der

Jahrzehnte die Verbindungen des jeweiligen Regiments zur benachbarten Umgegend wachsen, und dieses Regiment wurde für die Adligen zu einer verläßlichen Möglichkeit, eine Laufbahn als Offizier einzuschlagen. Außerdem dürfen die Kontakte nicht unterschätzt werden, die erst eine beständige Stationierung hervorbringen konnte. Damit sind die freundschaftlichen und/oder gesellschaftlichen Beziehungen gemeint, die sich im Laufe der Zeit zwischen den adligen Offizieren eines Regiments und den adligen Standesgenossen im Umkreis der Garnison entwickelten. Ein weiterer Grund könnte sein, daß mit dem zunehmenden „Alter" der Dragonerregimenter sich dort Familientraditionen bildeten, die darin bestanden, daß der Sohn, der Enkel oder ein anderer männlicher Verwandter in eben das Regiment eintrat, bei dem bereits der Vater, Onkel oder Vetter gedient hatte oder noch diente. Da es damals nicht unüblich war, daß der Sohn die Tätigkeit des Vaters ergriff, lag es nahe, daß dieser als Offiziersanwärter in dieselbe Truppengattung eintrat, wenn nicht sogar in dasselbe Regiment. Neben dieser Herausbildung von traditionellen Verbindungen von einer Familie zu einem bestimmten Regiment, dürften aber auch Gesichtspunkte wie Nepotismus oder (erhoffte) Protektion durch Verwandte die Zahl der jungen Adligen, die in ein bestimmtes Regiment eintraten, erhöht haben. Ein Verwandter konnte zwar unter Umständen aufgrund seines niedrigen Dienstgrades einen jungen Offiziersanwärter in seiner Laufbahn nicht fördern, sein Dienst in einem Regiment könnte die Entscheidung eines jungen Adligen für diese Einheit dennoch beeinflußt haben. Denn es ist zu berücksichtigen, daß die Mehrzahl der Adligen noch als Kinder in die Armee eingetreten sind, die als Heranwachsende mehr Schutz und Unterstützung benötigten als Erwachsene. Es könnte also sein, daß ein junger Adliger allein deswegen in ein bestimmtes Regiment eingetreten ist, weil dort ein Verwandte auf ihn achtgeben konnte.[659] Möglicherweise hat dieser Verwandter auch im Auftrag oder im Sinne der Eltern die weitere Erziehung und das Verhalten des jungen Adligen überwacht.

Anhand der Entwicklung, die aus obiger Tabelle abzulesen ist, kann eine Aussage getroffen werden, die in ähnlicher Weise für die Husaren gilt, daß die Etablierung und der Prestigezuwachs einer Truppengattung am Anstieg des adligen Anteils abzulesen ist. War eine Truppe in der preußischen Armee noch relativ neu und nahm wie im Fall der Dragoner anfangs eine Zwitterstellung zwischen Reiterei und Fußtruppe ein, hatten Bürgerliche eher die Möglichkeit Offizier zu werden.

---

[659] Dieser Eindruck ergibt sich aus den Beschreibungen, die v. Prittwitz, „Ich bin ein Preuße...", S. 22ff., 30f., v. Hülsen, Unter Friedrich dem Großen, S. 17 - 24 und v. Lemcke, Kriegs- und Friedensbilder, S. 20ff. über den Beginn ihrer Dienstzeit in der Armee machen. Diese schildern, wie verwandte oder befreundete Offiziere versucht haben, durch Ratschläge und Anweisungen, die Offiziersanwärter „auf den rechten Pfad" zu bringen.

Die Husarenregimenter:

	1713.02 - 1740.05	1740.06 - 1756.07	1756.08 - 1763.02	1763.03 - 1786.08	1713.02 - 1786.08
Alle Offiziere	89	677	189	976	1937
Bürgerliche	14	109	89	224	436
Anteil in %	15,7 %	16,7 %	47,0 %	22,9 %	22,5 %

Diese Tabelle belegt die Sonderstellung der Husaren innerhalb der Kavallerie. Der Anteil bürgerlicher Offiziere liegt im gesamten Zeitraum bei den Husaren um ca. das Vierfache höher als bei den Kürassieren und den Dragonern. Vor allem steigt bei den Husaren deren Anteil bis 1763. Im Siebenjährigen Krieg waren sogar fast fünfzig Prozent der in den Ranglisten erfaßten Offiziere bürgerlicher Herkunft. Offensichtlich konnten diese von der besonderen Situation im Krieg profitieren. Eine Erklärung dafür könnte sein, daß nicht in genügender Anzahl adlige Offiziersanwärter vorhanden waren, um die durch Kriegseinwirkung gerissenen Lücken aufzufüllen und daher in stärkerem Maße auf Bürgerliche zurückgegriffen werden mußte. Diese Entscheidung dürfte in zweifacher Hinsicht bei den Husaren leichter gewesen sein als bei den Kürassieren oder Dragonern. Zum einen hatte die Husarentruppe von Beginn an einen relativ starken bürgerlichen Anteil, wie oben zu entnehmen ist. Eine verstärkte Ernennung von Bürgerlichen zu Husarenoffizieren dürfte daher nicht so außergewöhnlich gewesen sein. Zum anderen ist bereits darauf verwiesen worden, daß das Adelsprädikat bei den Husaren ausdrücklich keine Voraussetzung war, um Offizier zu werden. Militärische Erfahrung und eine gewisse geistige Beweglichkeit waren wichtiger. Das Absinken des bürgerlichen Anteils nach dem Siebenjährigen Krieg erklärt sich daher zum Teil wahrscheinlich auch daraus, daß eine freigewordene Offiziersstelle nicht umgehend wieder besetzt werden mußte. Im Frieden konnte eher darauf gewartet werden, daß von einem anderen Regiment ein adliger Offiziersanwärter hinzuversetzt wurde. Auch dürfte der Eintritt von jungen Adligen in ein Regiment im Frieden problemloser gewesen sein als bei einem Regiment, das im Kriegseinsatz stand. Zwar lagen auch die Husaren während des Krieges wie die anderen Truppenteile in Winterquartieren und konnten sich in dieser Zeit ergänzen, aber bei den Husaren wie ähnlich zum Teil bei den anderen Truppengattungen könnte folgender Umstand eine Rolle gespielt haben: Die Adligen, die in die Regimenter eintraten, waren häufig noch sehr jung. Für diese stellte bereits der Dienst im Frieden eine körperliche Belastung dar. Es ist daher fraglich, ob sie in der Lage gewesen wären, die erhöhten körperlichen und mentalen Anforderungen im Krieg auszuhalten. Außerdem muß berücksichtigt werden, daß bei der Infanterie die Aufgaben eines Gefreitenkorporals oder Fähnrichs im Feld noch relativ einfach waren, bei den Husaren aber bedingt durch ihre Einsatzformen wesentlich höhere Ansprüche gestellt wurden. Es ist auch fraglich, ob z. B. ein Dreizehnjähriger, neben den anderen Pflichten und Aufgaben, die ein angehender Offizier zu erfüllen hatte, bereits in der Lage war, unter Kriegsbedingungen ein Pferd zu reiten. Aus diesem Grund wurde möglicherweise während des Krieges der Offiziersnachwuchs nicht aus den Reihen der adligen Offiziersanwärter entnommen, sondern durch erfahrene bürgerliche Feldwebel gestellt.

Diese auf den Krieg bezogenen Vermutungen hatten dagegen im Frieden keine oder nur eine geringe Bedeutung, was sich möglicherweise im Rückgang des bürgerlichen Anteils niedergeschlagen hat. Eine weitere Erklärung für den Anstieg des adligen Anteils ist wahrscheinlich, daß das Ansehen der Husaren durch die Erfolge im Siebenjährigen Krieg weiter angewachsen ist. Die Husaren galten lange Zeit als „windige" Burschen, und die ersten Erfolge dieser Truppe in den beiden Schlesischen Kriegen zu Beginn der 1740er Jahre dürften dieses Bild erst allmählich verändert haben. Aber durch den Siebenjährigen Krieg konnten sich die Husaren als vollwertige Kavallerie endgültig etablieren. Der exotische Anstrich, der sich besonders an ihren bunten bzw. auffälligen Uniformen festmachte, blieb den Husaren dennoch erhalten. Möglicherweise lag gerade darin ein Anreiz, den diese Truppe auch auf den Adligen ausgeübt hat.

Bemerkenswert ist das folgende Zitat, das als Anmerkung in der Abgangsliste des Husarenregiments Nr. 2 zum Abgang des Junkers (= Gefreitenkorporals) Karl Gottlob Bastineller im Mai 1783 zu finden ist: *„Bei der großen Revue als kein Edelmann vom Regiment ausgestoßen"*. Es kann zwar nicht ausgeschlossen werden kann, daß Bastineller wegen unadliger Verhaltensweisen aus dem Regiment entfernt worden ist. Wahrscheinlicher ist aber, daß sich „kein Edelmann" auf die Tatsache bezieht, daß Bastineller bürgerlicher Herkunft ist. Dieser Eintrag korrespondiert im übrigen mit demjenigen, der sich zu der Entlassung der beiden Kürassierkornetts findet.

Trotzdem kann nicht beantwortet werden, ob diese Fälle Ausnahmen blieben, oder ob es tatsächlich eine gezielte Verdängung von bürgerlichen Offizieren bzw. Offizieranwärtern gab. Vielleicht ist die Entlassung Bastinellers auf die speziellen Verhältnisse bei diesem Regiment zurückzuführen. Dieses war unter seinem Chef, General Hans Joachim v. Zieten, innerhalb der Husarentruppe zu einer Art Garde aufgestiegen, auch wenn es diesen Ehrentitel nicht offiziell trug wie das Garde du Corps (Kürassierregiment Nr. 13) oder das Regiment Garde (Infanterieregiment Nr. 15). Möglicherweise wollten der König oder Regimentschef v. Zieten die Zahl der bürgerlichen Offiziere verringern, weil sich ein zu hoher bürgerlicher Anteil nicht mit dem Verständnis dieses Regiments vereinbaren ließ. Auch anhand der Husarentruppe läßt sich die These von **den** Offizierkorps belegen. Bei dieser Waffengattung war nicht nur lange Zeit der Anteil der ausländischen Offiziere sehr groß, sondern auch hinsichtlich des bürgerlichen Anteils differierten die Husaren erheblich von den anderen Kavalleriegattungen.

Die Artillerie[660]:

	1713.02 - 1740.05	1740.06 - 1756.07	1756.08 - 1763.02	1763.03 - 1786.08	1713.02 - 1786.08
Alle Offiziere	196	189	129	504	1018
Bürgerliche	139	107	94	391	731
Anteil in %	70,9 %	56,6 %	72,8 %	77,5 %	71,8 %

Noch stärker als das Offizierkorps der Garnisonregimenter und der Husaren wurde das der Artillerie und der Pioniere von bürgerlichen Offizieren gebildet. Zwischen 1713 und 1786 lag deren Anteil bei mehr als siebzig Prozent, damit sind die Artillerie und die Pioniere die einzigen Truppengattungen, bei denen der Anteil der adligen Offiziere kleiner war als der der bürgerlichen Offiziere. Zwar war deren Anteil bis 1756 deutlich gefallen, ist dann aber im Krieg wieder angestiegen und erreichte im folgenden Untersuchungszeitraum seinen höchsten Wert. Diese Zahlen bestätigen die immer wieder in der Literatur über die Artillerie getroffene Aussage, daß diese eine „bürgerliche Domäne" war.[661] Ein Grund dafür ist darin zu suchen, daß die Artillerie ursprünglich ein zünftiges Handwerk war. Sie wurde Duffy zufolge als „dreckige" („grubby") bürgerliche Kunst angesehen, die harte Arbeit und wenig glanzvolle Mühen abverlangte und die darüber hinaus ständiger Aufmerksamkeit und präziser Kalkulation der physikalischen Kräfte bedurfte.[662] Mit letzterem dürfte Duffy wohl die technischen und mathematischen Grundkenntnisse gemeint haben, die ein Artillerieoffizier besitzen mußte. Gerade letzterer Umstand, der eine gewisse Professionalisierung der Artillerie zur Folge hatte, dürfte eine nicht zu quantifizierende Zahl von Adligen davon abgehalten haben, diese Waffengattung zu wählen. Angesichts der sehr bescheidenen schulischen Ausbildung, die viele junge Edelleute erhalten haben, dürften diesen schlicht die Voraussetzungen gefehlt haben, um überhaupt Artillerieoffizier zu werden.

Außerdem galt theoretische Fachbildung nicht als unbedingte Voraussetzung für einen preußischen Offizier, bis Friedrich nach dem Siebenjährigen Krieg im Zusammenhang mit dem Leistungsgedanken diese in stärkerem Maße von den Offizieren forderte. Aufgrund der Tatsache, daß für den Dienst in den anderen Waffengattungen keine besonderen Fachkenntnisse erforderlich waren, konnte bei diesen auch ein „ungebildeter" Adliger eine Laufbahn als Offizier einschlagen.

---

[660] Die Pioniere wurden mit der Artillerie zusammengefaßt, weil lediglich von neun Pionieroffizieren berechnungsrelevante Angaben vorliegen und eine gesonderte Auswertung daher wenig Sinn gemacht hätte.
[661] S. Guddat, Kanoniere, S. 61, Duffy, The Army of Frederick the Great, S. 169 und Bleckwenn, Zur Herkunft, S. 55 - 59.

Ein Artillerieoffizier dagegen mußte unbedingt theoretische Kenntnisse besitzen. Das hieß für einen Adligen, daß auch er diesen Nachweis zu erbringen bzw. das notwendige Wissen zu erwerben hatte. Damit trat er aber in „Konkurrenz" zu den bürgerlichen Offizieren, die diesen Leistungsnachweis ebenfalls erbringen mußten. Auf den Zusammenhang von Bildung und Leistung und der damit einhergehenden Gefährdung des adligen Vorzugs bei der Besetzung der Offiziersstellen ist zuvor bereits eingegangen worden.

Selbst wenn ein Adliger die notwendigen Kenntnisse mitbrachte, werden ihn unter Umständen andere Gesichtspunkte davon abgehalten haben, zur Artillerie zu gehen. Möglicherweise kommt hier wiederum ein Umstand zum Tragen, der auch bei den Dragonern und den Husaren zu Beginn einen höheren bürgerlichen Anteil bewirkt hatte. Die Bildung von traditionellen Beziehungen, die verschiedene Adelsfamilien z. B. an ein bestimmtes Kürassierregiment banden, dürfte bei der Artillerie durch deren Ruf erschwert worden sein, ein bürgerliches und damit für einen Adligen nicht standesgemäßes Handwerk zu sein. Auch die häufigen Umformierungen der Artillerie und die Standortverlegungen haben möglicherweise eine Entstehung von derartigen Verbindungen erschwert. Wenn aber aus verschiedenen Gründen nur wenige Adlige zur Artillerie gingen, blieb auch die Zahl der adligen Verwandten gering, die dem „Vorbild" ihres Vorgängers folgten. An anderer Stelle ist bereits darauf hingewiesen worden, daß gerade ein Verwandter, der als Offizier in einer Einheit diente, weitere Angehörige anzog, weil sie sich von ihm Vorteile und Unterstützung versprachen. Die positiven Auswirkungen, die ein Verwandter auf die Laufbahn eines Offiziersanwärters unter Umständen ausüben konnte, waren aber bei der Artillerie ebenfalls nicht sehr reizvoll. Dies bezieht sich auf die geringen Aussichten, bei dieser Waffengattung zu avancieren. Bis 1756 bestand nämlich das Offizierkorps dieser Truppe lediglich aus 85 Offizieren. Erst im Siebenjährigen Krieg wurde die Artillerie wesentlich vergrößert, was die Beförderungschancen des einzelnen Offiziers verbessert haben dürfte.

Ein weiterer Grund für die geringere Attraktivität der Artillerie für einen Adligen war sicherlich das geringe Ansehen, das diese Truppe im Vergleich mit den anderen Waffengattungen genoß. Das Prestige der Kavallerie oder der Feldinfanterie war größer, was sich nicht zuletzt daran ablesen läßt, daß die Artillerie nur wenig äußeren Glanz verbreitete. Dies lag neben der sehr schlichten Uniform auch besonders an der Art und Weise, wie die Artillerie eingesetzt wurde. Diese hatte bis weit ins 18. Jahrhundert den Charakter einer reinen Unterstützungswaffe für die anderen Truppenteile. Die Aufgaben der Garnisonartillerie beschränkten sich normalerweise darauf, die Festung oder Stadt zu

---

[662] S. Duffy, The Army of Frederick the Great, S. 169.

194

verteidigen, in der sie stationiert war. Ein Einsatz auf dem Schlachtfeld war eigentlich nicht vorgesehen. Aber auch die Feldartillerie hatte lange Zeit eher sekundäre Aufgaben in einer Schlacht zu erfüllen, nämlich die avancierenden Infanteriebataillone zu begleiten oder als Positionsartillerie den Angriff vorzubereiten. Es dürfte für das geringere Ansehen der Artilleristen sicherlich auch eine Rolle gespielt haben, daß sie nicht wie die Reiter oder die Fußsoldaten den Gegner auf dem Schlachtfeld direkt angriffen und damit persönlichen Mut beweisen konnten, sondern darauf „beschränkt" waren, die avancierenden Einheiten zu unterstützen. Auch die Möglichkeit sich persönlich durch eine besondere Leistung auszuzeichnen, war für einen Artillerieoffizier weniger gegeben als z. B. für einen Kavallerieoffizier. Selbst ein Subalternoffizier der Infanterie, dem in der Schlacht praktisch kein Raum für Eigeninitiative blieb, konnte sich unter Umständen auszeichnen. So z. B., wenn ein vorgesetzter Offizier fiel und er die Verantwortung übernehmen mußte.[663] Außerdem fiel bei der Kavallerie und der Infanterie die Leistung eines Regiments oder Bataillons in einer Schlacht auf alle Angehörigen dieser Einheit zurück, und der einzelne Offizier hatte Anteil an diesem Erfolg und dem damit verbundenen Ansehen. So konnte das Dragonerregiment Nr. 5 „Bayreuth" durch seinen schlachtentscheidenden Einsatz bei Hohenfriedberg (1745) sein Ansehen dauerhaft festigen, und das Infanterieregiment Nr. 26 wurde in der Schlacht bei Leuthen (1757) als ein besonders zuverlässiges Regiment auf den äußersten Flügel gestellt und hat sich dort bewährt[664]. Diese Erfolge, die die einzelnen Regimenter errungen haben, waren aber nicht nur für die bereits dienenden Offiziere von Bedeutung. Die Regimenter wurden mit und an ihren Leistungen identifiziert und gemessen, was sie in den Augen eines Adligen zu prestigereiche Einheiten machte. Dies wiederum versprach, daß ein Offizier daran teilhaben konnte. Ähnliche Leistungen haben die Artillerieverbände nicht erringen können. Erst die Entwicklung im Siebenjährigen Krieg, in dem die Bedeutung der Artillerie im Schlachtgeschehen erheblich zugenommen hat, führte möglicherweise mit einer gewissen Verzögerung zu einer Aufwertung des Ansehens dieser Waffengattung.

Welche Gründe[665] es auch waren, die die Adligen vom Dienst bei der Artillerie abhielten, obige Zahlen[666] belegen, daß dies tatsächlich der Fall gewesen ist. Mit und gerade wegen dieser

---

[663] Vgl. dazu die verschiedenen Schlachtbeschreibungen bei v. Prittwitz, „Ich bin ein Preuße...", S. 96f., 119f., v. Hülsen, Unter Friedrich dem Großen, S.45f. und v. Lemcke, Kriegs- und Friedensbilder, S. 35f..
[664] S. dazu Duffy, Friedrich der Große, S. 216f..
[665] Sowohl Duffy, The Army of Frederick the Great, S. 169 als auch Guddat, Kanoniere, S. 61 weisen auf einen weiteren Grund hin, der sich nach Ansicht des Verfassers aber eher im spekulativen Bereich bewegt. Diesen zufolge habe die negative Einschätzung, die Friedrich II. von der Artillerie gehabt habe, junge Adlige davon abgehalten, die Artillerie zu wählen.
[666] Bleckwenn, Zur Herkunft, S. 58 hat ebenfalls eine Tabelle erstellt, aus der der Anteil der bürgerlichen und adligen Offiziere abzulesen ist. Leider hat er nicht angegeben, aus welcher Quelle er diese Angaben bezogen hat. Bleckwenn

Dominanz der Bürgerlichen im Offizierkorps dieser Truppe nimmt die Artillerie nicht nur in dieser Hinsicht eine Sonderstellung innerhalb der Armee ein. Noch stärker als bei den Garnisoneinheiten und den Husaren muß daher davon ausgegangen werden, daß die Offiziere der Artillerie ein eigenes Korps bildeten, daß sich deutlich von dem der anderen Waffengattungen abhob. Belegt wird dies durch Beobachtungen, die bei Duffy zu finden sind und die von Honoré Mirabeau und von Jakob Mauvillon, also von Zeitzeugen, stammen.[667] Diese schrieben, daß die Offiziere der Infanterie, der Kavallerie und der Husaren (!) eine große Überlegenheit gegenüber denen der Artillerie empfanden und daß letztere ihren niedrigeren Status selber anerkannten. Außerdem hätten die anderen Offiziere gesellschaftlich und kameradschaftlich untereinander verkehrt, ohne Ansicht des Regiments oder der Waffengattung. Dagegen sei eine „Freundschaft" zwischen einem Artillerieoffizier und einem Offizier der anderen Waffengattungen nur sehr selten vorgekommen. Die Anmerkungen von Mirabeau und Mauvillon dürfen zwar nicht pauschal auf die tatsächlichen Verhältnisse in der gesamten Armee übertragen werden, da sie vor allem auf Beobachtungen der großen Berliner Garnison fußen und es in kleinen Städten möglicherweise eher zu Verbindungen zwischen Artilleristen und anderen Offizieren kam, aber sie erlauben doch einen Hinweis darauf, daß es tatsächlich eher Offizierkorps der Waffengattungen als **das** preußische Offizierkorps gegeben hat. Der Aspekt der Homogenität des Offizierkorps soll am Ende dieses Kapitels ausführlicher untersucht werden.

2.2. Anteil bürgerlicher Offiziere an den höheren Offizierkorps

Für eine angemessene Bewertung des bürgerlichen Anteils am Offizierkorps muß ebenfalls ausgewertet werden, wie viele dieser Bürgerlichen im Offiziersdienst aufsteigen konnten. Da der Kapitänsrang (Rittmeister) mit der Kompaniechefstelle verbunden war und damit eine weitgehende materielle Absicherung bedeutete, wird dieser Dienstgrad zum höheren Offizierkorps gezählt. Eigentlich aber nimmt der Kapitän eine Stellung zwischen den Subalternen und den höheren Offizieren, nämlich den Stabsoffizieren, ein. Diese Auswertung ist notwendig, weil sie Aussagen darüber zuläßt, ob nicht Bürgerliche aufgrund ihres sozialen Standes beim Avancement

---

zufolge lag der Anteil des Adels am Offizierkorps der Artillerie im Jahr 1713 bei 12 %, 1740 waren es 57 %, 1762 lag der Anteil bei 11 % und im Jahr 1786 waren es 29 %. Die von Bleckwenn ermittelten Zahlen bestätigen das Übergewicht des bürgerlichen Anteils, auch wenn sich im Vergleich mit der Analyse der Regimentslisten zum Teil abweichende Werte ergeben.
[667] S. Duffy, The Army of Frederick the Great, S. 169.

benachteiligt waren. Träfe dies zu, würde dies bedeuten, daß für die Laufbahn eines preußischen Offiziers nicht seine dienstlichen Leistungen allein ausschlaggebend waren, sondern die Adligen in dieser Hinsicht bevorzugt wurden. Gerade an dieser Stelle läßt sich untersuchen, ob für die Zusammensetzung des Offizierkorps bestimmte Kriterien maßgebend waren oder ob nicht vielmehr aus Gründen der sozialen Exklusivität und Homogenität der Offiziersnachwuchs (vornehmlich) von einem Stand gestellt wurde.

Die gesamte Armee:

	Alle Offiziere	Bürgerliche Offz.	Anteil in %
Kapitän	4035	326	8,0 %
Major	1656	75	4,5 %
Oberstleutnant	510	13	2,5 %
Oberst	580	5	0,8 %
Generalmajor	273	1	0,3 %
Gesamt:	7054	420	5,9 %

Anhand dieser Tabelle ist zu erkennen, daß von den 7054 Offizieren in der preußischen Armee, die den Dienstgrad eines Kapitäns bzw. Rittmeister oder höher erreicht haben, 420 Offiziere bürgerlicher Herkunft waren. Ihr Anteil von 5,9 % liegt damit deutlich unter ihrem Gesamtanteil am preußischen Offizierkorps, der 10,1 % betrug. Festgehalten werden kann aber, daß offenbar die bürgerliche Herkunft zumindest für die Beförderung in den Kapitänsrang kein wesentliches Hindernis darstellte. Aufgrund der erheblichen Einkünfte, die mit dieser Stelle verbunden waren, sind hier Bürgerliche erfaßt, denen der Armeedienst einen begrenzten Aufstieg ermöglicht hat. Weiter kann dieses Ergebnis nicht interpretiert werden. Denn es kann nicht die Frage beantwortet werden, mit welchen Voraussetzungen die Bürgerlichen in die Armee eingetreten sind, ob also der Kapitänsrang im Einzelfall tatsächlich ein Aufstieg war. Ebenso sind keine Aussagen darüber möglich, wie viele zum Kapitän beförderte Bürgerliche dies auch für einen begrenzten sozialen Aufstieg nutzen konnten.

Die Einzelauswertung zeigt weiter, daß der Anteil der bürgerlichen Offiziere von Dienstgrad zu Dienstgrad sinkt. Diese Tatsache kann ein Beleg dafür sein, daß die bürgerlichen Offiziere beim weiteren Avancement benachteiligt waren. Zu bedenken ist allerdings, daß der bürgerliche Anteil an den höheren Dienstgraden auch deswegen zurückgegangen ist, weil einige dieser Offiziere geadelt worden sind. Die Wahrscheinlichkeit, vom Monarchen geadelt zu werden, wurde dabei mit jedem Dienstgrad größer, den der Bürgerliche in der militärischen Hierarchie aufstieg. Diese

„neu-nobilitierten" Offiziere können in obiger Tabelle aber nicht erfaßt werden, da die Ranglisten keine Auskunft darüber geben, wie alt der Adel eines Offiziers ist, sondern nur die Angabe enthalten, ob ein Offizier adlig oder bürgerlich war.

Die Infanterieregimenter:

	Alle Offiziere	Bürgerliche Offz.	Anteil in %
Kapitän	2268	84	3,7 %
Major	872	26	2,9 %
Oberstleutnant	236	6	2,5 %
Oberst	338	3	0,8 %
Generalmajor	160	1	0,6 %
Gesamt:	3874	120	3,0 %

Im Vergleich mit der Gesamtarmee ist der Anteil bürgerlicher Offiziere der höheren Dienstgrade bei den Feldregimentern deutlich geringer. Dieses Ergebnis hat besonderes Gewicht, denn der Großteil der Offiziere, die in der Gesamtauswertung erfaßt sind, werden von der Infanterie gestellt. Zudem war diese in der preußischen Armee die Hauptwaffengattung, die zahlenmäßig weit vor allen anderen lag. Auch ein Vergleich mit der Auswertung des gesamten Anteils der Bürgerlichen am Offizierkorps zeigt, daß es bürgerlichen Offizieren nicht im gleichen Maße gelungen ist, in den Rang eines Kapitäns und darüber hinaus aufzusteigen. Ob dies aber eine bewußte Benachteiligung der Bürgerlichen darstellt, kann nicht verläßlich beantwortet werden. Zumindest lassen sich bis in die Dienstgrade Oberst und Generalmajor noch Bürgerliche feststellen, was sonst nur noch bei der Artillerie vorkommt. Bei den anderen Truppengattungen ist der höchste Dienstgrad, der von bürgerlichen Offizieren erreicht wurde, der des Oberstleutnants. In diesem Rang konnte ein Offizier zwar Regimentskommandeur werden, aber die wichtigere Position als Chef des Regiments konnte nur ein Offizier erreichen, der im Rang eines Obersts oder Generalmajors stand. Bei dieser Beobachtung ist, wie oben bereits erwähnt, zu berücksichtigen, daß einige der bürgerlichen Offiziere beim Avancement gleichzeitig geadelt worden sein dürften.

198

Die Garnisonregimenter:

	Alle Offiziere	Bürgerliche Offz.	Anteil in %
Kapitän	381	58	15,2 %
Major	174	10	5,7 %
Oberstleutnant	88	-	-
Oberst	51	-	-
Generalmajor	14	-	-
Gesamt:	555	68	12,2 %

Bei den Garnisonregimentern ist der Anteil der Bürgerlichen im Kapitäns- und Majorsrang größer als bei den Feldregimentern. Das scheint nur auf den ersten Blick zu belegen, daß diese Truppe eine „Domäne" der bürgerlichen Offiziere gewesen sei. Dagegen spricht zum einen, daß kein Bürgerlicher bei den Garnisonregimentern über den Rang eines Majors hinausgelangt ist. Zum anderen ist im Vergleich mit dem Gesamtanteil Bürgerlicher am Offizierkorps der Garnisoneinheiten (= 27 %) ihr Anteil hier deutlich geringer. Warum ausgerechnet bei den Garnisonregimentern die Bürgerlichen nicht weiter aufsteigen konnten, läßt sich nicht beantworten. Möglicherweise sind einige wenige nobilitiert worden, andere sind vielleicht aus der Armee ausgeschieden, bevor sie einen höheren Dienstgrad erreichen konnten.

Bei den **Stehenden Grenadierbataillonen** ist kein bürgerlicher Offizier verzeichnet, der im Dienstgrad eines Kapitäns oder Stabsoffiziers stand.

Die Kürassierregimenter:

	Alle Offiziere	Bürgerliche Offz.	Anteil in %
Rittmeister	628	40	6,3 %
Major	249	5	2,0 %
Oberstleutnant	83	2	2,4 %
Oberst	84	-	-
Generalmajor	47	-	-
Gesamt:	960	47	4,8 %

Bei den Kürassieren ist bemerkenswerterweise der Anteil bürgerlicher Offiziere an den höheren Dienstgraden mit 4,8 Prozent nur unwesentlich geringer als ihr Anteil am gesamten Offizierkorps, der bei 4,9 Prozent lag. Offenbar war bei den Kürassieren eine bürgerliche Herkunft kein übergroßes Hindernis, um bis in den Rang eines Rittmeisters aufzusteigen. Auszuschließen ist jedenfalls die Erklärung, daß bei den Kürassieren weniger bürgerliche Offiziere geadelt worden sein sollten als bei der Infanterie. Das heißt, daß bei den besonders angesehenen Kürassieren die Bürgerlichen nicht eo ipso benachteiligt waren. Dies könnte hinsichtlich der fast vollständigen Adligkeit des Offizierkorps zumindest in einem Teilbereich ein neuer Aspekt sein. Wie bei den anderen Waffengattungen zum Teil ebenfalls festgestellt, konnten Bürgerliche offenbar bis zum Rittmeister (Kapitän) aufsteigen. Dagegen stellte die Beförderung zum Major eine große Hürde dar, die wesentlich weniger Bürgerliche nehmen konnten. Das könnte daran liegen, daß diese Beförderung zum Stabsoffizier den ersten Schritt auf dem Weg zum Regimentskommandeur und dann zum Regimentschef darstellte. Möglicherweise sollten diese höheren Kommandofunktionen adligen Offizieren vorbehalten bleiben. Dies könnte eine Art „Reservierung" dieser Stellen für den Adel bedeuten. Diese Einräumung eines fast exklusiven Anrechts auf die Besetzung der höheren Stellen dürfte zum einen die Entscheidung eines Adligen für den Eintritt in die Armee positiv beeinflußt haben. Zum anderen konnte dadurch auch von den adligen Offizieren der Aufstieg von Bürgerlichen zu Offizieren toleriert werden, war deren Aufstieg doch stark begrenzt und endete häufig mit der Beförderung zum Rittmeister bzw. Kapitän. Einigen bürgerlichen Offizieren, die dennoch weiter avancieren konnten, wurde zum Teil das Adelsprädikat verliehen, damit wurde formal das exklusive Anrecht des Adels auf die Stabsoffizierstellen bestätigt. Dies würde bedeuten, daß die Standeszugehörigkeit für das Avancement bis zum Rittmeister resp. Kapitän keine (wesentliche) Rolle gespielt hat, daß eine adlige oder bürgerlicher Herkunft aber darüber entschied, wer zum Major befördert wurde. Es könnte aber auch sein, daß für die Könige die Nobilitierung eines Offiziers bis zum Rang eines Rittmeisters (Kapitäns) nicht in Frage kam, daß aber mit dem Eintritt in die höhere Laufbahn die Nobilitierung vorgenommen wurde. Dies liegt wiederum daran, daß dieser Offizier damit ein potentieller Anwärter auf die wichtigen Kommandofunktionen in einem Regiment und möglicherweise später in der Armee war. Diese sollten aufgrund ihrer besonderen Bedeutung und des damit verbundenen Ansehens durch Adlige besetzt werden.

200

Die Dragonerregimenter:

	Alle Offiziere	Bürgerliche Offz.	Anteil in %
Kapitän	353	30	8,4 %
Major	183	3	1,6 %
Oberstleutnant	60	2	3,3 %
Oberst	61	-	-
Generalmajor	33	-	-
Gesamt:	596	35	5,8 %

Bei den Dragonern ist der Anteil der Bürgerlichen an den höheren Dienstgraden mit 5,8 % sogar größer als ihr Anteil am gesamten Offizierkorps, der bei 5,6 % lag. Ähnlich wie bei den Kürassieren war möglicherweise auch bei den Dragonern die bürgerliche Abstammung kein unüberwindliches Hindernis, bis zum Kapitän befördert zu werden. Neben den Erklärungen, die bereits bei den Kürassieren hierfür gegeben wurden, könnte bei den Dragonern außerdem folgender Umstand eine Rolle gespielt haben. Wie bereits erwähnt, ist die Truppengattung der Dragoner durch Friedrich Wilhelm I. und Friedrich II. stark ausgebaut worden, und beide Könige waren möglicherweise darauf angewiesen, geeignete bürgerliche Offiziere auch zum Kapitän zu befördern. Wie bei den Kürassieren ist aber bemerkenswert, daß der Anteil der Bürgerlichen bei der Beförderung zum Major stark abnimmt. Dies ist wiederum ein Hinweis darauf, daß dieser Rang eine Art „Klippe" darstellte, die von Bürgerlichen nur sehr schwer zu überschreiten war.

Die Husarenregimenter:

	Alle Offiziere	Bürgerliche Offz.	Anteil in %
Rittmeister	198	32	16,1 %
Major	117	14	11,9 %
Oberstleutnant	25	-	-
Oberst	23	-	-
Generalmajor	14	-	-
Gesamt:	315	46	14,6 %

Wie sich bei der Auswertung des Gesamtanteils Bürgerlicher am Offizierkorps der Husaren ergeben hatte, war dieser mit 22,5 % relativ hoch und lag nur noch bei der Artillerie und den Garnisonregimentern höher. Auch der Anteil der bürgerlichen Offiziere an den höheren Dienstgraden der Husarenregimenter ist mit 14,6 % deutlich größer als bei den anderen Kavalleriegattungen. Wie bei den anderen Waffengattungen muß aber einschränkend festgestellt werden, daß dieser Aufstieg häufig nur bis zum Rang eines Rittmeisters gelang. Mögliche Gründe hierfür sind bereits erläutert worden. Auch bei den Husaren dürfte der zunehmend geringere Anteil der Bürgerlichen am Offizierkorps der Husaren darauf zurückzuführen sein, daß einige der Offiziere bei ihrem Avancement geadelt worden sind. So war z. B. Karl August Hohenstock, der von 1783 bis 1788 Chef des Husarenregiments Nr. 5 war, nach dem Siebenjährigen Krieg von Friedrich II. nobilitiert worden. Auch sein Nachfolger, Friedrich Siegmund Günther Goeckingk, war erst 1778 geadelt worden.[668] Der Chef des Husarenregiments Nr. 6 von 1785 bis 1791, Johann Benedikt Gröling hat 1768 das Adelsprädikat erhalten.[669] Heinrich Johann Günther, von 1788 bis 1803 Chef des Bosniakenregiments, wurde 1778 in den Adelsstand erhoben.[670] 1773 wurde Christian Möhring, der bereits seit 1758 Chef des Husarenregiments Nr. 3 gewesen war, nobilitiert.[671]

Die Artillerie:

	Alle Offiziere	Bürgerliche Offz.	Anteil in %
Kapitän	126	82	65,0 %
Major	43	17	39,5 %
Oberstleutnant	17	3	17,6 %
Oberst	18	2	11,1 %
Generalmajor	-	-	-
Gesamt:	204	104	50,9 %

Bei der Artillerie und den Pionieren ist der Anteil der Bürgerlichen an den höheren Dienstgraden mit mehr als 50 % sehr hoch. Bei dem Dienstgrad des Kapitäns waren sogar knapp zwei Drittel der Offiziere bürgerlicher Herkunft. Vor allem stellte bei der Artillerie der Majorsrang kein vergleichbares Hindernis dar wie bei den anderen Waffengattungen. Ähnlich wie bei diesen jedoch fällt der Anteil der Bürgerlichen mit steigendem Dienstgrad. Entweder wurden die bürgerlichen Artillerieoffiziere beim Avancement geadelt oder ihre Herkunft verhinderte eine Beförderung in die Spitzendienstgrade. Dieser Rückgang ist bemerkenswert, weil dies zeigt, daß auch bei der „bürgerlichen" Artillerie die höheren Ränge dem Adel vorbehalten geblieben sind. Möglicherweise wurden auch gerade bei der Artillerie diese Stellen für die Adligen reserviert, weil diese Waffengattung im Vergleich zu den anderen wesentlich weniger Anziehungskraft ausübte. Aus

---

[668] S. Ledebur, Adelslexicon, Bd. 1, S. 266.
[669] S. Ledebur, Adelslexicon, Bd. 1, S. 289.
[670] S. Ledebur, Adelslexicon, Bd. 1, S. 300.
[671] S. Ledebur, Adelslexicon, Bd. 2, S. 114.

diesem Grund wurde den Adligen, die sich dennoch für den wenig attraktiven Dienst bei der Artillerie entschieden, ein „sicheres" Avancement bis in die höchsten Dienstgrade ermöglicht. Trotz der Abnahme bei den höheren Dienstgraden kann die Artillerie aber als die „Domäne" der Bürgerlichen bezeichnet werden, stellten sie mit über 50 % doch jeden zweiten Offizier innerhalb dieser Gruppe.

Für alle Truppengattungen allerdings treffen die folgenden allgemeinen Beobachtungen hinsichtlich der bürgerlichen Offiziere zu. An erster Stelle muß darauf hingewiesen werden, daß es für Bürgerliche keinen direkten Zugang zu den Offiziersdienstgraden gab.[672] Sie mußten sozusagen „von der Pike auf" ihren „Beruf" erlernen und wenn sie nach etlichen Dienstjahren bis in die Unteroffiziersränge avanciert waren, mußten sie auch noch durch besondere Leistungen ihrem Regimentschef bzw. -kommandeur auffallen, damit dieser sie dem König zur Beförderung vorschlagen konnte. Die bürgerlichen Offiziere in den Ranglisten sind daher in der Regel an ihrem hohen Lebens- und Dienstalter zu erkennen.[673] So ist z. B. in der Rangliste des Infanterieregiments Nr. 1 aus dem Jahre 1764 der Premierleutnant Andreas Friedrich Clemen verzeichnet, der 38 Jahre alt war und der 21 Dienstjahre geleistet hatte. Beim Infanterieregiment Nr. 2 steht in der Rangliste von 1763 der Sekondleutnant Gottfried Borchert mit 43 Lebensjahren und 26 Dienstjahren. Zum Offizierkorps des Kürassierregiments Nr. 1 gehörte 1740 der Leutnant Balthasar Jakob Egerland, der 40 Jahre alt war und davon 24 Jahre in der Armee gedient hatte. Die Praxis, lediglich bewährte Bürgerliche aus den Unteroffiziersrängen zu Offizieren zu befördern, ist von Friedrich Wilhelm I. eingeführt worden und auch unter Friedrich II. beibehalten worden. Vor allem während des Siebenjährigen Krieges hat Friedrich II. vereinzelt bürgerliche Unteroffiziere zu Offizieren befördert, wie die folgenden Beispiele belegen. So ist aus der Rangliste des Infanterieregiments Nr. 19 aus dem Jahre 1767 zu entnehmen, daß Christian Gottlieb Löper 1744 in die Armee eingetreten war, bis zum Dienstgrad eines Feldwebels aufstieg und 1761 zum Sekondleutnant befördert wurde.[674] Beim Infanterieregiment Nr. 46 stehen in der Rangliste von 1767 die Premierleutnants Johann Müller und Johann Georg Rose, die 1758 aus dem Dienstgrad eines Feldwebels zu Sekondleutnanten befördert worden waren.[675] Daß diese kriegsbedingten Beförderungen nicht die

---

[672] Diesen direkten Zugang zu den Offiziersdienstgraden gab es aber auch nicht für die jungen Adligen, die vom Dienstgrad eines Gefreitenkorporals bis zum Fähnrich mehrere Dienstjahre benötigten, s. dazu die Auswertung des durchschnittlichen Lebens- und Dienstalters der Offiziere in Kapitel IV. 3..

[673] Vgl. dazu auch Jany, Geschichte der Preußischen Armee, Bd. 1, S. 724.

[674] S. Seyfarth, Geschichte des Infanterie-Regiments Friedrich August von Braunschweig (= Altpreußischer Kommiss, offiziell, offiziös und privat, Heft 11), mit einer Einführung von Hans Bleckwenn, Neudruck der Ausgabe Halle 1767, Osnabrück 1975, S. 133.

[675] S. Seyfarth, Geschichte des Füsilier-Regiments von Kleist (= Altpreußischer Kommiss, offiziell, offiziös und privat, Heft 12), mit einer Einführung von Hans Bleckwenn, Neudruck der Ausgabe Halle 1767, Osnabrück 1978, S. 98f.

Ausnahme bildeten, zeigt sich daran, daß der Anteil bürgerlicher Offiziere während des Siebenjährigen Krieges in der gesamten Armee um fast das Doppelte (von 6,7 % auf 12,8 %) gestiegen ist. Allerdings muß dieses Bild differenziert betrachtet werden. Dabei fällt nämlich auf, daß dieser Anstieg während des Krieges vor allem auf die Husaren und die Artillerie zurückzuführen ist, während bei allen anderen Truppengattungen - auch bei den Garnisonregimentern - deren Anteil sinkt. Das heißt, daß ein Bürgerlicher in erster Linie in den beiden zuerst genannten Truppengattungen zum Offizier aufsteigen konnte.

2.3. Bürgerliche Offiziere nach dem Siebenjährigen Krieg: Ehrenvoller Abschied oder schlichte Entlassung?

Die folgenden Auswertungen stellen eine Ergänzung dar, durch die das Ergebnis hinsichtlich des Anstiegs des bürgerlichen Anteils nach dem Siebenjährigen Krieg weiter untersucht werden kann. Dies ist notwendig, weil das Ergebnis aufgrund seiner Bedeutung einer Differenzierung bedarf, um es eingehender interpretieren zu können. Dazu wurden die Abgangslisten daraufhin ausgewertet, wie viele bürgerliche Offiziere in den Jahren unmittelbar nach diesem Krieg dimittierten bzw. pensioniert oder zivil versorgt wurden. Um einen Vergleich ziehen zu können, wurden die sieben Jahre vor dem Krieg ebenfalls mit dieser Fragestellung ausgewertet.

Abgangsart „Dimittiert":

1749, 07 - 1756, 07	Alle Offiziere	339	
	davon bürgerl. Offz.	5	= 1,4 %
1763, 03 - 1770, 03	Alle Offiziere	656	
	davon bürgerl. Offz.	82	= 12,5 %

Abgangsart „Pensioniert":

1749, 07 - 1756, 07	Alle Offiziere	11	
	davon bürgerl. Offz.	0	= 0,0 %
1763, 03 - 1770, 03	Alle Offiziere	32	
	davon bürgerl. Offz.	3	= 9,3 %

Abgangsart „Zivil versorgt":

1749, 07 - 1756, 07	Alle Offiziere	34	
	davon bürgerl. Offz.	6	= 17,6 %
1763, 03 - 1770, 03	Alle Offiziere	65	
	davon bürgerl. Offz.	29	= 44,6 %

In allen drei Abgangsarten ist demnach der Anteil bürgerlicher Offiziere nach dem Siebenjährigen Krieg deutlich angestiegen. Aus diesem Grund kann mit Vorbehalt davon gesprochen werden, daß Friedrich II. nach dem Krieg vermehrt bürgerliche Offiziere aus der Armee verabschiedet hat. Die Einschränkung besteht darin, daß im Prinzip unter „Dimission" das Gesuch eines Offiziers an den König um Entlassung zu verstehen ist und keine Entlassung durch den König. Daher ist davon auszugehen, daß wahrscheinlich eine bestimmte Anzahl der bürgerlichen Offiziere nach 1763 selber um die Verabschiedung gebeten hat. Ausdrücklich mit dem Vermerk „Entlassen" sind zwischen 1763 und 1770 nur fünf bürgerliche Offiziere abgegangen, dagegen sind im gleichen Zeitraum 16 adlige Offiziere „entlassen" worden. Zwischen 1763 und 1770 waren von insgesamt 33 schlicht entlassenen, d. h. „kassierten" Offizieren, lediglich zwei bürgerlicher Herkunft. Eine weitere Einschränkung der These von der „Säuberung" des Offizierkorps von Bürgerlichen nach 1763 bedeutet die Tatsache, daß 32 der aus dem Dienst geschiedenen bürgerlichen Offiziere „pensioniert" bzw. „zivil versorgt" wurden.

Angesichts des Umstandes, daß Friedrich II. nur über wenige Mittel für die Pensionierung von Offizieren bzw. nur über eine geringe Anzahl von Zivilstellen verfügte, sprechen diese Zahl und die anderen Angaben über die Abgangsarten der bürgerlichen Offiziere dagegen, daß der König diese aus Standesgründen „*kurzerhand verabschiedet*"[676] hat. Angesichts der vorliegenden Ergebnisse ist fraglich, ob Friedrich hinsichtlich der bürgerlichen Offiziere eine gewisse Undankbarkeit unterstellt werden kann, wie dies u. a. Kroener und Duffy[677] tun. Vorbehalte des Königs gegenüber

---

[676] Kroener, Armee und Staat, S. 396.

[677] Duffy, Friedrich der Große, S. 352 macht Friedrich II. den Vorwurf, nach dem Siebenjährigen Krieg die bürgerlichen Offiziere entlassen zu haben, was seiner Ansicht nach ein „*ausgesprochen unsozialer Vorgang*" war. Selbst wenn Friedrich die bürgerlichen Offiziere nach 1763 in verstärkten Maße aus der Armee entlassen haben sollte, ist es doch sehr fraglich, ob man diesen Vorgang als unsozial bezeichnen kann. Vielmehr scheint hier Duffy die Auffassungen des 20. Jahrhunderts, in denen ein derartiger Vorgang wohl als Undankbarkeit eines Dienstherrn gegenüber seinen Untergebenen interpretiert werden kann, auf das 18. Jahrhundert übertragen zu haben. In diesem Jahrhundert gab es aber noch keine bindenden Verpflichtungen für einen Staat bzw. Monarchen, seine Untertanen sozial abzusichern oder für ihren Lebensunterhalt nach dem Ausscheiden aus dem Dienst zu sorgen. Erst allmählich setzte sich die Auffassung durch, daß der Staat für die Versorgung ausgeschiedener Staatsdiener verantwortlich ist. Dies gilt vorerst aber nur für die invalide gewordenen Soldaten und nicht für diejenigen, die nach dem Dienst auch aus eigener Kraft für ihren Lebensunterhalt sorgen konnten. Grundsätzlich bestätigte Friedrich II. in seinen Politischen Testamenten von 1752 und 1768 (vgl. Dietrich, Die politischen Testamente, S. 321 und S. 555), daß invalide Soldaten einen Anspruch auf Unterstützung

205

Bürgerlichen lassen sich daher eher aus weiter unten zitierten Äußerungen Friedrichs nach dem Siebenjährigen Krieg entnehmen. Eine Untersuchung anderer Abgangsarten bei bürgerlichen Offizieren ergibt einige weitere interessante Ergebnisse. So war der Anteil der bürgerlichen Offiziere an der Zahl der Gefallenen und tödlich Verwundeten mit 7,1 % bzw. 3,9 % niedriger als ihr Gesamtanteil am Offizierkorps, der bei etwas mehr als zehn Prozent lag. Eine Erklärung dafür könnte sein, daß z. B. für die Garnisonregimenter eigentlich ein Einsatz in der Schlacht oder im Gefecht nicht vorgesehen war. Erst die Notlage in der kritischen Phase des Siebenjährigen Krieges bewirkte, daß Friedrich II. einige dieser Einheiten auf den Feldetat setzte und diese wie ein reguläres Infanterieregiment verwendete. Der Anteil der bürgerlichen Offiziere an den Abgängen „Ausgeblieben" und „Desertiert" beträgt sogar nur 1,5 % bzw. 6,7 %. Auch die Gründe dafür sind möglicherweise darin zu suchen, daß der Dienst bei den Garnisonregimentern weniger belastend und gefahrvoll war und es daher weniger „Anläße" für einen Offizier gab zu desertieren. Ebenfalls eine Rolle könnte der Umstand gespielt haben, daß bei einem Regiment, welches im Feldeinsatz stand, die Desertion bzw. das „Ausbleiben" eher gelingen konnte, als bei einer Einheit, die in einer Festung oder Stadt stand.[678]

---

hatten. Das heißt aber, daß Friedrich nur diejenigen versorgen wollte, die im Staatsdienst ihre Gesundheit geopfert hatten. Einen für alle Offiziere geltenden Anspruch auf eine nachdienstliche Unterstützung hätte er wohl abgelehnt, zumal er in seinem Testament geschrieben hatte, daß die ihm zur Verfügung stehenden Mittel noch nicht einmal ausreichten, alle invaliden Soldaten und Offiziere angemessen zu unterhalten. Ausführliche Angaben über die Entwicklung der Invalidenversorgung in der preußischen Armee finden sich bei Schnackenburg, Das Invaliden- und Versorgungswesen (s. Anmerkung 628). Auch wenn Friedrich II. damit etwas entlastet ist, muß seine Einstellung den Bürgerlichen gegenüber hinsichtlich eines anderen Punktes kritisch hinterfragt werden. Dies bezieht sich auf die wechselseitige Verpflichtung, die der Kriegsherr und der Offizier im Dienstverhältnis eingingen. Denn der Offizier verpflichtete sich in einem Eid zum „treuen" Dienen. Dies hieß unter Umständen, auch Leben und Gesundheit im Dienst für den Herrscher zu opfern. Daraus ergab sich (eigentlich) für den Monarchen die Verantwortung, diese Loyalität der Offiziere ebenfalls mit einer gewissen Treue zu beantworten. Bei den bürgerlichen Offizieren stand für Friedrich II. diese „Treue" offenbar zur Disposition, denn als Grund für ihre Entlassung genügte ihm bereits ihre Herkunft. Dieses Verhalten des Königs hat möglicherweise den einen oder anderen Bürgerlichen davon abgehalten, in die Armee einzutreten. Mußte ein Bürgerlicher doch damit rechnen, selbst bei guten und treuen Diensten vom König entlassen zu werden, wenn es diesem gefiel. Diese „Willkür" des Königs hat möglicherweise nach dem Siebenjährigen Krieg eine steigende Zahl von bürgerlichen Offizieren veranlaßt, von sich aus den Armeedienst zu quittieren, um damit dem König zuvorzukommen.
[678] Ein Offizier konnte nämlich nicht ohne weiteres die Garnison verlassen. Dies ist aus einem Artikel im Reglement für die Königl. Preußische Infanterie von 1743, Bd. 2, S. 424 zu entnehmen: „ *Der Gefreyter am Thor muß, wann ein Officier aus der Guarnison heraus und herein gehet, es an den Officier von der Wacht melden lassen, und die Schild-Wacht muß den Schlag-Baum allezeit zuhalten auch die Kette in der Hand halten.*" Es existieren hierzu ebenfalls Parolebefehle: *„Die Offiziers sollen nicht nach ihrem Belieben zu den Thoren herausgehen, sondern sich vorher bei ihren Chefs und Kommandeurs melden.* Dieses soll jeder zeit beim Regiment nach der Parol geschehen." und *„Alle Offiziers, so* [vor den Stadttoren] *spazieren gehen, melden zu lassen.*", zit. aus August v. Witzleben, Aus alten Parolebüchern der Berliner Garnison zur Zeit Friedrichs des Großen (= Altpreußischer Kommiss, offiziell, offiziös und privat, Heft 4), Neudruck der Ausgabe 1851, Osnabrück 1971, S. 14. Die Anweisungen, die im Reglement und den Parolebefehlen gegeben werden, lassen zudem vermuten, daß die eigenmächtige Abwesenheit von Offizieren von der Truppe, möglicherweise aber auch die Desertion, offenbar nicht ungewöhnlich waren.

Aufschlußreich ist es, die oben erzielten Ergebnisse mit der Einstellung der beiden Monarchen den adligen und bürgerlichen Offizieren gegenüber zu vergleichen, denn zumindest bei Friedrich II. ist eine bemerkenswerte Diskrepanz erkennbar zwischen seiner Meinung über dieses Führungspersonal und der Realität, die sich aus den Regimentslisten ablesen läßt.

Die Gründe dafür, daß Friedrich Wilhelm I. im hohen Maße auf den einheimischen Adel zur Besetzung der Offiziersstellen zurückgriff, sind nicht allein auf militärfachliche Überlegungen zurückzuführen, sondern ebenso auf innenpolitische Ziele des Königs. Er beabsichtigte den Adel auf den Militärdienst zu verpflichten, um diesen Stand in den allgemeinen Disziplinierungsprozeß mit einzubeziehen, *„dem er die Bevölkerung seiner durch großangelegte Verwaltungsreformen in Provinzen umgewandelte Länder unterwarf"*[679]. Die Verpflichtung auf den Militärdienst stellte in diesem Zusammenhang nur einen, wenn auch wesentlichen Aspekt der Bindung des Adels an den Monarchen dar. So war der Kampf um die Besteuerung des Adels ein weiterer Aspekt dieses Prozesses. Gerade durch die Allodifizierung der Lehen war zudem die persönliche Bindung des einzelnen Adligen an den König nicht aufgehoben worden, sondern vielmehr weiter gestärkt worden. Auch die Vasallentabellen und Conduitelisten sowie das Verbot, in auswärtige Dienste zu gehen, erhöhten den Druck auf den Adel und verstärkten dessen Bindung an die Krone. Aber erst der Dienst in der Armee bot die Gewähr, daß der Adlige zum Offizier des Königs erzogen werden konnte, *„um in Haltung und Gesinnung die starke Stütze der preußischen Monarchie zu werden"*[680]. Mit anderen Worten, der Adel sollte durch den Offiziersdienst „monarchisiert" werden.

Daß es dem König tatsächlich vor allem um die „Domestizierung" des Adels durch den Militärdienst ging, wird dadurch unterstützt, daß er unter militärfachlichen Gesichtspunkten nicht allein den Adel dafür befähigt hielt. Der König wollte nämlich auch Bürgerliche, die lange gedient hatten, zu Offizieren befördern, damit diese ihre umfangreiche fachliche Praxis und Erfahrung in das Offizierkorps einbringen konnten. Im Reglement für die Preußische Infanterie von 1726 bestimmte Friedrich Wilhelm I. daher, daß bewährte bürgerliche Unteroffiziere, die wenigstens zwölf Jahre gedient hatten, ihm zur Beförderung zum Sekondleutnant vorgeschlagen werden sollten.[681] Daß der König dies auch in die Tat umsetzte, belegt sein Schreiben an den Generalmajor Prinz v. Holstein vom 19. Februar 1727: *„Euer Liebden sollen Mir von Dero Regiment 10 Unteroffiziere vorschlagen, die capable sind, daß Ich sie zu Officiers machen kann. Vier davon sollen keine Edelleute sein; es müssen aber selbige recht düchtige Leute sein, und soviel möglich*

---

[679] Baumgart, Der Adel Brandenburg-Preußens, S. 145.

[680] Messerschmidt, Werden und Prägung, S. 42.

[681] S. Reglement vor die Königl. Preußische Infanterie von 1726, S. 547.

die schon in campagne gewesen und die capable sind, daß ich sie gleich zu Lieutenants machen kann [...] *wie sie denn auch nicht zu jung sein müssen.*"[682] 1734 wiederholte der König in einer Instruktion für die Chefs und Kommandeure der fünf an den Oberrhein gehenden Infanterieregimenter[683] seine Absicht, Unteroffiziere zu Offizieren zu befördern, die sich vor dem Feind auszeichneten, *„sie seien von Adel oder nicht.*"[684] Es ist zu erkennen, daß Friedrich Wilhelm bei der Besetzung der Offiziersstellen zwar den Adel bevorzugte, daß für ihn Eignung und Führung aber ebenso wichtige Kriterien waren.[685] Bevorzugung des Adels bedeutete nicht, daß der König diesem gleichsam ein Privileg eingeräumt hätte. Friedrich Wilhelm I. hatte, die Angehörigen des Adels erst davon „überzeugen" müssen, daß es ihre Pflicht war, als Offiziere in der preußischen Armee zu dienen.[686]

War ein Adliger in die Armee eingetreten, änderte sich auch sein Verhältnis zum Monarchen. Der König wurde sein oberster Vorgesetzter, und jener unterlag der Gehorsamspflicht. Die Bindung des Adligen an den Monarchen wurde persönlicher, da er als Offizier, d. h. also schon als Fähnrich, das Recht hatte, sich unmittelbar an den König zu wenden.[687] Friedrich Wilhelm I. hat sogar Briefe und Ordres bis zum Fähnrich hinab persönlich unterschrieben.[688] Die Bindungen wurden auch dadurch verstärkt, daß er sich anläßlich der jährlichen Revuen häufig die Gefreitenkorporale vorstellen ließ, sie nach ihrem Vater, dem Geburtsort und ihrer Conduite befragte und die Ernennung zum Fähnrich aufgrund des daraus gewonnen Eindrucks sowie der Auskunft des Regimentschefs vornahm.[689] Konnte er auch nicht jede Beförderung auf diese Art und Weise selber vornehmen, hat er zumindest die Patente, die die Offiziere erhielten, eigenhändig unterzeichnet. Seine persönliche Bindung an das Offizierkorps hat er außerdem nicht zuletzt damit bewiesen, daß er seit 1725 nur noch die Uniform seines Regiments trug, als dessen Chef und Inhaber der Leibkompanie er die Aufgaben des alltäglichen Dienstes selber wahrnahm. Dies war durchaus als Demonstration zu verstehen, denn wenn der König das Offizierskleid derart ehrte, sollte das ein Vorbild für den Adel sein. Auch wenn in der folgenden Schilderung, die v. Berenhorst über Friedrich Wilhelm gibt, ein gehöriges Maß an Idealisierung steckt, dürften einige seiner Beobachtungen doch dem Charakter dieses Herrschers

---

[682] Zit. aus: Schnackenburg, Über die Beförderung von Unteroffizieren bürgerlicher Herkunft zu Offizieren unter Friedrich Wilhelm I. und Friedrich dem Großen, in: FBPG, 11. Jg, 1898, S. 554 - 556, hier S. 554.
[683] Diese Regimenter gehörten zu dem Kontingent, das Preußen vertragsgemäß zur Reichsarmee an den Oberrhein schickte, die dort unter der Führung des Prinzen Eugen von Savoyen gegen die Franzosen Stellung bezogen hatte.
[684] Zit. aus: Jany, Geschichte der Preußischen Armee, Bd. 1, S. 724.
[685] Vgl. ebd..
[686] Vgl. dazu Acta Borussica, Bd. 5, 2, S. 817.
[687] S. Jany, Geschichte der Preußischen Armee, Bd. 1, S. 729.
[688] S. Messerschmidt, Werden und Prägung, S. 44.
[689] S. Jany, Geschichte der preußischen Armee, Bd. 1, S. 724.

nahekommen: *„Der König selbst hatte sein Regiment und seine Compagnie; war Oberster und Hauptmann, im strengsten Verstande; lebte so, dachte so und willigte, Kriegesherr, wie er war, beinah stillschweigend ein, als General betrachtet, unter Leopold's* [von Anhalt-Dessau] *höherer Einsicht zu stehen. Mit den Officieren bis zum Hauptmann herunter, ging er - der König - wie Kamerad, mit den Subalternen - Lieutenanten und Fähndrichen - wie Vater um. Er hätte sich selbst nach der Wacht geschickt, wenn er sich in einem Kleidungsstück, das nicht* montirungsmäßig [Hervorhebung im Text] *war, betroffen hätte."*[690] Da alle preußischen Offiziere die gleiche Uniform trugen, bedeutete dies, daß der Monarch, der zugleich Chef der Armee war, äußerlich nicht von ihnen zu unterscheiden war. Dadurch, daß sich Friedrich Wilhelm I. als Offizier fühlte und dies in vielen Dingen bewies, hat er zugleich den gesamten Stand aufgewertet. In gewissem Sinne erleichterte es der König dem Adel, den Militärdienst zu suchen, indem er sich zum (ersten) Offizier unter Offizieren machte, auch wenn der Eintritt in die Armee bedeutete, daß der Adlige sich im Vergleich etwa zu den lehnsrechtlichen Bindungen in eine wesentlich stärkere Abhängigkeit zum Monarchen begab.[691] Daß der König seine Offiziere (und Beamten) durch das Dienstverhältnis sehr eng an seine Person binden wollte, wird aus einer Randbemerkung sichtbar, die er im Jahre 1714 an einen Bericht des Generalfeldmarschalls Graf Dohna schrieb, in dem es um die Strafversetzung von drei Kammerräten ging: *„man mus den Herren* [den Monarchen] *mit Leib und lehben mit hab und guht mit erh und gewißen* (dienen) *und alles daran setzen als die sehligkeit die ist vor gott aber alles ander mus mein sein".*[692] Auch wenn sich, wie in diesem Fall, die Randbemerkung auf die Beamten bezieht, wird aus dem folgenden Zitat, das Friedrich Wilhelm unter den genannten Bericht geschrieben hat, deutlich, daß der König auch seine Offiziere von seinem umfassenden Anspruch auf Gehorsam nicht ausgenommen hat: *„was kahn ich den(n) tun als es mus zu execucion kommen oder ich bin nit herr wen(n) ich ein Officier was befehle so werde obediret"*[693] und *„subbordinacion mus sein und will haben und bin sehr delicat wen(n) an meine diner was befehlet* (wird) *subedieret* [= gehorcht] *zu werden und* (sollen sie) *blinden gehorsahm weisen".*[694]

---

[690] Von Berenhorst, Betrachtungen, S. 57.

[691] S. dazu Rosenberg, Bureaucracy, S. 101f..

[692] Acta Borussica, Bd. 2, S. 128.

[693] Acta Borussica, Bd. 2, S. 131.

[694] Acta Borussica, Bd. 2, S. 132. Der Anspruch Friedrich Wilhelms auf „blinden Gehorsam" muß erläutert werden. Dies soll aber an dieser Stelle nicht ausführlich getan werden, weil der „Gehorsam" im Zusammenhang mit der Ehre des Offiziers angesprochen wird. Hier sei bereits darauf verwiesen, daß der Gehorsam, den Friedrich Wilhelm verlangte, nicht völlig „blind" war. Vielmehr hat er bestimmte Ausnahmen zugelassen.

Adliges Ehrverständnis und die „Ehre" des Offiziers

Das Ziel Friedrich Wilhelms I., den Adel auf den Offiziersdienst zu verpflichten, ist nicht nur im Zusammenhang mit dem Prozeß der Disziplinierung der Gesellschaft zu sehen. Friedrich Wilhelm ging nämlich darüber hinaus davon aus, daß die Adligen das Ehrverständnis mitbrachten, welches für den preußischen Offizier unabdingbare Voraussetzung war. Diese besondere Ehranschauung des Adels basierte allerdings nicht allein auf tradierten ständischen Ehrvorstellungen, sondern ist im gleichen Maße durch den Dienst für den Staat mitgeformt worden. Hier läßt sich ein Prozeß der wechselseitigen Beeinflussung feststellen, der zum Ergebnis hatte, daß sowohl adlige Werte in den Offiziersstand eingegangen sind als auch die Werte des Offiziers in das Ehrverständnis des Adels aufgenommen wurden. Die Gründe dafür, daß im Preußen des 18. Jahrhunderts der Begriff „Offizier" ein Synonym für „Adel" wurde, sind nicht zuletzt hier zu suchen.

Bei der angesprochenen „Ehre"[695] des Adels handelte es sich nicht um ein persönliches bzw. individuelles Ehrverständnis, sondern um Autostereotypen des Adelsstandes, die auf tradierten Ständevorstellungen basierten. Der Adel leitete seine Stellung in der Gesellschaft aus seiner Geburt und den ererbten wie auch anerzogenen, Autorität, Führung und Herrschaft begründenden Eigenschaften ab. So sollte ein Adliger ritterlich, tapfer, treu, pflichtbewußt und opferbereit sein. Schließlich sollte er die Fähigkeit zur Selbstdisziplin und eine gewisse Vornehmheit und Sicherheit im Auftreten besitzen sowie Selbstbewußtsein demonstrieren können.[696] Diese Werte lehnten sich stark an das mittelalterliche Vorbild der adlig-ritterlichen Standesehre an.[697] Mit diesen Autostereotypen wurden soziale Normen für den Adligen gesetzt, denn obwohl dieser davon ausging, daß er allein über diese Eigenschaften verfügen konnte, mußte er sich dennoch bemühen, sie in andauerndem Streben zu erhalten bzw. zu vervollkommnen.[698] Es muß an dieser Stelle noch einmal darauf hingewiesen werden, daß es sich bei der adligen Ehre in erster Linie nicht nur um eine „innere Ehre" des Einzelnen handelte, sondern auch und hier vor allem um eine Ehre des gesamten Standes.[699] Während die „äußere" Ehre zuerkannt wird und synonym mit Anerkennung,

---

[695] Die Ehre wurde in Anführungszeichen gesetzt, weil es ausgesprochen schwierig ist, genau zu beschreiben, was darunter zu verstehen ist. Dinges, Die Ehre, S. 31 und S. 52f. weist auf diese Diffusität des Ehrbegriffs hin, die eine umfassende Definition fast unmöglich macht. Siehe dazu auch Schreiner/Schwerhoff, Verletzte Ehre. Überlegungen zu einem Forschungskonzept, in: Dieselben, Verletzte Ehre, S. 1 - 27, hier S. 9 sowie Backmann/Künast, Einführung, in: Dieselben und Ullmann/Tlusty, Ehrkonzepte, S. 1- 23, hier S. 15. Aus diesem Grund werden auch die folgenden Ausführungen über die adligen Ehranschauungen und über „die" Ehre des Offiziers immer nur Teilbereiche dieses Begriffes abdecken können.
[696] S. Zunkel, Ehre im Übergang, S. 67.
[697] S. dazu, Zunkel, Ehre, Reputation, S. 6- 10. Zum ritterlichen Ethos vgl. auch Volker Schmidtchen, Kriegswesen im späten Mittelalter. Technik, Taktik, Theorie, Weinheim 1990, S. 54 - 79.
[698] Vgl. dazu Papke, Von der Miliz, S. 47.
[699] S. dazu Zunkel, Ehre im Übergang, S. 67f.. Nowosadtko, Ehre in ständischer Gemeinschaft, S. 87 führt den

Geltung, Achtung, Auszeichnung, Würde und Verehrung übersetzt werden kann, ist die „innere" Ehre durch die persönliche Haltung und Einstellung des Einzelnen, seine „Tugend", bestimmt und kann nicht von außen festgelegt werden. Allerdings bildet sich die innere Ehre nicht in einem völlig autarken Prozeß, sondern auch äußere Einflüsse wie die Standesehre des Adels und ihre Werte wirken auf die innere Ehre des Einzelnen ein. An dieser Stelle sei bereits darauf verwiesen, daß der Einfluß der adligen Standesehre auf die innere Ehre des Einzelnen dazu führte, daß die Ehrenstandards, die von Friedrich Wilhelm I. und Friedrich II. für den preußischen Offizier gesetzt wurden, nicht einfach von „oben" nach „unten" verordnet werden konnten, sondern im gleichen Maße auch einer Beeinflussung durch die Offiziere, d. h. von „unten", ausgesetzt waren.

Die Tatsache, daß es sich bei der Ehre des Adels um eine „äußere" des gesamten Standes handelte, begünstigte eine Entwicklung, die die adligen Ehranschauungen vom 16. bis 18. Jahrhundert durchliefen. Zwar schlossen diese zum Teil an die mittelalterliche Tradition an, im Unterschied zu dieser allerdings wurde die sich entwickelnde Ehrauffassung durch das individuelle Streben nach Ansehen oder Reputation maßgeblich bestimmt. Die Maßstäbe, an denen diese Reputation gemessen wurde, stammten nicht mehr allein aus der adligen Standestradition, sondern wurden auch durch den Herrscher gesetzt. Es war ein wesentliches Merkmal und auch Bedingung für die Genese des absolutistischen Staates, daß Ansehen und gesellschaftliche Geltung an eine vor allem von den Herrschern geformte bzw. beeinflußte Hierarchie von Ämtern und Rängen gebunden wurde.[700] Diese Verknüpfung von Reputation und Amt[701] machte den Dienst für den Staat zu einer Tätigkeit, die „Ehre" einbrachte.[702] Dazu Zunkel: *„Mit diesem Begriff* [der Reputation] *wird das*

Nachweis, daß es wohl eine persönliche Ehre des Einzelnen gab, daß diese aber nicht unabhängig von der kollektiven Ehre, d. h. der ständischen Ehre existierte, sie im Gegenteil nur durch die Gruppe (den Stand) begründet und von ihr ableitbar ist. In diesem Zusammenhang gibt es einen interessanten Ansatz von Georg Simmel, Die Selbsterhaltung der socialen Gruppe. Sociologische Studie, in: Jahrbuch für Gesetzgebung, Verwaltung und Volkswirtschaft im Deutschen Reich, hrsg. von Gustav Schmoller, Neue Folge, 22 Jg., Heft 2, Leipzig 1898, der auf die integrierende Funktion der Ehre innerhalb der Gesamtgesellschaft hinweist. Er ist der Ansicht, daß sich die Ehre in einem kleinen oder mittleren überschaubaren Kreis bewährt, in dem die Wechselwirkung zwischen dem Einzelnen und der Gruppe noch möglich ist. Die individuelle Ehre ist für Simmel das Resultat einer Abstraktion von den je besonderen Formen der Ehre, die von unterschiedlichen sozialen Gruppen verlangt wird. Für ihn nimmt die Ehre eine mittlere Stellung zwischen individuellem Gewissen und staatlichen Gesetzen ein. Die Ehre als Verschmelzung von Individual- und Sozialinteresse könne in den Bereichen, in denen das staatliche Gesetz zu allgemein und zu äußerlich funktioniere und die inneren Einstellungen nicht zuverlässig genug seien, zu Verhaltensweisen nötigen, die weder durch das innere Gewissen noch durch staatliche Regeln hergestellt werden könnten, s. ebd. S. 552f. Durch *„die Forderung, die Ehre zu bewahren, sichert sich die Gesellschaft das ihr zweckmäßige Verhalten ihrer Mitglieder"*, ebd. S. 251.

[700] Vgl. dazu Elias, Die höfische Gesellschaft, S. 144f., 156f.

[701] Allerdings weist Dinges, Die Ehre, S. 33 darauf hin, daß es bereits in der adlig-ritterlichen Standesehre des Mittelalters diese Ehrenstellung des Amtes gab und damit bestimmte Rechte bzw. Privilegien verbunden waren. Als Beleg führt er dafür an, daß das Amtslehen als „honor" bezeichnet wurde. Zur Deutung des Begriffs „honor" vgl. Peter Schuster, Ehre und Recht. Überlegungen zu einer Begriffs- und Sozialgeschichte zweier Grundbegriffe der mittelalterlichen Gesellschaft, in: Backmann/Künast, Ehrkonzepte, S. 40 - 66, hier S. 42 - 54.

[702] Zunkel, Ehre, Reputation, S. 20.

Ehrgefühl einer Epoche gekennzeichnet, in der die Sensibilität hinsichtlich der eigenen Würde und Achtung in der Öffentlichkeit besonders ausgeprägt war."[703] Gerade der Adel, der sich als der Ehrenstand schlechthin ansah, war damit auf die staatlichen Ämter verwiesen, konnte er doch seine Ehrenhaftigkeit mit und in dieser Tätigkeit nachweisen. Ebenso zog der Adel aus der Gleichsetzung von Dienst und „Ehre" seinen „natürlichen" Anspruch auf diese Stellen, denn als Ehrenstand sah er sich prädestiniert für die Übernahme der damit verbundenen Funktionen.[704] Im gleichen Maße wurden diese Tätigkeiten durch die Teilnahme des Adels in ihrem Ansehen als besonders ehrenvoll aufgewertet. Es ist ein Prozeß der gegenseitigen Beeinflußung erkennbar, der zum einen die Bedeutung des Staatsdienstes für den Adel erklärbar macht und zum anderen warum sich dieser Dienst zu einer ehrenvollen Tätigkeit entwicken konnte.

In Preußen war es vor allem das Amt des Offiziers, welches durch Friedrich Wilhelm I. und Friedrich II. aufgewertet und zu einer ehrenvollen Tätigkeit gemacht wurde. Hier liegt ein wesentlicher Grund, warum vor allem Adlige die Offiziere stellen sollten. Wenn der Offiziersdienst tatsächlich als Ehrendienst gelten sollte, war es notwendig, die Offiziersstellen mit Angehörigen des Standes zu besetzen, der als der Stand der Ehre galt. Mit anderen Worten: die Ehrenhaftigkeit des Adels sollte auf den Offizier übertragen werden. Ein Adliger wiederum war besonders geeignet für diesen Dienst, weil sein Ehrbegriff „unanständige Hantierungen"[705] ausschloß und er daher auf eine ehrenhafte Tätigkeit angewiesen war. Das heißt nicht, daß jeder Adlige eine Stelle im Staatsdienst benötigte, sondern er nur unter Tätigkeiten wählen konnte, die der Ehre seines Standes gemäß waren. Viele Wahlmöglichkeiten hatte er aufgrund dessen nicht, was den Offiziersdienst für einen Adligen zusätzlich attraktiv machte. Die Verknüpfung von Offiziersamt und „Ehre" erklärt auch, warum sich große Teile des preußischen Adels nach anfänglichem Widerstand doch auf den Offiziersdienst verpflichten ließen. Noch zu Beginn der Herrschaft Friedrich Wilhelms I. galt die Tätigkeit als Offizier nicht unbedingt als „Ehre", erst durch die unablässige Betonung und Unterstreichung der Ehrenhaftigkeit des Offiziersdienstes wurde diese Tätigkeit im 18. Jahrhundert für einen Adligen zu einer standesgemäßen, weil ehrenhaften Option.

Aus diesem Grund haben Friedrich Wilhelm I. und Friedrich II. immer wieder darauf hingewiesen, daß die „Ehre" und ihre Einhaltung eine der wesentlichen Voraussetzungen für den preußischen Offizier ist. Die Bedeutung der unangetasteten Ehre eines Offiziers wurde u. a. im Reglement von 1726 betont: *„Wenn ein Officier eine Lâcheté* [Ehrverletzung] *begehet oder auf sich was sitzen hat,*

---

[703] Zunkel, Ehre im Übergang, S. 70.
[704] S. Zunkel, Ehre, Reputation, S. 35.
[705] S. dazu Zunkel, Ehre, Reputation, S. 36.

und nicht ein braver Kerl ist; Alsdenn der Obriste solches melden soll, und Se. Königl. Majestät wollen einen solchen Officier cassiren."[706] Demnach war die Behauptung der Ehre gegen jede Verletzung unabdingbar, um als Offizier in Preußen dienen zu können.[707] Falls ein ehrvergessener Offizier dennoch zum Dienst erschien, wurde ihm von seinen Kameraden mit dem umgedrehten Sponton[708] angedeutet, daß sie ihn nicht mehr in ihren Reihen dulden wollten. Das bedeutet, daß ein Offizier, der seine Ehre nicht wiederherstellte, die Achtung seiner Kameraden verlor und damit (eigentlich) nicht mehr in der Lage war, weiter zu dienen.[709] Aus diesem Grund wurde im Reglement von 1726 eine Ausnahme von der ansonsten streng gehandhabten Subordination gemacht, denn dort hieß es: *„Wenn ein Stabs-Officier gegen einen Officier nicht geziemender Expressions* [= Ausdrücke] *sich gebrauchen möchte, wollen Se. Königl. Majestät zwar solches nicht approbiren, aber der Officier muß dennoch, wenn es im Gewehr geschiehet, und im Eiffer vom Dienst geschehen ist, auf frischer That sich nicht offendiret befinden, sondern der Officier muß, solange er nicht an seiner Ehre angegriffen ist, sich nicht verantworten; Hernach aber kan er bey dem commandirenden Officier sich melden, und darüber sich beschweren.*"[710] Mit dieser Regelung war das *„Prinzip der spezifischen Gleichheit"*[711] aller Offiziere festgelegt worden, weil ungeachtet des Ranges jeder Offizier von einem anderen verlangen konnte, sich für sein dienstliches Verhalten zu rechtfertigen, wenn er sich in seiner Ehre angegriffen fühlte. Die „spezifische Gleichheit" bezieht sich auch darauf, daß die Mehrzahl der Offiziere Adlige waren, die als Angehörige dieses Standes über das gleiche Maß an Ehre verfügten. Aus diesem Grund wurde die ansonsten geltende Subordination, durch die sichergestellt wurde, daß sich ein Offizier seinem Vorgesetzten

---

[706] Reglement vor die Königl. Preußische Infanterie von 1726, S. 562.

[707] Ein Vergleich mit der österreichischen Armee ist in dieser Hinsicht schwierig. An dieser Stelle kann nicht ausgeführt werden, an welchen Kriterien sich der Ehrbegriff des österreichischen Offiziers orientierte und inwieweit dieser für alle Offiziere galt. Hubert Mader, Duellwesen und altösterreichisches Offiziersethos (= Studien zur Militärgeschichte, Militärwissenschaft und Konfliktforschung, Bd. 31), Osnabrück 1983 hat sich damit befaßt. Der Titel seiner Arbeit allerdings ist etwas irreführend, weil sich der Großteil seiner Beobachtungen zu diesem Thema auf das 19. Jahrhundert beziehen und der österreichische Offizier unter Maria Theresia lediglich am Rande erwähnt wird. Außerdem können seine Ausführungen nicht überzeugen, denn ähnlich wie Kluth, der den Ehrenkodex des preußischen Offiziers auf germanische und mittelalterliche Wurzeln zurückführt, hat Mader dies für den österreichischen Offizier getan, s. ebd. S. 147f.. Diese Entwicklungslinie ist aber von Wohlfeil in dem Aufsatz „Ritter-Söldnerführer-Offizier" für den preußischen Offizier als Konstruktion offengelegt und damit überzeugend zurückgewiesen worden. Es scheint daher zumindest fraglich, ob sich für den österreichischen Offizier in dieser Hinsicht ein anderer Befund ergeben sollte. Weitere Erkenntnisse über den Ehrenkodex der österreichischen Offiziere finden sich bei Duffy, The Army of Maria Theresa, S. 39f.. Opitz-Belakhal, Militärreformen, S. 324 führt für den französischen Offizier den Nachweis, daß dieser bis zum Ende des 18. Jahrhunderts den Dienst in der Armee und für den König als Ehrensache ansah. Nach welchen Werten und Normen sich der Ehrenkodex der französischen Offiziere richtete, wird von ihr allerdings nicht ausgeführt.

[708] Das „Sponton" war eine Art Halbpike, die ihre Funktion als Waffe verloren hatte und lediglich als Kennzeichen ihres Standes von den Offizieren geführt wurde, in erster Linie aber von den Subalternen.

[709] S. dazu Messerschmidt, Werden und Prägung, S. 41.

[710] Reglement vor die Königl. Preußische Infanterie von 1726, S. 531.

[711] Carl Friccius, Geschichte des deutschen, insbesondere des preußischen Kriegsrechts, Berlin 1848, S. 176.

unterordnete, allein für diesen Fall außer Kraft gesetzt. Daher konnte bereits ein Fähnrich von einem General eine Entschuldigung verlangen, obwohl er in der militärischen Hierarchie weit unter ihm stand, wenn er der Ansicht war, im Dienst einen ungerechtfertigten Affront des Generals erlitten zu haben. Verweigerte ihm der General diese Entschuldigung oder eine Erklärung für die Rüge, konnte ihn der Fähnrich zum Duell fordern. In dieser Angelegenheit waren beide „gleichrangige", d. h. gleichwertige Angehörige des Offiziersstandes. Die zuvor zitierte Regelung stellt damit einen Versuch dar, *„den Ehrenstandpunkt mit den Anforderungen des königlichen Dienstes zu harmonisieren"*[712].

Daß das Nebeneinander der beiden Aspekte sehr heikel war, läßt sich nicht zuletzt an den Punkten erkennen, an denen der Versuch des Ausgleichs scheiterte, so z. B. in der Duellproblematik oder den Offiziersdesertionen. Hier läßt sich ablesen, daß der Ehrbegriff, über den der preußische Offizier verfügen sollte, nicht allein aus (adliger) Tradition erwachsen ist, sondern im wesentlichen durch Friedrich Wilhelm I. und Friedrich II. geformt worden ist, die das adlige Verständnis von Ehre instrumentalisierten.[713] Ihnen ging es auf der Basis der adligen Ehre darum, den Offizieren eine Art Dienstethos, eine „Dienstehre" zu vermitteln. Die Adligen sollten den Offiziersdienst nicht nur wegen der damit verbundenen Reputation als „Ehre" ansehen, sie sollten darüber hinaus es als eine Angelegenheit der Ehre betrachten, im Dienst ihre Pflicht und Schuldigkeit so zu erfüllen, wie es die Monarchen wollten. An diesem Punkt wird deutlich, worauf Wohlfeil nachdrücklich hingewiesen hat, daß nämlich die Bevorzugung des Adligen als Offizier, weil dieser vorgeblich über die dafür notwendigen Tugenden verfügte, kein über die Jahrhunderte tradierter Anschluß an das mittelalterliche Rittertum mit seinem spezifischen Ehr- und Treuebegriff darstellte, sondern eine Fiktion war.[714] Nur auf dieser Grundlage, so Wohlfeil, ließ sich der Adel eng an die Person des Monarchen binden und in die militärische Hierarchie mit der strengen Subordination einfügen.[715] Am Dienstverhältnis zwischen Monarch und Offizier läßt sich ebenfalls erkennen, daß die Berufung auf mittelalterliche bzw. überkommene Traditionen die Möglichkeit bot, den Adel an den Dienstherrn zu binden. Diese Brücke zum Adel wurde nämlich über einen *„mißverstandenen vasallitischen Treuebegriff"*[716] geschlagen. Dieses Mißverständnis bezieht sich darauf, daß die Adligen an diesen zum Teil mittelalterlich geprägten Vorstellungen festhielten, die Könige aber etwas anderes unter dieser „Treue" verstanden. Das Dienstverhältnis zwischen König und

---

[712] Messerschmidt, Werden und Prägung, S. 42f..
[713] S. dazu Wohlfeil, Ritter-Söldnerführer-Offizier, S. 344f..
[714] Elias, Die höfische Gesellschaft, S. 320ff. zeigt auf, daß das Anknüpfen an mittelalterliche Vorbilder kein auf Preußen begrenztes Phänomen gewesen ist, sondern sich in Frankreich ähnliches feststellen läßt.
[715] S. Wohlfeil, Ritter-Söldnerführer-Offizier, S. 345.

214

Offizieren hatte nichts mehr mit den Beziehungen zwischen Lehnsherr und Ritter zu tun. Die enge persönliche Bindung des preußischen Offiziers an seinen obersten Kriegsherrn, die vor allem darauf basierte, daß der Offizier gehorchte und seine Beziehung zum Monarchen nicht ständig überprüfte und in Frage stellte, *„war ein Ergebnis seiner Monarchisierung und im wesentlichen ein Produkt der Umbildung des brandenburgisch-preußischen Landadels zu einem militärischen Dienstadel"*[717]. Dies erklärt ebenfalls, warum Friedrich Wilhelm I. und Friedrich II. den Adligen als Offizier bevorzugten, nachdem die Umformung weitgehend gelungen war, und warum sie der Einhaltung der Ehre so großen Wert beimaßen: beides konnte nämlich als Instrument der Disziplinierung eingesetzt werden, und zwar sowohl der des Adels als auch der des Offiziers. Das wird besonders deutlich an den Veränderungen, die es hinsichtlich der Auffassung der Ehre zwischen den beiden Monarchen gab. Hatte Friedrich Wilhelm I., wie aus dem Reglement von 1726 zu entnehmen ist, die Einhaltung der Ehre an die oberste Stelle gesetzt, wurde durch Friedrich II. dem „unbedingten Gehorsam" der Vorrang eingeräumt. Dies wird an einer signifikanten Änderung sichtbar, die das von ihm verfaßte Reglement von 1743 von dem seines Vaters unterscheidet. Im Anhang zu diesem Reglement legte er die uneingeschränkte Einhaltung der Subordination als höchstes Gebot für den preußischen Offizier fest. Was Friedrich darunter verstand, ist aus dem Testament von 1752 zu entnehmen: *„Die militärische Disziplin bringt die Truppen zu blindem Gehorsam. Diese Unterordnung unterwirft den Soldaten dem Offizier, den Offizier dem Kommandeur, den Obersten dem General und sämtliche Generale dem, der die Armee führt* [also ihm dem König und obersten Kriegsherrn, Anm. d. Verf.].*"*[718] Hier ist wiederum zu erkennen, daß die Ehre des preußischen Offiziers, wie sie besonders Friedrich II. auffaßte, keine Wiederbelebung mittelalterlicher Traditionen war, denn „blinder Gehorsam" vertrug sich nicht mit den adlig-ritterlichen Werten und Tugenden, auch wenn sich die Adligen in ihrem Dienstverständnis auf eben diese beriefen.[719]

In einem für die Kadetten und die Eleven der „Académie militaire" verfaßten „Dialog über Moral" wird der rationale und säkularisierte Ehrbegriff Friedrichs sichtbar. Es gehört zum Gedankengut der Aufklärung, daß seiner Ansicht nach „Ehre" in der Vermeidung all dessen bestehe, was den Menschen verächtlich machen kann. Dazu zählt der König Genußsucht, Müßiggang, Albernheit, Unwissenheit, schlechte Aufführung, Feigheit und andere Laster: *„Ehre ist demnach als Vermeidung aller die Tüchtigkeit beeinträchtigenden Fehler und Fehlhaltungen aufzufassen. Sie*

---

716 Wohlfeil, Ritter-Söldnerführer-Offizier, S. 345.
[717] Wohlfeil, Ritter-Söldnerführer-Offizier, S. 346.
[718] Dietrich, Die politischen Testamente, S. 417.
[719] S. dazu Messerschmidt, Werden und Prägung, S. 48 und Wohlfeil, Ritter-Söldnerführer-Offizier, S. 347. Archenholz, Gemälde der preußischen Armee, S. 16 definiert die Subordination als *„blinde Befolgung der Befehle der Obern"* und sieht in ihr *„die Seele des Preußischen Heeres"*.

ist, positiv formuliert, die Herausbildung einer dem Staate nützlichen Haltung und Gesinnung."[720] Unter dieser „Ehre" versteht sich damit eine funktionale, auf den Staat bezogene Tüchtigkeit. Friedrichs spezielle Interpretation von Ehre als „Dienstehre" wird im Testament von 1768 deutlich: *„Was die Offiziere betrifft* [...] *die sich wie ehrenhafte Männer betragen, in allen Dingen, die ihnen übertragen sind, genau sind, vor allem sich nicht beschränken auf die Aufgaben, die man ihnen gibt, sondern weiterstreben und sich im voraus für die Aufgaben qualifizieren, die sie eines Tages übernehmen sollen.*"[721] Daß eine so verstandene Ehre sich nicht mit der traditionellen ständischen Ehrauffassung vereinbaren ließ, sondern auf Disziplinierung zielte, darauf hat Max Weber nachdrücklich hingewiesen. Der Appell an ethische Motive, also an Ehre, sollte erreichen, daß die Offiziere ihren Dienst gewissenhaft und pflichtbewußt erfüllten.[722] Darauf weist auch Gembruch hin, der betont, daß „[...] *weniger an die persönliche Ehre im Sinne einer individuellen Pflicht zur Selbstbestimmung und nur vor dem eigenen Gewissen zu verantwortender Entscheidungen* [appelliert wurde] *als an Normen und Konventionen einer Berufs- und Standesehre, an von Schopenhauer als 'äußere Ehre' qualifizierte Einstellungen und Verhaltensweisen".*[723]

Daß dieser Ehrbegriff auf die absolute Disponibilität der Offiziere zielte, ist an den Fällen zu erkennen, an denen der Anspruch des Königs mit dem Ehrverständnis einiger Offiziere kollidierte, die ihre Gehorsamspflicht nur unter Berufung auf ihre adlig-ritterlichen Werte, wie sie sie verstanden, zu leisten bereit waren.[724] Hier läßt sich feststellen, daß die Beachtung des Ehrenkodexes durch die Offiziere nicht einfach von „oben" verordnet werden konnte. Dies war nicht möglich, weil die Adligen ja nicht erst im Dienst ein Ehrverständnis entwickelten, sondern sie gerade deswegen für die Tätigkeit als Offizier besonders geeignet waren, weil sie es als Angehörige des Adelsstandes bereits mitbrachten. Die beiden Könige hatten die Ehrenhaftigkeit des Offiziers immer wieder betont, ihnen war aber vor allem daran gelegen, den Offizieren ein Dienstethos zu vermitteln. Diese von „oben" verordnete „Dienstehre" traf auf den Widerstand der Adligen, wenn sie mit ihren eigenen Ehranschauungen nicht kongruent war oder diesen sogar widersprach. Auf diesen Umstand weist auch Wolfgang Weber hin.[725] Ihm zufolge konnten die Ehrstandards vom Herrscher, also von „oben" nach „unten", in diesem Fall an die Offiziere, nur weitergegeben

---

sieht in ihr *„die Seele des Preußischen Heeres".*
[720] Messerschmidt, Werden und Prägung, S. 48.
[721] Dietrich, Die politischen Testamente, S. 533.
[722] S. Weber, Wirtschaft und Gesellschaft, S. 682.
[723] Gembruch, Menschenführung im preußischen Heer von Friedrich dem Großen bis 1806, in: Derselbe, Staat und Heer. Ausgewählte historische Studien zum ancien régime, zur Französischen Revolution und zu den Befreiungskriegen, hrsg. von Johannes Kunisch (= Historische Forschungen, Bd. 40) Berlin 1990, S. 169 - 186, hier S. 179.
[724] S. dazu Wohlfeil, Ritter-Söldnerführer-Offizier, S. 347.
[725] S. Weber, Honor, fama, gloria, S. 74.

werden, wenn diese Standards sich an den „unten" bestehenden Vorstellungen orientierten und Akzeptanz dieser Standards auch „oben" demonstriert wurde. Weber folgend bedeutet dies, daß die Ehrstandards auch von „unten" nach „oben" eingefordert werden konnten und ebenfalls inhaltlicher Beeinflussung von „unten" ausgesetzt waren. Die Schlußfolgerung, die er daraus zieht, läßt sich auch an dem unten geschilderten Fall des Oberst v. d. Marwitz ablesen, nämlich, daß *„eine vollständige Monopolisierung der Definitionsmacht über die Ehre 'oben' daher systematisch unmöglich* [erscheint], *was allerdings nicht ausschließt, daß derartige Monopolisierungsversuche stattgefunden haben und entsprechend rekonstruiert werden können.*[726]" Forderte der König daher von den Offizieren etwas, was eindeutig gegen ihre Ehre verstieß, blieb diesen eigentlich keine andere Wahl, als den Befehl des Königs zu verweigern. Der Ehrenkodex, wie ihn die Mehrzahl der Offiziere verstand, machte sie eben nicht zu Instrumenten des monarchischen Willens, denn moralisch verwerfliche bzw. ehrabschneidende Befehle wurden von ihnen nicht widerspruchslos hingenommen.[727] Für die Mehrheit der preußischen Offiziere bestimmte ihr Verständnis von Ehre die Grenzen des Gehorsams, die sie dem Monarchen schuldig waren.

Offensichtlich wird dieser Konflikt zwischen den unterschiedlichen Ehrvorstellungen bei der Plünderung und Zerstörung des Schlosses Charlottenburg in Sachsen im Jahre 1761. Zuerst befahl der König dem General v. Saldern, das Schloß zu zerstören, und versprach ihm dafür eine hohe Belohnung, trotzdem lehnte der General ab: *„Eure Majestät schicken mich, stehenden Fußes den Feind und dessen Batterien anzugreifen, so werde ich herzhaft gehorchen; aber wider Ehre, Eid und Pflicht kann ich nicht, darf ich nicht!*"[728]. Daraufhin gab Friedrich dem Oberst Johann Friedrich Adolf v. d. Marwitz, Kommandeur des Kürassierregiments Nr. 10 „Gens d'armes"[729], den Befehl, diese Aufgabe durchzuführen. Dieser weigerte sich mit den Worten, daß *„sich dies allenfalls für Offiziere eines Freibataillons schicken würde, nicht aber für den Kommandeur von Seiner Majestät Gensdarmes.*"[730] Aus der Reaktion Friedrichs II. ist zu entnehmen, daß er den Ehrbegriff der

---

[726] Ebd..

[727] Vgl. dazu Duffy, Friedrich der Große, S. 474. Diese Haltung hat Prinz Friedrich Karl von Preußen 1860 in einem Essay „Über Entstehung und Entwicklung des preußischen Offiziergeistes, seine Erscheinungen und Wirkungen" beschrieben. Er berichtet von einem Stabsoffizier, der einen Befehl widerspruchslos ausführte und der daraufhin von einem General deswegen kritisiert wurde: *„Herr, dazu hat sie der König zum Stabsoffizier gemacht, daß sie wissen müssen, wann sie n i c h t* [Hervorhebung im Text] *zu gehorchen haben.*", zit. aus: Demeter, Das Deutsche Offizierkorps, S. 236.

[728] Zit. aus: Carl Daniel Küster, Characterzüge des preußischen General-Lieutenants von Saldern, Berlin 1793, S. 42.

[729] Dieses Regiment war von 1713 bis 1740 die einzige Garde zu Pferd. 1740 wurde sie in dieser Funktion vom Kürassierregiment Nr. 13, dem „Garde du Corps", abgelöst, galt aber weiterhin als Eliteeinheit und behielt auch nach 1763 alle Vorrechte einer Gardetruppe, s. Bleckwenn, Die friderizianischen Uniformen, Bd. 3, S. 63.

[730] Theodor Fontane, Wanderungen durch die Mark Brandenburg. Zweiter Teil: Das Oderland, Neudruck der dritten Auflage von 1880, Frankfurt a. M. 1989, S. 241. Diese Antwort von v. d. Marwitz findet sich nur bei Fontane, da dieser aber als intimer Kenner der altpreußischen Adelsfamilien gelten kann und in seinen „Wanderungen" immer wieder

Offiziere nicht teilte: er verlangte „blinden" Gehorsam, und Ehre war für ihn nur insofern nützlich, als sie ein für ihn gewünschtes Dienstverhalten erzeugte. Denn für beide Offiziere blieb ihre Weigerung nicht ohne Konsequenzen: General v. Saldern konnte erst nach einer langen Phase der königlichen Ungnade seine Karriere fortsetzen, und Oberst v. d. Marwitz, der 1756 noch Rittmeister war und im Verlaufe des Krieges bis in den zuvor genannten Rang aufgestiegen ist, wurde nicht mehr befördert, obwohl er bis dahin als Kommandeur das Kürassierregiment sehr erfolgreich geführt hatte; 1768 dimittierte er schließlich.[731] Daß v. d. Marwitz die Bewahrung seiner Ehre über den Befehl des Königs stellte, wird auch an der Inschrift auf seinem Grabstein deutlich: *„Johann Friedrich Adolf. Er sah Friedrichs Heldenzeit und kämpfte mit ihm in allen seinen Kriegen. Wählte Ungnade, wo Gehorsam nicht Ehre brachte."*[732] Bezeichnend ist, daß

Äußerungen wiedergibt und Begebenheiten beschreibt, die an anderen Stellen zu belegen sind, dürfte obigem Zitat ebenfalls eine hohe Verläßlichkeit zukommen. Zum militärischen Aspekt in den „Wanderungen" vgl. Gerhard Friedrich, Fontanes preußische Welt. Armee-Dynastie-Staat, Herford 1988, S. 71 - 110. Mit der Ehrauffassung eines Freikorpsoffiziers hat sich Gotthold Ephraim Lessing in seinem Lustspiel „Minna von Barnhelm oder das Soldatenglück", Stuttgart 1962 befaßt. Seine Bemerkungen sind deshalb so interessant, weil dieses Werk auf unmittelbaren Einsichten in das preußische Offizierkorps basiert, denn Lessing war 1763 Gouvernementssekretär des Generalleutnants v. Tauentzien in Breslau. Hauptfigur seiner „Minna von Barnhelm" ist Major v. Tellheim. Dieser war während des Siebenjährigen Krieges Offizier eines Freiregiments und ist bei Kriegsende entlassen worden. Lessing schildert die Probleme dieser verabschiedeten Offiziere, die ohne Versorgung darauf angewiesen waren, sich zu verschulden. Warum sie nicht versorgt wurden, erklärt Lessing in folgendem Dialog: *„Das Fräulein: Der König kann nicht alle verdiente Männer kennen. Der Wirt: O gewiß, er kennt sie, er kennt sie alle. - Das Fräulein: So kann er sie nicht alle belohnen. Der Wirt: Sie wären alle belohnt, wenn sie darnach gelebt hätten. Aber so lebten die Herren während des Krieges, als ob ewig Krieg bleiben würde; als ob das Dein und Mein ewig aufgehoben sein würde. Jetzt liegen alle Wirtshäuser und Gasthöfe von ihnen voll. ",* ebd. S. 29. Lessing schildert v. Tellheim als einen ehrenhaften Offizier, so läßt er diesen sagen: *„Nichts, als was mit die Ehre befiehlt.",* ebd. S. 73 und *„Die Großen haben sich überzeugt, daß ein Soldat aus Neigung für sie ganz wenig, aus Pflicht nicht viel mehr, aber alles seiner eignen Ehre wegen tut.",* ebd. S. 74. Über den Grund warum v. Tellheim Offizier war, sagt dieser: *„Man muß Soldat sein für sein Land oder aus Liebe zu der Sache, für die gefochten wird. Ohne Absicht heute hier, morgen da zu dienen, heißt wie ein Fleischerknecht reisen, weiter nichts.",* ebd. S. 54. Der von Lessing beschriebene v. Tellheim ist also kein Söldnercharakter. Dazu paßt, daß er am Ende des Stücks einen Brief des Königs erhält, in dem dieser v. Tellheim anbietet, wieder in seine Dienste zu treten, da er nicht gern einen Mann von seiner Bravour und Denkungsart entbehren wolle, s. ebd. S. 91.

[731] Duffy, Friedrich der Große, S. 474 schreibt, daß v. d. Marwitz zum Abschied gezwungen wurde. Dies ergibt sich allerdings nicht aus der Abgangsliste dieses Regiments, dort ist nämlich vermerkt, daß v. d. Marwitz seinen „gesuchten Abschied" erhielt. Fontane, Wanderungen, S. 241 behauptet, daß dieser selbst dreimal um den Abschied gebeten habe, weil der König bei der Beförderung andere Offiziere ihm vorgezogen habe. Letzteres ist allerdings fraglich, denn die beiden Offiziere, die 1761 dem Generalleutnant Nikolaus Andreas v. Katzler als Chef der „Gens d'armes" folgten, nämlich Friedrich Albert v. Schwerin von 1761 bis 1768 und Hans Friedrich v. Krusemarck von 1768 bis 1775, waren den Ranglisten dieses Regiments zufolge nicht nur älter als v. d. Marwitz, sondern verfügten auch über mehr Dienstjahre. Zumindest für dieses Regiment kann nicht die Rede davon sein, daß v. d. Marwitz andere Offiziere vorgezogen worden sind. Ob allerdings bei der Besetzung der Chefstelle bei anderen Regimentern nicht berücksichtigt wurde, ist aus den Regimentslisten nicht zu beantworten. Eine interessante Ergänzung zu den Vorgängen um Johann Friedrich Adolph v. d. Marwitz ist eine Information, die aus dem Eintrag zu entnehmen ist, den Anton Balthasar König in seinem „Biographischen Lexikon aller Helden und Militairpersonen...", Bd. 3, S. 25f. zu diesem gemacht hat. König gibt dort an, daß v. d. Marwitz im Bayerischen Erbfolgekrieg von Friedrich II. zum Generalintendanten und Chef des Feldkriegskommissariats der zweiten Armee mit Generalmajorscharakter ernannt worden ist. Diese Ernennung ist zwar prinzipiell als Ehre und Beweis der königlichen Gnade anzusehen, wenn v. d. Marwitz aber tatsächlich während seiner aktiven Dienstzeit auf eine Beförderung zum Generalmajor und das damit verbundene Regiment gehofft hatte, ist es fraglich, ob dieser die nachträgliche Beförderung wirklich als Ehre betrachtet hat.

[732] Rudolf Augstein, Preußens Friedrich und die Deutschen, Frankfurt a. M. 1968, S. 93.

Friedrich II. die Plünderung des Schlosses Charlottenburg, wie es v. d. Marwitz in seiner Ablehnung formuliert hatte, tatsächlich einem Offizier der Freitruppen übertrug und zwar dem Major „Quintus Icilius".[733] Dieser erfüllte seine Aufgabe zur Zufriedenheit des Königs, da er diesem 100.000 Reichstaler aus der Beute übergab. Quintus Icilius selber durfte ca. 70.000 Reichstaler behalten.[734] Über die Vorgänge bei der Plünderung berichtete der damalige englische Gesandte, Sir Andrew Mitchell, daß dabei Dinge von solcher Gemeinheit geschehen seien, daß er sich dafür schäme, davon zu erzählen. Und weiter schreibt er, *„diejenigen unter Friedrichs Offizieren, die Ehre im Leib haben, betrauern im geheimen, was geschehen ist und was sich noch begeben kann"*[735].

Gerade Plünderungen sind ein gutes Beispiel für die Bandbreite des Ehrbegriffs und dessen problematische Interpretation. Der Fall des Schlosses Charlottenburg ist nämlich nicht der einzige geblieben, in dem Friedrich eine solche Aktion angeordnet hat. So hat er in einem Brief an Feldmarschall Jakob Keith vom 12. Dezember 1757 diesen aufgefordert, Oberstleutnant von Mayr mit einigen seiner Freikompanien auszusenden, um die Landgüter des sächsischen Premierministers Graf v. Brühl zu plündern.[736] Auch an anderen Stellen wird belegt, daß es Ordres gab, bestimmte Orte oder Städte derart zu „behandeln".[737] Allerdings hat Friedrich II. aus Utilitarismus solche Aktionen, die ohne seinen ausdrücklichen Befehl geschahen, strengstens untersagt, weil er fürchtete, daß dies die Disziplin in der Armee hätte gefährden können. Er hat daher den Offizieren, die das Plündern nicht verhinderten oder sich sogar selbst daran beteiligten, angedroht, daß sie dafür keine königliche Milde erwarten könnten.[738] Trotzdem hat es preußische Offiziere gegeben, die sich nicht an diese Anweisungen des Königs gehalten haben. Drastisch schildert dies Carsted, der solches während des Ersten Schlesischen Krieges beobachtet hat.[739] In einem Fall hat eine unerlaubte Plünderung für den verantwortlichen Offizier die Entlassung aus dem Dienst nach sich gezogen.[740] Diese Beispiele weisen auf einen besonderen Aspekt der Ehre hin: diese mußte sich

---

[733] Quintus Icilius wurde 1724 als Carl Teophilus Guichard in Magdeburg geboren und erhielt erst 1759 von Friedrich II. persönlich seinen neuen Namen. Die Wahl dieses Namens resultierte aus einer historischen Streitfrage, die zwischen Friedrich II. und Guichard darüber entstanden war, ob der Centurio der X. Legion, die sich bei Pharsalus ausgezeichnet hatte, „Quintus Cäcilius" oder „Quintus Icilius" geheißen habe. Erstere Version wurde von Friedrich als richtig angesehen. Da sich aber die Ansicht von Guichard als korrekt herausstellte, hat ihn der König seit diesem Tag nur noch „Quintus Icilius" genannt, s. dazu Ernst Lippe-Weissenfeld, Quintus Icilius Seigneur de Wassersuppe, alias Guichard, Neuabdruck eines 1866 erstmals erschienenen Aufsatzes in: ZfH, 1933, S. 488 - 492, hier S. 490.
[734] S. ebd..
[735] Zit. aus: Augstein, Preußens Friedrich, S. 94.
[736] S. Duffy, Friedrich der Große, S. 419.
[737] So u. a. aus den Berichten des Zeitzeugen Carsted, Zwischen Schwert und Pflugschar, S. 46 und 92 zu entnehmen, der die preußische Armee als Feldprediger in den ersten beiden Schlesischen Kriegen begleitete.
[738] So in der Instruktion für Prinz Heinrich vom 11. März 1758 und in der Instruktion für die Generalmajore der Kavallerie vom 16. März 1759 formuliert, s. Friedrich II., Militärische Schriften, S. 549 und 566.
[739] S. Carsted, Zwischen Schwert und Pflugschar, S. 47ff.
[740] S. Carsted, Zwischen Schwert und Pflugschar, S. 120.

nämlich in konkreten Situationen beweisen. Im Fall einer angeordneten Plünderung, wie der des Schlosses Charlottenburg, mußte sich der betreffende Offizier fragen, ob dies mit seiner Ehre vereinbar war. Einige haben dies verneint, andere hatten scheinbar keine Probleme damit. Die unerlaubten Plünderungen wiederum zeigen, daß manche Offiziere einer Gelegenheit nicht haben widerstehen können, sich persönlich zu bereichern. Entweder haben sie dies tun können, weil ihr Verständnis des Ehrenkodexes es zuließ oder sie haben ihn in dieser Situation mit Rücksicht auf den Befehl des Königs bewußt mißachtet. Auch andere Beispiele verdeutlichen, daß dieser Kodex sich an den Realitäten messen mußte. Die Tatsache, daß preußische Offiziere in Schlachten desertiert sind, zeigt, daß der point d'honneur kein automatisches, reflexhaftes Verhalten erzeugen konnte, sondern daß einzelnen Offizieren in der Lebensgefahr der Schlacht das Überleben wichtiger war als die Ehre, die ihr Stand von ihnen verlangte. Ein anderes Verhalten, das nach den Maßstäben des Offiziersstandes ebenfalls wenig ehrenhaft war, legten einige Offiziere an den Tag, die sich in Kriegsgefangenschaft befanden. So berichten v. Prittwitz und v. Hülsen von „Exzessen" und „Zügellosigkeiten", die während dieser Zeit geschehen sind, und an denen sie sich selber beteiligt haben.[741] Beide lassen erkennen, daß dies ihrer Ansicht nach unehrenhaft war und sich eigentlich nicht für einen preußischen Offizier ziemte.[742]

Es ist erkennbar, daß durch „die" Ehre Standards gesetzt wurden, an der sich der Offizier orientieren **sollte**, was eben nicht ausschloß, daß sich der Einzelne nicht immer daran gehalten hat. Ebenfalls wird deutlich, daß es sich in erster Linie nicht um die innere Ehre des Einzelnen handelte, sondern um die „äußere" Ehre des gesamten Offiziersstandes, an der sich der einzelne Offizier orientieren sollte. Für die Einhaltung und Beachtung der „äußeren" Ehre gab es keine detaillierten und endgültig feststehenden Anweisungen, daher gab es bei ihrer konkreten Auslegung ein gewisses Maß an Flexibilität, das dem einzelnen Offizier einen nicht meßbaren Freiraum - man kann dies auch als Unsicherheitsfaktor bezeichnen - bei der Entscheidung überließ, wie er sich in einer bestimmten Situation letztlich verhielt. Der Ehrenkodex wurde als allgemeiner Konsens vorausgesetzt. Dieser Umstand ermöglichte z. B., daß Verhaltensweisen wie das Glücksspiel, Besuch von Prostituierten oder das gelassene Akzeptieren von Arreststrafen etc. unter den Offizieren toleriert wurden. Da (fast) alle Offiziere sich daran beteiligten bzw. davon betroffen waren, bestand Konsens unter den Offizieren, daß die Ehre des Standes davon nicht gravierend berührt wurde. Erst wenn ein einzelner Offizier in den Augen seiner Kameraden gegen den

---

[741] S. v. Prittwitz, „Ich bin ein Preuße...", S. 75f. und v. Hülsen, Unter Friedrich dem Großen, S. 107.
[742] S. dazu mit weiteren Beispielen Lutz Voigtländer, Die preußischen Kriegsgefangenen der Reichsarmee 1760/1763, Duisburg 1995, S. 242 - 250.

allgemeinen Konsens dessen, was als erlaubt angesehen wurde, durch eine besondere Tat oder Äußerung verstoßen hatte, wurde dies als Verletzung des Standeskodexes angesehen. Der Offizier, der sich fragte, ob sein Verhalten mit der Ehre vereinbar war, hatte also dabei nicht nur seine persönliche Ehre zu berücksichtigen, sondern mußte überprüfen, ob dieses mit Ehre seines Standes vereinbar war. Diese besonderen Eigenschaften der Ehre hat v. Berenhorst in seiner Schilderung der Armee nach dem Siebenjährigen Krieg gesehen: *„Bei den Officieren, besonders den Subalternen, fingen an einträgliche Liebschaften Sitte zu werden, benebst Prellereien, Spielen, Besuchungen der Bäder zu diesem Erwerb, auch Das* [sic!]*, was man auf der Wurst herumreisen - nämlich dem benachbarten Landadel auf seinen Sitzen zuzusprechen - nennt. Zwar hatten die Suveraine* [sic!]*Ideen vom* **Point d'honneur** [Hervorhebung im Text]*, zu Deutsch, Ehrenpunct, aus Frankreich holen und verpflanzen lassen; weil aber die Ehre* [....] *dem Rauche gleich, keine festen Umrisse darbietet, so lernten sich diese Ideen mit jenen Erwerbsmitteln so ziemlich vertragen.“*[743]

Die Formung „des" Offiziers

Einige der Tugenden, über die die Adligen gemäß den ständischen Autostereotypen verfügen sollten, paßten zu den Anforderungen, die an einen Offizier gestellt wurden.[744] Für den Dienstherrn war ein Adliger nicht nur aus diesem Grund ein geeigneter Offizierskandidat, sondern auch deswegen, weil dieser ständig bestrebt sein mußte, den von ihm erwarteten Tugenden gerecht zu werden. Mit anderen Worten: Ein adliger Offizier mußte sich bemühen, ein guter Offizier zu sein, weil es von ihm als Offizier verlangt und von ihm als Angehöriger eines hervorgehobenen Standes erwartet wurde. Ein bürgerlicher Offizier konnte sich zwar ebenfalls darum bemühen, Tugenden gerecht zu werden, wie sie für einen adligen Offizier galten, aber von seinem sozialen Stand ging kein vergleichbarer Druck auf sein Verhalten aus. Und zwar deswegen, weil das Bürgertum über einen weniger geschlossenen und stärker differenzierten Kodex verfügte, der das Verhalten des einzelnen Standesmitglieder nicht derart prägte, wie der des Adels.

Bei einem Adligen war es daher am wahrscheinlichsten, daß er bestimmte Eigenschaften für den Dienst mitbrachte. Diese sind in dem Leitbild des preußischen Offiziers zu erkennen, das Friedrich Wilhelm in einem Nachruf (1717) auf seinen Generaladjutanten Oberst August v. Koeppen beschrieben hat: *„Königlich Preußische Offiziers* [...] *müssen sich 'absolutement' folgender*

---

[743] Von Berenhorst, Betrachtungen, S. 155.

[744] Sehr fraglich ist allerdings, ob die Adligen bereits aufgrund ihrer Standeszugehörigkeit über die Eigenschaften verfügten, die von einem Offizier verlangt wurden, wie es Jany, Geschichte der Preußischen Armee, Bd. 1, S. 725 und Apel, Der Werdegang, S. 20 formulieren.

Qualitäten befleißigen: 1. der Gottesfurcht, 2. der Klugheit. 3. der Herzhaftigkeit und Courage, 4. der Verachtung des Todes und der Gefahr, 5. der Nüchternheit, 6. der Wachsamkeit, 7. der Geduld, 8. des innerlichen Vergnügens und der Zufriedenheit mit sich selber [...], 9. der unveränderlichen Treue gegen ihren Herrn, 10. des vollkommenen Gehorsams, 11. des Respekts gegen die Vorgesetzten, 12. der Aufmerksamkeit, 13. der Feindschaft und des Hasses gegen die Weichheit und die schnöden Lüste, 14. der Begierde, Ehr und Ruhm zu erlangen, 15. kein Räsonneur zu sein, 16. ihre Dienste und Schuldigkeiten ohne Fehler zu verrichten, 17. Wissenschaft [in diesem Zusammenhang als Fachkenntnisse zu interpretieren, Anm. d. Verf.] *zu besitzen oder sich bestreben, diese zu erlangen, 18. ein gutes Naturell zu haben.*"[745] Allerdings werden an dieser Schilderung die unterschiedlichen Auffassungen deutlich, die Friedrich Wilhelm I. und Friedrich II. von den Offizieren hatten. So hatte z. B. für den „aufgeklärten" Friedrich die Religion nicht mehr die Bedeutung wie für seinen religiösen Vater[746]. Daher hätte er die „Gottesfurcht" auf keinen Fall an die erste Stelle der Eigenschaften gesetzt, über die ein Offizier verfügen sollte.

Um Friedrich Wilhelms Vorstellung von einem „idealen" Offizier zu verwirklichen, wurden einige der Tugenden, wie sie der „honnête homme" verkörperte, in den für den Offizier geeigneten Wesenszügen neu belebt und in Verbindung gebracht mit den Ansprüchen an den „Funktionär" des militärischen Alltagslebens.[747] Allerdings gerieten auch bestimmte Eigenschaften des „honnête homme" in Mißkredit, denn der Offizier, wie ihn Friedrich Wilhelm wollte, war nicht mehr der Adlige, der sich durch Kavaliersreisen ins Ausland gebildet und in fremden Diensten Kriegserfahrungen gesammelt hatte. Ein Offizier sollte ausschließlich in preußischen Diensten groß werden. Die Anforderungen dieses Dienstes mußte er beherrschen und seine Pflichten ordnungsgemäß und mit „Ambition" erfüllen.[748] Friedrich Wilhelm I. hatte im Reglement von 1726 geschrieben, daß viele der Subalternoffiziere bei der Erfüllung ihrer dienstlichen Pflichten nachlässig seien und diese nur in Gegenwart eines Vorgesetzen ordnungsgemäß erbrächten. Der König forderte daher seine Kommandeure auf, ihre Untergebenen scharf zu kontrollieren und, wenn diese ihre Nachlässigkeiten nicht beendeten, ihm zu melden: „*Zumahlen derjenige Officier, welcher sein* Devoir [= Hervorhebung im Text] *nicht aus eigener* Ambition [dito] *thut, sondern zu seinem Dienst angehalten werden muß, nicht meritiret* Officier [dito] *zu seyn.*"[749] Friedrich II. hat diesen

---

[745] Zit. aus: Hinrichs, König von Preußen, S. 62f..

[746] Vg. dazu Hinrichs, Preußen als historisches Problem, S. 24, 30f., 32 und Derselbe, König von Preußen, S. 44f., 53f. sowie Hartung, König Friedrich Wilhelm I., S. 127f..

[747] Messerschmidt, Werden und Prägung, S. 35.

[748] S. Messerschmidt, Werden und Prägung, S. 43.

[749] Reglement vor die Königl. Preußische Infanterie von 1726, S. 220.

Artikel wörtlich in die Reglements von 1743 übernommen.[750] Der Begriff der „Ambition" hat mehrere Aspekte, was u. a. an der Instruktion Friedrichs II. an seine Kommandeure der Infanterieregimenter von 1763 deutlich wird. Dort fordert der König u. a., daß *„diejenigen aber, so am meisten Verstand und Ambition besitzen, die sie dringet, sich von ihrem Métier besser als andere zu acquittieren, deren Conduite gut und vernünftig ist, die keine Faulheit und Schläfrigkeit spüren lassen, sondern sich mit Lust zu allen Stücken ihres Métier appliciren, solche müssen nicht allein [...] alles [was] zum kleinen Dienst gehöret, so gut wie die andern thun, sondern sich auch noch mehr auf die Fortification, Geographie, Sprachen, Kenntniß der Länder und deren Beschaffenheit und anderer einem General nöthigen Wissenschaften befleißigen."*[751] Was Friedrich II. unter Ambition verstand, hat Messerschmidt sehr präzise und prägnant herausgearbeitet.[752] Er betont, daß die Ambition, die im Zentrum der unablässigen Erziehungs- und Formungsarbeit des Königs am Offizierkorps stand, einen ambivalenten Charakter hatte: einerseits wird dadurch die berufliche Tüchtigkeit, das Streben nach Verbesserung der Fachkenntnisse und der Ehrgeiz zu avancieren erfaßt, andererseits beinhaltet dieser Begriff auch Loyalität, Standfestigkeit und Contenance.

Messerschmidt zufolge war damit der Ambitionsbegriff weit genug, um die Forderungen der strengsten Subordination in sich aufzunehmen. Dieser Hinweise ist insoweit von großer Bedeutung, weil einer der wesentlichen Unterschiede zwischen Friedrich Wilhelm I. und Friedrich II. darin bestand, daß letzterer die Einhaltung der Subordination zum obersten Gebot macht, was deutlich aus dem Anhang „Ordre zu Erhaltung der Subordination bey der Armee" zum Reglement von 1743 herauszulesen ist.

Die Forderung nach Ambition beinhaltet einen wesentlichen Gesichtspunkt und zwar den der Erfüllung von Pflicht und Schuldigkeit im Dienst. Allerdings sollte der Offizier diese Pflichten „ambitioniert" erfüllen, d. h. sich eifrig und gewissenhaft seinen Aufgaben widmen, um im Sinne des Monarchen ein guter Offizier zu sein. Die Ambition, d. h. die Bereitschaft, „Leistung" zu erbringen, war eine der wesentlichen Voraussetzungen für den preußischen Offizier. Allerdings ist hier unter „Leistung" nicht das Überflügeln von Offizierskameraden durch hervorragende Taten gemeint. Die dienstlichen Anforderungen, die an den Offizier gestellt wurden, sind von Friedrich Wilhelm I. erheblich gesteigert worden. Bereits durch die Oranische Heeresreform waren die Ansprüche an den Offizier in Bezug auf die Erfüllung der täglichen Dienstroutine und der

[750] S. Reglement für die Königl. Preußische Infanterie von 1743, Bd. 1, S. 184f..
[751] Zit. aus: Meier-Welcker, Offiziere im Bild, S. 151.
[752] S. zu den folgenden Ausführungen, Messerschmidt, Werden und Prägung, S. 49.

militärischen Kleinarbeit gestiegen. Aber diese Offiziere entsprachen noch nicht den Vorstellungen, die Friedrich Wilhelm von ihnen hatte.[753] Er verlangte einen Offizier, der den Dienst als seine eigentliche und wichtigste Tätigkeit auffaßte. Dazu gehörte nicht nur, daß der Offizier, wenn er Kompaniechef war, die ökonomische Verantwortung für seine Einheit mit allen Konsequenzen zu tragen hatte, sondern daß er sich dem alltäglichen Exerzierdienst widmete. Das hieß, daß er mit seinen Soldaten immer wieder üben mußte, damit die geforderten Fertigkeiten beim Exerzieren, Chargieren, Manövrieren, dem Feuern usw. erreicht wurden. Um den Ausbildungserfolg zu gewährleisten, mußte der Offizier diese Übungen selber überwachen, er mußte kommandieren, korrigieren und, falls notwendig, bestrafen. Sehr treffend hat dies Messerschmidt zusammengefaßt: „Sie [die Offiziere] waren zu Handhabern des exakten Alltagsdienstes geworden. Der Dienst war anders geworden, anstrengender, monotoner, das Leben des Offiziers wurde zum funktionellen Ablauf in der Kompanie, im Regiment, in der Armee."[754] Dies ist besonders deutlich am Reglement für die Preußische Infanterie von 1726 abzulesen, das eigentlich eine Dienstanweisung war. Es enthielt eine Vielzahl von Vorschriften für den täglichen Dienst, für das Exerzieren, für den Dienst im Feld usw., deren Beachtung der König seinen Offizieren einschärfte und jedem androhte, daß er ihn entlassen werde, sollte er sich nicht an das Reglement halten.[755] Um die Umsetzung der Anweisungen zu gewährleisten, bekam jeder Offizier ein Exemplar des Reglements ausgehändigt.[756] Mit diesem detaillierten Pflichtenkatalog, der den preußischen Offizieren auferlegt wurde, verfolgte Friedrich Wilhelm ein weiteres Ziel. Er wollte dadurch Offiziere heranbilden, die sich auch in der Dienstauffassung von ihren Vorgängern deutlich abhoben.[757] Auch hier waren die Grundlagen dafür bereits durch die Oranische Heeresreform gelegt worden, aber durch Friedrich Wilhelm sind die Ansprüche noch weiter hochgeschraubt worden. Vor allem verstärkte er die Kontrolle der Offiziere bei der Umsetzung seiner Forderungen in Bezug auf die Einhaltung der

---

[753] S. dazu Messerschmidt, Werden und Prägung, S. 35f.

[754] Messerschmidt, Werden und Prägung, S. 37.

[755] S. Reglement vor die Königl. Preußische Infanterie von 1726, S. 641. In der grundlegenden Bedeutung der Reglements waren sich Friedrich Wilhelm I. und Friedrich II. einig. Dieser hat über das von ihm verfaßte Reglement von 1743 in seinen General-Principia vom Kriege gesagt: „[...] welches eigentlich der Catechismus Meiner Officiers ist [...]", Otto Bardong (Hrsg.), Friedrich der Große (= Ausgewählte Quellen zur deutschen Geschichte der Neuzeit Freiherr vom Stein-Gedächtnisausgabe, Bd. 22), Darmstadt 1982, S. 265.

[756] In der österreichischen Armee wurde erst 1749 ein Exerzierreglement für die gesamte Infanterie eingeführt. Diesem hafteten zwar noch gewisse Mängel an, aber immerhin bildete es eine Basis, auf der der tägliche Dienstbetrieb und die Feldausbildung vereinheitlicht werden konnten, s. dazu Duffy, The Army of Maria Theresia, S. 76f. und Fiedler, Kriegswesen und Kriegsführung, S. 75. Im Jahre 1765 erschien ein Dienst- und Exerzierreglement für die gesamte Kavallerie und 1769 ein weiteres für die Infanterie. Diese folgten dem preußischen Vorbild und enthielten Vorschriften, die den gesamten Truppendienstbetrieb reglementierten. Außerdem waren die Erfahrungen aus dem Siebenjährigen Krieg in diese Reglements eingeflossen, s. dazu Duffy, The Army of Maria Theresia, S. 78 - 81 und Fiedler, Kriegswesen und Kriegsführung, S. 88.

[757] S. Messerschmidt, Werden und Prägung, S. 36.

Vorschriften und die Dienstführung. Um letzteres zu erreichen, hatte er u. a. im Reglement von 1726 seinen Regimentschefs befohlen, ihm jährlich Conduitelisten zuzusenden, in denen sie über ihre Offiziere berichten mußten.[758] Auch bei der Besichtigung der Regimenter achtete der König darauf, ob seine Anweisungen genauestens befolgt wurden.[759] Aus der strengen Dienstaufsicht des Königs und dem Reglement von 1726 spricht ein Moment, dessen Vorhandensein bereits in anderen Bereichen festgestellt worden war. Hierbei handelt es sich um die Disziplinierung. Denn nicht zuletzt die Formung der Offiziere, ihre Gewöhnung an die Erfüllung ihrer dienstlichen Pflichten, ihre Unter- und Einordnung in die militärische Hierarchie sollten durch unterschiedliche Maßnahmen erreicht werden. Besonders deutlich läßt sich der disziplinierende Zugriff an den Conduitelisten erkennen, durch die der König nicht nur die dienstlichen Leistungen der Offiziere kontrollierte, sondern auch den „Lebenswandel" dieser Männer.

Das Reglement bewirkte eine Vereinheitlichung des Dienstes und der Ausbildung und es förderte eine gewisse Geschlossenheit, da es für alle Offiziere vom Fähnrich bis zum Generalfeldmarschall galt. Die Entstehung des „esprit des corps" und die Formung der Regimentsoffizierkorps dürften nicht zuletzt darauf zurückzuführen sein, daß die Offiziere durch die Erfordernisse ihres alltäglichen Dienstes räumlich und innerlich an ihre Einheit gebunden wurden und sie eine Tätigkeit ausübten, die ihre Begründung in der Funktion an sich fand und nicht mehr im adligen Selbstverständnis vom militärisch erfahrenen Kavalier. Ein äußerlicher Faktor der zu der Homogenisierung der Regimentsoffizierkorps und der Formung des „esprit des corps" beitrug, war die Vereinheitlichung der Uniformen.[760] Zur Zeit Friedrichs III. (I.) waren diese noch sehr

---

[758] S. Reglement vor die Königl. Preußische Infanterie von 1726, S. 561.

[759] Daß Friedrich Wilhelm I. die Leistung seiner Offiziere sehr genau kontrollierte, beweist sein Schreiben an den Oberst Siegmund Rudolf v. Waldow, den er 1731 zum Chef des Infanterieregiments Nr. 9 in Hamm gemacht hatte: „Ich habe Eure ehemalige Compagnie bey dem Printz Heinrichsen Regiment (RzF. Nr. 12) gesehen und gefunden, daß solche die allerschlechteste von dem gantzen Regiment ist, bey welcher wenig oder gar nichts angeworben. [...] Woferne Ihr nun Euere itzige Compagnie und das gantze Regiment mir dereinst nicht eben in dem Stande und Guße in allen Gliedern [...] dergestalt weisen werdet, als ich es anno 1730 zu Lippstadt gesehen, so werde ich euch gewiß so Regiment als Compagnie nehmen, denn ihr beydes nicht verschlimmern, sondern verbeßern müßet". Zit. aus: Kloosterhuis, Bauern, Bürger und Soldaten, S. 48f..

[760] In dieser Hinsicht unterschied sich der österreichische Offizier deutlich von seinem preußischen Pendant. So war z. B. die Uniform des österreichischen Offiziers fast identisch mit der des einfachen Soldaten. Es gab zwar bestimmte Merkmale, an denen diese Offiziere zu erkennen waren, so an der um den Bauch gewundenen schwarz-gelben Feldbinde, aber in der äußeren Erscheinung traten die Österreicher sehr viel individueller auf als die Preußen. Das ging so weit, daß ein österreichischer Offizier auf den ersten Blick nicht immer als solcher zu erkennen war. Von Lemcke, Kriegs- und Friedensbilder, S. 31, der während seiner Gefangenschaft in einem österreichischen „Lazarett" lag, berichtet zu diesem Aspekt: „Die österreichischen Offiziers besuchten uns fleißig. Unter anderen kam einmal der Fürst Kinsky [?General Franz Ulrich Graf Kinsky] herauf, welcher einen blauen Rock mit kleinen silbernen Schnüren an hatte und welchen ich für einen Regimentsfeldscher hielt und ihn sehr bat, er sollte doch einmal nach meiner Blessur sehen [...]." Ein französischer Beobachter hat ebenfalls darauf hingewiesen, daß sich der österreichische und der preußische Offizier hinsichtlich ihrer Uniform und ihrer Haltung ganz wesentlich unterschieden, s. Duffy, The Army of Maria Theresa, S. 36. Zu den Uniformen der Österreicher vgl. Duffy, The Army of Maria Theresa, S. 36f., Thümmler, Die Österreichische

unterschiedlich, sodaß diese eigentlich im Sinne des Wortes nicht als „Uniformen" bezeichnet werden können.[761] Unter Friedrich Wilhelm I. trugen alle preußische Offiziere eine einheitliche Montur ohne Rangabzeichen. Der Offiziersrang war außerdem an der schwarz-silbernen Feldbinde und dem metallenen Ringkragen zu erkennen. Die Gleichheit brachte zum Ausdruck, daß alle Offiziere Angehörige ein und derselben Militärelite waren. An der Montur war allerdings sichtbar, zu welchem Regiment ein Offizier gehörte, da jede der Einheiten unterschiedliche Farben, Paspelierungen, Aufschläge etc. hatte.[762] Diese Unterschiede in den Uniformen förderten den Zusammenhalt in den Regimentern.

Auch die soziale Herkunft aus dem Adel, die für die Mehrzahl der Offiziere zutraf, was obige Tabelle mit der Auswertung des Gesamtanteils Bürgerlicher belegt, hat die Entwicklung der relativ homogenen preußischen Regimentsoffizierkorps begünstigt. Die Entstehung des Korpsgeistes und das Bewußtsein, einem besonderen Stand anzugehören, wurden durch weitere Maßnahmen des Königs gefördert. So wurde den Regimentschefs die Zuständigkeit über die Offiziere seines Regiments in kriegsgerichtlichen Angelegenheiten genommen und dem Generalauditeur übertragen.[763] Damit wurde eine intermediäre Gewalt ausgeschaltet und alle Offiziere auch in diesem Bereich unmittelbar an die Person des Monarchen gebunden. In gewissem Sinne stellte es eine Privilegierung dar, daß seit 1728 alle Prozesse gegen Offiziere in Berlin stattfanden und sich der König vorbehielt, den Präses zu bestimmen.[764] Die Aufwertung des Offizierstandes wird besonders deutlich darin, daß Friedrich Wilhelm das Rangreglement seines Vaters, in dem noch die „Zivilisten" die höchsten Positionen einnahmen, änderte und diese Ränge den Offizieren zuwies.[765]

Armee, S. 22ff. und Bleckwenn, Die Regimenter der Kaiserin, in: Maria Theresia. Beiträge zur Geschichte des Heerwesens ihrer Zeit (= Schriften des Heeresgeschichtlichen Museums in Wien, Bd. 3), Graz, Köln, Wien 1967, S. 25 - 53.

[761] S. dazu Bleckwenn, Unter dem Preußen-Adler, S. 42f.. Ein Beleg für den Einfluß, den Friedrich Wilhelm bereits als Kronprinz hatte, ist die Tatsache, daß er 1706 anläßlich der Neueinkleidung des Infanterieregiments Alt-Dohna (Nr. 16) durchsetzen konnte, daß dieses eine Montur erhielt, die der seines Regiments entsprach. Dies war der erste Schritt auf dem Weg zur Vereinheitlichung der preußischen Uniformen. Siehe dazu Hinrichs, König in Preußen, S. 287.

[762] S. dazu Bleckwenn, Unter dem Preußen-Adler, S. 100ff..

[763] S. Messerschmidt, Werden und Prägung, S. 39 und Jany, Geschichte der Preußischen Armee, Bd. 1, S. 731.

[764] S. Jany, Geschichte der Preußischen Armee, Bd. 1, S. 731. Er nennt an dieser Stelle auch die Strafen, die gegen Offiziere verhängt wurden: Verlust des Traktaments für eine bestimmte Zeit, Festungsarrest, Kassation, infame Kassation unter Zerbrechung des Degens, Degradierung oder Todesstrafe in den Abstufungen: „Arquebusieren" (Erschießen), „Dekollieren" (Enthauptung), Aufhängen.

[765] S. dazu Hinrichs, Der Regierungsantritt, S. 109.

Adlige und Bürgerliche als Offiziere: Standesvorzug gegen funktionelle Überlegungen

In den ersten beiden Schlesischen Kriegen bewies der (adlige) Offizier seine Funktionstauglichkeit, was sich aus einer Bemerkung des Königs in seinem Politischen Testament von 1752 entnehmen läßt: *„Ein Gegenstand der Politik des Herrschers ist in diesem Staat, seinen Adel zu erhalten; denn welcher Wandel sich auch ereignen mag, so könnte er vielleicht einen reicheren, aber niemals einen tapfereren und treueren haben."*[766] Dies brachte ihn zu der Erkenntnis, daß er einen zahlreichen Adel benötigte, der als Offizier in der Armee diente.[767] Auf diesen Umstand ist es möglicherweise zurückzuführen, daß zwischen 1740 und 1756 der Anteil der Bürgerlichen am Offizierkorps mit 6 bis 7 % der niedrigste des gesamten Untersuchungszeitraumes war. Trotzdem gab es weiterhin bürgerliche Offiziere in der Armee, was darauf zurückzuführen ist, daß Friedrich wie sein Vater militärfachliche Überlegungen nicht ganz außer acht ließ. So hat er immer wieder bewährte bürgerliche Unteroffiziere zu Offizieren befördert. Noch als Kronprinz z. B. bat Friedrich im Jahre 1739 seinen Vater, *„den Feldtwebel Schilling [...] welcher mihr die größten und besten Recruhten bei dem Regiment geworben hat [...] ihn zum Leutnant zu machen [...] Und wegen des anderen officirers wolte Meinen allergnädigsten Vater den Unterofifier* [sic!] *Wictor vohrgeschlagen haben [...] ."*[768] An anderer Stelle hat Friedrich II. formuliert, warum er altgediente Unteroffiziere zu Offizieren machte. Er wollte nämlich Leute mit Kriegserfahrung in den Reihen der Subalternoffiziere haben und nicht nur junge und unerfahrene Leutnante.[769] Daß ihm in bestimmten Fällen die Felderfahrung wichtiger war als das Adelsprädikat, wird auch daran deutlich, daß er in dem Reglement für die Husaren von oben genannter Regelung abwich: *„Wann bey einem Regiment Officiers abgehen, so soll der Obriste oder Commandeur von dem Regiment die guten Unter-Officiers, welche sich am meisten zum Dienst appliciren und es meritiren, ohne Unterscheid* [sic!] *ihres Standes unpartheyisch nach dem Alter ihres Dienst, Se. Königl. Majestät zu Officiers vorschlagen."*[770] Mit dieser Vorschrift waren die Husaren allerdings die Ausnahme in der Armee, denn ansonsten wollte Friedrich II. die Beförderung von (bürgerlichen) Unteroffizieren als Ausnahme verstanden sehen.[771]

Nach dem Siebenjährigen Krieg änderte sich die Einstellung des Königs gegenüber den bürgerlichen Offizieren. Diese Veränderung ist auch deswegen hervorzuheben, weil Friedrich im

---

[766] Dietrich, Die politischen Testamente, S. 311.
[767] S. Dietrich, Die politischen Testamente, S. 265.
[768] Zit. aus: Schnackenburg, Über die Beförderung, S. 555.
[769] S. dazu Jany, Geschichte der preußischen Armee, Bd. 2, S. 220.
[770] Reglement für die Königl. Preuß. Husaren-Regimenter von 1743, Bd. 2, S. 305.
[771] S. dazu Jany, Geschichte der preußischen Armee, Bd. 2, S. 221.

Jahre 1762 eine eingeschränkte Erlaubnis zum Verkauf von Adelsgütern an Bürger gegeben hat, was er vor und nach dem Krieg nicht mehr zulassen wollte. Es ist aber nicht so sehr der Verkauf von überschuldeten und ruinierten Adelsgütern an Bürgerliche, der hier bemerkenswert ist, sondern folgende Bedingung: „[...] *und sich dabey engagiren, - welches Ich zur expressen Condition setze - dass sie wenigstens Einen von ihren Söhnen sodann zum Militairstande widmen und hergeben und solchen dergestalt erziehen müssen, dass derselbe bey der armée dienen und bey einer guten und anständigen conduite als officier mit employret werden könne.*"[772] Damit hatte Friedrich selber den Weg für befähigte Bürgerliche in den Offiziersstand frei gemacht. Das heißt ebenfalls, daß ein Grund für den Anstieg des bürgerlichen Anteils nach 1763 möglicherweise in dieser Ordre zu suchen ist, die ihre Wirkung erst in der Nachkriegszeit entfaltet hat. Der Wandel in der Haltung des Königs gegenüber den Bürgerlichen nach dem Krieg ist daher in erster Linie nicht darauf zurückzuführen, daß Friedrich II. sie prinzipiell für den Offiziersdienst ungeeignet hielt. Dies hat er in der Ordre bestätigt. Ausschlaggebend waren vielmehr die sozialen Gesichtspunkte. Bereits Friedrich Wilhelm I. hatte vor allem aus gesellschaftspolitischen Gründen sein Offizierkorps vornehmlich aus Adligen formen wollen. Unter Friedrich II. verlagerten sich aber die Schwerpunkte. Dem bedrängten Adel sollten die Offiziersstellen reserviert werden, weil dieser sie aus Versorgungsgründen existentiell benötigte. Aus diesem Grund hat Friedrich nach dem Krieg versucht, den sozialen Aufstieg des Bürgertums zu begrenzen, um den Adel, den er für unverzichtbar hielt, zu stützen. Warum der König auf ihn setzte, wird aus dem folgenden Zitat deutlich: „*Es ist nötiger, als man glaubt, die Aufmerksamkeit auf die Wahl der Offiziere zu wenden, weil der Adel gewöhnlich Ehre hat. Man kann indes nicht leugnen, daß man bisweilen auch bei Leuten ohne Geburt Verdienst und Talent findet; aber das ist selten und in diesem Fall tut man gut, sie zu behalten. Aber im allgemeinen bleibt dem Adel keine andere Zuflucht, als sich durch den Degen auszuzeichnen. Verliert er seine Ehre, so findet er selbst im väterlichen Hause keine Zuflucht, statt daß ein* roturier [= Nichtadliger]*, wenn er Gemeinheiten begangen, ohne Erröten das Gewerbe seines Vaters wieder ergreift und sich dabei nicht weiter entehrt glaubt.*"[773] Mit anderen Worten: Friedrich sieht einen untrennbaren Zusammenhang zwischen der „Ehre" und dem Adelsstand, weil deren Beachtung dem Adligen als (standesgemäße) Tätigkeit fast ausschließlich den Militärdienst offenließ, während ein Bürgerlicher zwar auch Ehre haben konnte, aber andere Betätigungsmöglichkeiten besaß, die für einen Bürger standesgemäß waren. Interessanterweise widersprechen die Zahlen in dieser Hinsicht Friedrich, denn es hat sich ergeben, daß der Anteil

---

[772] Bardong, Friedrich der Große, S. 414.

228

derjenigen bürgerlichen Offiziere, die unehrenhaft die Armee verlassen haben, niedriger lag als der Anteil der adligen Offiziere, die nach Friedrichs Ansicht angeblich keine andere Wahl hatten, als Heeresdienst zu nehmen.

Seine Haltung gegenüber Bürgerlichen ist ebenfalls aus der Instruktion für die Kommandeure der Infanterieregimenter vom 11. Mai 1763 deutlich herauszulesen. In dieser forderte er, *„den Officieren muß nicht gestattet werden mit gemeinen Leuten und Bürgern umzugehen, sondern sie müssen ihren Umgang immer mit höheren Officieren und ihren Cameraden, so sich gut conduisiren und Ambition besitzen, haben."*[774] Im folgenden Satz drohte Friedrich den Offizieren, die weiterhin Umgang mit Bürgerlichen pflegten, sie aus dem Dienst zu entlassen.[775] Der König befürchtete offensichtlich nicht nur, daß der Umgang mit wohlhabenden Bürgern den Offizieren die eigenen bescheidenen Verhältnisse vor Augen führen und unter ihnen Unzufriedenheit darüber auslösen könnte, sondern auch, daß diese sich an bürgerliche Tugenden anpaßten, die er hier als Gefährdung von Offizierstugenden stilisiert. Nach den Opfern, die der Siebenjährige Krieg dem preußischen Offizierkorps abverlangt hatte, wollte der König zum Neuaufbau des Korps wieder die Söhne des heimischen Adels heranziehen. Ein großer Teil des Adels war nicht sehr vermögend, was ja auch ein Grund dafür war, daß er seine Söhne zur Existenzsicherung in die Armee gab.[776] Diese relative Armut qualifizierte den Adel nach Ansicht des Königs besonders für den Armeedienst, weil er glaubte, daß dieser seine Söhne aus wirtschaftlichen Gründen in den Offiziersdienst geben mußte und sich als Ausgleich für die geringe Bezahlung (zumindest als Subalternoffizier) mit der Ehre und dem Ansehen zufrieden geben werde, die mit dem Dienst als preußischer Offizier verbunden waren. Aus diesem Grund stand der König auch den wohlhabenden Adligen skeptisch gegenüber, denn er nahm an, daß diese nicht die gleiche Ambition, d. h. die Bereitschaft im Dienst ihre Pflicht und Schuldigkeit zu erbringen, für den Offiziersdienst mitbrächten.[777] Wenn sich aber der Adel am Beispiel von Teilen des aufstrebenden Bürgertums orientiert hätte, d. h. an dem finanziellen bzw. materiellen Erfolg und der gesellschaftlichen Anerkennung, wie er z. B. von einigen Kaufleuten und Unternehmern erreicht wurde, und andere Erwerbsmöglichkeiten in bürgerlichen Berufen dem Offiziersdienst vorgezogen hätte, wäre der Armee möglicherweise nicht genügend Offiziersnachwuchs zugekommen. Aber auch die Orientierung an anderen bürgerlichen Idealen, die eine Ersetzung der auf dem Geburtsprivileg bestehenden ständischen Gesellschaftsordnung durch

---

[773] Zit. aus: Apel, Der Werdegang, S. 20f..
[774] Zit. aus: Meier-Welcker, Offiziere im Bild, S. 150.
[775] S. ebd..
[776] Vgl. dazu Messerschmidt, Werden und Prägung, S. 44.
[777] S. Messerschmidt, Werden und Prägung, S. 45.

versachlichte Prinzipien, wie z. B. die Leistungs- und Bildungsmaxime, (langfristig) zur Folge gehabt hätten, wäre letztlich auf das Offizierkorps zurückgefallen. Denn eine Ablösung der bis dahin eingesetzten Auswahlkriterien hätte bedeutet, daß „Qualifikation", die sich grundsätzlich jeder entsprechend seinen Fähigkeiten durch Bildung aneignen konnte, und „Geld", das ebenfalls prinzipiell jeder sich verdienen konnte, und das spezifische Ehrverständnis, das eben nicht jeder erwerben konnte, als Normen gesellschaftlicher Steuerung ersetzt hätten.[778] Wenn aber nicht mehr die „Ehre" bzw. deren spezielle Interpretation maßgeblich war, konnte die alte ständische Ordnung, die sich, wie Max Weber festgestellt hat[779], vor allem auf der „Ehre" gründete, ins Wanken geraten. Eine Orientierung an diesen „neuen" Werten hätte damit bedeutet, daß auch das System, auf dem der preußische Staat und seine Armee fußten, existentiell bedroht gewesen wäre. Friedrich II. ging es aber um den Erhalt des Status quo. Das heißt, daß die Verpflichtung des Adels auf den Offiziersdienst und die Betonung der adligen Tugenden, die in dem spezifischen Ehrenkodex faßbar sind, eine gesellschaftspolitische Notwendigkeit waren, um die tradierte Ordnung zu stabilisieren. Es waren daher keine militärfachlichen Überlegungen, auf denen die ablehnende Haltung des Königs den Bürgerlichen gründete, sondern es waren prinzipielle, auf das Sozialsystem bezogene Gründe.

An den Einstellungen und den Maßnahmen Friedrichs II. den bürgerlichen Offizieren gegenüber läßt sich ein gewisser Widerspruch feststellen. Dieser besteht darin, daß der König Bürgerliche grundsätzlich als wenig geeignet für den Offiziersdienst ansah, andererseits aber anerkannte, daß es unter diesen doch manchen Befähigten gab. So schrieb Friedrich in einer Kabinettsordre vom 14. Juli 1766 über die Versetzung einiger Offiziere von verschiedenen Feldregimentern zu schlesischen Garnisonregimentern: „[...] *da Ich gegen diese Officiers sonst garnichts zu sagen hätte* [also nichts gegen deren dienstliche Leistung einzuwenden hatte, Anm. d. Verf.], *sondern selbige nur allein deshalb, weil sie nicht von Adel seind, bei dortigen Garnisonregimentern anbringen wollte.*"[780] Deutlicher wurde der König 1768, als ihn der Kammerdirektor Lehmann um die Nobilitierung seiner beiden Söhne bat. Der ältere Sohn sei trotz guter Conduite vom Thaddenschen Regiment (Infanterieregiment Nr. 4) zu einem Garnisonregiment versetzt worden, der andere diene beim Dragonerregiment v. Apenburg (Nr. 7). Auf diese Bitte antwortete Friedrich II. mit einer überaus harten Abfuhr: „*ich leide kein unadlich geschmeis unter der armée es ist genung das sein Sohn bei*

---

[778] S. dazu Axel Flügel, Wirtschaftsbürger oder Bourgeois? Kaufleute, Verleger und Unternehmer in der Gesellschaft des Ancien Régimes, in: Hans-Jürgen Puhle (Hrsg.), Bürger in der Gesellschaft der Neuzeit. Wirtschaft-Politik-Kultur (= Bürgertum. Beiträge zur europäischen Gesellschaftsgeschichte, Bd. 1) Göttingen 1991, S. 107 - 132, hier S. 118.
[779] S. dazu Weber, Wirtschaft und Gesellschaft, S. 534 und 538f..
[780] Zit. aus: Jany, Geschichte der Preußischen Armee, Bd. 3, S. 36.

Einem Garnison regiment als officier passiret."[781] Bedeutsamer als diese Antwort auf ein Nobilitierungsgesuch ist die folgende Passage aus dem Testament von 1768, aus dem massive Vorurteile des Königs den bürgerlichen Offizieren gegenüber sprechen: *"Die meisten denken niedrig und sind schlechte Offiziere, man kann sie zu nichts brauchen. Man muß diejenigen ausnehmen, die von glücklicher Begabung und hohem Verdienst alle anderen hinter sich lassen und die man auszeichnen muß. Aber den Leuten, die oft auf unredlichen Wegen Vermögen angesammelt haben und glauben, den Anspruch auf Adel zu haben, weil sie reich sind, muß man die Tür schließen, weil die Kinder dieser Art von Emporkömmlingen im allgemeinen schlechte Untertanen sind oder gewöhnlich verweichlicht oder verschwenderisch werden"*[782]. Der oben erwähnte Widerspruch löst sich auf, wenn berücksichtigt wird, daß die Einstellung des Königs den bürgerlichen Offizieren gegenüber nicht auf fachlichen Gesichtspunkten fußte, denn er mußte diesen attestieren, daß es unter ihnen einige mit *"glücklicher Begabung"* und *"hohem Verdienst"* gab. Bekanntlich waren es soziale Überlegungen, die ihn dazu brachten, seine Offiziere vornehmlich aus dem Adel zu nehmen. Die Dominanz der gesellschaftspolitischen Überlegungen bei der Bevorzugung des Adels bzw. dessen Verpflichtung zur Besetzung der Offiziersstellen ist besonders deutlich am Allgemeinen Landrecht von 1794 abzulesen, dem der Charakter eines Grundgesetzes zukam.

Dadurch, daß Friedrich bestätigt hat, daß es unter den Bürgerlichen einige wenige brauchbare Offiziere gab, klärt sich der offensichtliche Gegensatz zwischen den Ansichten und Vorhaben des Königs und den Ergebnissen, die sich aus der Analyse der Regimentslisten ergeben haben und die einen Anstieg des bürgerlichen Anteils in der Gesamtarmee und in fast allen Truppenteilen zeigen. So ist ihr Anteil nach dem Siebenjährigen Krieg nicht nur in der Armee gestiegen und erreicht mit 13,1 % den höchsten Wert des gesamten Untersuchungszeitraumes, sondern auch in den verschiedenen Truppengattungen - bis auf die Husaren - steigt ihr Anteil weiter an. Wenn es wirklich ausschließlich militärfachliche Überlegungen gewesen wären, aus denen heraus Friedrich die bürgerlichen Offiziere ablehnte, hätte es diesen Anstieg nicht geben dürfen bzw. der König im Hinblick auf die Qualität seiner Armee deren Zugehörigkeit zum Offizierkorps nicht dulden dürfen. Der steigende Anteil von Bürgerlichen belegt, daß es unter diesen sogar mehr fähige Offiziere gegeben haben muß, als Friedrich gemeinhin zugestanden hat. Fraglich ist, ob der Adel nicht mehr in der Lage war, alle Stellen zu besetzen. Die Auswertung der Vasallentabellen hat ergeben, daß der Anteil der Adligen, die Militärdienst geleistet haben, im Laufe des 18. Jahrhunderts stark

---

[781] Acta Borussica, Bd. 14, S. 452.

231

angestiegen ist, daß aber immer noch ein Teil des Adels nicht seine „Pflicht" zum Offiziersdienst erfüllt hat. Ein Grund für die steigende Zahl Bürgerlicher könnte darin zu suchen sein, daß Friedrich nach dem Siebenjährigen Krieg bei der Besetzung der Offiziersstellen bzw. beim Avancement im stärkeren Maße als zuvor die Leistung der Offiziere berücksichtigt hat und von diesem Umstand einige bürgerliche Offiziere profitiert haben.

Aus obigen Tabellen läßt sich ablesen, daß der Anteil der Bürgerlichen am Offizierkorps beim Avancement von Dienstgrad zu Dienstgrad kleiner wird und kaum noch ein Bürgerlicher zu den höheren Rängen gehörte. Das scheint ein Argument gegen die These zu sein, daß sich nicht wenige bürgerliche Offiziere im Dienst bewährten und Leistung erbracht haben, denn danach müßten diese fähigen bürgerlichen Offiziere auch weiter Karriere gemacht haben. Im Testament von 1768 hat Friedrich II. davon gesprochen, daß es unter den bürgerlichen Offizieren auch einige gab, die man aufgrund ihrer Fähigkeiten auszeichnen müsse. Unter dieser Auszeichung verstand der König aber nicht nur Belohnungen in Form von Orden oder Beförderungen, sondern auch in Einzelfällen die Nobilitierung. Das heißt, der Anteil der Bürgerlichen wird deshalb mit steigendem Dienstgrad geringer, weil diese fähigen Offiziere durch die Erhebung in den Adelsstand ihre alte Standeszugehörigkeit ablegen.

Dieser Aspekt ist außerordentlich wichtig, weil eine Beantwortung der Frage, wie viele Offiziere nobilitiert wurden, Aussagen darüber erlaubt, ob und in welchem Maße der Offiziersdienst ein Mittel des sozialen Aufstiegs war bzw. ob dieser Aufstieg nur für den betreffenden Offizier galt oder auch für seine Familie und die nachfolgenden Generationen. Träfe letzteres zu, würde dies auch einen neuen Blick auf den preußischen Offizier ermöglichen und damit Aussagen über soziale Dynamik und die Entstehung eines Offiziersadels. Ein Versuch, auf der Basis sämtlicher in der Datenbank zu findenden Offiziersnachnamen zu überprüfen, wie alt der Adel der Offiziere ist, wurde nach der Auswertung der mit A, B und C beginnenden Nachnamen aufgrund des unvertretbar hohen Arbeitsaufwandes und der Tatsache, daß die daraus gewonnenen Ergebnisse nicht hinreichend valid waren, abgebrochen. Diese Überprüfung ist vor allem deswegen nicht möglich, weil es in Brandenburg-Preußen seit 1713[783] kein Ober-Heroldsamt mehr gab.[784] Das bedeutet, daß der gesamte Bereich der adligen Standessachen seitdem ohne Kontrolle durch eine fachkundige Behörde war. Es gab weder einheitliche Richtlinien noch eine zentrale Registrierung noch eine planmäßige, übersichtliche Aktenführung. Problematisch für die Frage nach der Echtheit

---

[782] Dietrich, Die politischen Testamente, S. 501.
[783] Erst 1855 wurde in Preußen wieder ein eigenständiges Heroldsamt geschaffen.
[784] S. dazu Johann Karl v. Schroeder, Standeserhöhungen in Brandenburg-Preußen 1663 - 1918, in: Der Herold, 9. Jg.,

einer Standeserhöhung ist die Tatsache, daß es dafür keine festgefügte Form gab. Sie beruhte auf einer Entschließung des Königs, die dieser lediglich in einer für seine Umgebung erkennbaren Weise Ausdruck geben mußte. Normalerweise geschah dies in Form einer Kabinettsordre, die über den Geheimen Rat, der u. a. zuständig war für Standeserhöhungen, zur Ausfertigung an die Geheime Staatskanzlei ging. Es gibt aber auch Belege dafür, daß Nobilitierungen mündlich erfolgten, ohne daß diese in irgendwelchen Akten nachzuweisen sind. Aufgrund dieser Praxis ist nicht mit Sicherheit zu beantworten, ob z. B. ein Offizier tatsächlich geadelt wurde oder ob er sich in Form von Adelsanmaßung oder Adelserschleichung sein Prädikat verschafft hat, was im übrigen im noch stärkeren Maße für Offiziere aus dem Ausland gilt. Der Aspekt der Standeserhebung von Bürgerlichen ist hinsichtlich des Offizierkorps wichtig, weil dadurch der Vorrang der dem Adel bei der Besetzung der Offizierstellen eingeräumt wurde, bestätigt wird. Die Nobilitierung belegt, daß das formale Kriterium des Adelsprädikats zumindest für die Zugehörigkeit zu den höheren Offiziersrängen unbedingte Voraussetzung war. Einem bürgerlichen Offizier, der in die entsprechenden Ränge aufstieg, konnte das zugehörige Standesattribut aber noch nachträglich zuerkannt werden.

Die genaue Zahl der von Friedrich Wilhelm I. und Friedrich II. nobilitierten Offiziere ist nicht ermittelt.[785] Für ersteren schreibt Jany, daß zu seiner Zeit das Adelsprädikat „unschwer" zu erlangen gewesen sei. Jeder Offizier, der die Rekrutenkasse aufzufüllen half oder der dem König einen „langen Kerl" beschaffte, konnte dieses Ziel erreichen.[786] Die Zahl der unter Friedrich II. nobilitierten Offiziere ist umstritten. Während einige Autoren[787] 63 derartige Nobilitierungen nennen, schreibt Schnackenburg[788] von „hunderten" Offizieren bürgerlicher Herkunft, die geadelt worden seien. Nobilitiert werden konnte unter Friedrich II. ein Offizier allerdings nur für besondere Leistungen.[789] Da in Preußen seit 1713 das Ober-Heroldsamt fehlte, ist es nicht möglich, die Zahl

---

1978, S. 1 - 18, hier S. 4. Auch die weiteren Ausführungen zu diesem Thema folgen v. Schroeder.

[785] Nobilitierungen waren in Österreich vor allem unter Maria Theresia wesentlich einfacher zu erreichen und übertrafen auch zahlenmäßig die preußischen Verhältnisse bei weitem. So wurde in einem Reskript des Hofkriegsrates vom 12. Januar 1757 bestimmt, daß jeder Offizier nach dreißig Dienstjahren in den Adelsstand erhoben werden sollte und sämtliche Träger des 1757 gestifteten Maria-Theresia-Ordens wurden auf Ansuchen geadelt, s. Allmayer-Beck, Wandlungen im Heerwesen, S. 19ff. und Zimmermann, Militärverwaltung, S. 130. Allmayer-Beck und Zimmermann weisen auf einen Umstand hin, der erklären könnte, warum z. B. Friedrich II. nicht häufiger seine bürgerlichen Offiziere nobilitiert hat. Sie schreiben nämlich, daß Maria Theresia mit diesen zahlreichen Nobilitierungen die Entstehung eines neuen niederen Adels hatte fördern wollen, der ähnlich wie der preußische Adel vor allem als Offizier in der Armee diente. In Preußen war dieser Adel aber bereits vorhanden und es ging daher für Friedrich II. im wesentlichen darum, dieses „Reservoir" zu schützen. Die Schaffung eines neuen Adels neben dem alten ist daher von ihm bewußt nicht gefördert worden.

[786] S. Jany, Geschichte der Preußischen Armee, Bd. 1, S. 725.

[787] S. Apel, Der Werdegang, S. 37.

[788] S. Schnackenburg, Über die Beförderung, S. 556.

[789] S. dazu Acta Borussica, Bd. 13, S. 27.

der nobilitierten Offiziere präzise anzugeben. Johann Karl v. Schroeder, der zwei Adelsmatrikeln ausgewertet hat, nennt für die Regierungszeit Friedrich Wilhelms I. eine Gesamtzahl von 148 Nobilitierungen, jedes Jahr also etwa fünf bis sechs.[790] Von Schroeder zufolge stellten den Hauptanteil bei den Nobilitierungen die Beamten, und erst danach kamen die Offiziere und zum Schluß die Grundbesitzer.[791] Unter Friedrich II. wurden insgesamt 355 Nobilitierungen vorgenommen, jedes Jahr also sieben bis acht.[792] Bis zum Ende des Siebenjährigen Krieges stellte die Gruppe der Grundbesitzer den größten Anteil der Nobilitierten, während sich Offiziere und Beamte in etwa die Waage hielten.[793] Erst nach diesem Krieg wuchs der Anteil der geadelten Offiziere.

Durch die von v. Schroeder genannten Zahlen sind allerdings nicht alle bürgerlichen Offiziere erfaßt, die zwischen 1713 und 1786 das Adelsprädikat erlangten. Neben der förmlichen Erhebung in den Adelsstand gab es nämlich noch zwei weitere „Möglichkeiten", in diesen Stand aufzusteigen. So weist Martiny darauf hin, daß in Preußen im 18. Jahrhundert eine große Zahl von bürgerlichen Armee- bzw. Staatsdienstanwärtern einen vorgeblich alten Familienadel entweder eigenmächtig erneuert hat oder durch den Monarchen hat erneuern lassen.[794] Diese hätten oft behauptet, der Linie eines altadligen Geschlechts zu entstammen, das den Adelstitel aufgrund eines bürgerlichen Berufs abgelegt hätte, sie aber nun in ihrer Person seien durch den Dienst in der Armee oder der Staatsverwaltung wieder adelsfähig.[795] Im Falle der Adelsanmaßungen darf allerdings nicht in jedem Fall eine unlautere Absicht unterstellt werden, denn aufgrund fehlender zuverlässiger Adelsregister kann die Annahme des Adelstitels auch aus dem gutem Glauben erfolgt sein, ein Vorfahr habe seinen Titel abgelegt und eine Wiederaufnahme sei daher berechtigt.[796] Der Umstand, daß es keine vollständigen Unterlagen gab, mit deren Hilfe ein (berechtigter) Anspruch auf den Adel überprüft werden konnte, dürfte letztlich die Erlangung eines Titels erleichtert haben. Auch wenn letztlich nicht zu klären ist, ob diese „Adelserneuerungen" im Einzelfall berechtigt waren, ist doch die Tatsache ihrer Zunahme interessant, vor allem deswegen, weil sie u. a. mit dem Hinweis auf den Offiziersdienst vorgenommen wurden, der die Bewerber in ihren Augen adelsfähig machte. Friedrich Wilhelm I. und Friedrich II. haben diese Adelserneuerungen nicht nur selbst vorgenommen haben, sie haben auch geduldet, wenn sich jemand das Adelsprädikat zulegte.

---

[790] S. v. Schroeder, Standeserhöhungen, S. 6.
[791] S. v. Schroeder, Standeserhöhungen, S. 8.
[792] S. v. Schroeder, Standeserhöhungen, S. 6.
[793] S. v. Schroeder, Standeserhöhungen, S. 9.
[794] S. Martiny, Die Adelsfrage, S. 74.
[795] S. ebd..
[796] S. v. Schroeder, Standeserhöhungen, S. 15.

Diese Beobachtung läßt allerdings Fragen nach dem Wert des Adelsprädikates aufkommen bzw. stützt die oben bereits getroffene Aussage, daß der Adelstitel in erster Linie ein formales Kriterium war, um in den Offiziersstand aufzusteigen. Darüber hinaus lassen sich in den „Adelserneuerungen" soziale Aspekte erkennen, wurde durch diese doch in das vordergründig starre Gesellschaftssystem, das durch die ständische Ordnung definiert war, ein gewisses dynamisches Element eingebracht, das wie ein Ventil funktionierte, weil es den Aufstieg von Bürgerlichen sanktionierte. Allerdings muß festgehalten werden, daß wahrscheinlich nicht wenige diese Bürgerlichen von ihrem Selbstverständnis her sich eben nicht als bürgerlich ansahen und daher die Erneuerung des Adels als formale Bestätigung ihres adligen Status betrachteten. Von dieser Vermutung ausgehend, bedeutet das, daß es sich nicht in jedem Fall um einen Aufstieg von Bürgerlichen gehandelt hat, sondern in einigen nicht zu quantifizierenden Fällen um eine „Anpassung" an das adlige Selbstverständnis.

Diese Erneuerungen konnten flexibel gehandhabt werden, ohne das Prinzip der ständischen Ordnung in Frage zu stellen. Hier ist faßbar, worauf Kunisch im Hinblick auf die Nobilitierung im allgemeinen hingewiesen hat, nämlich auf die Möglichkeit einer begrenzten sozialen Mobilität durch den Dienst für den Staat in der Verwaltung und dem Militär.[797]

Friedrich II. ging es bei der Bevorzugung des Adels in erster Linie um das Adelsprädikat. Dies ist auch daran abzulesen, daß er in der Regel nicht prüfen ließ, ob ein Offizier wirklich adlig war. So berichtet Duffy von vielen Familien in Pommern, die auf der Grundlage eines alten polnischen Rechtsgrundsatzes, wonach Adel identisch war mit dem Besitz von Grund und Boden, das „von" vor ihrem Nachnamen führten.[798] An anderer Stelle schreibt er, der König habe nach der Annexion Westpreußens im Jahre 1772 von dort stammende junge „Adlige" als Offiziere für die neuaufgestellten Regimenter herangezogen, ohne deren Herkunft genau zu überprüfen.[799] Und Delbrück weist darauf hin, daß „[...] *auch in Preußen mit fingierten Adelsprädikaten nachgeholfen worden [ist]; es wird erzählt von gefälligen Kanzleibeamten, die die entscheidenden drei Buchstaben in die Personalpapiere hineinzupraktizieren wußten*"[800]. Die nur selten durchgeführte Überprüfung, ob der Adelstitel von einem Offizer zu recht getragen wurde, belegt wiederum die

---

[797] S. dazu Kunisch, Die deutschen Führungsschichten im Zeitalter des Absolutismus, in: Hanns Hubert Hofmann und Günther Franz (Hrsg.), Deutsche Führungsschichten in der Neuzeit. Eine Zwischenbilanz. Büdinger Vorträge 1978 (= Deutsche Führungsschichten in der Neuzeit, Bd. 12), Boppard a. Rh. 1980, S. 111 - 142, hier S. 140f. und Gall, Gesellschaft, S. 6 sowie Schulze, Die ständische Gesellschaft, S. 12.
[798] S. Duffy, Friedrich der Große, S. 470.
[799] S. Duffy, Friedrich der Große, S. 382. Zu den westpreußischen bzw. ehemals polnischen Adligen schreibt Poten, Geschichte, S. 73 im Zusammenhang mit seiner Schilderung des in Culm gegründeten Kadettenhauses, daß der Adelsnachweis der polnischen Familien viele Schwierigkeiten gemacht habe.
[800] Delbrück, Geschichte der Kriegskunst, S. 296.

Bedeutung dieses Prädikats. Aus diesem Grund ist auch der Aussage von Duffy zuzustimmen, daß Friedrich niemals Zustände wie im Frankreich des späten ancien régime toleriert hätte, wo staatliche Institutionen von einem Offiziersanwärter den Nachweis des Adels in vier Generationen väterlicherseits verlangten.[801] Bezeichnend in diesem Zusammenhang ist die Tatsache, daß ein Nachfolger Friedrichs, nämlich Friedrich Wilhelm III., in dieser Angelegenheit einen anderen Weg einschlug. Während Friedrich II. nach der Annexion Westpreußens den Adel der von dort stammenden Offiziere nicht hinterfragt hatte, hat Friedrich Wilhelm III. die unklare Rechtslage hinsichtlich der Adelsrechte in den annektierten polnischen Gebieten, d. h. in den später als „Südpreußen" (1793) und „Neuostpreußen" (1795) bezeichneten Provinzen, zum Anlaß genommen, am 7. April 1799 eine Verfügung zu verabschieden. Seitdem mußte bei der Einstellung von Gefreitenkorporalen in die Regimenter und vor der Aufnahme in das Kadettenkorps der Adel durch Taufzeugnis und Bescheinigung der Kriegs- und Domänenkammern nachgewiesen werden. Sollte es dann noch zweifelhafte Fälle geben, mußten diese durch das Kabinettsministerium (Auswärtiges Departement) überprüft werden.[802] Die Bedeutung dieser Verfügung liegt darin, daß sie zwar in erster Linie auf den (ehemals) polnischen Adel zielte, sie aber als ein allgemeiner Erlaß zu verstehen ist, der auch für den Adel der anderen Provinzen galt. Für Friedrich II. dagegen ließ sich der Adel nicht einfach an einem Taufzeugnis festmachen. Für ihn waren nicht nur die individuellen sondern ebenso die standesübergreifenden mentalen und charakterlichen Eigenschaften der Offiziere entscheidend, die sie benötigten, um im Sinne des Monarchen gute militärische Vorgesetzte sein zu können. Friedrich ging davon aus, daß vor allem der Adel diese Bedingungen erfüllte, daher bevorzugte er diesen bei der Besetzung der Offiziersstellen. Zugleich setzte er damit auf die ständische Integration, die sich positiv auf den Zusammenhalt der Offizierkorps auswirken sollte und auf den Druck, den diese adlige Dominanz in Hinblick auf ein standesgemäßes Verhalten ausüben konnte.

Dies hieß allerdings nicht, daß jeder Adlige als Offizier gleichermaßen geeignet gewesen wäre, auch dieser mußte den Ansprüchen genügen, die der Monarch an ihn stellte. Mit anderen Worten: Nicht der Adel, der allerdings zumindest für die höheren Ränge durchweg Voraussetzung war, machte den Offizier, sondern der Dienst in dieser Funktion. So hat Friedrich II. auf ein Nobilitierungsgesuch eines bürgerlichen Oberst geantwortet: Dies sei nicht nötig, weil ihn der Degen bereits nobilitiere.[803] Oder wie es Kluth formulierte: *„Wer Offizier ist, verfügt grundsätzlich*

---

[801] S. Opitz-Belakhal, Militärreformen, S. 43.
[802] S. Jany, Geschichte der preußischen Armee, Bd. 3, S. 421.
[803] S. Apel, Der Werdegang, S. 37.

über rittermäßige Eigenschaften, selbst wenn er nicht adliger Geburt ist.[804] Dieses Zitat muß allerdings dahingehend korrigiert werden, daß der Offizier von vornherein über die „rittermäßigen" Eigenschaften verfügen mußte, wenn er preußischer Offizier werden wollte. Daher konnten bis zu einem gewissen Dienstgrad auch bürgerliche Offiziere geduldet werden. Die Nobilitierung von bürgerlichen Offizieren ist als Anerkennung ihrer Pflichterfüllung zu verstehen, als letzte formale Bestätigung von adligen Eigenschaften, die sie in ihrem Dienst bewiesen hatten. Dies bestätigt Friedrich II. im Testament von 1768: *„Ich habe Soldaten geadelt, die in langen Dienstjahren sich wie Edelleute benommen und diese Auszeichnung verdient haben."*[805] Daß die bürgerlichen Offiziere sich wie Edelleute benommen hatten, war die entscheidende Voraussetzung. Ein Offizier mußte erst in Haltung und Einstellung nachweisen, daß er die Werte des Adels verinnerlicht hatte, andernfalls wäre seine „Beförderung" in den Adelsstand nicht möglich gewesen. Denn ein sozialer Aufstieg war nur zulässig, wenn er nach den Regeln der ständischen Gesellschaft vor sich ging. Nur derjenige, der bekundet hatte, daß er die Werte und Normen des Adels akzeptierte, wurde vom „alten" Adel anerkannt. Selbst danach mußte der „homo novus" bzw. mußten seine Nachfahren in einem langen Prozeß unter Beweis stellen, daß sie den Kriterien ihrer neuen Standesgenossen entsprachen.[806] Dazu Kunisch: *„Die Erhebung Bürgerlicher in den persönlichen Adelsstand bedeutet deshalb nur eine Heraushebung aus einer nichtadligen Rekrutierungsgruppe, nicht jedoch den automatischen Anschluß an die uradlige Oberschicht."*[807] Aus diesem Grund konnten sowohl Friedrich Wilhelm I. als auch Friedrich II. Nobilitierungen vornehmen bzw. „Adelserneuerungen" tolerieren, hatten sie doch damit ein Instrument in der Hand, das beschränkte soziale Dynamik und damit den Aufstieg von bewährten Offizieren in den Adelsstand zuließ, weil dieser Aufstieg die ständische Ordnung im Kern nicht gefährdete. Im Gegenteil, diese Vorgehensweise wirkte sogar systemstabilisierend, denn indem die aufstrebenden „Elemente" in einen neuen Stand eintraten und sich diesem anpassen mußten, wurden sie in die bestehende Gesellschaftsordnung integriert. An der

---

[804] Kluth, Die Ehrauffassung, S. 19.

[805] Friedrich der Große, Die politischen Testamente, übersetzt von Friedrich v. Oppeln-Bronikowski, Berlin 1922, S. 138. Abweichend von der bisherigen Praxis, die Testamente zu verwenden, die Dietrich übersetzt hat, wurde hier die Version von v. Oppeln-Bronikowski gewählt, weil der Verfasser letztere an dieser entscheidenden Stelle für präziser hält. Im französischen Original schreibt Friedrich nämlich von den *„Qualitéz dignes d'un Gentilhomme"* (Dietrich, Die politischen Testamente, S. 500), die die geadelten Offiziere im Dienst bewiesen hätten. Dietrich hat bei seiner Übersetzung aber eben diese Passage ausgelassen.

[806] In diesem Zusammenhang sei darauf verwiesen, daß das entscheidende Kriterium für den Anschluß eines neunobilitierten Offiziers an den alten Adel gewesen sein dürfte, ob sich dieser Landbesitz verschaffen konnte. Bei Hahn, Aristokratisierung, S. 191 und Kunisch, Führungsschichten, S. 122 und 140f. finden sich darauf gewisse Hinweise. Neben dem Landbesitz dürfte das Konnubium, d. h. in diesem Fall die Heirat eines neuadligen Offiziers mit einer Angehörigen aus einer altadligen Familie, ein Kriterium für den erreichten Anschluß und die damit verbundene Anerkennung gewesen sein.

[807] Kunisch, Die deutschen Führungsschichten, S. 140.

Nobilitierung von bürgerlichen Offizieren wird aber noch ein weiterer wesentlicher Aspekt deutlich, nämlich daß die preußischen Offiziere einen „Dienstadel" bildeten, der in erster Linie durch seine Funktion definiert wurde und nicht durch das Adelsprädikat. Der Titel war ein formales Kriterium, welches die Offiziere mit bestimmten Eigenschaften inhaltlich ausfüllen mußten. Dies konnte aber auch einem bürgerlichen Offizier gelingen, dessen Nobilitierung nachträglich beweist, daß die Qualitäten, die er im Dienst nachgewiesen hatte, ihn adelsfähig machten, weil sie adelstypisch waren. Hier muß allerdings noch einmal darauf verwiesen werden, daß besonders Friedrich II. unter den Eigenschaften, die er dem Adel attestierte, etwas anderes verstand als der Adel selbst. Der König legte so großen Wert auf ein möglichst adliges Offizierkorps, weil dieses seiner Ansicht nach doch die beste Gewähr bot für die Umsetzung seiner Ansprüche an die Offiziere. Und in dieses adlige Korps paßte auch der bürgerliche Aufsteiger, der in seiner Funktion „adlige", d. h. offiziersmäßige Eigenschaften, nachwies. Auch an dieser Stelle wird die gesellschaftsstabilisierende Funktion der Nobilitierungen deutlich, denn dadurch, daß den Bürgerlichen im Offiziersdienst „adlige" Eigenschaften abverlangt wurden, dürfte ihre Anpassung an Werte und Normen des Adelsstandes forciert worden sein, was mit der Nobilitierung dann bestätigt werden konnte.[808] Die Erhebung in den Adelsstand belegt letztlich, daß ein Aufstieg von Bürgerlichen im Offiziersdienst nur in den Grenzen möglich war, die die ständische Ordnung setzte. Der für die bestehende Gesellschaftsordnung potentiell gefährliche Aufstieg des Bürgertums sollte dadurch zumindest in diesem Bereich weitgehend verhindert werden.

Anmerkungen zur Homogenität „des" Offizierkorps

An dieser Stelle sollen einige der vorstehenden Ergebnisse noch einmal zusammengefaßt werden und zwar deswegen, weil dadurch in Hinblick auf die Homogenität „des" Offizierkorps eine wichtige These aufgestellt werden kann. So ist u. a. darauf hingewiesen worden, daß sich die Regimenter in ihrem Ansehen und Prestige deutlich voneinander abhoben. An der Spitze standen hier die Garde-Regimenter, die ein besonderes Prestige genossen, weil ihr Chef der König war. Außerdem waren die Offiziere dieser Regimenter aus der Gruppe der übrigen Offiziere tatsächlich herausgehoben, rangierten sie doch zwei bzw. einen Dienstgrad höher als die anderen Offiziere der Armee. Dieser Status war auch an der Uniform sichtbar, die sich in ihrer Prachtentfaltung doch erheblich z. B. von der der Garnisoneinheiten unterschied. Obwohl eine Offiziersmontur an

---

[808] In diesem Zusammenhang sei darauf verwiesen, daß allein aus der Tatsache, daß nicht nur der überwiegende Teil des Offizierkorps aus Adligen bestand, sondern auch gerade dadurch, daß die höheren Ränge so gut wie ausschließlich von

bestimmten Attributen erkennbar war, hatten die Gardeuniformen einen derart üppigen Besatz mit goldenen bzw. silbernen Litzen, Tressen, Schleifen etc., daß die anderen Monturen nur als schlicht bezeichnet werden können. Aber es waren nicht nur die Gardeeinheiten, die sich äußerlich von den anderen Regimentern abhoben, auch in den einzelnen Waffengattungen gab es derartige Unterschiede. So hoben sich die älteren Regimenter in ihrer Prachtentfaltung grundsätzlich von den jüngeren Regimentern ab. Bei der Infanterie ist dies an einem Vergleich der Uniformen zwischen den Regimentern Nr. 1 bis 32, also den Musketieren, und den Regimentern Nr. 33 - 55, also den Füsilieren, abzulesen. Bei der Kavallerie waren es die Kürassiere, die die ältesten Regimenter stellten und den größten äußeren Glanz verbreiteten. Im Unterschied zu diesen besaßen die Dragoner eine wesentlich schlichtere Montur, die zudem noch an ihre Herkunft von der Infanterie erinnerte. Es gab in der Armee bzw. bei den verschiedenen Waffengattungen aber nicht nur äußerliche Unterschiede zwischen den Regimentern. So hat Friedrich II. nach dem Siebenjährigen Krieg die Regimenter nach ihren Leistungen in diesem Krieg in drei unterschiedliche „Klassen" eingeteilt. Dieser Begriff wurde im übrigen von ihm selber verwandt. Wie bereits dargelegt, hatte dies gravierende Auswirkungen für die Offiziere der jeweiligen Regimenter. Außerdem gab es eine weitere Klassifizierung, durch die die Unterschiede im Prestige der einzelnen Regimenter noch deutlicher werden. Denn in zwei Ordres hatte Friedrich II. 1768 befohlen, daß die Regimenter Nr. 1 und Nr. 13, und zwar in dieser Reihenfolge, unmittelbar nach den Garden rangieren sollten.[809] Mit dieser Auszeichnung wich der König von der Regel ab, nach der der Rang der Regimenter sich nach dem Rang und Dienstalter ihres Chefs richtete.[810] Nach diesen beiden Regimentern kamen die Regimenter der Prinzen Heinrich (Nr. 35) und Ferdinand (Nr. 34), des Prinz von Preußen (Nr. 18) und erst dann rangierten die Regimenter wieder gemäß Rang und Dienstalter ihres Chefs. Eine entsprechende Reihenfolge gab es auch bei den Kürassieren. Dort folgte der „Garde du Corps" (Nr. 13), das Regiment „Gens d'armes" (Nr. 10), danach kam das „Leibkarabinier"-Regiment (Nr. 11), dann das Regiment des Prinzen Heinrich (Nr. 2). Die anderen Regimenter rangierten wie üblich. Bei den Dragonern hatte immer das Regiment Bayreuth (Nr. 5) die erste Stelle, und bei den Husaren war es das Regiment Zieten (Nr. 2).

Adligen gestellt wurden, ein starker Anpassungsdruck auf bürgerliche Offiziere ausgegangen sein dürfte.

[809] Zur Reihenfolge der Regimenter s. Jany, Geschichte der Preußischen Armee, Bd. 3, S. 11.

[810] Hier ist im übrigen auf einen weiteren Aspekt zu verweisen, der darin besteht, daß damit zumindest diese Regimenter endgültig die nur noch rudimentär vorhandenen Erinnerungen an das alte Militärunternehmertum abstreiften. Diese Einheiten bekamen getrennt von ihrem jeweiligen Chef einen festgelegten Platz in der Rangierung. Bereits zu Beginn des 18. Jahrhunderts galten sie zwar nicht mehr als „Besitz" ihres Chefs, Anklänge an diese Vergangenheit waren aber noch an der Rangierung der Regimenter nach Rang und Dienstalter ihres Chefs abzulesen.

Eine weitere Reihenfolge der Regimenter ergab sich ebenfalls aus ihrer Verwendung auf dem Schlachtfeld. So wurden bei der Infanterie bis 1762 grundsätzlich die Musketierregimenter in die erste Reihe gestellt und die Füsiliere nur ins zweite Treffen, was auch die unterschiedliche Einschätzung des militärischen Wertes dieser beiden Infanteriegattungen widerspiegelt. Ähnliches gilt für die Kavallerie, bei der vor allem die schwere Kavallerie, d. h. die Kürassiere, ins erste Treffen gestellt wurden. Aus dieser unterschiedlichen Bewertung dürften die Offiziere der bevorzugten Regimenter zusätzliches Prestige gezogen haben, denn die Aufstellung in der ersten Linie galt als ehrenvoller als die in der zweiten Linie, ähnlich galt die Besetzung des rechten Flügels als ehrenvoller als die des linken.

Eine unterschiedliche Behandlung der Offiziere ist an einem zentralen Punkt abzulesen, und zwar in der Entlohnung der Offiziere. So ist aus den Reglements von 1743 zu entnehmen, daß ein Offizier bei der Feldinfanterie zum Teil erheblich mehr an Traktament bekam als ein Offizier bei der Garnisontruppe. Ein Oberst der Feldinfanterie z. B. erhielt insgesamt etwas mehr als 414 Reichstaler[811], sein ranggleicher Kamerad bei der Garnisoninfanterie dagegen nur knapp 200 Reichstaler[812]. Allerdings muß darauf verwiesen werden, daß die Pflichten einen Garnisonobristen nicht denen seines Kameraden bei der Feldinfanterie entsprachen und daher die geringere Entlohnung hier eine Begründung fand. Auf die differierenden Sätze bei der Kavallerie ist weiter oben bereits hingewiesen worden.

Weitere Abweichungen lassen sich bei den verschiedenen Waffen- und Truppengattungen festmachen. Hier ist an erster Stelle auf deren unterschiedliche landsmannschaftliche Zusammensetzung zu verweisen, die zuvor ausführlich beschrieben worden ist. Dort hat sich z. B. ergeben, daß es hinsichtlich des Ausländeranteils doch ganz erhebliche Differenzen zwischen den Feldregimentern und den Garnisoneinheiten gab und sich in dieser Hinsicht auch die Husaren von den anderen Kavallerieeinheiten abhoben. Darüber hinaus ist hier umfassend nachgewiesen worden, daß auch im Hinblick auf die soziale Zusammensetzung, d. h. den Anteil von Adligen und Bürgerlichen, große Unterschiede existierten. Auf die Abweichungen, die es hinsichtlich der Konfessionen in der Zusammensetzung der Regimentsoffizierkorps gab, sei an dieser Stelle ebenfalls verwiesen.

Zusammenfassend betrachtet lassen sich damit eine Vielzahl von Ungleichbehandlungen und Unterschieden zwischen den Regimentern, den Truppen- und den Waffengattungen feststellen, was nicht ohne Auswirkungen auf die Offiziere dieser Einheiten geblieben sein kann. Aufgrund dieser

---

[811] S. Reglement für die Königl. Preußischen Infanterie von 1743, Bd. 2, S. 609.

Ergebnisse sind Zweifel angebracht, ob es tatsächlich **ein** völlig homogenes, d. h. in sich geschlossenes preußisches Offizierkorps gab und ob es nicht eher mehrere Offizierkorps gab. So etwas wie Korpsgeist wird es wohl vor allem auf der Regimentsebene gegeben haben. Ein regimentsübergreifender Korpsgeist dürfte dort entstanden sein, wo er dazu diente, sich von den anderen Truppen- oder Waffengattungen abzugrenzen. So z. B. hielten sich die Kavalleristen für vornehmer als die Infanteristen und bei der Kavallerie sahen sich die Kürassiere aufgrund des Alters ihrer Einheiten vor den Dragonern plaziert und beide wiederum blickten auf die „windigen" Husaren herab. Auch bei der Infanterie dürfte es eine Abstufung gegeben haben, die darin bestand, daß sich die Offiziere der Musketierregimenter im Prestige vor den Füsilieren sahen. In dieser Waffengattung dürften die Garnisonoffiziere am Ende rangiert haben, vor allem seitdem ein beträchtlicher Teil ihrer Regimentsoffizierkorps aus Offizieren der aufgelösten Freitruppen bestand. Als Beleg für die Geringschätzung dieser Offiziere sei auf das Zitat von v. d. Marwitz verwiesen. Aber auch die abwertende Meinung, die Friedrich II. von diesen Offizieren und der Garnisontruppe im allgemeinen hatte, wird nicht ohne Auswirkung auf deren Ansehen bei den Offizieren geblieben sein. Als Beleg dafür, daß es tatsächlich so etwas wie eine Rangreihenfolge unter den Offizieren gab, mit entsprechenden Auswirkungen auf die innere Geschlossenheit, sind die Beobachtungen von Mirabeau und Mauvillon heranzuziehen. Denn diese haben festgestellt, daß die Offiziere der Artillerie von allen anderen als nicht gleichwertig betrachtet worden sind.

Mit den vorherigen Ausführungen soll allerdings nicht die These formuliert werden, daß die Unterschiede die Gemeinsamkeiten überwogen und es mehr als einen Offiziersstand gegeben hätte. Die für alle Offiziere geltenden Grundlagen, wie sie z. B. im Beharren auf dem Anciennitätsprinzip, bei der Abgrenzung von den einfachen Soldaten und - mit den erwähnten Einschränkungen - in der Beachtung des „point d'honneur" sichtbar werden, haben die Solidarität innerhalb dieses Standes gefördert, vor allem, wenn es darum ging, sich nach außen abzugrenzen.[813] Die erwähnten Unterschiede innerhalb dieser militärischen Elite machen aber deutlich, daß, wenn vom preußischen Offizierkorps geschrieben wird, dies nicht als monolithischer Block anzusehen ist, sondern dieses Korps wesentlich differenzierter betrachtet werden muß. Als These kann daher aufgestellt werden, daß aufgrund der Analyse der Regimentlisten nicht mehr an der Homogenität des Offizierkorps festgehalten werden kann. Vielmehr sind bestimmte Offizierkorps zu erkennen, die sich in mancherlei Hinsicht voneinander unterschieden. Welche Auswirkungen diese internen

[812] S. Reglement für die Königl. Preußischen Garnison-Regimenter von 1743, Bd. 2, S. 421.
[813] S. dazu mit entsprechenden Beispielen v. Witzleben, Aus alten Parolebüchern, S. 47ff. und Kroener, Armee und Staat, S. 399 sowie Duffy, Friedrich der Große, S. 469ff..

Differenzierungen für das Autostereo- bzw. das Heterostereotyp des Offiziersstandes hatten, soll am Ende dieser Arbeit untersucht werden.

3. Laufbahnen und Karrieren: Anciennität versus Leistung - Bedingungen und Kriterien für die Beförderungen der Offiziere

3. 1. Die gesamte Armee

Mit dem Avancement der Offiziere wird ein weiterer wichtiger Punkt zu untersuchen und zu interpretieren sein, der für das Verständnis dieser Offiziere unverzichtbar ist. An der Laufbahn läßt sich nicht nur ablesen, wie lange ein Offizier benötigte, um in den Rängen aufzusteigen, sondern auch nach welchen Kriterien dieser Aufstieg sich vollzog. Die Laufbahnen der Offiziere sind besonders geeignet, um zu beschreiben, wie Friedrich Wilhelm I. und Friedrich II. gestaltend auf „das" Offizierkorps einwirkten. Die Beförderungen gaben ihnen Möglichkeiten in die Hand, dieses Korps gezielt nach ihren Vorstellungen zu formen. Neben der Einflußnahme der Könige auf die Laufbahnen der Offiziere sind noch andere Bedingungen zu beschreiben, die in diesem Zusammenhang eine gewichtige Rolle gespielt haben. Dazu gehört, welche Bedeutung Erfolg und Mißerfolg im Krieg für die „Karrieren" der Offiziere hatten. Die Protektion muß ebenfalls angesprochen werden, obwohl die Regimentslisten hierzu keine verläßlichen Angaben ermöglichen. Dies geschieht, weil sie vom Ansatz her ein Mittel war, mit dem sowohl das Anciennitätsprinzip umgangen als auch der exklusive Anspruch des Königs in Frage gestellt wurde darüber zu entscheiden, welcher Offizier befördert werden sollte.

Ein weitere wichtige Perspektive für den preußischen Offizier, die durch die Analyse der Regimentslisten zu klären ist, wird durch folgende Frage erfaßt. Bot der Dienst in der Armee für die Mehrzahl der Offiziere überhaupt eine Karriere im Sinne eines schnellen Aufstiegs, bei dem sie ihre Kameraden überflügelten, oder war es nicht vielmehr ein langsames, aber geordnetes Avancieren, in dem der Offizier erst aufsteigen konnte, wenn er „an der Reihe" war?

Eine Auswertung sämtlicher Regimenter hinsichtlich des durchschnittlichen Lebens- und Dienstalters ergibt dazu folgendes aufschlußreiches Bild:

	Leben / Dienst		Leben / Dienst		Leben / Dienst	
	1713, 02 – 1740, 05		1740, 06 - 1756, 07		1763, 03 - 1786, 08	
Gefreitenkorporal/ Junker	20	/ 3	20	/ 3	17	/ 1
Fähnrich/Kornett	21	/ 6	21	/ 5	21	/ 5
Leutnant	29	/ 12	29	/ 12	28	/ 11
Sekondleutnant	21	/ 8	25	/ 9	24	/ 9
Premierleutnant	24	/ 11	29	/ 13	32	/ 15
Stabskapitän/-rittmeister	27	/ 14	30	/ 15	33	/ 17
Kapitän/Rittmeister	33	/ 17	36	/ 20	35	/ 20
Major/Oberstwachtmeister	36	/ 20	40	/ 25	42	/ 26
Oberstleutnant	40	/ 24	41	/ 24	42	/ 27
Oberst	40	/ 26	42	/ 27	44	/ 29
Generalmajor	44	/ 30	47	/ 31	52	/ 35
Generalwachtmeister	27	/ 14	-		-	
Generalleutnant	38	/ 25	49	/ 35	57	/ 38
General	46	/ 26	66	/ 51	51	/ 34
Generalfeldmarschall	30	/ 22	68	/ 50	54	/ 28
Dienstbeginn durchschnittlich mit:	15 Jahren		16 Jahren		15 Jahren	

Insgesamt wurden 33762 Sätze mit Lebensalter und 33446 mit Dienstalter berechnet. Die Abweichung hier und in den weiteren Tabellen ergeben sich, weil in einigen wenigen Fällen lediglich das Lebensalter des Offiziers angegeben wurde. Die in der Tabelle enthaltenen Angaben belegen, daß sowohl das Lebens- als auch das Dienstalter von 1713 bis 1786 bei der Mehrzahl der Dienstgrade angestiegen sind, vor allem bei den wichtigen Rängen „Kapitän/Rittmeister" und „Oberst". Zur Erreichung des „Kapitän/Rittmeister", der normalerweise auch die finanziell lukrative Übernahme einer Kompanie bedeutete, benötigte ein Offizier unter Friedrich Wilhelm I. im Schnitt 17 Jahre und unter Friedrich II. 20 Jahre. Bis zum „Oberst", dem Dienstgrad, der in der Regel bedeutete, daß ein Offizier ein Regiment als Chef oder Kommandeur übernahm, benötigte ein Offizier im ersten Berechnungszeitraum 26 Jahre und im dritten 29 Jahre. Das Dienstalter zur Erreichung des „Generalmajors" stieg um 5 Jahre auf 35 an. Allerdings ist zu berücksichtigen, daß die preußische Armee unter Friedrich II.[814] vor allem in den ersten Jahren seiner Regentschaft stark ausgebaut worden ist und die Neuaufstellung von Regimentern die Zahl der verfügbaren Kompanie- und Regimentschefstellen deutlich vermehrt hat. Die Auswirkungen dieser Neuaufstellungen sind aus der weiter unten folgenden Tabelle zu entnehmen, in der das Lebens- und Dienstalter zwischen

---

[814] Da für die Zeit vor 1713 nur wenige Datensätze vorliegen, ist es nicht möglich, eine Analyse darüber zu erstellen, welche Auswirkungen der Ausbau der preußischen Armee durch Friedrich Wilhelm I. auf das Lebens- und Dienstalter der Kapitäne/Rittmeister und Obristen in den ersten Jahren nach 1713 gehabt hat und ob nicht möglicherweise dieser Ausbau wie unter Friedrich II. ein rascheres Avancement ermöglichte, was sehr wahrscheinlich ist.

1740 und 1756 in drei Fünfjahresabschnitten untersucht worden ist. Aus obiger Tabelle ist ebenfalls ein Absinken des Lebens- und Dienstalters der „Gefreitenkorporale"[815] nach 1763 abzulesen, was offenkundig eine Auswirkung des Siebenjährigen Krieges war. Der erstaunliche Befund, daß die „Leutnante" im Schnitt älter waren und auch mehr Dienstjahre hatten als die „Sekondleutnante", erklärt sich daraus, daß es den Dienstgrad „Leutnant" vor allem bei der Kavallerie gab, wo die Offiziere im Schnitt länger dienten als bei der Infanterie. Ein anderer Grund könnte sein, daß in einigen Ranglisten - auch der Infanterie - nicht nach Sekond- und Premierleutnanten unterschieden wurde und daher in der Gruppe der „Leutnante" auch die älteren Premierleutnante erfaßt sind.

Merkwürdig uneinheitlich präsentiert sich die Spitzengruppe der Offiziere. Während bei den „Generalleutnanten" Lebens- und Dienstalter kontinuierlich anstiegen, fielen beide Werte für die „Generale" und die „Generalfeldmarschälle" nach 1763. Die Erklärung, daß der Siebenjährige Krieg ein rascheres Avancement in diese Ränge ermöglicht habe, greift nur zum Teil, denn dann müßte dies auch bei den „Generalleutnanten" und den anderen Dienstgraden zutreffen. Es ist wohl eher so, daß zum einen aufgrund der geringen Zahl[816] an „Generalen" und „Generalfeldmarschällen" jeder Abgang in dieser Gruppe den Durchschnitt bei Lebens- und Dienstalter erheblich schwanken ließ und zum anderen eine Beförderung in die Spitzenränge stark vom Urteil Friedrichs II. abhing, der sich vorbehalten hatte, die Beförderungen vom „Oberstleutnant" an nicht streng nach der Ancienität zu handhaben, sondern auch deren Leistungen zu berücksichtigen. Wer in den Augen des Königs besonders befähigt war, konnte daher offensichtlich unter Umgehung der üblichen Beförderungstour bis in die höchsten Ränge aufsteigen. Leider enthält das Quellenmaterial keine Angaben darüber, wie viele Offiziere aufgrund ihrer besonderen Leistungen außer der Reihe befördert worden sind.

Das durchschnittliche Alter beim Eintritt in die Armee ist relativ stabil geblieben und zeigt nach 1763 trotz des Siebenjährigen Krieges denselben Wert wie zwischen 1713 und 1740. Um zu überprüfen, ob die gelegentlich geäußerte Meinung[817] zutrifft, daß die Offiziersanwärter

---

[815] Mit diesem Dienstgrad sind die jungen Adligen oder die Kadetten in der Regel in die Regimenter eingetreten.

[816] Eine Überprüfung der Datenbank hinsichtlich der Zahl der Generale im gesamten Untersuchungszeitraum (1713 bis 1786) hat folgendes Ergebnis erbracht:
Generalfeldmarschälle: 33
Generale: 47
Generalleutnante: 207
Generalmajore: 462
Generalwachtmeister (= entspricht dem des Generalmajors, diesen Dienstgrad gab es nur bis 1740): 10.
Diese Zahlen erklären, warum die Werte für das Lebens- und das Dienstalter bei den Generalfeldmarschällen und den Generalen so stark schwanken, denn im Gegensatz zu den Generalleutnanten und den Generalmajoren ist das Sample bei ersteren nur sehr klein.

[817] S. Schieder, Friedrich der Große, S. 65, Duffy, Friedrich der Große, S. 331 und Bleckwenn, Unter dem Preußen-

(Gefreitenkorporale) und die Kadetten[818] während des Siebenjährigen Krieges „blutjung" in die Armee gezogen worden waren, sind zwei zusätzliche Auswertungen vorgenommen worden[819]:

	Leben / Dienst 1740, 06 - 1745, 12		Leben / Dienst 1746, 01 – 1751, 01		Leben / Dienst 1751, 02 - 1756, 07	
Gefreitenkorporal/ Junker	20 /	3	20 /	3	20 /	3
Fähnrich/Kornett	18 /	4	22 /	5	23 /	6
Leutnant	26 /	10	32 /	13	29 /	13
Sekondleutnant	21 /	7	26 /	9	27 /	11
Premierleutnant	24 /	10	31 /	14	34 /	17
Stabskapitän/-rittmeister	24 /	12	35 /	17	32 /	17
Kapitän/Rittmeister	31 /	16	37 /	20	40 /	23
Major/Oberstwachtmeister	33 /	20	42 /	26	44 /	28
Oberstleutnant	41 /	24	39 /	24	43 /	27
Oberst	38 /	23	44 /	28	47 /	32
Generalmajor	43 /	28	48 /	30	49 /	35
Generalwachtmeister	-		-		-	
Generalleutnant	48 /	36	52 /	37	47 /	33
General	66 /	51	65 /	50	72 /	51
Generalfeldmarschall	59 /	43	64 /	45	75 /	57
Dienstbeginn durchschnittlich mit:	15 Jahren		16 Jahren		16 Jahren	

Anhand dieser Tabelle läßt sich erkennen, daß für alle Dienstgrade das Lebens- und Dienstalter zwischen 1740 und 1756 kontinuierlich angestiegen ist. Zwischen 1740 und 1745 war nicht nur das Lebensalter, sondern auch das Dienstalter in den beiden entscheidenden Rängen (Kapitän/Rittmeister und Oberst) niedriger als vor 1740, d. h. die Offiziere konnten rascher in die genannten Positionen aufrücken als noch unter Friedrich Wilhelm I.. Der Untersuchungszeitraum von 1746 bis 1751 zeigt dagegen die Konsolidierungsphase der preußischen Armee, was sich u. a. darin äußert, daß das Lebens- und Dienstalter der Kapitäne/Rittmeister und Obristen deutlich angestiegen ist. Ein Offizier mußte also länger auf diese begehrten Chargen und die damit verbundenen Einnahmen warten. Die zwei Kriege, die Preußen zwischen 1740 und 1745 geführt hatte, haben diesen Anstieg augenscheinlich nicht beeinflußt, denn die Offiziersverluste im Krieg

---

Adler, S. 203.
[818] Bei diesen entschied der König, mit welchem Dienstgrad sie in die Armee eintraten. So gab es Kadetten, die als Gefreitenkorporale bei den Regimentern plaziert wurden, es gab aber auch einige, die als Fähnriche oder sogar als Sekondleutnante zu ihren Einheiten kamen.
[819] Der erste Berechnungszeitraum erstreckt sich vom Regierungsantritt Friedrichs II. im Juni 1740 bis zum Ende des Zweiten Schlesischen Krieges. Die folgenden zehn Jahre bis zum Ausbruch des Siebenjährigen Krieges wurden aus Gründen der Vergleichbarkeit in zwei fünfjährige Abschnitte aufgeteilt.

sollten eigentlich ein rascheres Avancieren ermöglicht haben. Den Abgangslisten zufolge, die für fünfzig Prozent der Regimenter vorliegen, fielen in den beiden Kriegen 213 Offiziere, was bei einem Gesamtbestand von 4146 Offizieren (Stand 1743) einen Anteil von etwas mehr als fünf Prozent ausmachte.[820] Bei der Bewertung dieser Zahl muß berücksichtigt werden, daß ein großer Teil der Armee noch von den vor 1740 aufgestellten Regimenter gebildet wurde. Sie trugen auch die Hauptlast in den ersten beiden Schlesischen Kriegen.

Bei der Infanterie liegen für 26 von den 32 (= 81,2 %) bis 1740 aufgestellten Regimentern Abgangslisten vor. Bei den Kürassieren sind bei acht der insgesamt zwölf (= 66,6 %) im Jahre 1740 bestehenden Regimentern Angaben über die Abgänge zu finden. Bei den Dragonern gibt es von fünf der insgesamt sieben (= 71,4 %) vor dem Jahr 1740 gegründeten Regimenter Abgangslisten. Bei den Husaren findet sich bei den beiden vor 1740 aufgestellten Einheiten lediglich für Nr. 2 eine derartige Liste. Damit gibt es insgesamt von 75,4 % der „alten" Regimenter Abgangslisten. Die angegebenen Verlustzahlen dürften daher nahezu die Gesamtzahl der tatsächlichen Kriegsverluste darstellen, allerdings müßte ein gewisser nicht zu beziffernder Zuschlag hinzugezählt werden. Entsprechend gering blieb daher die Auswirkung der Verluste auf das durchschnittliche Lebens- und Dienstalter. Die preußische Armee ging im August 1756 mit einem relativ „alten" Offizierkorps in den Krieg, so waren z. B. die Kapitäne mit 40 Jahren und fast zwei Dutzend Dienstjahren älter als in jedem anderen ausgewerteten Zeitraum. Zudem verfügte die Armee bereits bei den Premierleutnanten, die auf durchschnittlich 17 Dienstjahre zurückblickten, über Offiziere mit Lebens- und großer Kriegserfahrung.[821] Drastisch änderte sich dieses Bild im Siebenjährigen Krieg[822]:

---

[820] Die Zahl derjenigen Offiziere, die in diesen beiden Kriegen zu dienstunfähigen Invaliden wurden, läßt sich aus den Listen nicht erschließen.
[821] Vgl. dazu auch Jany, Geschichte der Preußischen Armee, Bd. 2, S. 222f., der ähnliche Aussagen über die Altersstruktur des preußischen Offizierkorps vor dem Siebenjährigen Krieges macht.
[822] Auch wenn aus dieser Zeit nur wenige Ranglisten vorliegen, wurden diese ausgewertet, um zumindest einen gewissen Anhaltspunkt zu haben, wie sich Lebens- und Dienstalter veränderten. Der erste Berechnungszeitraum ist der Siebenjährige Krieg, die folgenden 23 Jahre wurden in zwei Abschnitte geteilt.

	Leben / Dienst 1756, 08 - 1763, 02		Leben / Dienst 1763, 03 - 1773, 03		Leben / Dienst 1773, 04 - 1786, 08	
Gefreitenkorporal/ Junker	17 /	2	17 /	1	17 /	2
Fähnrich/Kornett	18 /	4	21 /	4	21 /	5
Leutnant	30 /	13	27 /	10	28 /	12
Sekondleutnant	15 /	5	24 /	8	24 /	10
Premierleutnant	22 /	10	31 /	14	34 /	17
Stabskapitän/ -rittmeister	24 /	11	30 /	15	35 /	19
Kapitän/Rittmeister	30 /	16	37 /	20	33 /	19
Major/Oberstwachtmeister	33 /	20	43 /	26	41 /	26
Oberstleutnant	42 /	29	47 /	31	39 /	24
Oberst	42 /	30	49 /	32	41 /	28
Generalmajor	49 /	32	50 /	31	54 /	38
Generalwachtmeister	-		-		-	
Generalleutnant	40 /	28	56 /	39	57 /	37
General	-		55 /	39	48 /	29
Generalfeldmarschall	87 /	70	54 /	31	55 /	19
Dienstbeginn durchschnittlich mit:	13 Jahren		16 Jahren		15 Jahren	

Im Siebenjährigen Krieg fielen bei fast allen Offiziersdienstgraden das durchschnittliche Lebens- und Dienstalter, besonders stark bei den Sekondleutnanten und den Premierleutnanten. Hier sind die Auswirkungen des Krieges deutlich zu fassen, denn die Zahl der gefallenen bzw. tödlich verwundeten Offiziere erlaubte den Überlebenden einen rascheren Aufstieg in der Tour. Von 4276 Offizieren (Stand Dezember 1755) fielen im Siebenjährigen Krieg 872, das waren mehr als 20 %. Die tatsächlichen Verluste an Offizieren dürften höher liegen, da - wie oben erwähnt - lediglich von 50 % aller Regimenter Abgangslisten vorliegen. Da bei der Infanterie für 41 von den 49 (= 83,6 %) im Jahre 1756 existierenden Feldregimentern eine derartige Liste vorliegt, sind die Verlustzahlen bei der Infanterie wahrscheinlich nahe an der tatsächlichen Gesamtzahl. Bei den Kürassieren gibt es für neun der dreizehn Regimenter (= 69,2 %) eine Abgangsliste. Etwas ungünstiger sieht es bei den Dragonern aus, bei denen von zwölf Regimentern nur sieben (= 58,3 %) eine Abgangsliste haben. Bei den Husaren gibt es eine derartige Liste von fünf der neun Regimenter (= 55,5 %). Damit liegen von 74,6 % aller Regimenter, die im Siebenjährigen Krieg gekämpft haben, Abgangslisten vor. Auch bei diesen Verlustangaben muß daher ein gewisser Zuschlag zugerechnet werden.

Den obigen Angaben zufolge scheint es zuzutreffen, daß die jungen Adligen bzw. die Kadetten noch als Knaben in die Regimenter kamen, denn das durchschnittliche Alter bei Dienstbeginn sinkt auf den niedrigen Wert von 13 Jahren. Möglicherweise wurde zur Ersetzung der Offiziersverluste auch überproportional auf die Kadettenanstalten zurückgegriffen. Besonders der Wert der

„Sekondleutnante" mit 15 Jahren bei 5 Dienstjahren, was einen Diensteintritt mit 10 Jahren bedeutet, begünstigt eine solche Vermutung. Da aber die Zahlen bei den „Gefreitenkorporalen" - der Dienstgrad, mit dem die jungen Männer in der Regel in die Regimenter traten - mit 17 Lebensjahren bei 2 Dienstjahren nicht so dramatisch absinken, könnte es sein, daß die Werte bei den Sekondleutnanten aufgrund der schmalen Datenbasis nicht repräsentativ sind. Zwischen 1763 und 1773 stiegen die Werte allgemein wieder an, so daß annähernd die Vorkriegssituation erreicht wurde. Auch von 1773 bis 1786 stiegen das Lebens- und Dienstalter für die Dienstgrade „Gefreitenkorporal" bis „Stabskapitän" weiter an.

Laufbahnbedingungen: Ambition und „Leistung" versus Anciennität

Die wichtigste Voraussetzung, über die ein preußischer Offizier, der avancieren wollte, verfügen mußte, war wie erwähnt die „Ambition". Das hieß, der Offizier sollte im Dienst seine Pflicht und Schuldigkeit erfüllen. Allerdings erwarteten Friedrich Wilhelm I. und Friedrich II. von ihm, daß er sich seiner Pflichten nicht einfach entledigte, sondern dies mit Eifer und Gewissenhaftigkeit tat. Die Ambition eines Offiziers sollte sich darin äußern, daß er die dienstlichen Aufgaben im Sinne des Monarchen möglichst gut bewältigte. Die Forderung nach ambitionierten Offizieren galt nicht nur für die höheren Ränge. Dies ist aus der Vorrede zu entnehmen, die Friedrich II. zum Auszug aus Quincys „Kriegsgeschichte Ludwigs XIV." verfaßt hat. Dort stellte er fest, daß jeder Offizier, der als tüchtig gelten will, über eine Fülle von Kenntnissen und Talenten verfügen müsse.[823] In dieser Vorrede wendete er sich gegen die Offiziere, die nur das Nötigste taten und dann erwarteten, nach entsprechender Dienstzeit befördert zu werden: *„Lange gedient haben und gut gedient haben halten sie für das gleiche, und kann man ihnen keine grobe Pflichtwidrigkeit vorwerfen, so sind sie mit sich selbst durchaus zufrieden."*[824] Es wird deutlich, daß der König unter einem guten Offizier einen Offizier verstand, der Ambition besaß, d. h. der ständig bemüht war, mehr als nur seine Pflicht zu tun. Allerdings, so mußte er in dieser Vorrede selber bedauernd einräumen, waren diese Offiziere die Ausnahme und nicht die Regel.[825] Mit seiner Formulierung von dem „lange gedient haben" meinte der König die Beförderung nach dem Anciennitätsprinzip. Daß Friedrich von seinen Offizieren Ambition verlangte, wenn sie zügiger aufsteigen wollten, läßt den Konflikt zwischen den sich widersprechenden Beförderungsprinzipien erkennbar werden: der Anciennität auf der einen

---

[823] S. Meier-Welcker, Offiziere im Bild, S. 152.
[824] Ebd..
[825] S. ebd..

und dem Leistungsgedanken auf der anderen Seite.[826] Gemäß der Anciennität stand jedem Offizier grundsätzlich der Weg bis in die Spitzendienstgrade offen, solange er seine Pflicht erfüllte. Das Anciennitätsprinzip galt für alle Offiziere ohne Unterschied ihres Standes und ihrer Bildung. Der preußische Adel, der den Großteil der Offiziere stellte, war im wesentlichen gesellschaftlich gleichgestellt und gleichberechtigt. Mit dieser Gleichheit war nur schwer zu vereinbaren, daß ein einzelner Offizier infolge militärischer Leistungen oder anderer persönlicher Qualitäten seine Standesgenossen und Offizierskameraden überflügelte. Ein Aufstieg nach dem Dienstalter dagegen widersprach nicht der Selbsteinschätzung und dem Status, der für das Offizierkorps von grundlegender Bedeutung war. Diesem Kodex zufolge besaß jeder Offizier das gleiche Maß an Ehre. Aus diesem Grund konnte ein preußischer Offizier die Bevorzugung eines Kameraden in der Beförderung unter Umständen als Verletzung der eigenen Ehre auffassen.

Als Beleg dafür kann auf einen Fall verwiesen werden, der in der Abgangsliste des Infanterieregiments Nr. 7 zu finden ist. Dort wird nämlich zu der Dimission des Majors v. Kahlenberg (1764) angemerkt: *„weil er geglaubt, daß ihm im Avancement Unrecht geschehen sei"*. Auch die Generalmajore v. Finckenstein und v. Schönaich beschwerten sich beim König, daß ihnen bei der Beförderung zum Generalleutnant andere vorgezogen worden waren.[827] Die strenge Einhaltung des Anciennitätsprinzip vertrug sich mit dem „point d'honneur", weil dadurch die Beförderung eines Offiziers nach einem starren und unpersönlichen Schema erfolgte. Gerade diese strenge Beachtung ermöglichte paradoxerweise die Beförderungen außer der Reihe. Da die Ausnahmen in ihrer Zahl beschränkt blieben und auch als solche von den Offizieren angesehen wurden, konnten sie vom Offizierkorps toleriert werden, wurde doch durch ihren Ausnahmecharakter letztlich bestätigt, daß das eigentliche Beförderungsprinzip das der Anciennität war.

Der offensichtliche Nachteil der Anciennität lag allerdings darin, daß sie nicht nur keinen Anreiz bot, außergewöhnliche Leistungen zu erbringen, sondern dieses System geradezu leistungsfeindlich war. Ein Offizier sollte sein Pflicht erfüllen und konnte dann erwarten, seinem Dienstalter entsprechend, befördert zu werden. Jeder Versuch eines Offiziers, durch besondere Leistungen

---

[826] An dieser Stelle sei darauf verwiesen, daß einer der Unterschiede zwischen der preußischen und der österreichischen Armee darin bestand, daß innerhalb des österreichischen Offizierkorps sich das Verhältnis zwischen Anciennität und Leistung bei Beförderungen etwas anders gestaltete. Das Anciennitätsprinzip hat sich nämlich in der österreichischen Armee nicht so weitgehend durchgesetzt wie in der preußischen Armee. So hat z. B. Maria Theresia größeren Wert auf die Leistung der Offiziere gelegt, weil eine ausschließliche Anwendung des Anciennitätsprinzips ihrer Ansicht nach den dienstlichen Eifer der Offiziere abgeschwächt hätte. In dieser Hinsicht gibt es Übereinstimmungen mit Friedrich II., wie die weitere Darstellung in obigem Text belegen wird. Zu der Beförderungspraxis in der österreichischen Armee vgl. Zimmermann, Militärverwaltung, S. 136ff. und Duffy, The Army of Maria Theresa, S. 43f..

[827] S. Kluth, Die Ehrauffassung, S. 176f..

aufzufallen und schneller zu avancieren, mußte von den Kameraden als Bedrohung des gesamten Systems und als Gefährdung ihrer eigenen Beförderungschancen angesehen werden. Ein Offizier, der sich also nicht den „Zorn" der anderen Offiziere zuziehen wollte, mußte darauf warten, bis er gemäß dem Dienstalter an der Reihe war befördert zu werden. Mit dem Anciennitätsprinzip wurde demnach ein konformes Verhalten gefördert, welches das dienstliche Verhalten der Offiziere regelte. An dieser Stelle wird ein Konflikt zwischen dem Anspruch des Monarchen und dem der Offiziere deutlich, der darin bestand, daß sowohl Friedrich Wilhelm I. als auch Friedrich II. einen anderen Begriff von „Ehre" hatten als die Offiziere, wie weiter oben bereits ausgeführt wurde. Beide hatten den Offizieren eine Art „Dienstethos" vermitteln wollen, damit diese ihre Pflicht und Schuldigkeit im Sinne der beiden Könige erfüllten. Eine so verstandene „Ehre" ließ sich daher mit der Forderung nach Ambition verbinden. Aus diesem Grund konnten sich die Offiziere in den Augen der beiden Monarchen nicht auf die „Ehre" berufen, wenn nicht jeder Offizier auf der Grundlage des Anciennitätsprinzip befördert wurde, denn ein Offizier mußte auch Ambition zeigen, d. h. seinen dienstlichen Pflichten so nachkommen, wie es der König erwartete. Dies war aber mehr als nur das „Absitzen" einer bestimmten Zeitspanne bis zur nächsten Beförderung, wie es Friedrich II. im obigen Zitat angesichts der Offiziere, die lange dienen mit gut dienen gleichsetzten, formuliert hat. Hätten sich die Offiziere darauf verlassen können, streng nach dem Dienstalter befördert zu werden, hätten die Könige sich selber in ihren Möglichkeiten beschnitten, Einfluß auf die Qualität des Offizierkorps zu nehmen. Dies hätte zudem auch ihrem Herrschaftsverständnis widersprochen. Aus eben diesem Grund gab es auch keine schriftliche Beförderungsordnung. Das Anciennitätsprinzip ist daher auch eher als ein ungeschriebenes Gesetz zu verstehen, das von den Monarchen nur insoweit anerkannt wurde, wie es ihren Interessen entsprach. Allerdings haben sie dieses Interesse nicht ohne Rücksicht auf das Selbstverständnis der Offiziere durchgesetzt. Es kam vor, daß der Monarch einer Beförderung aus bestimmten Gründen nicht zustimmen wollte oder ein rascheres Avancement eines Offiziers wünschte.[828] Der Widerspruch zwischen dem Leistungsgedanken und dem Anciennitätsprinzip wurde dadurch überbrückt, daß der Monarch aufgrund einer Beurteilung[829] der dienstlichen Leistungen eines Offiziers entschied, ob dieser

---

[828] Aufgrund dieser Ergebnisse kann nicht mehr daran festgehalten werden, daß die Beförderungen strikt gemäß der Anciennität erfolgten, wie dies bei Kroener, Armee, Krieg, S. 104 und Peter Dieners, Das Duell und die Sonderrolle des Militärs. Zur preußisch-deutschen Entwicklung von Militär- und Zivilgewalt im 19. Jahrhundert, Berlin 1992, S. 35 zu finden ist. Auch Einschränkungen Dieners, wonach es in Kriegszeiten Ausnahmen von dieser Regel gab, treffen nicht zu, denn Beförderungen außer der Reihe gab es auch im Frieden, wie sie im weiteren Verlauf der Arbeit noch aus den Regimentslisten belegt werden.

[829] Grundlage für diese Beurteilungen waren die sogenannten „Conduiten-Listen", die seit 1714 von den Regimentschefs bzw. -kommandeuren einmal jährlich an den König übersandt werden mußten. In diesen Listen sollten sie dem König wahrheitsgetreu - andernfalls drohte ihnen die Kassation - über die Conduite der Offiziere berichten, ob der Offizier ein

gemäß der Anciennität avancieren durfte oder nicht.[830] Mit der Beförderung außerhalb der „Tour"

hatten Friedrich Wilhelm I. und Friedrich II. ein Instrument in der Hand, das Offizierkorps in ihrem

Sinne zu formen, d. h. sie konnten die fähigen Offiziere fördern, die durchschnittlichen gemäß der

Anciennität befördern und die schlechten Offiziere in einer subalternen Position festhalten. Die

Beförderung nach Leistung war allerdings subjektiver als die starre Anciennität, die nur das

Dienstalter berücksichtigte. Ihre Beurteilung hing vom Regimentschef- bzw. -kommandeur ab, der

die Conduitelisten an den Monarchen schickte, und von der Person des Königs, der aufgrund dieser

Listen und seines persönlichen Eindrucks - sofern ihm der Offizier bekannt war - ein Urteil über

den Mann traf.

Ein Offizier benötigte ein gewisses Maß an Glück, um den König auf sich aufmerksam zu machen.

Denn er mußte die Chance erhalten, sich in einer bestimmten Situation zu bewähren, sei es in einer

Schlacht oder in einer Revue, und er mußte dies erfolgreich tun. Darüber hinaus mußten der König

persönlich oder einer seiner Beauftragten diese besondere Leistung zur Kenntnis nehmen. All

diesen Bedingungen ist eins gemeinsam, ihr zufälliger Charakter. Hieran wird deutlich, daß die

„fortune", die sich einer objektiven Meß- und Vergleichbarkeit entzog, wichtige Voraussetzung des

Verdienstes war: *„Ein Glückskind zu sein im Sinne des bekannten königlichen Ausspruchs 'meine*

Officiers müssen Fortune haben', das war das Wesentliche"[831]. Eine prägnante Zusammenfassung

dessen, was zuvor über „Leistung" bemerkt wurde, enthält die folgende Passage aus dem Testament

Friedrichs II. von 1768: *„Augenblicklich befördere ich die besten Hauptleute der Armee, die ich*

kenne oder von denen man mir ein gutes Zeugnis gibt, und mit ihnen besetze ich die Stellen, von

denen unauffällig die Personen entfernt werden, die wenig für ihre Aufgaben taugen."[832]

Friedrich Wilhelm I. hat sich zu Gunsten des Leistungsgedankens nicht immer an das

Anciennitätsprinzip gehalten, obwohl er vor seinem Regierungsantritt 1713 verkündet hatte, dieses

bei seinen Offizieren - auch den Generalen - anzuwenden. Daß er trotzdem Ausnahmen machen

wollte, ist aus dem Reglement von 1726 zu entnehmen, in dem er schrieb, daß ein Offizier als

---

„Säufer" sei oder dumm oder ob er einen *„guten Verstand und einen offenen Kopf"* habe, Reglement vor die Königl. Preußische Infanterie von 1726, S. 561f. und Reglement für die Königl. Preußische Infanterie von 1743, Bd.2, S. 586f.. Da die „Conduiten-Listen" im Zweiten Weltkrieg vernichtet wurden, sind Beispiele über die Beurteilung von Offizieren nur bei Jany, Geschichte der Preußischen Armee, Bd. 2, S. 227f. zu finden. So schrieb z. B. der Kommandeur des Dragonerregiments Ansbach-Bayreuth (Nr. 5), dem Friedrich II. eingeschärft hatte, die Offiziere kurz zu halten, weil bei ihnen das „Saufen" eingerissen sei, über einige Offiziere: *Ein Schlesischer Reichsgraf, braucht viel Geld und hat niemals etwas.", „Ungemein tum* [dumm] *und wird schwerlich klüger werden.", „Hat Verstand genug, aber keine Konduite, kann kein Geld leiden und macht aller Orten Schulden."*
[830] S. Papke, Offizierkorps und Anciennität, S. 184.
[831] Wohlfeil, Die Beförderungsgrundsätze, S. 39.
[832] Dietrich, Die politischen Testamente, S. 587.

Belohnung für die Bewährung in der Schlacht außer der Reihe befördert werden könne.[833]

Bevorzugtes Avancement konnten auch die Kompaniechefs erwarten, die in ihrer Kompanie besonders viele „Lange Kerls" stehen hatten.[834] Friedrich II. bestimmte 1745 in einer Kabinettsordre, daß die Subaltern- und die Stabsoffiziere in der Regel nach ihrem Dienstalter befördert werden sollten. Wenn ein Regimentskommandeur einen Offizier beim Avancement übergangen wissen wollte, mußte er dies dem König gegenüber begründen. Während des Siebenjährigen Krieges hat der König in zwei Kabinettsordres seinen Offizieren angekündigt, daß er sich bei Beförderungen vom Oberst an aufwärts nicht mehr an das Rangdienstalter halten wolle.[835] In der Instruktion an die Kommandeure der Infanterieregimenter vom 11. Mai 1763 legte er schließlich fest, daß die Anciennität beim Avancement nur bis zum Dienstgrad des Oberstleutnants einschließlich zur Anwendung kommen werde.[836] 1778 hat Friedrich II. bestimmt, daß Offiziere, die sich im Krieg durch besondere Tapferkeit oder Fähigkeit auszeichneten, eine Beförderung um einen Rang erwarten konnten.[837] In der Praxis hat Friedrich II. das Anciennitätsprinzip aber nur gelegentlich gebrochen, um bewährte Offiziere außer der Reihe zu befördern.[838] Bereits 1742 hat er zu dieser Maßnahme gegriffen. Da ihm bewußt war, wie ungewöhnlich dieses Avancement außerhalb der „Tour" war, sah er sich genötigt, sein Verhalten in einem Tagesbefehl an die Armee zu rechtfertigen: *„Dar aber unterschidene Officiers bei dieser action [Schlacht bei Chotusitz] besonders vohr anderen sich Distinguiret haben und Es dem Könige bekandt ist das Solche Ehrlibende officiers mit Geld oder andern recompensen nicht genug zu belohnen Seindt, also halten Sie es vohr Ihre Schuldigkeit Solche durch extraordinaires avansement zum besten der armé dißes Mahl außer ihrem ranc zu avansiren. Ihre Majestet Seindt versichert das Ihnen Solches kein fernünftiger officir verdenken wirdt. Sondern das alle officirs die gewiße bei Einer anderen ocasion sich eben So Distinguiren werden als die genige So Dießes exstraordinaire*

---

[833] S. Reglement vor die Königl. Preußische Infanterie von 1726, S. 363. Die entsprechende Regelung wurde auch in das Reglement für die Königl. Preußische Infanterie von 1743, Bd. 1, S. 349 übernommen. Das gleiche gilt auch für die Reglements der übrigen Truppengattungen, mit Ausnahme der Garnisonregimenter.

[834] S. Reglement vor die Königl. Preußische Infanterie von 1726, S. 552.

[835] S. Black, Die Grundzüge, S. 112.

[836] S. ebd..

[837] S. Black, Die Grundzüge, S. 113. Im Testament von 1768 dagegen schrieb Friedrich, daß ein Offizier, der sich besonders ausgezeichnet hatte, sogar um zwei Dienstgrade befördert werden sollte, s. Dietrich, Die politischen Testamente, S. 541. Da dieses Testament aber lediglich für den Nachfolger des Königs gedacht war, ist u. a. auch dieser Passus geheim geblieben. Es läßt sich nicht mehr überprüfen, ob Friedrich II. diese Willensbekundung auch in die Praxis umgesetzt hat.

[838] Friedrichs Ansicht, daß das Dienstalter allein nicht ausreiche, sich eine Beförderung zu verdienen, unterstreichen die folgenden beiden Randbemerkungen, die er auf Beförderungsgesuche geschrieben hat: *„Ich habe einen Haufen alter Maulesel im Stall, die Länge der Dienstzeit macht aber nicht, daß sie Stallmeister werden."* und *„ Das Regiment* [des um seine Beförderung nachsuchenden Offiziers] *ist beständig vor dem Feinde gelaufen und muß er notwendig allerwegens mitgelaufen sein, ich avanciere die Offiziere, die den Feind geschlagen haben.",* zit. aus: Apel, Der

avansement angehet Solches gerne sehen werden also kan es Nuhr ein Huntzfotz seindt wehr auf Dießes was zu sagen findet, und Müßen exstraordinairen actions extraordinairen belohnungen haben."[839] Besonders die drei Kriege boten dem König Gelegenheit, aber auch Anlaß, Offiziere, die sich ausgezeichnet hatten, durch bevorzugtes Avancement zu belohnen. So stieg Hans Joachim v. Zieten zwischen 1741 und 1744 vom Major bis zum Generalmajor auf. Bogislaw Friedrich v. Tauentzien avancierte in vier Jahren vom Kapitän zum Generalleutnant, Dubislaw Friedrich v. Platen in drei Jahren vom Kapitän zum Generalmajor, und Karl Heinrich v. Wedell war 1756 noch Oberstleutnant und avancierte bis 1759 zum Generalleutnant.[840] Es gab aber auch Subalternoffiziere, die für außergewöhnliche militärische Leistungen außer der Reihe befördert wurden. So stieg Wolf v. Natzmer für seine Leistungen in den ersten beiden Schlesischen Kriegen innerhalb von etwas mehr als vier Jahren vom Leutnant zum Oberstleutnant und Kommandeur des Husarenregiments Nr. 8 auf.[841] Friedrich II. hat aber nicht nur nach gewonnenen Schlachten Offiziere befördert. So wurde Friedrich Wilhelm v. Seydlitz für seinen erfolgreichen Angriff bei der letztlich verlorenen Schlacht von Kolin (1757) zum Generalmajor befördert. Vom Dragonerregiment v. Normann (Nr. 1) wurden für denselben Angriff ein Major zum Oberst und alle Schwadronchefs (Majore und Rittmeister) zu Oberstleutnanten befördert.[842] Oberstleutnant Friedrich Christoph v. Saldern, der nach der Niederlage bei Hochkirch (1758) den Rückzug der Armee erfolgreich schützte, wurde dafür zum Generalmajor befördert.[843] In anderen Quellen, wie den erwähnten Autobiographien oder - mit Einschränkungen - den verschiedenen Regimentsgeschichten lassen sich Beispiele dafür finden, daß ein Offizier aufgrund einer hervorragenden Leistung dem Monarchen aufgefallen ist und von diesem dafür außer der Reihe befördert wurde. Allerdings müssen auch diese Beispiele daraufhin überprüft werden, ob die versprochene Beförderung durch den Monarchen tatsächlich vollzogen wurde. Zumindest ein Beispiel findet sich, daß ein angeblich aufgrund besonderer Leistung vom Monarchen beförderter Offizier in Wahrheit nicht befördert wurde bzw. lediglich gemäß der Anciennität aufstieg. So soll z. B. der Kornett v. Quernheim vom Husarenregiment Nr. 2 für seine Taten in der Schlacht bei Leuthen (1757) zum Rittmeister avanciert sein.[844] Dagegen schreibt v. Barsewisch, daß General v.

Werdegang, S. 39.
[839] Dieses Zitat stammt aus einem Faksimile des eigenhändigen königlichen Originals, das bei Hoven, Der preußische Offizier, S. 117f. abgedruckt ist.
[840] S. v. Crousaz, Das Offizier-Corps, S. 29.
[841] S. Gneomar Ernst v. Natzmer, Georg Christoph von Natzmer - Chef der weißen Husaren - ein Beitrag zur Geschichte der Armee Friedrichs II., Hannover 1870, S. 91.
[842] S. Kluth, Die Ehrauffassung, S. 182.
[843] S. ebd..
[844] S. zur Lippe-Weissenfeld, Vom großen König. Aus Anlass der Säcular-Erinnerung an den Hubertusburger Frieden,

Zieten, Chef des Husarenregiments Nr. 2, den König gebeten hat, den Kornett nicht direkt zum Rittmeister zu befördern, weil dies innerhalb des Regiments den Unwillen der Offiziere erregen werde. Der Kornett solle besser warten, bis er gemäß der „Tour" zum Rittmeister befördert werden könne. Von Barsewisch schreibt weiter, daß der Kornett erst später gemäß der Anciennität zum Rittmeister avanciert sei.[845] Tatsächlich zeigt die Rangliste des Regiments aus dem Jahre 1766, daß ein Kaspar v. Quernheim als Premierleutnant in der zehnten Kompanie diente.

In den Abgangslisten sind allerdings zahlreiche Beispiele, von denen hier nur eine kleine Auswahl gegeben werden kann, dafür zu finden, daß Offiziere auch im Frieden außerhalb der Tour befördert wurden und dies ebenfalls Subalternoffiziere betraf:

Infanterieregiment Nr. 1:
- Im Januar 1732 wird Kapitän Jakob Christoph v. Massow zum Oberstleutnant befördert und zum (Stadt-) Kommandanten in Draheim (Hinterpommern) ernannt.
- Im Januar 1747 wird Premierleutnant Anton Bogislaw v. Kameke zum Knobelsdorffschen Garnisonregiment (Nr. 8) versetzt bei gleichzeitiger Beförderung zum Major.

Infanterieregiment Nr. 11:
- Im Jahr 1753 wird Kapitän Christian Ludwig v. Taubenheim als Oberst zum Garnisonregiment v. Bosse (Nr. 6) versetzt.

Infanterieregiment Nr. 13:
- 1738 wird Leutnant v. Sydow als Kapitän zum Infanterieregiment v. Derschau (Nr. 18) versetzt.

Infanterieregiment Nr. 26:
- Im Jahr 1733 wird Leutnant v. Wallenrodt als Major zum Infanterieregiment v. Jeetze (Nr. 30) versetzt.

Infanterieregiment Nr. 27:
- 1760 erhält Major v. Zieten unter Beförderung zum Generalmajor das Regiment v. Bredow (Nr. 43).
Infanterieregiment Nr. 46:
- Im April 1763 wird Sekondleutnant v. Klinckowström als Kapitän zum Regiment v. Syburg (Nr. 16) versetzt.

Kürassierregiment Nr. 2:
- 1758 erhält Oberstleutnant Jakob Friedrich v. Bredow als Generalmajor das Kürassierregiment Prinz von Schönaich-Carolath (Nr. 9).

Kürassierregiment Nr. 10:
- Im Oktober 1756 wird Leutnant Friedrich Wilhelm Gottfried Arnold v. Kleist als Major zum Husarenregiment v. Szekely (Nr. 1) versetzt.[846]
- Im Jahr 1780 wird Stabsrittmeister Johann Heinrich v. Buddenbrock als Major zum Husarenregiment v. Usedom (Nr. 7) versetzt.

Dragonerregiment Nr. 5:
- Im Februar 1746 wird Leutnant Siegmund Friedrich v. d. Goltz als Kapitän zum Dragonerregiment v. Bonin (Nr. 4) versetzt.
- Im Februar 1766 wird Leutnant Anton Heinrich Friedrich v. Leckow als Major zum Husarenregiment v. Malachowski (Nr. 7) versetzt.

Potsdam 1863, S. 76.
[845] S. v. Barsewisch, Von Roßbach bis Freiberg, S. 46.
[846] Dieser starb 1767 als Generalmajor, d. h. daß v. Kleist innerhalb von nur zehn Jahren in diesen Rang aufgestiegen ist.

Wichtig für die Rangierung der Offiziere untereinander war das Datum an dem das Patent, mit dem die Beförderung schriftlich bestätigt wurde, ausgestellt worden war. Dies galt sowohl für die Subalternoffiziere, die nur innerhalb ihres Regiments rangierten, als auch für die Stabsoffiziere, die in der gesamten Armee rangierten. Es kam häufiger vor, daß die Daten der Patente nicht mit denen der tatsächlichen Beförderung übereinstimmten. So konnte es geschehen, daß der König einen Offizier mündlich oder brieflich avancierte, daß die Kriegskanzlei, die für die Ausstellung der Patente verantwortlich war, aber erst später davon in Form der monatlichen Ranglisten der Regimenter erfuhr. Die Kriegskanzlei stellte dann ohne weitere Anweisung von Seiten des Königs ein Patent für den Offizier aus. In einigen Fällen hat Friedrich bei einer Beförderung das Datum des Patents selber festgelegt, so z. B. bei Hans Karl v. Winterfeldt. Dieser war 1745 zum Generalmajor befördert worden, erhielt aber ein Patent für das Jahr 1743 und rangierte damit vor den Generalmajoren, die in der Zwischenzeit avanciert waren.[847] Im Jahre 1745 hatte der König auch befohlen, daß alle Generalleutnante, die 1743, 44 und 45 ernannten worden waren, auf das Jahr 1742 datierte Patente bekommen sollten.[848]

Einige der im Avancement bevorzugten Offiziere waren bei ihren Kameraden nicht sehr beliebt.[849] Vor allem zwei enge Vertraute des Königs wurden aufgrund ihres raschen Aufstiegs im Offizierkorps angefeindet. Der eine war Hans Karl v. Winterfeldt, der bereits mit 38 Jahren Generalmajor[850] wurde, und der zweite war Heinrich Wilhelm v. Anhalt, der mit 36 Jahren zum Generalmajor befördert worden war. Über letzteren schrieb Koser: *„In den Kreisen seiner zahlreichen Gegner galt Anhalt als der Mann, der das 'schwärzeste Herz mit dem besten militärischen Kopf verbinde', als der 'Tyrann der Armee'; er war gleichsam der Erbe des Hasses, der sich früher auf einen Winterfeldt entladen hatte.*"[851] Ihre Gegner warfen beiden Generalen vor, ihr ungewöhnliches Avancement lediglich der besonderen Vertrauensstellung zu verdanken, die sie bei Friedrich einnahmen. Auch die Karriere Friedrich Rudolfs Graf von Rothenburg, der bereits mit 31 Jahren Generalmajor und Chef des Dragonerregiments Nr. 3 wurde, stieß auf Ablehnung.

---

[847] S. Jany, Geschichte der Preußischen Armee, Bd. 2, S. 224.

[848] S. ebd..

[849] So hatte beispielsweise 1716 unter den Offizieren des II. und III. Bataillons des Königsregiments (Nr. 6) Unmut ausgelöst, daß die Offiziere des I. Bataillons vor denen der beiden anderen Bataillone rangierten. Erst 1737 verfügte Friedrich Wilhelm I., daß die Offiziere aller drei Bataillone seines Regiments untereinander rangierten. Vgl. dazu Kurt Zeisler, Die „Langen Kerls". Geschichte des Leib- und Garderegiments Friedrich Wilhelms I. Frankfurt a. M., Berlin 1993, S. 45.

[850] 1756 wurde er mit 49 Jahren Generalleutnant und Chef des Infanterieregiments Nr. 1. Winterfeldt bekam neben diesem angesehenen Regiment auch sein Patent vordatiert, wodurch er einige nach der Ancienität vor ihm liegende Generale übersprang. Außerdem erhielt er im selben Jahr den Schwarzen-Adler-Orden. Zu den Feinden Winterfeldts s. August v. Janson, Hans Karl von Winterfeldt, des Großen Königs Generalstabschef, Berlin 1913, S. 205 - 207.

[851] Koser, Geschichte Friedrichs des Großen, 4 Bde., Stuttgart 1914, Bd. 3, S. 181.

Der britische Gesandte Lawrence berichtete, daß v. Rothenburg gehaßt werde, weil er andere verleumde und herabwürdige.[852] Angesichts der Berichte von „Haß" und Neid ist allerdings zu fragen, wie sich dies mit dem Ehrverständnis der Offiziere vertrug. Der Kern des Problems ist wiederum, daß die Offiziere unter ihrer Ehre etwas anderes verstanden als der König. Für diese bedeutete nämlich die strenge Einhaltung der Anciennität eine Anerkennung ihres Ehrverständnisses, denn jeder Offizier besaß das gleiche Maß an Ehre. Die Offiziere waren der Ansicht, daß alle Subordinationsverhältnisse „eine Ehrwürdigkeit und eine Unveränderlichkeit durch die unwiderruflich festgestelle Anciennität"[853] besaßen. Ein bevorzugt beförderter Offizier mußte daher oft das Mißfallen seiner Kameraden hinnehmen, weil durch ihn das für alle geltende Prinzip durchbrochen wurde. „Haß" und Neid stehen damit im gewissen Gegensatz zu den sittlichen Normen (Ritterlichkeit!), die durch den Ehrenkodex aufgestellt werden. Zu derartigen Emotionen und konkreten Reaktionen konnte es kommen, weil die Grundsätze Friedrichs II. in der Beförderungsfrage die alten Vorstellungen durchbrachen, „nach denen alle Offiziere als Männer von feinem Ehrgefühl respektiert waren und vorausgesetzt wurde, daß sie ihren Verhältnissen vollkommen gewachsen waren"[854]. Friedrich legte größeren Wert auf die Fähigkeiten eines Offiziers als auf das Verdienst, das sich dieser durch eine lange Dienstzeit erworben hatte.[855] Die Offiziere tolerierten untereinander aber auch Ausnahmen. So haben die Laufbahnen von Friedrich Wilhelm v. Seydlitz[856], der es bereits mit 36 Jahren zum Generalleutnant und Chef eines Kürassierregiments (Nr. 8) gebracht hatte, und von Georg Konrad v. Goltz, der mit 39 Jahren Generalmajor und Chef des hoch angesehenen Kürassierregiments Nr. 10 geworden war, nicht die gleichen ablehnenden Reaktionen hervorgerufen.[857]

Neben der außerordentlichen Beförderung hatten die Monarchen auch noch die Möglichkeit, mit einem Beförderungsstopp oder gar der Entlassung die Laufbahn eines Offiziers zu beeinflussen. Friedrich Wilhelm I. z. B. hat nicht wenige Kapitäne kassiert, weil er mit deren Fortschritten bei der

---

[852] S. Wolfgang Petter, Hans Karl von Winterfeldt als General der friderizianischen Armee, in: Kunisch (Hrsg.), Persönlichkeiten im Umkreis Friedrichs des Großen (= Neue Forschungen zur Brandenburg-Preußischen Geschichte, Bd. 9), Köln, Wien 1988, S. 59 - 87, hier S. 72.
[853] Konstantin Friedrich v. Lossow (Hrsg.), Denkwürdigkeiten zur Charakteristik der preußischen Armee unter dem großen König Friedrich dem Zweiten. Aus dem Nachlass eines alten preußischen Offiziers, Glogau 1826, S. 67.
[854] Messerschmidt, Werden und Prägung, S. 53.
[855] S. dazu Messerschmidt, Werden und Prägung, S. 53.
[856] Bemerkenswert ist allerdings, was v. Blankenburg, Seydlitz, S. 71 schreibt. Er berichtet, daß einige Offiziere eifersüchtig auf den Erfolg von v. Seydlitz' waren, daß diese sich aber aufgrund des Ansehens, das der General in der Armee ansonsten genoß, nicht trauten, ihren Unmut deutlich zu formulieren. Ähnliches beschreibt er auch auf S. 68.
[857] Weitere Beispiele für ungewöhnliches Avancement finden sich bei: Petter, Winterfeldt, S. 71, v. Crousaz, Das Offizier-Corps, S. 29 und Lippe-Weißenfeld, Vom großen König, S. 76.

„Verbesserung" ihrer Kompanie nicht zufrieden war.[858] Seine Vorliebe für lange Soldaten erstreckte sich auch auf die Offiziere, wie der Fall Hans Joachim v. Zietens zeigt, der 1724 dimittierte, weil er mehrmals wegen seiner geringen Körpergröße beim Avancement übergangen worden war. Von vielen Offizieren gefürchtet wurden die jährlichen Revuen, weil beide Monarchen, wenn sie mit den dabei gezeigten Leistungen nicht zufrieden waren, den einen oder anderen Offizier im Avancement anhielten oder ihn gleich aus der Armee entließen.[859] Als Strafe für Dienstvergehen wurden z. B. 1762 einige Offiziere neben der Festungshaft um sechs Stellen im Avancement hinter Kameraden, die eigentlich nach ihnen rangierten, zurückgesetzt. Es kam sogar vor, daß alle Offiziere eines Regiments in der Beförderung angehalten wurden, wie z. B. die des Dragonerregiments „Ansbach-Bayreuth" (Nr. 5), was von Friedrich II. damit begründet wurde, daß bei diesen das „Saufen" eingerissen sei.[860] Offiziere des Husarenregiments v. Belling (Nr. 8) wurden bei anstehenden Beförderungen nicht berücksichtigt, weil sich das Regiment nach Ansicht des Königs 1772 in Polen unkorrekt verhalten hatte. Als der Major v. d. Schulenburg um seine Beförderung zum Oberstleutnant bat, antwortete ihm Friedrich: *„Das Regiment hat in Pohlen nichts gethan als geplündert und der armée Schande gemacht, sein négligence ist Schuld, daß das Regiment nicht in Ordnung, und wenn er es nicht wieder dahin bringt, werde, anstatt ihn zu avancieren, einen anderen Kommandeur bestellen."*[861]

Besonders in Kriegszeiten hatten Erfolg und Fortune großen Einfluß auf das Avancement der Offiziere, denn so Friedrich im Testament von 1768: *„Mehr als sonst sind im Kriege rasche Belohnungen und strenge Strafen nötig, weil das Verdienst geehrt werden muß, sowohl für sich selbst als um edlen Wetteifer bei den anderen zu erregen."*[862] Beispiele für Belohnungen in Form eines raschen Aufstieges sind oben geschildert worden. Strafen für Mißerfolge hat es in der preußischen Armee aber ebenfalls gegeben.[863] Vor allem im Siebenjährigen Krieg traf dies

---

[858] S. Jany, Die Kantonverfassung, S. 793.

[859] Vgl. dazu v. Scharfenort, Kulturbilder, S. 167 und Wenzel Anton Graf v. Kaunitz, Votum über das Militare 1762, in: Zeitgenössische Studien über die altpreußische Armee, mit einer Einleitung von Hans Bleckwenn (= Altpreußischer Kommiss, offiziell, offiziös und privat, Heft 18), Osnabrück 1974, S. 34.

[860] S. Jany, Geschichte der Preußischen Armee, Bd. 2, S. 227.

[861] Zit. aus: Edgar Graf v. Matuschka, Die Beförderung in der Praxis, in: Meier-Welcker, Untersuchungen zur Geschichte, S. 153 - 176, hier S. 156.

[862] Dietrich, Die politischen Testamente, S. 541.

[863] Wolfgang Lotz, Kriegsgerichtsprozesse des Siebenjährigen Krieges in Preußen. Untersuchungen zur Beurteilung militärischer Leistung durch Friedrich II., Frankfurt a. M. 1981, S. 86 nennt eine Reihe von Maßnahmen, die einen Offizier im Falle des Versagens treffen konnten, jeweils abhängig vom Ausmaß seiner persönlichen Schuld: 1. Kriegsgericht, 2. Enthebung vom Kommando, 3. Androhung eines Kriegsgerichts, 4. Arrest bzw. Androhung eines Arrests, 5. Verweise in scharfer und milderer Form, mit und ohne Androhungen von Sanktionen, 6. Anhalten in der Beförderung, Bevorzugung und Einschub fremder Offiziere (in dessen Regiment), 7. Äußerungen gegenüber Betroffenen, gleichsam als Kommentar zu den Geschehnissen mit der Folgerung des Ungenügens, 8. Betrachtungen über das Unvermögen eines Generals/Offiziers gegenüber Dritten ohne sofort spürbare Konsequenzen.

Offiziere, die in den Augen des Königs versagt hatten. So waren häufig die Kapitulationen von befestigten Städten Anlaß für Friedrichs Unwillen.[864] In einigen Fällen kam es deswegen zu Kriegsgerichtsverhandlungen gegen die verantwortlichen Offiziere.[865] Im Grunde aber richteten sich diese Verhandlungen an alle Offiziere, denen demonstriert werden sollte, daß der König diejenigen Offiziere, die ihrer Pflicht nicht genügten, zur Rechenschaft ziehen werde.

Strafen für Versagen trafen nicht nur einzelne Offiziere, sondern auch ganze Regimenter. Hatte eine Einheit nach Ansicht Friedrichs in einer Schlacht nicht ihre Pflicht und Schuldigkeit getan, mußte sie unter Umständen mit sofortiger Bestrafung oder mit einem lang anhaltenden Mißfallen des Königs rechnen. Ein Beispiel ist die Bestrafung zweier Bataillone des Infanterieregiments Anhalt-Bernburg (Nr. 3).[866] Nach Auffassung des Königs hatten diese bei der Belagerung von Dresden im Juli 1760 dem Feind nicht standgehalten und waren aus den Laufgräben geflohen. Dafür bestrafte der König die beiden Bataillone, indem er den Mannschaften und Unteroffizieren das Seitengewehr nahm und den Offizieren befahl, die Huttressen abzulegen.[867] Damit glichen sie äußerlich einer Garnisoneinheit. Friedrich äußerte sich später darüber, warum er zu dieser Maßnahme gegriffen hatte: *„Diese für jeden ehrliebenden Soldaten empfindliche Züchtigung machte guten Eindruck bei der Armee und feuerte das Bataillon* [muß hier heißen: die zwei Bataillone. Anm. d. Verf.] *an, seine Fehler wieder gut zu machen."*[868] Die genannten Maßnahmen des Königs sind belegbar, die „Reaktion" des gesamten Regiments Anhalt-Bernburg auf diese Maßregelung gehört allerdings in den Bereich der borussischen Legenden. Denn Archenholz, dessen populäres Werk das Bild über den Siebenjährigen Krieg stark beeinflußt hat[869], schreibt über das Verhalten des gesamten Regiments in der Schlacht bei Liegnitz (15. August 1760): *„Es stand das Regiment* [Anhalt-Bernburg] *im zweiten Treffen; Officier und der gemeine Mann forderten mit Ungestüm, gegen den Feind ins Feuer geführt zu werden. [...] Das laut tönende Feldgeschrey der Hallischen Officiere und Gemeine war: ‚Heute Ehre oder Tod! Ehre verlohren, alles verlohren! [...]' Mit wechselnd feuerndem und gefällten Gewehr brachen sie ein, errungen und beschleunigten den [...] Sieg."*[870] Mit dieser Beschreibung wird das Bild von dem im Kern ungebrochenen preußischen Heer verbreitet, das trotz der militärischen Katastrophe von Kunersdorf (1759) den

---

[864] Weitere Beispiele für die Bestrafung von Offizieren wegen der Übergabe von Festungen bzw. Städten bei Lotz, Kriegsgerichtsprozesse, S. 148 und 167.

[865] S. dazu Lotz, Kriegsgerichtsprozesse, S. 119, 142.

[866] S. Bleckwenn, Die friderizianischen Uniformen, Bd. 1, S. 64.

[867] S. Archenholtz, Geschichte des Siebenjährigen Krieges, S. 329.

[868] Preuß, Oeuvres, Bd. 5, S. 54.

[869] S. dazu Kunisch (Hrsg.) Aufklärung und Kriegserfahrung. Klassische Zeitzeugen zum Siebenjährigen Krieg (= Bibliothek der Geschichte und Politik, Bd. 9), Frankfurt a. M. 1996, S. 743f., 770 - 775 und Rieger, Archenholz, S. 19f..

[870] Küster, Bruchstücke seines Campagnelebens im siebenjährigen Krieg, hrsg. von Sack, Berlin 1791, S. 90.

258

Kampfes- und Siegeswillen nicht verloren hatte. Es bleibt sehr fraglich, ob tatsächlich alle Soldaten dieses Regiments ihre „Ehre" über den Erhalt des eigenen Lebens stellten. Ebenso bleiben Zweifel, ob diese Schilderung die innere Verfassung der Armee im vierten Kriegsjahr realitisch darstellt. Belegbar ist aber, daß Friedrich nach dieser Schlacht die beiden Bataillone in vollem Umfang rehabilitierte.[871]

Zahlreicher sind allerdings die Beispiele, daß Friedrich II. einem Regiment, welches seiner Ansicht nach nicht seine Pflicht erfüllt hatte, lange Zeit nicht verzieh. So warf er noch 1774 in einer Ordre dem Infanterieregiment v. Bevern (Nr. 7) vor, es sei in der Bataille bei Zorndorf (1760) in Panik vom Schlachtfeld geflohen. Er drohte, daß dieses Verhalten nicht vergessen werde, weil es dafür keine Entschuldigung gäbe.[872] Auch die ostpreußischen Infanterieregimenter (Nr. 4, 11, 14, 16) blieben mit Ausnahme des Regiments v. Kanitz (Nr. 2) in der Ungnade des Königs wegen ihres Versagens bei Zorndorf.[873] Daß die Abneigung Friedrichs II. gegen ein Regiment auch Konsequenzen für dessen Offiziere und deren Laufbahnen gehabt hat, ist aus seinem Schreiben an den Chef des Dragonerregiments Nr. 8, General Dubislaw Friedrich v. Platen, aus dem Jahre 1772 zu entnehmen: *„Von Eurem Regiment habe Ich im Felde bei keiner Gelegenheit zufrieden zu sein Ursach gehabt, weil es allenthalben weggelaufen ist und sich selbst von denen Kosaken jagen lassen. Alle diese Umstände müssen Mir natürlicherweise einen empfindlichen Unwillen gegen das Regiment erregen, und der kann ohnmöglich anders als fortdauern,* **so lange** [Hervorhebung im Text] *von denen Officiers, welche gedachte schlechte Gelegenheiten beigewohnt haben,* **noch ein einziger dabei vorhanden** [dito] *ist."*[874] Die Beurteilung des Verhaltens der Regimenter im Siebenjährigen Krieg hat sich nicht nur in gelegentlichen negativen oder positiven Bemerkungen

---

[871] S. Archenholtz, Geschichte des Siebenjährigen Krieges, S. 342.
[872] S. Jany, Geschichte der Preußischen Armee, Bd. 2, S. 493.
[873] S. ebd.. Droysen, York von Wartenburg, S. 11 schildert eine Besichtigung der ost- und westpreußischen Regimenter durch Friedrich II.: *„Man hatte wohl Anlaß, wenn es vor den König ging, sich Gott zu empfehlen; man wußte, daß dort bei der Besichtigung plötzlich aus heiterer Luft alle Donnerwetter losbrechen konnten, dann ging es daher über Gerechte und Ungerechte, mit und ohne Grund; Bataillone, die noch vom Kriege her übel angeschrieben waren, wenn sie auch in ihrem ganzen Offizierkorps verändert waren, konnten nichts zu Dank machen; Chefs, die nicht beliebt waren, brachten Unheil, über Offiziere und Gemeine des Regiments´. Da gab es dann Versetzungen, tausendfache Kränkungen; des Königs Willkür und Laune war unnachsichtig."* Dabei hatte v. Hülsen, Unter Friedrich dem Großen, S. 185f. noch geschildert, wie sich Friedrich während der Revue im Jahre 1773 mit den ostpreußischen Regimentern wieder versöhnte: *„'Messieurs! Sie werden die Ursache wissen, die ich gehabt, mit dem Regimente unzufrieden zu sein!' Der Major von Reibnitz trat vor und nahm das Wort. 'Ihre Majestät hatten recht!' sagte er. 'Ich aber bin durch den Leib geschossen und Viele meiner Vorgesetzten und Kameraden sind tödlich blessirt worden!' Der König antworte: 'Ja, die Wenigsten sind noch da! - Ich habe Ihnen damals den Musketier-Marsch zum Schimpfe gegeben! - Wenn Sie mir aber auf Ihre honneur versprechen wollen, daß Sie bei der ersten Gelegenheit, die sich zeigen wird, das Regiment gut anführen, so will ich Alles vergessen! - Versprechen Sie mir das?' Alles rief nun jubelnd: 'Ja, ja, Majestät!' und der König sagte: 'Ich will nun garnicht mehr daran gedenken. - Ich will Alles vergessen!'"* Da York v. Wartenburgs Schilderung aber aus der Zeit nach 1773 stammt, belegt dies, daß Friedrich II. trotz dieser Versöhnung den ostpreußischen Regimentern auch weiterhin mit Vorbehalten begegnete.
[874] Zit. aus: Jany, Geschichte der Preußischen Armee, Bd. 3, S. 10.

des Königs geäußert, sondern auch darin, daß er nach dem Krieg die „guten" Regimenter für ihre Leistungen belohnt hat. Diese durften weiter alle Anfragen und Berichte, Anträge auf Beurlaubungen, Heiratsgesuche und Beförderungsvorschläge unmittelbar an den Monarchen richten. Außerdem behielten einige der bewährten Regimenter neben dem Immediatverkehr die eigene Werbung, die Beurlaubtengelder und den Service nach alter Form. Alle anderen Regimenter dagegen mußten ihre Gesuche an den für sie zuständigen Generalinspekteur[875] richten. Für die Laufbahn eines preußischen Offiziers war es nach dem Siebenjährigen Krieg daher noch entscheidender als zuvor, in welchem Regiment er diente.

Es waren allerdings nicht nur die beiden Monarchen, die Einfluß auf die Laufbahn eines Offiziers hatten. Leider läßt sich aus den Regimentslisten nicht analysieren, inwieweit die Laufbahnen durch Protektion beeinflußt worden sind. Um dieses nachzuweisen, müßte zuerst nach Verwandten eines Offiziers in dem Regiment gesucht werden. Außerdem sollten diese, wenn sie einen gewissen Einfluß auf die Beförderung eines Offiziers nehmen wollten, den Rang eines Oberstleutnants oder Obersts gehab bzw. die Dienststellung eines Kommandeurs oder Chefs eingenommen haben, denn diese durften dem Monarchen Offiziere zur Beförderung vorschlagen. Der Nachweis eines Verwandtschaftsverhältnisses ist allerdings schwierig, denn in den Rang- und Abgangslisten ist nur äußerst selten hierzu ein Eintrag zu finden. Der gleiche Nachname ist zwar ein Hinweis darauf, bietet aber keine letzte Sicherheit, denn den gleichen Nachnamen können ganz unterschiedliche Adelsgeschlechter tragen, die in keinerlei verwandtschaftlicher Beziehung zueinander stehen. Auch können mehrere Zweige eines Adelsgeschlechts den selben Nachnamen tragen, der Grad der Verwandtschaft zwischen zwei Offizieren aus unterschiedlichen Zweigen kann aber trotzdem sehr entfernt sein. Außerdem sagt die bloße Herstellung bzw. der Nachweis eines Verwandtschaftsverhältnisses noch lange nichts darüber, ob der hochrangige Verwandte den jüngeren Offizier tatsächlich gefördert hat. Eine Protektion unter Verwandten ist eher anzunehmen als die Weigerung, einen jungen Verwandten zu fördern.[876] Trotzdem läßt ein nachgewiesenes Verwandtsverhältnis nicht zu, automatisch eine Unterstützung zwischen Verwandten zu

---

[875] Unmittelbar nach dem Siebenjährigen Krieg hatte Friedrich II., weil er sich nicht zutraute, den Wiederaufbau der Armee allein zu leiten, sogenannte „Commissaires-Inspecteurs" eingesetzt, die ihm verantwortlich waren für die Neuordnung der personellen, disziplinaren und ökonomischen Verhältnisse der ihnen unterstellten Regimenter. Die Einteilung in Inspektionen ist bei Jany, Geschichte der Preußischen Armee, Bd. 3, S. 146f. abgedruckt.

[876] Vgl. zum Thema Klientelverhältnisse und Nepotismus: Press, Patronat und Klientel, S. 19 - 46, Peter Hersche, Die deutschen Domkapitel im 17. und 18. Jahrhundert, 3 Bde., Bern 1984 (= nützlich, weil er ebenfalls die quantifizierende Methode anwendet), Alfred Schröcker, Die Patronage des Lothar Franz von Schönborn (1655-1729). Sozialgeschichtliche Studie zum Beziehungsnetz in der Germania Sacra (= Beiträge zur Geschichte der Reichskirche in der Neuzeit, Bd. 10) Wiesbaden 1981 und Rolf Pflücke, Beiträge zur Theorie von Patronage und Klientel, Diss., Heidelberg 1962.

unterstellen. Es soll auch innerhalb von Adelsgeschlechtern Zweige gegeben haben, die sich feindlich oder ablehnend gegenüberstanden. Möglicherweise hat ein Offizier aber auch aus persönlicher Antipathie oder anderen Gründen es abgelehnt, einen Verwandten zu fördern. Sollte sich daher, wie dies in den Biographielisten häufig der Fall ist, ein Hinweis auf Verwandte im selben Regiment finden lassen, die zudem noch einen einflußreichen Posten einnahmen, ermöglicht dies immer noch keine zuverlässigen Aussagen über die Auswirkung von Protektion auf die Karriere eines Offiziers. Die Laufbahn dieses Mannes kann zwar mit den durchschnittlichen Standzeiten im Dienstgrad verglichen werden, und es läßt sich möglicherweise daraus ablesen, daß dieser schneller aufgestiegen ist als der durchschnittliche preußische Offizier, da aber in den Listen kein schriftlicher Hinweis darauf zu finden ist, daß ein Offizier aufgrund der Fürsprache eines Offiziers schneller avancierte, können ebenso andere Gründe ausschlaggebend gewesen sein. So kann ein Offizier vom vorzeitigen Abgang (Tod, Versetzung, Dimission etc.) eines vor ihm rangierenden Offiziers profitiert haben, oder er wurde in ein neu aufgestelltes Regiment versetzt, in dem es weniger Offiziere seines Dienstgrades gab, die aufgrund ihres Dienstalters vor ihm zur Beförderung anstanden. Auswirkungen auf die Karriere eines Offiziers können neben der Protektion noch dessen dienstliche Leistungen gehabt haben, sofern sie deutlich über dem Durchschnitt lagen und der König sie mit einer Beförderung außerhalb der Tour belohnt sehen wollte.

An dieser Stelle muß darauf verwiesen werden, daß die Protektion vom Ansatz her ein Mittel war, das strenge Anciennitätsprinzip zu unterlaufen, denn durch die Unterstützung eines einflußreichen Verwandten sollte ein Offiziersanwärter oder Subalternoffizier nach Möglichkeit rascher avancieren als die anderen Offiziere des Regiments. Allerdings konnte die Protektion nicht so weit gehen, daß durch sie die Reihenfolge gemäß Anciennität im Falle einer anstehenden Beförderung nicht berücksichtigt wurde, denn es war gegen den Willen des Königs nicht möglich, einen Offizier, der gemäß der Anciennität hinter einem anderen Offizier rangierte, vorzeitig zu befördern. Die Gelegenheit zur Protektion ergab sich daher in den Fällen, in denen dem König Offiziere für eine Beförderung vorgeschlagen werden sollten, die vom Dienstalter her in etwa gleichauf rangierten. Dann konnte ein Regimentschef oder -kommandeur einen Verwandten einem anderen Offizier vorziehen und ihm den König zur Beförderung vorschlagen.[877] Duffy berichtet aber davon, daß

---

[877] Bei v. Hülsen, Unter Friedrich dem Großen, S. 35f. findet sich ein Beleg dafür, daß ein Regimentschef die Möglichkeit hatte, im Falle einer Beförderung einen Offizier dem anderen vorzuziehen: „*Ich* [v. Hülsen] *war der Aelteste zum Offizier, und mein jetziger General so ungerecht, mir seinen Revue* [?Protegé, Verwandten], *der mein Hintermann als Junker war, vorzuziehen.*" Von Hülsen beschwerte sich darauf hin bei dem General mit dem Hinweis, daß er zwei Jahre länger gedient habe, als der ihm Vorgezogene. Worauf ihm der General antwortete, daß dies nicht stimme, weil

Friedrich II. in Fällen von offensichtlicher Protektion durch Verwandte sehr empfindlich reagierte und genau darauf achtete, welche Offiziere ihm von den Generalen zur Beförderung empfohlen wurden.[878] Als Beleg zitiert Duffy Friedrich v. Schmettau. Diesem zufolge ging Friedrichs Mißtrauen in dieser Angelegenheit soweit, daß, wann immer ihm zwei Kandidaten für die Beförderung vorgeschlagen worden sind und es keinen besonderen Grund gab, den einen oder anderen vorzuziehen, er denjenigen schließlich beförderte, bei dem er aufgrund seines Namens unterstellte, daß er in keinerlei Beziehung zu einem seiner Generale oder Minister stand.[879] Indirekt läßt dieses Verhalten des Königs Rückschlüsse darauf zu, welchen Umfang und welche Bedeutung die Protektion möglicherweise gehabt hat. Was sich allerdings im informellen oder mündlichen Bereich in dieser Hinsicht ereignet hat, läßt sich nicht mehr nachvollziehen. Es sei z. B. darauf verwiesen, daß es bei der Musterung eines Regiments durch den Monarchen immer wieder vorgekommen ist, daß diesem Offiziersanwärter und Subalterne zur weiteren Beförderung vorgeschlagen worden sind. Beispiele dafür sind aber nicht aus den Regimentslisten zu erschließen, sondern sind trotz möglicherweise häufiger Parteilichkeit in den Schilderungen preußischer Offiziere zu finden.

Im Falle der Protektion gibt es noch einen weiteren Aspekt, auf den die Regimentslisten keinerlei Rückschlüsse zulassen. Wie aus den erwähnten Offiziersbiographien zu entnehmen ist, gab es nämlich neben der Protektion durch Verwandte auch die durch befreundete oder wohlwollende Offiziere, die aufgrund der Tatsache, daß sie älter waren bzw. eine höheren Rang besaßen, die Karriere ihres Protegés fördern konnten. Diese Art von Protektion ist allerdings anhand der Listen überhaupt nicht zu überprüfen. Läßt sich eine Beziehung, die zwischen zwei Offizieren aufgrund eines Verwandtschaftsverhältnisses besteht, nur in beschränkter Zahl nachweisen, so ist es erst recht unmöglich, paternalistische oder ähnliche Bindungen zwischen zwei Offizieren anhand der Listen nachzuweisen. Soziale Beziehungen dieser Art entziehen sich einer Erfassung durch Listen, wie sie dieser Arbeit zugrunde liegen.

Allerdings muß eine Verwandtschaft zwischen Offizieren nicht direkt oder indirekt auf Protektion hinauslaufen. Ein weiterer Grund für den Eintritt in ein Regiment, bei dem ein Familienmitglied diente, wird an anderer Stelle zu suchen sein. Hier läßt sich nämlich ein wesentliches Merkmal der

---

letzterer eher eingeschrieben worden sei. Der General versprach v. Hülsen aber, daß er als nächster zur Beförderung zum Offizier anstehe. Dieser Fall belegt, daß es trotz der anscheinend so verläßlichen und überprüfbaren Reihenfolge gemäß Anciennität zu Unklarheiten und Streitigkeiten über anstehende Beförderungen kommen konnte. Offensichtlich vor allem dann, wenn ein Regimentschef oder -kommandeur seinen Protegé durch die Nennung für eine anstehende Beförderung bewußt vorgezogen hat.

[878] S. Duffy, The Army of Frederick the Great, S. 35.

[879] S. Friedrich Graf v. Schmettau, Lebensgeschichte des Grafen v. Schmettau, 2 Bde., Berlin 1806, Bd. 2, S. 303.

ständischen Gesellschaft ablesen, welches darin bestand, wie Lothar Gall feststellt, daß „*der Stand, der Beruf, die Korporationszugehörigkeit, die Rechtsstellung und auch der soziale Rang des Vaters* [...] *nicht nur die Ausgangslage, sondern bei der übergroßen Mehrheit auch den weiteren Lebensweg der einzelnen Mitglieder der nachfolgenden Generation* [bestimmte]"[880]. Gall zufolge herrschte der „[...] *Grundsatz der Selbstrekrutierung aus der jeweiligen Söhnegeneration vor* "[881] und ein Wechsel in einen anderen Beruf und „[...] *damit auch in ein anderes soziales Milieu* [...], *galt als schwierig* [...]".[882] Die Entscheidung für den Militärdienst dürfte daher für viele Offiziersanwärter aufgrund eines dienenden Verwandten nahegelegen haben bzw. durch dessen Vorhandensein erleichtert worden sein, was sich aus den bereits häufiger erwähnten Tagebüchern, Memoiren etc. von Offizieren entnehmen läßt. Darüber hinaus belegen die darin enthaltenen Ausführungen, daß sich die Offiziere aus einer Gruppe rekrutierten, in der der Militärdienst üblich war. Ungewöhnlich war daher eher der Offizier, der von seiner Herkunft her nicht bereits an das militärische Milieu gewöhnt war und der als erster seiner Familie und der weitergehenden Verwandtschaft diese Tätigkeit wählte. Besonders starken Einfluß auf die Entscheidung eines jungen Mannes dürfte das Vorbild des Vaters gehabt haben, der ebenfalls in dieser Funktion gedient hatte oder noch diente. Wie von Carl Wilhelm v. Hülsen zu erfahren ist, hatte er in seinem Regiment zwar keinen Familienangehörigen, aber sein Vater war Rittmeister, sein Großvater war Oberst und ein Onkel war Generalmajor in der Armee.[883] Von Hülsen wird hier als Beispiel aufgeführt, weil er nicht die Ausnahme[884] darstellte, sondern weil es eher die Regel war, daß ein Offizier mehrere Verwandte in der Armee hatte, wie die Auswertung der 873 in den Biographielisten enthaltenen Offiziersbiographien ergeben hat. Allerdings ist es wahrscheinlich, daß durch die im folgenden genannten Angaben nicht alle tatsächlich bestehenden Verwandschaftsverhältnisse erfaßt sind. Denn in der Regel wurden nur die Verwandten aufgeführt, bei denen der Grad dieser Beziehung relativ eng war. Aufgrund dieser Beobachtung ist anzunehmen, daß die Zahl der Verwandtschaftsverhältnisse in der Armee noch höher lag. Den Biographielisten zufolge war bei 205 Offizieren (23 %)[885] der Vater aktiver oder ausgeschiedener Offizier und 21 Offiziere (2,4%) dienten sogar im selben Regiment wie der Vater.[886] In 79 Fällen

---

[880] Gall, Gesellschaft, S. 3.
[881] Ebd..
[882] Gall, Gesellschaft, S. 4.
[883] S. v. Hülsen, Unter Friedrich dem Großen, S. 3f..
[884] S. dazu auch die Autobiographien von v. Lemcke, Kriegs- und Friedensbilder, S. 19, v. Prittwitz, „Ich bin ein Preuße...", S. 10 und v. Barsewisch, Von Roßbach bis Freiberg, S. 206.
[885] Diese und die folgenden Prozentangaben beziehen sich auf die Gesamtzahl von 873 Offizieren, die in den Biographielisten zu finden sind.
[886] An anderer Stelle sind ebenfalls Angaben darüber zu finden, wie viele Söhne von Offizieren den „Beruf" ihres Vaters

263

(9 %) war der Vater der Mutter ebenfalls Offizier gewesen. 221 Offiziere (25 %) hatten einen oder mehrere Brüder in der Armee, und bei 44 Offizieren (5 %) war mindestens ein Bruder im selben Regiment. Andere Verwandte, die in der Armee standen, wie Vettern und Onkel, hatten 172 Offiziere (19,7 %), und bei 27 Offizieren (3 %) standen die Verwandten beim selben Regiment.[887] Da einige Offiziere mehrere Verwandte in der Armee hatten, d. h. sowohl den Vater als auch einen Bruder und einen sonstigen Verwandten, wurde auch überprüft, wieviele Offiziere überhaupt keinen derartigen Verwandten besaßen. Dabei hat sich ergeben, daß dies lediglich für 93 Offiziere (10,6%) zutraf. Die genannten Zahlen sind relativ aussagekräftig, denn sie belegen, daß fast 90 % der Offiziere einen Verwandten in der Armee hatten. Diese Ausführungen lassen erkennen, daß die hohe Zahl von militärischen Verwandten der Offiziere nicht überraschend ist, sondern vielmehr dem entspricht, was in der ständischen Gesellschaft des 18. Jahrhunderts üblich war.

Außer den Biographielisten wurden auch die Ranglisten zumindest stichprobenartig auf Verwandtschaftsverhältnisse überprüft. Die in Anhang 2 aufgeführten Beispiele verdeutlichen, daß Verwandtschaftsverhältnisse innerhalb der Regimenter und sogar innerhalb der Kompanien häufig vorkamen. Zum einen spricht dies dafür, daß einige Familien aus Tradition in einem Regiment dienten. Um zu überprüfen, wann diese Tradition begonnen wurde, müßten allerdings - soweit vorhanden - Familienchroniken oder -geschichten ausgewertet werden, da die Regimentslisten dazu keine zuverlässigen Aussagen ermöglichen. Zum anderen kann vermutet werden, daß die Entscheidung für ein bestimmtes Regiment aufgrund der Tatsache getroffen wurde, daß sich Verwandte in einflußreichen Positionen in dieser Einheit befanden, die einen Offiziersanwärter protegieren konnten. Welche Bedeutung bei dieser Entscheidung ebenfalls die Nähe des Standortes der Einheit zum Geburts- bzw. Wohnort hatte, ist bereits ausführlich behandelt worden.

Konkrete Belege für Protektion lassen sich aus den Regimentslisten nicht entnehmen, hierzu müssen u. a. die Berichte von Offizieren herangezogen werden. Allerdings sind an dieser Stelle noch einmal die grundsätzlichen Bedenken gegen diese Quellen vorzubringen, die eher für die

---

ergriffen haben. Nach einer Inspektionsreise durch Schlesien im Jahre 1770 hatte Friedrich II. nämlich befohlen, daß ihm die Land- und Steuerräte eine Liste aller in ihrem Amtsbezirk befindlichen Offizierswitwen und deren Kinder anfertigen sollten, da er beabsichtigte, zu deren Versorgung einen Pensionsfonds zu gründen. Die von den Land- und Steuerräten erstellten Listen sind abgedruckt bei: Konrad Wutke: Die Gründung des landschaftlichen Pensionsfonds für arme adlige Witwen und Waisen durch Friedrich den Großen, in: Zeitschrift des Vereins für Geschichte Schlesiens, 43. Jg., 1909, S. 183 - 216. Eine Auswertung der Listen hat ergeben, daß von insgesamt 103 aufgeführten Offizierssöhnen 71 (= 68,9 %) gleichfalls die Offizierslaufbahn einschlugen.
[887] Wenn die Datensätze der Biographielisten, die überhaupt keine Angaben zu Verwandten enthalten, von der Gesamtzahl der Datensätze abgezogen werden, ergeben sich dadurch wesentlich höhere Prozentzahlen. Danach hätten statt 23 % fast 32 % einen Vater gehabt, der Offizier war und statt 25 % hätten dann ca. 35 % einen Bruder, der ebenfalls Offizier war, und statt 19, 7 % wären es annähernd 27 % der Offiziere, die zumindest einen Verwandten in der Armee hatten.

Regimentslisten gesprochen haben. Während diese repräsentativ und verläßlich sind, weil sie auf einer breiten Datengrundlage fußen, stellen die im folgenden zitierten Beispiele nur einen zahlenmäßig sehr geringen Ausschnitt „des" Offizierkorps dar. Aus diesem Grund kann keine Antwort darauf gegeben werden, ob diese Fälle die Ausnahme darstellen oder nicht. Zu berücksichtigen ist ebenfalls, daß diese Selbstzeugnisse von Offizieren ihre persönliche Sichtweise widergeben. In ihre Schilderungen sind daher möglicherweise auch Beschönigungen, Korrekturen oder Auslassungen eingegangen. Der zeitliche Abstand zwischen Dienstzeit und Erstellung dieser Lebensberichte könnte zudem dazu geführt haben, daß sich die Offiziere nicht mehr präzise und umfassend an ihre Jahre in der Armee erinnern konnten oder auch wollten. Trotz der angebrachten Skepsis sollen die vorhandenen Beispiele gebracht werden. Sie lassen zwar keine Rückschlüsse auf den Umfang der Protektion zu, aber zumindest veranschaulichen sie, wie sich diese in Einzelfällen ausgewirkt hat.

Jakob Friedrich v. Lemcke wurde durch seinen Onkel, Oberst v. Pritz, der Kommandeur des Regiments „Anhalt-Dessau" (Nr. 3) war, gefördert. Einige Aussagen v. Lemckes lassen vermuten, wie wertvoll die Protektion eines einflußreichen Verwandten für einen jüngeren Offizier sein konnte: *„der Onkel nahm ihn* [v. Lemcke] *mit zur Wachtparade und stellte ihn allen Offizieren als seinen Schwestersohn vor, wobei freilich die andern Junker, deren 22 im Regimente waren, neidisch waren, daß er den Kommandanten zum Vetter habe und fürchteten, im Avancement zu verlieren."*[888] Bei der Revue des Jahres 1755 fiel v. Lemcke dem König auf, weil er noch sehr klein war, und dieser ordnete an, daß v. Lemcke noch einige Jahre zur Schule gehen solle. Durch die Fürsprache seines Onkels wurde dieser Befehl des Königs zurückgenommen, denn Oberst v. Pritz sagte: *„Eure Majestät halten zu Gnaden, dieser ist mein Vetter* [= Neffe] *und ich möchte ihn gern früh den Dienst lernen."*[889] Aufgrund dieser Protektion ist es nicht verwunderlich, daß v. Lemcke seinen Onkel, der zum Generalmajor befördert worden war, bat, ihn mit zu seinem neuen Regiment zu nehmen. Diese Bitte wurde abgelehnt, weil v. Lemcke nach Ansicht seines Onkels nur noch wenige Junker (Gefreitenkorporale) bis zur Beförderung zum Offizier in seinem alten Regiment vor sich hatte; er würde ihn erst für sein neues Regiment erbitten, wenn v. Lemcke zum Offizier befördert worden sei. Dazu kam es aber nicht mehr, weil Generalmajor v. Pritz im Winter 1756 gestorben ist. Wieviel der Rückhalt seines Onkels bedeutete, macht die folgende Aussage deutlich: *„Die Todesnachricht* [...] *wirkte niederschmetternd auf unsern jungen Freund, da er an seinem*

---

[888] Von Lemcke, Kriegs- und Friedensbilder, S. 21.
[889] Von Lemcke, Kriegs- und Friedensbilder, S. 23.

Onkel seine ganze Stütze und mehr als einen Vater verloren."[890] Daß die Aussicht auf Protektion durch Verwandte den Entschluß, in die Armee einzutreten, erleichterte, wird aus den Memoiren Christian Wilhelm v. Prittwitz' deutlich. Dieser schreibt, daß er und sein Bruder lieber Theologie studiert hätten, daß dies aufgrund der finanziellen Lage der Familie allerdings nicht möglich war und beide daher den Vorschlag ihres Schwagers annahmen, Soldat zu werden.[891] Der Schwager hatte einen Bruder im Infanterieregiment des Herzogs v. Bevern (Nr. 7), der Adjutant des Generals war. Aufgrund dessen Fürsprache wurden die Brüder v. Prittwitz dem Herzog v. Bevern vorgestellt, der beide akzeptierte, sie aber noch für zu jung hielt und daher für ein Jahr beurlaubte. Wichtig für die Karriere der Brüder war, daß sie in die Stammrolle des Regiments eingetragen wurden, weil von diesem Tag an das Avancement gemäß der Anciennität beginnen konnte.[892] Aus den Erinnerungen v. Prittwitz' wird aber auch deutlich, daß eine einmalige Fürsprache die Karriere eines Offiziers nicht nachhaltig beeinflussen konnte, sondern daß ständige Protektion notwendig war. Er berichtet nämlich, daß der Herzog v. Bevern zu viele junge Edelleute in sein Regiment aufnahm, was die Chancen eines Gefreitenkorporal, den Offiziersrang zu erreichen, spürbar beeinträchtigte, und v. Prittwitz gesteht, daß für ihn der Siebenjährige Krieg ein Glücksfall gewesen sei, ansonsten hätte er nicht gewußt, ob und wann er je mals zum Offizier befördert worden wäre.[893]

Für die Protektion durch vorgesetzte Offiziere gibt es ebenfalls Beispiele. Den Memoiren Carl Wilhelm v. Hülsens ist zu entnehmen, daß ihn der Chef des Infanterieregiments Nr. 11, Generalmajor v. Below, eigentlich nicht als Junker (Gefreitenkorporal) in sein Regiment aufnehmen wollte, weil er zu klein war, daß sich aber der Kommandeur, Oberst v. d. Trenck, für ihn einsetzte und anbot, v. Hülsen als Junker in seinem Bataillon zu plazieren.[894] Bei der Revue im Jahre 1752 sprach wieder Oberst v. d. Trenck für den Gefreitenkorporal v. Hülsen und antwortete auf die Frage des Königs, daß dessen Conduite sehr gut sei.[895] Aus diesem Grund war der Tod des Obristen v. d. Trenck im Winter 1753 verständlicherweise für v. Hülsen *„ein höchst empfindlicher Verlust"*[896]. In dem Tagebuch eines unbekannten preußischen Offiziers - zwischen 1782 und 1785 erschienen - wird ebenfalls über eine derartige Protektion berichtet, denn dieser Offizier war 1758

---

[890] Von Lemcke, Kriegs- und Friedensbilder, S. 26.
[891] S. v. Prittwitz, „Ich bin ein Preuße...", S. 17.
[892] S. v. Prittwitz, „Ich bin ein Preuße...", S. 18. Dieser berichtet auch darüber, daß ihm dieser frühe Eintrag in die Regimentsliste später den Neid eines Kameraden eintrug: *„Es befand sich nämlich ein Junker im Regiment, der sich einbildete, übervorteilt zu sein, weil er ein paar Wochen eher denn ich und mein Bruder zum Regiment gekommen, aber mit wirklichem Unrecht. Denn wir waren eher denn er in die Rolle eingeschrieben worden, wonach allein das Avancement dirigiert wird, hinfolglich waren wir an seiner Zurücksetzung ganz unschuldig. "*, ebd..
[893] S. v. Prittwitz, „Ich bin ein Preuße...", S. 24.
[894] S. v. Hülsen, Unter Friedrich dem Großen, S. 15f..
[895] S. v. Hülsen, Unter Friedrich dem Großen, S. 33.

durch die Fürsprache des Generals v. Wobersnow zum sehr angesehenen Infanterieregiment „Prinz von Preußen" (Nr. 18) versetzt worden und dort gleich zweiter Fähnrich geworden.[897] Auch der spätere Generalfeldmarschall Hermann v. Boyen berichtet aus seiner Zeit als Gefreitenkorporal davon, wie wichtig die Protektion eines vorgesetzten Offiziers sein konnte. Er schreibt, daß er als Zwölfjähriger bereits beim Infanterieregiment Nr. 16 eingeschrieben gewesen sei, daß er bei einem Kirchgang aber den Generalleutnant Heinrich Wilhelm v. Anhalt traf: „[...] *es fand sich, daß mein verstorbener Vater sein alter Bekannter war, und dies alles bewog ihn, daß er bei meinem bisherigen Regimentschef [...] mich zu seinem Regiment erbat. Dies ließ sich dem Inspekteur* [Anhalt war Inspekteur der ostpreußischen Infanterieregimenter, Anm. d. Verf.] *nicht füglich abschlagen; ich wurde also versetzt, ziemlich schnell eingesegnet und schwor den 7. April 1784 zur Fahne des Regiments Anhalt."*[898] Daß die Fürsprache eines hochrangigen Generals die Karriere eines angehenden Offiziers positiv beeinflußen konnte, zumal wenn dieser als Inspekteur über das Avancement der ihm unterstellten Offiziere entschied, wird daran deutlich, was die Verabschiedung des Generals v. Anhalt für v. Boyen bedeutete: „*Mein mir sehr günstig gesinnter Regimentschef, der General Anhalt, wurde infolge früherer Streitigkeiten mit dem Herzog Ferdinand v. Braunschweig pensioniert und erhielt den General Graf Henckel [...] zu seinem Nachfolger. Dieser nahm den ältesten Freikorporal seines bisherigen Regiments zu dem neuen Regiment herüber, und ich wurde an dessen Stelle unerwartet nach Bartenstein versetzt.*"[899] Ernst Friedrich Rudolf v. Barsewisch schreibt in seinem Tagebuch, daß er sich für den Wechsel von einem Regiment zum anderen entschied, weil er dessen Chef, den General v. Dieringshofen, gut kannte und dieser ihn gebeten hatte, in sein Regiment zu wechseln.[900] Der General hatte ihm dafür ein rascheres Avancement zum Kapitän versprochen, außerdem machte dieser ihn zu seinem Adjutanten. Die Protektion des Generals v. Dieringshofen wird auch daran sichtbar, daß dieser dem König anläßlich einer Revue v. Barsewisch als Kenner der Ingenieurkunst empfahl. Aufgrund der Fürsprache seines Chefs wurde v. Barsewisch als Quartiermeisterleutnant mit einem Gehalt von 500 Reichstalern in die Suite Friedrichs II. versetzt.[901]

---

[896] Von Hülsen, Unter Friedrich dem Großen, S. 34.

[897] S. Anonymus, Tagebuch eines Preußischen Offiziers über die Feldzüge von 1756 bis 1763, in: Gottlob Naumann (Hrsg.), Sammlung ungedruckter Nachrichten, so die Geschichte der Feldzüge der Preußen von 1740 bis 1779 erläutern, Teil II., Dresden 1782, S. 363.

[898] Dorothea Schmidt (Hrsg.), Erinnerungen aus dem Leben des Generalfeldmarschalls Hermann von Boyen, 2 Bde., Berlin 1990, Bd. 1, S. 29.

[899] Schmidt, Hermann v. Boyen, Bd. 1, S. 33.

[900] S. v. Barsewisch, Von Roßbach bis Freiberg, S. 190f..

[901] S. v. Barsewisch, Von Roßbach bis Freiberg, S. 194f..

Bemerkenswert ist, was Gneomar Ernst v. Natzmer über den General v. Seydlitz berichtet.[902] Danach sei der General der Kavallerie Friedrich Wilhelm v. Seydlitz als Major mit den Leutnants v. Lossow und v. Zedmar sowie dem Kornett Hohenstock[903] befreundet gewesen. Letzterer war erst auf die Empfehlung v. Seydlitz' Kornett geworden, und als dieser 1768 Kommandeur eines Husarenregiments (Nr. 5) wurde, schrieb ihm General v. Seydlitz: *„Ich habe mein in Trebnitz gegebenes Wort zu erfüllen gesucht, so gut ich konnte. Lossow, bereits General-Major, hat seinen Weg gemacht; Zedmar, der darauf gesetzt war - er ist an der Spitze der Zietenschen Husaren als ihr Commandeur bei Torgau geblieben - darauf umgekommen und Ihnen ist der Wagen angespannt."*[904] Natzmer weist allerdings nicht darauf hin, daß (der bürgerliche) Hohenstock bei dem Regiment Kommandeur wurde, das als Chef den Generalmajor v. Lossow hatte, den er aus der gemeinsamen Dienstzeit bei den „Natzmer-Husaren" (Nr. 4) kannte. Im Jahre 1783 wurde der inzwischen geadelte v. Hohenstock als Generalmajor Chef des Husarenregiments Nr. 5. Neben den drei genannten Offizieren berichtet v. Natzmer über einen weiteren Offizier, der von Friedrich Wilhelm v. Seydlitz protegiert wurde, und zwar über einen gewissen Gröling, der 1760 von v. Seydlitz als Kornett in ebenjenes Husarenregiment gegeben wurde, bei dem auch der bereits erwähnte v. Lossow diente. Unter diesem avancierte Gröling innerhalb von zwei Jahren zum Major bei den Bosniaken.[905] Auch wenn hier zu bedenken ist, daß im Falle Grölings die Umstände, d. h. der Krieg und der Dienst bei den Bosniaken, dessen Karriere begünstigt haben, kann ein gewisser Einfluß seitens von Lossows und Seydlitz' nicht ganz ausgeschlossen werden, zumal die Karriere Grölings nach dem Siebenjährigen Krieg nicht beendet war, denn im Bayerischen Erbfolgekrieg wurde er geadelt, und 1785 erhielt er das Husarenregiment Nr. 6.[906]

Es dürfte wohl die Ausnahme gewesen sein, daß durch die Protektion eines Offiziers eine derartige Karriere möglich wurde, denn nicht jeder Offizier besaß einen Protektor, der eine derartig steile Laufbahn und soviel Einfluß auf die gesamte Kavallerie hatte wie v. Seydlitz.[907] Trotzdem muß

---

[902] S. v. Natzmer, Georg Christoph von Natzmer, S. 105f.. Von Blankenburg, Seydlitz, S. 19f. berichtet ebenfalls darüber.

[903] Helmut Eckert bezeichnet in seiner Einleitung zu v. Blankenburgs, Seydlitz, S. XVI Hohenstock als „Zögling und Protégé" von v. Seydlitz.

[904] Zit. aus: v. Natzmer, Georg Christoph von Natzmer, S. 105.

[905] Wie weiter oben erwähnt, war das Bosniakenregiment dem Husarenregiment Nr. 5 attachiert.

[906] S. v. Natzmer, Georg Christoph von Natzmer, S. 106. Eine abweichende Angabe über das Jahr der Nobilitierung von Johann Benedikt Gröling ist bei Ledebur, Adelslexicon, Bd. 1, S. 289 zu finden. Ledebur zufolge ist Gröling bereits am 29. Mai 1769 in den Adelsstand erhoben worden.

[907] Von Blankenburg, Seydlitz, S. 69 bringt ein weiteres Beispiel für den Einfluß Friedrich Wilhelm v. Seydlitz'. So schreibt er, daß ein Kommandeur eines Dragonerregimenter, das zur schlesischen Inspektion des Generals v. Seydlitz' gehörte, nicht mehr befördert wurde, obwohl dieser ein guter und verdienter Offizier war. Der Grund dafür war, daß das Regiment, dem er angehörte, im Siebenjährigen Krieg einige „Unglücksfälle" gehabt hatte und seitdem in der königlichen Ungnade stand. Aufgrund der Fürsprache von v. Seydlitz, der vor Friedrich II. die Verdienste des

vermutet werden, daß die Karrieren einiger Offiziere nicht nur durch Verwandte gefördert worden sind.

3.2. Infanterie

Bei den Infanterieeinheiten (Feldregimenter, Garnisonregimenter, Stehende Grenadierbataillone) ergibt sich für das durchschnittliche Lebens- und Dienstalter folgendes Bild:

	Leben / Dienst 1713, 02 - 1740, 05		Leben / Dienst 1740, 06 - 1756, 07		Leben / Dienst 1763, 03 - 1786, 08	
Gefreitenkorporal/ Junker	20	/ 3	20	/ 3	17	/ 1
Fähnrich	19	/ 6	21	/ 5	21	/ 5
Leutnant	29	/ 13	29	/ 12	31	/ 14
Sekondleutnant	23	/ 9	26	/ 9	26	/ 10
Premierleutnant	27	/ 13	31	/ 14	33	/ 16
Stabskapitän	29	/ 15	33	/ 17	37	/ 19
Kapitän	33	/ 18	37	/ 21	36	/ 20
Major/Oberstwachtmeister	35	/ 21	41	/ 26	43	/ 27
Oberstleutnant	40	/ 25	41	/ 26	43	/ 27
Oberst	37	/ 26	44	/ 29	44	/ 30
Generalmajor	45	/ 31	47	/ 33	52	/ 35
Generalwachtmeister	-		-		-	
Generalleutnant	57	/ 23	51	/ 38	57	/ 37
General	66	/ 36	66	/ 51	47	/ 29
Generalfeldmarschall	60	/ 22	66	/ 48	54	/ 28
Dienstbeginn durchschnittlich mit:	15 Jahren		16 Jahren		16 Jahren	

Insgesamt wurden 23538 Sätze mit Lebensalter und 23412 mit Dienstalter berechnet. Im Vergleich zum ersten Berechnungszeitraum stiegen zwischen 1740 und 1756 bei fast allen Dienstgraden Lebens- und Dienstalter an. Trotz der ersten beiden Schlesischen Kriege und der Vielzahl von neuerrichteten Regimentern hat offensichtlich die Friedensperiode zwischen 1746 und 1756, in der sich die preußische Armee konsolidieren konnte, diese Werte stärker beeinflußt. Vor allem die begehrte Charge eine Kapitäns konnte ein Offizier vor dem Siebenjährigen Krieg erst mit durchschnittlich 37 Lebens- und 21 Dienstjahren erreichen, und bis zur Erlangung des eigenen Regiments im Alter von 44 Jahren mit 29 Dienstjahren - mit dem Dienstgrad eines Obersts oder eines Generalmajors - mußte ein Offizier unter Friedrich II. im Schnitt zwei bis drei Jahre länger

Offiziers herausstellte, gewann zumindest dieser das königliche Wohlwollen zurück und wurde befördert.

dienen und war zwei bis sieben Jahre älter als die Vorgänger unter seinem Vater.[908] Wenig Auswirkungen auf das durchschnittliche Lebens- und Dienstalter hatte der Siebenjährige Krieg, die lange Friedenszeit - bis auf den Bayerischen Erbfolgekrieg 1778/79 - ließ die Werte für die Sekond- und Premierleutnante, die Obristen und Generalmajore weiter steigen. Lediglich bei den Gefreitenkorporalen und den Kapitänen sanken beide Werte. Wie bei der gesamten Armee beobachtet, weichen die Werte in den Spitzendienstgraden, d. h. vom Generalleutnant bis Generalfeldmarschall ganz erheblich voneinander ab. Dies ist auch bei der Infanterie zum einen auf das geringe Sample zurückzuführen, das der Auswertung zugrundeliegt. Zum anderen erklären sich diese Werte aus dem bereits unter Friedrich Wilhelm I. existierenden Vorbehalt des Monarchen, bei einer Beförderung in diese Ränge nicht mehr (allein) das Dienstalter zu berücksichtigen.

Um zu überprüfen, ob der Siebenjährige Krieg nicht doch eine gewisse Auswirkung gehabt hat, wurden für die entscheidenden Dienstgrade bzw. Stellungen, d. h. für den Kapitän und Kompaniechef und den Oberst und Regimentschef, das Lebens- und Dienstalter durch die enger gefaßten Untersuchungszeiträume noch einmal detaillierter ausgewertet, was folgende Tabelle ergibt:

	Leben / Dienst	Leben / Dienst	Leben / Dienst	Leben / Dienst
	1751,07 - 1756,07	1756,08 - 1763,02	1763,03 - 1768,04	1768,05 - 1773,06
Kapitän	43 / 26	28 / 15	39 / 21	42 / 25
Oberst	53 / 37	52 / 39	47 / 32	53 / 36

Bei den Kapitänen ist die Auswirkung des Siebenjährigen Krieges deutlich zu erkennen. Waren diese kurz vor Ausbruch des Krieges noch 43 Jahre alt und hatten 26 Dienstjahre benötigt, um in diesen Dienstgrad zu avancieren, fällt zwischen 1756 und 1763 deren Lebens- und Dienstalter stark ab. In den ersten fünf Jahren nach dem Ende des Krieges sind beide Werte zwar wieder angestiegen, liegen aber immer noch unter dem Niveau des ersten Untersuchungszeitraums.

---

[908] Interessant ist ein Vergleich mit französischen Offizerslaufbahnen, was möglich ist durch eine Tabelle, die bei Opitz-Belakhal, Militärreformen, S. 291 zu finden ist. Danach benötigte ein französischer Offizier bei der Infanterie im Durchschnitt 23,5 Jahre bis er zum Hauptmann mit dazugehöriger Kompaniechefstelle befördert wurde, d. h. daß sein preußischer Pendant je nach Untersuchungszeitraum 5,5 bzw. 2,5 Jahre weniger benötigte, um in diese Stellung zu gelangen. Hier wird greifbar, daß die Mehrzahl der aus dem Niederadel stammenden Subalternen in Frankreich sehr lange benötigten, um zumindest bis zum Hauptmann avancieren zu können. Daß es in Frankreich im Gegensatz zu Preußen keine geregelte Offizierslaufbahn nach dem Anciennitätsprinzip gab, wird besonders deutlich am Vergleich des Dienstgrades des Obersts in beiden Armeen. Während in Preußen ein Offizier 26 bis 30 Jahre benötigte, um diesen Rang zu erreichen, konnte in Frankreich ein Offizier im Schnitt nach 26,5 Jahren Oberst werden. Nicht so sehr die Tatsache, daß in Frankreich ein Offizier weniger Jahre bis zum Oberst dienen mußte (im Vergleich zu Preußen seit 1740), als vielmehr der geringe Abstand, nämlich drei Jahre, der zwischen (wirklichem) Hauptmann und Oberst lag, zeigt, daß in letzterem Dienstgrad in Frankreich nach wie vor auch Quereinsteiger und Käufer aus dem Hochadel bzw. begüterten Kreisen zu finden sind.

Daß die Kapitäne zwischen 1768 und 1773 annähernd die Werte der Vorkriegszeit erreichten, belegt, daß die Auswirkungen des Siebenjährigen Krieges auf die Laufbahnen der Offiziere nicht mehr direkt meßbar sind. Ein Offizier benötigte nun wieder fast die gleiche Lebens- und Dienstzeit, um die ersehnte Kapitänscharge zu erreichen. Mit anderen Worten: Das Avancement nahm wieder einen Verlauf, wie es in Friedenszeiten üblich war. Im Falle der Obristen hatte der Krieg erst verspätet Einfluß auf das Lebens- und Dienstalter. Eine Erklärung dafür könnte sein, daß während des Siebenjährigen Krieges einige vakant gewordene Regimenter nicht sofort einen neuen Chef erhielten, d. h. daß das Aufrücken in die Chefstellen sich verzögerte. Zwei Regimenter hatten sogar mehrere Jahre keinen Chef, so war das Regiment Nr. 24 zwischen 1761 und 1763 vakant und das Regiment Nr. 39 zwischen 1758 und 1763. Die entsprechenden Positionen wurden erst nach dem Ende des Krieges wieder besetzt. Andere Regimenter waren zum Teil mehrere Monate vakant, so verlor z. B. das Regiment Nr. 3 seinen Chef, Generalmajor Henning Alexander v. Kahlden, der in der Schlacht bei Zorndorf verwundet worden war, am 22. Oktober 1758. Diese Einheit bekam erst am 31. März 1759 einen neuen Chef. Beim Regiment Nr. 19 starb dessen Chef, General Karl Friedrich Albrecht Markgraf von Brandenburg-Schwedt, am 22. Juni 1762 an den Folgen einer Verwundung. Erst nach dem Krieg, am 8. April 1763, wurde für ihn ein Nachfolger bestimmt. Ein weiteres Beispiel ist das Regiment Nr. 25, dessen Chef, Generalfeldmarschall Christoph Wilhelm v. Kalckstein, am 2. Juni 1759 starb und erst am 8. Februar 1760 durch Generalmajor Friedrich Ehrentreich v. Ramin ersetzt wurde.

3.3. Die Kavallerie

Bei den Kavallerieeinheiten (Kürassierregimenter, Dragonerregimenter, Husarenregimenter) ergibt die Auswertung des Lebens- und Dienstalters folgende Tabelle:

	Leben / Dienst 1713, 02 - 1740, 05		Leben / Dienst 1740, 06 - 1756, 07		Leben / Dienst 1763, 03 - 1786, 08	
Gefreitenkorporal/ Junker	20 /	3	20 /	2	17 /	1
Kornett	23 /	6	22 /	5	21 /	4
Leutnant	30 /	13	29 /	12	28 /	11
Sekondleutnant	19 /	9	28 /	8	28 /	11
Premierleutnant	25 /	13	28 /	9	35 /	16
Stabsrittmeister	40 /	15	33 /	12	35 /	17
Rittmeister	35 /	18	37 /	19	38 /	20
Major/Oberstwachtmeister	40 /	21	40 /	23	44 /	26
Oberstleutnant	44 /	25	44 /	23	45 /	29
Oberst	45 /	26	43 /	26	49 /	32
Generalmajor	50 /	31	46 /	28	54 /	36
Generalwachtmeister	-		-		-	
Generalleutnant	52 /	23	52 /	35	57 /	39
General	59 /	36	66 /	49	65 /	50
Generalfeldmarschall	-		78 /	60	-	
Dienstbeginn durchschnittlich mit:	17 Jahren		17 Jahren		17 Jahren	

Bei einem Vergleich zwischen den ersten beiden Berechnungszeiträumen ist abzulesen, daß das durchschnittliche Lebens- und Dienstalter bei den Dienstgraden der Gefreitenkorporale, Kornette und Leutnante in etwa gleich blieb, daß es bei den Rittmeistern leicht anstieg und bei den Dienstgraden der Obristen und Generalmajore fiel.[909] Letzteres läßt sich möglicherweise darauf zurückzuführen, daß Friedrich II., der mit der Leistung seiner Kavallerie im Ersten Schlesischen Krieg vor allem in der Schlacht bei Mollwitz 1741 überhaupt nicht zufrieden war[910], diese auch dadurch zu verbessern suchte, indem er den Regimentern jüngere Chefs gab.[911] Eine Auswertung

---

[909] Auch hier zeigt ein Vergleich mit Frankreich die gravierenden Differenzen, die es hinsichtlich der Offizierslaufbahnen zwischen beiden Staaten gab, s. Opitz-Belakhal, Militärreformen, S 219. So diente in Frankreich ein Offizier bei der Kavallerie 23,5 Jahre bis zum Hauptmann (in Preußen Rittmeister) und nur 21,5 Jahre bis zum Oberst. Die bei der Infanterie gemachten Beobachtungen, daß hier nämlich vor allem ständische Abstufungen innerhalb des Adels in Frankreich sichtbar werden, sind auch hier relevant. Offensichtlich war auch in Frankreich der Dienst bei der Kavallerie angesehener, was sich darin niederschlug, daß durch Quereinsteiger oder durch Käufer des entsprechenden Offizierspatents das Dienstalter bei den Obersten so deutlich unter dem der Hauptmänner lag.

[910] S. dazu Duffy, Friedrich der Große, S. 58 und v. Janson, Das Offizierkorps, S. 175f.

[911] So berichtet Jany, Geschichte der Preußischen Armee, Bd. 2, S. 43f. davon, daß Friedrich II. im Jahre 1741 viele Abschiedsgesuche von Kavallerieoffizieren erhalten hat, weil er die Verbesserung dieser Waffengattung so energisch betrieb und dabei auch von den Offizieren wesentlich mehr verlangte, als sie es noch zur Zeit seines Vaters gewöhnt

aller 32 Kavallerieregimenter (Stand 1745) hat ergeben, daß 18 Regimenter zwischen 1740 und 1745 einen neuen Chef erhielten. Fünf Regimenter bekamen einen neuen Chef, weil der vorherige Inhaber in einem der beiden Schlesischen Kriege gefallen war. Bei fünf Regimentern gab es in diesem Zeitraum sogar mehr als einen Chefwechsel. Bei einer Bewertung dieser Zahlen muß allerdings berücksichtigt werden, daß wohl nicht in jedem Fall ein Regiment einen jüngeren Chef erhielt, und auch die Gründe, warum Friedrich II. einem Regiment einen bestimmten Chef gab, sind im einzelnen nicht mehr nachzuvollziehen. Persönliche Gründe für die Auswahl eines Chefs dürften zumindest bei der Besetzung der entsprechenden Stelle beim Kürassierregiment Nr. 8 vorliegen, das 1742 Oberst Friedrich Wilhelm v. Rochow erhielt. Dieser war 1728 noch als Oberstleutnant von Friedrich Wilhelm I. als Begleiter für seinen Sohn ausgewählt worden.[912] Obwohl v. Rochow diese Stelle eigentlich erhalten hatte, um dem Kronprinzen militärische Lebensformen beizubringen und diesen im Sinne des Königs zu überwachen, hat v. Rochow versucht, den jungen Friedrich gegen den König zu verteidigen und wurde daher von Friedrich Wilhelm 1730 nach dem Fluchtversuch Friedrichs als dessen Begleiter abgelöst. Auf diese Zeit ist das gute Verhältnis zwischen v. Rochow und Friedrich II. zurückzuführen.[913]

Uneinheitlich ist die Entwicklung nach 1763. Während die Werte für die Gefreitenkorporale, Kornette und Leutnante weiter fielen, stiegen sie bei den Rittmeistern, den Obristen und den Generalmajoren an, d. h. ein Offizier benötigte nach dem Siebenjährigen Krieg sowohl mehr Dienst- als auch Lebensjahre, um die lukrative Stellung eines Kompanie- bzw. Regimentschefs zu erreichen.

Bei einem Vergleich aller drei Abschnitte für die Dienstgrade Rittmeister sowie Oberst bzw. Generalmajor mit den entsprechenden Werten bei der Infanterie zeigt sich, daß sowohl Lebens- als auch Dienstalter der Kavallerieoffiziere um jeweils zwei bis drei Jahre über denen der Infanterie lagen. Möglicherweise waren die Aussichten für einen Kavallerieoffizier, in diese Ränge befördert zu werden, schlechter als bei der Infanterie. Dies könnte darauf zurückzuführen sein, daß bei den Dragonern und den Husaren auf insgesamt 32 Offiziere 5 Stellen (ca. 6 zu 1) als Schwadronchef kamen, während bei der Infanterie das Verhältnis 50 Offiziere zu 12 Kompaniechefposten (ca. 4 zu 1) betrug. Bei den Kürassieren dagegen sah dies wesentlich besser aus, bei diesen kamen

---

waren.

[912] S. Schieder, Friedrich der Große, S. 29.

[913] Daß v. Rochow den Kronprinzen verteidigte, ist u. a. aus einem Brief von Prinzessin Wilhelmine an ihren Bruder Friedrich vom 14. März 1733 zu entnehmen: *„Ich begreife die schlechte Laune des Königs nicht. Er schilt noch immer auf Dich und hat sogar in Gegenwart der Königin mit Deinem Rochow gesprochen, der kräftig Deine Partei ergriffen hat."* Zit. aus: Allergnädigster Vater. Dokumente aus der Jugendzeit Friedrichs II., hrsg. mit einem Vorwort und mit Einführungen zu den Kapiteln versehen von Frank Schumann, Berlin 1989, S. 114.

auf 32 Offiziere 12 Stellen (ca. 3 zu 1) als Kompaniechef. Trotz dieser relativ günstigen Perspektive für die Kürassieroffiziere liegen die Werte für den Durchschnitt aller Kavallerieoffiziere in den beiden genannten Stellen über dem bei der Infanterie. Zum einen dürfte dies dadurch zu erklären sein, daß die Dragoner und die Husaren seit den zahlreichen Neuaufstellungen zu Beginn der 1740er Jahre ein zahlenmäßiges Übergewicht gegenüber den Kürassieren hatten, was Auswirkungen auf die entsprechenden Berechnungen gehabt haben wird. Zum anderen ist das höhere Lebens- und Dienstalter der Kavallerieoffiziere im Vergleich zur Infanterie möglicherweise auch auf das im Schnitt etwas höhere Alter beim Diensteintritt zurückzuführen. Die ein bis zwei Jahre, die sie später in die Amee eingetreten sind, haben sie wahrscheinlich auch bei der Beförderung in die nächsthöheren Ränge sozusagen „mitgenommen". Eine weitere Erklärung für die längeren Standzeiten in den Dienstgraden könnte sein, daß die Ansprüche an einen Offizier bei der Kavallerie höher waren als an einen Infanterieoffizier und er entsprechend mehr Praxis sammeln mußte, bis man ihn für geeignet hielt, verantwortungsvolle Funktionen zu übernehmen, wie sie die Schwadron- und die Regimentschefstelle bedeuteten.

Eine Ausnahme bezüglich des vergleichsweise höheren Lebens- und Dienstalters stellt die Zeit zwischen 1740 und 1756 dar. In diesem Abschnitt lagen beide Werte bei der Infanterie höher als bei der Kavallerie, dies ist wiederum ein möglicher Beleg dafür, daß Friedrich II. eine Verjüngung der Kavallerie in den besonders wichtigen Positionen der Kompanie- bzw. Regimentschefs vorgenommen hat. Ein weiterer Grund könnte sein, daß die zahlreichen Neuaufstellungen von Dragonerregimentern und besonders von Husarenregimentern die Chancen verbesserten, die begehrten Chargen schneller zu erreichen als noch unter Friedrich Wilhelm.

Wie auch bei der Infanterie wurden das Lebens- und Dienstalter der Rittmeister bzw. Kapitäne und der Obristen noch einmal gesondert ausgewertet, um zu überprüfen, ob der Siebenjährige Krieg die entsprechenden Werte beeinflußt hat:

	Leben / Dienst	Leben / Dienst	Leben / Dienst	Leben / Dienst
	1751,07 - 1756,07	1756,08 - 1763,02	1763,03 - 1768,04	1768,05 - 1773,06
Rittmeister/ Kapitän	38 / 21	39 / 20	37 / 18	40 / 21
Oberst	45 / 29	44 / 31	50 / 32	52 / 33

Interessanterweise hat der Siebenjährige Krieg auf das Lebens- und das Dienstalter bei den Kapitänen bzw. Rittmeistern erst mit einer zeitlich verzögerten gewirkt. Bei der Infanterie dagegen waren die Werte bei den Kapitänen bereits im Krieg deutlich gefallen. Möglicherweise sind hier die geringeren Verluste (siehe auch die Auswertung der Abgangslisten) bei der Kavallerie dafür verantwortlich, daß die Werte bei dieser erst nach 1763 gefallen sind. Das Absinken könnte darauf zurückzuführen sein, daß nach Kriegsende vermehrt Offizier dimittierten und damit für die im Avancement hinter ihnen stehenden Offiziere den „Weg frei machten" für einen rascheren Aufstieg in die höheren Ränge. Im Vorgriff auf die Auswertung der Abgangslisten wurden die entsprechenden Listen auf diese Frage hin überprüft: Bei der Infanterie betrug der Anteil der zwischen 1763 und 1786 dimittierten Offiziere 43,6 %, und bei der Kavallerie waren es mit 55,9 % deutlich mehr. Die Vermutung, daß das Lebens- und das Dienstalter bei der Kavallerie aufgrund der höheren Zahl an Dimissionen nach dem Krieg gefallen ist, wird damit unterstützt. Eine Erklärung dafür ist möglicherweise, daß in einer Friedensarmee die rascheren Aufstiegsmöglichkeiten aufgrund von Kriegsverlusten oder dank ausgezeichneter militärischer Taten nicht gegeben waren und daher vermehrt Offiziere den Armeedienst verließen, weil die Aufstiegsperspektive sich nicht mehr so günstig gestaltete wie während des Krieges. Dies trifft zwar ebenfalls auf die Infanterie zu, es ist aber bereits darauf verwiesen worden, daß bei den Dragonern und Husaren das Verhältnis zwischen der Zahl der Offiziere in einem Regiment und den Schwadronchefstellen relativ ungünstig war. In der besonderen Situation des Krieges hat dieses Moment wahrscheinlich an Bedeutung abgenommen, im Frieden wird es aber wieder zum Tragen gekommen sein.

Ähnlich wie bei der Infanterie ist festzustellen, daß die unmittelbare Kriegszeit (1756 bis 1763) auf die Werte bei den Obristen keine meßbare Auswirkung hatte. War aber bei der Infanterie zumindest festzustellen, daß der Krieg eine zeitverzögerte Wirkung hatte, weil zwischen 1763 und 1768 die Werte sanken, sind sie bei der Kavallerie sogar weiter angestiegen. Ein Grund für diesen Befund könnte sein, daß ein Kavallerieoffizier ein geringeres Risiko hatte, durch direkte Kriegseinwirkung auszufallen, was bedeutete, daß auch die „Chancen" eines unter ihm rangierenden Offiziers, schneller zu avancieren, geringer waren. Entsprechend mußte ein Kavallerieoffizier ebenso lange wie im Frieden darauf warten, bis er zum Oberst befördert werden konnte. Eine weitere Erklärung ist möglicherweise, daß die Obristen bzw. die Generale aufgrund ihrer Stellung in der Militärhierarchie weniger der Gefahr ausgesetzt waren, in einer Schlacht zu fallen als ein Rittmeister oder Kapitän. Während erstere das Schlachtgeschehen zum Teil von außerhalb bzw. von einer erhobenen geographischen Position aus verfolgten, avancierten letztere immer mit ihrer Einheit gegen den Feind. Das hieß, daß die Wahrscheinlichkeit geringer war, daß ein Oberstleutnant vom Tod eines Obersts oder Generals profitieren konnte und rascher als sonst üblich befördert wurde. Im Vergleich mit der Infanterie lag das durchschnittliche Alter bei Dienstbeginn um zwei bzw. ein Jahr höher und war mit 17 Jahren in allen drei Zeiträumen gleich geblieben.

Zu einer Offizierslaufbahn gehört selbstverständlich auch deren Ende. Dieser Aspekt läßt sich allerdings besonders am Abgangsverhalten der Offiziere analysieren, daher folgen die dazugehörigen Ausführungen im nächsten Kapitel.

4. Monarchisierung und Binnenstruktur

4.1. Die gesamte Armee: Analyse der Abgangsformen, des Abgangsverhaltens sowie der Versetzungen

Wie aus der Überschrift des gesamten Abschnitts zu entnehmen ist, werden nicht nur die Maßnahmen zu untersuchen und zu interpretieren sein, mit denen Friedrich Wilhelm I. und Friedrich II. „das" Offizierkorps durch den Dienst an sich banden und in ihrem Sinne formten. Darüber hinaus sind entscheidende Informationen über die inneren Zustand „des" Offizierkorps zu geben und was der Dienst für den Offizier konkret bedeutete. Das heißt, welche Maßstäbe an die Erfüllung der dienstlichen Pflichten gelegt wurden, welche Auswirkungen dies auf das Leben der Offiziere hatte, wie sich ihr Alltag gestaltete, was sie im Dienst beachten mußten etc.. In Teilbereichen können durch die Abganglisten und ihre Interpretation soziale Strukturen des Offizierkorps und soziale Bedingungen für die Offiziere aufgezeigt werden. Diese Listen veranschaulichen nicht nur, welche Abgangsformen es für einen preußischen Offizier überhaupt gab, sondern es lassen sich ebenfalls bestimmte Verhaltensweisen feststellen. Dazu gehören z. B. die Desertionen oder die Suizide von Offizieren. Aber nicht nur die von den Offizieren selbst gewählten Abgangsarten sind zu beschreiben. Darüber hinaus sind hier die Maßnahmen der Monarchen enthalten, mit denen sie „das" Offizierkorps in ihrem Sinne formten. Dazu gehört z. B. die Kassation von Offizieren. Ebenfalls ist die Fürsorge der Könige für die dienstuntauglichen Offiziere, die sich in Pensionierungen und Zivilversorgungen äußerte, in konkreten Zahlen zu benennen. Ein weiterer großer Bereich, den die Abgänge erfassen, sind die Verluste in den Kriegen. Diese Aufzählung verdeutlicht, daß die in den Abgangslisten enthaltenen Informationen sehr heterogen sind. Dies wiederum ermöglicht es, den bisher durch die Analyse und Interpretation der anderen Listentypen gewonnenen Erkenntnisstand über die preußischen Offiziere durch weitere wichtigte Facetten zu ergänzen. Es sind in den folgenden Auswertungen nicht nur die Offiziere erfaßt, die die Armee auf die eine oder andere Art endgültig verließen. Ebenso sind diejenigen Offiziere dokumentiert, die von ihrem Regiment durch Versetzung abgegangen sind. Daraus lassen sich gewisse Erkenntnisse über die Personalpolitik Friedrich Wilhelms I. und Friedrichs II.

gewinnen. Darüber hinaus ist dadurch eine Aussage möglich, wie viele Offiziere im Dienst überhaupt eine „erfolgreiche" Laufbahn machen konnten. Als Maßstab gilt hier, wie viele von ihnen die entscheidende Position eines Kompanie- bzw. Schwadronchefs erreicht haben.

Die Auswertung ist in der folgenden Tabelle nach Gruppen (Regimentschefs: Oberst bis Generalfeldmarschall, Kompanie-/Schwadronchefs[914]: Kapitän/Rittmeister bis Oberstleutnant, Subalterne: Unteroffizier bis Stabskapitän/-rittmeister) aufgeteilt. Es wurde untersucht, wie viele Offiziere aus der Armee schieden[915] (außer Dienst) oder innerhalb der Armee versetzt wurden. Bei der Bewertung dieser Zahlen ist zu berücksichtigen, daß für 51 der insgesamt 102 Regimenter (= 50,4 %) Abgangslisten vorliegen.

	1713,02-1740,05 außer D./versetzt	1740,06-1756,07 außer D./versetzt	1756,08-1763,02 außer D./versetzt	1763,03-1786,08 außer D./versetzt	1713,02-1786,08 außer D./versetzt
Regimentschefs	88 / 57	111 / 101	151 / 53	221 / 139	**571 / 350**
Kompaniechefs	331 / 178	405 / 216	485 / 76	556 / 146	**1777 / 616**
Subalterne	864 / 321	1295 / 460	1365 / 204	2046 / 354	**5567 / 1339**
Abgang insges.	1283 / 556	1808 / 777	2001 / 333	2823 / 639	**7195 / 2305**

Demnach sind von insgesamt 10220 erfaßten Offizieren zwischen 1713 und 1786 insgesamt 7195 ausgeschieden und 2305 wurden versetzt. Hervorzuheben ist, daß in diesem Zeitraum 5567 Subalterne (= 54,4 %) auf die eine oder andere Art vor Erreichung der finanziell ertragreichen Kompanie- bzw. Schwadronchefstelle die Armee verließen, belegt diese Zahl doch, daß mehr als die Hälfte der preußischen Offiziere in ihrer Laufbahn nicht über die subalternen Ränge hinausgelangt sind.[916] Allerdings darf dieses Ergebnis nicht überbewertet werden, denn schon aufgrund der Tatsache, daß die Zahl der Kompaniechefstellen wesentlich kleiner war als die der Subalternen, war ausgeschlossen, daß jeder von diesen bis in den Rang eines Kapitäns/Rittmeisters avancieren konnte. Außerdem sei darauf verwiesen, daß auch andere Faktoren, die im vorhergehenden Kapitel ausführlich geschildert worden sind, die Laufbahn eines Offiziers beeinflußt haben. Ebenso kann durch Tod oder Krankheit der Dienst eines Offiziers vorzeitig beendet worden sein. Wenn nur die Abgänge nach 1763 berechnet werden, ergibt sich, daß in

---

[914] In der Regel waren auch die Offiziere vom Oberst bis zum Generalfeldmarschall Kompaniechefs. Um Doppelnennungen zu vermeiden, wurden sie an dieser Stelle in der Gruppe der Kompaniechefs nicht mitberechnet.

[915] Unter „außer Dienst" sind alle Offiziere erfaßt, die durch Desertion, Dimission oder tödliche Verwundung usw. aus der Armee schieden.

[916] Interessanterweise schreibt Martiny, Die Adelsfrage, S. 65, daß die Mehrzahl der Offiziere als Leutnant oder Kapitän bzw. Rittmeister aus der Armee ausschieden. Als Grund dafür gibt er an, daß diese Offiziere dimittierten, weil sie ein Gut geerbt hätten. Leider gibt Martiny nicht an, auf welche Quelle er erstere Aussage stützt. Auch wenn die Analyse der Abgangslisten Martiny nur zum Teil bestätigt, denn er schreibt, die Mehrzahl sei als Leutnant **oder** Kapitän/Rittmeister abgegangen, hat er dennoch bereits beobachtet, daß die Laufbahn vieler preußische Offiziere relativ früh beendet war.

diesem Zeitraum 2046 (= 59,2 %) der Offiziere nicht den Rang eines Kapitäns bzw. Rittmeisters erreichten. Aufgrund dessen kann mit Einschränkungen davon gesprochen werden, daß die spätfriderizianische Armee geringere Aussichten bot, die Kompanie- bzw. Schwadronchefstelle zu erreichen, als dies zwischen 1713 und 1740 (= 46,9 %) oder in den Jahren vor dem Siebenjährigen Krieg (= 50 %) der Fall war. Um zu überprüfen, ob tatsächlich nach dem Siebenjährigen Krieg mehr Subalternoffiziere dimittierten, weil ihnen die Armee nicht mehr die gleichen Chancen auf rasches Avancement bot wie vor dem Krieg, wurde der Anteil der Subalternoffiziere an den Dimissionen ausgewertet. Dabei hat sich ergeben, daß zwischen 1740 und 1756 deren Anteil an den dimittierten Offizieren bei 77,5 % lag und daß dieser im Zeitraum zwischen 1763 und 1786 auf 81,5 % angestiegen ist. Diese Zunahme kann dahingehend interpretiert werden, daß in der Tat nach dem Siebenjährigen Krieg mehr Offiziere bereits als Subalterne dimittierten, weil sich ihnen nicht mehr die gleichen Aussichten boten, bis in den begehrten Kapitäns- bzw. Rittmeisterränge aufzusteigen.

Interessant ist auch, wie sich das Verhältnis zwischen den Versetzungen und dem Ausscheiden aus dem Dienst verschob. Betrug im ersten Berechnungszeitraum der Anteil der versetzten Offiziere am gesamten Abgang noch 30,2 % und im zweiten Zeitraum 30 %, fiel deren Anteil im Siebenjährigen Krieg auf 14,2 % und stieg nach 1763 lediglich auf 18,4 % an. Letzterer Befund läßt möglicherweise, wie bereits der hohe Anteil von Offizieren, die nicht in die Kompanie- bzw. Schwadronchefstelle aufrücken konnten, auf eine gewisse Statik in der Personalpolitik schließen, die durch die lange Friedenszeit zwischen 1763 und 1786 bewirkt wurde. Zwar kam es 1778/79 noch zum Bayerischen Erbfolgekrieg, offensichtlich hat dieser aber keinen meßbaren Einfluß auf die Struktur und die Zusammensetzung des Offizierkorps, was wahrscheinlich nicht zuletzt an der geringen Zahl der in diesem Konflikt gefallenen Offiziere zurückzuführen sein wird. Ein weiterer Grund für die deutlich geringere Zahl der Versetzungen nach dem Siebenjährigen Krieg dürfte sein, daß in dieser Periode die Armee nicht mehr im gleichen Maße ausgebaut wurde, wie dies noch unter Friedrich Wilhelm I. und in den Jahren 1740 bis 1745 geschehen war. Die Neuaufstellungen in diesen Ausbauphasen hatten es notwendig gemacht, Offiziere von den „alten" Regimentern zu den neuen zu versetzen, um dort das Offizierkorps der Regimenter zu bilden. Für die neuen Einheiten konnte nicht nur auf junge Gefreitenkorporale zurückgegriffen werden, es mußten dort alle Stellen mit entsprechenden Offizieren besetzt werden, die auch die notwendige Erfahrung mitbrachten. Letzteres war auch der Grund, warum nicht auf Ausländer zurückgegriffen wurde, um aus diesen das Offizierkorps der neuen Einheiten zu bilden, denn diese mußten ebenfalls erst den Dienst in der preußischen Armee „erlernen".

Einen präziseren Blick auf den Abgang ermöglicht die folgende Tabelle, die die verschiedenen Abgangsarten und deren Entwicklung zwischen 1713 und 1786 enthält:

	1713,02-1740,05	1740,06-1756,07	1756,08-1763,02	1763,03-1786,08	Summe
ausgeblieben[917]	17 (0,9 %)	35 (1,3 %)	5 (0,2 %)	12 (0,3 %)	69 (0,6 %)
desertiert	40 (2,1 %)	92 (3,5 %)	39 (1,6 %)	81 (2,3 %)	252 (2,4 %)
kassiert[918]	87 (4,7 %)	93 (3,5 %)	56 (2,4 %)	118 (3,4 %)	354 (3,4 %)
dimittiert	753 (40,9 %)	797 (30,8 %)	619 (26,5 %)	1623 (46, 8 %)	3792 (37,1 %)
pensioniert	5 (0,2 %)	18 (0,6 %)	3 (0,1 %)	88 (2,5 %)	114 (1,1 %)
versetzt	556 (30,2 %)	777 (30,0 %)	333 (14,2 %)	639 (18,4 %)	2305 (22,5 %)
zivil versorgt[919]	27 (1,4 %)	54 (2,0 %)	25 (1,0 %)	154 (4,4 %)	260 (2,5 %)
gefangen[920]	-	2 (0,07 %)	21 (0,9 %)	-	23 (0,2 %)
tödlich verw.[921]	7 (0,3 %)	79 (3,0 %)	317 (13,5 %)	4 (0,1 %)	407 (3,9 %)
gefallen	21 (1,1 %)	161 (6,2 %)	555 (23,7 %)	7 (0,2 %)	744 (7,2 %)
duelliert[922]	10 (0,5 %)	11 (0,4 %)	-	8 (0,2 %)	29 (0,2 %)
suizid	-	5 (0,1 %)	5 (0,2 %)	11 (0,3 %)	21 (0,2 %)
inhaftiert	9 (0,4 %)	10 (0,3 %)	2 (0,08 %)	11 (0,3 %)	32 (0,3 %)
hingerichtet	3 (0,1 %)	2 (0,07 %)	11 (0,4 %)	-	16 (0,1 %)
gestorben	299 (16,2 %)	442 (17,0 %)	335 (14,3 %)	691 (19,9 %)	1767 (17,2 %)
verunglückt[923]	5 (0,2 %)	7 (0,2 %)	6 (0,2 %)	15 (0,4 %)	33 (0,3 %)
insgesamt	1839	2585	2332	3462	10218

Wenn die Abgangsarten „tödlich verwundet", „gefallen", „duelliert", „suizid", „hingerichtet", „gestorben" und „verunglückt" zusammengerechnet werden, sind 29,5 % aller Offiziere zwischen 1713 und 1786 im Dienst gestorben. Von den Offizieren, die beim Austritt aus dem Dienst noch lebten, sind immerhin 14,5 % unehrenhaft bzw. aufgrund von dienstlicher Erfolglosigkeit oder Untüchtigkeit durch die schlichte Entlassung ausgeschieden („ausgeblieben", „desertiert", „kassiert", „inhaftiert"), 7,6 % erhielten eine Versorgung nach dem Dienst („pensioniert", „zivil

---

[917] In den Abgangslisten findet sich der Ausdruck „vom Urlaub ausgeblieben", was bedeutet, daß der Offizier nicht zu seinem Regiment zurückkehrte, mit anderen Worten: er desertierte.
[918] „Kassiert" heißt, daß eine nicht zu quantifizierende Anzahl der Offiziere aufgrund dienstlicher Verfehlungen unehrenhaft aus dem Dienst entlassen wurde. Andere Offiziere wiederum wurden schlicht entlassen, weil sie sich im Dienst nicht bewährten oder nicht die nötige Ambition mitbrachten.
[919] Unter „Zivil versorgt" sind die Offiziere erfaßt, die nach dem Armeedienst vom König eine Zivilstelle, z. B. bei der Post, erhielten.
[920] In dieser Rubrik sind nicht alle in Gefangenschaft geratenen Offiziere aufgeführt, sondern lediglich die Offiziere, die aus der Gefangenschaft nicht zurückkehrten, weil sie gestorben oder desertiert waren. Jany, Geschichte der Preußischen Armee, Bd. 2, S. 642 nennt die Zahl von 1080 Offizieren, die nach dem Siebenjährigen Krieg aus der Gefangenschaft nach Preußen zurückkehrten. 43 Offiziere seien in der Gefangenschaft gestorben, 2 krank zurückgeblieben und 16 Offiziere seien aus der Gefangenschaft entwichen, jedoch nicht in den preußischen Dienst zurückgekehrt, weswegen sie als Deserteure angesehen wurden.
[921] Zwischen „Tödlich verwundet" und „Gefallen" wird unterschieden, um zu verdeutlichen, wie viele Offiziere nicht sofort auf dem Schlachtfeld, sondern zum Teil erst wesentlich später an den Folgen ihrer Verwundung gestorben sind.
[922] Da diese Zahlen auf den Abgangslisten basieren, sind unter dieser Rubrik nur die Duelle verzeichnet, die einen tödlichen Ausgang hatten.
[923] Unter „verunglückt" sind nur die tödlich verunglückten Offiziere aufgeführt.

versorgt") und 77,8 % nahmen den Abschied ("dimittierten").[924] Wenn die verschiedenen Zeiträume betrachtet werden, ist zu erkennen, daß es in vielen Abgangsarten zwar Schwankungen gibt, so bei den unehrenhaften Abgängen, daß sich daraus aber kein einheitlicher Trend ablesen läßt. Auch die Quote der Duelle z. B. bleibt in etwa die gleiche. Im Falle der Abgangsarten "tödlich verwundet" und "gefallen" sind die sehr unterschiedlichen Werte in den vier Untersuchungszeiträumen nicht überraschend, da die ersten beiden Schlesischen Kriege von 1740 und 1742 und von 1744 bis 1745 geführt wurden und der Dritte Schlesische Krieg, der Siebenjährige Krieg, von 1756 bis 1763. Dessen Intensität läßt sich an der hohen Zahl der gefallenen bzw. tödlich verwundeten Offiziere ablesen. Unter Friedrich Wilhelm I. war es nur im Jahre 1715 zu einem kurzen Krieg zwischen preußischen und schwedischen Truppen gekommen. Und nach 1763 gab es nur eine größere militärische Auseinandersetzung, den Bayerischen Erbfolgekrieg von 1778/79, der nicht sehr verlustreich verlief.

Für die Offiziere, die nicht im Krieg gefallen oder unehrenhaft aus dem Dienst geschieden waren, gab es drei Möglichkeiten, ihren Armeedienst zu verlassen: die Dimission, die Zivilversorgung und die Pensionierung. Die erste und am häufigsten "gewählte" Möglichkeit war die der Dimission. Friedrich II. hat bewährten Offizieren diese nur ungern gewährt, wenn sie selber um den Abschied gebeten haben.[925] Gerade in Kriegszeiten stand der König vor dem Problem, woher er einen geeigneten Ersatz in hinlänglicher Zahl nehmen konnte. Aus diesem Grund hatte Friedrich z. B. während des Siebenjährigen Krieges, wie weiter oben ausgeführt, in großer Zahl Offiziere aus den Garnisonregimentern in die Feldregimenter versetzt. Es ist also verständlich, daß er einem fähigen Offizier den Abschied, wenn überhaupt, nur sehr zögerlich erlaubt hat. Ein Abschied kam in Kriegszeiten allerdings nur für den Offizier in Frage, der durch Verwundung, Krankheit oder Alter dienstuntauglich war.[926] Selbst dann versuchte Friedrich II. nach Möglichkeit, auch einen kranken Offizier im Dienst zu behalten, wenn er glaubte, einen besonders guten Mann zu verlieren, denn er konnte nicht wissen, ob es für diesen einen geeigneten Ersatz gab.[927] So schrieb er einem

---

[924] Interessant ist, daß das ehemalige Wiener (K. u. K.) Kriegsarchiv für den Zeitraum von 1713 bis 1740 erheblich abweichende Zahlen zum preußischen Offizierkorps angibt. So sollen in dieser Zeit 624 Offiziere verstorben und 1202 verabschiedet worden seien. In der Zahl der Verabschiedungen sind auch die kassierten und desertierten Offiziere enthalten, s. Ullrich Marwitz, Friedrich der Große als Heeresorganisator, in: Hauser, Friedrich der Große, S. 213 - 235, hier S. 218.
[925] Duffy, The Army of Maria Theresa, S. 35 betont, daß anders als der preußische der österreichische Offizier sehr viel einfacher dimittieren konnte. Er mußte dafür lediglich ein Gesuch an den Hofkriegsrat richten.
[926] S. Kluth, Die Ehrauffassung, S. 106.
[927] S. v. Blanckenburg, Seydlitz, S. 68. Seinen Angaben zufolge war ein Offizier, der aus Krankheitsgründen mehrere Monate nicht in der Lage gewesen war, Dienst zu leisten, vom Chef des Regiments auf die Liste der zu verabschiedenden Offiziere gesetzt worden, um einen anderen Offizier schneller befördern zu können. Der Erstgenannte wollte aber weiter dienen und wandte sich daher an den Chef der schlesischen Kavallerie-Inspektion, General v. Seydlitz. Durch dessen

Rittmeister, der durch den Zweiten Schlesischen Krieg gesundheitlich angeschlagen war und um seine Dimission bat: *„Ihr könnet nur noch immer im Dienst bleiben, als worin Ich Euch als einen braven und wohlverdienten Offizier gern konservieren und für Euch gewiß so sorgen werde, daß Ihr Ursach haben werdet, es zufrieden zu sein."*[928] Im Krankheitsfall mußte Friedrich II. von der Schwere der Dienstuntauglichkeit überzeugt sein, sonst konnte es wie in dem Fall eines jungen Grafen, der oft krank war, passieren, daß er auf ein Abschiedsgesuch antwortete: *„Die Grafens Seindt alle krank wenn sie dihnen."*[929] Gerade auch bei der Gewährung der Dimission wird wieder deutlich, daß der Ehrbegriff, den Friedrich den Offizieren vermitteln wollte, ein Instrument war, diese zu einem vom König gewünschten (Dienst-) Verhalten zu bringen. So antwortete Friedrich z. B. auf die Abschiedsgesuche der Generale v. Bevern und v. Holstein, daß diese noch einmal überlegen sollten, ob eine Dimission im Krieg sich mit ihrer „Ehre" vereinbaren ließe.[930] Diese Generale waren aber von Friedrich selber gemaßregelt und „kaltgestellt" worden. Hier wird deutlich, daß Friedrich nach Opportunität entschied, ob er einem Offizier den Abschied erlaubte. Eine derartige Auffassung der „Ehre", die in erster Linie auf eine auf den Staat bezogene Tüchtigkeit zielte, ließ sich damit gegen die Offiziere instrumentalisieren. Ein Offizier, der um seine Dimission bat, ohne in den Augen des Königs dafür einen berechtigten Anlaß zu haben, besaß Friedrichs Ansicht nach nicht das Ehrgefühl, das der König für einen preußischen Offizier für notwendig hielt. Ein Offizier sollte so lange seine Pflicht im Dienst erfüllen, bis er dazu wegen gesundheitlicher Einschränkungen oder aus Altersgründen nicht mehr in der Lage war. Für Friedrich war es ausschließlich der Herrscher und nicht der Offizier, der darüber zu entscheiden hatte, wer aus dieser Pflicht entlassen werden konnte. Aus diesem Grund hatten diejenigen Offiziere, die im Krieg dimittierten, wenig Aussicht, wieder als Offizier in die Armee aufgenommen zu werden.[931] Aber auch in Friedenszeiten reagierte Friedrich II. empfindlich auf Abschiedsgesuche von Offizieren. Das zeigt anschaulich der Fall des Rittmeisters Philipp Karl v. Borcke. Auf dessen erstes Gesuch antwortete der König: *„daß Ihr Euch was schämen solltet, daß Ihr so wenig Ambition habt und nicht länger dienen wollet."*[932] Erst nach mehreren Abschiedsgesuchen erhielt v. Borcke die Dimission: *„So ertheilen Sie ihm solche hiermit und in*

Intervention konnte der Offizier in der Armee bleiben.

[928] Zit. aus: Apel, Der Werdegang, S. 43.

[929] Zit. aus: v. Scharfenort, Kulturbilder, S. 105.

[930] S. Kluth, Die Ehrauffassung, S. 108.

[931] S. Jany, Geschichte der Preußischen Armee, Bd. 2, S. 234. In einer Kabinettsordre vom 1. Juni 1763 verbot Friedrich II. darüber hinaus, Offiziere, die *„wegen schlechter Ursachen"* den Dienst während des Krieges quittiert hatten, mit frei werdenden Zivilbedienungen, Landratsstellen oder anderweitigen Vergünstigungen zu versorgen, s. Acta Borussica, Bd. 13, S. 151f.

[932] Zit. aus: Meier-Welcker, Offiziere im Bild, S. 154.

Kraft dieses, attestiren dabey in Gnaden: daß gedachter Rittmeister v. Borcke die ganze Zeit seiner obgehabten Krieges-Dienste, und bey allen darin vorgefallenen Krieges-Begebenheiten, sich jedesmal getreu, tapfer und unverweißlich aufgeführet und dergestalt erwiesen habe, daß Allerhöchstgedachte Se. Königl. Maj. damit beständig allergnädigst wohlzufrieden gewesen [...]."[933] Bezeichnend ist der eigenhändige Zusatz Friedrichs zur Bewilligung der Dimission für v. Borcke: *„abscheit* [Abschied] *vohr Einen preußen der nicht dinen Wil, und also den man Gott danken mus Das man ihm los wirdt.*"[934] Die spezielle Verbindung von Ehrgefühl und Ambition, wie sie Friedrich herstellte und die sich als Instrument zur Disziplinierung der Offiziere eignete, wird auch deutlich aus seiner Antwort auf ein Wiedereinstellungsgesuch eines Offiziers. Dieser war dimittiert, um reich zu heiraten, hatte dies aber nicht erreicht: *„Die Armee ist kein Bordell, wo man herein- und herausläuft. Hat Er quittiert, so hat Er keine Ambition, und dergleichen Offiziere sind mir ein Greuel.*"[935] Die Offiziere erhielten eine schriftliche „Dimission" erst ausgehändigt, wenn sie versprochen hatten, nicht in fremden Dienst zu wechseln. Die Sorge, daß die Offiziere ihr in preußischen Diensten erworbenes Fachwissen an fremde bzw. feindliche Mächte weitergeben könnten, war ein weiterer Grund, weshalb Friedrich II. Abschiedsgesuche seiner Offiziere nur ungern bewilligte.[936] Es ist allerdings auch vorgekommen, daß der König von sich aus einen Offizier gegen dessen Willen verabschiedete.[937] So z. B. Major Johann Christof v. Lockstädt, der im Juli 1763 dimittiert wurde: *„Erhielt den Abschied 'auf Ansuchen in Gnaden erteilt'; unterschrieb aber trotzdem den üblichen Revers, 'keine auswärtigen Krieges- oder Civildienste ohne Seiner Majestät Allerhöchsten Consens' annehmen zu wollen*", mit dem Zusatz: *„Da ich zwar niemahls den Abschied verlanget, so habe ich doch gegenwärtigen Revers ohnumgänglich unterschreiben müßen*".[938] Eine Erklärung für diese Entlassung eines Offiziers ist aus den Testamenten von 1752 und 1768 zu entnehmen, dort hat Friedrich geschrieben, daß er Offiziere verabschieden wollte, die in ihrem dienstlichen Verhalten und ihrer geistigen Einstellung bewiesen hatten, daß sie nicht würdig waren, dem Offizierkorps anzugehören.[939] Hier wird wieder deutlich, daß sich Friedrich vorbehielt, nach Opportunität über das Verbleiben eines Offiziers im Dienst zu entscheiden. Derjenige, der nicht die Ambition bewies, die der König von ihm verlangte, durfte nicht erwarten,

---

[933] Zit. aus: Meier-Welcker, Offiziere im Bild, S. 155.

[934] Ebd..

[935] Zit. aus: Peter Lill, Friedrich der Große. Anekdoten, Frankfurt a. M., Berlin 1991, S. 58. Auch Apel, Der Werdegang, S. 43 berichtet von diesem Fall.

[936] S. Jany, Geschichte der Preußischen Armee, Bd. 2, S. 234.

[937] S. Jany, Geschichte der Preußischen Armee, Bd. 2, S. 228.

[938] Dieser Zusatz ist in der Abgangsliste des Husarenregiments Nr. 5 zum Ausscheiden des Majors Johann Christof v. Lockstädt im Juli 1763 zu finden.

[939] S. Dietrich, Die politischen Testamente, S. 415 und 535.

gemäß der Anciennität befördert zu werden, er mußte unter Umständen sogar damit rechnen, einen unfreiwilligen Abschied zu erhalten. Daß es Friedrich mit der Androhung der Entlassung darum ging, die Offiziere zu ansprechenden Leistungen, d. h. zur Ambition, anzuspornen, wird daran deutlich, daß er 1756 diejenigen, die nicht mit „Lust" dienten, aufforderte, ihren Abschied zu nehmen, denn in dem kommenden Krieg könne er sie nicht gebrauchen.[940]

Aus obiger Tabelle ist abzulesen, daß die Bewilligung von Dimissionen im Laufe des gesamten Untersuchungszeitraumes unterschiedlich gehandhabt wurde. So sinkt im Vergleich zur Regentschaft Friedrich Wilhelms I. (1713 bis 1740) der Anteil der Dimissionen zwischen 1740 und 1756, was auf eine gewisse Konsolidierung der preußischen Armee vor dem Siebenjährigen Krieg schließen läßt. Eine andere Erklärung ist möglicherweise, daß die Laufbahnaussichten zwischen 1740 und 1756 durch die Neuaufstellungen von zahlreichen Regimentern und die ersten beiden Schlesischen Kriege wesentlich besser waren als zuvor. Hervorzuheben ist der Anstieg des Anteils der Dimissionen an allen Abgängen im Untersuchungszeitraum zwischen 1763 und 1786. Waren zwischen 1740 und 1756 etwas mehr als 30 % der Offiziere auf diese Weise aus der Armee geschieden, so stieg dieser Wert nach 1763 auf knapp 47 % an. Eine Einzelauswertung hat ergeben, daß zwischen 1763 und 1768 der Anteil der dimittierten Offiziere bei 53,2 % lag und daß dieser zwischen 1768 und 1773 auf 40,5 % fiel. Das Kriegsende hat offensichtlich einen starken Anstieg der Dimissionen bewirkt. Dafür kann es mehrere Gründe gegeben haben. Im Krieg dürfte die Erlaubnis zur Dimission eher die Ausnahme gewesen sein, daher wird es nach dem Krieg einen gewissen „Nachholbedarf" gegeben haben. So werden einige eigentlich dienstuntaugliche Offiziere, die in der Armee geblieben waren, weil es ihr Ehrenkodex verbot, den König und den Staat in einer Notsituation zu verlassen, den Frieden genutzt haben, um zu dimittieren. Bei anderen Offizieren war es möglicherweise die Aussicht auf das langsamere Avancement in einer Friedensarmee, die sie zu diesem Schritt veranlaßt hatte. Auch dürften einige Offiziere deswegen dimittiert sein, weil sie unfähig bzw. unwillig waren zum strengeren Garnisondienst im Frieden.[941] Eine weitere Erklärung für den erheblichen Prozentsatz der Dimissionen ist darin zu suchen, daß Friedrich II. im Gegensatz zur Zeit vor dem Siebenjährigen Krieg schneller eine Dimission bewilligte. Bei seinem Vorhaben, die Armee wieder auf den Qualitätsstandard der Vorkriegszeit zu heben, benötigte er Offiziere, die in der Lage waren, ohne körperliche und geistige Einschränkungen zu dienen. Außerdem konnte er keine Offiziere gebrauchen, die nicht bereit waren, weiter zu dienen, denn damit hatten sie

---

[940] S. Potsdamer Tagebücher 1740 - 1756, hrsg. vom Großen Generalstab, Kriegsgeschichtliche Abt. II (= Urkundliche Beiträge und Forschungen zur Geschichte des Preußischen Heeres, Heft 10), Neudruck der Ausgabe Berlin 1906, Bad Honnef 1983, S. 90f..

bewiesen, daß sie weder über das Ehrgefühl, wie es Friedrich interpretierte, noch über die davon untrennbare notwendige Ambition zum Dienst verfügten. Unter den dimittierten Offizieren dürften aus diesen Gründen auch einige gewesen sein, die mehr oder minder freiwillig aus der Armee geschieden sind, weil ihnen der König diesen Schritt „empfohlen" hat. Daß die Zahl der Dimissionen zwischen 1768 und 1773 wieder sank, belegt, daß der „Reinigungsprozeß" des Offizierkorps weitgehend abgeschlossen war und sich die Armee in dieser Beziehung wieder den Vorkriegsverhältnissen näherte. Diese Vermutung wird durch eine Äußerung Friedrichs gestützt, der bereits 1767 feststellte, daß sich die Disziplin von Jahr zu Jahr gefestigt habe, und der zuversichtlich war, daß die Armee in weiteren drei Jahren wieder das Niveau von 1756 erreicht haben werde.[942]

Bemerkenswert ist in obiger Tabelle die Angabe, daß allein während des Siebenjährigen Krieges 619 Offiziere dimittiert sind. Dies ist ungewöhnlich, wurde doch, wie bereits erwähnt, einzig die Dimission aus Krankheitsgründen vom König als gerechtfertigt angesehen.[943] Um zu überprüfen, wie viele Offiziere aus gesundheitlichen Gründen während des Krieges ausgeschieden sind, wurden die Abgangslisten noch eingehender untersucht.[944] Auch die anderen Abgangsarten lassen sich durch diese Vorgehensweise weiter interpretieren. Insgesamt gibt es bei 8099 Offizieren Angaben, die Aufschluß über die Art und Weise ihres Abgangs ermöglichen:

Abgangsart „Dimittiert":

- Aus Krankheitsgründen:
  insgesamt zwischen 1713 und 1786:   261 (= 6,8 %)
  Anteil an den Dimissionen während des Siebenjährigen Krieges: 61 (= 9,8 %)
- Ehrenvolle Dimission: 160 (= 4,2 %)
- Unehrenhafter Abschied: 129 (= 3,4 %)

Diese Auswertung erlaubt einen differenzierten Blick auf die „Dimission". Aus dieser genaueren Analyse ist zu entnehmen, daß nur bei 61 Offizieren zwischen 1756 und 1763 ausdrücklich Krankheitsgründe für die Dimission genannt werden.[945] Zumindest läßt sich erkennen, daß im Siebenjährigen Krieg der Anteil der krankheitsbedingten Dimissionen um drei Prozent höher ist als im Vergleich zum gesamten Zeitraum. Dieser Anstieg ist allerdings nicht überraschend, denn in

---

[941] S. dazu Jany, Geschichte der Preußischen Armee, Bd. 3, S. 37.

[942] S. Jany, Geschichte der Preußischen Armee, Bd. 3, S. 2.

[943] S. dazu Kluth, Die Ehrauffassung, S. 106 und Apel, Der Werdegang, S. 42.

[944] In einigen Abgangslisten werden die Abgänge der Offiziere ausführlicher erläutert. Da diese zusätzlichen Bemerkungen nicht in die Erfassungsmaske eingetragen werden konnten, wurden diese in einem „Memofeld" festgehalten. Aufgrund der Tatsache, daß die Bemerkungen sehr unterschiedlich ausfallen, ist das Programm nicht in der Lage, das „Memofeld" auszuwerten, dies mußte per Hand geschehen.

[945] Dies schließt nicht aus, daß auch bei anderen Offizieren Krankheitsgründe zur Dienstentlassung führten.

dieser Zahl dürften auch die Offiziere enthalten sein, die aufgrund direkter und indirekter Kriegseinwirkung zu Invaliden wurden und deshalb nicht mehr diensttauglich waren. Auch wenn möglicherweise bei weiteren Offizieren Krankheitsgründe für das Ausscheiden aus dem Dienst verantwortlich waren, läßt sich dennoch keine Aussage darüber machen, wie viele von den 619 während des Krieges dimittierten Offiziere invalide waren. Eine Erklärung für die Zahl der Dimissionen zwischen 1756 und 1763 könnte daher neben den Krankheitsgründen sein, daß Friedrich Offizieren den Abschied erlaubte (oder selber nahelegte), mit deren Leistungen er nicht zufrieden war und die er trotz der angespannten Kriegssituation aus der Armee entfernt sehen wollte. Sollte dies zutreffen, würde es dafür sprechen, daß der König auch in diesem Krieg trotz der Verluste noch einen gewissen Spielraum bei der Besetzung der Offiziersstellen hatte.

Die ehrenvolle Dimission mit gleichzeitiger Beförderung, die den Abgangslisten zufolge 161 Offizieren gewährt wurde, kam vor allem nach dem Siebenjährigen Krieg auf. Da der König weder genug Geld hatte, um alle ausscheidenden Offiziere mit einer Pension zu bedenken, noch über ausreichende Stellen verfügte, um alle Wünsche nach einer Zivilversorgung zu erfüllen, war die Beförderung der ausscheidenden Offiziere um einen Rang eine besonders kostengünstige Möglichkeit, verdienten Offizieren eine königliche Gunst zu gewähren. Häufig war mit der Beförderung auch die ehrenvolle Erlaubnis verbunden, die Uniform des Regiments weiter zu tragen. Diese Auszeichnung aber wurde vom König streng gehandhabt und nur den Offizieren gewährt, die mindestens zwanzig Jahre gedient hatten.[946] Wie alle Auszeichnungen war auch diese davon abhängig, daß sich Friedrich II. an den Offizier erinnerte, der seinen Dienst quittieren wollte. Christian Wilhelm v. Prittwitz, der im Siebenjährigen Krieg bei Kunersdorf invalide geschossen worden war und um seine Dimission mit gleichzeitiger Beförderung bat, erhielt weder die Beförderung noch einen ordentlichen Abschied. Von seinem Regimentschef wurde ihm lediglich eine Kopie des königlichen Schreibens überreicht, in dem Friedrich II. den Abschied erlaubt hatte.[947]

Es gab sowohl die ehrenvolle als auch die unehrenvolle Dimission. Bei der Verabschiedung der Offiziere hat es feine Unterschiede gegeben, denn neben den eindeutig als „kassiert" bezeichneten Offizieren finden sich in den Abgangslisten einige, die „entlassen"[948], „aus dem Dienst entfernt"[949]

---

[946] S. v. Witzleben, Aus alten Parolebüchern, S. 36.

[947] S. v. Prittwitz, „Ich bin ein Preuße...", S. 140.

[948] Aus der Abgangsliste des Infanterieregiments Nr. 8 ist zu entnehmen, daß 1784 ein (Dienstgrad leider unleserlich) v. Wittcke *„wegen auf sich geladenen Verdachts eine Escarpe* [Offiziersschärpe] *entwendet zu haben, entlassen worden* [ist]". In der Abgangsliste des Kürassierregiments Nr. 10 steht, daß 1747 Major Friedrich v. Seidel *„entlassen* [wurde], *weil er um den verstorbenen Chef, wie befohlen, nicht hat trauern wollen".* In der Liste des Husarenregiments Nr. 5 ist 1778 zum Abgang des Majors Emanuel Christof v. Bülow vermerkt: *„wurde ohne Abschied entlassen".*

oder wegen „dienstlicher Vergehen"[950] dimittiert wurden.[951] Wenn ein Offizier in den Augen des Königs nichts taugte, bekam der Regimentchef den Befehl, diesen ohne Abschied vom Regiment „wegzuschaffen".[952] Die schlichte Entlassung von Offizieren aus dem Dienst spricht neben der hohen Zahl an Dimissionen nach 1763 dafür, daß Friedrich II. versuchte, diejenigen aus dem Offizierkorps zu entfernen, die während des Krieges zu Offizieren befördert worden waren, die aber seinem Vorhaben hinderlich waren, die Armee wieder auf das Niveau des Jahres 1756 zu heben.[953]

Im Zusammenhang mit den Dimissionen muß ein weiterer Aspekt untersucht werden, der von zentraler Bedeutung für den preußischen Offizier war. So ist weiter oben angegeben worden, daß Friedrich II. seinen Offizieren die Dimission gewährte, wenn sich diese reich verheiraten konnten. Leider ist nicht bekannt, wie viele der Offiziere aus dem Dienst schieden, um heiraten zu können. Wollten sie allerdings Offizier bleiben, war von beiden Königen eine Eheerlaubnis nur sehr schwer zu erlangen.[954] Ein (adliger) Offizier mußte bei bei der Auswahl einer Ehefrau zuerst seine Standesehre beachten. Derjenige, der das Prinzip der standesgemäßen Heirat mißachtete, mußte unter Umständen mit rechtlichen und sozialen Sanktionen rechnen.[955] Heiraten mit bürgerlichen Frauen hat es trotzdem gegeben, vor allem, wenn die Frau eine reiche Mitgift in die Ehe einbringen

---

[949] So steht z. B. in der Abgangsliste des Infanterieregiments Nr. 17, daß 1758 Leutnant v. Beauvyre „ohne Abschied weggekommen" ist.

[950] In der Liste des Infanterieregiments Nr. 7 ist 1766 zum Abgang des Leutnants v. Rohr vermerkt: „wegen Exzessen dimittiert" und 1782 über den Leutnant v. Witten: „wegen übler Conduite dimittiert".

[951] Ein Beleg dafür, daß Unterscheidungen gemacht wurden, ist, daß diese Differenzierungen innerhalb ein und derselben Abgangsliste gemacht wurden bzw. sich so in den Abgangslisten mehrerer Regimenter finden lassen. Auch die Vermutung, daß die unterschiedliche Schreibweise auf verschiedene Schreiber zurückzuführen ist, kann ausgeschlossen werden, da bis auf wenige Ausnahmen, König die Abgangslisten kopiert hat. Gerade im Fall der unehrenhaften Abgänge von Offizieren lassen sich Differenzen zwischen den Originalregimentslisten und bestimmten Regimentsgeschichten erkennen, die den Eindruck aufkommen lassen, daß die Abgangslisten von deren Autoren „geschönt" worden sind. So hat Ernst August Wilhelm Dijon v. Monteton, Geschichte des Kgl. Preuß. Sechsten Kürassier-Regiments gen. Kaiser von Rußland, Brandenburg 1842, S. 56 in der Abgangsliste des Kürassierregiments Nr. 2 im Jahr 1763 den Stabsrittmeister Karl Wilhelm v. Platen als „ausgeschieden" vermerkt, während er in der von König exzerpierten Originalliste als „kassiert" zu finden ist. Diese Art des Abgangs ist in der gesamten Abgangsliste Dijon v. Montetons nicht angegeben, da er aber außer dem ehrenhaften „dimittiert" bei einigen Offizieren „abgegangen" oder „ausgeschieden" vermerkt hat, läßt dies darauf schließen, daß es sich bei diesen beiden Abgangsarten um unehrenhafte Abgänge handelt. Möglicherweise ist „abgegangen" mit „desertiert" gleichzusetzen und - wie oben schon belegt - „ausgeschieden" mit „kassiert". Auch bei Kurd Wolfgang v. Schöningh, Geschichte des Königlich Preußischen Fünften-Husaren-Regiments mit bes. Rücksicht auf Gerhard Lebrecht von Blücher, Berlin 1843 S. 545 findet sich ein Beispiel für die unterschiedliche Benennung unehrenhafter Abgänge. Während so z. B. in der Abgangsliste des Husarenregiments Nr. 8 für das Jahr 1770 der Premierleutnant Bernd Hauswald und die beiden Sekondleutnants Bernd Friedrich v. Baltzo und Ludwig Lucan als „kassiert" geführt werden, hat v. Schöningh die drei Offiziere als „entlassen" vermerkt. Auch im Fall des späteren Generalfeldmarschalls Gerhard Lebrecht v. Blücher wählt v. Schöningh den etwas schwächeren Begriff „entlassen", während in der Original-Liste das eindeutigere „kassiert" steht.

[952] S. Jany, Geschichte der Preußischen Armee, Bd. 2, S. 228.

[953] S. dazu Jany, Geschichte der Preußischen Armee, Bd. 3, S. 37.

[954] Auch in dieser Hinsicht ergibt sich ein gravierender Unterschied zum österreichischen Offizier, für den es wesentlich einfacher war, den Heiratskonsens zu bekommen, s. Duffy, The Army of Maria Theresa, S. 42.

[955] S. dazu Zunkel, Ehre im Übergang, S. 69.

konnte.[956] Seine grundsätzliche Einstellung dazu hatte Friedrich 1746 in einem Schreiben an den Generalleutnant Otto Friedrich v. Leps folgendermaßen formuliert: *„Ich gebe Euch auf Euer Schreiben vom 26. vorigen Monats wegen des Lieutenants v. Schwensitzky vorhabenden Heyrath mit einer Doctors-Wittwe hiedurch zu Antwort, daß es mir sehr unangenehm ist, wenn Subaltern-Officiers heiraten und zumal sich mesalliiren wollen. Ihr habet also die Eurigen vielmehr auf alle Weise davon abzuhalten, als Euch für sie wegen solcher Mariagen zu interessiren, denn Ihr sonst bald lauter Bürger zu Officiers kriegen werdet."*[957] In dem Reglement von 1726 stand, daß ein Stabsoffizier oder Kapitän bzw. Rittmeister, der heiraten wollte, den Monarchen um Erlaubnis bitten mußte.[958] Aber der König werde die Heirat nur billigen, wenn sie seinem *„Character convenable und der Officier durch solche Heyrath sich helffen kan [...] Jedennoch es Sr. Königl. Majestät lieber sehen werden, wenn ein Officier unverheyrahtet bleiben will."*[959] Ein Subalternoffizier sollte in der Regel überhaupt nicht heiraten. Nur wenn ein armer Offizier durch eine Heirat seine Vermögensverhältnisse wesentlich verbessern konnte, wollte der König die Heirat erlauben.[960] In Einzelfällen hat Friedrich Wilhelm I. sogar für seine Offiziere geworben, wenn die Braut vermögend war. So für den Kapitän v. Forcade, der eine Tochter des Barons Vernezobre heiraten wollte. Da diese aber trotz des ausdrücklichen Wunsches ihres Vaters und des Königs den Kapitän v. Forcade nicht heiraten wollte, war der König verstimmt. Um sich wieder mit dem Monarchen zu versöhnen, erklärte sich der Baron bereit, in Berlin ein großes Haus bauen zu lassen.[961] Friedrich II. hat in das Reglement von 1743 die von seinem Vater stammenden Regelungen unverändert übernommen.[962] Bemerkenswert ist, daß Friedrich abweichend von der bis

[956] Während Jany, Geschichte der Preußischen Armee, Bd. 2, S. 233 zumindest einräumt, daß die Heirat mit Bürgerlichen in einigen Fällen gewährt worden ist, seit sowohl Apel, Der Werdegang, S. 59 als auch Griebel, Historische Studien, S. 117 zufolge solche Heiraten strikt abgelehnt worden. Eine Auswertung der Biographieliste des Infanterieregiments Nr. 7 z. B. aber hat ergeben, daß der Kapitän Karl Friedrich v. Rennerfeld mit einer geborenen Schiffmann verheiratet war, der Kapitän Johann Ludwig v. Plötz mit einer geborenen Hutz und der Stabskapitän Hans Georg v. Kleist mit einer geborenen Hillen. Diese drei Beispiele belegen, daß es keine strikte Ablehnung einer bürgerlichen Ehefrau gegeben hat.
[957] Zit. aus: Kloosterhuis, Bauern, Bürger und Soldaten, S. 443.
[958] Bereits 1717 hatte Friedrich Wilhelm I. in einer Zirkular-Ordre angeordnet, daß zukünftig der Heiratskonsens für die Subalternoffiziere nicht mehr bei den Regimentskommandeuren, sondern bei ihm eingeholt werden muß. Mit dieser Maßnahme hat er die Subalternoffiziere stärker an seine Person gebunden. Siehe dazu diese Ordre bei Meier-Welcker, Offiziere im Bild, S. 133.
[959] Reglement vor die Königl. Preußische Infanterie von 1726, S. 573.
[960] S. ebd.. Vgl. dazu auch Kloosterhuis, Bauern, Bürger und Soldaten, S. 442, der einen Schriftwechsel zwischen Friedrich II. und einem Regimentskommandeur über die Vermögensverhältnisse einer Braut dokumentiert hat.
[961] S. v. Scharfenort, Kulturbilder, S. 115f.
[962] Im Gegensatz zu seinem Vater hat es Friedrich II. aber abgelehnt, zugunsten eines Offiziers einzugreifen. So ist aus den Acta Borussica, Bd. 14, S. 452 zu ersehen, daß ihn 1768 ein Stabskapitän vom II. Bataillon Garde, also von seinem Regiment, gebeten hat, weil er mit der Tochter des Geheimen Finanzrates Zinnow wegen einer Heirat nicht einig geworden war, *„ihm mit einem Gnadenbefehl darunter zu assistiren"*. Die Antwort Friedrich II. darauf war: *„Das ist ja Wunderlich das er pretendiret, ich Sol leüte zwingen ihm zu Heirathen; er sol mihr mit dergleichen nicht wieder kom."* Kurios ist, daß der König wenig später von einem anderen Offizier, der ebenfalls das Fräulein Zinnow heiraten wollte,

1763 geltenden Praxis, nach der sich Offiziere mit ihren Gesuchen unmittelbar an den König wenden konnten, 1746 bestimmte, daß Anträge um die Gewährung des Heiratskonsenses stets durch den Regimentschef eingereicht werden sollten.[963] Ein Offizier, der ohne Erlaubnis heiratete, mußte mit seiner Entlassung rechnen. Wie z. B. der Kornett Otto v. Vittinghoff, zu dem sich in der Abgangsliste des Husarenregiments Nr. 5 für den September 1785 die Bemerkung findet: *„Wurde wegen seiner in Polen ohne Konsens vollzogenen Eheschließung* [vom Regiment] *weggeschaffet"*.

Die Gründe dafür, daß die beiden Monarchen ihre Offiziere lieber unverheiratet sahen, waren vielfältig. Sowohl Friedrich Wilhelm I. als auch sein Sohn befürchteten, daß die verehelichten Offiziere nicht mehr ihre ganze Kraft dem militärischen Dienst widmen würden.[964] Friedrich II. hat geäußert, daß er den sogenannten „guten Partien" nicht traue, da die Offiziere möglicherweise das angenehme Leben als begüterter Mann dem entbehrungsreichen Offiziersdasein vorziehen könnten.[965] Seiner Ansicht nach sollten sie ihr Glück durch das Schwert machen. Außerdem sah er es ungern, daß er im Todesfall des Offiziers der Witwe eine Unterstützung zukommen lassen mußte. Einige Offiziere erhielten daher den Heiratskonsens erst dadurch, daß sie auf eine Pension für ihre Ehefrau ausdrücklich verzichteten.[966] Vor allem für einen Husarenoffizier war es fast unmöglich, eine Heiratserlaubnis zu erhalten, denn dieser müße ein „freies Herz" haben.[967] So antwortete der König auf das Gesuch eines Husaren-Obristen, dreien seiner Offiziere die Heirat zu erlauben, mit der Bemerkung: *„wann Huzaren Weiber nehmen So Seindt Sie selten noch ein Schus pulver wert aber Wen er Meinte daß sie doch guht Dinen Würden, So wolte ich es erlauben."*[968] Die Biographielisten geben Auskunft darüber, wie viele der Offiziere verheiratet waren. Die Auswertung hat ergeben, daß dies für 131 Offiziere (= 15 %) zutraf.[969] Aus diesen Ehen

---

auch um eine derartige Ordre gebeten wurde. Dieses Ansinnen wurde von Friedrich II. ebenso deutlich abgelehnt: *„keine Order nichts mit gewalt."*

[963] S. Jany, Geschichte der Preußischen Armee, Bd. 2, S. 233.

[964] Fraglich bleibt, ob der unverheiratete Offizier auch wirklich der bessere Offizier war, dazu hat sich August Skalweit, Die Heereshaushaltung im Friderizianischen Staat, in: Finanzarchiv, NF 10, 1945, S. 543 - 571, hier S. 553 sehr deutlich geäußert: *„Es heißt aus der Not eine Tugend machen, wenn das Zölibat, das im preußischen Offizierskorps vorherrschte, als Quelle hervorragender militärischer Tüchtigkeit gepriesen worden ist."*

[965] S. v. Scharfenort, Kulturbilder, S. 115.

[966] S. ebd..

[967] S. Jany, Geschichte der Preußischen Armee, Bd. 2, S. 234.

[968] Zit. aus: Griebel, Historische Studien, S. 117.

[969] Bemerkenswert ist die Tatsache, daß diese Prozentzahl fast identisch ist mit derjenigen, die sich aus Angaben berechnen läßt, die Jany, Geschichte der Preußischen Armee, Bd. 2 S. 234, macht. Er gibt an, daß 1752 von den 463 in Berlin garnisonierenden Offizieren 64 verheiratet waren, was einem Prozentsatz von 13,8 % entspricht. Allerdings ist in Bezug auf die Quote der verheirateten Offiziere zweierlei zu bedenken. Zum einen ist es möglich, daß in den Biographielisten nicht alle Verheiratungen erfaßt sind. Aufgrund der Tatsache, daß ein Offizier, der den dafür notwendigen Konsens nicht eingeholt hat, mit seiner Entlassung aus dem Dienst rechnen mußte, haben möglicherweise einige Offiziere mit Duldung ihrer Kameraden ihre Verehelichung verschwiegen. Um zu überprüfen, wie viele Offiziere tatsächlich verheiratet waren, müßten die jeweiligen Regimentskirchenbücher ausgewertet werden. Da dies eine umfangreiche Arbeit wäre und zudem hier nur einen Teilbereich erhellen würde, sind diese Quellen im Rahmen der

288

stammten 69 Kinder. Die Mehrzahl der verheirateten Offiziere gehörte den höheren Dienstgraden (vom Major aufwärts) an. Der geringe Prozentsatz der verheirateten Offiziere erlaubt von einer Art „Offizierszölibat" zu sprechen, das sowohl von Friedrich Wilhelm I. als auch Friedrich II. durchaus gewünscht war. Daß die Ehelosigkeit untrennbar zum Bild des preußischen Offiziers gehörte, ist u. a. aus der Komödie „Die Soldaten" von Jakob Michael Reinhold Lenz zu entnehmen, in dem sich Lenz vor allem mit dem Problem beschäftigt hat, daß ein Großteil der Offiziere unverheiratet bleiben mußte: *„O Soldatenstand, furchtbare Ehlosigkeit, was für Karikaturen machst du aus den Menschen!"*[970] Lenz erläutert, warum seiner Ansicht nach Offiziere unverheiratet blieben: *„der ein braver Soldat zu sein aufhört, sobald er ein treuer Liebhaber wird, der dem König schwört, es nicht zu sein, und sich dafür von ihm bezahlen läßt."*[971] Und an anderer Stelle läßt er einen Obristen sagen: *„Schon Homer hat, deucht mich, gesagt, ein guter Ehmann sei ein schlechter Soldat. Und die Erfahrung bestätigt's."*[972] Eine Folge dieses weit verbreiteten „Zölibats" war, daß sich viele Offiziere eine Mätresse „hielten".[973] Diese Tatsache war auch Friedrich II. bekannt. So schrieb er in einer Kabinettsordre[974] an einen Regimentskommandeur, ihm sei hinterbracht worden, daß in dessen Einheit viele junge Offiziere sich eine Mätresse hielten, wodurch diese verweichlichen und unordentlich werden. Der König bestand darauf, daß der Kommandeur dieses abschafft und ihm diejenigen Offiziere nennt, die damit nicht aufhören wollen, damit er sie exemplarisch bestrafen könne. Trotzdem dürften die Verbote des Königs wenig bewirkt haben. So berichtet Kloosterhuis von einem Offizier des Infanterieregiments Nr. 9, Friedrich v. Mengede, der (zumindest zeitweise) in einer eheähnlichen Gemeinschaft mit einer Anna Bomt gelebt hatte.[975] Eine Erklärung dafür, warum dieses Verhalten von dessen Regimentschef, Generalmajor Karl Friedrich v. Wolffersdorff, geduldet wurde, ist für Kloosterhuis, daß dieser selber in einer eheähnlichen Gemeinschaft lebte und erst nachträglich sein Verhältnis zu seiner Haushälterin Louise Wolfgang nach der Geburt einiger Kinder legitimierte. Es war nicht ungewöhnlich, daß Kinder aus diesen Ehen nachträglich legitimiert wurden und Namen und Wappen des Vaters erhielten. Das „Mätressenhalten" unter den

---

vorliegenden Studie nicht berücksichtigt worden. Außerdem wären die Kirchenbücher nicht in der Lage, die zweite Frage zu klären, die sich angesichts der Quote der verheirateten Offiziere ergibt. So enthalten weder die Kirchenbücher noch die Biographielisten Angaben darüber, wie viele Offiziere ein illegitimes Verhältnis mit einer Frau geführt haben, um das bestehende Heiratsverbot zu unterlaufen. Antworten hierzu wären sehr interessant, weil sie Hinweise darauf erlauben würde, in welchem Umfang sich die Offiziere den Anweisungen des Monarchen entzogen haben.
[970] Jakob Michael Reinhold Lenz, Die Soldaten. Eine Komödie, Anmerkungen von Herbert Krämer, Nachwort von Manfred Windfuhr, Stuttgart 1993, S. 33.
[971] Lenz, Die Soldaten, S. 42.
[972] Lenz, Die Soldaten, S. 56.
[973] S. dazu Jany, Geschichte der Preußischen Armee, Bd. 3, S. 38.
[974] S. dazu Hoven, Der preußische Offizier, S. 129.
[975] S. Kloosterhuis, Zwischen Garbeck und Lobositz. Ein westfälisch-märkischer Beitrag zur militärischen Sozial- und

preußischen Offizieren war offenbar derart häufig, daß es schließlich von Friedrich Wilhelm III. 1798 ausdrücklich verboten werden mußte. Außerdem lehnte er Gesuche um die Legitimation unehelicher Kinder ebenso ab wie deren Aufnahme in das Kadetteninstitut des Potsdamer Waisenhauses, was darauf schließen läßt, daß dies früher in einigen Fällen geschehen sein muß.[976] Eine weitere Folge der erzwungenen Ehelosigkeit war die Tatsache, daß dadurch die Prostitution gefördert wurde. Duffy weist darauf hin, daß es besonders in Berlin, wo viele Regimenter garnisonierten, zahlreiche Prostituierte gab, was er vor allem darauf zurückführt, daß auch die Offiziere die „Dienste" dieser Damen in Anspruch nahmen.[977]

Zur Verheiratung der Offiziere gehört ein weiterer Bereich, der an dieser Stelle untersucht werden muß, nämlich der Aufbau von verwandtschaftlichen Beziehungen innerhalb des Offizierkorps durch die Heirat eines Offiziers mit der Tochter eines vornehmlich höherrangigen Offiziers. Hahn hat auf diesen wichtigen Aspekt hingewiesen, und er kommt aufgrund seiner Auswertung von Offiziersbiographien zu dem Ergebnis, daß fast 80 % der Töchter von Obristen und Generalen einen Offizier geheiratet haben, der darüber hinaus zumindest im Range eines Oberstleutnants stand.[978] Dieses Ergebnis läßt Hahn darauf schließen, daß durch solche Heiraten die Solidarität innerhalb der Gruppe der höherrangigen Offiziere gefestigt werden sollte: *„Auf diese Weise wurden Aufsteiger fest eingebunden, erwünschte Karrieren abgesichert oder beschleunigt sowie dienstliche Loyalitäten in einer der Zeit vertrauten Weise verstärkt."*[979] Da die Auswertung von Hahn sich auf den Zeitraum 1650 bis 1725 beschränkt, sind die Biographielisten hinsichtlich der Herkunft der Ehefrauen untersucht worden. Bei 125 Offizieren finden sich dazu Angaben. Von deren Ehefrauen waren 21 (= 16,8 %) Töchter eines Offiziers, wobei in allen Fällen der Vater adlig war. Die folgenden Beispiele[980] aus den Listen belegen, daß Generalstöchter nicht nur mit aufstrebenden Offizieren verheiratet wurden, sondern daß diese auch an Offiziere in den unteren Rängen „vergeben" wurden:

Infanterieregiment Nr. 17
- Oberstleutnant Karl Philipp v. Unruh, ist verheiratet mit der jüngsten Tochter des Generals v. Manstein.

Ereignisgeschichte in der Zeit Friedrichs des Großen, in: Der Märker, 45. Jg., 1996, S. 84 - 97, hier S. 87.
[976] S. Jany, Geschichte der Preußischen Armee, Bd. 3, S. 421.
[977] S. Duffy, The Army of Fredrick the Great, S. 67. Von Prittwitz, „Ich bin ein Preuße...", S. 37 berichtet davon, daß einige Offizierskameraden versucht hatten, ihn in ein „ehrenloses Haus", wohl ein Bordell, zu schleppen. Ihm gelang es, sich ihnen zu entwinden und zu „fliehen". Wichtiger als die Aussage von v. Prittwitz, daß er sich aufgrund seiner moralischen Vorsätze gegen einen Bordellbesuch wehrte, ist die Tatsache, daß er dieses Verhalten bei vielen seiner Kameraden beobachtet hat.
[978] S. Hahn, Aristokratisierung, S. 204.
[979] Ebd..
[980] Das Memofeld der Biographielisten, aus denen die folgenden Angaben wörtlich entnommen wurden, enthält noch wesentlich mehr Informationen. Aus Gründen der besseren Übersichtlichkeit wird an dieser Stelle aber darauf verzichtet, die vollständige Eintragung wiederzugeben.

Infanterieregiment Nr. 36
- Kapitän Daniel Georg v. Radecke, ist verheiratet mit Karoline Charlotte, älteste Tochter des Obersts und Kommandeurs des Regiments v. Kleist.

Infanterieregiment Nr. 19
- Stabskapitän Christof Ernst v. Aderkas, ist (in erster Ehe) verheiratet mit der Tochter des Generals der Infanterie Egidius Ehrenreich v. Sydow und (seit 1764 in zweiter Ehe) mit Ernestine Henriette, Tochter des Oberstleutnant Melchior Abel v. Hohendorf.

Das folgende Beispiel ist deswegen so interessant, weil es zeigt, wie eine regimentsinterne Verbindung durch eine Heirat aufgebaut wurde:

Infanterieregiment Nr. 11
- Stabskapitän Eberhard v. Bautz, heiratete eine geb. Baronesse v. d. Graevenitz, deren Vater Oberstleutnant in diesem Regiment gewesen war.

Im folgenden ein Beispiel dafür, daß es nicht nur Verheiratungen von „höheren" Töchtern an niederrangige Offiziere gab:

Infanterieregiment Nr. 11
- Kapitän Friedrich August v. Röbel, heiratete eine geb. v. Hammilton, deren Vater Kapitän im Regiment v. Brünneck war.

Der Grund dafür, daß der oben ermittelte Wert von 16,8 % deutlich unter dem von Hahn angegebenen Wert von 80 % liegt, dürfte sein, daß hier nicht untersucht werden konnte, wie die Töchter der Offiziere geheiratet haben. In den Biographielisten finden sich dazu keine Angaben, sondern nur darüber, welche Frauen die Offiziere geheiratet haben, und das waren eben nicht nur die Töchter von Offizieren. Außerdem sind nicht nur die hochrangigen Offiziere in dieser Auswertung erfaßt, bei denen eine Verheiratung mit einer Generalstochter möglicherweise eher gegeben war, weil sie als „gute Partien" galten, sondern die Offiziere aller Dienstgrade. Die Auswertung der Listen ergibt außerdem, daß 83 (= 66,4 %) der Ehefrauen adlig waren und immerhin 14 (= 11,2 %) Ehefrauen, die von einem adligen Offizier geheiratet wurden, aus dem Bürgertum stammten. In sieben Fällen (= 5,6 %) hat ein bürgerlicher Offizier sich mit einer Bürgerlichen vermählt. Im folgenden noch zwei Beispiele, die Rückschlüsse darauf zulassen, daß der Offiziersdienst zwar grundsätzlich als eine dem Adel vorbehaltene Tätigkeit galt, daß aber auch ein Bürgerlicher durch diesen Dienst adlige Eigenschaften nachweisen konnte, denn in beiden Fällen hat ein bürgerlicher Offizier eine Adlige geheiratet und in einem Fall ist der Offizier dann auch nobilitiert worden:

Infanterieregiment Nr. 9:
- Premierleutnant Theodor Ehrlich, Ehefrau Maria [Eli]sabeth v. Gerling.

Garnisonregiment Nr. 9:
- Kapitän Johann Christian ([seit 1786:] von) Garn, ist mit Isabelle von Tonnar („Thonar") verheiratet [seit 1772].

Zusammenfassend kann festgestellt werden, daß zwar durch Heiraten Verbindungen unter den Offizieren geschaffen wurden, daß aber dieser Gesichtspunkt nicht die allein maßgebliche Überlegung gewesen sein dürfte. Andere Aspekte, wie die Aussicht auf eine reiche Mitgift bzw. eine zukünftige beträchtliche Erbschaft oder Freundschaftsverhältnisse und Verpflichtungen zwischen Familien oder auch persönliche emotionelle Gründe dürften ebenfalls die „Auswahl" einer Ehefrau mitbestimmt haben.

Neben den Offizieren, die den schlichten Abschied, d. h. die Dimission gewährt bekamen, gab es andere, die nach ihrer Dienstzeit mit einer **Zivilstelle** oder einer **Pension** versorgt wurden.[981] Ein eindeutiger Trend ist aus der Tabelle im Falle der Versorgung von ausgeschiedenen Offizieren zu erkennen. Sowohl die Zahl der Zivilversorgungen als auch die der Pensionierungen nimmt von 1713 bis 1786 kontinuierlich zu. Im Siebenjährigen Krieg fällt zwar deren Anteil, was darauf zurückzuführen ist, daß Friedrich II. bewährte und erfahrene Offiziere nach Möglichkeit im Dienst halten wollte und er aufgrund der finanziell angespannten Situation im Krieg nicht in der Lage war, Offizieren eine Pension zu bewilligen. Auch die Zivilversorgungen gingen kriegsbedingt zurück, da Friedrich aufgrund der Tatsache, daß Teile seines Staates besetzt waren, Stellen in der dortigen Verwaltung nicht mehr vergeben konnte. Außerdem hat der König während des Krieges aus Geldmangel seine Staatsdiener nicht mehr bezahlt[982], aus diesem Grund dürfte er davon Abstand genommen haben, einen verdienten Offizier mit einer solchen Stelle zu versorgen. Wenn nur die beiden Zeiträume vor und nach dem Krieg betrachtet werden, dann ist festzustellen, daß im Falle

---

[981] Daß die Protektion bzw. Fürsprache eines vorgesetzten Offiziers auch für den Erhalt einer Zivilstelle nützlich war, ist aus dem bei Kloosterhuis, Bauern, Bürger und Soldaten, S. 339 geschilderten Fall des Gefreitenkorporals Gustav Philipp Haccius zu erkennen. Haccius sollte nach dem Siebenjährigen Krieg eigentlich zum Offizier befördert werden. Da Friedrich aber entschieden hatte, daß nur Adlige zum Offizier avancieren durften, suchte Haccius um seinen Abschied nach, den er auch erhielt. (Fraglich ist allerdings, ob Haccius wirklich aus diesem Grund um seinen Abschied nachgesucht hat. Denn die Auswertung der Regimentslisten hat ergeben, daß auch nach dem Siebenjährigen Krieg Bürgerliche zu Offizieren avancieren konnten, was dagegen spricht, daß es eine anderslautende Entscheidung des Königs gab.) Dank der Unterstützung durch seinen Regimentchef, General v. d. Mosel, der Haccius nur ungern hatte gehen lassen, und seines Kompaniechefs, Major v. Pfuhl, erhielt er die Stelle eines Akzise-Inspektors und Bürgermeisters zu Enger (Sauerland). Über die Versorgung mit einer Zivilstelle berichten auch v. Lemcke, Kriegs- und Friedensbilder, S. 42 und v. Prittwitz, „Ich bin ein Preuße...", S. 142. Beide waren aufgrund einer Verwundung invalide und daher dienstuntauglich. Von Lemcke wurde Akzise-Inspektor und v. Prittwitz wurde erst Salz-Inspektor und erhielt dann den Posten eines Landrats.

[982] So berichtet Adolph Friedrich Riedel, Der Brandenburgisch-Preußische Staatshaushalt in den beiden letzten Jahrhunderten, Berlin 1866, S. 91f., daß Friedrich II. am Ende des Jahres 1757 allen Kassen befohlen hatte, vom 1. November an sollten alle Pensionszahlungen und vom 1. Dezember an sämtliche Gehaltszahlungen eingestellt werden und die daraus zurückbehaltenen Gelder seien zur Mitverwendung für die Verpflegung der Armee an die Generalkriegskasse abzuliefern seien. Riedel schreibt weiter, daß diese Maßnahme des Königs zu großer Not unter den Pensionären und Angehörigen des Beamtenstandes geführt hat.

der Pensionierungen deren prozentualer Anteil um mehr als das Doppelte ansteigt und die Zivilversorgungen sich sogar vervierfachen. Daß die Pensionierungen nicht in gleichem Maße zunahmen, lag daran, daß es für den König finanziell günstiger war, einen Offizier auf eine Zivilstelle zu setzen als ihm jährlich eine bestimmte Summe zu zahlen. Die Tatsache, daß beide Versorgungsarten nach dem Siebenjährigen Krieg vermehrt bewilligt wurden, ist darauf zurückzuführen, daß der Monarch den Anspruch von Offizieren auf eine Versorgung nach dem Dienst grundsätzlich anerkannte, wie er es auch in den Testamenten von 1752 und von 1768 formuliert hat.[983] Einen rechtlichen Anspruch auf eine Versorgung hatten die preußischen Offiziere aber nicht. Grundsätzlich war die Vergabe einer Zivilstelle oder Pension von der persönlichen Entscheidung des Monarchen abhängig. Friedrich II. vergab frei werdende Posten in der Zivilverwaltung an ehemalige Offiziere u. a. deswegen, weil ihm diese besonders geeignet dafür erschienen. So schrieb er im Testament von 1752: *„Ich habe alte Offiziere, die nicht mehr imstande waren zu dienen, zu Präsidenten* [der Domänenkammern] *gemacht, und ich habe darunter bessere gefunden als unter denen, die im Richterstand großgeworden sind, das liegt daran, daß die Offiziere zu gehorchen wissen und man ihnen gehorcht und daß, wenn man ihnen eine Sache zur Überprüfung gibt, sie diese selbst ausführen und mit größerer Gewissenhaftigkeit als andere."*[984] Ein Offizier, der sich um eine Stelle als Land-, Kriegs-, Steuer- oder Domänenrat bewarb, mußte sich vor der Königlichen Ober-Examinations-Kommission des Generaldirektoriums einer Prüfung unterziehen.[985] So mußte z. B. Kapitän v. Heldritt, der sich 1764 um einen Posten als Kriegsrat[986] bewarb, eine Prüfung ablegen, in der er seine Fähigkeiten im Schreiben und Rechnen nachweisen sollte. Da dem Kapitän v. Heldritt dies nur unzureichend gelang, wurde ihm beschieden, *„daß er weder der Feder gewachsen noch des Rechnungswesens kundig, 'zu einem in civili ambirten großen Posten' nicht befähigt sei und sich daher mit einer kleineren Bedienung werde begnügen müssen"*[987]. Neben dieser Prüfung gab es für die Offiziere ein weiteres Hindernis, das darin bestand, daß viele von ihnen sehr lange auf ihren Posten warten mußten. So standen 1780 auf der Liste der zu versorgenden Offiziere einige, die seit fünfzehn Jahren für eine Zivilstelle vorgesehen waren.[988]

---

[983] S. Dietrich, Die politischen Testamente, S. 321 und 555.

[984] Dietrich, Die politischen Testamente, S. 273.

[985] Von Schnackenburg, Invaliden- und Versorgungswesen, S. 104 gibt an, daß von den 82 Examinanden der Jahre 1770 - 72 neun Offiziere waren, sieben Regimentsquartiermeister und sechs Auditeure.

[986] Bezeichnend ist, daß Kapitän v. Heldritt die Versorgung mit einer Kontrolleurstelle abgelehnt hatte, weil dies mit seinem Rang nicht vereinbar sei, s. Acta Borussica, Bd. 13, S. 496.

[987] Acta Borussica, Bd. 13, S. 497. Dies ist im übrigen auch ein guter Beleg dafür, daß im Hinblick auf elementare Kenntnisse wie Schreiben und Rechnen einige friderizianische Offiziere diese nur sehr mangelhaft beherrschten, wie in Kapitel IV.1.1. bereits ausführlich untersucht worden ist.

[988] S. Griebel, Historische Studien, S. 222.

Eine weitere Möglichkeit zur Versorgung eines ehemaligen Offiziers war die Bewilligung einer Pension. Friedrich Wilhelm I. hat die verhältnismäßig hohen Pensionen, die sein Vater Friedrich I. gezahlt hatte, herabgesetzt. Hatten vorher die Obersten und Generale 700 bis 1600 Reichstaler jährlich erhalten, waren es nachher nur noch 500 bis 1000 Reichstaler. Die Gnadengehälter der mittleren und unteren Chargen wurden ebenfalls gesenkt. So wurde die jährliche Pension der Kapitäne von etwa 200 auf ca. 140 Reichstaler gekürzt. Die Leutnante bekamen im Schnitt 72 Reichstaler im Jahr.[989] Friedrich II. hat die dienstlichen Leistungen und die Bedürftigkeit des zu versorgenden Offiziers berücksichtigt. Vor allem die Höhe von Pensionen konnte sehr unterschiedlich ausfallen. Die Pensionen wurden aus der Generalkriegs- oder der Generaldomänenkasse[990] gezahlt. Um diese Kasse zu entlasten, mußte beim Ausscheiden eines Regimentschefs dessen Nachfolger diesem aus den Einnahmen des Regiments eine bestimmte Summe zahlen, bis seinem Vorgänger aus anderen Mitteln die Pension gezahlt werden konnte.[991] So mußte z. B. Georg Konrad v. d. Goltz seinem Vorgänger als Chef des Kürassierregiments Nr. 10, Generalmajor Wolf Adolf v. Pannewitz, 3000 Reichstaler im Jahr zahlen. Diese Summe verringerte sich in den folgenden Jahren kontinuierlich, da v. Pannewitz andere Einkünfte erhielt.[992] Nach dem Siebenjährigen Krieg kam es in diesem Bereich zu einer Veränderung. Die Offizierspensionen konnten nämlich häufig erst gezahlt werden, wenn durch den Tod eines anderen Pensionsempfängers Mittel frei wurden. Um den „Salarienfonds" der Generalkriegskasse, aus dem die Pensionen bestritten wurden, zu erhöhen, befahl Friedrich 1764 daher, daß bei Neuverleihung eines Regiments der neue Chef nur 3000 Reichstaler seiner Einkünfte als Regimentschef behalten sollte, 2000 Reichstaler dagegen wurden ihm für die Pension seines Vorgängers abgezogen, bis andere Gelder zur Verfügung standen.[993] Ähnlich wie die Beförderung außerhalb der „Tour" sah der König eine Pension als Belohnung an, und ebenso wie bei ersterer hat er eine erbrachte herausgehobene „Leistung" bei der Gewährung eines Gnadengehalts zugrunde gelegt, d. h. eine lange Dienstzeit allein hatte für ihn noch nichts Verdienstvolles. Aus diesem Grund erhielten Offiziere, mit deren Leistungen Friedrich II. nicht zufrieden war, keine Pension.[994] Andererseits wurden aber auch bewährte Offiziere von der Pension ausgeschlossen, weil sie über ein eigenes

---

[989] S. Apel, Der Werdegang, S. 24. Im Testament von 1768 hatte Friedrich II. diese kleinen Pensionen angesprochen und deren Höhe mit 60 bis 72 Reichstalern jährlich angegeben, s. Dietrich, Die politischen Testamente, S. 555.

[990] Friedrich II. hat im Testament von 1752 angegeben, daß die Generaldomänenkasse für die Zahlung von Pensionen etwa 25000 Reichstaler zur Verfügung hatte, s. Dietrich, Die politischen Testamente, S. 417.

[991] S. Jany, Geschichte der Preußischen Armee, Bd. 2, S. 235.

[992] S. dazu Jany, Geschichte der Preußischen Armee, Bd. 2, S. 235.

[993] S. Jany, Geschichte der Preußischen Armee, Bd. 3, S. 48.

[994] Grundsätzlich von einer Versorgung waren die Offiziere ausgeschlossen, die aus „schlechten Gründen" während des Siebenjährigen Krieges dimittierten, s. dazu Acta Borussica, Bd. 13, S. 151.

Vermögen verfügten. Von der Versorgung wurden auch ganze Regimenter ausgenommen, weil der König ihre Leistung im Siebenjährigen Krieg als unzureichend ansah: *„Es hat in diesem letzten Kriege Regimenter gegeben; die so schlecht gedient haben, daß ihre Invaliden, um sie zu strafen, an keinen Wohltaten teilhaben, die man den anderen gibt, weil sich Strafe und Belohnungen den Diensten angleichen müssen."*[995] Neben den Pensionen diente die Verleihung von Amtshauptmannschaften[996] und Präbenden der Unterstützung von Offizieren.[997]

Abgangsart „Zivil versorgt":

- Alle Dienstgrade zusammen: 223
  Fähnrich bis Stabskapitän: 171 (= 65,7 %)
  Kapitän bis General: 51 (= 19,6 %)
- Mit welchen Stellen versorgt:
  a. Post: 35 (= 13,4 %)
  b. Zoll: 33 (= 12,6 %)
  c. Forst: 20 (= 7,6 %)
  d. Landrat: 7 (= 2,6 %)
  e. ohne Angaben: 127

Abgangsart „Pensionierung":

- Alle Dienstgrade zusammen: 93
  Fähnrich bis Stabskapitän: 29 (= 25,4 %)
  Kapitän bis General: 64 (= 56,1 %)

- Summe in Reichstalern (durchschnittlich):[998]
  a. General:
  b. Generalleutnant: 2000
  c. Generalmajor: 1400
  d. Oberst: 370
  e. Oberstleutnant: 333
  f. Major: 245
  g. Kapitän: 173
  h. Leutnant/Premierleutnant: 102
  i. Fähnrich: 60

---

[995] Dietrich, Die politischen Testamente, S. 555.

[996] Friedrich II. hat im Testament von 1752 angegeben, daß es insgesamt 40 Amtshauptmannschaften gab, die je 500 Reichstaler einbrachten, s. Dietrich, Die politischen Testamente, S. 417.

[997] Diese wurden von Friedrich II. auch als Belohnung an noch aktive Offiziere vergeben, so erhielt z. B. Friedrich Wilhelm v. Rohdich für seine Leistung in der Schlacht bei Prag (1757) eine Kanonikatspräbende und die Amtshauptmannschaft zu Rosenberg, s. Thomas Heinsius, Friedrich Wilhelm von Rohdich, königl. Preuß. General der Infanterie; Präsident des Oberkriegskollegiums, erster wirklicher und dirigierender Kriegsminster, Chef des Grenadiergarde-Bataillons, Direktor des Großen Potsdamschen Militär-Waisenhauses, Ritter des Ordens vom Verdienst, Drost zu Emden und Amtshauptmann zu Rosenberg und Mühlenhof, in: Derselbe, Denkwürdigkeiten und Tagesgeschichten der Mark Brandenburg I., 1796, S. 294 - 311, hier S. 298.

[998] Die Angaben stammen aus den Abgangslisten. Diese Zahlen werden durch Friedrich II. im Testament von 1768 bestätigt, s. Dietrich, Die politischen Testamente, S. 555. Dort schreibt er, daß die Generale Pensionen in Höhe von 1200 bis 2000 Reichstalern erhalten und die kleinen Pensionen im Monat fünf bis sechs Reichstaler betragen. Mit kleinen Pensionen sind wohl die Summen für die Fähnriche und Leutnante gemeint. Letztere stimmen, wenn sie auf das Jahr umgerechnet werden, in etwa mit den Summen überein, die in den Abgangslisten zu finden sind..

Die beiden obigen Statistiken ermöglichen es, das Bild zu präzisieren. Danach sind vor allem die Subalternoffiziere mit einer Zivilversorgung bedacht worden, was wohl auch daran gelegen haben dürfte, daß diese nicht in der Lage waren, während ihrer Dienstzeit irgendwelche Vermögen anzusammeln. Ein weiterer Grund könnte gewesen sein, daß ein Subalternoffizier in der Regel in einem Alter aus dem Dienst schied, in dem er noch arbeitsfähig war und daher einer Stelle bedurfte. Ein hochrangiger Offizier dagegen hatte (siehe auch die Tabelle mit der Auswertung von Lebens- und Dienstalter) normalerweise beim Ausscheiden aus dem Dienst ein Alter erreicht, in dem er einer Versorgung bedurfte. Unter anderem aus diesem Grund dürfte der Anteil der Kapitäne und Stabsoffiziere bei den „Pensionierungen" deutlich größer gewesen sein als der der Subalternen. Die Zivilversorgung war für den Herrscher eine Maßnahme, die aus mehreren Gründen vorteilhaft war. Zum einen mußten keine zusätzlichen Gelder für diesen ehemaligen Offizier aufgewendet werden, weil dieser für seinen Lebensunterhalt selber arbeitete. Zum anderen konnten gute und bewährte Offiziere - nur diese hatten überhaupt Aussicht auf eine derartige Stelle -, die nicht mehr in der Lage waren, in der Armee zu dienen, im Staatsdienst untergebracht werden. Die ausgeschiedenen Offiziere waren wohl auch deswegen geeignete Staatsdiener, weil der Monarch erwarten konnte, daß ein Offizier, der um eine Zivilstelle gebeten hatte, für die Gewährung dieser Gnade seinem Herrscher dankbar war. Die Tatsache, daß die Zivilversorgung für den Monarchen eine kostengünstige Möglichkeit darstellte, einen Offizier für seine Leistungen im Dienst zu belohnen, erklärt auch, warum es vor allem Subalternoffiziere waren, die eine solche Stelle erhielten. Aufgrund ihrer Stellung in der militärischen Hierarchie dürfte die Mehrzahl der Subalternen wohl weniger die Möglichkeit gehabt haben, sich durch besondere Leistungen dem Monarchen zu empfehlen. Ein Leutnant oder Stabskapitän hatte weniger Gelegenheit, in einer Schlacht oder einer Revue durch außergewöhnliche Leistungen aufzufallen als ein Oberst oder General, dessen Regiment in einer Revue gut abschnitt, oder der im Krieg durch seinen Einsatz eine Schlacht mitentschied. Mit der Gewährung der Zivilstelle oder der Pensionierung wird daher auch etwas über den Wert und den Umfang der Leistungen ausgesagt, die ein Offizier in seiner Laufbahn erbracht hat. Da die Pensionierung bedeutete, daß für diesen ehemaligen Offizier jährlich eine bestimmte Summe ausgegeben werden mußte, behielt sich der König vor, in erster Linie die höherrangigen Offiziere damit zu belohnen. Die militärische Rangordnung wirkte sich also auch darauf aus, in welcher Art und Weise ein Offizier nach dem Dienst versorgt wurde. Diese Annahmen werden nicht dadurch widerlegt, daß es auch Subalterne gab, die eine Pensionierung erhielten, und Kapitäne und Stabsoffiziere, die eine Zivilversorgung bekamen. Da die Summen, die die Subalternoffiziere an Pension erhielten, sehr bescheiden waren bzw. nicht ausreichten, um nur davon zu leben, muß ein solcher Offizier entweder nicht mehr in der Lage gewesen sein, in einer Zivilstelle zu arbeiten, oder er verfügte selber über etwas Geld und bedurfte daher nur einer kleinen Summe, um seinen Lebensunterhalt davon bestreiten zu können. Ein weiterer Grund war möglicherweise, daß der Monarch nicht unbegrenzt über Zivilposten verfügte und ein Subalterner daher mit einer kleinen Pension zufrieden sein mußte, wenn er nicht unter Umständen lange Zeit auf eine Zivilstelle warten wollte.[999] Gründe für die Versorgung von höherrangigen Offizieren mit einem Zivilposten könnten sein, daß entweder der betreffende Offizier selber darum gebeten hatte oder daß der König nicht bereit war, diesem die „teure" Pensionierung zu gewähren, weil ihm dessen Verdienste dafür nicht ausreichend erschienen. Normalerweise aber wurden höhere Dienstgrade vom Oberst an aufwärts nicht mit einer Zivilbedienung versorgt, weil es sich nicht mit dem Ehrenkodex vereinbaren ließ, daß ein Offizier eine Stelle annahm, die im Ansehen bzw. Sozialprestige unter dem lag, was er als Offizier erreicht hatte. Waren doch die vergebenen Ämter in der Verwaltung - siehe obige Zahlen - in der Regel keine Spitzenpositionen, sondern Berufe wie die eines Kriegsrates[1000], eines Akzise-Inspektors[1001], eines Forst[1002]- oder Postmeisters, die zum Teil nur ein bescheidenes Auskommen ermöglichten.[1003] Die Tatsache, daß nur sieben Offiziere mit dem Posten eines Landrats versorgt wurden, hängt möglicherweise damit zusammen, daß den Kreisständen bei der Besetzung vakanter Landratsstellen das Präsentationsrecht zustand, das von Friedrich II. im Gegensatz zu seinem Vater grundsätzlich anerkannt wurde.[1004]

Größere Veränderungen hat es auch bei den **Versetzungen** gegeben. So lag der Anteil der Offiziere, die zwischen 1713 und 1740 und zwischen 1740 und 1756 das Regiment wechselten, bei etwas mehr als bzw. bei genau 30 %. Der Grund dafür, daß es so viele Versetzungen gab, ist in den zahlreichen Neuaufstellungen von Regimentern unter Friedrich Wilhelm I. und unter Friedrich II. vor dem Siebenjährigen Krieg zu suchen. Von den „alten" Regimentern waren Offiziere an die „neuen" Einheiten abgegeben worden, um dort das Führungspersonal zu bilden. Daß der Anteil der Versetzungen zwischen 1756 und 1763 deutlich sinkt, ist zum einen dadurch bedingt, daß nicht im gleichen Maße Regimenter neu aufgestellt wurden wie vor dem Krieg. Lediglich zu den ehemaligen

---

[999] S. Griebel, Historische Studien, S. 222.

[1000] S. Acta Borussica, Bd. 9, S. 563.

[1001] S. Acta Borussica, Bd. 16, 1, S. 140. Von Lemcke, der, wie bereits erwähnt, mit einer Stelle als Akzise-Inspektor zu Bütow versorgt wurde, schreibt dazu: „Nur ungern übernahm er [v. Lemcke] die magere Stelle und ließ sich mit der Hoffnung auf bessere Zeiten vertrösten.", v. Lemcke, Kriegs- und Friedensbilder, S. 42.

[1002] S. Acta Borussica, Bd. 16, 1, S. 190.

[1003] So bat 1755 ein zivil versorgter Kapitän um seine Wiedereinstellung in die Armee, weil es ihm schwerfiel, mit den acht Reichstaler, die ihm die Stelle einbrachte, sich und seine Familie zu ernähren, s. Hoven, Der preußische Offizier, S. 125.

[1004] S. Schmoller, Verfassungs-, Verwaltungs- und Finanzgeschichte, S. 155 und Baumgart, Zur Geschichte der

sächsischen Regimentern, die 1756 in preußische Dienste gezwungen worden waren, sind einige preußische Offiziere versetzt worden.[1005] Außerdem begünstigten die Verluste im Krieg den Aufstieg von Offizieren in ihrem Regiment. Sie mußten daher nicht mehr im gleichen Maße wie im Frieden versetzt werden, um weiter zu avancieren. Oder anders formuliert: Der Ausfall eines Offiziers wurde, soweit möglich, durch einen dienstjüngeren Offizier aus dem selben Regiment ersetzt. Erst wenn das Offizierkorps eines Regimentes nicht mehr in der Lage war, die Abgänge zu ersetzen, mußte ein Offizier dorthin versetzt werden. Der Anteil von 18,4 % Versetzungen nach dem Siebenjährigen Krieg, läßt, wie oben bereits erläutert, auf eine gewisse Statik in der Personalpolitik schließen. Im Unterschied zu dem, was bisher über die preußischen Offiziere bekannt ist, war demnach die Versetzung zu einem anderen Regiment nicht die Ausnahme, denn zwischen 1713 und 1786 wurden insgesamt 2305 Offiziere versetzt, was einem Anteil von 22,5 % an allen Abgängen der Regimenter entspricht.

Abgangsart „Versetzt":

- Wechsel der Waffengattung:	35	(= 1,5 %)
- Versetzung zu einem anderen Regiment ohne Beförderung:	698	(= 30,2 %)
- Versetzung zu einem Garnisonregiment ohne Beförderung:	276	(= 11,9 %)
nach 1763:	112	(= 17,5 %)
- Versetzung mit Beförderung oder Wechsel zur Garde[1006]:	671	(= 29,1 %)
- Versetzung mit Beförderung zu einem Garnisonregiment:	102	(= 4,4 %)
nach 1763:	32	(= 5,0 %)

Die Aufschlüsselung der Abgangsart „Versetzt" ermöglicht diese weiter zu interpretieren. Für insgesamt 773 Offiziere (einschließlich der zu einem Garnisonregiment gewechselten) bzw. 33,5 % war die Versetzung gleichzeitig mit einer Beförderung verbunden. Davon waren 299 Stabsoffiziere (= 12,9 %), die je nach Waffengattung in der gesamten Armee rangierten und bei denen eine Versetzung daher nicht ungewöhnlich war. Die Mehrzahl, d. h. 20,5 %, aber waren Subalterne, bei denen man bislang davon ausging, daß sich deren Avancement generell im Regiment vollzog.[1007] 698 Offiziere wurden ohne gleichzeitige Beförderung versetzt, das heißt aber nicht, daß sie von dieser Versetzung nicht profitiert haben könnten. Dazu v. Barsewisch: „Er [der damalige Chef des

---

kurmärkischen Stände, S. 529.

[1005] So schreibt Jany, Geschichte der Preußischen Armee, Bd. 2, S. 372, daß zu den ehemals sächsischen Regimentern preußische Stabsoffiziere und Kapitäne versetzt wurden. Wie viele dies genau waren, darüber macht Jany keine Angaben. Er nennt lediglich die Zahl von 53 sächsischen Offizieren, die in preußische Dienste traten und bei ihren ehemals sächsischen Regimentern blieben.

[1006] Die Versetzung zu einem der Garde-Regimenter war gleichbedeutend mit einer Beförderung. In der Abgangsliste des Dragonerregiments Nr. 4 findet sich im Jahr 1758 beim Leutnant v. Woedtke die Angabe: „In besonderer Auszeichnung zu der Garde du Corps [Nr. 13] versetzt worden".

[1007] S. Wohlfeil, Beförderungsgrundsätze, S. 54.

Regiments Nr. 24, Oberst v. Dieringshofen] *zeigte mir die Rangliste derer Herrn Officiers, nach welcher es sich fand, daß ich in der Ancienneté fünf Officiers weniger bis zum Capitain vor mir hatte, als in dem von Linden'schen Regiment. [...] Ich hätte dieses gütige Anerbieten nicht annehmen sollen, besonders da mir verschiedene gute Freunde des Linden'schen Regiments* [Nr. 26] *davon abrieten. Ich hatte aber zu der Zeit Gründe, die indessen in der Folge bald zu meinem Vorteile gehoben wären, meine Versetzung als angenehm zu betrachten.*"[1008] Auch aus den Berichten v. Boyens ist zu entnehmen, daß er aus Karrieregründen zu einem anderen Regiment wechselte.[1009] In der Regel wurde aber die Versetzung eines Offiziers vom König angeordnet. Eine Versetzung war nicht unproblematisch und wurde von den Offizieren eines Regiments, bei dem ein Offizier eingeschoben wurde, nicht gern gesehen. Nicht nur, daß sich durch diesen Offizier die Chancen der nach dem Dienstalter hinter ihm rangierenden Offiziere auf eine Beförderung verschlechterten, sie fühlten sich auch in ihrer Ehre angegriffen. Bezeichnend sind in diesem Zusammenhang die kritischen Worte Ernst Gottlob v. Scheelens, Kommandeur des I. Bataillon Leibgarde von 1773 bis 1786, über einen Offizier, der im Avancement von Friedrich II. benachteiligt wurde, *„er ließ sich aber alles gefallen"*[1010]. Es gab Offiziere, die den Einschub eines Offiziers in ihrem Regiment zum Anlaß nahmen, um den König um ihren Abschied zu bitten.[1011] In Einzelfällen wurde der zum Regiment versetzte Offizier so lange von den zurückgesetzten Offizieren zum Duell gefordert, bis dieser den Abschied nahm oder getötet wurde.[1012] Beide Verhaltensweisen lassen sich mit Hilfe der Regimentslisten nicht quantifizieren. Ob dieses Verhalten bzw. die Duelle mit dem Ehrbegriff der Offiziere vereinbar waren, wird im folgenden Kapitel ausführlicher untersucht. Aus den Memoiren Carl Wilhelm v. Hülsens ist zu erfahren, daß Friedrich II. diese Probleme durchaus bekannt waren, denn er antwortete auf den Wunsch des Generals v. Below, von drei Brüdern v. Hülsen bei seinem Regiment (Nr. 11) einen zum Offizier zu machen und die anderen zu versetzen: *„'Nein !' sagte der König. 'Setze ich sie in andere Regimenter, so werden sie ausgebissen.'*"[1013] Wenn Friedrich Wilhelm I. mit einem Regiment nicht zufrieden war, versetzte er zu diesem als Zeichen seiner königlichen Ungnade Offiziere. Es kam auch vor, daß er freigewordene Kompanien mit Kapitänen aus anderen Regimentern besetzte, wenn

---

[1008] Von Barsewisch, Von Roßbach bis Freiberg, S. 190f..

[1009] S. Schmidt, Hermann v. Boyen, S. 29.

[1010] Potsdamer Tagebücher, S. 98.

[1011] S. dazu auch die Anmerkung zu der Dimission von Major v. Kahlenberg auf S. 248

[1012] S. dazu Apel, Der Werdegang, S. 40 und Helmut Eckert, 5 ostpreußische Offiziere in friderizianischer Zeit. Die Brüder von Bronsart, in: ZfH, Nr. 275, 1978, S. 21 - 26, hier S. 21.

[1013] Von Hülsen, Unter Friedrich dem Großen, S. 33.

die Kompanien wirtschaftlich schlecht dastanden oder die Soldaten zu klein waren.[1014] Die genauere Analyse aller Abgangslisten zeigt darüber hinaus die Abwertung der Garnisoninfanterie nach 1763. Danach sind zwischen 1713 und 1763 insgesamt 234 Offiziere zu einem Garnisonregiment versetzt worden, davon 70 mit Beförderung und 164 ohne Beförderung. Zwischen 1763 und 1786 wurden insgesamt 144 Offiziere zur Garnisoninfanterie abgeordnet, von denen 32 avancierten und 112 in ihrem alten Dienstgrad verblieben. Das heißt, daß bis zum Ende des Siebenjährigen Krieges für 29,9 % der Offiziere der Wechsel zu einem Garnisonregiment mit einer Beförderung verbunden war, nach 1763 deren Anteil aber auf 22,2 % abfiel. Außerdem konnte ein Offizier eines Garnisonregiments bis 1756 durchaus noch damit rechnen, wieder in ein Feldregiment versetzt zu werden. Darüber hinaus kam es bis 1756 häufiger vor, daß ein Garnisonregiment in ein Feldregiment umgewandelt wurde. Aus diesen Gründen mußte ein Offizier, der von einem Feldregiment zu einer Garnisoneinheit kam, diese Versetzung nicht unbedingt als „Strafe" ansehen. Seit 1763 dagegen ist kein Garnisonregiment mehr zur Aufstellung eines Feldregiments herangezogen worden, d. h. die Versetzung eines Offiziers von einem Feldregiment zur Garnisoninfanterie ohne gleichzeitige Beförderung war entweder eine „Strafversetzung" oder war erfolgt, um den Offizier, der für den Dienst in einer Feldeinheit nicht mehr fähig war, nicht entlassen zu müssen. Letzteres kann als Möglichkeit angesehen werden, einen an sich dienstuntauglichen Offizier innerhalb der Armee zu versorgen.

Die Abgangsarten **Gefallen** und **Tödlich verwundet** sind oben bereits ansatzweise analysiert worden.[1015] An dieser Stelle läßt sich einmal mehr verdeutlichen, daß die Einhaltung des Ehrenkodexes ein vom Staat und seinem Herrscher gewünschtes Verhalten der Offiziere bewirkte, denn um im Krieg bestehen zu können, mußte ein Offizier tapfer sein. Im Reglement von 1726[1016] wurde von einem Offizier Tapferkeit vor dem Feind verlangt. Falls er versagte, sollte er „*als ein*

[1014] S. Jany, Geschichte der Preußischen Armee, Bd. 1, S. 733.

[1015] Abweichende Angaben zum Abgang einiger Offiziere sind bei Armand v. Ardenne, Geschichte des Zietenschen Husaren-Regiments, Berlin 1874, S. 648f. zu finden. In seiner Geschichte der „Zieten-Husaren" hat er für das Jahr 1757 den Rittmeister Krüger und den Kornett Schroeder als „gefallen" vermerkt, während in der Königschen Abgangsliste bei beiden „gestorben" zu finden ist. Für das Jahr 1758 gibt v. Ardenne an, daß der Oberstleutnant v. Seelen und die Leutnante v. Bachenschwanz, v. Schenck und Langschmid bei Hochkirch gefallen seien. In der Königschen Liste steht neben dem Namen des Obristen v. Seel „*beim Hochkircher Überfall blessirt und daran gestorben*", beim Leutnant v. Bachenschwantz „*gestorben am Fieber*", bei Langschmidt (Schreibweise von König) „*gestorben in Breslau*" und bei v. Schenck „*gestorben in Liegnitz*". Während v. Ardenne also angibt, daß die Offiziere durch direkte Kriegseinwirkung ausgeschieden sind, findet sich in der Königschen Liste bei fünf von sechs Offizieren das neutrale „*gestorben*". Diese Unterschiede dürfen zwar nicht überbewertet werden, weil die Bezeichnungen nicht eindeutig sind und eine Interpretation einige Fragen offenläßt, trotzdem sollten die bisher vorliegenden Zahlen über die Offiziersverluste im Siebenjährigen Krieg kritischer als bisher beurteilt werden.

[1016] In die Reglements Friedrichs II. aus dem Jahre 1743 wurde diese Forderung nach der Tapferkeit der Offiziere wörtlich übernommen, s. dazu u. a. das Reglement für die Königl. Preußische Infanterie von 1743, Bd. 1, S. 351.

Schelm weggejaget, und der Degen ihm entzwey gebrochen werden"[1017]. In die Reglements von 1743 wurde ein Artikel aufgenommen, der im Jahre 1726 noch fehlte und die Erfahrungen aus dem Ersten Schlesischen Krieg widerspiegelte. In diesem Artikel wird präzise beschrieben, wie ein Offizier sich in der Bataille zu verhalten hatte, um seine Tapferkeit zu beweisen: *"Es muß ein jeder Officier [...] sich die feste Impression machen, daß es in der Action weiter auf nichts ankomme, als wie den Feind zu zwingen, vor dem Platz, wo er stehet, zu weichen; Deshalb die gantze Gewinnung der Bataille darauf ankommt, daß man nicht sonder Ordre stille stehet, sondern ordentlich und geschlossen gegen den Feind avanciret und chargieret".*[1018] Das heißt, daß der Angriff die oberste Direktive war, an die sich der Offizier auch ohne Befehl („sonder Ordre") halten sollte. Ziel des Angriffes war selbstverständlich der Sieg der preußischen Truppen. An der Ehre und dem Ruhm, den die Armee dadurch errang, hatte auch der einzelne Offizier Anteil. Ein Sieg in der Schlacht setzte aber auch den Willen und den Ehrgeiz voraus, diesen zu erringen. Friedrich II. hat daher den Ehrgeiz und die Liebe zum Ruhm als Tugenden gepriesen und erwartet, daß seine Offiziere beides besaßen.[1019] Niederlagen dagegen schmälerten häufig die Ehre und den Ruhm einer Armee und ihrer Angehörigen. Bezeichnend für das Ehrverständnis war die Tatsache, daß nicht jede verlorene Schlacht den gleichen Ehrverlust bedeutete. Ein Beispiel dafür ist die Bataille bei Kolin am 18. Juni 1757, in der die preußische Armee ihre erste Niederlage hinnehmen mußte. Ein Grund dafür, warum auch nach Kolin die „Ehre" der preußischen Truppen weitgehend intakt blieb, ist darin zu suchen, daß die Preußen trotz ihrer zahlenmäßigen Unterlegenheit (32000 Mann) die Stellungen der österreichischen Armee (52000 Mann) angegriffen hatten und erst nach mehrmaligen Versuchen mit schweren Verlusten vom Schlachtfeld gewichen waren. Für das ehrenvolle Verhalten der preußischen Soldaten in dieser Bataille spricht der Bericht des Prinzen Moritz von Dessau: *"Die 9te Bataille so die Preußen hätten, ist verlohren gegangen, warum? weil sich die Infanterie so unausprechlich gehalten hat, daß fast alles auf der Stelle todt geblieben, und nichts mehr übrig war, weiter daran zu setzen [...] Die Bravour, so die Infanterie einige Dragoner und sämtliche Husaren von unserer armée bei letzterer Bataille bewiesen und abgelegt, ist unbeschreiblich, und kann mit Recht sagen, Lieber Todt als gewichen."*[1020] Damit hat Moritz von Dessau umschrieben, was der Wille zum Sieg erforderte, nämlich die Bereitschaft, dafür das eigene Leben einzusetzen. Auch Friedrich II. hat geäußert, daß es besser sei, nach tapferem Widerstand vernichtet zu werden,

---

[1017] Reglement vor die Königl. Preußische Infanterie von 1726, S. 364.
[1018] Reglement für die Königl. Preußische Infanterie von 1743, Bd. 1, S. 350f..
[1019] S. Kluth, Die Ehrauffassung, S. 114.
[1020] Max Preitz, Prinz Moritz von Dessau im Siebenjährigen Kriege, München, Leipzig 1912, S. 76ff..

als ohne Ehre weiter zu leben.[1021] Ob ein Offizier wollte oder nicht, erwartet wurde von ihm, daß er tapfer sein Leben riskierte. War er dazu nicht bereit, verlor er seine Ehre. So berichtet v. Hülsen von einem Offizierskameraden, der in der Schlacht bei Großjägersdorf (30. August 1757) vom Schlachtfeld geflohen war: *„Das Bild dieses Schurken steht tief vor meiner Seele! - Alles floh ihn wie einen Aussätzigen. - Seine Feigheit entschuldigte er mit einem in der Bataille empfangenen Bruch [...]"*.[1022] Dieses Beispiel kann als ein Gegenbeleg zu der Behauptung von Bleckwenn dienen, daß die preußischen Offiziere ohne Zögern in den Tod gegangen seien.[1023] Dieser Fall dürfte wohl nicht die absolute Ausnahme darstellen. Es kann daher keine Rede davon sein, daß alle preußischen Offiziere ohne weiteres ihren Tod oder eine Verletzung akzeptiert hätten.

Es gab aber auch Niederlagen, die in den Augen der Zeitgenossen einen erheblichen Ehrverlust bedeuteten, zu diesen zählt z. B. die Kapitulation des preußischen Korps unter General v. Finck bei Maxen am 21. November 1759.[1024] Für Friedrich II. war dieser Rückschlag um so schmerzlicher, als er kurz nach dem Verlust der Schlacht bei Kunersdorf erfolgte. An mehreren Stellen hat er das Verhalten v. Fincks bei Maxen kritisiert, u. a. soll er geäußert haben, daß es ihm unbegreiflich sei, daß sich die preußischen Truppen nicht lieber haben in Stücke schlagen lassen, als sich ehrlos in Gefangenschaft zu begeben.[1025] Die Tatsache, daß General v. Finck ohne Gegenwehr die Waffen streckte, hat ihn in den Augen des Königs ehrlos gemacht: *„Schurken, denen weniger ihre Ehre und ihr Ruf als ihr Gepäck am Herzen lag [...] In meiner Lage ist der Verlust zwar beträchtlich, aber an der Ehre [...] haben wir einen ungeheuren und unersetzlichen Verlust erlitten"*.[1026] Nach dem Siebenjährigen Krieg ließ Friedrich gegen die verantwortlichen Offiziere Kriegsgerichtsverfahren einleiten, die zur Verurteilung der Offiziere führten. So wurde General v. Finck kassiert und zu zwei Jahren Festungshaft verurteilt, und die Generalmajore v. Gersdorff und v. Rebentisch erhielten als Strafe eine längere Festungshaft.[1027]

Aus der Reaktion Friedrichs II. auf die Kapitulation bei Maxen wird deutlich, daß er, wie es im übrigen generell Kriegsbrauch war, keine Kapitulation duldete, wenn sie nicht ohne erbitterte

---

[1021] S. Kluth, Die Ehrauffassung, S. 139.

[1022] Von Hülsen, Unter Friedrich dem Großen, S. 46.

[1023] S. Bleckwenn, Unter dem Preußen-Adler, S. 75.

[1024] An dieser Stelle kann nicht ausführlich diskutiert werden, ob General v. Finck eine militärisch sinnvolle Alternative zur Kapitulation hatte und ob diese nicht doch die einzige Möglichkeit in einer Situation war, in der sein Korps vollständig von österreichischen Truppen umzingelt war. Siehe dazu auch Duffy, Friedrich der Große, S. 280ff. Friedrich II. erwartete in einer derartigen Situation von einem General, daß dieser den „ehrenvollen Untergang" seines Korps statt der schmachvollen Kapitulation wählte.

[1025] S. Kluth, Die Ehrauffassung, S. 74.

[1026] Koser, Unterhaltungen mit Friedrich dem Großen. Memoiren und Tagebücher von Heinrich de Catt, Leipzig 1884, S. 275f..

[1027] S. Duffy, Friedrich der Große, S. 281.

Gegenwehr erfolgt war. Dies galt nicht nur für die Generale, sondern für alle Offiziere, wie aus den Reglements von 1743 ersichtlich wird: *„Wann ein Officier* [...] *auf seinem Posten vom Feinde attaquiret wird, soll er seinen Posten nicht eher, bevor er nicht alle möglichste Resistence gethan hat, quittiren und sich nicht eher retriren, bis er aus höchster Noth, wenn er nemlich übermannet ist, und keine Hoffnung zum Succurs hat, dazu gezwungen wird"*[1028] Die Entscheidung, wann der Zeitpunkt der „höchsten Not" gekommen war, überließ Friedrich dem einzelnen Offizier, der gemäß seiner Ehre diese Entscheidung treffen sollte. Letztlich bedeutete dies, daß ein Offizier in einer Situation vergleichbar der von Maxen keine andere Wahl hatte, als „mit fliegenden Fahnen unterzugehen". Der König fürchtete offensichtlich, daß Kapitulationen ohne Gegenwehr Schule machen könnten, und das wollte er auf jeden Fall verhindern.[1029]

Daß die Beachtung des „point d'honneur" in der Tat geeignet war, das Verhalten der Offiziere auf dem Schlachtfeld zu beeinflussen, ist aus verschiedenen Berichten preußischer Offiziere zu entnehmen. Allerdings muß auch hier berücksichtigt werden, daß diese Schilderungen aus der persönlichen Sicht der Offiziere gemacht wurden. Eine gewisse Subjektivität kann daher unterstellt werden, zumal die zitierten Offiziere sich ihren Angaben zufolge alle ehrenhaft verhalten haben. Ob dies tatsächlich zutraf oder ob dies möglicherweise eine nachträgliche Schönfärbung ihres damaligen Verhaltens in der Schlacht darstellt, kann nicht beantwortet werden. So bezeichnet v. Hülsen einen Offizier, der sich während einer Bataille vom Schlachtfeld entfernte, wie oben bereits zitiert, als feigen und schlechten Menschen.[1030] Und über das Verhalten eines Generals in der Schlacht bei Zorndorf urteilt er: *„Der General von R., der sich am Tage des Gefechts bei seiner Brigade nicht hatte sehen lassen, war so unverschämt, Nachts mitten in derselben sein Feldbett aufschlagen zu lassen. Ich begreife nicht, wie es einem Manne, der sich bis zum General hinauf gedient hat, möglich ist, die Verachtung zu ertragen, die ihm Jedermann bewies. Der König jagte ihn, wie er es verdiente, schon den andern Tag fort."*[1031] Die Beachtung der Ehre brachte die Offiziere dazu, sich tapfer zu verhalten. Von Lemcke berichtet, daß der Aufruf: *„Kinder, rettet eures Königs Ehre!"*, ihn und seine Kameraden in der Schlacht bei Prag veranlaßte, einen Berg zu stürmen, auf dem die Österreicher mit ihren Kanonen Stellung bezogen hatten. Bei diesem Angriff wurde die Hälfte seines Bataillons vernichtet, er selber später verwundet.[1032] Und v. Barsewisch verteidigte eine Batterie gegen die heftigen Angriffe des überlegenen Feindes: *„Bei der*

[1028] Reglement für die Königl. Preußische Infanterie von 1743, Bd. 1, S. 324.
[1029] S. dazu Lotz, Kriegsgerichtsprozesse, S. 114f..
[1030] S. v. Hülsen, Unter Friedrich dem Großen, S. 46.
[1031] Von Hülsen, Unter Friedrich dem Großen, S. 91f..
[1032] S. v. Lemcke, Kriegs- und Friedensbilder, S. 27.

gefährlichen und hartnäckigen Verteidigung hatte ich [...] *kein anderes Gefühl, als meine Pflicht gegen den König, die* Batterie [Hervorhebung im Text] *unter keiner Bedingung aufzugeben und der Gefahr nach allen Kräften Trotz zu bieten, zu erfüllen, überzeugt, daß mein Leben in GOttes Hand sei, daß Er es mit auf meinem Posten erhalten und beim Zurückgehen nehmen könne, daß ersteres mir Ehre, letzteres Schande bringen würde.*"[1033] Tapferes Verhalten konnten die Offiziere allerdings nur zeigen, wenn sie bereit waren, dafür ihr eigenes Leben einzusetzen. So formulierte ein unbekannter Offizier: *"lieber ehrlich gestorben, als schändlich verdorben.*"[1034] Von den oben genannten Offizieren wurden drei verletzt, wodurch zwei von ihnen zu Invaliden wurden.[1035] Lediglich v. Hülsen blieb verschont, obwohl auch er mehrmals in schwerem Feuer gestanden hatte, so bei Zorndorf: *"Mein Esponton wurde mir weggestoßen, und ich bekam eine Kartätschenkugel auf den Ringkragen, der den emaillirten Stein zerschmetterte. Ich zog den Degen, und der Quast vom Portépée ward mir weggeschossen. Eine Kugel ging durch meine Rockfalten, und eine andere streifte den Quasten vom Cordon, indem sie den Hut verrückte.*"[1036]

Um detailliertere Ergebnisse darüber zu erhalten, wieviele Offiziere tatsächlich gekämpft haben, sind die Biographielisten untersucht worden. Danach haben von den 873 Offizieren 318 (= 36,4 %) in Schlachten oder anderen militärischen Aktionen gekämpft. Im Durchschnitt waren diese 318 Offiziere an mehr als fünf Schlachten oder Gefechten beteiligt. Aufgrund der Beschreibung, die v. Hülsen über seinen Einsatz bei Zorndorf gegeben hat, ist ein weiteres Ergebnis, das sich aus der Analyse der Biographielisten ergeben hat, nicht verwunderlich. Danach wurden von diesen Offizieren 131 (= 41,1 %) mindestens einmal verwundet. Bei dem damaligen Stand der Medizin ist es erstaunlich, daß einige Offiziere sogar mehrere Verwundungen überlebten, konnte doch bereits ein einfacher Durchschuß zu Wundfieber und anschließendem Tod führen.[1037] Selbst wenn die Verwundung an sich nicht schwerwiegend war, bestand die Gefahr, an Fleckfieber und Ruhr zu sterben, die besonders in den Lazaretten grassierten.

Auch wenn nur v. Hülsen[1038] den Begriff der „Ambition" benutzt hat, um seinen dienstlichen Ehrgeiz zu beschreiben, ist ebenfalls aus den Beschreibungen der anderen Offiziere zu erkennen,

---

[1033] Von Barsewisch, Von Roßbach bis Freiberg, S. 103f..

[1034] Anonymus, Materialien zur Geschichte des Ersten Schlesischen Krieges. Auszüge aus dem Tagebuche eines Offiziers der Armee Friedrich's des Großen, in: Zeitschrift für Kunst, Wissenschaft und Geschichte des Krieges, 1855, 2. Heft, S. 32 - 113, hier S. 93.

[1035] S. v. Lemcke, Kriegs- und Friedensbilder, S. 36f. und v. Prittwitz, „Ich bin ein Preuße...", S. 122 und 131.

[1036] Von Hülsen, Unter Friedrich dem Großen, S. 88f..

[1037] So findet sich in der Biographieliste des Infanterieregiments Nr. 8 zum Major Otto v. Werner u. a. die Angabe, daß er bei Prag (1757), Breslau (1757) und Torgau (1760) verwundet worden ist. Major Ewald Heinrich v. Wollschläger vom selben Regiment wurde bei Prag (1757), Leuthen (1757) und Hochkirch (1758) verwundet.

[1038] S. v. Hülsen, Unter Friedrich dem Großen S. 51.

daß sie über die Ambition verfügten, die von einem Offizier erwartet wurde. Der Ehrenkodex, wie ihn die Monarchen definierten, verlangte von einem Offizier, jederzeit sein Bestes zu geben. Das schloß allerdings nicht aus, daß besondere Leistungen vom Monarchen ausdrücklich anerkannt wurden. Die preußischen Könige hatten dafür verschiedene Möglichkeiten. In der Mehrzahl der Fälle wurde ein Offizier, der sich ausgezeichnet hatte, mit einem schlichten Lob „belohnt", wie es etwa General v. Fouqué für die Eroberung von Landeshut (1757) erhielt: *„Ich grüße Sie als Imperator* [...] *und freue mich über Ihre Erfolge, die Ihrer guten Conduite, Ihrer Aktivität und Ihrer Kühnheit zu danken sind. Sie sind ein Mann, wie ich ihn brauchen kann."*[1039] Eine weitere Möglichkeit war, dem Offizier Geld zu schenken[1040] oder ihm ein Amt bzw. eine Präbende zu verleihen. Ein anderes Mittel zur Auszeichnung eines Offiziers, die Beförderung außerhalb der Tour, ist weiter oben bereits ausführlich untersucht worden. Außerdem gab es zwei Orden, die als Belohnung für außerordentliche Dienste verliehen worden sind. Den höchsten Orden, den „Schwarzen-Adler-Orden", erhielten üblicherweise nur die Offiziere vom Generalleutnant aufwärts.[1041] Der andere Orden war der „Pour le mérite"[1042], der zurückgegeben werden mußte, wenn ein General den „Schwarzen-Adler-Orden" bekam. Die Auszeichnung „Pour le mérite" wurde in der Regel nur für Leistungen vergeben, die deutlich über das hinausgingen, was Friedrich II. von seinen Offizieren grundsätzlich erwartete.[1043] Daher schlug er die Bitte des Generals v. Bevern ab, nach dem Gefecht von Reichenbach (1762), noch mehr Offiziere auszuzeichnen: *„damit die Recompensen bei einer Affaire, so eigentlich noch nichts decisives gewesen, nicht weiter gehen, noch die Sache größer gemachet werde, als wie sie eigentlich sein solle: zu schweigen dann, daß die Distinctiones, wenn sie in jeder Gelegenheit (erfolgten), da ein Officier dasjenige gethan, was sein Devoir an sich erfordert, gar zu gemein und endlich aufhören würden, wirkliche Distinctiones*

[1039] Zit. aus: Kluth, Die Ehrauffassung, S. 172.

[1040] Das konnten zum Teil beträchtliche Summen sein, so erhielt z. B. 1770 General v. Zieten von Friedrich II. zehntausend Taler als Geschenk.

[1041] Zu den Ausnahmen gehörte - wieder einmal - Friedrich Wilhelm v. Seydlitz, der noch als Generalmajor für seine Leistung in der Schlacht bei Roßbach (1757) den Schwarzen-Adler-Orden erhielt. Zugleich war er zum Generalleutnant befördert worden. Auch Graf v. Rothenburg ist nach der Schlacht bei Chotusitz (1742) noch als Generalmajor mit diesem Orden ausgezeichnet worden.

[1042] Dieser Orden, der bis 1740 „De la Générosité" hieß, wurde bereits unter Kurfürst Friedrich Wilhelm I. vergeben. Da aber König Friedrich Wilhelm I. ihn auch für die zweifelhaften Dienste bei der Anwerbung von „Langen Kerls" vergeben hatte, war er so sehr im Wert herabgemindert, daß Friedrich II. ihn umbenannte. Dabei übernahm er die Form des „Générosité" und änderte lediglich die Inschrift im blauen Kreuz und versah das vorher nur schwarze Band mit silbernen Randstreifen. Zu diesem Orden vgl. auch die Arbeit von Horst Fuhrmann, Pour le Mérite. Über die Sichtbarmachung von Verdiensten. Eine historische Besinnung, Sigmaringen 1992, der dessen Geschichte vom Anbeginn seiner Stiftung an bis in die Gegenwart nachzeichnet.

[1043] Der „Pour le mérite" war kein reiner Kriegsverdienstorden, er wurde auch für außerordentliche Leistungen im Frieden vergeben, etwa wenn ein Offizier bei einer Revue einen positiven Eindruck beim König hinterließ. Siehe dazu Bleckwenn, Unter dem Preußen-Adler, S. 129 und Jany, Geschichte der Preußischen Armee, Bd. 2, S. 235.

zu sein."[1044] Friedrich II. hat diesen Orden wie auch die anderen Belohnungen nicht nur verteilt, um den einzelnen Offizier auszuzeichnen. Es ging ihm darum, einen Effekt auszulösen, der mit einem Orden üblicherweise verbunden war, nämlich die anderen Offiziere anzuspornen, dem Vorbild ihres Kameraden nachzueifern. In seiner Vorgehensweise bestätigt gesehen haben dürfte sich der König, als er folgenden Bericht von General v. Fouqué erhielt: *„Der von Mehrstädt war wegen des erhaltenen Meritenordens außer sich vor Freude und konnte weder essen noch trinken. Es wird auch diese Gnadenerzeigung so viel fruchten, daß alle seine Cameraden sich werden den Kopf in Stücke schießen laßen, oder bei geeigneter Gelegenheit schöne Actions thun.*"[1045] Dieser Bericht macht deutlich, daß die Verleihung des „Pour le mérite" ein außerordentliches Ereignis war.

Die Biographielisten enthalten Angaben darüber, wie viele Offiziere einen Orden erhalten haben. Die Auswertung hat ergeben, daß von den insgesamt 873 Offizieren vierzehn (= 1,6 %) den „Pour le mérite" und zwei den „Schwarzen-Adler-Orden" (= 0,2 %) erhalten haben. Diese Zahlen widerlegen die teilweise aufgestellte Behauptung, der „Pour le mérite" sei in seinem Wert durch eine Vielzahl von Verleihungen herabgemindert gewesen.[1046]

Neben den ehrenhaften Abgangsarten gab es allerdings auch solche, die sich nur schwer mit einem Ehrenkodex vereinbaren lassen, der vorgeblich von allen preußischen Offizier geteilt wurde. Dazu gehört vor allem die **Desertion**.[1047] Die Gründe dafür, warum einige Offiziere desertierten, sind vielfältig und vielschichtig. In einigen Fällen waren es Schulden, in anderen ein Duell mit

---

[1044] Zit. aus: Kluth, Die Ehrauffassung, S. 172.

[1045] Zit. aus: Kluth, Die Ehrauffassung, S. 173.

[1046] So schreibt Bleckwenn, Unter dem Preußen-Adler, S. 129: *„Soweit wir sie kennen, haftet den Verleihungen in friderizianischer Zeit manchmal ein Hauch impulsiver Lässigkeit an. Selten war die Veranlassung etwas dürftig - viel häufiger wundert man sich, wer diesen Orden* nicht [Hervorhebung im Text] *bekommen hat.*" Auch wenn seine weiteren Ausführungen zum Teil richtig sind, nämlich daß an Regimenter, die sich in einer Schlacht besonders bewährt hatten, zahlreiche „Pour le mérite" verteilt worden waren, wie z. B. an das Dragoner-Regiment „Bayreuth" (Nr. 5), daß nach Hohenfriedberg (1745) für alle Stabsoffiziere und Kapitäne diesen Orden erhielt, kann aber nicht von einer zu häufigen Verleihung gesprochen werden, vor allem wenn diese Verleihungen auf das gesamte Offizierkorps umgerechnet werden. Diese großzügige Verteilung des „Pour le mérite" an in der Schlacht bewährte Regimenter ist besonders in den beiden ersten Schlesischen Kriegen vorgekommen, vgl. dazu auch Jany, Geschichte der Preußischen Armee, Bd. 2, S. 235. Etwas merkwürdig mutet der bei Bleckwenn unterschwellig in der Formulierung von der „impulsiven Lässigkeit" enthaltene Vorwurf an, der „Pour le mérite" sei von Friedrich II. willkürlich verteilt worden. Was von Bleckwenn als „impulsiv" bezeichnet wird, entsprach doch wohl dem Grundsatz, der von Friedrich II. auch bei anderen Belohnungen befolgt worden ist. Ein Offizier, der sich ausgezeichnet hatte, wurde nur dann belohnt, wenn Friedrich II. seine Leistung zur Kenntnis genommen hatte und als „belohnungswürdig" einschätzte. Diese Subjektivität bei der Entscheidung, wer eine Belohnung erhielt und wer nicht, galt selbstverständlich auch bei der Verleihung des „Pour le mérite".

[1047] Während das Thema „Offiziersdesertion" von Jany, Geschichte der Preußischen Armee, Bd. 3, S. 36 lediglich erwähnt wird, weist Zeisler, Die „Langen Kerls", S. 146 darauf hin, daß dieses Thema außer acht gelassen werden dürfe, und v. Scharfenort, Kulturbilder, S. 78 äußert sich sehr deutlich dazu: *„Die Fahnenflucht der Offiziere war leider keine zu seltene Erscheinung. Es gab Regimenter, die 1763-1786 fünf bis sieben fahnenflüchtige Offiziere aufführen.*" Duffy, Friedrich der Große, S. 331 behauptet, daß für den höheren preußischen Offizier die Desertion nicht in Frage kam. Wenn diese Einschränkung auch bedingt zugelassen werden kann, muß aber konstatiert werden, daß bei den subalternen Offizieren die Desertion durchaus vorgekommen ist. Über weitere Desertionsfälle von preußischen Offizieren berichtet Sikora, Disziplin und Desertion, S. 348.

tödlichem Ausgang[1048], und wieder andere desertierten, weil sie sich in ihrer Ehre angegriffen fühlten. So z. B. Leutnant v. Zehmen[1049], dem sein Kommandeur beim Regimentsexerzieren[1050] vorgeworfen hatte, er habe keine „Ambition", und der wegen seiner Proteste in den Arrest gebracht wurde.[1051] Der Arrest an sich wurde von den Offizieren nicht als ehrabschneidende Strafe[1052] angesehen und wurde auch recht häufig über sie verhängt[1053]. Da v. Zehmen aber von Leopold v.

[1048] So findet sich z. B. in der Abgangsliste des Infanterieregiments zum Abgang des Fähnrichs v. Grappendorff im März 1734 folgender Eintrag: „Geflüchtet wegen Entleibung des Fähnrichs v. Printzen".

[1049] Aus den Rang- und Abgangslisten des Infanterieregiments Nr. 3 ist zu entnehmen, daß dort ein Leopold v. Zehmen diente, der 1745 als Premierleutnant gefallen ist.

[1050] Gemäß dem Reglement vor die Königl. Preußische Armee von 1726, S. 218 war er auch dazu angehalten, denn dort heißt es: „Solte aber ein Officier nicht fleißig seyn, nemlich seine Kerls nicht dressiren, und ihnen das Exerciren recht lernen, muß der Capitaine den Officier dazu besser anhalten, und, wenn der Officier ohngeachtet dessen sich relächiret, muß der Capitaine es dem Commandeur, oder in dessen Abwesenheit dem comandierenden Stabs-Officier melden, welcher ihn alsdenn in Arrest setzen soll." Diese Anweisung ist wörtlich in das Reglement für die Königl. Preußische Infanterie von 1743, Bd. 1, S. 183 übernommen worden.

[1051] S. v. Scharfenort, Kulturbilder, S. 74.

[1052] Von Scharfenort, Kulturbilder, S. 77 zufolge war das Arrestlokal oft genug ein „fideles Gefängnis". Stabsoffiziere konnten ihren Arrest sogar in der eigenen Wohnung „absitzen". Von Lemcke, Kriegs- und Friedensbilder, S. 32 schildert in seinem Tagebuch einen Vorfall, für den er in den Arrest kam: „Unterdessen war der Doktor zur Hintertür heraus zum General klagen gelaufen [weil ihm v. Lemcke die Fenster eingeworfen hatte], welcher sogleich dem Hauptmann der Wache befohlen mich zu arretieren. Dieser Hauptmann schickte aber erst geschwind seinen Bedienten an mich und ließ sagen, ich sollte mich wegbegeben, die Wache werde bald da sein. Ich nahm dieses an und ging ganz geruhig nach Hause und schlief aus. [...] Gegen Mittag ging ich aus. Der Hauptmann von Grashoff hatte die Wache. Ich ging zu ihm, und er sagt, der General hätte ihm sagen lassen, ich wäre Arrestant; indessen könnte ich doch nur erst nach dem 'Blauen Engel' zum Speisen gehen und alsdann hinkommen. [...] Ich ging also in mein Speisequartier, wo ich gute Gesellschaft fand, die mich bereedeten [...] es wäre Zeit genug, wenn ich abends in meinem Arrest wäre. [...] Wie ich um 10 Uhr zu Hause kam, hatte der Hauptmann schon zweimal in mein Quartier geschickt, allein ich war von dem Spaziergang müde und glaubte in meinem Bette besser als auf der Wacht zu schlafen [...] und ging den andern Morgen um 9 Uhr erst nach der Wache, wo ich gute Gesellschaft fand, denn der Leutnant von Kameke vom Schwerinschen Regiment hatte auf einem Billard Händel gehabt und saß auch im Arrest, wie auch zwei Officiers von dem Kleist-Husaren und einer vom Freibataillon." Aufgrund dieses eher gemütlichen Berichts ist es nicht verwunderlich, daß Friedrich II. 1783 befehlen ließ, „daß, wenn Officiers in Arrest seind, der Arrest nicht als ein spiel angesehen werden muß, weil niemand in Arrest kommen muß, als der es recht verdient, alsdann aber auch wie ein ein Arrestant behandelt werden muß.", v. Witzleben, Aus alten Parolebüchern, S. 13. Zum Verhalten der Offiziere äußert sich Apel, Der Werdegang, S. 67. Er schreibt an dieser Stelle, daß der Arrest von den Offizieren als ehrenrührig betrachtet wurde, was er aber überhaupt nicht verstehen kann, denn: „Etwas demütigerendes für den Offizier, etwas sein Ansehen bei den Leuten schädigerendes können wir uns nicht vorstellen. Und doch scheint jene Zeit nichts darin gefunden zu haben." Eine Erklärung, warum die Offiziere den Arrest nicht als ehrschädigend ansahen, könnte möglicherweise darin liegen, daß ihr Ehrbegriff kein individueller, sondern ein kollektiver war. Ein Arrest konnte von einem Einzelnen nicht als Angriff auf die kollektive Ehre betrachtet werden, da ein derartiges Disziplinierungsmittel alle Angehörige dieses Standes als Maßregelung für dienstliche Vergehen traf, mithin fehlte dieser Strafe schon angesichts ihrer Häufigkeit die Besonderheit, die notwendig war, um als Ehrverletzung erkannt zu werden. In diesem Zusammenhang sei auf Nowosadtko, Ehre in ständische Gemeinschaft, S. 101 verwiesen, die schreibt, daß „der point d'honneur [...] nicht etwa in der Meinung [bestehe], die andere von dem subjektiven Wert haben; nicht die über den Lebenswandel gehegte Meinung ist maßgebend, 'sondern erst die ausgesprochene Geringschätzung' ist ehrverletzend". Der Arrest aber war eben kein konkret ausgesprochener Angriff auf die Ehre, sondern eine quasi automatisch erfolgende Maßregelung für ein dienstliches Vergehen. Allerdings kann sich auch all die Fälle bezogen werden, denn Sikora, Disziplin und Desertion, S. 348 berichtet in Anmerkung 342 von preußischen Stabsoffizieren, die aus einer Arreststrafe flüchteten und desertierten. Dies zeigt, daß der Ehrgriff zwar ein kollektiver war, daß aber die Einschätzung darüber, ob ein Affront die Ehre traf, von der persönlichen Einschätzung des Betroffenen abhing. Wenn daher eine Arreststrafe als ungerecht oder in ihrer Höhe unangemessen empfunden wurde, kann ein Offizier dies als ehrabschneidend empfunden haben, weil sie für Angehörige seines Standes nicht üblich war und ihn aus dieser Gruppe im negativen Sinne heraushob.

[1053] Aus den Tagebüchern des Generalmajors Ernst Gottlob v. Scheelen, in: Potsdamer Tagebücher, S. 80 und S. 87 ist zu erfahren, daß mehrere Kapitäne in den Arrest geschickt wurden, weil sie beim Exerzieren Fehler gemacht hatten. So

Anhalt-Dessau, der dem Exerzieren beigewohnt hatte, mit den Worten beschimpft worden war, *„er meritirte, das ihm der Degen gebrochen und er als ein Hundsfhott geschoßen würde"*[1054], wurde ihm vom Kapitän v. Fouque gesagt, daß er nicht länger Offizier bleiben könne, da seine Ehre angegriffen sei. Von Zehmen verlangte daher seine Dimission, die ihm vom König aber nicht gewährt wurde. Daraufhin desertierte er. Friedrich Wilhelm I. befahl, daß ein Kriegsgericht über ihn gehalten werden sollte. Da Leutnant v. Zehmen aber von einem Offizier überredet wurde, sich selbst zu stellen, bat er den König, ihm sicheres Geleit zu gewähren, *„da er seine Garnison nur verlassen habe, um seine Ehre zu 'maintenieren"*[1055]. Dies wurde ihm gewährt und v. Zehmen begnadigt.[1056] Ähnlich gelagert war die Desertion des Fähnrichs v. Kinsky vom Füsilierregiment Graf zu Wied (Nr. 41). Auf der Wache von seinem Kommandeur, Oberstleutnant Herwarth v. Bittenfeld, wegen augenscheinlicher Nachlässigkeiten zur Rede gestellt, kam es zu folgendem Vorfall: *„Als ihn v. Herwarth fragte, was das für eine Unordnung auf seiner Wacht wäre, nahm v. Kinsky seinen Arm mit der Pfeife rechts herunter. So traf v. Herwarths Stock, den er mit der weiteren Frage, wo denn der Fähnrich sein Sponton hätte, von unten herauf gegen v. Kinsky hob, die Pfeife, die zerbrach. Der Oberstleutnant hat seinen Stock aber nicht in die Höhe gehoben, da er den Fähnrich keineswegs vor aller Augen (durch einen Stockschlag) bloßstellen („prostituieren") wollte."*[1057] Fähnrich v. Kinsky fühlte sich dennoch in seiner Ehre verletzt und desertierte. Auch ihm wurde ein Offizier nachgeschickt, der ihn überreden sollte, wieder zum Regiment zurückzukehren. Nach drei Monaten besann sich v. Kinsky und schrieb an den Kommandeur, daß er kein Deserteur sei und bei seiner Rückkehr auf die Gnade des Königs hoffe.[1058] Im Reglement von 1726 stand, daß derjenige, der einen Monat der Truppe fernblieb und erst dann zu seiner Einheit zurückkehrte, zu zwei Jahren Festungshaft und anschließender Kassation verurteilt werden sollte.[1059] Ein kürzeres unerlaubtes Fernbleiben wurde mit einer Geldstrafe abgegolten.[1060] Zur gleichen Zeit wie der Fähnrich v. Kinsky desertierte auch der Neffe des Kommandeurs, der

---

schreibt v. Scharfenort, Kulturbilder, S. 77: *„Dieses Lokal* [das Arrestlokal] *wurde nie leer, da die Arreststrafe schon für ganz geringe Versehen im Dienst ausgesprochen werden konnte."* Und von v. Witzleben, Aus alten Parolebüchern, S. 12 ist zu erfahren, daß *„damals der Arrest von Offizieren etwas so gewöhnliches* [war], *daß Friedrich der Große sich stets wunderte und eine Erschlaffung des Dienstes befürchtete, wenn der Gouverneur von Berlin nicht alltäglich Offiziere in Arrest setzte."*

[1054] Zit. aus: v. Scharfenort, Kulturbilder, S. 74.

[1055] Von Scharfenort, Kulturbilder, S. 74.

[1056] Die Desertion des Leutnants v. Zehmen taucht nicht in der Abgangsliste auf, da er zum Regiment zurückkehrte. Vermutlich hat es daher eine wesentlich höhere Anzahl an Offiziersdesertionen gegeben, die, wie in diesem Fall, aber nicht als Desertionen gewertet wurden, weil der Offizier den Dienst wieder aufnahm.

[1057] Zit. aus: Kloosterhuis, Bauern, Bürger und Soldaten, S. 547.

[1058] S. Kloosterhuis, Bauern, Bürger und Soldaten, S. 546. Fähnrich v. Kinsky ist begnadigt worden, wurde aber bis zu seiner Dimission im Jahre 1759 nicht mehr befördert.

[1059] S. Reglement vor die Königl. Preußische Infanterie von 1726, S. 569.

Gefreitenkorporal v. Herwarth. Ihm wurde ebenfalls ein Offizier nachgeschickt, der ihn überzeugen konnte, wieder zum Regiment nach Minden zu gehen. Da Oberst v. Herwarth seinen Neffen für den Dienst in der Armee untauglich hielt (*„zum Dienst und Avancement incapable"*[1061]), wollte er ihn vom Regiment verabschieden. Der Regimentschef, Generalmajor Graf Karl zu Wied, antwortete auf diesen Wunsch seines Kommandeurs mit dem Vorschlag, den Gefreitenkorporal v. Herwarth einfach zu beurlauben, denn dieses Vorgehen hätte den Vorzug, daß man es im Gegensatz zu einer Verabschiedung nicht dem König melden müsse.[1062] Da die Abgangsart „Beurlaubt" in keiner Abgangsliste auftaucht, muß es sich um eine inoffizielle Art der Verabschiedung gehandelt haben, denn in der Abgangsliste des Regiments Nr. 41 steht nichts über den Verbleib des Gefreitenkorporals v. Herwarth. Für diese Vermutung spricht die Tatsache, daß der Regimentschef mit dieser „Beurlaubung" verhindern wollte, das Einverständnis des Königs einzuholen. Es ist nicht auszuschließen, daß andere Regimenter in ähnlich gelagerten Fällen ebenfalls auf die „Beurlaubung" zurückgegriffen haben. Möglicherweise sind daher in den „offiziellen" Abgangslisten nicht alle tatsächlichen Abgänge, besonders die unehrenhaften, verzeichnet.

Friedrich II. hat sich 1743 in einer Zirkularordre mit dem Problem der Offiziersdesertion auseinandergesetzt: *„daß seit einiger Zeit die Desertiones einiger Officiers gemeiner worden, als solches sonsten geschehen, und von Leuten dergleichen Standes vermuthet werden können, da dieselbe ihr Tractament richtig bekommen, solche Desertiones aber nur ins gemein aus vorher übel geführten Wandel, gemachten Schulden, und anderer Liederlichkeiten herrühren; [...] wodurch die Officiers sich selbst in Schimpf und Schaden bringen, daß sie hernach ihre Boßheit und Uebereilung öfters zu spät bereuen, auch ihren Eltern und Anverwandten Verdruß und Hertzeleid verursachen, sondern auch Dero höchstes Mißfallen, und Ungnade".* Der König befiehlt daher, daß *„wenn nun ein Officier [...] entweder vom Regiment boßhaffter Weise sich absentiret, oder aber [...] muthwilliger Weise ausbleibt, so soll der Kommandeur des Regiments, [...] ihme ohne Zeit-Verlust schreiben, sich binnen gewisser Zeit, [...] beym Staab einzufinden [...]. Wenn er nun sich nicht einfindet [...] so soll in Contumaciam über ihn, durch ein vereydigtes Kriegs Gericht gesprochen, und dessen Bildniß nebst Beysetzung seynes Nahmens und Verbrechens an den Galgen gehangen, und das solches geschehen sey, in sein Vaterland von dem Regiment bekandt gemacht werden; Wie dann auch dergleichen Verbrecher aller Ehren und Würden verlustig geachtet, und all sein Vermögen gegenwärtiges und künfftiges confisciret werden, und der Invaliden-Casse anheim fallen*

[1060] S. Reglement vor die Königl. Preußische Infanterie von 1726, S. 395.
[1061] Zit. aus: Kloosterhuis, Bauern, Bürger und Soldaten, S. 546.
[1062] S. Kloosterhuis, Bauern, Bürger und Soldaten, S. 546.

soll [...]."[1063] Trotzdem konnte Friedrich nicht verhindern, daß auch weiterhin Offiziere desertierten. Offensichtlich waren einige Offiziere bereit, u. a. zur Reinhaltung ihrer persönlichen Ehre Anweisungen und Befehle ihres Monarchen zu mißachten, auch wenn sie damit eine Bestrafung riskierten. Allerdings zeigt sich im Falle der Desertionen, daß der Ehrbegriff der Offiziere und der des Königs nicht deckungsgleich waren, wie schon an anderen Stellen dieser Arbeit festgestellt worden ist. Denn Friedrich verlangte unbedingten Gehorsam und absolute Subordination, die die Offiziere nicht zuletzt ihm als König und obersten Kriegsherrn schuldig waren. Friedrich hat „Ehre" als die Erfüllung von Pflicht und Schuldigkeit im Dienst interpretiert. Aus diesem Grund wollte er keinen Offizier in der Armee dulden, der in seiner Ehre beschädigt war, denn damit hatte dieser bewiesen, daß er nicht die notwendigen Voraussetzungen für einen preußischen Offizier besaß. Ein Offizier also, der aus persönlichen Gründen desertierte, weil er sich in seiner Ehre angegriffen fühlte, weil er Schulden gemacht hatte oder der wegen anderer dienstlicher Verfehlungen die Truppe verließ, zeigte, daß er nicht über das Ehrgefühl verfügte, daß Friedrich den Offizieren einprägen wollte. Daher stellt er, wie aus obigem Zitat zu entnehmen ist, keinen Zusammenhang zwischen (verletzter) Ehre und (anschließender) Desertion her. Aufgrund seiner speziellen Ehrauffassung kann der König darin lediglich die mangelnde bzw. inkorrekte Einstellung eines Offiziers zum Dienst erkennen, die sich im „übel geführten Wandel, gemachten Schulden und anderen Liederlichkeiten" äußerte. Wie Messerschmidt nachgewiesen hat, verstand Friedrich unter „Ehre" u. a. eine Verhinderung eben dieser Untugenden, sie war für ihn ein Instrument zur Disziplinierung der Offiziere. Daher zeigen die Desertionen, daß sich einige diesem disziplinierenden Zugriff, dem „permanenten Umerziehungswillen", entzogen.[1064]

[1063] Zit. aus: Meier-Welcker, Offiziere im Bild, S. 142f.. Sikora, Disziplin und Desertion, S. 147 belegt, daß die Konfiszierung von Gütern im Falle einer Desertion keine preußische Besonderheit war, sondern auch in anderen Ländern vollzogen wurde. In einer Kabinettsordre vom 18. August 1747, s. Acta Borussica, Bd. 7, S. 355f., bestimmte Friedrich II., daß die Kriegsgerichte im Falle einer Desertion die Kriegsartikel und die Edikte mit aller Härte anwenden sollten. Allein ihm, dem König, bleibe es in solchen Fällen vorbehalten, eine Milderung der Strafe auszusprechen. Auch wenn in dieser Ordre wohl vor allem einfache Soldaten gemeint waren, dürfte sich Friedrich auch bei desertierten Offizieren vorbehalten haben, zu entscheiden, wann (königliche) Gnade vor Recht erging.
[1064] S. Sikora, Verzweiflung oder 'Leichtsinn'? Militärstand und Desertion im 18. Jahrhundert, in: Kroener/Pröve, Krieg und Frieden, S. 237 - 264, hier S. 264.

Abgangsart „Desertiert"[1065]:

- Alle Dienstgrade zusammen:	227[1066]
Fähnrich bis Stabskapitän:	219 (= 86,9 %[1067])
Kapitän bis General:	8 (= 3,1 %)
- In verschiedenen Zeiträumen:	
1713 bis 1740:	50 (= 19,8 %)
1740 bis 1786 (bis auf die Kriegszeiten):	112 (= 44,4 %)
In den drei Schlesischen Kriegen[1068]:	65 (= 25,7 %)

Diese Zahlen verdeutlichen, daß es vor allem die subalternen Offiziere waren, die desertierten. Möglicherweise waren sie mit ihrem Avancement unzufrieden, denn es ist auffällig, daß von denen, die den Rang eines Kapitäns und Kompaniechefs erreichten, zwischen 1713 und 1786 lediglich acht Offiziere desertierten, was einem Anteil von 3,5 % an allen Desertionen bedeutete. Nicht überraschend ist hingegen, daß immerhin ein Viertel der Desertionen in Kriegszeiten geschehen sind. Zweifellos dürften einige Offiziere den Belastungen des Krieges nicht standgehalten haben. Auch gab die Unordnung nach einer geschlagenen Schlacht eher Gelegenheit, sich unbemerkt von der Truppe zu entfernen. Als z. B. die preußische Besatzung im November 1757 Breslau an die Österreicher übergeben mußte, marschierten u. a. 132 Offiziere mit den Besatzungstruppen aus der Stadt, aber nur 120 Offiziere stießen zur Feldarmee. Die anderen zwölf waren desertiert.[1069]

Da im Zusammenhang mit den Desertionen die Verschuldung von Offizieren erwähnt worden ist, soll bzw. muß dieser Aspekt eingehender untersucht werden, weil sich hier die Grenzen des disziplinierenden Zugriffs der Monarchen und deren spezieller Ehrbegriff ebenfalls deutlich erkennen läßt. Grundsätzlich wollte Friedrich II. nämlich nicht, daß die Offiziere ihren Dienst lediglich als Erwerbsmöglichkeit ansahen, und er pries den Mann von Tugend, der Ehre und Ruhm dem Reichtum vorzog.[1070] Aus diesem Grund konnte er keinen Mann gebrauchen, der sein eigenes Leben und (finanzielles) Wohlergehen höher schätzte als die „Ehre", die diesen seiner Ansicht nach erst zu einen guten, weil leistungsbereiten und pflichtbewußten Offizier machten. Friedrich riet

---

[1065] Zur Definition und zum Umfang des Begriffes „Desertion" vgl. Sikora, Disziplin und Desertion, S. 54 - 69.

[1066] Diese Zahl und auch die anderen Angaben liegen zum Teil unter denen, die in der Gesamtauswertung zu finden sind. Dies ist darauf zurückzuführen, daß in der Gesamtauswertung auch die Gefreitenkorporale ausgezählt worden sind und ebenso die Offiziere, bei denen die Angabe zum Dienstgrad in den Abgangslisten unleserlich war.

[1067] Diese Prozentangabe und die folgenden beziehen sich auf die Zahlen, die in der Gesamtauswertung aller Abgangslisten zu finden sind.

[1068] 1740 - 1742, 1744 - 1745, 1756 - 1763, 1778-1779.

[1069] S. Lotz, Kriegsgerichtsprozesse, S. 124. Bei Colmar Grünhagen und Franz Wachter (Hrsg.), Das Kriegsgericht wegen der Kapitulation von Breslau 1758 (= Scriptores Rerum Silesiacarum, Bd. 15), Breslau 1895, S. VII wird dagegen die Zahl von sieben desertierten Offizieren genannt.

[1070] S. Kluth, Die Ehrauffassung, S. 187.

daher denjenigen, die auf ihren eigenen Vorteil bedacht waren, nicht Offizier zu werden.[1071] Vor allem die Subalternoffiziere (Fähnrich bis Stabskapitän), die nur gering besoldet wurden, sollten das Ansehen dem Reichtum vorziehen.[1072] Vertröstet wurden die Subalternoffiziere mit der Aussicht darauf, daß sie mit dem Rang eines Kapitäns und der damit verbundenen Kompaniechefstelle materiell „ausgesorgt" hatten. Diese Stelle konnten sie aber nur erreichen, wenn sie eine bestimmte Anzahl an Dienstjahren geleistet und in dieser Zeit ihre Pflicht erfüllt hatten. Die Aussicht auf die Kompaniechefstelle hatte nicht nur die Funktion, die Offiziere an die Armee zu binden und ein bestimmtes Verhalten von ihnen zu erzwingen, darüber hinaus sollte sie ein Anreiz sein, die materiell karge Zeit als Subalternoffizier zu überstehen. War doch das Leben vieler Leutnante *„nicht selten ein glänzendes Elend"*, denn sie hatten *„zu viel zum Sterben, zu wenig zum Leben"*[1073]. Der spätere Feldmarschall Karl Friedrich v. d. Knesebeck berichtete aus seiner Junkerzeit (Mitte der 1780er Jahre), daß er als Gefreitenkorporal trotz bescheidener Ansprüche im Monat acht Taler benötigt hatte, diese Summe aber nur durch einen Zuschuß von seinen Eltern erreichte. Er erinnerte sich außerdem an den Leutnant v. Bogulawski, der kein Vermögen besaß und nur über sein Offiziersgehalt verfügte, das nach den Abzügen für die Uniform ebenfalls acht Taler betrug und der damit ein armseliges Dasein gefristet habe.[1074] Nach der Schilderung v. d. Knesebecks war es selbst bei bescheidenen Ansprüchen schwierig, mit dem Sold auszukommen.[1075] Von Prittwitz berichtet, daß er als Gefreitenkorporal zusätzlich zu seinem Traktament in Höhe von drei Reichstalern noch vier Reichstaler monatlich von seiner Mutter erhielt, und daß er von dieser Summe sämtliche Ausgaben bestritt.[1076] Er deutet an, daß es relativ schwer war, damit auszukommen. Von Prittwitz wollte sich aber nicht verschulden, um seinen Lebensstandard zu verbessern. An einer anderen Stelle wird deutlich, daß es nicht nur die persönlichen Ansprüche des jeweiligen Offiziers bzw. -anwärters waren, die darüber entschieden, ob sein Geld ausreichte. Von Prittwitz schreibt nämlich: *„Man würde es zur jetzigen Zeit* [bezieht sich auf die 1770er Jahre, in denen er seine Erinnerungen aufgezeichnet hat, Anm. d. Verf.] *kaum glauben, und doch ist es Wahrheit, daß wir für unseren Mittagstisch, nämlich für eine Suppe und ein recht gutes, sättigendes Gericht nur 1 ½ Gr.* [Gr. = Groschen. Der preußische Reichstaler bestand aus 24 Groschen, Anm. d. Verf.] *bezahlten,*

[1071] S. ebd..
[1072] Hans York von Wartenburg, der spätere preußische Generalfeldmarschall, schrieb über seine Zeit als Leutnant unter Friedrich II.: *„Wenn ein Subalternoffizier hungert, so muß er sein Patent lesen und sich an der Phrase ergötzen: daß er alle Prärogativen seines Standes genieße.",* Droysen, York von Wartenburg, S. 10.
[1073] Von Scharfenort, Kulturbilder, S. 85.
[1074] S. Martiny, Die Adelsfrage, S. 68.
[1075] S. v. Scharfenort, Kulturbilder, S. 85.
[1076] S. v. Prittwitz, „Ich bin ein Preuße...", S. 20f..

des Abends aber wurden die delikatesten Fische, die man für eine Kleinigkeit haben konnte [...]
gegessen. Überhaupt war es zu meiner Zeit in Stettin sehr gut zu leben [...]"[1077]. Demzufolge war
ebenfalls von Bedeutung, wo ein Offizier bzw. seine Einheit stationiert war, denn die
Lebenshaltungskosten dürften unterschiedlich gewesen sein.[1078] Außerdem muß bei der Frage, ob
ein Offizier von seinem Geld leben konnte, auch die Zeit berücksichtigt werden, wobei die
entscheidende „Wendemarke" in dieser Hinsicht der Siebenjährige Krieg ist, in dessen Folge eine
erhebliche Teuerung von zahlreichen Grundnahrungsmitteln und anderen Produkten eingesetzt
hat.[1079] Da das Traktament der Offiziere nicht erhöht wurde, war es für besonders für die
Offiziersanwärter und Subalternoffiziere schwieriger als zuvor, mit ihrem Geld auszukommen.

Wurde ein Gefreitenkorporal zum Offizier befördert, kamen auf ihn weitere Ausgaben zu.[1080] Ein
Fähnrich mußte die Feldausrüstung selber bezahlen, zu der ein Zelt, ein Feldbett, Stuhl und Koffer
sowie Kannen und Kessel gehörten.[1081] Da in der preußischen Armee selbst die Infanterieoffiziere
nicht zu Fuß dienten, mußten sie aus eigener Tasche auch ein Reit- und ein Packpferd bezahlen.[1082]
Insgesamt waren die Kosten für die Ausrüstung eine große Belastung. Die Offiziere der Infanterie
mußten dafür über 200 Taler ausgeben und die Offiziere der Kavallerie- und der Garderegimenter
sogar mehr als 300 Taler, und dies waren nur die Ausgaben für die Mindestausstattung, dazu kam
noch, was sich die Offiziere privat anschafften.[1083] Um diese Lasten etwas zu mildern, kam es nicht
selten vor, daß ein neuernannter oder von einem anderen Regiment kommender Offizier die
Feldausrüstung gegen die Zahlung einer bestimmten Summe von seinem Vorgänger übernahm.[1084]
In einigen Fällen griffen Offiziere sogar auf die getragenen Uniformen ihrer Vorgänger zurück,

---

[1077] Prittwitz, „Ich bin ein Preuße...", S. 23.

[1078] Angaben dazu finden sich zumindest für drei preußische Garnisonstädte in den westlichen Territorien und zwar für Minden, Herford und Emden, in: Hans-Jürgen Gerhard und Karl Heinrich Kaufhold (Hrsg.), Preise im vor- und frühindustriellen Deutschland. Grundnahrungsmittel (= Göttinger Beiträge zur Wirtschafts- und Sozialgeschichte, Bd. 15), Göttingen 1990.

[1079] S. dazu Mittenzwei/Herzfeld, Brandenburg-Preußen, S. 350f. und Henning, Das vorindustrielle Deutschland, S. 285.

[1080] Auch anläßlich weiterer Beförderungen kam es zu außerordentlichen Ausgaben. So war es z. B. üblich, daß ein „frischgebackener" Leutnant den Soldaten, die er zum ersten Mal unter seinem Kommando hatte, ein Geldgeschenk machte.

[1081] Bei Kloosterhuis, Bauern, Bürger und Soldaten, S. 348 ist eine Liste zu finden, in der detailliert aufgeführt wird, was Generalmajor v. Romberg, Chef des Infanterieregiments Nr. 10, an Ausrüstung für Fähnrich v. Ledebur gekauft bzw. hat machen lassen. Obwohl der Fähnrich einige Gegenstände (Offizierssschärpe, Ringkragen, Uniformteile etc.) gebraucht von anderen Offizieren übernahm, betrugen die Kosten für die Equipierung (= Ausrüstung) trotzdem noch fast 300 Reichstaler.

[1082] Von Berenhorst, Betrachtungen, S. 181 gibt an, daß ein Reitpferd zwischen 150 und 200 Reichstaler kostete und ein Offizier ein zweites Pferd „zur Aushülfe" benötigte. Außerdem mußten monatlich für die Fütterung eines einzigen Pferdes sechs Reichstaler aufgewendet werden und ein Stallknecht mußte ebenfalls entlohnt werden. Von Lemcke, Kriegs- und Friedensbilder, S. 26 berichtet, daß für ihn die Equipierung die größte, finanzielle Hürde bei seiner anstehenden Beförderung vom Junker zum Offizier, d. h. Fähnrich, war. Er hatte das Glück, eine Erbschaft in Höhe von 300 Reichstaler zu machen. Davon konnte er sich u. a. ein Pferd kaufen.

[1083] S. Skalweit, Heereshaushaltung, S. 564.

wenn die Größenverhältnisse in etwa übereinstimmten.[1085] Die relativ aufwendigen Offiziersuniformen zur Zeit seines Vaters hatte Friedrich Wilhelm I. etwas schlichter gestalten lassen. Bereits in den dreißiger Jahren aber wurden sie wieder prächtiger. Was die Uniformen teuer machte, war deren Besatz, der aus goldenen bzw. silbernen Litzen, Tressen und Schleifen bestand.[1086] Dazu kamen noch Ausgaben für die Offiziersschärpe und die Ausstattung der Satteldecken und Patronentaschen mit kostbaren Stickereien.

Beim Kürassierregiment v. Schönaich (Nr. 6) z. B. kostete 1753 der Leibrock insgesamt 51 ½ Reichstaler, davon mußten für Aufschläge, vergoldete Knöpfe, Achselband und gestickte Schleifen allein 28 ½ Reichstaler aufgewendet werden, für das Offizierskollet[1087] mußten von 32 ½ Reichstalern knapp 20 für die Tressen, Aufschläge und Kragen bezahlt werden.[1088] Dieses Regiment gehörte nicht zu den Gardeeinheiten, bei diesen war die Uniform noch wesentlich prächtiger gestaltet.[1089] Diese Regimenter hatten unter Friedrich II. eine derart kostbare Uniform, daß es bei ihnen üblich wurde, zum kleinen Dienst und zum außerdienstlichen Gebrauch einen schlichter gehaltenen Interimsrock zu tragen.

In welchem Regiment ein Offizier diente, blieb nicht ohne Auswirkung auf das persönliche Prestige.[1090] So waren, wie bereits erwähnt, bei der Kavallerie die Kürassierregimenter besonders angesehen. Der Dienst bei den Gardetruppen war noch prestigereicher, weil deren Chef der König selber war. Das Ansehen, das diese Einheiten genossen, hing auch mit dem äußerlichen Glanz zusammen, den sie entfalteten. Nicht nur die Uniformen dieser Regimenter waren kostbarer und damit wesentlich teurer als die anderer Regimenter. Auch die Kosten für die weitere Ausrüstung lagen über dem Standard in der Armee. Nicht jeder Offizier konnte sich den Dienst bei diesen

---

[1084] S. Kloosterhuis, Bauern, Bürger und Soldaten, S. 348.

[1085] S. dazu Prittwitz, „Ich bin ein Preuße...", S. 51, der die Uniform eines in der Schlacht bei Prag gefallenen Offiziers nachgetragen hat, in der sich noch das Einschußloch der Kugel befand, die zu dessen Tod geführt hat.

[1086] Selbst die Offiziersuniform ohne Besatz war schon relativ teuer, weil für die feinen Tuche dieser Uniformen spanische Merinowolle verwendet wurde, die das Zehnfache der kurmärkischen Wolle kostete, s. Herzfeld, Preußische Manufakturen, S. 72.

[1087] Das Kollet war die Dienstkleidung der Kürassiere. Es war eine Art kurzer Rock, der aus einem schweren Wollstoff bestand, dem man durch das Anstreichen mit einer Kreidelösung- dem sogenannten Köllern - eine weißliche Farbe gab. Zum Kollet gehörte eine Chemisett, eine enge ärmellose Unterweste, die wie das Kollet vorne mit Haken und Ösen verschlossen wurde, sowie Lederhose und Stiefel. Über dem Kollet trugen die Kürassiere im Felddienst und im Krieg den Küraß, einen eisernen Brustpanzer.

[1088] S. Skalweit, Heereshaushaltung, S. 565.

[1089] Die Uniform des Ersten Bataillons Leibgarde kostete aufgrund des reichen Besatzes an Silberschleifen 105 Reichstaler, zu deren Anschaffung der König lediglich einen Zuschuß gewährte, s. Detlef Kotsch, Potsdam. Die preußische Garnisonstadt, Braunschweig 1992, S. 64.

[1090] Daß Prestige sich aus der äußeren Erscheinung, d. h. den Uniformen ziehen ließ, wird durch v. Archenholtz, Gemälde der preußischen Armee, S. 14, der selber als preußischer Offizier gedient hat, unterstrichen: „Dieser Glanz, den nur Undenkende als unzweckmäßig betrachten, vermehrt den Muth und den hohen Sinn der Krieger, rührt die Sinne, erregt angenehme Empfindungen, erhöht die Würde der Heere [...]."

Einheiten leisten, denn der Sold lag nicht höher als bei den anderen Regimentern. Es war also eine Frage des Prestiges, ob ein junger Adliger in ein Garderegiment oder zu den Kürassieren gegeben wurde, denn dazu mußte der angehende Offizier sein eigenes Vermögen einsetzen, oder er war auf die Unterstützung seiner Eltern angewiesen. Die Söhne des vermögenden Adels erhielten von ihren Verwandten oftmals eine Zulage zu ihrem Sold, ein Kornett v. Nostitz z. B., der beim Kürassierregiment „Gens d'armes" (Nr. 10) diente, das bis 1740 als Garde-Regiment galt und auch danach gardeähnlichen Charakter behielt, bekam jährlich eine Zulage von 1200 Reichstalern.[1091]

Nicht nur an den Aufwendungen für die Uniformen, sondern auch an den anderen Ausgaben, die ein Offizier leisten mußte, wird ein sozialgeschichtlicher Aspekt sichtbar. Diese Aufwendungen waren ein zusätzliches Mittel, den Adel durch den Dienst in der Armee zu binden. Nicht nur, daß beide Monarchen von den Adligen erwarteten, daß sie ihre Pflicht erfüllten und Offiziere wurden, darüber hinaus waren sie in diesem Dienst zu Ausgaben gezwungen, die sich nur zum Teil aus dem Sold decken ließen. Dies führte gerade bei den unteren Rängen zu einem Widerspruch zwischen einer standesgemäßen und dem Selbstverständnis entsprechenden Lebenshaltung und dem verfügbaren Sold. Dieser Widerspruch ist aus der Bemerkung von v. d. Knesebeck über den oben erwähnten Leutnant v. Bogulawski zu entnehmen, der seiner Ansicht nach aufgrund seiner finanziellen Lage zu einem „armseligen" Leben gezwungen war. Dieses „Schicksal" blieb von v. d. Knesebeck erspart, weil er von seiner Familie einen Zuschuß erhielt. Das heißt, ein Fähnrich oder Leutnant, der ein Auskommen haben sollte, welches seinem Stand entsprach, mußte von seiner Familie unterstützt werden. Mit dieser Finanzierung von Angehörigen wurde der Adel stärker an den Militärdienst gebunden.[1092] Noch gravierender wurde diese Bindung, wenn Eltern der Ansicht waren, ihre Söhne müßten aufgrund des Ansehens der Familie in einem prestigereichen und damit teuren Regiment dienen. Dies konnte unter Umständen wie im Falle des oben erwähnte Kornett v. Nostitz dazu führen, daß dieser eine Unterstützung erhielt, die annähernd das Sechsfache seines jährliches Traktaments betrug. Es lag aber nicht nur an den Ausgaben, die ein Offizier für Ausrüstung oder Uniform zu leisten hatte, warum einige der Subalternen nicht mit ihrem Sold auskamen. Ein gewisser Druck resultierte auch aus der Tatsache, daß sich das gesellschaftliche Leben eines Subalternoffiziers zwar in der Regel auf den Kreis seiner Kameraden beschränkte, er aber, um dort bestehen zu können, ebenfalls Geld ausgeben mußte. Wie hoch diese Summen waren,

---

[1091] S. v. Scharfenort, Kulturbilder, S. 86.

[1092] Daß diese Anbindung der gesamten Familie an die Militärkarriere eines Angehörigen zum Teil weitreichende finanzielle Konsequenzen nach sich zog, ist besonders anschaulich aus den Quellen zu entnehmen, die bei Kloosterhuis, Bauern, Bürger und Soldaten, S. 370 - 375 zu finden sind. In dem dort geschilderten Fall geht es um einen Offizier, der während seiner Laufbahn häufiger von seinen Angehörigen aus finanziellen Engpässen befreit werden mußte, die aus

315

hing auch davon ab, über welche Mittel die Offizierskameraden verfügen konnten. So berichtet z. B. der Kornett v. Nostitz, er und seine Kameraden hätten ein „sybaritisches" (= genußsüchtiges) Leben geführt, was ihm durch die Zulage von 1200 Reichstalern ermöglicht wurde.[1093] Ausgaben im Kameradenkreis hatte ein Offizier, wenn er sich für den Fall, daß der Kompaniechef keinen Mittagstisch gab, die Kosten für ein Mittagessen mit den anderen Subalternoffizieren teilte. Ein Leutnant v. Dalwigk, der ebenfalls eine Zulage von seinen Eltern erhielt und zwar fünf Taler monatlich, gibt an, ihm sei von seinem Sold soviel übriggeblieben, daß er am Tag zehn Pfennig für das Essen ausgeben konnte, wo schon das Pfund Butter einen halben Taler kostete.[1094] Im Kameradenkreis wurde auch häufig Wein getrunken und Tabak geraucht, was der Offizier ebenfalls selber bezahlen mußte.

Wesentlich größere Summen setzen viele Offiziere allerdings beim Spiel ein, das als Freizeitbeschäftigung im Offizierkorps weit verbreitet war. Zu den beliebtesten Spielen gehörten Kartenspiele, Würfelspiele und Billard.[1095] Mehrfach hat Friedrich II. seinen Offizieren die Glücksspiele ausdrücklich verboten[1096], aber obwohl er ihnen drohte, sie aus dem Dienst zu entlassen oder im Avancement anzuhalten, haben seine Erlasse nur wenig Wirkung gezeigt.[1097] An dieser Stelle werden die Grenzen der Zugriffsmöglichkeiten des Königs auf die Offiziere deutlich. Er konnte zwar ihre Dienstauffassung reglementieren und kontrollieren[1098], aber die davon abweichenden Verhaltensweisen beweisen, daß sich die Offiziere nicht nur in ihrer Freizeit, sondern auch im Dienst dem disziplinierenden Zwang entzogen und entziehen konnten.[1099] Ein Grund für die Mißachtung der Verbote der Monarchen dürfte in einigen Fällen das „Vorbild" von

---

Schulden resultierten.

[1093] S. v. Scharfenort, Kulturbilder, S. 86.

[1094] S. ebd.. Weitere Angaben darüber, welche Summen ein Offizier für Essen, Kleidung und Quartier aufwenden mußte, finden sich bei v. Berenhorst, Betrachtungen, S. 182: *„Der Preis für ein Paar Stiefeln* [sic!] *ist 6 bis 7 Rthlr.* [Reichstaler]; *ein Paar lederne Beinkleider 8 bis 9 Rthlr. Die magerste Küche zu Einer* [sic!] *Mahlzeit ist nicht unter 4 Rthlr. monatlich zu haben. Die Wäsche nicht unter 1 Rthlr. 8 Gr.* [Groschen] *Das Quartier macht jährlich wenigstens 30 Rthlr. und die Heizung eben so viel."* Wenn die Angaben von v. Berenhorst für die Zeit nach dem Siebenjährigen Krieg korrekt sind, heißt das, daß z. B. ein Premierleutnant der Infanterie, der im Monat 13 Reichstaler und 18 Groschen bekam (s. Reglement für die Königl. Preußische Infanterie von 1743, Bd. 2, S. 611), allein für eine Mahlzeit am Tag fast ein Viertel seines monatlichen Traktaments ausgeben mußte.

[1095] S. v. Hülsen, Unter Friedrich dem Großen, S. 28f..

[1096] So schrieb Friedrich II. u. a. in seiner Instruktion an die Kommandeure der Infanterieregimenter aus dem Jahre 1763: *„Das Spielen wird den Officieren* [...] *auf das schärfste verboten; und weil sich viele Officiere dadurch ruiniren und derangiren, so muß sehr darauf gesehen werden, daß solches nicht geschehe."* Zit. aus: Meier-Welcker, Offiziere im Bild, S. 150.

[1097] S. dazu v. Scharfenort, Kulturbilder, S. 114. Hinsichtlich seiner Neigung zum Glücksspiel stellte der preußische Offizier allerdings keine Ausnahme dar. Auch unter den österreichischen Offizieren war dieses weit verbreitet, s. Duffy, The Army of Maria Theresa, S. 41f..

[1098] Dies war möglich durch die Conduitelisten, die die Regimentskommandeure jährlich an den König schicken mußten und in denen sie über ihre Offiziere zu berichten hatten, s. Reglement für die Königl. Preußische Infanterie von 1743, Bd. 2, S. 586.

Vorgesetzten gewesen sein. Selbst Regimentschefs bzw. Generale haben sich nicht daran gehalten und stellten in dieser Hinsicht aus der Sicht der Monarchen ein negatives Beispiel für die Offiziere ihrer Einheit dar. So berichtet Anton Balthasar König in seiner Biographie Kurt Christoph v. Schwerins von dessen großer Neigung für das Glücksspiel, bei dem dieser beträchtliche Summen verspielt habe.[1100] Auch v. Hülsen[1101] und v. Lemcke[1102] berichten, daß sie in ihrer Freizeit dem Glücksspiel nachgingen, obwohl dies streng verboten war.

Wenn Offiziere Schulden machten, um Geld für Glücksspiele oder einen aufwendigeren Lebensstil zu bekommen, gerieten sie in scharfen Widerspruch zu den Anweisungen beider Monarchen, die dieses nicht dulden wollten. Friedrich Wilhelm I. wußte, daß die Offiziere Schulden machten, was aus dem Infanteriereglement von 1726 zu entnehmen ist. Er befahl daher, daß kein Kompaniechef und kein Subalternoffizier ohne Erlaubnis des Regimentskommandeurs Kredite aufnehmen dürfe.[1103] Eine bezeichende Ausnahme machte der König, indem er den Kompaniechefs Kredite aufzunehmen erlaubte, wenn dies zum Besten der Kompanie geschah. Hier ist das Interesse des Kriegsherrn am sachgerechten Unterhalt seiner Armee erkennbar größer als die Sorge um die finanzielle Situation seiner Kompaniechefs. Konsequent ist Friedrich Wilhelm I. aber auch bei den Subalternoffizieren nicht, denn immerhin erlaubt er diesen, Schulden bis in Höhe von acht Reichstalern zu machen.[1104] Dies wirkt wie ein Eingeständnis, daß der König eine Verschuldung der Subalternoffiziere letztlich nicht verhindern konnte und er ihnen daher einen gewissen Spielraum ermöglichte, den sie ausschöpfen konnten, ohne in jedem Fall gegen seine Anweisungen zu verstoßen. Grundsätzlich verlangte er aber, daß ein Offizier mit seinem Sold auskommen müsse. Warum Friedrich Wilhelm I. gegen das Schuldenmachen war, läßt sich aus einer Kabinettsordre von 1738 entnehmen: „[...] *es ist Mir sehr zuwider, wenn sie [...] nicht mit ihrem Beutel Rechnung machen, und durch den Luxum in essen und trinken mehr depensiren, als sie einzunehmen haben und bezahlen können, wodurch sie sich nicht allein in Schulden setzen und ruiniren, sondern auch*

[1099] Auf diesen Umstand weist auch Duffy, Friedrich der Große, S. 415 mit weiteren Beispielen hin.

[1100] S. Anton Balthasar König, Lebensbeschreibung des Königl. Preuß. Generalfeldmarschalls Kurt Christoph Grafen von Schwerin. Bei Gelegenheit des Bergerschen Kupferstiches, den Tod Schwerins vorstellend, aufgesetzt, Berlin, Frankfurt a. d. Oder 1790, S. 52. Daß alle Verbote des Glücks- bzw. Kartenspiels keinen Erfolg gehabt haben, ist daraus abzulesen, daß es auch unter Friedrichs Nachfolgern zu den beliebtesten Freizeitbeschäftigungen der Offiziere gehörte. So hat z. B. General v. Blücher, der während seiner Zeit als Oberbefehlshaber der im Westen stationierten preußischen Truppen (1803 - 1806) in Münster garnisonierte, geradezu exzessiv diesem „Laster" gefrönt und es gezielt dazu benutzt, seine eigenen finanziellen Verhältnisse zu verbessern. Aber nicht nur er, sondern auch die anderen Offiziere sind dem Kartenspiel nachgegangen. Siehe dazu Karl Berghaus, Münster und seine Bewohner 1803-1810, bearbeitet von Peter Werland, Münster 1925, S. 96.

[1101] S. v. Hülsen, Unter Friedrich dem Großen, S. 28f.

[1102] S. v. Lemcke, Kriegs- und Friedensbilder, S. 32.

[1103] S. Reglement vor die Königl. Preußische Infanterie von 1726, S. 595.

[1104] S. Reglement vor die Königl. Preußische Infanterie von 1726, S. 596.

sonst viel übels daher enstehet.[1105] Keine Einwände hatte Friedrich Wilhelm allerdings gegen folgende Möglichkeit zur Aufbesserung der Finanzen: *„Hat aber ein Officier Mittel von Hause, alsdann er auch nicht nöthig hat, Schulden zu machen, sondern kan das Geld, welches er jährlich zuzusetzen hat, und über sein Tractament verzehren will, sich von Hause kommen lassen.“*[1106] Hier wird wiederum der sozialgeschichtliche Aspekt greifbar, daß eine Bindung des Adels an den Militärdienst durch die finanzielle Unterstützung seiner Angehörigen durchaus erwünscht war.

Wer dennoch Schulden machte, sollte in den Arrest kommen. Die Subalternoffiziere mußten dort so lange bleiben, bis diese abgezahlt waren. Um auch die Gläubiger zu bestrafen - denn es war verboten, an Offiziere Geld zu verleihen - , wurde das zurückzuzahlende Geld für die Armen verwandt.[1107] Friedrich Wilhelm I. und Friedrich II. dürften besonders bei den Subalternoffizieren auf Schuldenfreiheit geachtet haben, weil ein Offizier, der bereits in dieser niederen Stellung nicht mit Geld umgehen konnte, bewies, daß ihm eine für die Erlangung der Kapitänscharge und damit einer Kompanie unbedingt notwendige Eigenschaft fehlte, nämlich ein guter Wirtschafter zu sein. Friedrich II. verbot seinen Offizieren ebenfalls Schulden zu machen, wenn dies nicht zum Nutzen der Kompanien oder Regimenter geschah. Aber auch sein Verbot zeigte keine nachhaltige Wirkung. Für einen gewissen Luxus an Essen und Trinken, für Kleidung und Freizeitvergnügen aller Art haben sich auch unter der Regentschaft Friedrichs II. Offiziere verschuldet. Ähnlich wie beim Glücksspiel, häufig ein Grund für die Verschuldung von Offizieren, mußten die Monarchen die Grenzen ihres Zugriffs auf die Offiziere erfahren. Offenkundig haben sich die Offiziere in ihrer persönlichen Lebensführung, soweit sie nicht direkt mit dienstlichen Belangen kollidierte, Freiräume bewahrt, an denen sie gerade wegen der ständigen Kontrolle (Conduitelisten!) durch ihre Monarchen festhielten.

Auch bei den **Duellen** zeigen sich die Unterschiede, die in der Auffassung von „Ehre" zwischen den Offizieren und den beiden Herrschern bestanden. Die von Friedrich Wilhelm I. und besonders die von Friedrich II. definierte „Ehre" knüpfte nicht an die ritterlichen Vorbilder des Mittelalters an, sondern war eine Schöpfung des 18. Jahrhunderts und der beiden Könige.[1108] Der Prozeß der Monarchisierung des Offizierskorps läßt sich hier deutlich erkennen. Außerdem läßt sich an den Duellen ablesen, daß die „Ehre"[1109] geeignet war „[...] *zentrale Wertsetzungen und*

[1105] Messerschmidt, Werden und Prägung, S. 138.
[1106] Reglement vor die Königl. Preußische Infanterie von 1726, S. 597.
[1107] S. Reglement für die Königl. Preußische Infanterie von 1743, Bd. 2, S. 614f..
[1108] S. dazu Wohlfeil, Ritter-Söldnerführer-Offizier, S. 344 - 348.
[1109] Sowohl Backmann/Künast, Einführung, S. 15 als auch Weber, Honor, fama, gloria, S. 72 weisen auf die neuesten Ergebnisse der Ehrforschung hin. Diesen zufolge ist aus der Perspektive der historischen Anthropologie die frühmoderne Gesellschaft gekennzeichnet durch eine Vielzahl von unterschiedlichen Ehrkonzepten, die sich zum Teil abstützen und

Verhaltenserwartungen einer Gruppe oder Gesellschaft direkt im Persönlichkeitskern des Individuums zu verankern, d. h. zu subjektiven Bedürfnissen transformieren zu können.[1110]" Wolfgang Weber hierin folgend, kann darauf verwiesen werden, daß durch entsprechende Sozialisation, wie sie z. B. ein Teil der preußischen Offiziere im Kadettenkorps oder als junger Gefreitenkorporal im Regiment erhielt, die Voraussetzung gegeben war, daß der Einzelne monarchische Erwartungen als persönliches Ehrgefühl internalisierte.[1111] Wenn diese Implementierung gelungen war, erzeugte das Ehrgefühl ein Verhalten, das darauf bedacht war, jeden Angriff auf die Ehre bis zum Einsatz des eigenen Lebens abzuwehren, *„um auf diese Weise internen und externen Sanktionen der Beschämung [...] oder Schande zu entgehen bzw. Belohnungen in Gestalt gesteigerter Selbst- und Fremdachtung teilhaftig zu werden."*[1112] Das Ergebnis dieses Verhaltens ist eine Festigung nicht nur der individuellen Identität, sondern in diesem Falle auch der Identität der Gruppe der preußischen Offiziere. Grundsätzlich mußte nämlich ein preußischer Offizier zur Verteidigung seiner Ehre bereit sein, diese in einem Duell wiederherzustellen. Ein Offizier, der einen anderen beleidigt hatte, mußte diesem Genugtuung leisten, andernfalls galt er selber als ehrlos. Das Duell war bei einer schweren Ehrverletzung die einzige Möglichkeit, die für einen preußischen Offizier substantiell notwendige Ehre zu erhalten.[1113] So berichten z. B. v. Hülsen und v. Prittwitz, daß sie sich aus eben diesem Grund duelliert haben.[1114] Hier läßt sich ablesen, daß die strenge Beachtung der Anschauungen und Verhaltensweisen, wie sie die Standesehre forderte, zu einer bestimmten Reaktion führten. Sowohl beim Adel als auch bei den Offizieren war die Einhaltung der ständischen Ehrennormen durch den „esprit des corps" gesichert: *„Für beide war die Verpflichtung zur autonomen Ehrenwahrung mit der Waffe [...] eine Norm, der sie bei Verlust der Standesehre nicht ausweichen konnten."*[1115] In diesem für ihn so entscheidenden Punkt geriet der Offizier damit in Konflikt mit dem staatlichen Duellverbot. Ein derartiges Verbot existierte bereits seit 1652; Kurfürst Friedrich Wilhelm I. hatte

---

ergänzten, zum Teil aber auch widersprachen und Konflikte produzierten. Das bedeutet, daß die Ehre des preußischen Offiziers bzw. das ihr zugrundeliegende Konzept nicht für die gesamte Gesellschaft gültig war, sondern wohl nur eins von vielen gewesen ist.

[1110] Weber, Honor, fama, gloria, S. 72.
[1111] S. dazu ebd..
[1112] Ebd..
[1113] Elias, Die höfische Gesellschaft, S. 145f. weist darauf hin, daß ein Adliger, der seiner Ehre verwirkte, *„ein konstituierendes Bestandstück seiner persönlichen Identität verlor"* und daß dieser daher eher bereit war, zu sterben, als die *„Zugehörigkeit zu seiner Gesellschaft und [...] die Herausgehobenheit aus der umgebenden Menge* [einzubüßen], *ohne die sein Leben für ihn [...] sinnlos war."* Da die Mehrheit der preußischen Offiziere adlig war, ermöglicht diese Erläuterung von Elias eine Erklärung, warum ein preußischer Offizier sich duellieren „mußte".
[1114] S. v. Hülsen, Unter Friedrich dem Großen, S. 27 und v. Prittwitz, „Ich bin ein Preuße...", S. 75.
[1115] Zunkel, Ehre im Übergang, S. 68.

es erlassen, weil er die Duelle als Angriff auf seine Souveränität ansah.[1116] Der Kurfürst und auch seine Nachfolger wollten verhindern, daß durch die Duelle, die häufig einen tödlichen Ausgang hatten, ihre Offiziere bereits im Frieden dezimiert wurden.[1117] Rigide Strafen enthielt das Duell-Edikt von Friedrich III. aus dem Jahr 1688, in dem u. a. allen an einem Duell Beteiligten mit der Todesstrafe gedroht wurde.[1118] König Friedrich Wilhelm I. hat 1713 in das von ihm erlassene Duellverbot Teile des alten Duell-Edikts übernommen, aber die Todesstrafe für ein Duell ohne tödlichen Ausgang aufgehoben.[1119] Wenn es dennoch zu einem Duell gekommen war, sollten die beiden Beteiligten - sofern sie noch lebten - kassiert werden. Friedrich Wilhelm I. glaubte, daß die meisten Duelle vor allem durch Trunkenheit zustande kämen, und verbot daher das „Vollsaufen" seiner Offiziere. Für Vergehen, die aus Trunkenheit begangen worden waren, verfügte er eine Verdoppelung der Strafe, z. B. statt eines Jahres Festungshaft zwei Jahre oder statt der standesgemäßen Erschießung die weniger ehrenhafte Enthauptung.[1120] Daß die Offiziere durch die staatlichen Verbote in eine problematische Situation gerieten, ist u. a. aus dem Reglement von 1726 zu entnehmen, in dem es hieß, daß ein Offizier, der eine „Lâcheté", also eine Ehrverletzung, auf sich sitzen ließ, nicht weiter dienen könne.[1121] Dieser Artikel des Reglements ist deshalb von großer Bedeutung, weil damit die bürgerlichen Offiziere, die von ihrem Stand her nicht über einen ähnlich geschlossenen und normierenden Ehrbegriff verfügten wie der Adel[1122], ebenfalls zur Wiederherstellung ihrer Ehre in einem Duell gezwungen waren, wenn sie weiterhin Offizier bleiben wollten. Allerdings funktionierte dieser Zwang auch in die andere Richtung, denn durch diese Pflicht hatte ein bürgerlicher Offizier zugleich das Recht, seine Ehre gegen jegliche Verletzung zu bewahren.

Als nicht ehrverletzend wurde ausdrücklich der dienstliche Tadel genannt, und es wurde verboten, diesen als Anlaß zu einem Ehrenhandel zu machen. In dem genannten Artikel des Reglements von 1726 folgt daher der Hinweis darauf, daß das Duell-Edikt dadurch nicht aufgehoben sei. In den anschließenden Artikeln des Reglements wird das Duellverbot sogar erneuert. Dort heißt es u. a., daß der König „zwar lauter brave Officiers in Diensten haben wollen, aber das Duel-Edict nicht

---

[1116] S. Guttandin, Das paradoxe Schicksal, S. 352.
[1117] S. Kluth, Die Ehrauffassung, S. 24.
[1118] S. Kluth, Die Ehrauffassung, S. 23.
[1119] S. ebd.. Im Gegensatz dazu wurde in Österreich 1752 ein Duellverbot eingeführt, das drakonische Strafen enthielt. Diesem zufolge sollten sowohl die Duellanten als auch die Sekundanten enthauptet werden, selbst dann, wenn das Duell unblutig ausgegangen war, s. Duffy, The Army of Maria Theresa, S. 42.
[1120] S. Reglement vor die Königl. Preußische Infanterie von 1726, S. 564f..
[1121] S. Reglement vor die Königl. Preußische Infanterie von 1726, S. 562.
[1122] S. dazu Nowosadtko, Ehre in ständischer Gemeinschaft, S. 92 und 96. Außerdem weist sie darauf hin, daß der bürgerliche Stand an sich erst im 19. Jahrhundert satisfaktionsfähig, d. h. duellfähig, geworden ist, s. ebd. S. 101.

aufgehoben seyn, und dahero kein Officier Händel, Rencontres und Duels anfangen soll."[1123]

Trotzdem kam es häufig durch Streit in dienstlichen Angelegenheiten zu einem Duell, so wurde z. B. 1732 der Chef eines Dragonerregiments, der General v. Dockum, in einem Duell vom Leutnant v. Wolden von seinem Regiment erschossen.[1124] Wegen dienstlicher Differenzen schlugen sich auch Major v. Zieten und sein Vorgesetzter, Oberstleutnant v. Wurmb, in einem Duell mit Säbeln.[1125] Friedrich II. hat das Duellverbot in das Reglement von 1743 wörtlich übernommen[1126], da aber die zuvor genannten Fälle nicht die einzigen gewesen sein dürften, die durch vermeintliche Ehrverletzungen im Dienst zu einem Duell führten, hat Friedrich II. in dem Reglement von 1743 die Subordination strenger gefaßt. In einem Anhang zu dem Reglement befahl er, daß ein Offizier im Dienst, auch wenn er von seinem Vorgesetzen gestoßen oder geschlagen worden sei, die Beleidigung zu ertragen habe und erst nach Dienstende Satisfaktion verlangen könne. Ein Offizier, der aber lediglich von seinem Vorgesetzten in dienstlichen Angelegenheiten gerügt oder korrigiert worden war, dürfe dafür auf gar keinen Fall Genugtuung verlangen. Falls er dies dennoch tue, werde er mit acht Jahren Festungshaft bestraft, wenn er den Degen bereits gezogen hatte, erhielt er „ewige" Festungshaft, und wenn er den Vorgesetzten verwundete, sollte er erschossen, bei einem Duell während des Dienstes enthauptet werden.[1127] Nicht nur an der Aufnahme des Duellverbotes ist zu erkennen, daß mit den Reglements Normen für die Offiziere gesetzt wurden, an denen sich diese orientieren sollten. Die Reglements waren eines der Instrumente, mit denen die Könige den preußischen Offizier formten. Daß allerdings ein Gegensatz zwischen der Theorie, d. h. der Setzung von Normen, und der Praxis, also dem Verhalten der Offiziere und der Monarchen in dieser Angelegenheit existierte, ist bei den Duellen deutlich abzulesen. Denn gegen das strikte Verbot, wie es in den Edikten und Reglements formuliert wurde, stand die tatsächliche Behandlung der Duelle. Bezeichnend ist dazu die Einstellung Friedrichs II.: *„Wer das Unglück hat, von einem Rohling beleidigt zu werden, gilt in der ganzen Welt für feige, wenn er den Schimpf nicht mit dem Tode des*

[1123] Reglement vor die Königl. Preußische Infanterie von 1726, S. 563.

[1124] S. Jany, Geschichte der Preußischen Armee, Bd. 1, S. 730.

[1125] S. ebd.. Die Charakterisierung, die Carsted, Zwischen Schwert und Pflugschar, S. 84 von dem späteren Oberst Alexander Ludwig v. Wurmb gibt, läßt vermuten, daß Duelle häufiger waren, als sich dies aus den Abgangslisten ablesen läßt. Diese Fälle sind dort nicht zu finden, weil die Duelle relativ glimpflich, d. h. ohne den Tod eines der Duellanten ausgegangen sind und daher kaschiert werden konnten. Carsted schreibt über v. Wurmb, daß dieser „[...] *ein Eisenfreßer war, wenn es auf das Dulliren ankam* [...] *Vorher hatte er bereits den Heßen und anderen Herren gedient, an allen Orten duellirt, ohne daß er jemahls wäre bleßirt worden. Auf den Degen sowohl als mit der Pistohle war er beständig glücklich gewesen* [...]".

[1126] S. Reglement für die Königl. Preußische Infanterie von 1743, Bd. 2, S. 588 - 592.

[1127] S. Reglement für die Königl. Preußische Infanterie von 1743, Bd. 2, Anhang: „*Ordre zu Erhaltung der Subordination bey der Armee*". Aufgrund dieser Regelung wurde 1744 der Fähnrich v. Wulffen zum Tode verurteilt und erschossen. Er war von seinem Kommandeur, Oberst v. Forcade, aus dienstlichen Gründen scharf getadelt worden und hatte deswegen Genugtuung verlangt. Oberst v. Forcade nahm diese Herausforderung nicht an, wurde aber vom Fähnrich

Beleidigers rächt, geschieht das einem Mann von Stand, so hält man ihn für seines Adels unwürdig;
ist er Militär und er bringt seine Sache nicht rechtschaffen zu Ende, so jagt man ihn mit Schimpf
und Schande aus dem Korps, in dem er dient [...] Was unternimmt nun ein Mann, wenn er in so eine
peinliche Lage hineingerät? Wird er sich entehren, indem er dem Gesetz gehorcht, oder wird er
nicht lieber Leben und Glück wagen, um seinen Namen zu retten?"[1128] Angesichts des weiter
bestehenden Verbotes muß Friedrichs Einstellung in dieser Frage als sehr zwiespältig bezeichnet
werden.[1129] Dies ist auch daran zu erkennen, daß er in mehreren Ordren die Regimentschefs
angewiesen hat, die Duellfälle verschwiegen zu behandeln, den Duellanten zur Ausführung des
Duells die Erreichung einer nahen Grenze zu ermöglichen, auf möglichst geringen Schaden
hinzuwirken und im übrigen sich so zu verhalten, als wenn sie von dem Geschehen nichts
wüßten.[1130] Ähnlich war sein Vater vorgegangen, der bestrebt war, Duelle bereits im Keim zu
ersticken.[1131] So im Fall des Obristen v. Sydow und des Oberstleutnants v. Marwitz, die sich
duellieren wollten, aber von Friedrich Wilhelm I., der davon erfahren hatte, in den Arrest geschickt
wurden.[1132] In schwierigen Angelegenheiten versuchte der König persönlich zu vermitteln, so
geschehen, als Leopold v. Anhalt-Dessau General v. Grumbkow beleidigt hatte und ein Duell erst
nach langwierigen Verhandlungen durch den König abgewendet werden konnte.[1133] Hatte ein Duell
stattgefunden, ließ der König nur bei tödlichem Ausgang die Angelegenheit untersuchen und den -
zumeist flüchtigen - zweiten Duellanten hart bestrafen. Wenn das Duell glimpflich abgegangen war,
sollte die Sache nicht weiter behandelt werden, so schrieb er: „. . . *es ist guht das kein Unglück*
Passiret ist . . . nun mache ich als wen(n) ich nich(t)s weiß . . . ."[1134]

Es ist ein Vorfall belegt, in dem Friedrich Wilhelm I., als er sich von einem Offizier beleidigt
fühlte, von diesem Genugtuung verlangte. Der König empfand hier wie ein Offizier, der eine
„lâcheté" unter gar keinen Umständen auf sich sitzen lassen wollte. Nur mit Mühe konnte er davon
überzeugt werden, daß ein anderer Offizier sich für ihn schlug.[1135] Den König zu fordern war für

---

gestellt und verwundet, s. dazu Kluth, Die Ehrauffassung, S. 46.
[1128] Zit. aus: Kluth, Die Ehrauffassung, S. 26.
[1129] Auf der anderen Seite duldete er keinen Offizier in seiner Armee, dessen Ehre beschädigt war. So beschied er 1755
einen Offizier, der die österreichischen Dienste verlassen mußte, daß er ihn nur einstellen werde, wenn er seine Ehre
bewahrt habe, d. h., wenn er sich wie ein Ehrenmann mit seinem Gegner duelliert hatte, s. Kluth, Die Ehrauffassung, S.
19f..
[1130] S. Jany, Geschichte der Preußischen Armee, Bd. 2, S. 228.
[1131] S. Kluth, Die Ehrauffassung, S. 30.
[1132] S. Kluth, Die Ehrauffassung, S. 28.
[1133] S. Jany, Geschichte der Preußischen Armee, Bd. 1, S. 730.
[1134] Zit. aus: Kluth, Die Ehrauffassung, S. 31.
[1135] S. Jany, Geschichte der Preußischen Armee, Bd. 1, S. 732. Jany zitiert an dieser Stelle aus einer undatierten
Kabinettsordre vom Anfang der 1720er Jahre, die belegt, in welchem Maße Friedrich Wilhelm I. sich als Offizier
betrachtete und auch so empfand: „*Oberste Marwitz soll den Major Masso hohlen lassen, in Gegenwart Kröcher, Kleist*

einen Offizier nicht möglich, hatte ihn der Monarch beleidigt, war er gezwungen, den Abschied zu nehmen, wenn dieser die Beleidigung nicht zurücknahm.[1136]

Ein Grund dafür, warum die beiden Könige trotz der von ihnen bekräftigten Verbote in der Praxis diese Fälle gegensätzlich behandelten, es also einen offensichtlichen Zwiespalt zwischen staatlichen Gesetzen und der tatsächlichen Handhabung gab, ist darin zu suchen, daß die Einhaltung des Ehrenkodexes für sie nützlich war, weil dieser ein geeignetes Instrument in der Hand der beiden Herrscher war, die Offiziere zu disziplinieren und nach ihren Vorstellungen zu formen.[1137] Als absolute Herrscher mußten sie ihren Untertanen, d. h. auch den Offizieren, Duelle verbieten, weil sie keinen Angriff auf ihre Souveränität dulden konnten. Auf der anderen Seite wurde von ihnen kein Offizier akzeptiert, der seine Ehre nicht verteidigte. Daher mußte ein Offizier sich duellieren und machte sich damit, weil er gegen das Verbot der Selbsthilfe und gegen den staatlichen Anspruch auf das Gewaltmonopol verstoßen hatte, von der Gnade des Monarchen abhängig. Dieser Vorgang und auch das Wissen darum stärkte die persönliche Bindung des Offiziers an den König. Hier ist der Prozeß der Monarchisierung des Offizierkorps deutlich zu erkennen. Eine Begnadigung schwächte außerdem nicht die Souveränität des Monarchen, im Gegenteil, das *„Begnadigungsrecht* [war] *eine der höchsten Anerkennungen der Majestät"*.[1138] Mit der Begnadigung demonstrierte dieser sogar seine wahre Souveränität, denn er zeigte, daß er staatliche Gesetze im Einzelfall außer Kraft setzen konnte.[1139]

---

und Pini, und ihm eine gute reprimande gehben, daß er gegen mich als sein Oberste alle Subordination manquiret, weil er aber sehr betrunken, also pardonirte ich Ihm, er sollte sich aber hinfüro in acht nehmen und sein devoir tuhn und seinen Kop nit folgen und müßte er wissen, daß er Major wehre [während] *ich Oberste* [Hervorhebung im Text]."
[1136] S. Kluth, Die Ehrauffassung, S. 41.

[1137] Guttandin, Das paradoxe Schicksal, S. 351f. macht darauf aufmerksam, daß die Zweideutigkeit in der Behandlung der Duellproblematik nicht nur geeignet war, die Offiziere stärker an den Monarchen zu binden, sondern daß diese Vorgehensweise eine gesellschaftliche Dimension hatte, weil durch sie der Adel insgesamt in den monarchischen Zentralstaat integriert werden konnte. Die dabei von ihm gemachten Ausführungen sind praktisch deckungsgleich mit denen, die über die Bindung der Offiziere an den Monarchen durch das Duell im obigen Text gemacht werden. Nachdrücklich betont ebenfalls Weber, Honor, fama, gloria, S. 72f., 86 und 96f., daß im Konzept der Ehre Möglichkeiten lagen, die von den frühneuzeitlichen Herrschern gezielt für den Auf- und Ausbau ihrer Herrschaftssysteme genutzt worden sind. Seiner Ansicht nach gibt es unwiderlegbare Beweise für das tatsächliche Vorhandensein und die Einwirkung *„von herrschaftlich-staatlicher Intervention bei der* Durchsetzung [Hervorhebung im Text] *von Ehrestandards"*, ebd. S. 72.

[1138] Georg Friedrich Wilhelm Hegel, Grundformen der Philosophie des Rechts oder Naturrecht und Staatswissenschaft im Grundrisse, in: Werke in 20 Bänden, auf der Grundlage der Werke von 1822 - 1845 neu ediert, Ausgaberedaktion: Eva Moldenhauer und Karl Markus Michel, Frankfurt a. M. 1970 - 1980, Bd. 7, S. 454.

[1139] S. Guttandin, Das paradoxe Schicksal, S. 370.

Abgangsart „Duell":

Desertiert wegen eines Duells: 3
Kassiert wegen eines Duells: 17
Ausgeblieben wegen eines Duells: 6
Dimittiert wegen eines Duells: 1
Gestorben durch ein Duell: 1

Neben den 29 in einem Duell getöteten Offizieren - siehe Auswertung der Abgangslisten - wurde bei 28 weiteren Offizieren ein Duell als Abgangsgrund angegeben.[1140] Es ist anzunehmen, daß die drei desertierten und die sechs ausgebliebenen Offiziere sich von ihrem Regiment entfernten, weil sie schwere Strafen erwarteten. Im Fall der siebzehn kassierten Offiziere dürfte der Ausgang des Duells wohl nicht so schwerwiegend gewesen sein, und daher kamen sie mit einer Entlassung aus dem Dienst davon. Die insgesamt 57 Duellfälle dürften nur einen kleinen Anteil an den tatsächlich ausgeführten Duellen darstellen, denn z. B. aus der Regimentsgeschichte des Husarenregiments v. Kleist (Nr. 1) ist zu entnehmen, daß in der Armee Friedrichs II. Duelle sehr häufig waren.[1141]

4.2. Abgangsverhalten: Die Infanterie

Die Auswertung des Abgangsverhaltens ergibt für die Infanterieregimenter (Feld- und Garnisoninfanterie und Stehende Grenadierbataillone) folgendes Bild. Dabei ist zu berücksichtigen, daß von 39 (= 52,7 %) der insgesamt 67 Regimenter und 7 Bataillone Abgangslisten vorliegen. Die Angaben in der Tabelle sind dennoch relativ aussagekräftig, da von den Regimentern, die das „Rückgrat" der Infanterie bildeten, also den 55 Feldregimentern, immerhin 34 Listen (= 61,8 %) vorhanden sind. Wenn man die Feldregimenter Nr. 50 bis 55, die nicht im Siebenjährigen Krieg gekämpft haben, weil sie erst nach 1772 errichtet worden sind, nicht einrechnet, steigt der Anteil der Regimenter mit Abgangslisten sogar auf 69,3 % an:

[1140] Duelle gab es nicht nur zwischen den Offizieren, häufig wurden diese auch von Studenten gefordert, vgl. dazu auch Scharfenort, Kulturbilder, S. 83. In der Abgangsliste des Infanterieregiments Nr. 24 steht, daß 1730 der Fähnrich v. Kottwitz von einem Studenten im Duell erstochen wurde. Und aus den Acta Borussica, Bd.7, S. 265, ist zu entnehmen, daß Friedrich II. Widerspruch gegen ein Gerichtsurteil einlegte, weil ein Student für die Tötung eines Offiziers lediglich mit drei Monaten Festungshaft bestraft worden war. Erstaunlich ist der Fall des 1715 im Duell getöteten Leutnants Karl Christof v. Zitzewitz, denn dieser war vom Regimentsfeldscher erstochen worden. Während Studenten satisfaktionsfähig waren, ist es fraglich, ob dies auch auf einen Feldscher zutraf. Letzterer Fall ist entnommen aus Seyfarth, Geschichte des Infanterie-Regiments von Braunschweig, S. 76.
[1141] S. Kluth, Die Ehrauffassung, S. 33.

	1713,02-1740,05 außer D./versetzt	1740,06-1756,07 außer D./versetzt	1756,08-1763,02 außer D./versetzt	1763,03-1786,08 außer D./versetzt	1713,02-1786,08 außer D./versetzt
Regimentschefs	59 / 42	77 / 69	108 / 40	122 / 94	**366 / 245**
Kompaniechefs	245 / 150	269 / 164	363 / 50	369 / 111	**1246 / 475**
Subalterne	746 / 288	990 / 369	1072 / 145	1460 / 291	**4268 / 1093**
Abgang insges.	1050 / 480	1336 / 602	1543 / 235	1951 / 496	**5880 / 1813**

Demnach sind insgesamt 7693 Infanterieoffiziere von ihrem Regiment abgegangen. Von diesen sind 4268 (= 55,4 %) als Subalternoffizier endgültig aus der Armee ausgeschieden. Auch wenn es für den Abgang verschiedene Gründe bzw. Auslöser gab, wie aus der folgenden Auswertung detailliert zu entnehmen ist, bleibt dennoch festzuhalten, daß mehr als die Hälfte der Offiziere nicht die erhoffte Laufbahn hatte machen können. Zwischen 1713 und 1740 waren es 48,7 %, die noch als Subalterne ausschieden. Vor dem Siebenjährigen Krieg waren es bereits 51 %, und im Krieg stieg deren Anteil auf 60, 2 %. Nach 1763 sank der Anteil der Subalternen nur leicht auf 59,6 % ab. Diese Zahl erhält ein um so höheres Gewicht, wenn berücksichtigt wird, daß nach 1763 die Laufbahnen bis auf den Bayerischen Erbfolgekrieg von 1778/79 einen weitgehend friedensmäßigen Verlauf nehmen konnten, ihnen also kein vorzeitiges Ende durch den Tod in einem Gefecht drohte. Da zwischen 1763 und 1786 fast 60 % der abgegangenen Offiziere nicht den Dienstgrad eines Kapitäns erreicht haben, läßt sich vermuten, daß die spätfriderizianische Armee einem Großteil der Offiziere nicht mehr die Möglichkeit einer „Karriere" bot. Dies könnte auch daran liegen, daß sich der Anteil der Offiziere vom Kapitän aufwärts, die endgültig aus der Armee ausschieden und damit den „Weg frei machten" für einen von unten aufrückenden Subalternoffizier, nach dem Krieg verringert hat. So sind zwischen 1713 und 1740 insgesamt 304 (= 28,9 %) Kompanie- und Regimentschefs endgültig aus der Armee geschieden. Von 1740 bis 1756 waren es 346 (= 25,8 %), und im Siebenjährigen Krieg schieden 471 (= 30,5 %) dieser Offiziere aus. Nach dem Krieg dagegen, und dies könnte Auswirkungen auf die Karrierechancen in der spätfriderizianischen Armee gehabt haben, waren es 491 (= 25,1 %) Kompanie- und Regimentschefs, die endgültig abgingen. Der Rückgang um mehr als fünf Prozent erscheint möglicherweise nicht bedeutend, es ist aber zu bedenken, daß jeder abgegangene Kapitän bzw. Stabsoffizier nicht nur eine Stelle für einen Nachfolger frei machte, sondern alle Subalternoffiziere von dessen Ausscheiden profitierten, weil sie um eine Stelle in der Rangierungsliste ihres Regiments nach vorne rücken konnten und unter Umständen danach befördert wurden und eine neue Funktion ausfüllten. Aus diesem Grund dürfte der Umstand, daß nach dem Siebenjährigen Krieg weniger Offiziere aus der Kompanie- und Regimentschefgruppe ausschieden als in den anderen Zeiträumen, eine längere Wartezeit der Subalternoffiziere bis zum Avancement in die höheren Ränge bewirkt haben. Ein weiterer Grund für die schlechteren Laufbahnaussichten nach dem Siebenjährigen Krieg war, daß die preußische Armee nach 1763 nur um einige wenige Regimenter vermehrt wurde. Gerade aber Neuaufstellungen hatten den Subalternen, die dorthin versetzt worden waren, die Möglichkeit geboten, rascher zu avancieren. Außerdem bot der Friedensdienst ihnen noch weniger Gelegenheiten, seinem Regimentschef bzw. -kommandeur oder dem Monarchen positiv aufzufallen und aufgrund einer besonderen Leistungen schneller aufzusteigen. Möglicherweise sind daher nach 1763, wie auch die folgende Tabelle zeigt, viele Offiziere vorzeitig dimittiert[1142].

	1713,02-1740,05	1740,06-1756,07	1756,08-1763,02	1763,03-1786,08	Summe
ausgeblieben	17 (1,1 %)	21 (1,0 %)	4 (0,2 %)	8 (0,3 %)	50 (0,6 %)
desertiert	38 (2,4 %)	75 (3,8 %)	33 (1,8 %)	70 (2,8 %)	216 (2,8 %)
kassiert	79 (5,1 %)	71 (3,6 %)	42 (2,3 %)	93 (3,8 %)	285 (3,7 %)
dimittiert	606 (39,6 %)	562 (28,9 %)	421 (23,6 %)	1068 (43,6 %)	2657 (34,5 %)
pensioniert	2 (0,1 %)	17 (0,8 %)	2 (0,1 %)	64 (2,6 %)	85 (1,1 %)
versetzt	480 (31,3 %)	602 (31,0 %)	235 (13,2 %)	496 (20,2 %)	1813 (23,5 %)
zivil versorgt	22 (1,4 %)	40 (2,0 %)	19 (1,0 %)	112 (4,5 %)	193 (2,5 %)
gefangen	-	2 (0,1 %)	19 (1,0 %)	-	21 (0,2 %)
tödlich verw.	7 (0,4 %)	67 (3,4 %)	283 (15,9 %)	3 (0,1 %)	360 (4,6 %)
gefallen	18 (1,1 %)	98 (5,0 %)	441 (24,8 %)	2 (0,08 %)	559 (7,2 %)
duelliert	10 (0,6 %)	10 (0,5 %)	-	5 (0,2 %)	25 (0,3 %)
suizid	-	3 (0,1 %)	5 (0,2 %)	9 (0,3 %)	17 (0,2 %)
inhaftiert	9 (0,5 %)	8 (0,4 %)	2 (0,1 %)	11 (0,4 %)	30 (0,3 %)
hingerichtet	2 (0,1 %)	2 (0,1 %)	11 (0,6 %)	-	15 (0,1 %)
gestorben	235 (15,3 %)	353 (18,2 %)	258 (14,5 %)	499 (20,3 %)	1345 (17,4 %)
verunglückt	5 (0,3 %)	7 (0,3 %)	3 (0,1 %)	7 (0,2 %)	22 (0,2 %)
insgesamt	1530	1938	1778	2447	7693

Lag der Anteil der dimittierten Offiziere an allen Abgängen zwischen 1740 und 1756 bei 28,9 %, so sank er im Siebenjährigen Krieg auf 23,6 % ab, um zwischen 1763 und 1786 fast auf das Doppelte, d. h. 43,6 %, anzusteigen. Der starke Anstieg nach 1763 dürfte, wie schon bei der Auswertung der Gesamtarmee ausführlicher dargestellt, zum einen auf die schlechteren Laufbahnaussichten in der Armee und zum anderen auf die mehr oder weniger freiwillige Verabschiedung von Offizieren zurückzuführen sein, die Friedrich II. bei seinem Vorhaben, die Armee wieder auf den Qualitätsstandard der Vorkriegszeit zu heben, nicht gebrauchen konnte. Neben der Zahl der Dimissionen stieg aber nach 1763 auch der Anteil der zivil versorgten bzw. pensionierten Offiziere an allen Abgängen von 2,9 % (vor 1756) auf 7,1 % an. Besonders deutlich ist der Anstieg bei den Pensionen, die sich mehr als verdreifacht haben (0,8 % auf 2,6 %). Daß die Zivilversorgungen

---

[1142] Dabei ist zu berücksichtigen, wie bereits bei der Auswertung aller Abgänge angesprochen, daß nicht alle Dimissionen

dagegen „nur" um etwas mehr als das Doppelte anwuchsen, könnte damit zusammenhängen, daß Friedrich nur über eine begrenzte Zahl derartiger Stellen verfügen konnte, während die Zahl der Pensionen prinzipiell nicht begrenzt war, sondern vom Umfang der finanziellen Mittel abhing. Im Vergleich zur gesamten Armee gibt es bei der Infanterie keine wesentlichen Abweichungen in den verschiedenen Abgangsarten, was wohl darauf zurückzuführen ist, daß von den insgesamt 10218 Abgängen allein 7693 (= 75,2 %) bei der Infanterie anfielen.

4.2.1. Die Feldregimenter

Die Auswertung des Abgangsverhaltens hat für die Feldregimenter, bei denen wie bereits erwähnt von 34 der 55 Regimenter (= 61,8 %) Abgangslisten vorhanden sind, folgendes Bild ergeben:

	1713,02-1740,05 außer D./versetzt	1740,06-1756,07 außer D./versetzt	1756,08-1763,02 außer D./versetzt	1763,03-1786,08 außer D./versetzt	1713,02-1786,08 außer D./versetzt
Regimentschefs	59 / 42	72 / 69	91 / 36	118 / 94	**340 / 241**
Kompaniechefs	245 / 150	249 / 161	345 / 37	346 / 107	**1185 / 455**
Subalterne	746 / 288	951 / 359	968 / 96	1321 / 281	**3986 / 1024**
Abgang insges.	1050 / 480	1272 / 589	1404 / 169	1785 / 482	**5511 / 1720**

Bei diesen Einheiten sind demnach 3986 (= 55,1 %) der zwischen 1713 und 1786 abgegangenen Offiziere als Subalternoffiziere endgültig aus der Armee ausgeschieden und nicht bis zum Kapitän avanciert. Ein Vergleich des Anteils der außer Dienst gegangenen Regiments- und Kompaniechefs mit dem der Subalternen ergibt für die vier Untersuchungszeiträume einen ähnlichen Verlauf, wie bereits der Infanterie insgesamt beobachtet worden war. Zwischen 1713 und 1740 waren es 28,9 % der höheren Dienstgrade und 71 % der Subalternen, die die Armee endgültig verließen. Im Zeitraum von 1740 bis 1756 waren es 25,2 % zu 74,7 %. Im Siebenjährigen Krieg sank der Anteil der Subalternen auf 68,9 % und der der höheren Dienstgrade stieg auf 31 %. Nach dem Krieg beträgt das Verhältnis 74 % zu 25,9 %. Mit aller Vorsicht kann der Anstieg nach dem Siebenjährigen Krieg dahingehend interpretiert werden, daß die Armee den Subalternen nicht mehr die gleichen Aussichten auf eine Beförderung bot wie zu Kriegszeiten und diese daher vorzeitig ausschieden. Ein möglicher Einwand dagegen ist, daß in der Kategorie „außer Dienst" alle Abgangsarten, auch die unfreiwilligen, enthalten sind und daher nicht genau gesagt werden kann, wie hoch der Anteil der Subalternen an den verschiedenen Abgangsformen ist bzw. wie viele aus

---

freiwillig waren. Eine nicht unerhebliche Anzahl der dimittierten Offiziere ist schlicht entlassen worden.

eigener Entscheidung ihre Offizierslaufbahn beendet haben. Dieser Einwand würde allerdings nur dann zutreffen, wenn der Anteil der Subalternoffiziere an den „unfreiwilligen" Abgängen im Verhältnis höher läge als der der Kompanie- und Regimentschefs. So wäre es überraschend wenn z. B. nach dem Krieg im Verhältnis mehr Subalterne gestorben sein sollten als zuvor im Krieg. Vor einer Überprüfung dieser Frage erst die Auswertung der verschiedenen Abgangsarten:

	1713,02-1740,05	1740,06-1756,07	1756,08-1763,02	1763,03-1786,08	Summe
ausgeblieben	17 (1,1 %)	21 (1,1 %)	4 (0,2 %)	8 (0,3 %)	50 (0,6 %)
desertiert	38 (2,4 %)	71 (3,8 %)	26 (1,6 %)	61 (2,6 %)	196 (2,7 %)
kassiert	79 (5,1 %)	61 (3,2 %)	28 (1,7 %)	81 (3,5 %)	249 (3,4 %)
dimittiert	606 (39,6 %)	536 (28,8 %)	366 (23,2 %)	987 (43,5 %)	2495 (34,5 %)
pensioniert	2 (0,1 %)	16 (0,8 %)	2 (0,1 %)	58 (2,5 %)	78 (1,0 %)
versetzt	480 (31,3 %)	589 (31,6 %)	169 (10,7 %)	482 (21,2 %)	1720 (23,7 %)
zivil versorgt	22 (1,4 %)	38 (2,0 %)	19 (1,2 %)	103 (4,5 %)	182 (2,5 %)
gefangen	-	2 (0,1 %)	19 (1,2 %)	-	21 (0,2 %)
tödlich verw.	7 (0,4 %)	67 (3,6 %)	281 (17,8 %)	3 (0,1 %)	358 (4,9 %)
gefallen	18 (1,1 %)	98 (5,2 %)	429 (27,2 %)	2 (0,08 %)	547 (7,5 %)
duelliert	10 (0,6 %)	10 (0,5 %)	-	5 (0,2 %	25 (0,3 %)
suizid	-	3 (0,1 %)	3 (0,1 %)	9 (0,3 %	15 (0,2 %)
inhaftiert	9 (0,5 %)	8 (0,4 %)	1 (0,06 %)	11 (0,4 %	29 (0,4 %)
hingerichtet	2 (0,1 %)	2 (0,1 %)	3 (0,1 %)	-	7 (0,09 %)
gestorben	235 (15,3 %)	332 (17,8 %)	220 (13,9 %)	450 (19,8 %	1237 (17,1 %)
verunglückt	5 (0,3 %)	7 (0,3 %)	3 (0,1 %)	7 (0,3 %)	22 (0,3 %)
insgesamt	1530	1861	1573	2267	7231

Um die zuvor angesprochene Frage zu klären, ob nach dem Siebenjährigen Krieg der Anteil der dimittierten Subalternoffiziere in Relation zu anderen Abgangsarten gestiegen ist, wurde sowohl der Zeitraum vor dem Krieg als auch die Zeit danach in die Untersuchung mit einbezogen. Eine detaillierte Analyse der Abgangsarten „Kassiert", „Gestorben" und „Dimittiert" für die Gruppe der Subalternoffiziere hat dabei folgendes Ergebnis erbracht:

	1740, 06 - 1756, 07	1756,08 - 1763, 02	1763, 03 – 1786, 08
Gestorben	64,0 %	66,6 %	57,2 %
Kassiert	93,3 %	85,7 %	88,8 %
Dimittiert	77,7 %	70,1 %	81,2 %

Diese Tabelle und die in ihr enthaltenen Zahlen unterstützen die Vermutung, daß im Vergleich zum ersten und zweiten Untersuchungszeitraum der Anteil der endgültig aus der Armee geschiedenen Subalternoffiziere nach dem Siebenjährigen Krieg stark gestiegen ist, weil diese nicht mehr die gleichen Aussichten auf ein rasches Avancement hatten wie in der Vorkriegszeit oder im Krieg selber. Der Einwand, daß der Anteil der Subalternen deswegen gewachsen sein könnte, weil eine größere Zahl von diesen unfreiwillig aus der Armee geschieden sei, ist mit Hilfe obiger Auswertung zu widerlegen. So ist der Anteil der Subalternen an der Abgangsart „Gestorben" nach dem Krieg deutlich gefallen und zwar sogar noch unter den Vorkriegswert. In der Abgangsart „Kassiert" ist deren Anteil zwar nach dem Krieg gestiegen, aber nicht so deutlich, daß man das verstärkte Ausscheiden von Subalternen nach dem Krieg darauf zurückführen könnte. Noch aussagekräftiger ist die Entwicklung im Bereich der Dimissionen. Im Vergleich zur Vorkriegszeit ist der Anteil der dimittierten Subalternoffiziere im Krieg um 7 % gefallen. Dies könnte ein Beleg dafür sein, daß aufgrund der Kriegsverluste ein rascherer Aufstieg von Subalternen möglich war und deshalb weniger Offiziere freiwillig die Armee vorzeitig verließen. Eine andere Erklärung könnte aber auch sein, daß in Kriegszeiten mehr Subalterne aus Pflichtgefühl „bei der Fahne blieben" als im Frieden. Auch aus letzterem Grund könnte der Anteil der Subalternen an den Dimissionen nach dem Krieg stark angestiegen sein, denn nun konnte ein Offizier den Dienst quittieren, ohne daß dies als ehrenrührig angesehen wurde. Das stärkere Motiv für ein freiwilliges Ausscheiden von Subalternen nach dem Krieg dürfte allerdings gewesen sein, daß vermehrt Subalterne aufgrund der schlechter gewordenen Aussichten, in absehbarer Zeit die ersehnte Kapitänscharge zu erreichen, die Armee verließen. Die Auswertung der einzelnen Abgangsarten ergibt ansonsten im Vergleich mit der gesamten Infanterie keine gravierenden Unterschiede, was nicht überraschend ist, stellten doch die Feldregimenter mit insgesamt 55 Regimentern vor den 12 Garnisonregimentern und den 7 Stehenden Grenadierbataillonen den Hauptanteil bei der Infanterie. Der Anteil der gefallenen bzw. tödlich verwundeten Offiziere liegt bei der Feldinfanterie etwas höher, da sie die Hauptlast in den Kriegen tragen mußte. Hervorzuheben ist auch die Tatsache, daß von den insgesamt 1151 preußischen Offizieren, die nach den vorliegenden Abgangslisten in den drei Schlesischen Kriegen gefallen sind bzw. tödlich verwundet wurden, 919 (= 78,6 %) bei den Feldregimentern gedient hatten. Dieser Anteil liegt deutlich über dem, den das Offizierkorps der Feldregimenter am Offizierkorps der gesamten Armee hatte. Denn 1743 dienten von insgesamt 4128 Offiziere in der Armee, 2414 (= 58,5 %) bei den Feldregimentern,[1143] und vor dem Siebenjährigen Krieg gehörten zur Armee insgesamt 4276 Offiziere, davon dienten 2458 (= 57,4 %) bei den Feldregimentern.[1144] Daß der Anteil der gefallenen Offiziere der Feldregimenter um mehr als 20 % höher lag als ihr Anteil am gesamten Offizierkorps, belegt nicht nur, daß die Hauptlast der Kämpfe auf diesen ruhte, sondern auch, daß, durch die verschiedenen Einsatzarten von Infanterie und Kavallerie bedingt, ein Offizier, der letzterer Truppengattung angehörte, größere Überlebenschancen hatte.

[1143] S. die Tabelle in Anhang 1.

4.2.2. Die Garnisonregimenter

Bei der Garnisoninfanterie, bei der von vier (= 33,3 %) der zwölf Regimenter Abgangslisten vorhanden sind, hat die Auswertung des Abgangsverhaltens folgendes Ergebnis gebracht:

	1713,02-1740,05 außer D./versetzt	1740,06-1756,07 außer D./versetzt	1756,08-1763,02 außer D./versetzt	1763,03-1786,08 außer D./versetzt	1713,02-1786,08 außer D./versetzt
Regimentschefs	-	5 /	17 / 3	2 /	**24 / 3**
Kompaniechefs	3 /	10 / 1	16 / 13	22 /	**51 / 14**
Subalterne	4 /	17 / 7	90 / 46	126 / 7	**237 / 60**
Abgang insges.	7 /	32 / 8	123 / 62	150 / 7	**312 / 77**

Danach sind 237 (= 60,9 %) der Offiziere, die zwischen 1713 und 1786 von einem Garnisonregiment schieden, nicht bis zum Kapitän avanciert. Auch wenn der Rang eines Kapitäns finanziell nicht das gleiche bedeutete wie bei den Feldregimentern, ist es doch bemerkenswert, daß fast zwei Drittel aller Offiziere diesen Dienstgrad und damit eine finanziell einigermaßen gesicherte Position nicht erreichten. Diese Zahl belegt, daß der Dienst als Offizier bei den Garnisontruppen in noch geringerem Maß eine sichere „Karriere" und Versorgung garantierte.

	1713,02-1740,05	1740,06-1756,07	1756,08-1763,02	1763,03-1786,08	Summe
ausgeblieben	-	-	-	-	-
desertiert	1[1145]	1	7 (3,7 %)	8 (5,0 %)	17 (4,3 %)
kassiert	2	8	13 (7,0 %)	12 (7,6 %)	35 (8,9 %)
dimittiert	2	11	49 (26,4 %)	72 (45,8 %)	134 (34,4 %)
pensioniert	-	-	-	6 (3,8 %)	6 (1,5 %)
versetzt	-	8	62 (33,5 %)	7 (4,4 %)	77 (19,7 %)
zivil versorgt	-	-	-	8 (5,0 %)	8 (2,0 %)
gefangen	-	-	-	-	-
tödlich verw.	-	-	2 (1,0 %)	-	2 (0,5 %)
gefallen	-	-	5 (2,7 %)	-	5 (1,2 %)
duelliert	-	-	-	-	-
suizid	-	-	2 (1,0 %)	-	2 (0,5 %)
inhaftiert	-	-	1 (0,5 %)	-	1 (0,2 %)
hingerichtet	-	-	8 (0,4 %)	-	8 (2,0 %)
gestorben	2	12	36 (1,9 %)	44 (28,0 %)	94 (24,1 %)
verunglückt	-	-	-	-	-
insgesamt	7	40	185	157	389

Bemerkenswert ist die Zahl der Versetzungen während des Siebenjährigen Kriegs, die mit 33,5 % einen hohen Anteil erreichten. Besonders auffällig ist dieser Wert, wenn man ihn mit dem Anteil

---

[1144] Dito.
[1145] Aufgrund des geringen Samples wird für die ersten beiden Zeiträume keine Prozentberechnung durchgeführt.

der Versetzungen bei der Feldinfanterie vergleicht, der bei 10,7 % lag. Die Abgangslisten zweier Garnisonregimenter (Nr. 3 und Nr. 7) enthalten Angaben darüber, wohin die Offiziere versetzt wurden. Diesen zufolge sind von insgesamt 22 versetzten Offizieren 19 zu Feldregimentern und 2 zu anderen Garnisonregimentern versetzt worden. Bei einem Offizier wurde nur vermerkt, daß er als Stabskapitän versetzt worden war. Dieses Ergebnis läßt die Vermutung zu, daß die Garnisonregimenter während des Siebenjährigen Kriegs als Reservoir für die Auffüllung der in den Schlachten dezimierten Feldregimenter dienten, was auch die große Zahl der Versetzungen erklären würde. Hervorzuheben ist ebenfalls die hohe Zahl der Dimissionen während dieses Krieges. Wenn 49 Offizieren der Abschied gewährt wurde, könnte das dafür sprechen, daß entweder die Kriegslage es trotz der Offiziersverluste zuließ oder daß diese Offiziere, was wohl maßgebend gewesen sein dürfte, aufgrund von Invalidität nicht mehr in der Lage waren, die erhöhten Anforderungen an den Dienst in einem Garnisonregiment während des Siebenjährigen Krieges zu erfüllen. Die Zahl der Dimissionen stieg nach 1763 weiter an, was sich zum einen durch das Kriegsende erklären läßt und zum zweiten mit den geringeren Beförderungschancen in einer Friedensarmee, die eine Dimission nahegelegt haben dürften. Außerdem bewilligte Friedrich II. nach dem Krieg die Dimission einheimischer Offiziere weitaus häufiger als früher.[1146] Ersetzt wurden diese ausscheidenden Offiziere, wie weiter oben bereits geschildert, durch bewährte Offiziere der Freitruppen.

Während des Siebenjährigen Kriegs betrug der Anteil der „unehrenhaften" Abgänge 10,8 % und stieg nach 1763 lediglich auf 12,7 % an. Die relativ hohe Zahl der desertierten und kassierten Offiziere wirft nur auf den ersten Blick ein schlechtes Licht auf die Garnisonregimenter insgesamt, denn ein Großteil, d. h. 73 %, dieser Abgänge entfallen allein auf das Garnisonregiment Nr. 7. Wenn dieses Regiment bei der Auswertung nicht berücksichtigt wird, fallen die entsprechenden Werte für die restlichen elf Garnisonregimenter merklich, denn dann sind zwischen 1713 und 1786 nur 3,5 % der Offiziere der Garnisontruppen, unehrenhaft abgegangen. Im Vergleich dazu liegt der Anteil der unehrenhaften Abgänge bei den Feldregimentern mit insgesamt 6,7 % aller Abgänge deutlich höher. Das Garnisonregiment Nr. 7 hatte seit dem Siebenjährigen Krieg einen besonders schlechten Ruf; „*als Korrektionsregiment für leichtsinnige Berliner Offiziere war No. VII unter dem gestrengen Chef v. Kowalski berüchtigt - >> zu Kowalski schicken* [war] << *stehende Redensart*[1147]", aber auch die anderen Garnisonregimenter wurden nicht sehr positiv beurteilt.[1148] Die Analyse der Abgangsliste des Garnisonregiments Nr. 7 zeigt aber weiter, daß nach 1763

[1146] S. dazu Jany, Geschichte der Preußischen Armee, Bd. 2, S. 645.
[1147] Bleckwenn, Unter dem Preußen-Adler, S. 194f..
[1148] S. dazu Bleckwenn, Die friderizianischen Uniformen, Bd. 2, S. 130.

immerhin sechs Offiziere pensioniert und weitere sechs zivil versorgt wurden, obwohl Friedrich II. über nicht genug Stellen bzw. Pensionen für die Offiziere der Feldregimenter verfügte, die sich im Krieg ausgezeichnet hatten.[1149] Jede dieser Versorgungen war der Gnade des Königs überlassen und erfolgte nach seinem persönlichen Urteil; wenn hier zwölf „Gnadenakte" des Königs vorliegen, spricht das auch für das Regiment insgesamt. Bei diesem Regiment, das auf den ersten Blick, den auch von Bleckwenn geäußerten negativen Ruf, durch seine „unehrenhaften" Abgänge zu bestätigen scheint, läßt sich diese Einschätzung durch eine genaue Betrachtung der einzelnen Abgangsarten relativieren. Pauschalurteile über die Garnisonregimenter sollten nach diesem Ergebnis mit Skepsis betrachtet werden. Wie schon bei der Analyse der Ranglisten formuliert, muß bei einer Betrachtung der Garnisonregimenter der Siebenjährige Krieg als Zäsur angesehen werden. Vor 1756 und noch während des Krieges waren die Garnisonregimenter als Offiziersreservoir für die Feldeinheiten genutzt worden, was dafür spricht, daß die Qualität dieser Offiziere nicht durchgängig schlecht gewesen sein kann. Nach dem Krieg dagegen wurden die Garnisonregimenter nicht mehr zur Aufstellung bzw. Auffüllung von Feldregimentern genutzt, im Gegenteil, sie wurden zum Auffangbecken für die schlecht angesehenen Freitruppen.[1150]

4.2.3. Die Stehenden Grenadierbataillone

Die Auswertung des Abgangsverhaltens der Offiziere der Stehenden Grenadierbataillone ist nur begrenzt aussagekräftig, da nur für eins dieser Bataillone (Nr. 1) eine derartige Liste vorliegt. Aus Vollständigkeitsgründen wird an dieser Stelle trotzdem die Auswertung dieser einen Liste aufgeführt.

	1740,06-1745,12 außer D./versetzt	1746,01-1756,07 außer D./versetzt	1756,08-1763,02 außer D./versetzt	1763,03-1786,08 außer D./versetzt	1713,02-1786,08 außer D./versetzt
Regimentschefs	-	-	/ 1	2 /	2 / 1
Kompaniechefs	3 / 1	4 / 1	2 /	1 / 4	10 / 6
Subalterne	1 / 1	9 /	14 / 3	13 / 3	37 / 7
Abgang insges.	4 / 2	13 / 1	16 / 4	16 / 7	49 / 14

Demnach sind bei diesem „Bataillon" 49 Offiziere (= 58,7 %) vor Erreichung der Kapitänscharge aus der Armee ausgeschieden. Die Abgangsarten im einzelnen sehen folgendermaßen aus:

[1149] S. Jany, Geschichte der Preußischen Armee, Bd. 3, S. 48.
[1150] S. dazu Bleckwenn, Die friderizianischen Uniformen, Bd. 2, S. 132.

	1740,02- 1745,12	1746,01- 1756,07	1756,08- 1763,02	1763,03- 1786,08	Summe
ausgeblieben	-	-	-	-	-
desertiert	1[1151]	-	-	1	2 (3,1 %)
kassiert	-	-	1	-	1 (1,5 %)
dimittiert	1	6	6	9	22 (34,9 %)
pensioniert	1	-	-	-	1 (1,5 %)
versetzt	2	1	4	7	14 (22,2 %)
zivil versorgt	-	2	-	1	3 (4,7 %)
gefangen	-	-	-	-	-
tödlich verw.	-	-	-	-	-
gefallen	-	-	7	-	7 (11,1 %)
duelliert	-	-	-	-	-
suizid	-	-	-	-	-
inhaftiert	-	-	-	-	-
hingerichtet	-	-	-	-	-
gestorben	1	5	2	5	13 (20,6 %)
verunglückt	-	-	-	-	-
insgesamt	6	14	20	23	63

Im Vergleich mit der Auswertung der anderen Infanterieeinheiten ergeben sich für dieses Stehende Grenadierbataillon keine Besonderheiten. Auch hier sind die Dimissionen vor den Versetzungen die häufigste Abgangsart. Eine weitergehende Interpretation dieser Austellung verbietet sich aufgrund des geringen Samples.

4.3. Abgangsverhalten: Die Kavallerie

Bei der Kavallerie liegen von 20 (= 57,2 %) der insgesamt 35 Regimenter Abgangslisten vor. Hinsichtlich der Abgänge der Kavallerieoffiziere ergibt sich daraus folgendes Bild:

	1713,02-1740,05 außer D./versetzt	1740,06-1756,07 außer D./versetzt	1756,08-1763,02 außer D./versetzt	1763,03-1786,08 außer D./versetzt	1713,02-1786,08 außer D./versetzt
Regimentschefs	24 / 15	30 / 32	39 / 13	90 / 45	183 / 105
Kompaniechefs	77 / 28	131 / 52	109 / 26	170 / 35	487 / 141
Subalterne	117 / 33	299 / 91	259 / 59	578 / 63	1253 / 246
Abgang insges.	218 / 76	460 / 175	407 / 98	838 / 143	1923 / 492

Der Anteil der Offiziere, die als Subalterne endgültig aus der Armee ausschieden, lag bei 51,8 %

[1151] Aufgrund der geringen Samples in den einzelnen Untersuchungszeiträumen wird nur für den gesamten Zeitraum eine Prozentberechnung durchgeführt.

333

und war damit niedriger als bei der Infanterie mit 55,4 %. Eine Erklärung für den etwas niedrigeren Wert bei der Kavallerie ist darin zu suchen, daß der Anteil der Subalternen am Offizierkorps eines Kavallerieregiments im Verhältnis niedriger lag als bei der Infanterie. Zwischen 1713 und 1786 nahm die Zahl derjenigen, die noch als Subalternoffiziere aus dem Dienst ausschieden, ständig zu. Zurückzuführen ist diese Entwicklung darauf, daß unter Friedrich Wilhelm I. und unter Friedrich II. vor dem Siebenjährigen Krieg zahlreiche neue Kavallerieregimenter errichtet worden waren, was die Aussichten eines Kavallerieoffiziers, die begehrte Rittmeister- bzw. Kapitänscharge zu erreichen, wesentlich verbesserten. Zwischen 1713 und 1740 waren es 39,7 % der Offiziere, die als Subalterne ausschieden. Deren Anteil stieg zwischen 1740 und 1756 auf 47 % an. Dieser Anstieg ist auf die lange Friedensperiode bzw. auf die Konsolidierungsphase zwischen 1746 und 1756 zurückzuführen, denn die Mehrzahl der Kavallerieregimenter ist bis 1743 errichtet worden. Der Anteil der ausgeschiedenen Subalternen stieg während des Krieges auf 51,2 % an, und nach 1763 waren es sogar 58,9 %. Diese Zahlen sind Ausdruck dafür, daß es innerhalb der Kavallerie nach 1756 nur zur Neuaufstellung von zwei Husarenregimentern kam und die Zahl der Chefstellen daher nur unwesentlich vergrößert wurde. Daß nach dem Siebenjährigen Krieg der Anteil der ausgeschiedenen Subalternen weiter angestiegen ist, lag auch daran, daß der Krieg die Chancen eines Subalternoffiziers, vom vorzeitigen Abgang eines vorgesetzten Offiziers zu profitieren, nicht wesentlich verbessert hatte, lagen doch die Verluste, wie die folgende Tabelle zeigt, deutlich unter denen bei der Infanterie.

	1713,02-1740,05	1740,06-1756,07	1756,08-1763,02	1763,03-1786,08	Summe
ausgeblieben	-	14 (2,2 %)	1 (0,1 %)	4 (0,4 %)	19 (0,7 %)
desertiert	2 (0,6 %)	17 (2,6 %)	6 (1,1 %)	9 (0,9 %)	34 (1,4 %)
kassiert	7 (2,3 %)	22 (3,4 %)	13 (2,5 %)	25 (2,5 %)	67 (2,7 %)
dimittiert	145 (49,3 %)	234 (36,8 %)	192 (38,1 %)	549 (55,9 %)	1120 (46,4 %)
pensioniert	3 (1,0 %)	1 (0,1 %)	1 (0,1 %)	24 (2,4 %)	29 (1,2 %)
versetzt	76 (25,8 %)	175 (27,5 %)	98 (19,4 %)	143 (14,5 %)	492 (20,3 %)
zivil versorgt	5 (1,7 %)	14 (2,2 %)	6 (1,1 %)	42 (4,2 %)	67 (2,7 %)
gefangen	-	-	2 (0,3 %)	-	2 (0,08 %)
tödlich verw.	-	9 (1,4 %)	26 (5,1 %)	1 (0,1 %)	36 (1,4 %)
gefallen	-	63 (9,9 %)	91 (18,0 %)	5 (0,5 %)	159 (6,5 %)
duelliert	-	1 (0,1 %)	-	3 (0,3 %)	4 (0,1 %)
suizid	-	2 (0,3 %)	-	1 (0,1 %)	3 (0,1 %)
inhaftiert	-	2 (0,3 %)	-	-	2 (0,08 %)
hingerichtet	1 (0,3 %)	-	-	-	1 (0,04 %)
gestorben	55 (18,7 %)	81 (12,7 %)	64 (12,7 %)	167 (17,0 %)	367 (15,2 %)
verunglückt	-	-	3 (0,5 %)	8 (0,8 %)	11 (0,4 %)
insgesamt	294	635	503	981	2413

Lag der Anteil der während des Siebenjährigen Krieges gefallenen oder tödlich verwundeten Kavallerieoffiziere an allen Abgängen zwischen 1756 - 1763 bei insgesamt 23,1 %, so waren es bei der Infanterie 40,7 %. Legt man die Zahl von 1150 Kavallerieoffizieren im Jahre 1756 zugrunde, dann fielen von diesen während des Krieges 10,1 % (Infanterie: 23,1 %). Beide Berechnungen verdeutlichen, daß der Dienst bei der Kavallerie eher die Chance bot, einen Krieg zu überstehen, als der bei der Infanterie. In erster Linie ist dies auf die unterschiedlichen Einsatzarten beider Waffengattungen in der Schlacht zurückzuführen.

Der Anteil der dimittierten Offiziere lag mit 49,3 % während der Regierungszeit Friedrich Wilhelms I. relativ hoch. Dies ist möglicherweise ein Ausdruck der Geringschätzung, die dieser König der Kavallerie entgegenbrachte[1152], was sich u. a. daran ablesen läßt, daß er großen Wert darauf legte, daß seine Kavalleristen auch infanteristisch ausgebildet wurden[1153]. Nach 1740 fiel der Anteil der Dimissionen auf 36,8 % ab. Ein Grund für die geringere Zahl der Dimissonen zwischen 1740 und 1756 könnte gewesen sein, daß die Neuaufstellungen von Kavallerieregimentern (Dragoner und Husaren) die Aussichten auf rascheres Avancement verbesserten und daher weniger Offiziere die Armee vorzeitig verließen. Während des Siebenjährigen Krieges stieg dieser Wert auf 38,1 %. Nach diesem Krieg waren es 55,9 %, die dimittierten. Dieser Anstieg ist Ausdruck dessen, daß es während des Krieges und im danach folgenden Zeitraum nicht mehr zu einer wesentlichen Vermehrung der Kavallerieregimenter kam und daher die Aussicht auf eine schnelle Beförderung nach 1756 deutlich geringer war als zuvor und aus diesem Grund auch mehr Offiziere dimittierten als vor dem Krieg. Der Gesamtanteil der Dimissionen zwischen 1713 und 1786 liegt mit 46,4 % deutlich höher als bei der Infanterie mit 34,5 %, was möglicherweise auf schlechtere Beförderungschancen bei der Kavallerie zurückzuführen ist. Wie bei der Infanterie wurde daher auch bei der Kavallerie am Beispiel von drei verschiedenen Abgangsarten untersucht, wie sich der Anteil der Subalternoffiziere an diesen Abgängen verändert hat:

	1740, 06 - 1756, 07	1756, 08 - 1763, 02	1763, 03 - 1786, 08
Gestorben	54,3 %	64,0 %	52,2 %
Kassiert	81,8 %	61,5 %	95,0 %
Dimittiert	65,6 %	60,7 %	76,5 %

Wie bei der Infanterie ist demnach auch bei der Kavallerie der Anteil der Subalternen an den ausgeschiedenen Offizieren nach dem Siebenjährigen Krieg deswegen gestiegen, weil wesentlich

---

[1152] S. dazu Bleckwenn, Unter dem Preußen-Adler, S. 67.
[1153] S. dazu Jany, Geschichte der Preußischen Armee, Bd. 1, S. 826.

335

mehr Subalternoffiziere als in den anderen Untersuchungszeiträumen dimittiert sind. Es ist festzuhalten, daß nach dem Krieg bei der Kavallerie mehr Subalterne freiwillig den Dienst quittiert haben. Ein Grund dafür könnte gewesen sein, daß diese tatsächlich nicht mehr die gleichen Aussichten hatten, zumindest bis in die Stellung eines Rittmeister bzw. Kapitäns zu avancieren, wie die Subalternoffiziere vor dem und im Siebenjährigen Krieg.

An der Entwicklung, den die Abgangsart „Versetzt" genommen hat, ist zu erkennen, daß sich die Kavallerie von 1713 bis 1756 in einer Ausbauphase befand. In diesem Zeitraum sind mehrere neue Regimenter errichtet worden, deren Offizierkorps im wesentlichen aus Offizieren gebildet wurde, die von den „alten" Regimentern dorthin versetzt worden sind. Da die Neuaufstellungen bis 1743 im wesentlichen abgeschlossen waren, sinkt der Anteil der Versetzungen im Siebenjährigen Krieg und fällt auch zwischen 1763 und 1786 weiter, was belegt, daß sich in der Personalpolitik eine gewisse Erstarrung erkennen läßt. Offensichtlich verlief seit 1763 für die Mehrzahl der preußischen Kavallerieoffiziere die Laufbahn häufiger noch als vor dem Krieg in ein und demselben Regiment, der Wechsel bzw. die Versetzung wurde immer deutlicher zur Ausnahme von der Regel.

4.3.1. Die Kürassierregimenter

Für neun (= 75 %) der zwölf Kürassierregimenter liegen Abgangslisten vor. Die Analyse des Listen ergibt daher ein relativ aussagekräftiges Bild:

	1713,02-1740,05 außer D./versetzt	1740,06-1756,07 außer D./versetzt	1756,08-1763,02 außer D./versetzt	1763,03-1786,08 außer D./versetzt	1713,02-1786,08 außer D./versetzt
Regimentschefs	17 / 12	16 / 20	22 /	33 / 20	**88 / 56**
Kompaniechefs	68 / 21	62 / 18	60 / 6	80 / 9	**270 / 54**
Subalterne	70 / 26	108 / 44	137 / 26	254 / 17	**569 / 113**
Abgang insges.	155 / 59	186 / 82	219 / 36	367 / 46	**927 / 223**

Mit 49,4 % liegt der Anteil der Offiziere, die vor Erreichung der Kompaniechefstelle endgültig aus der Armee schieden, etwas niedriger als bei der gesamten Kavallerie. Dies ist wohl vor allem darauf zurückzuführen, daß ein Kürassierregiment mehr Chefstellen (für die zehn Kompanien) bot als ein normales Dragonerregiment mit fünf Chefstellen bzw. die Aussichten besser waren, weil das Offizierkorps mit 32 Offizieren kleiner war als bei einen Husarenregiment mit zehn Schwadronen und 36 Offizieren. Wie auch schon bei anderen Analysen beobachtet, veränderte sich im Verlauf des Auswertungszeitraumes das Verhältnis zwischen Versetzungen und dem Ausscheiden aus dem Dienst. Betrug der Anteil der Versetzungen am gesamten Abgang der Regimenter zwischen 1713 und 1740 noch 27,5 %, stieg dieser Wert auf 30,5 % zwischen 1740 und 1756, was den Ausbau u. a. der Kürassierregimenter in diesem Zeitraum widerspiegelt. Während des Siebenjährigen Krieges fiel dieser Wert auf 14,1 %, und danach lag der Anteil der versetzten Offiziere nur noch bei 11,1 %. Waren bis 1756 immerhin um die dreißig Prozent der abgehenden Offiziere von einem Regiment zu einem anderen versetzt worden, was sich auch auf deren Avancement ausgewirkt haben dürfte, sind nach dem Siebenjährigen Krieg nur noch etwas mehr als elf Prozent versetzt worden. Das bedeutet, daß sich das Avancement der Kürassieroffiziere seit 1763 vornehmlich in einem Regiment vollzog. Letzterer Wert kann ein Beleg dafür sein, daß sich in der spätfriderizianischen Armee auch bei den Kürassieren eine gewisse Erstarrung feststellen läßt.

Die Auswertung der Abgangsarten bei den Kürassieroffizieren hat im einzelnen folgendes Bild ergeben:

	1713,02-1740,05	1740,06-1756,07	1756,08-1763,02	1763,03-1786,08	Summe
ausgeblieben	-	3 (1,1 %)	-	-	3 (0,2 %)
desertiert	1 (0,4 %)	3 (1,1 %)	2 (0,7 %)	3 (0,7 %)	9 (0,7 %)
kassiert	2 (0,9 %)	7 (2,6 %)	10 (3,9 %)	3 (0,7 %)	22 (1,9 %)
dimittiert	106 (49,5 %)	98 (36,5 %)	110 (43,1 %)	258 (62,4 %)	572 (49,7 %)
pensioniert	3 (1,4 %)	-	1 (0,3 %)	7 (1,6 %)	11 (0,9 %)
versetzt	59 (27,5 %)	82 (30,5 %)	36 (14,1 %)	46 (11,1 %)	223 (19,3 %)
zivil versorgt	4 (1,8 %)	8 (2,9 %)	5 (1,9 %)	11 (2,6 %)	28 (2,4 %)
gefangen	-	-	2 (0,7 %)	-	2 (0,1 %)
tödlich verw.	-	4 (1,4 %)	12 (4,7 %)	-	16 (1,3 %)
gefallen	-	28 (10,4 %)	44 (17,2 %)	3 (0,7 %)	75 (6,5 %)
duelliert	-	1 (0,3 %)	-	-	1 (0,08 %)
suizid	-	1 (0,3 %)	-	-	1 (0,08 %)
inhaftiert	-	1 (0,3 %)	-	-	1 (0,08 %)
hingerichtet	1 (0,4 %)	-	-	-	1 (0,08 %)
gestorben	38 (17,7 %)	32 (11,9 %)	32 (12,5 %)	80 (19,3 %)	182 (15,8 %)
verunglückt	-	-	1 (0,3 %)	2 (0,4 %)	3 (0,2 %)
insgesamt	214	268	255	413	1150

Die besondere Position der Kürassierregimenter als Elite der Kavallerie wird durch die im Vergleich mit der gesamten Kavallerie signifikant geringere Zahl der unehrenhaften Abgänge unterstrichen. Relativ hoch erscheint die Zahl von 110 während des Siebenjährigen Krieges dimittierten Offizieren zu sein, weil damit fast die Hälfte aller Abgänge auf diese Art und Weise zustande gekommen ist. Dieser Wert liegt fast um das Doppelte über dem Anteil der Abgänge, die durch direkte Kriegseinwirkung entstanden sind. Auch wenn vermutet werden kann, daß ein Teil der dimittierten Offiziere wegen einer Verletzung oder Krankheit als dienstuntauglich ausgeschieden ist - obwohl die detaillierte Auswertung aller Abgangslisten der

Kavallerieregimenter ergeben hat, daß nur bei elf dimittierten Offiziere ausdrücklich diese Gründe genannt werden - , bleibt angesichts der Kriegsverluste die Zahl der Dimissionen unerklärlich hoch. Möglicherweise waren die Verluste aber nicht so schwerwiegend und ließen es zu, daß Friedrich II. auch während des Siebenjährigen Krieges Dimissionen bewilligen konnte. Ein Grund dafür könnte auch sein, daß die Kürassiere während des Krieges wegen ihres traditionell hohen Ansehens und der größeren Aussicht, im Kavalleriedienst den Krieg unbeschadet überstehen zu können, keine Nachwuchssorgen kannten und der König daher in der Lage war, denjenigen, die nicht mehr dienen konnten oder wollten und die er für keine guten Offiziere hielt, den Abschied zu gewähren.

4.3.2. Die Dragonerregimenter

Auf der Grundlage von sechs (= 50 %) Abgangslisten der zwölf Regimenter, ergeben sich für die Dragoneroffiziere folgende Ergebnisse:

	1713,02-1740,05 außer D./versetzt	1740,06-1756,07 außer D./versetzt	1756,08-1763,02 außer D./versetzt	1763,03-1786,08 außer D./versetzt	1713,02-1786,08 außer D./versetzt
Regimentschefs	7 / 3	12 / 12	11 / 8	14 / 7	44 / 30
Kompaniechefs	7 / 7	43 / 17	22 / 5	52 / 10	124 / 39
Subalterne	43 / 6	103 / 24	67 / 14	136 / 14	349 / 58
Abgang insges.	57 / 16	158 / 53	100 / 27	202 / 31	517 / 127

Demnach sind 54,1 % der Dragoneroffiziere, die durch diese Abgangslisten erfaßt sind, endgültig aus der Armee geschieden, bevor sie zum Kapitän aufsteigen konnten. Dieser Wert liegt deutlich höher als bei den Kürassierregimentern und ist in erster Linie darauf zurückzuführen, daß die Dragonerregimenter seit 1743 nicht über die gleiche Zahl an Kompanie- bzw. Schwadronchefstellen verfügten und daher auch nicht so viele Offiziere in den entsprechenden Dienstgrad befördert werden konnten wie bei den Kürassieren.

	1713,02-1740,05	1740,06-1756,07	1756,08-1763,02	1763,03-1786,08	Summe
ausgeblieben	-	-	-	2 (0,8 %)	2 (0,3 %)
desertiert	1 (1,3 %)	1 (0,4 %)	1 (0,8 %)	5 (2,1 %)	8 (1,2 %)
kassiert	3 (4,1 %)	4 (1,8 %)	1 (0,8 %)	2 (0,8 %)	10 (1,5 %)
dimittiert	35 (47,9 %)	90 (42,6 %)	55 (44,0 %)	140 (60,0 %)	320 (49,8 %)
pensioniert	-	1 (0,4 %)	-	8 (3,4 %)	9 (1,4 %)
versetzt	16 (21,9 %)	53 (25,1 %)	27 (21,6 %)	31 (13,3 %)	127 (19,7 %)
zivil versorgt	1 (1,3 %)	3 (1,4 %)	-	5 (2,1 %)	9 (1,4 %)
gefangen	-	-	-	-	-
tödlich verw.	-	4 (1,8 %)	3 (2,4 %)	-	7 (1,0 %)
gefallen	-	24 (11,3 %)	11 (8,8 %)	-	35 (5,4 %)
duelliert	-	-	-	1 (0,4 %)	1 (0,1 %)
suizid	-	1 (0,4 %)	-	-	1 (0,1 %)
inhaftiert	-	-	-	-	-
hingerichtet	-	-	-	-	-
gestorben	17 (23,2 %)	30 (14,2 %)	26 (20,8 %)	36 (15,4 %)	109 (16,9 %)
verunglückt	-	-	1 (0,8 %)	3 (1,2 %)	4 (0,6 %)
insgesamt	73	211	125	233	642

Um zu überprüfen, ob nach dem Krieg vermehrt Subalterne dimittiert sind, wurde deren Anteil an dieser Abgangsart ausgezählt. Dabei hat sich ergeben, daß zwischen 1740 und 1756 der Anteil der Subalternoffiziere an den Dimissionen 69,6 % betrug. Im Siebenjährigen Krieg lag der Wert bei 61,1 %, und zwischen 1763 und 1786 stieg der Anteil auf 72,1 %. Dieser Trend war bereits bei der Auswertung aller Kavallerieregimenter festgestellt worden. Auch bei den Dragonern ist vermutlich der Anstieg darauf zurückzuführen, daß nach dem Krieg vermehrt Subalterne ausschieden, weil sie nicht mehr die gleichen Beförderungsaussichten wie im Krieg oder in den Jahren davor hatten.

Bemerkenswert sind die Zahlen der Kriegsverluste, denn danach sind in den ersten beiden schlesischen Kriegen mehr Dragoneroffiziere gefallen oder wurden tödlich verwundet als während des Siebenjährigen Krieges. Betrug der Anteil dieser Ausfälle an allen Abgängen zwischen 1740 und 1756 insgesamt 13,2 %, war es zwischen 1756 und 1763 ein Anteil von 11,2 %. Eine Erklärung für dieses etwas überraschende Ergebnis ist möglicherweise, daß die Abgangsliste eines der Regimenter (Nr. 9) nur bis 1755 reicht und daher die Verluste dieses Regiments im Siebenjährigen Krieg nicht aufgeführt sind. Außerdem muß an dieser Stelle angesichts der vorliegenden Verlustzahlen noch einmal darauf hingewiesen werden, daß nur von 50 % der Regimenter Abgangslisten vorliegen und die obige Tabelle daher nicht alle tatsächlich vorgekommenen Abgänge bei den Dragonern enthält.

4.3.3. Die Husarenregimenter

Von den zehn Husarenregimentern haben fünf (= 50 %) eine Abgangsliste. Für die Husarenoffiziere insgesamt ergibt folgende Tabelle damit nur ein eingeschränkt gültiges Bild:

	1713,02-1740,05 außer D./versetzt	1740,06-1756,07 außer D./versetzt	1756,08-1763,02 außer D./versetzt	1763,03-1786,08 außer D./versetzt	1713,02-1786,08 außer D./versetzt
Regimentschefs	/	2 /	6 / 1	43 / 18	**51 / 19**
Kompaniechefs	2 /	26 / 17	27 / 15	38 / 16	**93 / 48**
Subalterne	4 / 1	88 / 23	55 / 19	188 / 32	**335 / 75**
Abgang insges.	6 / 1	116 / 40	88 / 35	269 / 66	**479 / 142**

Von den erfaßten Husarenoffizieren sind 335 (= 53,9 %) noch als Subalterne von der Armee abgegangen. Dies ist ähnlich wie bei den Dragonern darauf zurückzuführen, daß die Aussichten innerhalb eines Husarenregiments bis zum Rittmeister befördert zu werden, etwas geringer waren als bei den Kürassieren. Zwar gehörten zu einem Husarenregiment zehn Schwadronen und zehn dazugehörige Chefstellen, im Gegensatz zu den Kürassieren bestand aber das Offizierkorps des Regiments aus 36 statt 32 Offizieren. Bemerkenswert ist der Anteil der Offiziere aus der Gruppe der Regimentschefs, die nach 1763 außer Dienst gingen. Mit 15,9 % war deren Anteil an allen außer Dienst gegangenen Offizieren nach 1763 mehr als doppelt so hoch wie bei den Dragonern (6,9 %) und lag auch deutlich über dem Wert bei den Kürassieren (8,9 %). Eine Erklärung dafür ist die Tatsache, daß einige Husarenregimenter sehr lange ihren Chef behielten und erst nach dem Siebenjährigen Krieg einen neuen Chef bekamen. So war z. B. Hans Joachim v. Zieten von 1741 bis zu seinem Tod 1786 Chef des Husarenregiments Nr. 2. Beim Husarenregiment Nr. 3 war von 1745 bis 1757 Hartwig Karl v. Wartenberg Chef und von 1758 bis 1773 war es Christian Möhring (1773 geadelt). Beim Husarenregiment Nr. 5 gab es zwischen 1744 und 1783 lediglich zwei Chefs und zwar Joseph Theodor v. Ruesch und Daniel Friedrich v. Lossow. Johann Paul v. Werner war von 1757 bis 1785 Chef des Husarenregiments Nr. 6 und beim Husarenregiment Nr. 7 war der Chef von 1753 bis 1775 Paul Joseph v. Malachowski.

Die Abgangsarten der Husarenoffiziere im einzelnen waren:

	1713,02-1740,05	1740,06-1756,07	1756,08-1763,02	1763,03-1786,08	Summe
ausgeblieben	-	11 (7,0 %)	1 (0,8 %)	2 (0,5 %)	14 (2,2 %)
desertiert	-	13 (8,3 %)	3 (2,5 %)	1 (0,2 %)	17 (2,7 %)
kassiert	2^{1154}	11 (7,0 %)	2 (1,6 %)	20 (5,9 %)	35 (5,6 %)
dimittiert	4	46 (29,4 %)	27 (21,9 %)	151 (45,0 %)	228 (36,7 %)
pensioniert	-	-	-	9 (2,6 %)	9 (1, 4 %)
versetzt	1	40 (25,6 %)	35 (28,4 %)	66 (19,7 %)	142 (22,8 %)
zivil versorgt	-	3 (1,9 %)	1 (0,8 %)	26 (7,7 %)	30 (4,8 %)
gefangen	-	-	-	-	-
tödlich verw.	-	1 (0,6 %)	11 (8,9 %)	1 (0,2 %)	13 (2,0 %)
gefallen	-	11 (7,0 %)	36 (29,2 %)	2 (0,5 %)	49 (7,8 %)
duelliert	-	-	-	2 (0,5 %)	2 (0,3 %)
suizid	-	-	-	1 (0,2 %)	1 (0,1 %)
inhaftiert	-	1 (0,6 %)	-	-	1 (0,1 %)
hingerichtet	-	-	-	-	-
gestorben	-	19 (12,1 %)	6 (4,8 %)	51 (15,2 %)	76 (12,2 %)
verunglückt	-	-	1 (0,8 %)	3 (0,8 %)	4 (0,6 %)
insgesamt	7	156	123	335	621

Diese Aufschlüsselung zeigt einige Besonderheiten der Husarentruppe. So liegt die Zahl der „unehrenhaften" Abgänge zwischen 1713 und 1786 mit einem Anteil von insgesamt 10,6 % deutlich über dem entsprechenden Wert bei den Dragonern (3 %) und den Kürassieren (2,8 %). Vor allem durch den Ausbau der Husarentruppe in den Jahren von 1740 bis 1743 scheinen einige Offiziere in die Regimenter gekommen zu sein, die in ihrer Dienstauffassung und hinsichtlich der Beachtung des Ehrenkodexes nicht den Ansprüchen an einen preußischen Kavallerieoffizier genügten, denn allein zwischen 1740 und 1756 sind 22,4 % aller abgehenden Offiziere unehrenhaft ausgeschieden. Außerdem waren es im Vergleich mit den Kürassieren und Dragonern mehr als doppelt soviele Offiziere, die in diesem Zeitraum von sich aus die Truppe verließen, also „ausblieben" oder „desertierten", als vom König „kassiert" wurden. Damit unterschieden sich die Husaren wiederum von den beiden anderen Kavalleriegattungen, bei denen die Zahl der „kassierten" Offiziere höher lag, als die derjenigen, die sich von ihrer Einheit entfernten. Für die Konsolidierung der Husarentruppe spricht die Tatsache, daß im Siebenjährigen Krieg der Anteil der unehrenhaften Abgänge auf 4,8 % gefallen ist. Nach dem Krieg stieg der Anteil zwar auf 6,8 %, dies könnte aber daran liegen, daß Friedrich II. auch bei den Husaren ungeeignete Offiziere aus dem Dienst entlassen wollte, was an der Zahl von zwanzig „kassierten" Offizieren zu erkennen ist.

341

Im Vergleich mit den anderen Kavalleriegattungen haben die Husaren während des Siebenjährigen Krieges mehr Offiziere durch direkte Kriegseinwirkung verloren. Zwischen 1756 und 1763 sind bei den Husaren 38,1 % aller Abgänge darauf zurückzuführen, bei den Dragonern dagegen waren es 11,4 % und bei den Kürassieren 21,9 %. Möglicherweise lag dies an den Aufgabengebieten der Husarentruppe im sogenannten „kleinen Krieg".

Bemerkenswert ist die Tatsache, daß die Husarentruppe nach 1763 von Friedrich II. mit 26 Zivilversorgungen bedacht worden ist, was einem Anteil von 7,7 % an allen Abgängen entspricht. Die Vergleichswerte liegen bei den Dragonern (2,1 %) und bei den Kürassieren (2,6 %) deutlich niedriger. Fraglich ist, ob hier eine besondere Anerkennung des Königs für die Leistungen der Husaren im Siebenjährigen Krieg vorliegt, denn bis auf wenige Ausnahmen war Friedrich auch mit den Kürassieren und Dragonern zufrieden gewesen.[1155] Bei einer genaueren Betrachtung der Zivilversorgungen ergibt sich, daß in 14 der 26 Fälle ein bürgerlicher Offizier eine derartige Stelle erhielt. Die Auswertung des Anteils der bürgerlichen Offiziere am Offizierkorps der Husarenregimenter hatte zwar ergeben, daß diese im Siebenjährigen Krieg 47 % aller Husarenoffiziere stellten und zwischen 1763 und 1786 ihr Anteil bei 22,9 % lag, aber mit ihrem Anteil von 53,8 % an den Zivilversorgungen liegen sie deutlich über diesen Werten. Entweder bedurften die bürgerlichen Offiziere eher eine Zivilstelle als ihre adlige Kameraden, oder es liegt hier eine Maßnahme des Königs vor, der den Anteil der Bürgerlichen bei den Husaren senken wollte und diese daher verstärkt aus dem Dienst verabschiedete. Daß er diesen bürgerlichen Husarenoffizieren nicht den schlichten Abschied erteilte, spricht dafür, daß er mit ihren Leistungen im Krieg zufrieden gewesen war, denn, wie an anderer Stelle bereits ausführlich dargestellt, verfügte Friedrich nur über begrenzte Möglichkeiten, seine Offiziere nach dem Ausscheiden aus dem Dienst zu versorgen. Um zu überprüfen, ob nach dem Siebenjährigen Krieg tatsächlich vor allem bürgerliche Offiziere aus dem Dienst entlassen worden sind, wurden auch die Abgangsarten „dimittiert", „kassiert" und „pensioniert" daraufhin untersucht. Dabei hat sich ergeben, daß von den 151 dimittierten Offizieren 34 (= 22,5 %) Bürgerliche waren, von den 20 kassierten Offizieren waren es 5 (= 25 %), und von den 9 „Pensionären" waren 3 (= 33,3 %) bürgerlicher Herkunft. Wenn der Anteil der Bürgerlichen am Offizierkorps der Husarentruppe zwischen 1763 und 1786 betrachtet wird, der bei 22,9 % lag, liegt deren Anteil an den genannten Abgangsarten nur unwesentlich höher, so daß sich daraus keine eindeutige Politik ablesen läßt, die darin bestanden

---

[1154] Aufgrund des geringen Samples wird für den ersten Zeitraum keine Prozentberechnung durchgeführt.
[1155] S. dazu Jany, Geschichte der Preußischen Armee, Bd. 3, S. 92 und Bleckwenn, Die friderizianischen Uniformen, Bd. 3, S. 14ff..

hätte, die bürgerlichen Offiziere aus den Husarenregimenter zu drängen. Auffällig ist, daß bei den Husaren der Anteil der Dimissionen nach dem Siebenjährigen Krieg mit 45 % deutlich geringer ist als bei den Kürassieren (62,4 %) und bei den Dragonern (60 %). Ein Erklärung dafür könnte sein, daß im Vergleich mit den beiden anderen Kavalleriegattungen bei den Husaren mehr Offiziere vom König aus der Armee entlassen („kassiert") wurden und auch mehr Offiziere nach ihrem Dienst eine Versorgung („pensioniert" bzw. „zivil versorgt") erhielten. Aus diesen Gründen war daher möglicherweise der Anteil der Dimissionen relativ gesehen geringer als bei den Dragonern und Kürassieren.

Eine Auszählung des Anteils der Subalternen an den Dimissionen hat ergeben, daß diese zwischen 1740 und 1756 zu 78,2 % diese Abgangsart gewählt hatten. Im Siebenjährigen Krieg waren es lediglich 48,1 %. Nach dem Krieg dagegen wuchs der Anteil der Subalternoffiziere an den Dimissionen stark an und lag bei 81,4 %. Im Vergleich zur Vorkriegszeit ist der Anstieg zwar nicht gravierend, aber der starke Anstieg im Vergleich zum Siebenjährigen Krieg läßt auch bei den Husaren die Vermutung aufkommen, daß die Subalternen aufgrund schlechterer Beförderungschancen verstärkt aus dem Dienst schieden.

4.4. Abgangsverhalten: Artillerie

Folgende Tabelle enthält im Gegensatz zu den vorherigen Auswertungen keine Angaben zu den Versetzungen, da die Quellen aus denen diese Liste erstellt wurde, diese offensichtlich nicht als Abgangsart im eigentlichen Sinne ansahen:

	1713,02-1740,05 außer D./versetzt	1740,06-1756,07 außer D./versetzt	1756,08-1763,02 außer D./versetzt	1763,03-1786,08 außer D./versetzt	**1713,02-1786,08** außer D./versetzt
Regimentschefs	5 /	4 /	4 /	9 /	**22** /
Kompaniechefs	9 /	5 /	13 /	17 /	**44** /
Subalterne	1 /	3 /	34 /	8 /	**46** /
Abgang insges.	15 /	12 /	51 /	34 /	**112** /

Demnach sind 41 % der Artillerieoffiziere nicht bis zum Kapitän avanciert, sondern haben vorher den Dienst auf die eine oder andere Art verlassen. Im Vergleich mit der Infanterie (= 55,4 %) und der Kavallerie (= 51,4 %) liegt dieser Wert relativ niedrig. Ob dies drauf schließen läßt, daß der Dienst bei der Artillerie eher Gewähr bot, den Rang eines Kapitäns[1156] zu erreichen, ist aufgrund

---

[1156] Bei der Artillerie hatte der Kapitän und Kompaniechef die gleiche Bedeutung wie bei der Feldinfanterie und der Kavallerie, denn die Aushebung der Mannschaften für diese Truppengattung erfolgte ebenfalls nach dem

des geringen Samples nur eingeschränkt möglich. Dieses geringe Sample wirkt sich auch auf die Einzelanalyse der Abgangsarten aus:

	1713,02-1740,05	1740,06-1756,07	1756,08-1763,02	1763,03-1786,08	Summe
ausgeblieben	-	-	-	-	-
desertiert	-	-	-	2	2
kassiert	1	-	1 (1,9 %)	-	2
dimittiert	2	1	6 (11,7 %)	6	15
pensioniert	-	-	-	-	-
versetzt	-	-	-	-	-
zivil versorgt	-	-	-	-	-
gefangen	-	-	-	-	-
tödlich verw.	-	3	8 (15,6 %)	-	11
gefallen	3	-	23 (45,0 %)	-	26
duelliert	-	-	-	-	-
suizid	-	-	-	1	1
inhaftiert	-	-	-	-	-
hingerichtet	-	-	-	-	-
gestorben	9	8	13 (25,4 %)	25	55
verunglückt	-	-	-	-	-
insgesamt	15	12	51	34	112

Aufgrund des geringen Samples wurde nur im dritten Untersuchungszeitraum eine Prozentberechnung vorgenommen. Auffällig ist der hohe Anteil der durch direkte Kriegseinwirkung gestorbenen Artillerieoffiziere. Mit insgesamt 59,6 % ist dieser Wert im Siebenjährigen Krieg höher als bei der Infanterie mit 40,7 % und liegt erheblich höher als der bei der Kavallerie mit 23,1 %. Aussagen darüber, ob ein Artillerieoffizier damit ein signifikant höheres Risiko hatte, im Krieg zu fallen, ist allerdings aufgrund der geringen Zahlen, die in dieser Abgangsliste enthalten sind, nicht möglich. Wenn der Iststand von 85 Offizieren, mit dem die Artillerie (Feld- und Garnisonartillerie) in den Siebenjährigen Krieg gegangen ist, zugrundegelegt wird, wären fast 37 % dieser Offiziere in diesem Krieg gefallen. Da es zwischen 1756 und 1763 zu mehreren Neuaufstellungen kam, ist diese Zahl nur begrenzt gültig. Wenn der Stand der Artillerie bei Kriegsende[1157] mit 198 Offizieren berücksichtigt wird, wären 15,6 % der Artillerieoffiziere gefallen. Die tatsächliche Quote der gefallenen Offiziere dürfte in der Mitte zwischen beiden Angaben liegen. Im Vergleich dazu lag der

---

Enrollierungssystem des Kantonreglements. Der Feldartillerie wurden zur Enrollierung kleine Städte als Kanton angewiesen, s. im einzelnen dazu Guddat, Kanoniere, S. 55. Die Garnisonartillerie bezog ihre Mannschaften aus der örtlichen Umgebung der Garnisonen bzw. Festungen, s. Bleckwenn, Die friderizianischen Uniformen, Bd. 4, S. 18. Die Reitende Artillerie erhielt ihre Mannschaften aus Abkommandierten des 1. bis 3. Feldartillerieregiments, s. Bleckwenn, Die friderizianischen Uniformen, Bd. 4, S. 27.

[1157] Zusammengesetzt aus den Angaben bei Guddat, Kanoniere, S. 17 und 23.

344

Anteil der gefallenen Infanterieoffiziere nach dem Iststand von 1756 bei 23,1 % und der der Kavallerieoffiziere bei 10,1 %.

V. Eine militärische Führungsschicht in Analyse und Interpretation: Zusammenfassung

Die vorliegende Arbeit hat in Teilbereichen Erkenntnislücken geschlossen, die bislang über die Offiziere der preußischen Armee existierten. Dies war möglich durch die quantifizierende Auswertung einer Massenquelle, wie sie in Form der Regimentslisten vorliegt. Auf der Grundlage der verschiedenen Listentypen war es möglich, die Realitäten dieser Führungsschicht anhand verschiedener Fragestellungen zu untersuchen. Allerdings war dies nur zu verwirklichen, indem der kollektivbiographische Ansatz verfolgt wurde und zur weiteren Interpretation der jeweiligen Listen andere Quellen herangezogen worden sind. Dabei ist es zu gewissen Spannungen gekommen, die auf die unterschiedlichen Eigenschaften der Quellen zurückzuführen sind. So haben sich an verschiedenen Stellen Differenzen zwischen den Ergebnissen der Listenauswertung und den Informationen aus anderen Quellen gezeigt. Besonders deutlich ist dies bei der Untersuchung des Anteils der bürgerlichen Offiziere geworden. Während die Regimentslisten bis auf wenige Ausnahmen einen Anstieg dieses Anteils verzeichnen, gibt es Anweisungen und Äußerungen Friedrichs II., aus denen zu entnehmen ist, daß er Gegenteiliges beabsichtigt hatte. Auch hinsichtlich seines Vorhabens, den einheimischen Adel in seiner Position zu festigen und ihn bei der Besetzung der Offiziersstellen zu bevorzugen, haben die Regimentslisten ein Bild ergeben, welches nur mit Einschränkungen mit den Äußerungen Friedrichs in Einklang zu bringen ist. Weitere Differenzen haben sich hinsichtlich der in den Reglements von 1726 und 1743 für die Offiziere aufgestellten Verbote und Gebote gezeigt. So läßt sich aus den Abgangslisten immer wieder ablesen, daß Offiziere aus der Armee scheiden mußten, weil sie entgegen den Verboten Schulden gemacht hatten, dem Glücksspiel nachgegangen waren oder sich duelliert hatten. Dieser Unterschied zwischen den Reglements und den Anweisungen auf der einen Seite und der Wirklichkeit auf der anderen Seite, wie sie die Regimentslisten wiedergeben, führt zu zweierlei Einsichten. Zum ersten ist davon auszugehen, daß aus den Reglements, den Ordres und den Äußerungen Friedrich Wilhelms I. und Friedrichs II. die Ansprüche und die Absichten der Monarchen bezüglich der Armee und der Offiziere sprechen. Im gewissen Sinne sind es

Instrumente, die beide Könige eingesetzt haben, um die Streitmacht nach ihrem Willen zu formen. Die Grenzen, die sich bei der Umsetzung ihrer Vorstellungen ergeben haben, lassen sich aus den Regimentslisten ablesen. Ähnliche Zweifel hinsichtlich der Übertragbarkeit der Angaben aus anderen Quellen auf die Offiziere insgesamt existieren bei den persönlichen Erinnerungen einiger Offiziere. Aufgrund ihrer geringen Anzahl und der Subjektivität, die den darin enthaltenen Schilderungen anhängt, verbietet es sich, diese als allgemeingültig anzusehen. Sie sind zwar in der Lage, bestimmte Fragen über die Offiziere ansatzweise zu diskutieren, aber nicht mehr. Dies führt zu der Erkenntnis, daß die Ergebnisse der Listenauswertung ein präziseres Abbild der Wirklichkeit dieser militärischen Elite widerspiegeln als andere Quellen. Aus ihrer größeren Verläßlichkeit, die sich aus der Menge der vorhandenen Daten, ihrer Überprüfbarkeit und Vergleichbarkeit ergeben, beziehen die Regimentslisten ihren großen Vorzug. Die Verwendung des kollektivbiographischen Ansatzes hat für diese Arbeit erbracht, daß der größere Aussagewert über das zu untersuchende Thema der Serienquelle zukommt, deren Auswertung die eigentliche Basis der vorliegenden Arbeit bildet. Damit hat der Einsatz der quantifizierenden Methode zu neuen und weiterführenden Erkenntnissen beigetragen. Die anderen Quellen dagegen haben nur eine eingeschränkte im wesentlichen ergänzende Funktion erfüllen können.

Dies heißt allerdings nicht, daß die Regimentslisten in der Lage sind, alle Fragen zu beantworten, die sich bezüglich der Offiziere stellen. Dazu gehören etwa die Aufstiegsfaktoren, die sich nicht in Zahlen ausdrücken lassen. So kann der gesamte Bereich der Protektion und des Nepotismus nicht quantifizierend untersucht werden. Lediglich aus den Autobiographien preußischer Offiziere waren gewisse Hinweise darauf zu finden, wie diese „Unterstützung" in Einzelfällen sich konkret gestaltete. Weitere Gesichtspunkte, die durch die Regimentslisten nicht erfaßt werden können, haben sich bei der Auswertung des bürgerlichen Anteils ergeben. In der Einleitung ist bereits darauf verwiesen worden, daß nicht zu klären ist, wie alt der Adel der Offiziere ist, wie viele also durch den Dienst auch in der Ständeordnung aufsteigen konnten und im 18. Jahrhundert nobilitiert wurden. Eine Beantwortung dieser Frage wäre die Voraussetzung gewesen, um zu klären, ob und in welchem Maße in Preußen durch den Dienst in der Armee eine Art „Dienstadel" entstehen konnte. Eine Klärung hätte zudem ermöglicht, die aus anderen Quellen gewonnenen Erkenntnisse zu überprüfen, daß das Adelsprädikat in erster Linie ein formales Kriterium war. Hingegen läßt sich aufzeigen, daß ein derartiger Aufstieg eines Bürgerlichen sich nur vollziehen konnte, wenn dieser im Dienst „adlige" Eigenschaften nachgewiesen hatte. Der Aufstieg in die Offiziersränge verlangte von einem Bürgerlichen, sich an adlige Normen und Konventionen anzupassen. War diese Übernahme adliger Werte erfolgreich verlaufen, konnte dem bürgerlichen Aufsteiger nachträglich das zugehörige Standesattribut zugebilligt werden. In welchem Umfang Bürgerlichen dieser Aufstieg gelungen ist, läßt sich auf der Grundlage der Regimentslisten nicht erfassen. Genau so wenig kann mit ihrer Hilfe angegeben werden, wie viele bürgerliche Offiziere von ihren adligen Kameraden akzeptiert wurden, weil sie in ihrer Gesinnung und ihrem Auftreten adlige Eigenschaften nachgewiesen haben und daher nicht unbedingt des formalen Kriteriums des Adelsprädikats bedurften. Mit der letzten Ausführung, die sich auf die innere Haltung eines Offiziers bezieht, ist ein weiterer Bereich berührt, der sich einer Auswertung durch die Regimentslisten entzieht. Die Mentalität der Offiziere und ihre Autostereotypen können nur in Ansätzen dargestellt werden, weil die Listen darüber nichts aussagen und die anderen vorhandenen Quellen nur gewisse Hinweise darauf zulassen. Besonders bei der Darstellung des Ehrverständnisses der Offiziere ist dieser Mangel an aussagekräftigen Informationen deutlich geworden. Dabei ist gerade mit der Ehrauffassung ein zentraler Bereich im Verständnis der Offiziere berührt, der bestimmte Verhaltensweisen, die sich zum Teil aus den Abgangslisten ablesen lassen, erst erklärbar macht, wie sich bei der entsprechenden Auswertung der Abgänge des häufigeren nachweisen läßt.

Die Auswertung der Regimentslisten hat im wesentlichen aber nicht Grenzen bei der Bearbeitung des Themas aufgezeigt, sondern es haben sich über diese militärische Führungsschicht einige wichtige Erkenntnisse gewinnen lassen. So hat die Auswertung der landsmannschaftlichen Zusammensetzung erbracht, daß aus sämtlichen preußischen Territorien die Offiziere für die Armee kamen. Im Hinblick auf die Integrationsfunktion für diesen Staat kann mit den erwähnten Einschränkungen geurteilt werden, daß „das" Offizierkorps diese weitgehend hat erfüllen können. Dieses Korps ist gleichsam ein Spiegelbild der territorialen Zusammensetzung des preußischen Staates und symbolisiert zugleich die Einheit dieses Gebildes. In diesem Zusammenhang gewinnt allerdings der starke Anstieg des Ausländeranteils eine besondere Bedeutung. Da am Ende des Untersuchungszeitraumes fast 30 % der Offiziere keine „geborenen" Preußen waren, stellt sich die Frage: Was macht dann noch den „preußischen" Offizier aus? Aufgrund dieser Entwicklung scheint es angebracht, eher von „Offizieren in preußischen Diensten" zu sprechen. Allerdings darf dabei nicht die Prägung durch das erzieherische Element außer Acht gelassen werden, dem die ausländischen Offiziersanwärter im Kadettenkorps und Offiziere in den Regimentern ausgesetzt waren und das dazu beigetragen haben dürfte, aus diesen Ausländern preußische Offiziere zu formen. Der Erfolg dieser Erziehung ist aufgrund fehlender verläßlicher Angaben aber nicht im einzelnen zu belegen, da es ein Phänomen darstellt, welches sich nicht in Zahlen fassen läßt.

Aber nicht nur hinsichtlich der territorialen Herkunft konnten Unterschiede bei „den" Offizieren festgestellt werden. So kann u. a. anhand der Biographielisten nachgewiesen werden, daß die Eingangsvoraussetzungen, die die Offiziersanwärter beim Eintritt in die Regimenter mitbrachten, stark differierten. Während einige der späteren Offiziere zuvor im Kadettenkorps gewesen waren, trat der überwiegende Teil bereits als Jugendlicher im Alter von ca. 15 Jahren in die Armee ein. Auch auf die unterschiedlichen Bildungsgrade, die die Offiziersanwärter besaßen, ist ausführlich hingewiesen worden. Sowohl die Kadetten als auch die direkt in die Regimenter eingetretenen Gefreitenkorporale dürften sich allerdings hinsichtlich ihrer Einstellungen und Mentalitäten nach einigen Dienstjahren nicht wesentlich unterschieden haben, erhielten beide doch ihre zweite Sozialisierungsphase (nach der Familie) in der preußischen Armee. Allerdings läßt sich dies nicht mit letzter Sicherheit beantworten, weil über „die" Mentalität der Offiziere keine Aussagen vorliegen, die auf das gesamte „Offizierkorps" übertragen werden könnten. Auch wenn diesen späteren Offizieren möglicherweise eine gewisse Homogenität in den Anschauungen unterstellt werden kann, ist darauf zu verweisen, daß in zunehmendem Maße Ausländer in die preußische Armee eintraten, die zuvor in nichtpreußischen Diensten gestanden hatten. Wahrscheinlich haben sich diese nach ihrem Wechsel in die preußische Armee dem Anpassungsdruck der von den Monarchen, den Reglements und den Kameraden ausging, nicht entziehen können. Dennoch muß berücksichtigt werden, daß deren erste militärische Ausbildung und Prägungsphase von der der anderen Offiziere abwich. Allerdings dürfte dies kein grundlegender Unterschied gewesen sein, andernfalls wäre eine Integration in das preußische Offizierkorps unter Umständen nicht möglich gewesen. Ebenfalls ist zu festzuhalten, daß nach dem Siebenjährigen Krieg über die Garnisonregimenter zahlreiche Offiziere aus den übel beleumundeten Freitruppen in „das" preußische Offizierkorps übernommen worden sind. Diese unterschieden sich nicht nur in ihrer sozialen und territorialen Provenienz von den „Kameraden" in den Feldregimentern, auch die abweichenden Einsatzformen der Freitruppen im Kleinen Krieg und ihre Einschätzung als „Kanonenfutter" für die regulären Feldeinheiten werden sehr wahrscheinlich noch in der Nachkriegszeit Auswirkungen auf die Beurteilung der ehemaligen Freitruppenangehörigen durch die anderen Offiziere gehabt haben. An den Garnisonregimentern ist exemplarisch abzulesen, daß in den einzelnen Truppengattungen in der diachronischen Perspektive zum Teil erhebliche Differenzen festzustellen sind, die es in diesem Fall nicht mehr zulassen, von „der" Garnisontruppe zu sprechen. Das Offizierkorps der Garnisonregimenter zu Beginn des Siebenjährigen Krieges ist nicht mehr mit dem Offizierkorps nach diesem Krieg zu vergleichen. Dieser Krieg hat in dieser Truppe deutliche Brüche hinterlassen, die nicht nur auf die Kriegsverluste zurückzuführen sind.

Vielmehr resultierten sie in den Garnisonregimentern daraus, daß einige dieser Regimenter neu aufgestellt und dazu vor allem Freitruppen herangezogen worden sind. In Bezug auf die landsmannschaftliche Zusammensetzung kann auch bei den Husaren eine tiefgreifende Umgestaltung festgestellt werden. Die Husaren waren anfangs nicht nur wegen ihrer Einsatzformen und ihrer Monturen, sondern auch wegen ihres hohen Ausländeranteils und der großen Anzahl bürgerlicher Offiziere eine Art „Fremdkörper" in der preußischen Armee. Im Laufe des 18. Jahrhunderts aber haben sie sich u. a. bedingt durch ihre militärischen Erfolge in den Kriegen an das System des preußischen Heeres angepasst und bestanden am Ende des Untersuchungszeitraumes zum überwiegenden Teil aus (adligen) Einheimischen.

Unterschiede lassen sich ebenfalls bei den Laufbahnen der Offiziere feststellen. Ein wesentliches Ergebnis ist, daß sich für einen sehr hohen Prozentsatz der Offiziere die Laufbahn gemäß der Anciennität vollzog und sie für den Aufstieg in den nächsthöheren Dienstgrad erst eines gewissen Dienstalters bedurften. Auf die Ausnahmen, die es gegeben hat, ist verwiesen worden. In welchem Umfang aber Offiziere unter Umgehung der Tour bevorzugt befördert wurden, kann auf der Basis der Regimentslisten nicht quantifiziert werden. Da der Ausnahmecharakter eines Avancements außer der Reihe an verschiedenen Stellen, so auch von den Königen, immer wieder betont worden ist, bestätigt sich im Allgemeinen, daß der Aufstieg nach der Anciennität die Regel war. Darum verbietet es sich für den überwiegenden Teil der Offiziere von einer „Karriere" zu sprechen, den sie in der Armee haben machen können. Vielmehr erscheint der Begriff „Laufbahn" zutreffender, weil er den gleichmäßigen Aufstieg von Rang zu Rang gemäß dem Dienstalter besser beschreibt. Die Analyse von Lebens- und Dienstalter zeigt, daß der durchschnittliche Offizier relativ lange benötigte, um befördert zu werden. So mußte er z. B. bis zur Erreichung der lukrativen Kapitänscharge 17 bzw. 20 Jahre im Dienst gestanden haben. Aufschlußreich ist ebenfalls, daß außergewöhnliche Umstände, wie die zahlreichen Neuaufstellungen von Regimentern und ebenso die Kriegszeiten nur geringen Einfluß auf das durchschnittliche Dienstalter aller Offiziere hatten. Es ist zwar ein kurzzeitiger Effekt festzustellen, der sich in einem Absinken bemerkbar macht, aber die langen Friedensperioden haben diese Auswirkung relativ schnell wieder aufgehoben.

Der Begriff „Karriere" erscheint auch aufgrund eines weiteren Ergebnisses als nicht geeignet, den militärischen Lebensweg eines Großteils der Offiziere zu beschreiben. Wenn nämlich die Erreichung der Kapitäns- bzw. Rittmeistercharge und der damit verbundenen Kompanie- bzw. Schwadronchefstelle als Maßstab für eine erfolgreiche „Karriere" genommen wird, ergibt die Auswertung der Regimentlisten, daß dies für mehr als die Hälfte aller Offiziere nicht zutraf. Ihnen ist es während ihrer Dienstzeit nicht gelungen, über die Subalternränge hinaus aufzusteigen.

Sie haben dies nicht erreicht, weil viele von ihnen bereits vorher aus den verschiedensten Gründen aus der Armee geschieden sind. Besonders die Analyse der Situation nach dem Siebenjährigen Krieg ergibt, daß der Anteil derjenigen, die freiwillig die Armee verließen, weil sie offensichtlich in absehbarer Zeit auf kein weiteres Avancement hoffen konnten, deutlich gestiegen ist. Theoretisch hätten sie weiter aufsteigen dürfen bzw. können, da unter den mehr als 50 %, die noch als Subalterne den Dienst „beendet" haben, auch diejenigen erfaßt sind, die im Krieg gefallen oder im Frieden an Krankheiten gestorben sind. Die genannte Zahl beinhaltet alle Offiziere, die von 1713 und 1786 in der preußischen Armee gedient und die in diesem Zeitraum als Subalterne die Armee verlassen haben.

Ein besonderes Gewicht erhält das Ergebnis, wenn berücksichtigt wird, welche finanziellen Vorleistungen diese Offiziere erbracht haben, als sie vom Gefreitenkorporal zum Fähnrich (Kornett) befördert wurden. Für die Montur, für die Feldausrüstung und für die Equipierung (bei der Infanterie mindestens zwei Pferde, bei der Kavallerie häufig sogar drei), über die jeder Offizier verfügen sollte, waren je nach Erfordernis, nach persönlichem Anspruch und nach Ausstattung des jeweiligen Regiments zum Teil erhebliche Summen zu investieren. Diese Mittel hatte ein Fähnrich (Kornett) aus eigener Tasche zu bezahlen. Nur zum Teil wurde bei besonders „teuren" Regimentern ein Zuschuß gewährt, der aber nur einen kleinen Teil der Gesamtkosten abdecken konnte. Da dieser „frischgebackene" Offizier normalerweise noch sehr jung war, den Regimentslisten zufolge im Durchschnitt 21 Jahre, dürfte er kaum über nennenswerte eigene Mittel verfügt haben. Aufgrund des sehr schmalen Traktaments eines Offiziersanwärters wird dieser auch nicht in der Lage gewesen sein, während seiner ersten Dienstjahre die Gelder zurückzulegen, die er bei seiner Ernennung zum Offizier benötigte. Wahrscheinlicher ist daher, daß die Familienangehörigen die notwendigen Auslagen bestritten. Die finanzielle Unterstützung endete aber nicht mit dem Aufstieg zum Offizier. Da auch die Subalternen nur geringe Bezüge erhielten, wird der eine oder andere von seinen Verwandten weiterhin finanzielle Zuwendungen erhalten haben. Ob und in welcher Höhe ein Offizier derart unterstützt wurde bzw. werden mußte, dürfte je nach Anspruch einer Familie nach standesgemäßem Auftreten eines Angehörigen, nach persönlichem Lebensstil und nach dem jeweiligen Regiment variiert haben. Es ist sehr wahrscheinlich, daß für die finanziellen Beihilfen, die Offiziere von ihren Verwandten erhalten haben, erhebliche Mittel von diesen Adelsfamilien aufgewendet worden sind. Profitiert davon hat in erster Linie die Armee, in die diese Gelder vor allem „investiert" worden sind. Indem den Offiziersanwärtern und ihren Angehörigen die Lasten auferlegt wurden, die die Ernennung zum Offizier mit sich brachten, war der Landes- und Kriegsherr davon befreit, für die Ausrüstung und Equipierung der Offiziere zu sorgen. Dadurch konnten die Finanzmittel des Staates für andere Aufgaben verwendet werden, nicht zuletzt für die weitere Vergrößerung der Armee. Allerdings war Preußen in dieser Hinsicht nicht die Ausnahme, auch andere Monarchen bzw. Landesherren haben sich auf diese Art und Weise von finanziellen Lasten befreit. Wenn obiges Ergebnis berücksichtigt wird, heißt dies zugleich, daß mehr als die Hälfte der preußischen Offiziere und ihre Familien durch den Dienst nicht haben finanziell profitieren können, weil es den Offizieren nicht möglich war, zum Kapitän (Rittmeister) aufzusteigen. Erst durch die damit verbundene Kompanie- bzw. Schwadronchefstelle hätten sie tatsächlich durch ihren Dienst „verdienen" können und nicht selber noch Geld einbringen müssen. Allerdings sollte ein Kompaniechef die Mittel, die er aus der Kompaniewirtschaft erzielen konnte, nicht als sein persönliches Eigentum betrachten, sondern diese für die Verbesserung seiner Einheit einsetzen. Es gibt Fälle[1158], in denen preußische Offiziere auch nach der Beförderung zum Kapitän (Rittmeister) noch Schulden gemacht haben, um besonders lange Soldaten im Ausland anzuwerben. Sie erhofften sich davon das Wohlwollen des Monarchen anläßlich der Besichtigungen der Kompanien, denn eine immaterielle Vergütung der Offiziere in Form von Ansehen und Prestige war eine für das 18. Jahrhundert typische Erscheinung. Auch hier stand wieder das Interesse der Armee im Vordergrund, denn Friedrich Wilhelm I. und Friedrich II. kontrollierten sehr genau, ob ein Kompaniechef eine „schöne", d. h. gut ausgestattete und mit großen Soldaten versehene Kompanie führte, oder ob er seine Aufgaben in dieser Hinsicht im Urteil der beiden Monarchen nicht erfüllte. War dies der Fall, mußte der Kompaniechef mit Konsequenzen rechnen, die bis zur Entlassung aus dem Dienst reichten.

Diese Abgänge lassen sich aus den entsprechenden Listen belegen. Als These kann aufgestellt werden, daß neben der „Kassation" auch zum Teil die „Dimission" Instrumente waren, mit denen die Könige „das" Offizierkorps in ihrem Sinne geformt haben. Durch die weitergehende Analyse der Dimissionen läßt sich belegen, daß einige dieser derart abgegangenen Offiziere die Armee nicht freiwillig verlassen haben, sondern ihnen diese Entscheidung nahegelegt wurde oder sie sogar dazu gezwungen worden sind. Für die Eigenschaft der „Dimission" als Instrument zur Formung „des" Offizierkorps spricht ebenfalls die Beobachtung, daß Friedrich nach Opportunität entschied, ob er einem Offizier den Abschied erlaubte. Wünschte ein bewährter Offizier aus der Armee entlassen zu werden, den Friedrich II. nicht entbehren wollte, konnte dieser die Einwilligung des Königs nur schwer und häufig nur unter mehrmaliger Wiederholung des Gesuches erhalten. Friedrich war der Ansicht, daß ein Offizier die Pflicht zum treuen Dienen habe und nicht aus irgendwelchen Gründen,

---

[1158] S. dazu Kloosterhuis, Bauern, Bürger und Soldaten, S. 372f..

351

die er nicht als Entlassungsgrund anerkannte, die Armee einfach wieder verlassen konnte. Offensichtlich hat er befürchtet, daß eine schnelle Bewilligung der Dimission möglicherweise Schule machen würde und sich andere Kameraden dem Vorbild ihres Vorgängers anschließen. Der König wollte die Offiziere aber an den Dienst binden, weil er sie als Führungspersonal für die Armee benötigte. Daher hat er die Hürden für die Bewilligung des Abschieds sehr hoch gelegt, vor allem für diejenigen, die er als gute Offiziere beurteilte. Die Offiziere sollten akzeptieren, daß sie sich mit dem Eintritt in die Armee dafür entschieden hatten, bis zu ihrem Tod oder bis zum Eintritt der Dienstuntauglichkeit aufgrund einer Verwundung, Krankheit oder hohen Alters zu dienen. Aus diesem Grund kann der Offiziersdienst auch nicht als „Beruf" bezeichnet werden – was im übrigen die Offiziere ebenfalls nicht taten - denn dieser konnte von dem Offizier nicht einfach beendet werden, wenn ihm der Dienst nicht mehr zusagte oder ihm finanziell nicht genug einbrachte. Sowohl Friedrich Wilhelm I. als auch Friedrich II. haben diese Tätigkeit als Pflicht vor allem des Adels angesehen, der sich der einzelne Offizier nicht einfach entziehen konnte bzw. durfte. Mit dem Anspruch darauf, daß der gesamte männliche Adel den Militärdienst zu leisten habe, schuf Friedrich Wilhelm I. die Grundlage dafür, auf der die Adligen - soweit sie tauglich waren - in die Armee gezogen werden konnten. Diese Inpflichtnahme verbot einem Adligen ebenfalls, je nach Gusto in die Armee einzutreten und sie wieder zu verlassen. In diesem Zusammenhang war die stete Wiederholung der besonderen Ehrenhaftigkeit des Offiziersdienstes besonders wichtig. Dadurch konnte der „Ehrenstand" schlechthin, nämlich der Adel, diese Tätigkeit als standesgemäß anerkennen. Hatte ein Adliger diesen Dienst als die seinem Stand gemäße Tätigkeit akzeptiert, verbot es sich zumindest nach der Ansicht der beiden Monarchen, daß ein Angehöriger dieses Standes sich ohne weiteres wieder aus dem Dienst begab. So hat u. a. Friedrich II. den Offizieren, die um ihren Abschied baten, geantwortet: sie sollten überlegen, ob sich dies mit ihrer „Ehre" vereinbaren ließe. Die Instrumentalisierung der adligen Ehrauffassung, die hieraus spricht, wird auch daran sichtbar, daß Friedrich Offiziere entlassen hat, wenn sie seiner Ansicht nach nicht den Ansprüchen genügten, die er an einen Offizier stellte. Zweifelhaft ist allerdings, ob ein Offizier, der wegen eines geringfügigen Anlasses aus der Armee verstoßen wurde, dies nicht als ehrverletzend empfunden hat. An dieser Stelle ist greifbar, worauf besonders Wohlfeil nachdrücklich hingewiesen hat, daß nämlich die zum Teil noch aus dem Mittelalter stammenden Vorstellungen des Adels von der Ehre des Ritters und Vasallen und ihre Übertragung auf den neuzeitlichen Offizier nicht kongruent waren mit der Auffassung vom Offizier, wie ihn die preußischen Monarchen hatten. Für sie hatte der Offizier gehorsam zu sein und sich seinem obersten Kriegsherrn und König unterzuordnen. Friedrich II. hat die strenge Subordination zur obersten Maxime für die Offiziere gemacht und darauf basierend erwartet, daß sie seinen Befehlen unwidersprochen folgten. Dazu gehörte auch, daß sie im Dienst blieben, wenn er es verlangte, und nicht von sich aus um den Abschied baten.

Diese besondere Auffassung der Ehre hat zu einem starken Druck geführt, der durch beide Könige auf die Offiziere hinsichtlich ihrer Dienstauffassung und -führung ausgeübt wurde. Ein Anzeichen für diesen Druck ist möglicherweise ein Verhalten, das in nennenswerter Anzahl auch unter preußischen Offizieren vorgekommen ist und das sich aus den Abgangslisten ablesen läßt: die Desertion. Es läßt sich auf der Grundlage der Abgangslisten zwar nicht quantifizieren, wie viele Offiziere desertiert sind, weil sie die Anforderungen des Dienstes nicht mehr bewältigen konnten, trotzdem sind diese unehrenhaften Abgänge ein Beleg für den Druck, der auf den Offizieren lastete. Außerdem ist darauf verwiesen worden, daß wahrscheinlich die Zahl der Desertionen noch höher liegt, als aus den Listen zu entnehmen ist. Denn ein Offizier, der sich von seinem Regiment entfernte, nach einigen Wochen, zum Teil sogar Monaten aber wieder zum Regiment zurückkehrte, ist nicht in den Abgangslisten aufgeführt. In diesen sind nämlich nur die endgültigen Abgänge aufgelistet. Allerdings war der Abgang durch Desertion nicht die typische Art und Weise sich dem strengen Zugriff der Monarchen zu entziehen, die überwiegende Mehrheit der Offiziere ist mit Einwilligung von Friedrich Wilhelm I. und Friedrich II. ehrenhaft aus der Armee dimittiert.

In Bezug auf die Abgänge ergibt sich ein zentrales Ergebnis dieser Arbeit. Bei der Auswertung des bürgerlichen Anteils kann belegt werden, daß dieser nicht nur vor, sondern auch noch nach dem Siebenjährigen Krieg nicht nur in den gemeinhin als bürgerliche Domänen ausgemachten Artillerie und den Garnisontruppen, sondern auch in fast allen anderen Truppengattungen mit Ausnahme der Husaren angestiegen ist. Trotz der Geringschätzung, die Friedrich den bürgerlichen Offizieren nach 1763 entgegenbrachte, konnten sich diese offensichtlich in der Armee behaupten. Ein weiteres wichtiges Ergebnis kann in diesem Zusammenhang als These formuliert werden: Bis in den Rang eines Kapitäns bzw. Rittmeisters war auch für einen Bürgerlichen der Aufstieg möglich. Diese Feststellung kann dadurch untermauert werden, daß der bürgerliche Anteil an den genannten Dienstgraden nur unwesentlich unter dem Anteil der Bürgerlichen an den Offizierkorps insgesamt lag. Allerdings zeigt es sich, daß der Aufstieg in die Stabsoffizierränge signifikant weniger Bürgerlichen gelungen ist. Möglicherweise sollten sie von diesen Rängen, die auf höhere Kommandofunktionen zuliefen, ferngehalten werden, weil diese dem Adel reserviert bleiben sollten. Oder ihr Anteil sinkt, weil sie mit ihrer Beförderung zum Major nobiliert worden sind und damit aus ihrem alten Stand herausgehoben wurden.

Der Anstieg des bürgerlichen Anteils nach dem Siebenjährigen Krieg ist möglicherweise darauf zurückzuführen, daß Friedrich nach diesem Krieg mit den Ansprüchen an Leistung und Fachbildung der Offiziere ein Element in das Korps eingeführt hat, welches im wesentlichen auf bürgerlichen Werten und Normen basiert. Vielleicht konnte sich ein Bürgerlicher mit diesen „neuen" Ansprüchen eher arrangieren als ein adliger Offizier, der diese unter Umständen aus Standesvorurteilen ablehnte. Außerdem ist zu bedenken, nicht alle adligen Offiziere brachten von vornherein die Voraussetzungen mit, ein guter preußischer Offizier zu werden. Auch sie mußten sich bestimmte Fähigkeiten erst aneignen. Die besonderen Eigenschaften von „Bildung" und „Leistung", die darin bestanden, daß sich diese jeder Offizier und damit auch der Bürgerliche je nach seinen Fähigkeiten verschaffen bzw. nachweisen konnte, wurden wahrscheinlich von einem Teil der Adligen nicht gebilligt, die ihre Berechtigung auf den Offiziersdienst und auf die Beförderung eben nicht auf persönliche Fähigkeiten zurückführten, sondern auf ihre Standeszugehörigkeit. Ein Beharren auf dem Adelsprädikat als vorrangiges Kriterium für einen Offizier ist aus der Sicht der Adligen auch verständlich angesichts der Tatsache, daß ihnen dadurch ein Monopol auf diese Stellen eingeräumt wurde. Bürgerliche Konkurrenz um die prestigereichen und wirtschaftlich attraktiven Stellen konnte durch diesen Anspruch weitgehend ausgeschaltet werden. Bezeichnenderweise wurden die Offiziersposten in der Artillerie, die weniger Ansehen einbrachten, gleichzeitig aber hohe Ansprüche an die Fachkenntnisse der Offiziere stellten, bis zum Ende der alten Armee weitgehend den Bürgerlichen überlassen. Anders stellt sich dies für das Offizierkorps der Husaren dar. Auch wenn der Dienst bei dieser Truppe wirtschaftlich nicht so anziehend war wie der bei den Kürassieren oder den Dragonern, haben die Husaren im 18. Jahrhundert eine Entwicklung genommen, die den Dienst bei dieser Truppe in den Augen eines Adligen zu einer standesgemäßen Tätigkeit machte, was sich aus den Regimentslisten deutlich ablesen läßt. Die exklusive Inanspruchnahme des Adels für die Besetzung der Offiziersstellen ist sicherlich eine der Erklärungen dafür, daß der Offiziersdienst für einen Angehörigen dieses Standes attraktiv war und sich der Adel seit Friedrich Wilhelm I. in zunehmendem Maße in diesen Dienst begab. Aus diesem Grund haben es viele Adlige abgelehnt, daß die Eignung zum Offizier aufgrund von „Bildung" und „Leistung" beurteilt wurde. Dieser Dienst hätte dadurch nämlich für einen Adligen an Anziehungskraft verloren, weil er dann überprüfbare Voraussetzungen hätte erfüllen müssen, um Offizier zu werden und weiter befördert zu werden. Die steigenden Ansprüche an die Fachbildung haben in den folgenden Jahrzehnten das ständische Prinzip bei der Besetzung der Offiziersstellen zunehmend in Frage gestellt und letztlich die Grundlage für die später erfolgte Professionalisierung dieser militärischen Führungsschicht gelegt. Das heißt nicht, daß alle Adligen es abgelehnt hätten, sich „Bildung" anzueignen und „Leistung" zu erbringen. Diejenigen (adligen) Offiziere, die sich bis zum Untergang der altpreußischen Armee darum bemüht haben, sind allerdings deutlich in der Minderheit geblieben. Es stand im persönlichen Ermessen des einzelnen Offiziers, inwieweit er sich um eine Verbesserung seiner „Bildung" bemühte. Grundsätzlich konnte aber in einem adlig geprägten Offizierkorps bzw. den Offizierkorps der „Bildung" und der „Leistung" kein Vorrang eingeräumt werden, weil dies nicht mit der prinzipiellen Gleichrangigkeit aller Standesangehörigen vereinbar gewesen wäre. Allein das Anciennitätsprinzip war für eine von Adligen dominierte militärische Führungsschicht tolerierbar. Mit seinen Bestrebungen, „Bildung" und „Leistung" bei der Auswahl und Beförderung seiner Offiziere stärker zu berücksichtigen als zuvor, hat Friedrich die schon vorher bestehende Kluft zwischen dem monarchischen Anspruch nach „funktionierenden" Offizieren, der bereits von seinem Vater angelegt worden war, und dem adligen Selbstverständnis noch weiter vergrößert. Der Ausblick auf die kommenden Jahrzehnte zeigt, daß das sich hier entwickelnde Problem im Laufe der Zeit immer drängender wurde, was schließlich dazu führte, daß Reformen in diesem Bereich als überfällig und für den preußischen Offizier als notwendig erkannt wurden.

Neben den Grenzen, die dieser Arbeit hinsichtlich einer möglichst umfassenden Beschreibung der militärischen Führungsschicht in Preußen durch die Regimentslisten auferlegt werden, haben sich einige Desiderate ergeben. Diese harren einer zukünftigen Bearbeitung, weil ihnen im Rahmen der vorliegenden Studie nicht nachgegangen werden konnte. Besonders wünschenswert erscheinen verläßliche Angaben über den Anteil des Adels an der Gesamtbevölkerung und in den einzelnen Territorien. Wären hierzu nähere Informationen vorhanden, könnten u. a. zwei wichtige Bereiche erhellt werden. Zum einen läßt sich etwa aus den Regimentslisten ablesen, daß der Anteil der schlesischen Offiziere bereits im Untersuchungszeitraum von 1740 bis 1756 deutlich angestiegen ist. Da aber keine Zahlen darüber vorliegen, wie viele schlesische Adlige es zu dieser Zeit als potentielle Offiziersanwärter gab, kann nicht beantwortet werden, ob dieser Anstieg eine hohe oder niedrige Akzeptanz des Dienstes für den neuen Staat darstellt. Das gleiche gilt für die Zahl der Offiziere aus den anderen Territorien. Sind die vorhandenen Werte relativ hoch einzuschätzen oder sind sie eher gering zu veranschlagen? Eine Beantwortung dieser Fragen ist deshalb so wichtig, weil dies eine abschließende Beurteilung ermöglichen könnte, ob die Armee und „das" Offizierkorps in der Lage gewesen sind, die ihnen von Friedrich Wilhelm I. und Friedrich II. zugewiesene integrative Funktion für den preußischen Staat umfassend zu erfüllen. Zum zweiten fehlen fundierte Angaben über die Zahl der Adligen, wenn beantwortet werden soll, welche wirtschaftliche Bedeutung die Offiziersstellen für „den" Adel im Laufe des 18. Jahrhunderts gehabt haben.

Solange keine Angaben darüber existieren, wie viele preußische Adlige es zu bestimmten Zeitpunkten gegeben hat, kann über die zuvor genannten Fragen nur spekuliert werden. Ein weiteres Desiderat steht ebenfalls im Zusammenhang mit der wirtschaftlichen Bedeutung der Offiziersstellen für den Adel. Es wäre nämlich wünschenswert zu überprüfen, welche preußischen Adelsfamilien Offiziere gestellt haben. Waren es nur Angehörige des Niederadels, die gedient haben, oder waren es auch Angehörige aus dem Hochadel, die in die Armee eingetreten sind? In den Regimentslisten ist zwar der eine oder andere aus dieser Gruppe nachzuweisen, aber ob deren Anzahl als relativ hoch im Vergleich zu ihrem Anteil am gesamten Adel gelten kann oder ob sie eher unterdurchschnittlich in der Armee vertreten waren, läßt sich nicht ohne weiteres beantworten. Da eine relativ hohe Stellung in der Adelshierarchie nicht mit der materiellen Lage der jeweiligen Adelsfamilie gleichzusetzen ist, müßte ebenfalls untersucht werden, wie der wirtschaftliche Hintergrund der Adelsfamilien zu beschreiben ist, die die Offiziere gestellt haben. War es eher der verarmte Adel, der in die Armee ging, weil er die Offiziersstellen aus Existenzgründen benötigte, oder war es ebenso der wohlhabende Adel, der diente? Die Auswertungen der Vasallentabellen, die Frank Göse vorgenommen hat, können diese Frage nicht hinreichend klären. Angaben über den Grad der Akzeptanz wären wichtig, weil sich dadurch die Frage beantworten ließe, ob die Verpflichtung des Adels vornehmlich auf den Offiziersdienst, die vor allem Friedrich Wilhelm I. durchzusetzen versucht hatte, gelungen ist. Darüber hinaus würde dies Hinweise darauf erlauben, in welchem Maße das Ziel, welches Friedrich Wilhelm damit intendiert hatte, nämlich den Adel durch den Dienst zu erziehen, um ihn zu einer Stütze des Staates zu machen, ihn zu domestizieren bzw. zu disziplinieren, verwirklicht werden konnte.

Anknüpfend an die Auswertung des bürgerlichen Anteils muß noch einmal auf die internen Differenzierungen in diesem vermeintlich geschlossenen Offizierkorps zurückgekommen werden. Denn gerade in dieser Hinsicht hat sich gezeigt, daß es erhebliche Unterschiede zwischen den Offizierkorps der verschiedenen Truppengattungen gegeben hat. Während z. B. die Artillerie zu fast zwei Dritteln aus bürgerlichen Offizieren bestand, zählten zu den Offizierkorps der Feldinfanterie im gesamten Untersuchungszeitraum weniger als 5 % bürgerliche Offiziere. Darüber hinaus hat sich ergeben, daß der Anteil an bürgerlichen Offizieren in den verschiedenen Truppengattungen nicht konstant geblieben ist, sondern zum Teil erheblichen Schwankungen unterlag. Beispielsweise war in den Offizierkorps der Garnisonregimenter während des Siebenjährigen Krieges noch nicht einmal jeder zehnte Offizier ein Bürgerlicher. Nach dem Krieg dagegen war jeder vierte Offizier bei der Garnisontruppe kein Adliger. Ähnliches läßt sich in den Offizierkorps der Husarenregimenter beobachten. Oben ist bereits darauf verwiesen worden, daß sich auch in

Hinblick auf die landsmannschaftliche Zusammensetzung die Offizierkorps der verschiedenen Waffen- und Truppengattungen zum Teil erheblich verändert haben. Nicht nur zwischen den Truppenteilen lassen sich dabei in dieser Hinsicht deutliche Unterschiede feststellen, sondern diese Truppenteile selber haben sich im Laufe des Untersuchungszeitraumes in ihrer landsmannschaftlichen Zusammensetzung derart verändert, daß „die" Korps unter Friedrich Wilhelm I. nur noch bedingt mit denen in der spätfriderizianischen Epoche zu vergleichen sind. Daß dieser Vergleich nicht möglich ist, läßt sich auch an anderer Stelle belegen. So kann darauf verwiesen werden, daß vor dem Siebenjährigen Krieg die Regimenter im wesentlichen gleich behandelt wurden und nur die Gardeeinheiten herausgehoben waren. Nach diesem Krieg wurden sie dagegen in drei Klassen eingeteilt, was für die jeweiligen Regimenter zum Teil erhebliche Konsequenzen zur Folge hatte. Die dort dienenden Offiziere wurden zwar nicht direkt in drei Klassen eingeteilt, aber für einen Offizier, der bei einem Regiment in der niedrigsten Kategorie diente, bedeutete dies, daß er nicht die gleiche Stellung einnahm und die gleiche Behandlung erfuhr wie ein Offizier eines höhereingestuften Regiments, da dieser in gewisser Hinsicht bevorzugt wurde. Auf äußerliche Unterschiede der Offizierkorps, die sich an den Monturen festmachen lassen, und auf abweichende Kampf- und Einsatzweisen der jeweiligen Waffen- und Truppengattungen, aus denen sich ebenfalls interne Differenzen in „dem" Offizierkorps ergeben haben dürften, ist ebenfalls ausführlich hingewiesen worden.

Angesichts der vielen Differenzen, die sich durch die Auswertung der Regimentslisten und die Heranziehung anderer Belege feststellen lassen, kann das Bild von dem homogenen preußischen Offizierkorps künftig nicht im vollen Umfang Bestand haben. Den **einen** preußischen Offizier und das **eine** geschlossene Offizierkorps hat es nicht gegeben. Zwar hat es bestimmte, für alle Offiziere geltende Merkmale gegeben, auf die in dieser Arbeit mehrmals hingewiesen worden ist, aber die Analyse der Regimentslisten und anderer Quellen hat deutlich gemacht, daß der preußische Offizier nuancierter betrachtet werden muß, als dies bislang geschehen ist.

Bemerkenswert ist die Erkenntnis, daß dieses Bild, welches vielfältige und beträchtliche Differenzen und Abstufungen unter den Offizierkorps widerspiegelt, nicht mit dem Autostereo- bzw. Heterostereotyp der Offiziere übereinstimmt. Um zumindest einen eingeschränkten Einblick zu bekommen, müssen die vorliegenden persönlichen Berichte von Offizieren herangezogen und sorgsam analysiert werden. Aus diesen ist zu entnehmen, daß sie sich alle als Angehörige eines „Standes" empfanden und dabei keine wesentlichen Unterschiede zu den Offizieren anderer Regimenter oder Truppengattungen gemacht haben. Von Prittwitz z. B. skizziert während des Siebenjährigen Krieges den Typ des vorbildlichen preußischen Offiziers und dessen

Eigenschaften.[1159] Ein ähnliches Beispiel aus dieser Zeit findet sich bei v. Barsewisch.[1160] Allerdings sind dies Idealisierungen, denn bei v. Prittwitz finden sich zwei Hinweise darauf, daß sich die preußischen Offiziere hinsichtlich ihrer Einstellungen doch unterschieden und es damit auch in dieser Hinsicht nicht nur den **einen** Typ des Offiziers gegeben hat. Denn er schreibt u. a., daß „[...] *eine Menge mäßiger Offiziere von verschiedener Denkweise existierte* [...]"[1161] und *„Bei meinem Eintritt ins Regiment* [nach seiner Kriegsgefangenschaft, Anm. d. Verf.] *bemerkte ich* [...] *unter den Offizieren* [...] *so viele fremde Gesichter, mit welchen ich mich nun wieder zu verständigen hatte, daß mir doch etwas bange wurde, wie dieses bei der so großen Verschiedenheit der Temperamente und Gesinnungen am füglichsten würde geschehen können"*[1162]. Auch wenn sich damit bei einem genauen Studium der bekannten Memoiren, Tagebücher und anderen Darstellungen gewisse Persönlichkeitsmerkmale unter den Offizieren ausmachen lassen, spricht dies nicht dagegen, daß durch all diese Werke ein bestimmtes Bild des preußischen Offiziers festgehalten wird. Diese waren zwar in erster Linie nicht für die Öffentlichkeit bestimmt, sondern vor allem für die jeweiligen Nachkommen des Offiziers, trotzdem sind sie mit ihren unvermeidlichen Stilisierungen und Beschönigungen eine Selbstdarstellung des Offiziersstandes. Bezeichnend ist, daß nach dem Siebenjährigen Krieg nicht nur diese autobiographischen Zeugnisse aufkommen, sondern ebenso Biographien über verschiedene preußische Offiziere erscheinen. So wird in der Lebensbeschreibung v. Blankenburgs über General v. Seydlitz[1163], in der von Küster über General v. Saldern[1164] oder in der von Franz Ludwig Haller über General v. Lentulus[1165] das Bild vom gehorsamen, ehrenhaften und erfolgreichen preußischen Offizier gezeichnet. Die Liste dieser Beispiele ließe sich noch verlängern. Aber nicht nur an diesen Biographien läßt sich ablesen, daß es ein gewisses Bild des preußischen Offiziers gegeben hat, welches seinen Eingang auch in die Literatur gefunden hat. Das bekannteste Beispiel in dieser Hinsicht ist wohl Lessings Lustspiel „Minna von Barnhelm", dessen Hauptfigur der Major v. Tellheim ist. Vorbild für diesen Offizier war wahrscheinlich Ewald Christian v. Kleist, der in der Schlacht bei Kunersdorf tödlich verwundet worden ist.[1166] Gerade v. Kleist, der sowohl Offizier als auch Dichter war, hat durch sein tragisches

---

[1159] S. v. Prittwitz, „Ich bin ein Preuße...", S. 50.
[1160] S. v. Barsewisch, Von Roßbach bis Freiberg, S. 152.
[1161] Von Prittwitz, „Ich bin ein Preuße...", S. 75.
[1162] Von Prittwitz, „Ich bin ein Preuße...", S. 85.
[1163] S. Anmerkung 634.
[1164] S. Anmerkung 728.
[1165] Franz Ludwig Haller, Leben des Herrn Robert Scipio von Lentulus weiland Generalleutnant in Königl. Preußischen Diensten und der Bernerischen Völker (= Altpreußischer Kommiss, offiziell, offiziös und privat, Heft 43), Faksimiledruck der Ausgabe Bern 1787, mit einer Einleitung von Helmut Eckert, Osnabrück 1982.
[1166] S. Kunisch, Aufklärung und Kriegserfahrung, S. 1001.

Ende verschiedene Autoren angeregt, ihn zum Sinnbild des opferbereiten preußischen Offiziers zu wählen.[1167] So hat Thomas Abbt ihn in seinem Werk „Vom Tode für das Vaterland" mehrfach als „unsterblichen Kleist" bezeichnet und sein Opfer für das „Vaterland" in ausdrucksstarken Worten gepriesen.[1168] Daß v. Kleist für Lessing oder Abbt zum Prototyp des preußischen Offiziers geworden ist, liegt sicherlich auch daran, daß dieser in seinem schriftstellerischen Werk selber versucht hat, der Armee und ihren Offizieren ein dichterisches Denkmal zu setzen. So hat er im März 1757 eine „Ode an die preußische Armee" verfaßt[1169], in der er die heldenhafte und siegreiche Armee (*„Unüberwundnes Heer"*!) glorifizierte und Friedrich als (neuen) „Cäsar" pries. Außerdem stammen von ihm die in dichterischer Form abgefaßten Grabinschriften für den Major v. Blumenthal[1170] und den Major Christoph v. Götze[1171], in denen er das Bild des tapferen und tugendreichen preußischen Offiziers für die nachfolgenden Generationen festhielt.

Auch aus anderen Quellen ist zu entnehmen, daß in der Außenansicht der preußische Offizier homogen erschien. Besonders deutlich wird dies an der Beschreibung, die der österreichische Staatskanzler, Graf Kaunitz, 1762 in seinem „Votum über das Militare" gibt. Dieses vorwiegend österreichischen Verhältnissen gewidmete „Votum" befaßt sich eingehend mit den Finanz- und Verwaltungssorgen, die die Habsburger Monarchie wegen des Unterhalts für die Armee belasten. Im Kontrast dazu schildert er die preußischen Zustände und nennt dabei auch die Vorzüge und die Nachteile „des" preußischen Offiziers. Es ist zwar nicht ausgeschlossen, daß Graf Kaunitz damit den habsburgischen Offizieren Vorgaben machen wollte, die sich in mancherlei Hinsicht von ihren preußischen Pendants unterschieden, aber es ging ihm nicht um eine Übernahme des preußischen „Vorbilds" in die österreichische Armee. Er lobt zwar die Effektivität der preußischen Maßnahmen und Verhältnisse, zugleich kritisiert er aber scharf das Militärsystem.[1172] Die Beschreibung, die Graf Kaunitz von den preußischen Offizieren gibt, verdeutlicht, daß aus seiner Perspektive diese Offiziere relativ homogen erschienen. So schrieb er: *„Die ganze Nobleße muß dienen, in dem Avancement geschehen keine Faveurs, und die höheren Gnade werden nur durch Verdienste und*

[1167] S. dazu Ewald Christian v. Kleist, Sämtliche Werke, hrsg. von Jürgen Stenzel, Stuttgart 1980, S. 273.

[1168] S. Kunisch, Aufklärung und Kriegserfahrung, S. 621 und 649.

[1169] S. Kleist, Werke, S. 94.

[1170] Grabinschrift für Major v. Blumenthal, der am 1. Januar 1757 in einem Gefecht mit den Österreichern bei Ostritz in der Oberlausitz gefallen war: *„Witz, Einsicht, Wissenschaft, Geschmack, Bescheidenheit, Und Menschenlieb und Tapferkeit, Und alle Tugenden, vereint mit allen Gaben, Besaß der, den man hier begraben. Er starb fürs Vaterland, er starb mit Heldenmuth. Ihr Winde wehet sanft! Die heilge Asche ruht."*, Kleist, Werke, S. 113.

[1171] *„Den nicht ein grosses Heer erschreckte, das wie ein Wolckenbruch das weite Feld bedeckte, Der noch mit Heldenmuth, obschon umzingelt, stritte, Und dessen sichrer Fuss nicht eh als sterbend glitte, Den decket dieser Stein. Ihr Krieger, künfftger Zeiten, Wird Euch das Schicksal je zu seinem Grabe leiten, So naht Euch Ehrfurchts-voll, und kennt Ihr wahren Ruhm, Bewundert und verehrt, vor Euch, ein Heiligthum."*, Kleist, Werke, S. 169.

[1172] S. Graf Kaunitz, Votum, S. 37.

Anciennete erreichet [...]"[1173] und „[...] *besonders aber der Officier sich den ganzen Tag mit seinem Handwerk beschäftigen muß.*"[1174] Die besonderen Charakteristika „des" preußischen Offiziers hat ebenfalls der Militärschriftsteller Jakob Mauvillon unterstrichen, der am Ende des 18. Jahrhunderts diesen Offizier noch aus eigener Anschauung kennengelernt hat.[1175] Dieser Eindruck der Einheitlichkeit in ihrem Auftreten, den die preußischen Offiziere bei externen Beobachtern hinterließen, zeigt sich auch in einem Bericht des Franzosen Jacques Antoine Hippolyte de Guibert aus dem Jahre 1773, der im Hinweis auf die Heterogenität des österreichischen Offizierkorps die Geschlossenheit des preußischen Korps betont.[1176] Er hat beobachtet, daß die Preußen in ihrem Verhalten, ihrer Haltung und ihrem äußeren Erscheinungsbild, d. h. in allen wichtigen Merkmalen, die sich in der Außenansicht ablesen lassen, sehr geschlossen aufgetreten sind. Dieser Eindruck der Homogenität der Preußen ergibt sich vor allem durch eine Gegenüberstellung mit den Österreichern. Hier ist wohl ein wesentlicher Gesichtspunkt erfaßt, der darin besteht, daß das Bild von der Einheitlichkeit der preußischen Offiziere sehr wahrscheinlich nicht zuletzt im Vergleich mit den Offizieren anderer Armeen entstanden ist und entstehen konnte. Dieser Vergleich läßt „das" preußische Offizierkorps tatsächlich relativ homogen erscheinen. Die Relativität ergibt sich daraus, daß die Auswertung der Regimentslisten eine Innenansicht dieser Führungsschicht aufzeigt, die nicht mit diesem Bild übereinstimmt.

Diese kurze Skizzierung von Auto- und Heterostereotyp der Offiziere im Vergleich mit den Ergebnissen der Listenauswertung läßt daher folgern, daß das Bild von dem homogenen preußischen Offizierkorps seine Entstehung vor allem der Außenansicht und der Selbsteinschätzung dieser militärischen Führungsschicht verdankt. In diesem Zusammenhang noch von **dem** Offiziersstand zu sprechen verbietet sich angesichts der zuvor genannten Ergebnisse über die Heterogenität der Offizierkorps. Die Listen gestatten allenfalls, von *den* Offizierkorps der Truppengattungen oder der Regimenter zu sprechen. Die Fakten und Ergebnisse aus den Regimentslisten erlauben es, die preußischen Offiziere realistischer beurteilen zu können. In der Zusammenfassung aller Erkenntnisse, die aus den Regimentslisten und aus der Auswertung anderer Quellen gezogen werden konnten, ergibt sich, daß die Situation der Angehörigen dieser militärischen Führungsschicht höchst komplex gewesen ist und sich jeder einfachen Beschreibung entzieht. Bereits Messerschmidt hat diese Lage „des" preußischen Offiziers als *„extrem und*

[1173] Graf Kaunitz, Votum, S. 34.
[1174] Graf Kaunitz, Votum, S. 35.
[1175] S. dazu Hoffmann, Jakob Mauvillon, S. 266.
[1176] S. dazu Duffy, The Army of Maria Theresa, S. 36.

artifiziell"[1177] beschrieben. Die Offiziere standen in einem besonderen Spannungsverhältnis, weil sich in dieser Militärelite die unterschiedlichsten Anforderungen und Erwartungen schnitten. Diese bewegten sich 1. zwischen den Forderungen der Monarchen nach „funktionierenden" Offizieren, 2. den funktionalen Ansprüchen, die der Dienst und die Aufgaben in und für die Armee mitbrachten, 3. dem eigenen Selbstverständnis und 4. der gesellschaftlichen Verortung „des" Offizierkorps. Dieses Spannungsverhältnis läßt sich partiell durch die Auswertung der Regimentslisten aufzeigen, kann dadurch doch der Anspruch an der Wirklichkeit, der äußere Schein an der inneren Befindlichkeit, gemessen werden. Dies ist erst dadurch möglich, daß dem kollektivbiographischen Ansatz folgend andere Quellen in die Untersuchung der Regimentslisten einbezogen wurden. Die Gegenüberstellung und der Vergleich der Ergebnisse, die sich daraus gewinnen lassen, hinterlassen ein in Teilbereichen widersprüchliches Bild. Es zeigt sich, daß der Ausgleich zwischen den Ansprüchen und den Realitäten zum Teil nur unzureichend oder unter großen Schwierigkeiten bewerkstelligt werden konnte. Daraus hat sich das besondere Spannungsverhältnis ergeben, in welchem sich die preußischen Offiziere befanden. Die Analyse der Sozialstruktur dieser Führungsschicht, die in Teilbereichen durch die Auswertung der Regimentslisten ermöglicht worden ist, gewährt einen Einblick in ihre besondere Position und schafft die Voraussetzung für eine realistischere Sicht auf die Offiziere der preußischen Armee im 18. Jahrhundert.

[1177] Messerschmidt, Werden und Prägung, S. 40.

Abkürzungsverzeichnis

FBPG = Forschungen zur Brandenburgischen und Preußischen Geschichte

FBPG, NF = Forschungen zur Brandenburgischen und Preußischen Geschichte, Neue Folge

HZ = Historische Zeitschrift

MGM = Militärgeschichtliche Mitteilungen

VSWG = Vierteljahrschrift für Sozial- und Wirtschaftsgeschichte

ZfHU = Zeitschrift für Heeres- und Uniformkunde

ZfH = Zeitschrift für Heereskunde

ZHF = Zeitschrift für Historische Forschung

Quellen- und Literaturverzeichnis

Quellen:

Acta Borussica, Denkmäler der Preußischen Staatsverwaltung im 18. Jahrhundert. A.: Die Behördenorganisation und die allgemeine Staatsverwaltung Preußens im 18. Jahrhundert, Bd. 1 - 15, Berlin 1896 - 1936, Bd. 16, 1 und 16, 2 Hamburg, Berlin 1970/82.

Acta Borussica (Ergänzungsband), Die Briefe König Friedrich Wilhelms I. an den Fürsten Leopold zu Anhalt-Dessau 1704 - 1740, bearbeitet von Otto Krauske, Berlin 1905.

Allgemeines Landrecht für die Preußischen Staaten von 1794. Textausgabe, mit einer Einführung von Hans Hattenhauer und einer Bibliographie von Günther Bernert, Frankfurt a. M., Berlin 1970.

Bardong, Otto (Hrsg.), Friedrich der Große (= Ausgewählte Quellen zur deutschen Geschichte der Neuzeit, Freiherr vom Stein-Gedächtnisausgabe, Bd. 22), Darmstadt 1982.

Buschmann, Arno (Hrsg.), Kaiser und Reich. Klassische Texte und Dokumente zur Verfassungsgeschichte des Heiligen Römischen Reiches Deutscher Nation vom Beginn des 12. Jahrhunderts bis zum Jahre 1806, München 1984.

Dietrich, Richard (Hrsg.), Die politischen Testamente der Hohenzollern (= Veröffentlichungen aus den Archiven Preußischer Kulturbesitz, Bd. 20), Köln, Wien 1986.

Friedrich der Große, Die politischen Testamente, übersetzt von Friedrich v. Oppeln-Bronikowski, Berlin 1922.

Gieraths, Günther, Die Kampfhandlungen der brandenburgisch-preußischen Armee 1626 - 1807. Ein Quellenhandbuch (= Veröffentlichungen der Historischen Kommission zu Berlin beim Friedrich-Meinecke-Institut der Freien Universität Berlin, Bd. 8), Berlin 1964.

König, Anton Balthasar, Biographisches Lexikon aller Helden und Militairpersonen, welche sich in Preussischen Diensten berühmt gemacht haben, 4 Bde., Berlin 1788 - 1791.

-, Staatsbibliothek Berlin (PK) Berlin, Ms. Boruss., Folio Nr. 311-316 (Armeelisten-Abschriften des Anton Balthasar König, Bde. 1 - 6); als Fotokopien im Staatsarchiv Münster, Materialiensammlung, vorliegend; hier registriert (a., b.) Memorialschreibwerk, Abschrift.

Kneschke, Ernst Heinrich v. (Hrsg.), Neues allgemeines deutsches Adels-Lexicon, Bd. 1 - 9, Leipzig 1859 - 70.

Krug, Leopold, Topographisch-statistisch-geographisches Wörterbuch der sämmtlichen preußischen Staaten oder Beschreibung aller Provinzen, Kreise, Distrikte, Städte, Aemter, Flecken, Dörfer, Vorwerke, Flüsse, Seen, Berge, u. u. in den preußischen Staaten, 13 Bde., Halle 1796 - 1803.

Ledebur, Adalbert v., Adelslexicon der preußischen Monarchie, Bd. 1 - 3, Berlin 1855.

Meyers Orts- und Verkehrslexikon des Deutschen Reichs, Leipzig 1935[6].

Preuß, Johann David Erdmann (Hrsg.), Oeuvres de Frédéric le Grand, 30 Bde., Berlin 1846-57.

Reglement vor die Königl. Preußische Infanterie von 1726, Faksimiledruck der Ausgabe von 1726 mit einer Einleitung von Hans Bleckwenn (= Bibliotheca Rerum Militarium. Quellen und Darstellungen zur Militärwissenschaft und Militärgeschichte, Bd. 4), Osnabrück 1968.

Reglement für die Königl. Preußische Infanterie, Faksimiledruck der Ausgabe Berlin 1743 (= Altpreußischer Kommiss, offiziell, offiziös und privat, Heft 31 und 32), Osnabrück 1976.

Reglement für die Königl. Preußischen Garnison-Regimenter Infanterie, Faksimiledruck der Ausgabe Berlin 1743 (= Altpreußischer Kommiss, offiziell, offiziös und privat, Heft 33 und 34), Osnabrück 1976.

Reglement für die Königl. Preußischen Kavallerie-Regimenter, Faksimiledruck der Ausgabe Berlin 1743 (= Altpreußischer Kommiss, offiziell, offiziös und privat, Heft 35 und 36), Osnabrück 1976.

Reglement für die Königl. Preußischen Dragoner-Regimenter, Faksimiledruck der Ausgabe Berlin 1743 (= Altpreußischer Kommiss, offiziell, offiziös und privat, Heft 37 und 38), Osnabrück 1976.

Reglement für die Königl. Preußischen Husaren-Regimenter, Faksimiledruck der Ausgabe Berlin 1743 (= Altpreußischer Kommiss, offiziell, offiziös und privat. Heft 39 und 40), Osnabrück 1976.

Seyfarth, Johann Gottfried, Geschichte und Nachrichten von dem königl. Preußischen Infanterieregimente Fürst Franz Adolph von Anhalt-Bernburg von der Zeit seiner Stiftung bis zum 18. August des Jahres 1767 (= Altpreußischer Kommiss, offiziell, offiziös und privat, Heft 10), mit einer Einführung von Hans Bleckwenn, Neudruck der Ausgabe Halle 1767, Osnabrück 1974.

-, Geschichte und Nachrichten von dem königl. preußischen Infanterie-Regimente Friedrich August von Braunschweig von der Zeit der Stiftung bis zum 1. April des Jahres 1767 (= Altpreußischer Kommiss, offiziell, offiziös und privat, Heft 11), mit einer Einführung von Hans Bleckwenn, Neudruck der Ausgabe Halle 1767, Osnabrück 1975.

-, Geschichte und Nachrichten von dem königl. preußischen Füsilier-Regimente von Kleist, von der Zeit der Stiftung bis zum 1. Juli des Jahres 1767 (= Altpreußischer Kommiss, offiziell, offiziös und privat, Heft 12), mit einer Einführung von Hans Bleckwenn, Neudruck der Ausgabe Halle 1767, Osnabrück 1975.

-, Geschichte und Nachrichten von dem königl. preußischen Füsilier-Regimente von Lossow von der Zeit der Stiftung bis zum 31.Dezember des Jahres 1766 (= Altpreußischer Kommiss, offiziell, offiziös und privat, Heft 13), mit einer Einführung von Hans Bleckwenn, Neudruck der Ausgabe Halle 1767, Osnabrück 1982.

-, Geschichte und Nachrichten von dem königl. preußischen Füsilier-Regimente von Brietzke von der Zeit der Stiftung bis zum 28. August des Jahres 1766 (= Altpreußischer Kommiss, offiziell, offiziös und privat, Heft 14), mit einer Einführung von Hans Bleckwenn, Neudruck der Ausgabe Halle 1767, Osnabrück 1986.

Das Gelehrte Teutschland oder Lexikon der jetzt lebenden teutschen Schriftsteller, angefangen von Georg Christoph Hamberger, fortgeführt von Johann Georg Meusel, Bd. IV., Nachdruck der 5. Auflage Lemgo 1797, Hildesheim 1965.

Literatur:

Allergnädigster Vater. Dokumente aus der Jugendzeit Friedrichs II., hrsg., mit einem Vorwort und mit Einführungen zu den Kapiteln versehen von Frank Schumann, Berlin 1989.

Allmayer-Beck, Johann Christoph, Die friderizianische Armee im Spiegel ihrer österreichischen Gegner, in: Oswald Hauser (Hrsg.), Friedrich der Große in seiner Zeit (= Neue Forschungen zur Brandenburg-Preußischen Geschichte, Bd. 8), Köln, Wien 1987, S. 33 - 54.

-, Wandlungen im Heerwesen zur Zeit Maria Theresias, in: Maria Theresia. Beiträge zur Geschichte des Heerwesens ihrer Zeit (= Schriften des Heeresgeschichtlichen Museums in Wien, Bd. 3), Graz, Köln, Wien 1967, S. 7 - 24.

Alt, Geschichte der Königl. Preußischen Kürassiere und Dragoner seit 1619 resp. 1631 - 1871, Nachdruck der Ausgabe Berlin 1870, Krefeld 1970.

Anderson, Matthew Smith, War and Society in Europe of the Old Regime 1618 - 1789, Leicester 1988.
-, The War of the Austrian Succession, 1740-1748, London, New York 1995.
Anonymus, Materialien zur Geschichte des Ersten Schlesischen Krieges. Auszüge aus dem Tagebuche eines Offiziers der Armee Friedrich's [sic!] des Großen, in: Zeitschrift für Kunst, Wissenschaft und Geschichte des Krieges, 1855, 2. Heft, S. 32 - 113.
Anonymus, Tagebuch eines Preußischen Offiziers über die Feldzüge von 1756 bis 1763, in: Gottlob Naumann (Hrsg.), Sammlung ungedruckter Nachrichten, so die Geschichte der Feldzüge der Preußen von 1740 bis 1779 erläutern, Teil II., Dresden 1782.
Apel, Max, Der Werdegang des preußischen Offizierkorps bis 1806 und seine Reorganisation, Oldenburg 1913.
Archenholtz, Johann Wilhelm v., Geschichte des Siebenjährigen Krieges, umgearbeitet von Max v. Duvernoy, Neudruck der Ausgabe Leipzig 1911 erweitert durch den Aufsatz „Gemälde der preußischen Armee vor und im siebenjährigen Kriege", Osnabrück 1982.
Ardenne, Armand v., Geschichte des Zietenschen Husaren-Regiments, Berlin 1874.
Aretin, Karl Otmar v., Der Aufgeklärte Absolutismus als europäisches Problem, in: Derselbe, Der Aufgeklärte Absolutismus, S. 11 - 51.
- (Hrsg.), Der Aufgeklärte Absolutismus, Köln 1974.
Arnim-Muskau, Hermann v., Märkischer Adel. Versuch einer sozialgeschichtlichen Betrachtung anhand von Lebensbildern von Herren und Grafen von Arnim, Bonn 1986.
Asbrand gen. v. Porbeck, Viktor, Geschichte des Garde-Fuß-Artillerie-Regiments, seiner Stammtruppenteile und Stämme, Bd. 1, Berlin 1885.
Asch, Ronald G., The Thirty Years War. The Holy Roman Empire and Europe 1618-1648, New York 1997.
Aubin, Hermann und **Wolfgang Zorn** (Hrsg.), Handbuch der deutschen Wirtschafts- und Sozialgeschichte, Bd. 1: Von der Frühzeit bis zum Ende des 18. Jahrhunderts, Stuttgart 1971.
Augstein, Rudolf, Preußens Friedrich und die Deutschen, Frankfurt a. M. 1968.
Backmann, Sibylle und **Hans-Jörg Künast, Sabine Ullmann, B. Ann Tlusty** (Hrsg.), Ehrkonzepte in der Frühen Neuzeit. Identitäten und Abgrenzungen (= Colloquia Augustana, Bd. 8), Berlin 1998.
Backmann, Sibylle und **Hans-Jörg Künast**, Einführung, in: Backmann/Künast/Ullmann/Tlusty (Hrsg.), Ehrkonzepte, S. 13 - 23.
Barsewisch, Ernst Friedrich Rudolf v., Von Roßbach bis Freiberg 1757 - 1763. Tagebuchblätter eines friderizianischen Fahnenjunkers und Offiziers, neu herausgegeben, kommentiert und bearbeitet von Jürgen Olmes, Neudruck der Ausgabe von 1863, Krefeld 1959.
Baumgart, Peter, Der Adel Brandenburg-Preußens im Urteil der Hohenzollern des 18. Jahrhunderts, in: Rudolf Endres (Hrsg.), Adel in der Frühneuzeit. Ein regionaler Vergleich, Köln, Wien 1991, S. 141 - 161.
-, Friedrich der Große als europäische Gestalt, in: Johannes Kunisch (Hrsg.), Analecta Fridericiana, Berlin 1987, S. 9 - 31.
-, Zur Geschichte der kurmärkischen Stände im 17. und 18. Jahrhundert, in: Otto Büsch und Wolfgang Neugebauer (Hrsg.), Moderne Preußische Geschichte 1648 - 1947. Eine Anthologie (= Veröffentlichungen der Historischen Kommission zu Berlin, Bd. 52, 1-3/Forschungen zur Preußischen Geschichte), Berlin, New York 1981, Bd. 2, S. 511 - 540. Erstmals erschienen in: Dietrich Gerhard (Hrsg.), Ständische Vertretungen in Europa im 17. und 18. Jahrhundert (= Veröffentlichungen des Max-Planck-Instituts für Geschichte, Bd. 27), Göttingen 1969, 2., unveränderte Auflage, Göttingen 1974, S. 131 – 161.
- (Hrsg.), Ständetum und Staatsbildung in Brandenburg-Preußen (= Veröffentlichungen der Historischen Kommission zu Berlin, Bd. 55), Berlin 1983.

-, Ständetum und Staatsbildung in Brandenburg-Preußen. Zur Einführung und Problemstellung, in: Derselbe, Ständetum und Staatsbildung, S. 3 - 15.

-, Tendenzen der spätfriderizianischen Verwaltung im Spiegel der Acta Borussica, in: Acta Borussica, Bd. 16, 2, S. XXI - XXXVII.

Berdahl, Robert M., Preußischer Adel: Paternalismus als Herrschaftssystem, in: Hans-Jürgen Puhle und Hans-Ulrich Wehler (Hrsg.), Preußen im Rückblick (= Geschichte und Gesellschaft, Sonderheft 6), Göttingen 1980, S. 123 - 145.

Berenhorst, Georg Heinrich v., Betrachtungen über die Kriegskunst (= Bibliotheca Rerum Militarium. Quellen und Darstellungen zur Militärwissenschaft und Militärgeschichte, Bd. XXXVIII, 1 und 2), Neudruck der 3. Auflage Leipzig 1827, Osnabrück 1978.

-, Aus dem Nachlaß, hrsg. von Eduard v. Bülow, Bd. 1, Dessau 1845.

Berghaus, Karl, Münster und seine Bewohner 1803-1810, bearbeitet von Peter Werland, Münster 1925.

Bethke, Erhard (Hrsg.), Friedrich der Große. Herrscher zwischen Tradition und Fortschritt, Gütersloh 1985.

Bibliographie Friedrich der Große 1786-1986. Das Schrifttum des deutschen Sprachraums und der Übersetzungen aus Fremdsprachen, bearbeitet von Herzeleide Henning und Eckart Henning, Berlin, New York 1988.

Birtsch, Günther, Der preußische Hochabsolutismus und die Stände, in: Peter Baumgart (Hrsg.), Ständetum und Staatsbildung in Brandenburg-Preußen (= Veröffentlichungen der Historischen Kommission zu Berlin, Bd. 55), Berlin 1983, S. 389 - 408.

-, Die preußische Sozialverfassung im Spiegel des Allgemeinen Landrechts für die preußischen Staaten von 1794, in: Jörg Wolff (Hrsg.), Das Preußische Allgemeine Landrecht. Politische, rechtliche und soziale Wechsel- und Fortwirkungen (= Motive-Texte-Materialien, Bd. 70), Heidelberg 1995, S. 133 - 147.

Black, Hans, Die Grundzüge der Beförderungsordnungen, in: Hans Meier-Welcker (Hrsg.), Untersuchungen zur Geschichte des Offizierkorps. Anciennität und Beförderung nach Leistung (= Beiträge zur Militär- und Kriegsgeschichte, Bd. 4), Stuttgart 1962, S. 65 - 151.

Blaich, Fritz, Die Epoche des Merkantilismus. Sozial- und Wirtschaftsgeschichte, Wiesbaden 1973.

Blankenburg, Friedrich v., Charakter und Lebensgeschichte des Herrn von Seydlitz - Preußischen Generals der Kavallerie (= Altpreußischer Kommiss, offiziell, offiziös und privat, Heft 29), mit einer Einleitung von Helmut Eckert, Neudruck der Ausgabe Leipzig 1797, Osnabrück 1988.

Blasius, Dirk (Hrsg.), Preußen in der deutschen Geschichte, Königstein/Ts. 1980.

Bleckwenn, Hans, Bauernfreiheit durch Wehrpflicht - ein neues Bild der altpreußischen Armee, in: Friedrich der Große und das Militärwesen seiner Zeit (= Vorträge zur Militärgeschichte, Bd. 8), Herford, Bonn 1987, S. 55 - 72.

-, Zur Herkunft und soziologischen Gruppierung des altpreußischen Artillerie-Personals, in: Zeitschrift für Heeres- und Uniformkunde, 1959, Nr. 162, S. 55 - 59.

-, Altpreußischer Militär- und Landadel. Zur Frage ihrer angeblichen Interessengemeinschaft im Kantonwesen, in: Zeitschrift für Heereskunde, 49. Jg., 1985, S. 93 - 95.

-, Die Regimenter der Kaiserin, in: Maria Theresia. Beiträge zur Geschichte des Heerwesens ihrer Zeit (= Schriften des Heeresgeschichtlichen Museums in Wien, Bd. 3), Graz, Köln, Wien 1967, S. 25 - 53.

-, Die friderizianischen Uniformen 1753 - 1786, 4 Bde., Osnabrück 1987[2].

-, Unter dem Preußen-Adler. Das brandenburgisch-preußische Heer 1640-1807, unveränderte Neuauflage der Ausgabe München 1978, Paderborn 1989.

366

Breuer, Stefan, Sozialdisziplinierung. Probleme und Problemverlagerungen eines Konzepts bei Max Weber, Gerhard Oestreich und Michel Foucault, in: Christoph Sachße und Florian Tennstedt (Hrsg.), Soziale Sicherheit und soziale Disziplinierung. Beiträge zu einer historischen Theorie der Sozialpolitik, Frankfurt a. M. 1986, S. 45 - 69.

Bröckling, Ulrich, Disziplin. Soziologie und Geschichte militärischer Gehorsamsproduktion, München 1997.

- / **Michael Sikora** (Hrsg.), Armeen und ihre Deserteure. Vernachlässigte Kapitel einer Militärgeschichte der Neuzeit, Göttingen 1998.

Brunner, Otto und **Werner Conze** und **Reinhart Koselleck** (Hrsg.), Geschichtliche Grundbegriffe. Historisches Lexikon zur politisch-sozialen Sprache in Deutschland, Bd. 1 - 7, Stuttgart 1972 - 1992.

Busch, Michael, Der Bauer als Soldat. Ein gescheitertes Konzept der Heeresaufbringung? in: Ralf Pröve (Hrsg.), Klio in Uniform? Probleme und Perspektiven einer modernen Militärgeschichte der Frühen Neuzeit, Köln, Weimar, Wien 1997, S. 143 - 166.

Büsch, Otto, Militärsystem und Sozialleben im alten Preußen 1713 - 1807. Die Anfänge der sozialen Militarisierung der preußischen-deutschen Gesellschaft (= Veröffentlichungen der Berliner Historischen Kommission beim Friedrich-Meinecke-Institut der Freien Universität Berlin, Bd. 7), Berlin 1962.

- / **Wolfgang Neugebauer** (Hrsg.), Moderne Preußische Geschichte 1648 - 1947. Eine Anthologie (= Veröffentlichungen der Historischen Kommission zu Berlin, Bd. 52, 1-3/Forschungen zur Preußischen Geschichte), Berlin, New York 1981.

Burkhardt, Johannes, Der Dreißigjährige Krieg, Frankfurt a. M. 1992.

-, Die Friedlosigkeit der Frühen Neuzeit. Grundlegung einer Theorie der Bellizität Europas, in: Zeitschrift für Historische Forschung, 24. Jg., 1997, S. 509 - 574.

Carsted, Samuel, Zwischen Schwert und Pflugschar: Ausgewählter Nachdruck der „Atzendorfer Chronik", bearbeitet von Eduard Stegemann, ausgewählt und eingeleitet von Jürgen Kloosterhuis (= Quellen und Schriften zur Militärgeschichte, Bd. 3), Nachdruck der Ausgabe Magdeburg 1928, Paderborn 1989.

Carsten, Francis Ludwig, Geschichte der preußischen Junker, Frankfurt a. M. 1988.

Childs, John, Armies and warfare in Europe 1648 - 1789, New York 1982.

Conrads, Norbert, Ritterakademien der Frühen Neuzeit. Bildung als Standesprivileg im 16. und 17. Jahrhundert (= Schriftenreihe der Historischen Kommission bei der Bayerischen Akademie der Wissenschaften, Bd. 21), Göttingen 1982.

Corni, Gustavo, Der Adel, in: Jürgen Ziechmann (Hrsg.), Panorama der Fridericianischen Zeit. Friedrich der Große und seine Epoche, Bremen 1985, S. 507 - 511.

Crousaz, Adolf v., Geschichte des Königlich Preußischen Kadetten-Corps nach seiner Entstehung, seinem Entwicklungsgange und seinen Resultaten, Berlin 1857.

-, Das Offizier-Corps der preußischen Armee nach seiner historischen Entwicklung, seiner Eigentümlichkeit und seinen Leistungen, Halle a. S. 1876.

Delbrück, Hans, Geschichte der Kriegskunst im Rahmen der politischen Geschichte, 4. Teil: Neuzeit, photomechanischer Nachdruck der ersten Auflage Berlin 1920, mit einer Einleitung von Otto Haintz, Berlin 1962.

Demeter, Karl, Das Deutsche Offizierkorps in Gesellschaft und Staat 1650 - 1945, zweite, neubearbeitete und wesentlich erweiterte Auflage des 1930 erschienenen Werkes „Das Deutsche Offizierkorps in seinen historisch-soziologischen Grundlagen", Frankfurt a. M. 1962.

Dieners, Peter, Das Duell und die Sonderrolle des Militärs. Zur preußisch-deutschen Entwicklung von Militär- und Zivilgewalt im 19. Jahrhundert, Berlin 1992.

Dijon v. Monteton, Ernst August Wilhelm, Geschichte des Kgl. Preuß. Sechsten Kürassier-Regiments gen. Kaiser von Rußland, Brandenburg 1842.

Dinges, Martin, Die Ehre als Thema der historischen Anthropologie. Bemerkungen zur Wissenschaftsgeschichte und zur Konzeptualisierung, in: Klaus Schreiner und Gerd Schwerhoff (Hrsg.), Verletzte Ehre. Ehrkonflikte in Gesellschaften des Mittelalters und der Frühen Neuzeit, Köln, Weimar, Wien 1995, S. 29 - 62.

Dollinger, Hans, Friedrich II. von Preußen. Sein Bild im Wandel von zwei Jahrhunderten, München 1986.

Droysen, Johann Gustav, York von Wartenburg. Ein Leben preußischer Pflichterfüllung, Reprint, Essen 1996.

Duchhardt, Heinz, Friedenssicherung im Jahrhundert nach dem Westfälischen Frieden, in: Manfred Spieker (Hrsg.), Friedenssicherung. Historische, politikwissenschaftliche und militärische Perspektiven, Bd. 3, Münster 1989, S. 11 - 18.

-, (Hrsg.), Politische Testamente und andere Quellen zum Fürstenethos der frühen Neuzeit (= Ausgewählte Quellen zur deutschen Geschichte der Neuzeit, Freiherr vom Stein-Gedächtnisausgabe, Bd. 18), Darmstadt 1987.

Duffy, Christopher, The Army of Frederick the Great, Chicago 1996[2].

-, The Army of Maria Theresa. The Armed Forces of Imperial Austria, 1740-1780, Doncaster 1990.

-, Friedrich der Große. Ein Soldatenleben, Zürich 1986, Sonderausgabe 1991.

Eckert, Helmut, 5 ostpreußische Offiziere in friderizianischer Zeit. Die Brüder von Bronsart, in: Zeitschrift für Heereskunde, 42. Jg., 1978, S. 21 - 26.

Ehlert, Hans, Ursprünge des modernen Militärwesens. Die nassauisch-oranischen Heeresreformen, in: Militärgeschichtliche Mitteilungen, 38. Jg., 1985, S. 27 - 56.

Eichberg, Henning, Geometrie als barocke Verhaltensnorm, in: Zeitschrift für Historische Forschung, 4. Jg., 1977, S. 17 - 50.

Elias, Norbert, Die höfische Gesellschaft. Untersuchungen zur Soziologie des Königtums und der höfischen Aristokratie, mit einer Einleitung: Soziologie und Geschichtswissenschaft, Frankfurt a. M. 1989[4].

Endres, Rudolf (Hrsg.), Adel in der Frühneuzeit. Ein regionaler Vergleich, Köln, Wien 1991.

Fiedler, Siegfried, Kriegswesen und Kriegführung im Zeitalter der Kabinettskriege (= Heerwesen der Neuzeit, hrsg. von Georg Ortenburg, Abteilung II, Das Zeitalter der Kabinettskriege, Bd. 2), Koblenz 1986.

Flügel, Axel, Wirtschaftsbürger oder Bourgeois? Kaufleute, Verleger und Unternehmer in der Gesellschaft des Ancien Régimes, in: Hans-Jürgen Puhle (Hrsg.), Bürger in der Gesellschaft der Neuzeit. Wirtschaft-Politik-Kultur (= Bürgertum. Beiträge zur europäischen Gesellschaftsgeschichte, Bd. 1), Göttingen 1991, S. 107 - 132.

Fontane, Theodor, Wanderungen durch die Mark Brandenburg. Zweiter Teil: Das Oderland, Neudruck der dritten Auflage von 1880, Frankfurt a. M. 1989.

Foucault, Michel, Überwachen und Strafen. Die Geburt des Gefängnisses, Frankfurt a. M. 1991[9].

Friccius, Carl, Geschichte des deutschen, insbesondere des preußischen Kriegsrechts, Berlin 1848.

Friedländer, Gottlieb, Die königliche Allgemeine Kriegsschule und das höhere Militärbildungswesen 1765-1813, Berlin 1854.

Friedrich II., Des Königs von Preussen Majestät Unterricht von der Kriegs-Kunst an seine Generals, Neudruck der Ausgabe Frankfurt und Leipzig 1761, Leipzig 1941.

-, Militärische Schriften, erläutert und mit Anmerkungen versehen durch A. v. Taysen, Berlin 1882.

Friedrich, Gerhard, Fontanes preußische Welt. Armee-Dynastie-Staat, Herford 1988.

Fürbringer, Christoph, Necessitas und Libertas. Staatsbildung und Landstände im 17. Jahrhundert in Brandenburg (= Erlanger Historische Studien, Bd. 10), Frankfurt a. M., Bern, New York 1985.

Fuhrmann, Horst, Pour le Mérite. Über die Sichtbarmachung von Verdiensten. Eine historische Besinnung, Sigmaringen 1992.

Gablentz, Otto Heinrich v. d., Das preußisch-deutsche Offizierkorps, in: Schicksalsfragen der Gegenwart. Handbuch politisch-historischer Bildung, hrsg. vom Bundesministerium für Verteidigung, Bd. 3: Über das Verhältnis der zivilen und militärischen Gewalt, Tübingen 1958, S. 47 - 71.

Gall, Lothar, Von der ständischen zur bürgerlichen Gesellschaft (= Enzyklopädie deutscher Geschichte, Bd. 25), München 1993.

Gelderen, Martin van, Holland und das Preußentum. Justus Lipsius zwischen niederländischem Aufstand und brandenburg-preußischem Absolutismus, in: Zeitschrift für Historische Forschung, 23. Jg., 1996, S. 29 - 56.

Gembruch, Werner, Struktur des preußischen Staates und außenpolitische Situation zu Beginn der Herrschaft Friedrichs des Großen, in: Derselbe, Staat und Heer, S. 187 - 206. Erstmals erschienen in: Friedrich der Große und das Militärwesen seiner Zeit (= Vorträge zur Militärgeschichte, hrsg. vom Militärgeschichtlichen Forschungsamt, Bd. 3), Herford, Bonn 1982, S. 41 – 61.

-, Zur Diskussion um Heeresverfassung und Kriegführung in der Zeit vor der Französischen Revolution, in: Derselbe, Staat und Heer, S. 239 - 256. Erstmals erschienen in: Wolfgang von Groote und Klaus-Jürgen Müller (Hrsg.), Napoleon I. und das Militärwesen seiner Zeit, Freiburg 1968, S. 9 – 35.

-, Menschenführung im preußischen Heer von Friedrich dem Großen bis 1806, in: Derselbe, Staat und Heer, S. 169 - 186. Erstmals erschienen in: Menschenführung im Heer (= Vorträge zur Militärgeschichte, hrsg. vom Militärgeschichtlichen Forschungsamt, Bd. 3), Herford, Bonn 1982, S. 41 – 61.

-, Staat und Heer. Ausgewählte historische Studien zum ancien régime, zur Französischen Revolution und zu den Befreiungskriegen, hrsg. von Johannes Kunisch (= Historische Forschungen, Bd. 40) Berlin 1990.

Gerhard, Hans-Jürgen und Karl Heinrich Kaufhold (Hrsg.), Preise im vor- und frühindustriellen Deutschland. Grundnahrungsmittel (= Göttinger Beiträge zur Wirtschafts- und Sozialgeschichte, Bd. 15), Göttingen 1990.

Göse, Frank, Die Struktur des kur- und neumärkischen Adels im Spiegel der Vasallentabellen des 18. Jahrhunderts, in: Forschungen zur Brandenburgischen und Preußischen Geschichte, Neue Folge, 2. Band 1992 (Der ganzen Reihe 57. Bd.), S. 25 - 46.

-, Zwischen Garnison und Rittergut. Aspekte der Verknüpfung von Adelsforschung und Militärgeschichte am Beispiel Brandenburg-Preußens, in: Ralf Pröve (Hrsg.), Klio in Uniform? Probleme und Perspektiven einer modernen Militärgeschichte der Frühen Neuzeit, Köln, Weimar, Wien 1997, S. 109 - 142.

Griebel, Rolf Eberhard, Historische Studien zu Gotthold Ephraim Lessings „Minna von Barnhelm oder das Soldatenglück". Das Lustspiel - ein kritisches Zeitbild des friderizianischen Preußens, Diss. Phil, Ansbach 1978.

Groehler, Olaf, Das Heerwesen in Brandenburg und Preußen von 1640 bis 1806, 3 Bde., Bd. 1: Das Heerwesen, Berlin 1993.

Grünhagen, Colmar und **Franz Wachter** (Hrsg.), Das Kriegsgericht wegen der Kapitulation von Breslau 1758 (= Scriptores Rerum Silesiacarum, Bd. 15), Breslau 1895.

Guddat, Martin, Kanoniere, Bombardiere, Pontoniere. Die Artillerie Friedrichs des Großen, Herford, Bonn 1992.

Gugger, Rudolf, Preußische Werbungen in der Eidgenossenschaft im 18. Jahrhundert (= Quellen und Forschungen zur Brandenburgischen und Preußischen Geschichte, Bd. 12), Berlin 1997.

Guttandin, Friedhelm, Das paradoxe Schicksal der Ehre. Zum Wandel der adeligen Ehre und zur Bedeutung von Duell und Ehre für den monarchischen Zentralstaat (= Schriften zur Kultursoziologie, Bd. 13), Berlin 1993.

- (Hrsg.): Soziologie der Ehre, Hagen 1989.

Hagemann, Karen, Militär, Krieg und Geschlechterverhältnisse. Untersuchungen, Überlegungen und Fragen zur Militärgeschichte der Frühen Neuzeit, in: Ralf Pröve (Hrsg.), Klio in Uniform? Probleme und Perspektiven einer modernen Militärgeschichte der Frühen Neuzeit, Köln, Weimar, Wien 1997, S. 35 - 88.

Hahlweg, Werner, Die Heeresreform der Oranier und die Antike, Berlin 1941.

- (Hrsg.), Die Heeresreform der Oranier. Das Kriegsbuch des Grafen Johann von Nassau-Siegen, Wiesbaden 1973.

Hahn, Peter Michael, Aristokratisierung und Professionalisierung. Der Aufstieg der Obristen zu einer militärischen und höfischen Elite in Brandenburg-Preußen von 1650-1725, in: Forschungen zur Brandenburgischen und Preußischen Geschichte, Neue Folge, 1. Band 1991 (Der ganzen Reihe 56. Band), S. 161 - 208.

Haller, Franz Ludwig, Leben des Herrn Robert Scipio von Lentulus weiland Generalleutnant in Königl. Preußischen Diensten und der Bernerischen Völker (= Altpreußischer Kommiss, offiziell, offiziös und privat, Heft 43), Faksimiledruck der Ausgabe Bern 1787, mit einer Einleitung von Helmut Eckert, Osnabrück 1982.

Hanne, Wolfgang, „Meine Herren Brüder und Söhne" - Das altpreußische Offizierkorps unter König Friedrich Wilhelm I. (1713 - 1740), in: Zeitschrift für Heereskunde, 57. Jg., 1993, S. 5 - 10.

Hansen, Ernst Willi, Zur Problematik einer Sozialgeschichte des deutschen Militärs im 17. und 18. Jahrhundert, in: Zeitschrift für Historische Forschung, 6. Jg., 1979, S. 425 - 460.

Harms, Detlev, Das Edikt von Potsdam vom 29. Oktober 1685. Die Integration und der soziale Aufstieg von Ausländern in der preußischen Armee des 17. und 18. Jahrhunderts, in: Bernhard R. Kroener (Hrsg.), Potsdam. Staat, Armee, Residenz in der preußisch-deutschen Militärgeschichte, Frankfurt a. M., Berlin 1993, S. 159 - 171.

Harnisch, Helmut, Preußisches Kantonsystem und ländliche Gesellschaft. Das Beispiel der mittleren Kammerdepartements, in: Bernhard R. Kroener und Ralf Pröve (Hrsg.), Krieg und Frieden. Militär und Gesellschaft in der Frühen Neuzeit, Paderborn, München, Wien, Zürich 1996, S. 137 - 165.

Hartung, Fritz, Der Aufgeklärte Absolutismus, in: Karl Otmar v. Aretin (Hrsg.), Der Aufgeklärte Absolutismus, Köln 1974, S. 54 - 76.

-, König Friedrich Wilhelm I. von Preußen, in: Derselbe, Staatsbildende Kräfte, S. 123 - 148.

-, Staatsbildende Kräfte der Neuzeit. Gesammelte Aufsätze, Berlin 1961.

-, Staatsverfassung und Heeresverfassung, in: Derselbe, Volk und Staat in der deutschen Geschichte. Gesammelte Abhandlungen, Leipzig 1940, S. 28 - 40.

-, Studien zur Geschichte der preußischen Verwaltung, in: Derselbe, Staatsbildende Kräfte, S. 178 - 344.

Hauser, Oswald (Hrsg.), Friedrich der Große in seiner Zeit (= Neue Forschungen zur Brandenburg-Preußischen Geschichte, Bd. 8), Köln, Wien 1987.

Heckmann, Hermann (Hrsg.), Historische Landeskunde Mitteldeutschlands: Brandenburg, Würzburg 1991[2].

Hedler, Walter, Der Werdegang des Deutschen Heeres und seines Offizierkorps, o. O. 1909.

Hegel, Georg Friedrich Wilhelm, Grundformen der Philosophie des Rechts oder Naturrecht und Staatswissenschaft im Grundrisse, in: Werke in 20 Bänden, auf der Grundlage der Werke von 1822 - 1845 neu ediert, Ausgaberedaktion: Eva Moldenhauer und Karl Markus Michel, Frankfurt a. M. 1970 - 1980.

Heinrich, Gerd, Der Adel in Brandenburg-Preußen, in: Hellmuth Rössler (Hrsg.), Deutscher Adel 1555-1740 (= Schriften zur Problematik der deutschen Führungsschichten in der Neuzeit, Bd. 2), Darmstadt 1965, S. 259 - 314.

-, Geschichte Preußens. Staat und Dynastie, Frankfurt a. M., Berlin, Wien 1984.

Heinsius, Thomas, Friedrich Wilhelm von Rohdich, königl. Preuß. General der Infanterie; Präsident des Oberkriegskollegiums, erster wirklicher und dirigierender Kriegsminster, Chef des Grenadiergarde-Bataillons, Direktor des Großen Potsdamschen Militär-Waisenhauses, Ritter des Ordens vom Verdienst, Drost zu Emden und Amtshauptmann zu Rosenberg und Mühlenhof, in: Derselbe, Denkwürdigkeiten und Tagesgeschichten der Mark Brandenburg I., 1796, S. 294 - 311.

Helfritz, Hans, Geschichte der preußischen Heeresverwaltung, Berlin 1938.

Henning, Eckart und **Werner Vogel** (Hrsg.), Festschrift der Landesgeschichtlichen Vereinigung für die Mark Brandenburg zu ihrem hundertjährigen Bestehen 1884 - 1984, Berlin 1984.

Henning, Friedrich Wilhelm, Das vorindustrielle Deutschland 800 bis 1800, 5., durchgesehene und ergänzte Auflage, Paderborn, München, Wien, Zürich 1994.

Herzfeld, Erika, Preußische Manufakturen. Großgewerbliche Fertigung von Porzellan, Seide, Gobelins, Uhren, Tapeten, Waffen, Papier u. a. im 17. und 18. Jahrhundert in und um Berlin, Berlin 1994.

Hinrichs, Carl, Friedrich Wilhelm I. König in Preußen. Jugend und Aufstieg, Hamburg 1941[2].

-, Friedrich Wilhelm I. König von Preußen, in: Derselbe, Preußen als historisches Problem, S. 41 - 72.

-, Preußen als historisches Problem, in: Derselbe, Preußen als historisches Problem, S. 15 - 39.

-, Preußen als historisches Problem (= Veröffentlichungen der Historischen Kommission zu Berlin, Bd. 10), Gesammelte Abhandlungen, hrsg. von Gerhard Oestreich, Berlin 1964.

-, Der Regierungsantritt Friedrich Wilhelms I, in: Derselbe, Preußen als historisches Problem, S. 91-137.

Hintze, Otto, Friedrich der Große nach dem Siebenjährigen Kriege und das Politische Testament von 1768, in: Hintze, Regierung und Verwaltung, Bd. 3, S. 448 - 503. Erstmals erschienen in: Forschungen zur Brandenburgischen und Preußischen Geschichte, 32. Jg., 1920, S. 1 – 56.

-, Geist und System der preußischen Verwaltung um 1740, in: Acta Borussica, Bd. 6, 1, Berlin 1901.

-, Die Hohenzollern und der Adel, in: Derselbe, Regierung und Verwaltung, Bd. 3, S. 30 - 55. Erstmals erschienen in: Historische Zeitschrift, Bd. 112, 1914, S. 495 - 524.

-, Die Hohenzollern und ihr Werk 1415-1915, Reprint der Orginalausgabe von 1915, Hamburg, Berlin 1987.

-, Der preußische Militär- und Beamtenstaat im 18. Jahrhundert, in: Hintze, Regierung und Verwaltung, Bd. 3, S. 419 – 428. Erstmals erschienen in: Fritz Hartung (Hrsg.), Geist und Epochen der preußischen Geschichte. Gesammelte Abhandlungen, Bd. III., Leipzig 1943, S. 453 – 462.

-, Staatsverfassung und Heeresverfassung, in: Derselbe, Staat und Verfassung. Gesammelte Abhandlungen zur allgemeinen Verfassungsgeschichte, hrsg. von Gerhard Oestreich, Göttingen 1962[2], S. 52 - 83. Erstmals erschienen in: Neue Zeit- und Streitfragen, hrsg. von der Gehe Stiftung zu Dresden, 3. Jg., 4. Heft, 1906.

-, Regierung und Verwaltung. Gesammelte Abhandlungen zur Staats-, Rechts- und Sozialgeschichte Preußens, hrsg. und eingeleitet von Gerhard Oestreich, 3 Bde., Bd. 3., Göttingen 1967[2].

Hoffmann, Jochen, Jakob Mauvillon. Ein Offizier und Schriftsteller im Zeitalter der bürgerlichen Emanzipationsbewegung (= Historische Forschungen, Bd. 20), Berlin 1981.

Hofmann, Hanns Hubert und **Günther Franz** (Hrsg.), Deutsche Führungsschichten in der Neuzeit. Eine Zwischenbilanz. Büdinger Vorträge 1978 (= Deutsche Führungsschichten in der Neuzeit, Bd. 12), Boppard a. Rh. 1980.

Hohrath, Daniel, Die Bildung des Offiziers in 18. Jahrhundert, in: Die Bildung des Offiziers in der Aufklärung. Ferdinand Friedrich von Nicolai (1730-1815) und seine enzyklopädischen Sammlungen, hrsg. von der Württembergischen Landesbibliothek, Katalog zur gleichnamigen Ausstellung, Stuttgart 1990, S. 28 - 63.

-, Ferdinand Friedrich von Nicolai: Betrachtungen über die vorzüglichsten Gegenstände einer zur Bildung angehender Officiers anzuordnenden Kriegsschule (1770), in: Militärgeschichtliche Mitteilungen, 51. Jg., 1992, S. 95 - 141.

Hoven, Jupp, Der preußische Offizier des 18. Jahrhunderts. Eine Studie zur Soziologie des Staates, Diss. Phil., Leipzig 1936.

Hubatsch, Walther, Grundlinien Preußischer Geschichte. Königtum und Staatsgestaltung 1701 - 1871, Darmstadt 1988[3].

Huber, Ernst Rudolf, Heer und Staat in der deutschen Geschichte, Hamburg 1938.

Hülsen, Carl Wilhelm v., Unter Friedrich dem Großen. Aus den Memoiren 1752 bis 1773, hrsg. von Helene Hülsen, Neudruck der Ausgabe Berlin 1890 (= Altpreußischer Kommiss, offiziell, offiziös und privat, Heft 6), Osnabrück 1974.

Jähns, Max, Geschichte der Kriegswissenschaften vornehmlich in Deutschland (= Geschichte der Wissenschaften in Deutschland, Neuere Zeit), 3 Bde., Neudruck der Ausgabe München, Leipzig 1889-1891, New York, London 1965.

Janson, August v., Hans Karl von Winterfeldt, des Großen Königs Generalstabschef, Berlin 1913.

Janson, Gustav v., Das Offizierkorps Friedrichs des Großen, in: Marinerundschau, 23. Jg., 1912, S. 171 - 185.

Jany, Curt, Geschichte der Preußischen Armee vom 15. Jahrhundert bis 1914, 4 Bde., 2., ergänzte Auflage, hrsg. von Eberhard Jany, Osnabrück 1967.

-, Die Kantonverfassung des altpreußischen Heeres, in: Otto Büsch und Wolfgang Neugebauer (Hrsg.), Moderne Preußische Geschichte 1648 - 1947. Eine Anthologie (= Veröffentlichungen der Historischen Kommission zu Berlin, Bd. 52, 1-3/Forschungen zur Preußischen Geschichte), Berlin, New York 1981, Bd. 2, S. 767 - 809. Erstmals erschienen unter dem Titel „Die Kantonverfassung Friedrich Wilhelms I." in: Forschungen zur Brandenburgischen und Preußischen Geschichte, Bd. 38, 1926, S. 225 – 272.

Kant, Immanuel, Was ist Aufklärung? Aufsätze zur Geschichte und Philosophie, Göttingen 1985.

Kaunitz, Wenzel Anton Graf v., Votum über das Militare 1762, in: Zeitgenössische Studien über die altpreußische Armee, mit einer Einleitung von Hans Bleckwenn (= Altpreußischer Kommiss, offiziell, offiziös und privat, Heft 18), Osnabrück 1974.

Kellenbenz, Hermann, Der Merkantilismus in Europa und die soziale Mobilität, Wiesbaden 1965.

-, Deutsche Wirtschaftsgeschichte, Bd. 1.: Von den Anfängen bis zum Ende des 18. Jahrhunderts, München 1977.

Kessel, Eberhard, Die preußische Armee 1640-1866, in: Deutsche Heeresgeschichte, hrsg. von Karl Linnebach, Hamburg 1935, S. 144 - 190.

Klein, Ernst, Geschichte der öffentlichen Finanzen in Deutschland (1500 - 1870) (= Wissenschaftliche Paperbacks, Sozial- und Wirtschaftsgeschichte, Bd. 6), Wiesbaden 1974.

Kleinschmid, Harald, Tyrocinium Militare. Militärische Körperhaltungen und -bewegungen im Wandel zwischen dem 14. und 18. Jahrhundert, Stuttgart 1989.

Kleist, Ewald Christian v., Sämtliche Werke, hrsg. von Jürgen Stenzel, Stuttgart 1980.

Kloosterhuis, Jürgen, Zwischen Aufruhr und Akzeptanz. Zur Ausformung und Einbettung des Kantonsystems in die Wirtschafts- und Sozialstrukturen des preußischen Westfalen, in: Bernhard R. Kroener und Ralf Pröve (Hrsg.), Krieg und Frieden. Militär und Gesellschaft in der Frühen Neuzeit, Paderborn, München, Wien, Zürich 1996, S. 167 - 190.

-, Zwischen Garbeck und Lobositz. Ein westfälisch-märkischer Beitrag zur militärischen Sozial- und Ereignisgeschichte in der Zeit Friedrichs des Großen, in: Der Märker, 45. Jg., 1996, S. 84 - 97.

-, Bauern, Bürger und Soldaten. Quellen zur Sozialisation des Militärsystems im preußischen Westfalen 1713 - 1803, 2 Bde. (= Veröffentlichungen der Staatlichen Archive des Landes NRW, Reihe C: Quellen u. Forschungen aus den staatlichen Archiven), Münster 1992.

-, Officiers, Cadets et Mousquetaires: Réfugiés in kurbrandenburgischen Diensten. Ein Beitrag zur Geschichte des Regiments de Varenne; zugleich zu den westfälischen Wurzeln des späteren Ersten Garderegiments zu Fuß, in: Zeitschrift für Heereskunde, 59. Jg., 1995, S. 128 - 136.

-, Das preußische Offizierkorps von 1690 bis 1790 - in einer Datenbank, in: Zeitschrift für Heereskunde, 59. Jg., 1995, S. 137.

Kluth, Rolf, Die Ehrauffassung im preußischen Heer des 18. Jahrhunderts, Diss. Phil., Hamburg, Berlin 1941.

König, Anton Balthasar, Lebensbeschreibung des Königl. Preuß. Generalfeldmarschalls Kurt Christoph Grafen von Schwerin. Bei Gelegenheit des Bergerschen Kupferstiches, den Tod Schwerins vorstellend, aufgesetzt, Berlin, Frankfurt a. d. Oder 1790.

Koselleck, Reinhart, Preußen zwischen Reform und Revolution. Allgemeines Landrecht, Verwaltung und soziale Bewegung von 1791 bis 1848 (= Industrielle Welt. Schriftenreihe des Arbeitskreises für moderne Sozialgeschichte, Bd. 7), Stuttgart 1975[2].

Koser, Reinhold, Geschichte Friedrichs des Großen, 4 Bde., Stuttgart 1914.

-, Die preußischen Finanzen von 1763 bis 1786, in: Forschungen zur Brandenburgischen und Preußischen Geschichte, 16. Jg., 1903, S. 445 - 476.

- (Hrsg.), Unterhaltungen mit Friedrich dem Großen. Memoiren und Tagebücher von Heinrich de Catt, Leipzig 1884.

Kotsch, Detlef, Potsdam. Die preußische Garnisonstadt, Braunschweig 1992.

Kriegs- und Friedensbilder aus den Jahren 1754-1759. Nach dem Tagebuch des Leutnants Jakob Friedrich v. Lemcke 1738-1810, hrsg. von R. Walz, Neudruck der Ausgabe 1909, in: Kriegs- und Friedensbilder 1725-1759 (= Altpreußischer Kommiss, offiziell, offiziös und privat, Heft 2), Teil II., Osnabrück 1971.

Kroener, Bernhard R., Armee, Krieg und Gesellschaft im friderizianischen Preußen, in: Erhard Bethke (Hrsg.), Friedrich der Große. Herrscher zwischen Tradition und Fortschritt, Gütersloh 1985, S. 92 - 104.

-, Armee und Staat, in: Jürgen Ziechmann (Hrsg.), Panorama der Fridericianischen Zeit. Friedrich der Große und seine Epoche, Bremen 1985, S. 393 - 404.

- (Hrsg.), Europa im Zeitalter Friedrichs des Großen. Wirtschaft, Gesellschaft, Kriege (= Beiträge zur Militärgeschichte, Bd. 26), München 1989.

-, Die materiellen Grundlagen österreichischer und preußischer Kriegsanstrengungen 1756 - 1763, in: Derselbe, Europa im Zeitalter, S. 47 - 78.

- / **Ralf Pröve** (Hrsg.), Krieg und Frieden. Militär und Gesellschaft in der Frühen Neuzeit, Paderborn, München, Wien, Zürich 1996.

-, Vom „extraordinari Kriegsvolck" zum „miles perpetuus". Zur Rolle der bewaffneten Macht in der europäischen Gesellschaft der Frühen Neuzeit, in: Militärgeschichtliche Mitteilungen, 43. Jg., 1988, S. 141 - 188.

-, Der Offizier im Erziehungsprogramm der Aufklärung, in: Heinrich Walle (Hrsg.), Von der Friedenssicherung zur Friedensgestaltung. Deutsche Streitkräfte im Wandel, Herford, Bonn 1991, S. 23 - 34.

- (Hrsg.), Potsdam. Staat, Armee, Residenz in der preußisch-deutschen Militärgeschichte, Frankfurt a. M., Berlin 1993.

-, „Das Schwungrad an der Staatsmaschine"? Die Bedeutung der bewaffneten Macht in der europäischen Geschichte der Frühen Neuzeit, in: Derselbe und Ralf Pröve, Krieg und Frieden, S. 1 - 23.

Küster, Carl Daniel, Bruchstücke seines Campagnelebens im siebenjährigen Krieg, hrsg. von Sack, Berlin 1791.

-, Characterzüge des preußischen General-Lieutenants von Saldern, Berlin 1793.

Kunisch, Johannes (Hrsg.), Analecta Fridericiana, Berlin 1987.

- (Hrsg.), Aufklärung und Kriegserfahrung. Klassische Zeitzeugen zum Siebenjährigen Krieg (= Bibliothek der Geschichte und Politik, Bd. 9), Frankfurt a. M. 1996.

-, Friedrich der Große, in: Derselbe, Analecta Fridericiana, S. 33 - 54.

-, Die deutschen Führungsschichten im Zeitalter des Absolutismus, in: Hanns Hubert Hofmann und Günther Franz (Hrsg.), Deutsche Führungsschichten in der Neuzeit. Eine Zwischenbilanz. Büdinger Vorträge 1978 (= Deutsche Führungsschichten in der Neuzeit, Bd. 12), Boppard a. Rh. 1980, S. 111 - 142.

-, Fürst-Gesellschaft-Krieg. Studien zur bellizistischen Disposition des absoluten Fürstenstaates, Köln, Weimar, Wien 1992.

-, Der Kleine Krieg. Studien zum Heerwesen des Absolutismus (= Frankfurter Historische Abhandlungen, Bd. 4), Wiesbaden 1973.

-, Der Nordische Krieg von 1655-1660 als Parabel frühneuzeitlicher Staatenkonflikte, in: Derselbe, Fürst-Gesellschaft-Krieg, S. 43 - 82.

-, La guerre - c'est moi! Zum Problem der Staatenkonflikte im Zeitalter des Absolutismus, in: Derselbe, Fürst-Gesellschaft-Krieg, S. 1 - 41.

- (Hrsg.), Persönlichkeiten im Umkreis Friedrichs des Großen (= Neue Forschungen zur Brandenburg-Preußischen Geschichte, Bd. 9), Köln, Wien 1988.

-, Das „Puppenwerk" der Stehenden Heere. Ein Beitrag zur Neueinschätzung von Soldatenstand und Krieg in der Spätaufklärung, in: Derselbe, Fürst-Gesellschaft-Krieg, S. 161 - 201.

- (Hrsg.) in Zusammenarbeit mit Barbara Stollberg-Rilinger, Staatsverfassung und Heeresverfassung in der europäischen Geschichte der frühen Neuzeit (= Historische Forschungen, Bd. 28), Berlin 1986.

Lehmann, Max, Werbung, Wehrpflicht und Beurlaubung im Heer Friedrich Wilhelms I., in: Historische Zeitschrift, 67. Jg., 1891, S. 254 - 289.

Lenz, Jakob Michael Reinhold, Die Soldaten. Eine Komödie, Anmerkungen von Herbert Krämer, Nachwort von Manfred Windfuhr, Stuttgart 1993.

Lessing, Gotthold Ephraim, Minna von Barnhelm oder das Soldatenglück. Ein Lustspiel, Stuttgart 1962.

Lill, Peter, Friedrich der Große. Anekdoten, Frankfurt a. M., Berlin 1991.

Lindner, Thomas, Die Peripetie des Siebenjährigen Krieges. Der Herbstfeldzug 1760 in Sachsen und der Winterfeldzug 1760/61 in Hessen (= Quellen und Forschungen zur Brandenburgischen und Preußischen Geschichte, Bd. 2), Berlin 1993.

Lippe-Weissenfeld, Ernst Graf zur, Vom großen König. Aus Anlass der Säcular-Erinnerung an den Hubertusburger Frieden, Potsdam 1863.

-, Quintus Icilius Seigneur de Wassersuppe, alias Guichard, Neuabdruck eines 1866 erstmals erschienenen Aufsatzes in: Zeitschrift für Heereskunde, 1933, S. 488 - 492.

Lossow, Konstantin Friedrich v. (Hrsg.), Denkwürdigkeiten zur Charakteristik der preußischen Armee unter dem großen König Friedrich dem Zweiten. Aus dem Nachlass eines alten preußischen Offiziers, Glogau 1826.

Lotz, Wolfgang, Kriegsgerichtsprozesse des Siebenjährigen Krieges in Preußen. Untersuchungen zur Beurteilung militärischer Leistung durch Friedrich II., Frankfurt a. M. 1981.

Mader, Hubert, Duellwesen und altösterreichisches Offiziersethos (= Studien zur Militärgeschichte, Militärwissenschaft und Konfliktforschung, Bd. 31), Osnabrück 1983.

Malettke, Klaus (Hrsg.), Ämterkäuflichkeit: Aspekte sozialer Mobilität im europäischen Vergleich (17. und 18. Jahrhundert) (= Einzelveröffentlichungen der Historischen Kommission zu Berlin, Bd. 26), Berlin 1980.

Malinowsky, Louis v. und **Robert v. Bonin**, Geschichte der brandenburg-preußischen Artillerie, 1 Bd., Berlin 1840.

Martiny, Fritz, Die Adelsfrage in Preußen vor 1806 als politisches und soziales Problem (= Vierteljahrschrift für Sozial- und Wirtschaftsgeschichte, Beiheft 35), Stuttgart, Berlin 1938.

Marwitz, Ullrich, Friedrich der Große als Heeresorganisator, in: Oswald Hauser (Hrsg.), Friedrich der Große in seiner Zeit (= Neue Forschungen zur Brandenburg-Preußischen Geschichte, Bd. 8), Köln, Wien 1987, S. 213 - 235.

Materna, Ingo und **Wolfgang Ribbe** (Hrsg.), Brandenburgische Geschichte, Berlin 1995.

Matuschka, Edgar Graf v., Die Beförderung in der Praxis, in: Hans Meier-Welcker (Hrsg.), Untersuchungen zur Geschichte des Offizierkorps. Anciennität und Beförderung nach Leistung (= Beiträge zur Militär- und Kriegsgeschichte, Bd. 4), Stuttgart 1962, S. 153 - 176.

Meier-Welcker, Hans (Hrsg.), Offiziere im Bild von Dokumenten aus drei Jahrhunderten (= Beiträge zur Militär- und Kriegsgeschichte, Bd. 6), Stuttgart 1964.

- (Hrsg.), Untersuchungen zur Geschichte des Offizierkorps. Anciennität und Beförderung nach Leistung (= Beiträge zur Militär- und Kriegsgeschichte, Bd. 4), Stuttgart 1962.

Messerschmidt, Manfred, Preußens Militär in seinem gesellschaftlichen Umfeld, in: Hans-Jürgen Puhle und Hans-Ulrich Wehler (Hrsg.), Preußen im Rückblick (= Geschichte und Gesellschaft, Sonderheft 6), Göttingen 1980, S. 43 - 88.

-, Werden und Prägung des preußischen Offizierkorps - ein Überblick, in: Hans Meier-Welcker (Hrsg.), Offiziere im Bild von Dokumenten aus drei Jahrhunderten (= Beiträge zur Militär- und Kriegsgeschichte, Bd. 6), Stuttgart 1964, S. 11 - 104.

Mittenzwei, Ingrid (Hrsg.), Hugenotten in Brandenburg-Preußen, Berlin 1987.

-, Friedrich II. von Preußen. Eine Biographie, Berlin 1979.

- / **Erika Herzfeld**, Brandenburg-Preußen 1648 bis 1789. Das Zeitalter des Absolutismus in Text und Bild, Köln 1987.

Möller, Horst, Ämterkäuflichkeit in Brandenburg-Preußen im 17. und 18. Jahrhundert, in: Klaus Malettke (Hrsg.), Ämterkäuflichkeit: Aspekte sozialer Mobilität im europäischen Vergleich (17. und 18. Jahrhundert) (= Einzelveröffentlichungen der Historischen Kommission zu Berlin, Bd. 26), Berlin 1980, S. 156 - 176.

Mohr, Eike, Heeres- und Truppengeschichte des Deutschen Reiches und seiner Länder 1806 bis 1918. Eine Bibliographie, Osnabrück 1989.

Natzmer, Gneomar Ernst v., Georg Christoph von Natzmer - Chef der weißen Husaren - ein Beitrag zur Geschichte der Armee Friedrichs II., Hannover 1870.

Neugebauer, Wolfgang, Brandenburg im absolutistischen Staat. Das 17. und 18. Jahrhundert, in: Ingo Materna und Wolfgang Ribbe (Hrsg.), Brandenburgische Geschichte, Berlin 1995, S. 291 - 394.

-, Truppenchef und Schule im Alten Preußen. Das preußische Garnison- und Regimentsschulwesen vor 1806, besonders in der Mark Brandenburg, in: Eckart Henning und Werner Vogel (Hrsg.), Festschrift der Landesgeschichtlichen Vereinigung für die Mark Brandenburg zu ihrem hundertjährigen Bestehen 1884 - 1984, Berlin 1984, S. 227 - 263.

Nowosadtko, Jutta, Ehre in ständischer Gemeinschaft und moderner Gesellschaft, in: Friedhelm Guttandin (Hrsg.), Soziologie der Ehre, Hagen 1989, S. 81 - 108.

-, Ordnungselement oder Störfaktor? Zur Rolle der stehenden Heere innerhalb der frühneuzeitlichen Gesellschaft, in: Ralf Pröve (Hrsg.), Klio in Uniform? Probleme und Perspektiven einer modernen Militärgeschichte der Frühen Neuzeit, Köln, Weimar, Wien 1997, S. 5 - 34.

Oestreich, Gerhard, Antiker Geist und moderner Staat bei Justus Lipsius (1547-1606), Göttingen 1989.

-, Geist und Gestalt des frühmodernen Staates. Ausgewählte Aufsätze, Berlin 1969.

-, Zur Heeresverfassung der deutschen Territorien von 1500 bis 1800. Ein Versuch vergleichender Betrachtung, in: Derselbe, Geist und Gestalt, S. 290 - 310. Erstmals erschienen in: Forschungen zu Staat und Verfassung. Festgabe für Fritz Hartung, Berlin 1958, S. 419 – 439.

375

-, Strukturprobleme des europäischen Absolutismus, in: Derselbe, Geist und Gestalt, S. 179 - 197. Erstmals erschienen in: Vierteljahrschrift für Sozial- und Wirtschaftsgeschichte, Bd. 55, 1969, S. 329 – 347.

Oexle, Otto-Gerhard, Aspekte der Geschichte des Adels im Mittelalter und in der Frühen Neuzeit, in: Hans-Ulrich Wehler (Hrsg.), Europäischer Adel 1750 - 1950 (= Geschichte und Gesellschaft, Sonderheft 13) Göttingen 1990, S. 19 - 56.

Opgenoorth, Ernst, Friedrich Wilhelm. Der Große Kurfürst von Brandenburg. Eine politische Biographie, 2 Bde., Göttingen, Frankfurt, Zürich, 1974/78.

Opitz-Belakhal, Claudia, Militärreformen zwischen Bürokratisierung und Adelsreaktion. Das französische Kriegsministerium und seine Reformen im Offizierkorps von 1760-1790 (= Beihefte der Francia, Bd. 34), Sigmaringen 1994.

Ortenburg, Georg, Waffe und Waffengebrauch im Zeitalter der Kabinettskriege (= Heerwesen der Neuzeit, hrsg. von Georg Ortenburg, Abteilung II, Das Zeitalter der Kabinettskriege, Bd. 1), Koblenz 1986.

Papke, Gerhard, Offizierkorps und Anciennität, in: Hans Meier-Welcker (Hrsg.), Untersuchungen zur Geschichte des Offizierkorps. Anciennität und Beförderung nach Leistung (= Beiträge zur Militär- und Kriegsgeschichte, Bd. 4), Stuttgart 1962, S. 177 - 206.

-, Von der Miliz zum Stehenden Heer. Wehrwesen im Absolutismus, in: Deutsche Militärgeschichte in sechs Bänden 1648-1939, hrsg. vom Militärgeschichtlichen Forschungsamt, Bd. 1, Abschnitt I, Herrsching 1983.

Parker, Geoffrey, Die militärische Revolution. Die Kriegskunst und der Aufstieg des Westens 1500 - 1800, Frankfurt a. M., New York 1990. Erstmals erschienen unter dem Titel: The Military Revolution. Military innovation and the rise of the West, 1500-1800, Cambridge 1988.

Petter, Wolfgang, Hans Karl von Winterfeldt als General der friderizianischen Armee, in: Johannes Kunisch (Hrsg.), Persönlichkeiten im Umkreis Friedrichs des Großen (= Neue Forschungen zur Brandenburg-Preußischen Geschichte, Bd. 9), Köln, Wien 1988, S. 59 - 87.

Pichler, Johannes W., Necessitas. Ein Element des mittelalterlichen und neuzeitlichen Rechts, Berlin 1983.

Pohl, Hans, Preußische Wirtschaftsverwaltung und Wirtschaftspolitik im 18. Jahrhundert am Beispiel des Seidengewerbes, in: Helmut Neuhaus (Hrsg.), Verfassung und Verwaltung. Festschrift für Kurt G. A. Jeserich, Köln, Weimar, Wien 1994, S. 65 - 102.

Poten, B., Geschichte des Militär- Erziehungs- und Bildungswesens in den Landen deutscher Zunge, Bd. 4: Preußen, Berlin 1896.

Potsdamer Tagebücher 1740 - 1756, hrsg. vom Großen Generalstab, Kriegsgeschichtliche Abt. II (= Urkundliche Beiträge und Forschungen zur Geschichte des Preußischen Heeres, Heft 10), Neudruck der Ausgabe Berlin 1906, Bad Honnef 1983.

Preitz, Max, Prinz Moritz von Dessau im Siebenjährigen Kriege, München, Leipzig 1912.

Press, Volker, Das römisch-deutsche Reich - ein politisches System in verfassungs- und sozialgeschichtlicher Fragestellung, in: Derselbe, Das Alte Reich. Ausgewählte Aufsätze (= Historische Forschungen, Bd. 59), Berlin 1997, S. 18 - 41. Erstmals erschienen in: Grete Klingenstein und Heinrich Lutz (Hrsg.), Spezialforschung und „Gesamtgeschichte". Beispiele und Methodenfragen zur Geschichte der frühen Neuzeit, Wien 1981, S. 221 – 242.

-, Friedrich der Große als Reichspolitiker, in: Derselbe, Das Alte Reich, S. 260 - 288. Erstmals erschienen in: Heinz Duchhardt (Hrsg.), Friedrich der Große, Franken und das Reich, Köln, Wien 1986, S. 25 – 56.

-, Patronat und Klientel im Heiligen Römischen Reich, in: Antoni Maczak (Hrsg.), Klientelsysteme im Europa der frühen Neuzeit (= Schriften des Historischen Kollegs, Bd. 9), München 1988, S. 19 - 46.

Priesdorff, Kurt v., Soldatisches Führertum, Bde. 1 - 3, Hamburg o. J.. (Die Teilbände sind erschienen von Bd. 1: 1937 bis Bd. 10: 1942).

Prittwitz, Christian Wilhelm v., „Ich bin ein Preuße...". Jugend und Kriegserleben eines preußischen Offiziers im Siebenjährigen Krieg (= Quellen und Schriften zur Militärgeschichte, Bd. 2), mit einem Vorwort von Hans Bleckwenn, Reprint, Paderborn 1989.

Pröve, Ralf, Stehendes Heer und städtische Gesellschaft im 18. Jahrhundert. Göttingen und seine Militärbevölkerung 1713-1756 (= Beiträge zur Militärgeschichte, Bd. 47), München 1995.

-, (Hrsg.), Klio in Uniform? Probleme und Perspektiven einer modernen Militärgeschichte der Frühen Neuzeit, Köln, Weimar, Wien 1997.

-, Der Soldat in der „guten Bürgerstube". Das frühneuzeitliche Einquartierungssystem und die sozioökonomischen Folgen, in: Bernhard R. Kroener und Derselbe (Hrsg.), Krieg und Frieden. Militär und Gesellschaft in der Frühen Neuzeit, Paderborn, München, Wien, Zürich 1996, S. 191 - 217.

Puhle, Hans-Jürgen (Hrsg.), Bürger in der Gesellschaft der Neuzeit. Wirtschaft-Politik-Kultur (= Bürgertum. Beiträge zur europäischen Gesellschaftsgeschichte, Bd. 1) Göttingen 1991.

- / **Hans-Ulrich Wehler** (Hrsg.), Preußen im Rückblick (= Geschichte und Gesellschaft, Sonderheft 6), Göttingen 1980.

Rachel, Hugo, Der Merkantilismus in Brandenburg-Preußen, in: Otto Büsch und Wolfgang Neugebauer (Hrsg.), Moderne Preußische Geschichte 1648 - 1947. Eine Anthologie (= Veröffentlichungen der Historischen Kommission zu Berlin, Bd. 52, 1-3/Forschungen zur Preußischen Geschichte), Berlin, New York 1981, Bd. 2, S. 951 - 993. Erstmals erschienen in: Forschungen zur Brandenburgischen und Preußischen Geschichte, 40. Jg., 1927, S. 221 – 266.

Ranke, Leopold v., Preußische Geschichte, hrsg. von Willy Andreas, Reprint Essen 1996.

Raschke, Martin, Der politisierende Generalstab. Die friderizianischen Kriege in der amtlichen deutschen Militärgeschichtsschreibung 1890-1914 (= Einzelschriften zur Militärgeschichte, Bd. 36) Freiburg 1993.

Redlich, Fritz, The German Military Enterpriser and his Work Force. A Study in European Economic und Social History I und II (= Vierteljahrschrift für Sozial- und Wirtschaftsgeschichte, Beihefte 47 und 48), Wiesbaden 1964/65.

Riedel, Adolph Friedrich, Der Brandenburgisch-Preußische Staatshaushalt in den beiden letzten Jahrhunderten, Berlin 1866.

Rieger, Ute, Johann Wilhelm von Archenholz als „Zeitbürger". Eine historisch-analytische Untersuchung zur Aufklärung in Deutschland (= Quellen und Forschungen zur Brandenburgischen und Preußischen Geschichte, Bd. 4), Berlin 1994.

Ritter, Gerhard, Friedrich der Große. Ein historisches Profil, Heidelberg 1954.

Rössler, Hellmuth (Hrsg.), Deutscher Adel 1555 - 1740 (= Schriften zur Problematik der deutschen Führungsschichten in der Neuzeit, Bd. 2), Darmstadt 1965.

Rosenberg, Hans, Bureaucracy, Aristocracy and Autocracy. The Prussian Experience 1660-1815, Cambridge (Massachusetts) 1958.

-, Die Überwindung der monarchischen Autokratie (Preußen), in: Karl Otmar v. Aretin (Hrsg.), Der Aufgeklärte Absolutismus, Köln 1974, S. 182 - 204. (Deutsche Übersetzung aus dem vorstehenden Buch von Rosenberg.)

Saalfeld, Diedrich, Die ständische Gliederung der Gesellschaft Deutschlands im Zeitalter des Absolutismus, in: Vierteljahrschrift für Sozial- und Wirtschaftsgeschichte, 67. Jg., 1980, S. 457 - 483.

Scharenberg, Eberhard, Kadetten-Generale 1717 - 1919, Hamburg 1979-1981.

Scharfenort, Louis v., Kulturbilder aus der Vergangenheit des altpreußischen Heeres, Berlin 1914.

-, Die Pagen am Brandenburg-Preußischen Hofe 1415-1895. Beiträge zur Kulturgeschichte des Hofes auf Grund archivalischer Quellen, Berlin 1895.

Schieder, Theodor, Friedrich der Große. Ein Königtum der Widersprüche, Frankfurt a. M., Berlin 1986.

Schindling, Anton, Bildung und Wissenschaft in der frühen Neuzeit 1650 - 1800 (= Enzyklopädie deutscher Geschichte, Bd. 30), Oldenburg 1994.

Schmettau, Friedrich Graf v., Lebensgeschichte des Grafen v. Schmettau, 2 Bde., Berlin 1806.

Schmidt, Dorothea (Hrsg.), Erinnerungen aus dem Leben des Generalfeldmarschalls Hermann von Boyen, 2 Bde., Berlin 1990.

Schmidt, Hans, Militärverwaltung in Deutschland und Frankreich im 17. und 18. Jahrhundert, in: Bernhard R. Kroener und Ralf Pröve (Hrsg.), Krieg und Frieden. Militär und Gesellschaft in der Frühen Neuzeit, Paderborn, München, Wien, Zürich 1996, S. 25 - 45.

-, Staat und Armee im Zeitalter des „miles perpetuus", in: Johannes Kunisch (Hrsg.) in Zusammenarbeit mit Barbara Stollberg-Rilinger, Staatsverfassung und Heeresverfassung in der europäischen Geschichte der frühen Neuzeit (= Historische Forschungen, Bd. 28), Berlin 1986, S. 213 - 248.

Schmidtchen, Volker, Kriegswesen im späten Mittelalter. Technik, Taktik, Theorie, Weinheim 1990.

Schmoller, Gustav, Umrisse und Untersuchungen zur Verfassungs-, Verwaltungs- und Wirtschaftsgeschichte besonders des preußischen Staates im 17. und 18. Jahrhundert, Leipzig 1898.

-, Preußische Verfassungs-, Verwaltungs- und Finanzgeschichte, Berlin 1921.

Schnackenburg, Ernst, Das Invaliden- und Versorgungswesen des brandenburgisch-preußischen Heeres bis zum Jahre 1806, Neudruck der Ausgabe Berlin 1889, Wiesbaden 1981.

-, Über die Beförderung von Unteroffizieren bürgerlicher Herkunft zu Offizieren unter Friedrich Wilhelm I. und Friedrich dem Großen, in: Forschungen zur Brandenburgischen und Preußischen Geschichte, 11. Jg., 1898, S. 554 - 556.

Schneiders, Werner, Das Zeitalter der Aufklärung, München 1997.

Schöningh, Kurd Wolfgang v., Geschichte des Königlich Preußischen Fünften-Husaren-Regiments mit bes. Rücksicht auf Gerhard Lebrecht von Blücher, Berlin 1843.

-, Historisch-biographische Nachrichten zur Geschichte der brandenburg-preußischen Artillerie, 3 Bde., Berlin 1844 - 1845.

Schreiner, Klaus und **Gerd Schwerhoff**, Verletzte Ehre. Überlegungen zu einem Forschungskonzept, in: Dieselben (Hrsg.), Verletzte Ehre. Ehrkonflikte in Gesellschaften des Mittelalters und der Frühen Neuzeit, Köln, Weimar, Wien 1995, S. 1 - 27.

Schroeder, Johann Karl v., Standeserhöhungen in Brandenburg-Preußen 1663 - 1918, in: Der Herold. Vierteljahresschrift für Heraldik, Genealogie und verwandte Wissenschaften, 9. Jg., 1978, S. 1 - 18.

Schröder, Wilhelm Heinz, Kollektive Biographien in der historischen Sozialforschung: Eine Einführung, in: Derselbe (Hrsg.), Lebenslauf und Gesellschaft. Zum Einsatz von kollektiven Biographien in der historischen Sozialforschung (= Historisch-Sozialwissenschaftliche Forschungen, Bd. 18), Stuttgart 1985, S. 7 - 17.

Schroetter, Friedrich v., Beiträge zur brandenburgisch-preußischen Heeresverfassung unter dem Großen Kurfürsten (= Staats- und socialwissenschaftliche Forschungen, Bd. 11, Heft 5), Leipzig 1892.

Schrötter, Robert v., Das preußische Offizierkorps unter dem ersten Könige von Preußen, in: Forschungen zur Brandenburgischen und Preußischen Geschichte, 26. Jg., 1913, S. 77 - 143 und 27. Jg., 1914, S. 97 - 167.

Schulze, Winfried, Gerhard Oestreichs Begriff „Sozialdisziplinierung in der frühen Neuzeit", in: Zeitschrift für Historische Forschung, 14. Jg., 1987, S. 265 - 320.

-, Die ständische Gesellschaft des 16./17. Jahrhunderts als Problem von Statik und Dynamik, in: Derselbe (Hrsg.), Ständische Gesellschaft und soziale Mobilität (= Schriften des Historischen Kollegs, Kolloquien 12), München 1988, S. 1 - 17.

-, Landesdefension und Staatsbildung. Studien zum Kriegswesen des innerösterreichischen Territorialstaates (1564-1619) (= Veröffentlichungen der Kommission für Neuere Geschichte Österreichs, Bd. 60), Wien, Köln, Graz 1973.

Schuster, Peter, Ehre und Recht. Überlegungen zu einer Begriffs- und Sozialgeschichte zweier Grundbegriffe der mittelalterlichen Gesellschaft, in: Backmann/Künast/Ullmann/Tlusty (Hrsg.), Ehrkonzepte, S. 40 - 66.

Sicken, Bernhard, Heeresaufbringung und Koalitionskriegführung im Pfälzischen und im Spanischen Erbfolgekrieg, in: Heinz Duchhardt (Hrsg.), Rahmenbedingungen und Handlungsspielräume europäischer Außenpolitik im Zeitalter Ludwig XIV. (= Zeitschrift für Historische Forschung, Beiheft 11), Berlin 1991, S. 89 - 134.

Sikora, Michael, Disziplin und Desertion. Strukturprobleme militärischer Organisation im 18. Jahrhundert (= Historische Forschungen, Bd. 57), Berlin 1996.

-, Verzweiflung oder 'Leichtsinn'? Militärstand und Desertion im 18. Jahrhundert, in: Bernhard R. Kroener und Ralf Pröve (Hrsg.), Krieg und Frieden. Militär und Gesellschaft in der Frühen Neuzeit, Paderborn, München, Wien, Zürich 1996, S. 237 - 264.

Simmel, Georg, Die Selbsterhaltung der socialen Gruppe. Sociologische Studie, in: Jahrbuch für Gesetzgebung, Verwaltung und Volkswirtschaft im Deutschen Reich, hrsg. von Gustav Schmoller, Neue Folge, 22. Jg., Heft 2, Leipzig 1898.

Skalweit, August, Die Heereshaushaltung im Friderizianischen Staat, in: Finanzarchiv, Neue Folge 10, 1945, S. 543 - 571.

Stollberg-Rilinger, Barbara, Der Staat als Maschine. Zur politischen Metaphorik des absoluten Fürstenstaates, Berlin 1986.

Stuke, Horst, Aufklärung, in: Brunner/Conze/Koselleck, Geschichtliche Grundbegriffe, Bd. 1, S. 243 - 342.

Stutzer, Dietmar, Das preußische Heer und seine Finanzierung in zeitgenössischer Darstellung 1740 - 1790, in: Militärgeschichtliche Mitteilungen, 24. Jg., 1978, S. 23 - 47.

Thaller, Manfred, Gibt es eine fachspezifische Datenverarbeitung in den historischen Wissenschaften? in: Karl Heinrich Kaufhold und Jürgen Schneider (Hrsg.), Geschichtswissenschaft und elektronische Datenverarbeitung (= Beiträge zur Wirtschafts- und Sozialgeschichte, Bd. 36), Wiesbaden 1988, S. 45 - 83.

-, Von der Mißverständlichkeit des Selbstverständlichen. Beobachtungen zur Diskussion über die Nützlichkeit formaler Verfahren in der Geschichtswissenschaft, in: Rudolf Vierhaus (Hrsg.), Frühe Neuzeit - Frühe Moderne? Forschungen zur Vielschichtigkeit von Übergangsprozessen (= Veröffentlichungen des Max-Planck-Instituts für Geschichte, Bd. 104), Göttingen 1992, S. 443 - 467.

Tharau, Friedrich Karl, Die geistige Kultur des preußischen Offiziers von 1640 bis 1806, Mainz 1968.

Thümmler, Lars Holger (Hrsg.), Die Österreichische Armee im Siebenjährigen Krieg. Die Bautzener Bilderhandschrift aus dem Jahre 1762, Berlin 1993.

Treue, Wilhelm, Wirtschafts- und Technikgeschichte Preußens (= Veröffentlichungen der Historischen Kommission zu Berlin, Bd. 56), Berlin 1984.

Venohr, Wolfgang, Fridericus Rex. Friedrich der Große - Porträt einer Doppelnatur, Bergisch-Gladbach 1985.

Vetter, Klaus, Der brandenburgische Adel und der Beginn der bürgerlichen Umwälzung in Deutschland, in: Armgard v. Reden-Dohna und Ralph Melville (Hrsg.), Der Adel an der Schwelle des bürgerlichen Zeitalters 1780 - 1860 (= Veröffentlichungen des Instituts für Europäische

379

Geschichte Mainz, Abteilung Universalgeschichte, Beiheft 10), Stuttgart 1988, S. 285 - 303.
Voigtländer, Lutz, Die preußischen Kriegsgefangenen der Reichsarmee 1760/1763, Duisburg 1995.
Waetzoldt, Ursula, Preußische Offiziere im geistigen Leben des 18. Jahrhunderts (= Deutsche Heimat, wissenschaftliche Schriftenreihe für Geschichte und Volkstum, Bd. 4.), Halle 1937.
Weber, Max, Wirtschaft und Gesellschaft. Grundriß der verstehenden Soziologie, 5., revidierte Auflage besorgt von Johannes Winckelmann, Tübingen 1972.
Weber, Wolfgang, Honor, fama, gloria. Wahrnehmungen und Funktionszuschreibungen der Ehre in der Herrschaftslehre des 17. Jahrhunderts, in: Sibylle Backmann, Hans-Jörg Künast, Sabine Ullmann und B. Ann Tlusty (Hrsg.), Ehrkonzepte in der Frühen Neuzeit. Identitäten und Abgrenzungen (= Colloquia Augustana, Bd. 8), Berlin 1998, S. 70 - 98.
Wegner, Bernd, Kliometrie des Krieges? Ein Plädoyer für eine quantifizierende Militärgeschichtsforschung in vergleichender Absicht, in: Militärgeschichte. Probleme-Thesen-Wege (= Beiträge zur Militär- und Kriegsgeschichte, Bd. 25), Stuttgart 1982, S. 60 - 78.
Wehler, Hans-Ulrich (Hrsg.), Europäischer Adel 1750 - 1950 (= Geschichte und Gesellschaft, Sonderheft 13) Göttingen 1990.
-, Deutsche Gesellschaftsgeschichte, erster Band: Vom Feudalismus des Alten Reiches bis zur defensiven Modernisierung der Reformära 1700-1815, München 1987.
Wernitz, Frank, Die preußischen Freitruppen im Siebenjährigen Krieg 1756-1763. Entstehung-Einsatz-Wirkung, Wölfersheim-Berstadt 1994.
Wilson, Peter H., German Armies. War and German politics, 1648-1806, London, Bristol 1998.
Winnige, Norbert, Von der Kontribution zur Akzise. Militärfinanzierung als Movens staatlicher Steuerpolitik, in: Bernhard R. Kroener und Ralf Pröve (Hrsg.), Krieg und Frieden. Militär und Gesellschaft in der Frühen Neuzeit, Paderborn, München, Wien, Zürich 1996, S. 59 - 83.
Wirtgen, Arnold, Die Potsdamer Gewehrfabrik. Wirtschaft und Rüstung im vorindustriellen Preußen, in: Bernhard R. Kroener (Hrsg.), Potsdam. Staat, Armee, Residenz in der preußisch-deutschen Militärgeschichte, Frankfurt a. M., Berlin 1993, S. 253 - 272.
Witzleben, August v., Aus alten Parolebüchern der Berliner Garnison zur Zeit Friedrichs des Großen (= Altpreußischer Kommiss, offiziell, offziös und privat, Heft 4), Neudruck der Ausgabe 1851, Osnabrück 1971.
Wohlfeil, Rainer, Adel und Heerwesen, in: Hellmuth Rössler (Hrsg.), Deutscher Adel 1555 - 1740 (= Schriften zur Problematik der deutschen Führungsschichten in der Neuzeit, Bd. 2), Darmstadt 1965, S. 315 - 343.
-, Die Beförderungsgrundsätze, in: Hans Meier-Welcker (Hrsg.), Untersuchungen zur Geschichte des Offizierkorps. Anciennität und Beförderung nach Leistung (= Beiträge zur Militär- und Kriegsgeschichte, Bd. 4), Stuttgart 1962, S. 15 - 63.
-, Dokumente zur Beförderung, in: Hans Meier-Welcker (Hrsg.), Untersuchungen zur Geschichte Anciennität und Beförderung nach Leistung (= Beiträge zur Militär- und Kriegsgeschichte, Bd. 4), Stuttgart 1962, S. 207 - 337.
-, Militärgeschichte. Zu Geschichte und Problemen einer Disziplin der Geschichtswissenschaft (1952-1967), in: Militärgeschichtliche Mitteilungen, 52. Jg., 1993, S. 323 - 344.
-, Ritter-Söldnerführer-Offizier. Versuch eines Vergleiches, in: Arno Borst (Hrsg.), Das Rittertum im Mittelalter, Darmstadt 1976, S. 315 – 348. Erstmals erschienen in: Festschrift für Johannes Bärmann, Teil I (= Geschichtliche Landeskunde, Veröffentlichungen des Instituts für geschichtliche Landeskunde an der Universität Mainz, Bd. 3), Wiesbaden 1966, S. 45 – 70.
-, Wehr-, Kriegs- oder Militärgeschichte? in: Militärgeschichtliche Mitteilungen, 1. Jg., 1967, S. 21 - 29.

Wutke, Konrad, Die Gründung des landschaftlichen Pensionsfonds für arme adlige Witwen und Waisen durch Friedrich den Großen, in: Zeitschrift des Vereins für Geschichte Schlesiens, 43. Jg., 1909, S. 183 - 216.

Zabel, Jürgen-Konrad, Das preußische Kadettenkorps. Militärische Jugenderziehung als Herrschaftsmittel im preußischen Militärsystem, Frankfurt a. M. 1978.

Zeisler, Kurt, Die „Langen Kerls". Geschichte des Leib- und Garderegiments Friedrich Wilhelms I., Frankfurt a. M., Berlin 1993.

Ziechmann, Jürgen (Hrsg.), Panorama der Fridericianischen Zeit. Friedrich der Große und seine Epoche, Bremen 1985.

Zimmermann, Jürg, Militärverwaltung und Heeresaufbringung in Österreich bis 1806, in: Deutsche Militärgeschichte in sechs Bänden 1648-1939, hrsg. vom Militärgeschichtlichen Forschungsamt, Bd. 1, Abschnitt III, Herrsching 1983.

Zunkel, Friedrich, Ehre, Reputation, in: Brunner/Conze/Koselleck, Geschichtliche Grundbegriffe, Bd. 2, Stuttgart 1975, S. 1 - 63.

-, Ehre im Übergang von der Ständegesellschaft zur Klassengesellschaft, in: Friedhelm Guttandin (Hrsg.), Soziologie der Ehre, Hagen 1989, S. 67 - 79.

Anhang 1

Die Armee im Mai 1740:

Infanterie	Garnisoninfanterie	Kavallerie	Artillerie
Einheiten:			
31 Feldregimenter	4 Garnisonbataillone	12 Regimenter zu Pferd	1 Feldbataillon
2 Feldbataillone	10 Garnisonbataillone	6 Dragonerregimenter	4 Garnisonkompanien
	4 „Neue" Garnisonrgt.	2 Korps Husaren	
Im einzelnen:			
1639 Offiziere	160 Offiziere	724 Offiziere	41 Offiziere
3876 Unteroffiziere	387 Unteroffiziere	1348 Unteroffiziere	165 Unteroffiziere
1426 Spielleute	130 Spielleute	286 Spielleute	35 Spielleute
6945 Grenadiere	704 Grenadiere	15552 Gemeine	929 Kanoniere
38820 Musketiere	4030 Musketiere	107 Feldscher	5 Feldscher
393 Feldscher	30 Feldscher	171 Fahnenschmiede	
Insgesamt:			
52391 Mann	4720 Mann	17842 Mann	1175 Mann

Die Armee zu Beginn des Zweiten Schlesischen Krieges:

Infanterie	Garnisoninfanterie	Kavallerie	Artillerie[1178]
Einheiten:			
47 Feldregimenter	23 Garnisonbataillone	33 Regimenter	2 Feldbataillone
			5 Garnisonkompanien
Im einzelnen:			
2414 Offiziere	513 Offiziere	1130 Offiziere	71 Offiziere
5479 Unteroffiziere	1197 Unteroffiziere	2210 Unteroffiziere	342 Unteroffiziere
1795 Spielleute	389 Spielleute	271 Fahnenschmiede	57 Spielleute
71754 Gemeine	15129 Gemeine	413 Spielleute	1599 Kanoniere
		27027 Gemeine	
Insgesamt:			
81442 Mann	17318 Mann	31051 Mann	2069 Mann

[1178] Angaben zur Artillerie aus Guddat, Kanoniere, S. 16 und 23.

Stand der Armee vor dem Siebenjährigen Krieg[1179]:

Infanterie	Garnisoninfanterie	Kavallerie	Artillerie
Einheiten:			
48 Regimenter	12 Regimenter	33 Regimenter	1 Feldregiment
			1 Garnisonbataillon
			4 Garnisonkompanien
Im einzelnen:			
2458 Offiziere	583 Offiziere	1150 Offiziere	85 Offiziere
5561 Unteroffiziere	1396 Unteroffiziere	2211 Unteroffiziere	361 Unteroffiziere
2028 Spielleute	456 Spielleute	272 Fahnenschmiede	58 Spielleute
72513 Gemeinen	17990 Gemeinen	413 Spielleuten	2071 Kanoniere
		27022 Gemeinen	
Insgesamt:			
82560 Mann	20425 Mann	31068 Mann	2575 Mann

Stand kurz vor dem Bayerischen Erbfolgekrieg 1778/79 (Sollstärke)[1180]:

	Offiziere	Unteroffiziere	Spielleute	Mannschaften
110 Musketierbataillone	2310	5500	1650	89100
32 Grenadierbtl.	512	1152	640	22656
36 Garnisonsbtl.	720	1800	540	21690
1 Fußjägerbtl.	15	40	-	600
6 Feldartilleriebtl.	162	1230	30	4950
Neue Artilleriebtl.	34	60	-	2360
11 Garnisonsartilleriekp.	44	451	11	1650
63 Eskadrons Kürassiere	444	888	186	9162
70 Eskadrons Dragoner	490	980	210	10080
90 Eskadrons Husaren	450	990	90	11880
10 Eskadrons Bosniaken	50	110	10	1320
1 Eskadron reit. Jäger	7	-	-	165
1 Leibkp. Grenadiere	8	9	5	177
2 Kompanien Mineurs	8	18	6	274
Kadettenkorps	7	24	6	220
Pontonierkorps	2	2	-	24
Invalidenkorps	13	37	6	586
Ingenieurkorps	56	-	-	-
Insgesamt:	5532	13291	3390	176894
Zusammen: 199107 Mann				

[1179] S. Jany, Geschichte der Preußischen Armee, Bd. 2, S. 195. Da Jany die Artillerie der Infanterie und der Garnisoninfanterie zugerechnet hatte, wurden die Zahlen der Feldartillerie und der Garnisonartillerie davon abgezogen und unter einer eigenen Rubrik „Artillerie" zusammengerechnet. Außerdem wurden die Grenadiere, die Jany gesondert aufgeführt hatte, den Gemeinen zugeschlagen und die Zahlen zu den Pfeifern und Tambouren wurden unter dem Begriff „Spielleute" zusammengefaßt.
[1180] S. Groehler, a.a.O., S. 82. Im Unterschied zu der dort abgedruckten Tabelle sind die Angaben zum „Garde du Corps" den Kürassieren zugerechnet worden.

Anhang 2

Beispiele für Verwandtschaftsverhältnisse in verschiedenen Einheiten

Gesucht wurde in den Ranglisten nach Verwandten[1181] des jeweiligen Regimentschefs bzw. -
kommandeurs, weil zum einen diese beiden Positionen am ehesten die Möglichkeit boten, einen
Verwandten im Avancement zu fördern, und zum zweiten eine Überprüfung der
Verwandtschaftsverhältnisse auf Kompanieebene eine kaum noch überschaubare Anzahl von
derartigen Beispielen ergeben hätte. Wenn der Offizier in einer der folgenden Ranglisten nicht
mehr aufgeführt wurde, sind auch die Abgangslisten untersucht worden, um festzustellen, wie und -
im Falle einer Versetzung - wohin der Betreffende abgegangen ist. Die folgende Auswertung
präsentiert nur eine kleine Auswahl der in den Ranglisten gefundenen Beispiele. Aufgeführt wurden
nur die Fälle, in denen entweder ein Offizier in derselben Kompanie[1182] diente wie der Chef bzw.
Kommandeur eines Regiments oder sich die Karriere eines Offiziers über mehrere Ranglisten
verfolgen ließ.

In der ersten Gruppe wurden Beispiele dafür gesammelt, daß in einigen Regimentern mehrere
Generationen einer Familie dienten:

Infanterieregiment Nr. 11

Rangliste (RL) von 1740:
- Major Dietrich Erhard v. Knobloch (6. Kompanie)
        -> RL 1750: Oberst (2. Kompanie)
        -> 1750 versetzt
- Kapitän Karl Gottfried v. Knobloch (8. Kompanie)
        -> RL 1750: Major (4. Kompanie)
        -> RL 1757: Oberst (**2. Kompanie**)
RL von 1750:
- Sekondleutnant Christof Rudolf v. Knobloch (5. Kompanie)
        -> RL 1757: Sekondleutnant (10. Kompanie)
        -> RL 1763: Stabskapitän (5. Kompanie)
        -> 1768 dimittiert
RL von 1757:
- Fähnrich Friedrich Wilhelm Erhard v. Knobloch (**2. Kompanie**)
        -> 1763 als Sekondleutnant versetzt
RL von 1763:
- Gefreitenkorporal Johann Ludwig Ferdinand v. Knobloch (3. Kompanie)
        -> 1773 als Sekondleutnant dimittiert
- Fähnrich Johann Gottlieb Ferdinand v. Knobloch (5. Kompanie)
        -> RL 1775: Sekondleutnant (10. Kompanie)

[1181] Über den Verwandtschaftsgrad geben die Ranglisten in der Regel keine Auskunft, d. h. es ist anhand dieser Listen
nicht zu klären, wie eng das Verwandtschaftsverhältnis war.
[1182] Wenn ein Offizier in derselben Kompanie diente wie der gleichnamige Regimentschef bzw. -kommandeur, ist dies
durch den Fettdruck hervorgehoben worden.

Infanterieregiment Nr. 21
RL von 1715:
- Oberst Alexander Magnus v. d. Marwitz
    -> RL 1716: Oberst
- Major Heinrich Karl v. d. Marwitz
    -> RL 1716: Major
    -> 1724 zum Infanterie-Regiment Nr. 7 versetzt
    -> **erhielt im selben Jahr als Generalmajor und Chef dieses Regiment**
    -> RL 1730: Generalmajor (1. Kompanie)
    -> RL 1740: Generalleutnant
    -> 1744 als General gestorben
RL von 1720:
- Fähnrich Siegmund v. d. Marwitz (3. Kompanie)
    -> 1723 versetzt
RL von 1730:
- Fähnrich Friedrich v. d. Marwitz (2. Kompanie)
    -> RL 1740: Fähnrich (6. Kompanie)
    -> 1744 dimittiert
- Fähnrich Albrecht Bernhard v. d. Marwitz (5. Kompanie)
    -> RL 1740: Sekondleutnant
    -> 1740 versetzt

Infanterieregiment Nr. 24

RL von 1722:
- Generalmajor Kurt Christof v. Schwerin (**1. Kompanie**)
    -> RL 1733: Generalleutnant
    -> RL 1743: Generalfeldmarschall
    -> RL 1756: dito
    -> 1757 gefallen
- Leutnant Friedrich Julius v. Schwerin (6. Kompanie)
    -> RL 1733: Kapitän
    -> RL 1743: Oberst (3. Kompanie)
    -> 1743 versetzt, erhielt das Infanterie-Regiment Nr. 32
RL von 1733:
- Korporal Karl Otto Christ. v. Schwerin (10. Kompanie)
    -> RL 1743: Stabskapitän (4. Kompanie)
    -> RL 1756: Kapitän (9. Kompanie)
    -> 1758 dimittiert
RL von 1743:
- Fähnrich Karl v. Schwerin (**1. Kompanie**)
    -> 1755 als Leutnant gestorben
RL von 1756:
- Fähnrich Wilhelm Friedrich Karl v. Schwerin (**1. Kompanie**)
    -> 1757 dimittiert
- Fähnrich Friedrich Wilhelm v. Schwerin (9. Kompanie)
    -> 1758 als Kapitän Flügeladjutant des Königs geworden

Das erste der folgenden Regimenter wird hier aufgeführt, weil im Jahr 1725 neben dem Chef, Generalleutnant v. Löben, vier Offiziere mit Namen v. Löben in der 1. Kompanie, also der Chefkompanie, dienten, darüber hinaus standen im selben Jahr noch vier weitere v. Löben in diesem Regiment. Das heißt, daß von vierzig etatmäßigen Offizieren bei einem Infanterieregiment (gemäß dem Reglement von 1726) bei diesem sieben (= 17,5 %) aus der Familie v. Löben kamen.

Infanterieregiment Nr. 26

RL von 1715:
- Generalmajor Kurt Hildebrand v. Löben (1. Kompanie)
    -> RL 1725: Generalleutnant
    -> 1730 gestorben
- Fähnrich Rudolf Konrad v. Löben (8. Kompanie)
    -> RL 1725: Stabskapitän (**1. Kompanie**)
    -> 1729 als Kapitän zum Infanterie-Regiment Nr. 25 versetzt
RL von 1725:
- Sekondleutnant Karl Siegismund v. Löben (**1. Kompanie**)
    -> RL 1732: Premierleutnant (3. Kompanie)
- Fähnrich Kaspar Siegfried v. Löben (**1. Kompanie**)
    -> RL 1732: Premierleutnant (8. Kompanie)
    -> RL 1743: Kapitän (12. Kompanie)
    -> 1747 als Major zum Infanterie-Regiment Nr. 43 versetzt
- Gefreitenkorporal Heinrich Wilhelm v. Löben (**1. Kompanie**)
- Sekondleutnant Friedrich Adolf v. Löben (7. Kompanie)
- Fähnrich Siegfried v. Löben (7. Kompanie)
- Sekondleutnant Anton Ehrenreich v. Löben (9. Kompanie)
    -> RL 1732: Premierleutnant (10. Kompanie)
- Gefreitenkorporal Heinrich August v. Löben (10. Kompanie)
    -> RL 1732: Sekondleutnant (9. Kompanie)

RL von 1732:
- Gefreitenkorporal Johann Friedrich v. Löben (5. Kompanie)
    -> RL 1743: Premierleutnant (12. Kompanie)
    -> 1750 als Major zum Infanterie-Regiment Nr. 47 versetzt

Kürassierregiment Nr. 1

RL von 1723:
- Oberst Wilhelm Dietrich v. Buddenbrock (2. Kompanie)
    -> RL 1731: Generalmajor
    -> RL 1741: Generalleutnant
    -> RL 1750: Generalfeldmarschall
    -> 1757 gestorben
- Kornett Adam Ernst Friedrich v. Buddenbrock (5. Kompanie)
    -> RL 1731: Leutnant (7. Kompanie)
    -> RL 1740: Rittmeister (7. Kompanie)
    -> RL 1750: Oberstleutnant (3. Kompanie)
    -> 1757 als Oberst dimittiert
RL von 1750:
- Kornett Johann Albrecht Ernst v. Buddenbrock (10. Kompanie)
    -> RL 1763: Rittmeister (1. Kompanie)
    -> RL 1771: Rittmeister (7. Kompanie)

    -> 1774 als Major gestorben

Dragonerregiment Nr. 3

RL von 1723:
- Oberst Adolf Friedrich v. d. Schulenburg (2. Kompanie)
    -> RL 1729: Generalmajor **(1. Kompanie)**
    -> RL 1739: Generalmajor **(1. Kompanie)**
    -> RL 1740: Generalleutnant **(1. Kompanie)**
    -> 1741 gefallen
- Leutnant Friedrich Wilhelm v. d. Schulenburg
    -> RL 1729: Kapitän
RL von 1739:
- Leutnant Christian Graf v. d. Schulenburg (1. Kompanie)
- Fähnrich Werner Matthias v. d. Schulenburg **(1. Kompanie)**
    -> RL 1740: Leutnant **(1. Kompanie)**
    -> 1741 zum Dragoner-Regiment Nr. 4 versetzt
- Leutnant Christof Daniel v. d. Schulenburg (10. Kompanie)
    -> RL 1740: Leutnant (8. Kompanie)
    -> 1741 zum Dragoner-Regiment Nr. 4 versetzt

Husarenregiment Nr. 5

RL von 1763:
- Oberst Daniel Friedrich v. Lossow
    -> RL 1770: Generalmajor, 1777 und 1782: dito
    -> 1783 als Generalleutnant gestorben
- Kornett Georg v. Lossow
    -> 1767 als Sekondleutnant dimittiert
RL von 1770:
- Sekondleutnant Maximilian Friedrich v. Lossow
    -> RL 1777: Stabsrittmeister, 1782: dito
    -> RL 1786: Rittmeister
RL von 1777:
- Sekondleutnant Alexander v. Lossow
    -> RL 1782 und 1786: dito

- Sekondleutnant Ludwig Balthasar v. Lossow
    -> RL 1782 und 1786: dito
- Kornett Karl v. Lossow
    -> 1778 kassiert worden
RL von 1782:
- Kornett Alexander v. Lossow
    -> 1786: dito

Feldartillerie

RL von 1718:
- Oberst Christian v. Linger
    -> RL 1730: Generalmajor
    -> RL 1739: dito
    -> RL 1741: Generalleutnant
- Major Salomon v. Linger

RL von 1730:
- Major Wilhelm Heinrich v. Linger
- Sekondleutnant Karl Christian Ludwig v. Linger
    -> RL 1739: Premierleutnant
    -> RL 1741: Kapitän

In den folgenden Beispielen wurden die jungen Offiziere gleichzeitig mit ihrem ranghöheren Verwandten zu einem anderen Regiment versetzt. Besonders interessant, weil in der Abgangsliste des Regiments ausdrücklich erwähnt, ist der Fall des Sekondleutnants du Moulin, der als Adjutant zu seinem Vater versetzt wurde:

Infanterieregiment Nr. 27

RL von 1740:
- Oberst Peter Ludwig du Moulin
    -> 1741 versetzt, erhielt als Chef das **Infanterieregiment Nr. 37**
- Sekondleutnant Friedrich Wilhelm du Moulin
    -> 1741 zum **Infanterieregiment Nr. 37** versetzt, wurde Adjutant seines Vaters

Infanterieregiment Nr. 30

RL von 1766:
- Generalmajor Joachim Friedrich v. Stutterheim (1. Kompanie)
    -> 1768 als Generalleutnant versetzt, erhielt das **Infanterieregiment Nr. 2**
- Gefreitenkorporal August Ludwig v. Stutterheim (8. Kompanie)
    -> 1768 als Fähnrich zum **Infanterieregiment Nr. 2** versetzt

Im folgenden ein Beispiel dafür, daß der Sohn das Regiment vom Vater „erbte":

Infanterieregiment Nr. 23

RL von 1721:
- Oberst Johann v. Forcade (seit 1716 **Chef dieses Regiments**)
    -> 1729 als Generalleutnant gestorben
- Kapitän Friedrich Quirin v. Forcade
    -> RL 1740: Major
    -> **1748 wurde er Chef dieses Regiments**
    -> RL 1750: Generalmajor (1. Kompanie)
    -> RL 1755: Generalmajor
    -> RL 1764: Generalleutnant
    -> 1765 gestorben
RL von 1728:
- Sekondleutnant Isaac v. Forcade
    -> 1738 als Kapitän zum Infanterieregiment Nr. 18 versetzt
RL von 1750:
- Sekondleutnant Friedrich Wilhelm v. Forcade (9. Kompanie)
    -> 1755: Sekondleutnant (**1. Kompanie**)
    -> 1756 versetzt
RL von 1764:
- Sekondleutnant Ludwig Christof v. Forcade (**1. Kompanie**)
    -> 1765 zum Infanterieregiment Nr. 12 versetzt

Die nächsten Beispiele verdeutlichen, daß es durchaus nicht unüblich war, daß Verwandte in der selben Kompanie dienten:

Infanterieregiment Nr. 8

RL von 1750:
- Oberst Samuel Adolf v. Kalckreuth (2. Kompanie)
       -> RL 1756: Oberst (2. Kompanie)
       -> 1757 versetzt
- Fähnrich Friedrich Wilhelm v. Kalckreuth (**2. Kompanie**)
       -> RL 1756: Leutnant (2. Kompanie)
       -> RL 1764: Stabskapitän (11. Kompanie)
       -> RL 1774: Kapitän
       -> 1777 zivil versorgt
- Gefreitenkorporal Ernst Christof v. Kalckreuth (**2. Kompanie**)
       -> RL 1756: Leutnant (5. Kompanie)
       -> RL 1764: Stabskapitän (3. Kompanie)
       -> 1769 gestorben
RL von 1756:
- Korporal Siegmund v. Kalckreuth (**2. Kompanie**)
       -> RL 1764: Sekondleutnant (6. Kompanie)
       -> RL 1774: Premierleutnant (10. Kompanie)
       -> RL 1779: Kapitän (3. Kompanie)

Infanterieregiment Nr. 7

RL von 1740:
- Oberst Egidius v. d. Mylen (2. Kompanie)
- Fähnrich Dietrich Ludwig v. d. Mylen (**2. Kompanie**)
       -> RL 1749: Premierleutnant (9. Kompanie)
       -> RL 1764: Oberstleutnant (4. Kompanie)
       -> 1768 als Oberst pensioniert
- Gefreitenkorporal Karl Friedrich v. d. Mylen (**2. Kompanie**)